처음 만나는
국제정치학

처음 만나는
국제정치학
투키디데스에서 코펜하겐학파까지

2024년 9월 5일 초판 1쇄 인쇄
2024년 9월 19일 초판 1쇄 발행

지은이 박건영

편집 김천희, 한소영
디자인 김진운

펴낸이 윤철호
펴낸곳 (주)사회평론아카데미
등록번호 2013-000247(2013년 8월 23일)
전화 02-326-1545
팩스 02-326-1626
주소 03978 서울특별시 마포구 월드컵북로6길 56

이메일 academy@sapyoung.com
홈페이지 www.sapyoung.com

ISBN 979-11-6707-163-7 93340

처음 만나는 국제정치학

투키디데스에서
코펜하겐학파까지

박건영

사회평론아카데미

차례

I
'국제정치학(學)'을 논하기 전에 '국제정치'에 대해 이야기해보자

II

국제정치학(學)이란 무엇인가

III

국제정치는 어떻게 분석하는가

IV

국제정치적 이론들

에필로그: 국제정치학이 없다면?

프롤로그

"교수들은 늘 쉽게 읽히는 글을 쓰려고 최선을 다한다. 그러나 정작 쓰여진 글은 자신이 보기에도 어렵다. 물론 너무 쉽게 읽히는 글도 있다. 그러나 이런 글은 대부분 내용의 깊이가 부족한 수박 겉핥기이다. 쉽게 써진 글은 특히 남의 나라 사람들이 쓴 글을 아무 생각 없이 되풀이할 때 나온다. 좋은 글은 이 두 함정을 다 피하여, 내용은 깊이가 있되 그 깊이가 고민과 통찰로 소화되고 종합되어 샘에서 물이 흘러내리듯이, 누에고치에서 명주실이 나오듯이, 그렇게 쉽게 읽히도록 쓰여진 글이다. 그런데 내가 하는 이 말조차 누구에겐가는 어렵게 읽히는 건 아닐까. 나 또한 바로 그 교수이기 때문이리라". - kp

한국적 정체성을 가진 입문서『처음 만나는 국제정치학』

International Politics Made Simple이라는 영문 제목에서 알 수 있듯이 입문서인『처음 만나는 국제정치학』은 국제정치학의 다양한 관점과 이론을 단순·명료하게 비교·대조하고 '현장감' 있는 이해를 돕기 위해 초보자들에게 익숙한 일상생활에서 흔히 발견되는 사례들을 풍부하게 제시하고 있다. 특기할 만한 것으로서 이 책은 국제정치적 전문용어들이 독서를 방해하지 않도록 텍스트 내 적절한 곳에 독자친화적인 '용어 설명'과 '개념으로 깊이 알기'를 가능한 한 많이 배치하고 있다. 동시에 지적 욕구나 호기심이 많은 독자를 위해서는 추가적 지식이나 설명을 담은 'Hungry for more?'라는 코너를 마련하여 더욱 심도 있는 이해가 가능하도록 배려하고 있다(각자의 판단에 따라 현 단계에서 필요 없다고 생각하면 건너뛰어도 무방하다).

이 책은 기존의 미국적 주류 이론뿐만 아니라 유럽과 아시아에서 새롭게 부상하는 대안적 이론을 포함하여, 21세기 국제정치학계의 혁신적이고 선구적인 이론적 노력과 성과를 조망하고, 글로벌리제이션과 냉전 종식이 초래한 '후기 근대국제체제'의 구조와 과정에 대한 최신의 심층적 이해를 제공으로써 독자들이 경험하는 현장의 국제정치의 동향과 변화를 종합적으로 이해할 수 있도록 돕는다. 이 책은 '세계 최초'로 영국학파, 중국학파, 존재론적 안보론, 코펜하겐학파가 주류 이론과 체계를 이루며 논의되도록 하고 있다.

이 책이 기존의 입문서들과 근본적으로 차별성을 갖는 이유는 비판적 문제의식과 관련이 있다. 이 책은 한국이 수입한 미국·서구의 국제정치학을 단순히 소개하는 데 머물지 않는다. 이 책은 국제정치학으로부터 한 걸음 물러나 이것은 '누가 어떻게 사용하는가?'라는 현실적·실천적 문제를 주의 깊게 의식하고 있다. 국제정치학을 '한국인'이 '주체적'으로 사용한다면 그것은 한국적 정체성을 갖고 있는 국제정치학이 될 것이라는 말이다.

그러나 내가 말하는 한국적 정체성이란 배타적 민족주의와는 거리가 멀다. 오히려 나는 국제정치의 규칙과 제도를 만들어 온 주체는 강대국들이고, 국제정치의 유지와 변동에 중대한 영향력을 행사해 온 행위자도 강대국들이며, 따라서 국제정치학은 강대국들의 논리와 이해관계를 반영할 수밖에 없다는 현실성을 인정한다. 그렇기 때문에 나는 한국적 정체성을 갖는 국제정치학이란 국제정치의 이러한 권력정치적 (power politics) 현실의 수용이라는 임계치 내에서만 현실적으로 타당하다고 보는 '보편성-기반의 한국적 정체성'을 제시한다. 동시에 나는 기존의 국제정치학 또는 국제정치적 담론(discourse, 널리 퍼져 있는 이야기)이 미국, 영국을 포함하는 서구의 이론가들에 의해 만들어진 것이기 때문에 불가피하게 그들의 가치관과 시공간적 시대를 반영할 수밖에 없다는 점을 이해하는 것이 한국적 정체성의 일부라고 파악한다. 한국적 정체성을 가진 발상과 성찰은 서구발 국제정치학의 역사성(historicity)에 주목함으로써 비로소 시작될 수 있다는 것이다.

나는 이 책의 한국인 독자들이 강대국 중심의 국제정치적 현실과 담론을 반영하는 국제정치학을 광범위하고 깊이 있게 이해하면서도 그것이 한국이나 한반도의 국제정치적 현실과 담론에 구체적으로 어떻게 연결되는지를 면밀히 들여다보고 그 타당성과 정확성에 대해 끊임없이 회의해 볼 것을 권고한다. 그렇게 함으로써 독자들은 이 책을 읽은 후 '국제정치학적 지식'에 대해 주체성과 내실을 갖춘 '식견 있는 소비자'가 된 자신을 발견하게 될 것이다.『처음 만나는 국제정치학』의 특징과 차별성이 이러하다면 그것의 배경, 의미, 목적은 무엇인가? 이에 대해 좀 더 이야기해 보자.

한반도의 지정학적 운명?

국제정치학은 어떤 이들에게는 선택이지만 대다수 한국인에게는 필수가 될 수 있다. 우리 한국인들은 국제정치를 잘 알아야만 하는 운명을 타고 태어났기 때문이다. 우리는 왜 국제정치, 특히 강대국 간 국제정치를 잘 알아야만 하나? 부존자원이 부족하고 경제의 대외 의존도가 높다는 점, 분단 상태를 안정적으로 관리하고 평화통일을 지향하기 위해 강대국들의 협력이 필요하다는 점 등 이유는 다양할 수 있겠으나, 가장 도드라지는 구조적(인간 주체의 구체적 행위와 관련된 것이 아닌) 이유는 한국 또는 한반도의 지정학적(geopolitical) 위치와 관련이 있다.

국제정치를 빚고 짓는 핵심 요소 중 하나는 국가들의 지리적 조건이라고 보는 지정학자들에 따르면 펠로폰네소스 전쟁(431-404 BC) 이후 해상 세력과 육상 세력은 서로를 정복하기 위해 끊임없이 투쟁해 왔다. 양대 세력이 만나는 지점에 위치한 한반도는 열강의 각축장이 되어 왔다. 임진왜란(또는 7년전쟁, 1592-1598)이 대표적이다. 전국시대(戰國時代)를 통일한 도요토미의 일본은 해양 세력으로 발돋움한 후 '일본의 심장을 겨냥하는 단도'인 조선을 제압하고 대륙을 넘보려 했다. 그에 맞서 대륙 세력인 중국은 자국이 아닌 조선에서 전쟁을 치르고자 했다. 이러한 지정학적 '권력정치'의 한 결과가 임진왜란이었다. 청일전쟁(1894-1895)은 위정자들의 무능과 부패로 취약해진 조선을 중국의 '세력권'에서 떼어내어 대륙 침략을 위한 '전초기지'로 만들려던 야심찬 해양 세력 일본과 수도 방위에 핵심적인 관문으로서의 전략적 요충지인 '속국' 조선을 적국에 넘겨주면 결국 더 큰 비용을 치르게 될 것이라고 판단한 중국이 주로 한반도와 그 주변에서 벌인 '땅따먹기' 싸움이었다. 러일전쟁(1904-1905)은 유럽에서의 남진 정책이 좌절되자 부동항을 찾아 동북아로 진출하려던 러시아와 청일전쟁을 통해 강대국의 지위를 인정받은 일본이 만주 및 한반도의 땅과 주변 바다에서 벌인 지역적 패권 전쟁이었다. 이 전쟁의 한 결과로서 한반도는 승전국 일본의 식민지가 되었다. 한국전쟁(1950-1953)은 소련과 중국의 지원을 받은 '조선민주주의인민공화국'이 미국의 지원을 받고 있던 대한민국을 침공하여 발생한 침략 전쟁이었다. 주요 해양 및 육상 강대국들의 개입은 이 전쟁의 내란적 성격을 '대리 투쟁(proxy struggle)'으로 바꾸어 놓았다.

이와 같이 대규모 전쟁이 한반도에서 지속적으로 일어난 이유는 요충지인 한반도를 장악하고 통제하는 국가가 광범위한 전략적 이익을 확보할 수 있다는 지정학적 고려 때문이었다. 문제는 지정학이 변하지 않는다는 데 있다. 16세기 말과 19세기 말, 그리고 20세기 초반과 중반 해양 세력과 대륙 세력이 한반도에서 싸운 이유가 주로 지정학적인 것이었다면, 국제정치의 본질이 바뀌지 않는 한 21세기에 그것이 극적으로 변할 이유는 없을 것이다. 그리고 강대국들은 자국이 아닌 장소에서 전쟁을 한다는 만고의 진리 역시 변하지 않을 것이다.

이런 맥락에서 긴 시간에 걸쳐 막대한 인적, 물적 비용을 치러야 했던 한국인들이 한반도에서 지정학적 전쟁이 반복될 가능성이 부각되고, 특히 핵무기를 가지고 있는 북한이 중·러 등 대륙 세력의 일원이 되고, 북한과 대립하는 분단국 한국이 미·일 등 해양 세력의 일부가 되어 세계패권을 둘러싼 전략 경쟁에 위험스럽게 연루되는 상황에서 자신의 '지정학적 운명으로 간주되어 온 것들'에 대해 주체적이고 비판적으로 재평가하고, 그것들이 자신의 능력과 의지에 따라 얼마나 가변적일 수 있는지를 판단하며, 현실적이고 지속가능한 전략적 대안을 선제적으로 모색하는 일은 단순한 이익 차원이 아닌 삶과 죽음이라는 실존적 차원의 문제가 될 수 있는 것이다. 그렇기 때문에 한국인들에게 국제정치학은 선택의 문제라기보다는 필수이자 의무의 문제인 것이다.

조선이 스스로 하지 못한 일

한국의 지정학적 조건은 변하지 않더라도 인간 주체가 그러한 구조적 제약을 완화하거나 또는 발전을 위한 기회로 바꿀 수는 없을까? 나는 그럴 수 있다고 생각한다. 그러한 문제를 토론하기 위해 우리는 우선 '잊고 싶은 과거'로 되돌아가 조선의 실패라는 '불편한 진실'에 대해 잠시 더 이야기해 볼 필요가 있다. 그렇게 함으로써 우리는 위정자들과 민중이라는 인간 주체가 어떻게 지정학이라는 구조적 제약과 상호작용하는지에 대해 모종의 이론적·정책적 통찰력을 얻을 수 있을 것이기 때문이다.

조선 중·말기 대다수의 정치 엘리트는 유럽의 개념인 국가주권이 무엇인지, 그에 기초한 '국제정치'라는 것이 무엇인지를 잘 알지 못했다. 그들에게 조선이 대외적으로 해야 하는 것은 천하질서(天下秩序)라는 중국 중심의 유기적 위계질서 하에서 자신에게 주어진 역할과 기능을 충실히 이행하여 세상의 평화와 안정을 유지하는 일이었고, 특히 흠숭의 대상인 중화(中華) 명나라가 '같잖은 오랑캐'인 청나라에 의해 멸망한 이후에도 이른바 '의리(義理) 있는' 소중화(小中華)로서 '보편적 가치'인 유교적 윤리와 도덕을 현양하고 실천하는 일은 조선의 이익보다 더 고상하고 중요한 것이었다. 국가주권이나 국익이 아닌 봉건적 중화적 가치에 기초한 사대주의 외교가 그들이 생각했던 '올바른' 대외 정책이었다.

　아편전쟁(1839-1842, 1856-1860)에서 패하는 과정에서 국가주권에 기초한 근대국제체제를 수용하지 않을 수 없다고 정신을 차린 중국은 이제 자신의 속국으로 간주하던 조선에게 새로운 국제정치 문법을 가르치려 했다. 자율적 조선을 위해서라기보다는 약육강식의 제국주의 시대에 자신이 생존하기 위해 조선이 정신을 차리고 새로운 국제정치적 문법에 입각해 자신에게 더욱 밀착하도록 하는 것이 필요했기 때문이다. 1880년 주일 청국 외교관 황준헌이 조선의 수신사 김홍집에게 전달한『조선책략』이라는 문건이 이러한 청나라의 내심을 잘 담고 있었다. 이에 영향을 받은 조선의 조정은 균세(세력균형)나 동맹과 같은 근대 국제정치의 논리를 진지하게 고려하기 시작했다. 그러나 1881년 1만 명의 유생들은『조선책략』이라는 이단(異端)이 사람들을 미혹시키며 사회 혼란을 야기한다며 국왕에게 김홍집 처벌과 척사(斥邪, 사악한 것을 물리침)를 요구했다.

　다른 한편에서는 조선의 개화를 추진한 이들도 있었다. 사물을 잘 써서 삶을 풍요롭게 해야 한다고 주장하던 실학의 후예들이 유럽발 국제정치의 위력을 청나라에 가서 직접 경험하고 위기의식을 갖게 된 몇몇 중인(中人)과 의기투합하여 개혁적인 '젊은 그들'을 키우고 있었다. 그들은 당시 조선 사회에 팽배하던 화이론·명분론을 현실과 괴리된 위선적 공리공담이라 비판했다. 일본의 메이지유신(1868)의 성공에 감동한 이 '젊은 양반들'은 청으로부터의 독립과 조선의 개화를 목표로 1884년 정변을 일으켰으나 집권 3일 만에 실각하고 말았다. 조선의 근대적 개혁을 추구한 개화파의 정변이 실패한 이유로 무력을 외세에 의존했고 특히 일본의 태도 변화를 간파하지 못했다는 점을 들 수 있다. 그러나 못지않게 중요한 정변 실패의 정치적 함의는 소수 지식인 엘리트가 민중의 지지를 확보하려는 의지가 없었고, 따라서 청의 군사 개입을 막을 수 있는 기층적인 물리적 동력을 갖추지 못했다는 점일 것이다.

1894년 반봉건·반외세의 기치를 내건 동학혁명이 일어나자 조선의 조정은 청에게 도움을 청했고, 청군이 개입하자 일본군도 따라 들어왔다. 조정은 농민군과 화해하고 양군 철수를 요구했으나 일본은 거부했다. 결국 청일전쟁이 일어났고 일본은 승리하여 청이 조선을 독립국이라 인정하게 했고 랴오둥 반도를 빼앗았다. 그러나 러시아가 주동하여 랴오둥을 청에 반환하게 했고 일본은 앙심을 품게 되었다. 조선은 일본의 팔을 꺾은 강대국 러시아에 밀착했다.

절치부심하던 일본은 조선의 대러시아 밀착의 배후에 왕후가 있다고 판단하여 1895년 그를 살해했다. 국왕은 1896년 러시아 공사관으로 망명했고, 이후 대한제국의 조정을 사실상 장악한 일본은 1904년 인천과 뤼순을 기습한 후 러시아에 선전포고했다. 놀랍게도 러일전쟁에서 승리한 일본은 1905년 포츠머스조약을 통해 "한국에 대한 일본의 지도·보호·감리권"을 국제적으로 인정받았다.

이에 앞서 러일전쟁의 승패가 이미 결정돼, 한반도가 일본의 세력권에 들어간 것이 객관적 현실인 상황에서, 미국은 한국에 대한 일본의 지배에 암묵적으로 동의했다. 이른바 '가쓰라-태프트 밀약'에서 가쓰라는 전쟁이 끝나면 "조선은 즉흥적으로 이 나라 저 나라의 문을 두드리며 상황을 복잡하게 만들 것이 확실하다"며 일본은 이러한 가능성을 좌시할 수 없다고 했고, 태프트는 "일본군이 조선에 대해 종주권을 갖는 것은 전쟁의 논리적 결과"라고 화답했다.

조선은 "제삼국이 일방국을 부당하게 또는 억압적으로 대우할 경우, 타방국은 그 사건에 대해 통지 받는 대로 원만한 합의에 도달하도록 거중 조정에 힘써 우의를 보여야 한다"는 내용의 조미수호통상조약 (1882) 제1조에도 불구하고 국제정치의 냉혹한 자국 이익 우선 논리의 희생양이 되어, 결국 일본의 식민지로 전락했다. 시어도어 루스벨트 미국 대통령은 헤이 국무장관에게 보낸 편지에 이렇게 썼다. "조선인들은 자신들을 위해 주먹 한 번 휘두르지 못했다. … 조선인들이 자신들을 위해서 스스로 전혀 하지 못한 일을, 자기 나라에 아무런 이익이 되지 않음에도 불구하고 조선인들을 위해 대신해주겠다고 나설 국가가 있겠는가?"

조선의 흑역사에서 한국의 새 역사로

우리가 조선의 '흑역사'에 대한 이해로부터 얻는 이론적·정책적 통찰력은 무엇일까? '그때' 우리가 국제정치를 잘 알았더라면 어떻게 되었을까? 그래도 식민지가 되지 않았을 거라 장담할 수는 없다. 적나라한 약육강식의 시대에 자신을 지킬 힘이 없었기 때문이다. 그러나 중요한 것은 현재이고 미래이다. 우리는 그때에 비해 놀랄 만큼 세졌다. 하드 파워(물질적 힘)와 소프트 파워(비물질적 힘, 예를 들어 BTS와 그들의 '아미'로 상징되는 한국의 문화력, 한국의 매력) 모두 세계 수준이다. 회의론자들이 일부 있으나 분명한 것은 한국은 20세기 초 제국주의 투쟁의 한길가에 버려졌던 처량한 조선이 결코 아니라는 사실이다. 또한 진정한 국력의 밑바탕이라 할 수 있는 민주주의도 때로는 흔들릴지라도 궤도에 안착한 것만큼은 부인할 수 없다. 단지 문제는 우리가 불행했던 과거를 반복하지 않도록 강대국 국제정치의 논리를 잘 이해하고 그들 간의 전략적 득실 구조를 바꿀 수 있을 정도로 '지력(智力)'과 '실천력'을 갖고 있는가이다. 당연히 변화한 우리 자신의 가치관이나 규범, 물리적 능력, 네트워크 외교 능력 등에 대한 성찰과 국가 목표에 대한 국민적 공감대 형성은 필수적이다. 우리가 힘은 세졌는데 가고자 하는 길이 서로 다를 경우 그 힘은 효과적으로 발휘될 수 없을뿐 아니라, 경우에 따라서는 외세에 의해 '이한제한(以韓制韓)'을 당해 낭패를 볼 수도 있기 때문이다.

우리가 세졌고 변했다는 사실은 한국인들의 '지정학적 운명으로 간주되는 것'에 대한 인식도 그에 맞게 변해야 한다는 사실을 일깨워준다. 한국이나 한반도는 과거처럼 무기력하여 해양 세력과 대륙 세력 간 쟁투의 빌미나 전장이 되지 않을 수 있다. 그렇기보다는 오히려 지정학적 이점을 활용하여 한반도의 안정을 해칠 수 있는 강대국들 간의 전략 경쟁을 완화할 수 있는 중추적 역할을 할 수도, 또는 지경학적 이점을 활용하여 세계 물류의 핵심 거점으로 발전할 수도 있다. 나아가 동북아 국제정치의 불신의 장벽을 허물고, 다른 국가들이 따를 수 있는 혁신적인 아이디어와 규범의 창출을 통해 국제정치 전반의 변화와 발전을 주도하는 이른바 '첫길을 내는' 규범-개척자적 역할(trailblazer)을 할 수도 있다.

한반도의 지정학은 운명일 수 있으나 한반도를 둘러싼 역학관계는 격동적인 탈바꿈을 계속해 왔다. 전례 없이 역동적이고 복잡해진 '한반도의 국제정치'를 현장감 있게 이해하고 순발력 있게 움직이기 위해 이제 한국인들은 국제정치적 흐름의 인과관계를 규명하는 동시에 그것을 관념적으로 추동하는 국제정치이론, 담론, 서사(敍事, 또는 내러티브)를 다각도에서 체계적으로 공부하고 주체적으로 토론해야 하게 된 것이다.

현재 진행 중인 한국의 국제정치적 논쟁

'힘에 의한 평화' 대 '평화를 통한 힘'

역사적 분석으로부터 우리가 얻은 영감과 통찰력은 현 단계 한국의 외교정책과 국제정치에 대해 무어라 말하고 있는가? 한국의 국제정치는 잘 돌아가고 있는가, 아니면 여기저기서 삐걱거리고 있는가? 분명한 것은 한국이 추구해야 할 국제정치적 방향 및 방법론과 관련하여 내부 논쟁이 치열하게 그러나 기약 없이 지속되고 있다는 사실이다.

2023년 여름 현재 한국의 외교·안보 또는 한반도의 국제정치는 주로 두 가지 개념을 둘러싸고 논쟁하고 있다. 먼저 '힘에 의한 평화

(peace through strength)'와 관련된 논쟁이다. 이 노선의 현대적 주창자 레이건 미국 대통령은 "전쟁은 자유의 힘이 강할 때가 아니라 약할 때 일어난다. 자유의 힘이 약할 때 폭군들이 유혹을 받는다"고 말했다. 이 노선에 대한 한국의 지지자들은 대화나 교류·협력 등 관여 정책은 사악하고 기만적인 북한 정권의 수명을 연장하는 영양제와 같은 것이고 한국을 겨냥하는 핵미사일 개발에 자금을 제공하는 자해적인 접근이라고 주장한다. 따라서 자유민주주의 국제사회와 발을 맞춰 대북 제제를 강화하면서 이상행동 시 선제 공격을 불사하고 도발 시 북한 정권을 파괴할 것이라는 의지를 북한이 믿게 함으로써 북한을 억지할 수 있고 궁극적으로 항복시킬 수 있다고 주장한다. 그들은 로마의 군사전략가 베게디우스를 환언하여 "평화를 원한다면 전쟁을 각오하라"며, 전쟁을 두려워하면 평화는커녕 "북한에게 영원히 안보 인질이 되고 만다"는 강렬한 은유를 구사하며 국민을 설득한다.

그러나 비판자들은 '힘에 의한 평화'가 군비 경쟁으로, 그리고, 의도하지 않은 전쟁으로 이어질 수 있으며, 그 전쟁의 결과는 나 자신도 잿더미가 되는 '피로스의 승리(Pyrrhic victory)'가 될 수 있다고 지적한다. 『손자병법』은 '싸우지 않고 이기는 것'이 최선의 전략이라고 제시한다. 완력을 쓰지 않았는데도 상대가 쓰러졌다면 모르는 사람들은 쉬운 싸움에서 이겼다고 그 의미를 폄하하겠지만 사실은 이길 준비를 모두 해놓은 장군의 지혜와 능력이 만든 '저비용 고효율'의 스마트한 승리라는 것이다. 이 시각의 지지자들은 북한을 자극하거나 위협하지 않고 북한의 도발적 행위에는 비례적으로 대응하는 가운데 소통과 교류·협력을 병행하여 오인과 오해에 따른 문제가 분쟁으로 비화하지 않도록 관리하면서 대한민국의 헌법에 명기된 대로 '평화적 통일'을 점진적으로 추구해야 한다고 주장한다. 특히 물질보다는 관념(idea)의 힘을 강조하는 구성주의자들에 따르면 한국과 미국 등은 북한이라는 정치적 실체를 인정하고 소통을 강화·확대하며 국제사회로의 편입을 지원함으로써 북한이 자발적으로 자신의 정체성과 이익을 국제사회의 규범에 맞춰 재정의하도록 만드는 것이 한국과 미국 등의 선호와 이익에 부합한다. 이들은 '억누르는 것'은 쉽지만 위험하고, '속성을 바꾸는 일'은 오래 걸리지만 안전하고 근본적이라고 주장한다.

가치외교 대 실용외교

또 다른 하나의 외교·안보적 논쟁점은 남북관계와 국제정치에서 자유민주주의, 인권, 법치 등 '보편적 가치'를 중시하는 한국의 가치외교에 관한 것이다. 여기에는 두 가지 의미가 내포되어 있다. 첫째, 한국 정부는 결과와 실익만을 중시하는 실용주의보다는 '인류의 보편적 가치'의 중요성을 강조하는 가치론, 그중에서도 개인의 자유를 핵심으로 하는 '미국적 가치론'을 한국의 국제정치나 외교정책을 지도하는 최고 개념으로 설정한다는 것이다. 예를 들어 한국의 대통령은 타이완해협 긴장 상황과 관련하여 자유민주주의 체제이자 친미·친일적 성향의 타이완에 대한 공산당 일당독재 국가인 중국의 군사적 위협을 '힘으로 현상을 바꾸려는 시도'라고 표현하며, 이에 대해 반대한다는 뜻을 '공개적'으로 밝혔다. 나아가 그는 러시아와 전쟁 중인 우크라이나를 방문하여 "'생즉사 사즉생'의 정신으로 우리가 강력히 연대해 함께 싸워나간다면 분명 우리의 자유와 민주주의를 지켜낼 수 있을 것"이라고 말했다.

비판자들은 두 가지 문제를 제기한다. 먼저 가치외교가 개인과 국가를 혼동하여 국가적 실익이 없는데도 남의 싸움에 끼어들어 재앙을 자초할 수 있다는 지적이다. 비판자들은 사적 개인은 '세상이 멸망할지라도 정의가 강물처럼 흐르게 하라'고 말할 수 있겠지만, 국가는 자신이 보호해야 하는 국민의 이름으로 그렇게 말할 권리를 갖지 못한다고 주장한다. 그들은 "외교를 성공시키기 위해서는 외교 주체가 '십자군 정신'을 탈피해야 하고, 현실과 유리돼서는 안 되며, 외교·안보 정책의 목표를 '실질적 국익의 내용'의 관점에서 정의해야 한다"고 주장한다.

보다 구체적으로, 비판자들은 타이완 및 우크라이나 관련 한국 대통령의 발언이 가치를 앞세우다 사활적 국익을 위태롭게 하는 분별력을 잃은 언행이라고 지적한다. 그들에 따르면 대통령은 타이완해협에 대한 미국의 입장을 그대로 옮긴 것인데, 그것은 부정적 후과를 의식하지 못한 비합리적인 언행이다. 중국은 한국의 최대 수출 시장이고 통일 과정에서 주도적 영향력을 행사할 수 있는 주체 중 하나이다. 나아가 비판자들은 그러한 발언이 미국을 포함한 세계가 인정하는 '하나의 중국'이라는 원칙에 도전하는 내정간섭이라며 중국이 크게 반발할 것을 알면서 왜 우리 대통령이 그러한 위험한 발언을 공개적으로 했는지 의아하다고 말한다.

비판자들에 따르면 우크라이나에서 한 대통령의 발언도 분별력을 결핍한 부적절한 것이다. 러시아가 한국의 적대국임을 스스로 표방할 필요가 있느냐는 것이다. 비판자들은 이제 러시아가 자신에게 적대적인 한국과 갈등하는 북한의 핵과 미사일 프로그램을 도울 수 있는 명분을 갖게 되었다고 우려한다. 연장선에서 비판자들은 대북 정책과 외교

정책 간의 모순과 충돌도 지적한다. 북한을 제재하고 옥죄는 대북 정책과 그러한 제재를 다각적으로 강화해야 하는 대러 정책이 현실에서는 상호모순적으로 전개되어 심각한 전략적 누수(漏水)를 야기하고 결국 정책 전반의 실패로 이어질 수밖에 없다는 것이다.

비판자들은 개인적 윤리와 국제정치적 도덕을 혼동하여 '의리의 사나이'를 자처하는 외교 주체는 경주마적 이분법적 사고에 빠져 홀로 돈키호테가 되거나 '낙동강 오리알'의 신세가 될 수 있다고 지적한다. 한국이 북한 및 중국과 위험스럽게 설전을 벌이는 동안 일본의 기시다 총리는 2023년 5월 "김정은 북한 국무위원장과 조건 없는 대화를 하겠다"라는 입장을 밝혔다. 이에 대해 북한은 "일본이 새로운 결단을 내리면 못할 것이 없다"라고 호응했다. 같은 해 6월 바이든 대통령은 방중한 국무장관을 통해 "미국은 중국과 평화적으로 공존하길 원한다"라는 메시지를 시진핑 주석에게 전했고 시진핑은 "양국은 난관을 극복할 수 있다"라고 화답했다. 미국은 이미 대중국 '배제(de-coupling)' 정책에서 제한적 배제와 부분적 협력의 '디리스킹(de-risking)'으로 자세를 바꾸고 있다. 만일 미국과 일본이 자신들의 실리를 위해 외교 방향을 전면적으로 바꾸게 되면 대중· 대북 가치외교에 누구보다 앞장섰던 한국은 어디로 가야 하나? 국가와 국민에는 난감한 일이다.

둘째, 비판자들은 가치외교의 또 다른 문제로서 그것이 장기적 일관성을 유지할 수 없다는 점을 지적한다. 정치와 국제정치는 궁극적으로 '먹고 사는 문제'에 귀결된다. 따라서 세상에 대해 보편적 가치의 중요성을 설교하다가 중요한 물질적 이익이 걸린 경우가 생겨 가치외교에서 후퇴하게 되면 그 외교 주체는 위선적이라는 평판을 면할 수 없을 것이고, 나아가 기준이 선택적으로 적용된다는 면에서 이중잣대라는 비판을 받게 될 수 있다. 세상은 "내가 하는 대로 하지 말고, 내가 말하는 대로 하라(Do as I say, not as I do)"고 설교하는 한국에 대해 "네가 설교한 대로 실천하라(Practice what you preach)"고 비난할 것이다.

예를 들어 한국 정부는 "대북정책의 본질은 북한 인권이며 모든 외교와 대화에서 북한 인권 문제가 핵심 의제가 되어야 한다"고 강조하지만, 인권 상황이 최악인 사우디 아라비아에 대해서는 아무 말도 하지 않는다. '국경 없는 기자회'에 따르면 북한의 인권 상황은 180개국 중 180위이고 사우디의 인권 수준은 174위이다. 한국이 사우디의 인권에 대해 침묵하는 이유는 석유 때문일 것이다. 그러나 여기에도 문제가 있다. 러시아산 석유는 없어도 되지만 사우디산 석유는 필요하기 때문에 러시아에 대해서는 가치외교를 사우디에 대해서는 실리외교를 추구한다는 어처구니없는 이중잣대가 노출되기 때문이다. 한국의 외교에서 '보편적 가치'는 필요하면 선택하고 필요 없으면 버리는 기회주의적 도구라는 냉소적 비판이 일 수 있다.

객관적이고 논리적인 판단을 위하여

내가 한국에서 현재 진행 중인 논쟁을 요약적으로 비교·대조한 것은 어떤 시각이나 노선이 더 옳으냐를 따지기 위함이 아니고 한국인인 우리가 그러한 논쟁에 참여할 수 있을 정도로 지력과 판단력을 갖고 있는지 스스로 확인토록 하기 위해서이다. 우리는 과연 앞서 제시한 한반도의 국제정치 특히 현재 진행 중인 외교정책과 국제정치의 내부 논쟁에 대해 개인적 가치관에 따른 주의·주장이 아닌, 객관적 사실과 확고한 논리에 기초한 판단을 내릴 수 있는가? 판단할 수 있으려면 우리는 국제정치에서 무엇이 누구에게 중요한지를 알아야 한다.『처음 만나는 국제정치학』에서 다루는 국제정치이론은 국제정치에서 어떤 부분이 중요하고 관찰할 가치가 있는 것인지를 가리켜준다. 국제정치를 빚고 짓는 핵심 주체들이 상정한 의제와 그것을 둘러싼 갈등과 협상 과정에 빛을 비추며 거길 보라고 지시하는 것이다. 물론 '무엇'이 중요한지는 '누구'에게 중요한지의 문제와 유리될 수 없다. 콕스(Robert Cox)가 얘기했듯이, "이론은 항상 누군가를 위한, 특정 목적을 위한 것"일 수 있기 때문이다. 우리는 판단하기 위해 국제정치에서 무엇이 중요한지 뿐만 아니라 국제정치 현상이나 국가 주체의 행위의 원인을 알아야 한다. 이 책의 주요 목적이 이와 관련이 있다. 예를 들어 우리는 '21세기 국제정치의 두 실세인 미국과 중국은 왜 충돌하는가 또는 충돌할 수밖에 없는가?'라는 질문에 대해 국제정치이론의 도움을 받아 그 원인에 대해 탐구하고 토론할 수 있다.

『처음 만나는 국제정치학』은 국제정치란 무엇이고 여기서 중요한 것은 무엇인지에 대해 이야기할 수 있는 이론적 토론의 장을 마련해주고 있을 뿐 아니라, 국제정치적 구조와 주체들이 작동하고 상호작용하는 원리를 효과적으로 파악하고, 나아가 신뢰할 수 있는 예측을 제공하는 다양한 국제정치적 관점들과 이론들을 단순하고 간결한 방식으로 비교·대조하고, 이론적 내용에 대한 독자들의 이해를 돕기 위해 초보자들에게 익숙한 사례를 많이 들고 있다. 나는 우리가 이 책이 제공하는 풍부한 이론적, 경험적 자료를 가지고 의미 있는 논쟁을 펼칠 수 있고, 논쟁과 성찰을 거듭하면서 통찰력과 분별력을 담은 집단 지성에 도달할 수 있다고 믿는다.

나아가 이 책은 우리가 어떻게 효과적이고 생산적으로 논쟁하고 어떻게 국제정치적 지식을 주체적으로 소비할 것인지에 대해 방향을 제시하고 있다. 물론 이런 생각조차도 토론과 논쟁의 대상이 될 수 있겠지만 나는 우리가 다각적이고 체계적이며 현장 중심의 시각에서 국제정치를 함께 들여다봄으로써 논쟁이 산으로 가지 않을 것임을 확신한다. 강조하건대, 나는 대한민국의 모든 (예비) 지식인들이 '한반도의 국제정치'에 관한 국가적 논쟁에 참여하고 집단 지성을 형성하는 데 기여해야 한다고 생각한다. 이것이 아마도 '실패한 조선'이 '논쟁 중인 한국'에게 보내는 '편지'의 핵심 내용일 듯하다. 『처음 만나는 국제정치학』이 우리가 판단력을 가지고 치열하게 그리고 효과적으로 논쟁하는 데 도움이 될 수 있을 것이다.

고마운 사람들

『처음 만나는 국제정치학』은 내가 1989년 콜로라도대학교에서 학위를 취득하고 텍사스 A&M대학교 정치학과를 거쳐 가톨릭대학교 국제학부에 부임한 이후 출간한 저서 중 열 번째인데 특별히 많은 사색과 성찰을 필요로 하였다. 이 책을 읽을, 국제정치학을 '처음 만나는 사람들'을 의식했기 때문이다. '초보자를 위한 학술서는 젊은 교수가 쓰기 어렵다'며 나에게 집필을 부탁한 출판사의 기대에 부응하기 위해서이기도 했다. 무엇보다도 '한국적 정체성'을 갖춘 '보편적 국제정치학'의 집필은 결코 쉬운 작업이 아니었다.

그러나 어려운 글쓰기 과정은 동시에 매우 즐겁기도 했다. 많은 사람이 내가 즐겁게 글을 쓸 수 있도록 도와주고 힘을 불어넣어 주었다. 특히 출근 전인 오전 8시부터 12시까지 각종 자료를 펼쳐놓고 일할 수 있는 넓은 명예의 전당(Hall of Fame) '지정석'을 마련해주신 장혜란 님께 감사한다. 이 지정석에서 매일 4시간의 공부 덕분에 『처음 만나는 국제정치학』(2024), 『조선이 한국에게 보내는 편지: 한반도의 국제정치』(2022), 『국제정치이론』(2021, 공저), 『외교정책 결정의 이해』(2020), 『국제관계사: 사라예보에서 몰타까지』(2018)가 세상에 나올 수 있었다. 나와의 긴 토론에서 즐겁게 '칭찬 봇'을 자처해주신 우철구 님, 나에게 분별지(分別智)의 군사안보적 의미를 가르쳐주신 하창호 님, 나에게 과분한 학덕(學德)을 배풀어주신 하영선, 권만학, 박수헌 님, 나의 학열(學熱)이 식지 않게 만드는 '브릴리언트'한 학친(學親) 신욱희, 구갑우, 전재성, 은용수, 옥창준 님, 구하기 힘든 자료를 포기하지 않고 찾아주셨던 김희전, 전대이, 심재선 님, 그리고, 국제정치에 대한 생각으로부터 잠시 벗어나야 할 때 따뜻한 친밀감과 서정적 몰입감을 전달해주는 Naim-Pass-Kef를 접하게 해주신 라준영 님께 감사한다. 나는 이 책의 시작부터 끝까지 많은 젊은 지식인의 도움을 받았다. 김근형(와세다대), 김정현(서강대), 류은채(연세대), 박서현(쾰른대), 윤예린(시카고대), 이상문(서울대), 이찬(대만국립대), 정은수(한가람고), 하도영(가톨릭대)은 원고를 읽고 논평을 해주었으며 그들 중 일부는 연구 조교의 역할을 해주었다. 그러한 경험이 그들이 자신들의 미래를 개척하고 삶의 목적들을 성취해 나가는 데 도움이 되면 좋겠다.

재미있는 이야기도 있다. 학술서의 서문에 쓰기는 이례적이지만 그래도 쓰고 싶다. 나는 오랫동안 테니스를 즐겨왔고 성과도 내었다. 그러나 이젠 나이가 들어 예전 같지는 않다. 그러나 운동 후 테니스 메이트들과 치맥을 하며 한담을 즐기는 건 예전과 다르지 않다. 회식을 하던 중 한 지인이 농담을 했다. 그는 '0.1톤'이라고 불리는 강타자이다. 그는 내게 〈댄서의 순정〉이라는 영화를 봤냐고 물었다. (다음 날 그는 영화명이 〈바람의 전설〉이라고 정정했다.) 그는 "그 영화에서 댄스 교습 학원 원장은 수강생들이 오면 힘들게 일어서서 손을 떨며 커피를 타주는데 일단 음악이 나오면 갑자기 허리가 기중기처럼 펴지면서 공중에서 '슬릭 백'을 하는 등 무대에서 펄펄 날아다닙니다. 테니스 코트에서의 교수님과 닮았습니다"라고 말했다. 그의 기발한 유머에 모두 눈가의 주름을 의식하지 않고 폭소했다.

그다음 주 가톨릭대 교수 테니스 대회가 열렸다. 내가 회식 자리에서 이 이야기를 했더니 다들 파안대소했다. 듣고 있던 한 후배 교수가 "형은 연금술사야"라고 말했다. 연금술사는 금속 덩어리에서 황금을 뽑아내는 기술자다. '내 테니스 기술에 대한 칭찬이구나'라고 생각했다. 그런데 그는 "연금으로 술 사는 사람!"이라며 짓궂게 웃었다. 이들의 재치 있는 농담 또는 '다정한 놀림'이 내겐 글을 즐겁게 쓰는 힘이 되었다.

나에게 아주 고마운 출판사인 사회평론은 2000년 월츠의 『국제정치이론』 번역본이 나올 때는 시장통의 작은 사무실이었는데 이젠 한국의 대표적인 출판 기업이 되었다. 좋은 책을 꾸준히 냈기 때문일 것이다. 나의 졸고를 늘 기꺼이 받아주시는 윤철호, 김천희, 이소영 님, 그리고 다섯 차례의 워크숍을 통해 좋은 책을 만드는 능력을 소리 없이 과시하신 권현준, 조유리 님에게 감사드린다. 오랜 기간 나의 학술 활동을 누구보다 열렬히 지원하고 격려해 준 사랑하는 아란, 보람, 재현에게 감사하고, 위글러에서 이제 타들러가 된 신입 가족 선우, 그리고 도

착 예정인 '설렘'에게도 세상에서 가장 따스하고 달콤한 환영의 인사를
전한다.

2024년 8월 26일
울창한 자작나무 숲에서
박건영

I

'국제정치학(學)'을 논하기 전에
'국제정치'에 대해 이야기해보자

국제정치학을 처음 만나는 독자들에게 가장 큰 의문 또는 관심사
는 '국제정치학이란 무엇인가?' 또는 '그것을 가지고 무엇을 할 수 있
나?'일 것이다. 학술적인 이야기인 '무엇인가'에 앞서 우리의 일상생활
과 밀접한 '어디다 쓰나'에 대해 먼저 감을 잡아보자. 사실 우리는 국제
정치학을 처음 만나든 아니든 매일매일 우리가 갖고 있는 국제정치적
지식을 동원하고 소비한다. 예를 들어 친구가 "푸틴의 러시아가 우크
라이나를 침공한 이유가 뭘까?"라고 묻는다면, 여러분은 (머리 어디엔
가 흩어져 있는 자신의 다양한 국제정치학적 지식을 결집하고 동원하기 위해)
잠시 생각하다가, "그것은 냉전이 끝날 때쯤인 1990년 2월 소련이 독일
통일에 동의하도록 하기 위해 대소 집단군사동맹인 북대서양조약기구
(NATO)가 동쪽으로 1인치도 확장되지 않을 것이라고 미국이 약속해
놓고 그 약속을 지키지 않았기 때문이야"라거나, "냉전의 패배로 옹색

하고 위축된 위상에서 벗어나 과거 러시아제국이나 소련의 영광을 되찾기 위해서야"라거나, 과거 대나치 부역의 기억을 떠올리는 우크라이나 민족주의자들이 러시아계 소수 민족을 박해하기 때문이라거나, 아니면 "푸틴이 자신의 독재로 인해 국내적으로 도전받는 상황에서 전쟁을 통해 러시아 민족주의 감정을 자극함으로써 국민을 전시(戰時) 지도자인 자신을 중심으로 똘똘 뭉치게 하려는 정치적 계산에서 비롯된 거야"라고 답할 수 있다. 그러니까 여러분은 국제정치학이 뭔지 모른다 하더라도 이미 국제정치적 지식을 소비하고 있는 것이다.

여기서 중요한 것은 여러분의 답이 맞는지 여부보다는 그것이 사실과 논리에 의해 '설득력', 즉 '설명력' 또는 '통찰력'을 갖느냐이다(우리가 답이 맞는지 혹은 답이 있는지 여부를 확인하는 일은 사실상 불가능하다. 국제정치학은 실험실에서 물질을 다루는 물리학이나 화학이 아니다). 이 문제에 접하면서 우리는 자연스럽게 국제정치학이란 '무엇인가'에 대해서도 이야기할 수 있게 된다. 뒤에서 상세히 논하겠지만 일단 우리는 국제정치학이란 어떤 국제정치적 행위·현상의 원인에 대한 설명(explanation) 또는 그러한 행위·현상의 '동기나 의미'에 대한 파악(understanding)이 많은 사람의 고개를 끄덕이게 하느냐와 관련된 사회과학의 일부라는 사실을 알게 되었다. 국제정치학은 행위·현상의 원인뿐 아니라 과정과 결과에 대한 분석이나 예측도 포괄한다.

보다 학술적으로 표현하자면, 국제정치학은 국제정치적 행위·현상과 관련하여 '의미 있는(significant) 질문'을 던지고 '설득력 있는 설명이나 이해'를 찾는 과정을 용이하게 하기 위한 일련의 이론적, 방법론적 체계이다. 이 문장이 선뜻 다가오지 않는다 해도 걱정할 필요가 없다. 국제정치학에 관한 논의를 본격적으로 시작하기 전에, 그리고 무엇인가 지적(知的)으로 무장해야 한다는 강박관념을 버리고, 우선 여러분이 국제정치에 흥미를 느끼는지부터 스스로 확인해 보자. 이를 확인하는 쉬운 길은 여러분이 주요 국제정치 현상에 대한 간단한 분석을 읽어가며 지루해서 중간에 읽기를 그만두는지, 아니면 끝까지 재미있게 숙독하는지를 알아보는 것이다.

2022년 12월 현재 가장 도드라지는 국제정치 현상은 이른바 "우크라이나전쟁"일 것이다. 이 전쟁으로 인해 수많은 무고한 인명이 살상되고, 인권이 처참하게 유린되며, 나아가 물자 공급 부족으로 전 세계적으로 인플레이션이 발생하고 있으며, 러시아산 에너지에 대한 제재로 춥고 황량한 겨울이 특히 유럽인들을 괴롭게 할 것이다. 한국도 영향을 받기는 마찬가지이다. 예를 들어 러시아에서 활동하던 한국 기업들은 제재와 철수로 인하여 그만큼 수익이 줄어든 반면, 한국의 방산기업들은 러시아의 위협에 대비하려는 폴란드 등 동유럽 국가들에 '싸고 좋은' 한국산 무기를 대량으로 판매하고 있다. 한국 정부는 인도주의 차원에서, 그리고 동맹국 미국과 보조를 맞추기 위해 미국이 주도하는 러시아 제재에 사실상 동참하고 있으나, 그에 따른 러시아의 보복적 역제재의 피해를 줄이기 위해 고심하고 있기도 하다. 이처럼 우크라이나전쟁은 '너와 나에게 중요한 문제'이고, 이와 관련한 '의미 있는 질문'이 제기될 수 있다.

나는 『처음 만나는 국제정치학』에 싣기 위해 우크라이나전쟁에 관한 짧은 글을 2022년 9월 27일 완성했다. 이 글은 러시아는 왜 우크라이나를 침공했는지, 미국을 포함하는 서방은 왜 러시아를 제재하게 되었고, 그 효과는 어떤지 또는 어떨지, 전쟁은 언제 어떤 식으로 귀결될지, 그리고 이후 국제질서는 어떤 모습이 될지에 대한 내용을 담고 있다. 여러분은 이 글을 읽으면서 어떤 느낌을 받게 되는지, 지루한지 흥미로운지를 확인하길 바란다. 만일 여러분이 재미와 흥미를 느낀다면 국제정치학에 적성이 있는 사람일 것이다. 적성을 확인한 여러분은 이제 이 글 뒤에 마련된 보다 깊이 있는 이론적, 방법론적 탐색으로 독서를 이어갈 수 있을 것이다.

　나의 분석을 숙독하여 초보를 면한 독자들은 국제정치의 관점과 이론을 공부한 후 다시 이 글로 돌아가 그 속에 있는 분석과 예측이 어떠한 국제정치이론적 개념들과 논리적, 방법론적 접근에 기초해 있는지 좀 더 시간을 갖고 파악해 보길 바란다. 이렇게 함으로써 독자들은 국제정치학이나 국제정치학자들이 '사실(fact)-이론(theory)-정책(policy)'이 동시적으로 교직(交織)된 하나의 통합된 분석의 도구를 가지고 복잡다기한 국제정치 현상에 대한 설명·이해를 도모하여, 더 나은 인류적 삶에 기여할 수 있다는 사실을 깨닫게 될 것이다.

1장

•

'우크라이나전쟁'의
국제정치

1922년 12월부터 공산 소련의 일부가 되었던 우크라이나는 소련이 해체되는 과정에서 압도적인 국민적 지지에 힘입어 1991년 독립했다. 2004년 "오렌지 혁명(친서방 및 민주화 세력이 오렌지색 옷을 입고 친러정권/부정선거에 저항)" 이후 우크라이나는 서유럽화를 추구하여 EU와 NATO 가입을 정책목표로 설정했다. 우크라이나는 2008년 NATO '회원국 행동 계획' 참여를 신청했다. 그러나 2010년 대통령에 당선된 친러 정치인 야누코비치(Viktor Yanukovych)가 러시아 대통령 푸틴(Vladimir Putin)의 회유와 압력으로 2013년 EU 가입 의향을 철회하고 러시아로부터의 차관을 선택하자 '유로마이단(the Euromaidan, 수도 키이우의 독립광장에서의 친유럽적 시위)' 또는 '존엄의 혁명(Revolution of Dignity)'으로 불리는 대규모 시위가 발생했고, 의회는 그를 권력에서 축출했다. 그러자 러시아계가 많이 거주하는 우크라이나 남부의 크름(또는 크리미아, Crimea) 지역에서 친러 봉기가 일어났다. 2014년 러시아는 병력을 보내 이 지역을 합병하였고, 이에 고무된 동부 돈바스(Donbas) 지역의 친러 분리주의자들은 우크라이나로부터의 독립을 선언했다.

동부에서 사실상 내전이 진행되는 와중에 2019년 2월 우크라이나 의회는 EU와 NATO 가입을 주요 외교정책 목표로 삼는 헌법 개정안을 승인했다. 찬성 334표 대 반대 35표로 통과된 개정안은 가입 날짜를 명시하지는 않았지만 "우크라이나 대통령은 EU 및 NATO 정회원 자격 획득을 위한 우크라이나의 전략적 과정을 이행하는 보증인"이라는 조항을 삽입함으로써 정치인들이 우크라이나의 진로를 러시아 쪽으로 바꾸려는 시도는 우크라이나 헌법에 반하는 것으로 간주되었다. 2021년 대통령에 당선된 젤렌스키(Volodymyr Zelenskyy)는 미국의 바이든(Joe Biden) 대통령에게 우크라이나가 NATO에 가입할 수 있도록 도와달라는 메시지를 보냈고, 야당 지도자인 친러 정치인 메드베드추크(Viktor Medvedchuk)의 재산을 압류했다. 푸틴은 우크라이나, 러시아, 유럽안보협력기구(OSCE)가 2014년 서명한 돈바스 지역 평화 협정인 '민스크협정'을 파기하고 2022년 2월 24일 전격적으로 우크라이나를 침공했다.

1. 푸틴은 왜 우크라이나를 침공했나?

1) 배신자 우크라이나에 대한 응징과 대나치 부역 프레임 씌우기

레닌은 소련의 전략적 균형 발전을 위해 우크라이나에 상당한 투자를 했고, 이에 따라 러시아인들이 동부 지역에 대거 이주하고 정착하였다. 흐루쇼프는 1954년 선의의 표시로 크름반도를 우크라이나에 내주기도 했다. 이는 당시 소련 내부의 조정으로 여겨졌으나, 후일 중요한 정치적 의미를 지니게 되었다.

냉전에서 패배하고 소련의 해체를 겪은 러시아는 우크라이나가 독립 후 보인 친서방적 행동을 자신이 베풀었던 은혜에 대한 배신으로 여겼다. 특히, 소련 시절 우크라이나를 도우러 이주한 러시아계 주민들이 박해받고 있다는 점에서 이러한 배신감은 더욱 커졌다.

푸틴은 젤렌스키 정부가 동부 지역의 러시아계 주민들을 박해하고 있다고 판단하고, 이를 응징해야 한다고 결심했다. 그러나 주권 국가에 대한 무력 사용은 국제법상 불법이기 때문에, 푸틴은 이를 정당화할 프레임을 마련할 필요가 있었다. 그는 젤렌스키 정부에 '대나치 부역'이라는 프레임을 씌워 자신의 행동을 정당화하고자 했다. 젤렌스키가 돈바스의 러시아계 주민을 집단 학살하고 있다고 주장하며, 과거 우크라이나 민족주의자 반데라(Stepan Bandera)가 나치와 협력하며 홀로코스트와 집단 학살을 자행했던 역사를 들춰냈다.

반데라는 2차 세계대전 중 나치 독일에 점령된 우크라이나에서 독립을 선언하고 나치와 협력했다. 우크라이나 민족주의자단(Organization of Ukrainian Nationalists, OUN) 내 그의 파벌조직(OUN-Bandera)은 서부 우크라이나에서 수십만 명의 유대인을 학살한 홀로코스트(holocaust)에 가담했으며, 1942년 창설된 우크라이나 봉기군은 1943년에서 1944년 사이 수만 명의 폴란드인을 살해했다. 반데라는 이후 나치에 의해 투옥되었지만, 그의 대나치 협력은 독립을 위한 불가피한 전략으로 묘사되기도 하고, 나치 이념에 동조한 결과로 간주되기도 한다. 서부 우크라이나에서는 반데라를 영웅으로 기리며 기념비, 박물관, 거리 이름 등을 통해 그를 추모하지만, 동부 우크라이나와 러시아에서는 그를 무도한 대나치 부역자로 보고 있다.

푸틴은 배은망덕한 우크라이나를 응징하고 젤렌스키 정부에 '대나치 부역' 프레임을 씌워 자신의 군사 행동을 정당화하려고 한다. 젤렌스키가 나치가 핍박한 유대인임에도 불구하고, 푸틴은 그의 정부를 러시아계 주민을 박해하는 나치주의자로 프레임했다. 이는 2차대전 중 나치의 침공과 반데라의 대나치 부역을 기억하는 러시아인들에게 깊은 감정적 호소력을 발휘한다. 푸틴은 실제로 '반데라의 후예들'이 돈바스의 러시아인을 박해하고 있다고 믿었을 수도 있고, 동시에 우크라이나 침공을 가장 효과적으로 정당화할 수 있는 방법을 찾은 것일 수도 있다.

2) NATO의 동진(東進)과 러시아의 전략적·정치적 위기의식

푸틴에 따르면 러시아가 우크라이나에 대해 "특별군사작전"을 실시한 또 다른 주요 이유는 우크라이나의 NATO행이 러시아의 안보를 심각하게 위협하기 때문이다. 보다 상세히 말하자면 냉전이 종식될 무렵 독일 통일에 소련이 반대하지 않는다면 NATO는 결코 동유럽으로 확대되지 않을 것이라는 미국의 약속이 지켜지지 않았을 뿐 아니라, 벨라루스와 우크라이나를 제외한 과거 소련의 바르샤바조약기구(WTO) 동맹국이 모두 NATO에 가입한 상태에서 우크라이나마저 미국의 '세력권(sphere of influence)'에 들어간다면 러시아는 자신의 생존을 위해 우크라이나의 '위험한 장난'을 묵과할 수 없다는 것이다. 나아가 푸틴은 미국과 NATO가 우크라이나를 부추겨 러시아 영토인 크름을 공격하게 할 것이라며 "국가로서의 러시아의 역사적 미래"가 위험에 빠졌다고 주장했다.

뿌리 깊은 러시아인의 '안보불안감(sense of insecurity)'은 유럽과 아시아 중간에 위치한 러시아의 지정학에서 주로 비롯되었다. 역사적으로 러시아는 셀 수 없을 만큼 외적의 침략을 당하여 영토가 초토화되고 수많은 백성이 희생되었다. 가장 중요한 것들로 13세기 몽골, 1812년 나폴레옹의 프랑스, 1941년 나치 독일에 의한 침공을 들 수 있다. 이 외에도 러시아는 거란, 터키 등 주변 유목민들로부터 오랫동안 시달렸다.

냉전 초기 미국의 대소 봉쇄정책을 제시한 외교관 케넌(George Kennan)은 그의 유명한 '장문의 전보(Long Telegram)'에서, "소련의 신경과민적인 세계관의 밑바닥에는 전통적이고 본능적인 러시아 특유의 안보불안감이 있다. 러시아가 최초로 이러한 불안감을 체득하게 된 배경에는 유목민들이 있었다. 이 사나운 유목민들과 접촉하면서 광대하고 개방된 땅에서 평화롭게 생존해 온 러시아 농민들의 불안감이 고착되었던 것이다"라고 썼다. 미국의 국제관계연구소의 러시아 전문가 그레이엄(Thomas Graham)은 "러시아는 역동적인 국가들과 지역들에 둘러싸여 있고 이와 같은 힘과 매력의 극들(poles)에 의해 자신이 갈기갈기 찢길 수 있다는 위기의식을 갖고 있다"고 말했다.[1]

이러한 러시아 특유의 역사적 배경을 고려할 때 "러시아의 생존을 위해 군사작전을 감행했다"는 푸틴의 말은 러시아 입장에서 보면 설득력이 있는 부분이 있다. 과거 소련이 지배하던 동유럽 국가들을 EU나 NATO에 빼앗기고 이들 중 일부 국가에 러시아를 겨냥하는 NATO의

미사일 기지가 들어선 상태에서 과거 소련의 일부였고 현재는 국경을 공유하는 우크라이나마저 "위협적으로 팽창하는" NATO에 가입하려 하자 더 이상 몰리면 국가 생존 자체가 흔들릴 수 있다는 판단이 들 수도 있는 것이다.

더구나 '1990년 2월의 약속'을 헌신짝처럼 버린 미국이 NATO의 동진을 "평화를 가져오는" 시장민주주의(market democracy)의 확대로 정당화하고 힘으로 밀어붙이고 있다는 사실은 러시아의 군사적, 전략적 의미 외에도 푸틴 개인의 권력 기반이 되는 반자유주의적이고 비민주적인 "비공식적 국내정치(informal politics)"[2] 및 경제체제를 근본에서부터 잠식할 수 있다는 우려가 있을 수 있다. 컬럼비아대의 레그볼드(Robert Legvold)에 의하면, NATO 동진에 따른 자유민주주의 가치의 확산은 푸틴의 권위주의적 통치에 대한 위협으로 전환될 수 있다. 구소련이나 동유럽 국가들에서의 자유민주주의적 이상과 제도의 확립·확장은 러시아 내 푸틴 반대파를 고무하여 그의 권력 장악력을 약화시킬 수 있다는 것이다.[3] 우크라이나를 향한 NATO의 동진은 푸틴이 보기에 러시아의 흥망이 달린 그야말로 실존적 문제이며 또한 그 자신의 생존이 걸린 중대한 정치적 문제이다.

푸틴은 2007년, 2014년, 그리고 2021년, NATO가 계속 확장된다면 필요한 "군사적-기술적" 조치를 취하겠다고 공언했다. 그는 2021년 12월 러시아의 안보 우려를 호소하며 대서방 협상을 요구했다. 그러나 서방은 러시아의 정당한 안보 우려는 존재하지 않으며, 오히려 러시아가 이를 침략의 구실로 삼을 수 있다며 협상 제의를 거부했다. 시카고대의 미어샤이머(John Mearsheimer)는 이것이 클린턴(Bill Clinton), 오바마(Barack Obama) 등 미국 자유주의자 지도자들의 실수이고 우크라이나

전쟁의 핵심 원인이라 지적했다.[4]

3) 대(大)러시아의 부활

푸틴이 러시아의 안보를 지키기 위한 수세적 동기에 따라 행동했을 수 있지만 공세적 동기를 가지고 우크라이나를 침공했을 수도 있다. 러시아는 냉전에서 패하고 소련의 해체를 경험했다. 치욕을 당한 러시아인은 "강력한 대러시아의 부활"을 외치는 푸틴에 정치적 매력을 느꼈다. 여기에 약속을 어기고 강행된 NATO의 동진은 힘은 없고 몸뚱이만 큰 '바보 러시아'가 '교활한 미국'에 의해 더 이상 모욕당하지 않겠다는 러시아 애국주의를 자극했을 수도 있다.

비교 가능한 역사적 사례로서 바이마르 공화국 시절 '메시아'를 찾던 독일인들과 그러한 국민적 욕구를 교묘히 이용한 히틀러의 정치적 부상을 들 수 있다. 1차대전(1914-1918)에서 패하고 전범국으로 몰려 영토 일부를 잃고 이렇다 할 군대도 가질 수 없으며 막대한 전쟁배상금을 물어야 했던 당시 굴욕적 독일인들은 너나 할 것 없이 위대한 독일제국의 부활을 외치던 히틀러의 카리스마에 열광했다. 이를 배경으로 히틀러는 연합국들의 결의와 연대가 어느 정도인지 '간을 보며' 불법적 주권 회복에 나섰다. 그는 1936년 3월 1차대전을 마무리한 베르사유조약에 따라 비무장화된 라인란트 지역에 수만 명의 독일군을 진주시켰다. 히틀러는 그의 첫 번째 군사 조치를 취하며 1차대전 전승국들이 어떻게 나올지 간을 본 것인데 영국도 프랑스도 히틀러의 불법적 행동에 대해 이렇다 할 조치를 취하지 않았다. 간이 커진 그는 이어서 오스트리아를 합병하고, 나아가 뮌헨협정(1938)을 통해 독일인이 다수인 체코의 주데텐란트 지역을 차지했고, 그래도 영국과 프랑스가 유화적 자세를 유지하자 체코 전체와 슬로바키아를 점령했으며, 결국 폴란드까지 침공하였던 것이다.

2014년 미국, 영국 등 NATO는 '부다페스트각서(냉전 직후 우크라이나가 핵무기를 포기하고 대신 핵무기 보유국들이 우크라이나의 안보를 보장한다는 합의)'를 위반했다며 러시아를 규탄했지만 푸틴을 군사적으로 처벌하는 데까지는 가지 않았다. 푸틴은 2022년 우크라이나에 대한 특별군사작전을 개시할 때 크름 침공 시와는 달리 미국과 서방이 지금과 같이 강하게 나올 줄 생각하지 못했을 수 있다. 그러나 분명해 보이는 것은 히틀러의 경우와 유사하게 '굴욕적 현실'과 '영광된 과거'에 대한 향수가 크름 침공에 대한 서방의 유화적 태도에 고무되어 푸틴의 의사결정에 영향을 미쳤을 것이라는 점이다.

4) 합리적 결정이 아닐 수도!

푸틴이 우크라이나를 침공한 이유는 합리적 계산에 따른 것이 아닐 수도 있다. 정책 결정과정에, 예를 들어 러시아의 정보·보안기관이 조직의 이해를 둘러싸고 경쟁하는 이른바 '정부정치(government politics)' 또는 '관료정치(bureaucratic politics)'가 개입했을 수도 있다. 러시아는 그 정치적 특성상 많은 정보·보안기관들을 가지고 있다. 정치가 미국이나 서구와는 달리 사회 통제를 위한 비공개성과 비밀유지를 필수로 하는 "비공식적 체제"이기 때문이다. 하버드대의 앨리슨(Graham Allison)이 오래전에 관찰하였듯이, 이들 정부 조직들은 타 조직들이 자신의 영역을 침해하여 예산이나 인력 등 조직의 힘과 지위를 빼앗

아갈 가능성에 민감하여 '관료정치적 내부투쟁'에 몰두하는 경향이
있다.

특별군사작전 개시에 영향을 미쳤을 러시아의 정보·보안기관에는
연방보안국(FSB)과 국가정보국(GRU)이 있다. 2022년 3월, GRU의 침
공 계획과 실행을 비판하는 FSB 내부 문건이 유출됐다. 이 문서에서
FSB는 GRU가 우크라이나의 저항을 과소평가했고, 현지인들과의 협력
을 제대로 구축하지 않았으며, 신속한 승리에 대한 비현실적인 기대를
갖고 있었다고 비판했다. 이 유출로 인해 두 기관 간의 내부 갈등에 대
한 추측이 불거졌다.[5]

푸틴의 결정에 영향을 미친 요인은 현재까지 알려지지 않은 의외
의 것이 될 수도 있다. 강력한 정치적 에너지, 그러나 "내부로부터 왜
곡된" 그러한 에너지를 강박적으로 발산시켜야 하는 푸틴 개인의 성격
적 특질이라는 비합리적, 비계산적 동기가 작용했을 수도 있다. 대통
령의 성격이 의사결정에 미치는 영향을 연구한 듀크대의 바버(James
Barber)에 따르면, '능동-부정형(active-negative type, 세상을 약육강식의
관점에서 보는 사람이 매우 부지런한 경우)'의 성격에서는 상대적으로 열
정적인 노력과, 노력에 비해 상대적으로 낮은 감정적 보상감 사이에 모
순과 갈등이 존재한다. 이러한 성격의 소유자에게 있어 행동은 "강박
적(compulsive)"인 측면을 가지는데 마치 무엇인가 결핍된 것을 채워야
한다든가 또는 걱정으로부터 도피하기 위해 일에 매진한다든가 하는 식
이다. 그의 야심은 대단하고, 권력을 쉼 없이 좇는다. 그를 둘러싼 환경
에 대한 그의 태도는 공격적이다. 그러나 그의 이러한 엄청난 에너지는
"내부에서부터 이미 왜곡된 에너지(energy distorted from within)"이다.[6]

전쟁의 시작뿐 아니라 전개와 관련하여 푸틴이 "집단사고(groupthink)"[7]의 희생양이 되고 있을 수도 있다. 푸틴은 전쟁 초기부터 러시아군이 실패하고 있다는 것을 잘 알고 있었다. 그가 정보참모들을 교체한 데서도 이를 추론할 수 있다. 그러나 그는 "작전은 아직 시작도 하지 않았다"며 대규모 공격이 준비되어 있음을 시사하고 있다.

집단사고 이론에 따르면 위기시 의사결정과정에 참여하는 주체들은 문제 해결을 위해 평상시보다 더 자주 만나게 된다. 그렇지 않아도 동질적 요소를 많이 가진 이들이 더욱 더 같은 생각을 갖게 될 수 있는 것이다. '한 몸 정신(esprit de corps)'이 의사결정과정을 지배하게 되어 주체들이 객관적이고 비판적인 사고를 상실하게 되는 것이다.

가장 중요한 특징은 이들이 집단사고에 빠지면 자신들이 집단적으로 내린 결정을 결코 번복하지 않는다는 것이다. 누군가 번복하고자 한다면 그들을 묶어주는 '한 몸 정신'이 파괴되기 때문이다. 충성심을 가지고 하는 비판도 거세되기 마련이며, 여기에는 대통령도 결코 예외가 되지 않는다. 미국의 존슨(Lyndon Johnson) 대통령은 베트남전이 한창일 때 외부 원조의 85%가 하역되는 북베트남의 하이퐁항을 폭격하라고 명령했다. 자기 참모들과의 합의에 따른 것이었다. 그런데 문제는 당시 하이퐁항에 소련의 선박들이 물자 하역을 위해 정박하고 있었다는 점이다. 만일 폭격이 잘못되어 소련 선박이 피격되면 3차대전이 일어날 수도 있는 것이었다. 그는 전전긍긍하면서 밤잠을 설쳤다. 그는 딸과 함께 성당에 가서 기도도 하고 했지만 결국 무사히 작전이 끝났다는 보고를 받고서야 잠에 들 수 있었다. 군통수권자인 대통령도 위기시에 자신이 속한 집단이 내린 결정을 번복하기 어려웠던 것이다.

물론, 푸틴이 이런 상황에 빠졌다고 주장하는 학자들은 없어 보인다. 그런데 그 이유는 학자들이 그와 그가 참여한 의사결정과정에 대한

집단사고

집단사고(groupthink) 이론을 만든 예일대의 재니스(Irving Janis)가 던진 질문은 존슨 정부의 "수재들로 구성된 안보팀이 1960년 중반 누가 보더라도 실패하고 있는 베트남전 정책을 왜 고집스럽게 고수하여 미국에게 대재앙을 가져다주었는가?"였다. "화요 점심 그룹"이라 불린 '내부 서클'의 구성원들은 공동의 역경을 겪으면서 강화되고 심화된 상호 존경과 충성심으로 가득 찬 지적이고 양심적인 인물들이었다. 그들은 모임이 지속되면서, 마음이 맞는 모든 사람이 그러하듯, 의견이 다른 경우에도 결코 직접적이거나 격한 언어를 사용하지 않았고, 동료의 비위가 상하지 않게 말하는 방법을 터득해 갔다. 존슨 정부의 무력 개입에도 불구하고 베트남전은 급격히 악화되었다. 위기는 기습처럼 찾아왔고, 따라서 '화요 점심 그룹'은 그야말로 중대한 판돈이 걸린 사안에 대해 엄청난 시간적 압박 속에서 해결책을 찾아야 했다. 이러한 상황하에서 구성원들은 소속감의 필요성을 더욱 절감하게 되었고, 따라서 집단 내 응집성을 급증시켰으며, 이들의 이와 같은 '동의 추구(concurrence-seeking)' 경향은 결국 자신들과 집단이 집단사고에 빠지게 만들었다. 재니스에 따르면 구성원들의 집단적 유대감과 '한 몸 정신(esprit de corps)', 즉 강력한 동지애를 강화시켜주는 만장일치의 추구는 집단사고의 모든 징후의 심리적 근본이다. 그는 집단사고의 징후 중 "일치 압박" 또는 "동조 압박"의 중요성을 강조하며 사례를 들어 설명하고 있다. 예를 들어 '화요 점심 그룹'이 이미 내린 결정이나 정책은 회의석상에서 다시 거론되지 않았다. 이를 재론코자 하거나 대안적 시각을 제시하는 구성원들은 조직의 규범을 무시하며 개인플레이를 하는 것으로 간주되었다. 그들은 이내 '동조 압박'을 느끼며 집단정신에 길들여졌다. "튀려는 사람은 배척되었다(odd man out)."

재니스는 몇 가지 집단사고 방지책을 제시했다. 예를 들어 첫째, 지도자는 토론 결과에 지나치게 영향을 미치지 않도록 정규적으로 회의에 참석하기보다는 많은 회의에 의도적으로 불참해야 한다. 둘째, 조직은 몇 개의 독립적 그룹을 만들어 같은 문제를 따로 논의하도록 하여야 한다. 분임 토론 같은 방식을 통해 좋은 아이디어를 내는 팀을 보상하는 경쟁적 분위기를 만들어낼 수도 있다. 셋째, 적어도 구성원 중 한 사람은 열띤 논의가 이뤄지도록 일부러 반대 입장을 취하는 사람, 즉 선의의 비판자 또는 '악마의 변호인(devil's advocate)'의 역할을 하도록 한다.

정보를 갖고 있지 못하기 때문일 뿐이다. 푸틴이 집단사고에 의해 영향을 받지 않는다는 증거는 없다. 그가 '러시아의 존슨'이 아니라는 보장이 없는 것이다.

2. 서방은 왜 러시아를 제재하는가

1) 국제사회인 UN 헌장의 위배

서방은 약육강식의 야만적인 국제정치를 문명화하기 위해 국제체제(international system)에서 '사회'를 만드는 노력을 지속적으로 기울여왔다. 1차대전 후 만들어진 국제연맹은 실패했고, 이를 보완한 것이 UN이라는 '국가 간 공유된 규범과 규칙(예를 들어, 무력 사용 금지)'[8]에 기반한 '국제사회(international society)'이다. 서방이 러시아를 제재하는 이유 중 하나는 러시아의 군사 행동이 국제사회인 UN의 헌장을 위배하기 때문이다. UN 헌장 제2조 제4항은 "모든 회원국은 그 국제관계에 있어서 다른 국가의 영토 보전이나 정치적 독립에 대하여 또는 UN의 목적과 양립하지 아니하는 어떠한 기타 방식으로도 무력의 위협이나 무력 행사를 삼간다"고 규정하고 있다. 미국 등은 UN 안전보장이사회에서 러시아가 공격을 즉시 중단하고 군대를 철수하라는 결의안이 러시아의 거부권 행사로 채택되지 못하자, UN 총회에 이 문제를 회부하여 찬성 141표(반대 5표는 북한, 벨라루스, 에리트레아, 러시아, 시리아; 기권 35표는 중국, 인도, 이란 등)로 가결시켰다.

2022년 3월 2일 채택된 결의안은 "러시아의 2월 24일 '특별군사작전'을 규탄한다"며 "러시아가 우크라이나 영토에서 즉각적이고 완전하며 무조건적으로 군병력을 철수할 것", 그리고 "우크라이나의 주권, 독립, 영토 보전에 대한 약속을 재확인할 것"을 요구했다. 그러나 러시아는 이 국제사회의 결의안을 무시하였고, 이에 따라 서방은 러시아를 제재하게 되었다.

2) 미국의 이상주의

미국은 러시아의 우크라이나 침공이 인간의 기본 권리를 침해하고 인류의 보편 가치를 부정하는 비윤리적, 반인륜적 범죄 행위임을 강조하고 있다. 바이든 대통령은 3월 26일 "제국을 건설하려는 독재자는 자유를 향한 열망을 결코 무력화할 수 없고", "우크라이나 국민의 용감한 저항은 더 큰 싸움의 일부로서 모든 자유인을 하나로 묶고 있다"고 말했다. 미국인들이 보편적 가치로 생각하는 (개인의) 자유를 지키기 위해 그 어떤 비용도 치를 각오가 되어 있다는 말은 바이든이 처음 한 것은 물론 아니다. 1620년 '메이플라워호'와 1630년 '아벨라호'가 신대륙에 도착한 이래 개인적, 종교적 자유를 지고(至高)의 선으로 생각해 온 미국은 외교안보정책을 '인류 보편적 가치'인 자유를 보호·유지·확산하는 수단 중 하나로 간주해 왔다. 이를 역사적 관점에서 이해하기 위해 한 걸음 더 들어가 보자.

청교도의 이민으로부터 시작한 미국은 처음부터 종교의 자유가 핵심인 개인의 자유를 신성시하는 가치공동체였다. 미국인들은 자신의 정치적, 법적 정체성의 뿌리를 미합중국 '헌법 제정자들(Founding Fathers)'에서 찾듯이, 자신의 문명적, 가치관적 정체성의 뿌리를 1630

년 청교도 지도자 윈스롭(John Winthrop) 목사가 매사추세츠만으로 가는 '아벨라호(Arbella)' 선상에서 행한 설교에서 나오는 마태복음 5장 14-16절의 '산 위의 동네(city upon a hill)'라는 상징적 개념에서 찾는다.

"너희는 세상의 빛이라 '산 위에 있는 동네'가 숨기우지 못할 것이요, 사람이 등불을 켜서 말 아래 두지 아니하고 등경 위에 두나니 이러므로 집안 모든 사람에게 비취느니라. 이같이 너희 빛을 사람 앞에 비취게 하여 저희로 너희 착한 행실을 보고 하늘에 계신 너희 아버지께 영광을 돌리게 하라."

그만큼 이들은 '산 위의 동네'처럼 모두가 우러러 보는 신앙의 모범이 되어야 한다고 생각했고, 이는 미국이 종교의 자유가 핵심인 개인의 자유를 신성시하는 가치공동체였음을 말해 준다.

이러한 미국의 문명적 '예외주의(exceptionalism)'는 19세기 중반 "명백한 운명(manifest destiny)"의 시대를 거치면서 그 국제주의적 소명 의식이 강화되었다. '명백한 운명'이란 1845년 미국 민주당 기관지 편집인 오설리번(John O'Sullivan)이 "합병(annexation)"이라는 에세이에서 최초로 사용한 개념으로서 "자유롭고 윤리적인 공화국" 미국이 텍사스와 오리건 등을 합병하여 아메리카 대륙 전체를 차지하는 것은 하나님의 섭리에 따른 것으로 불가피하다는 내용을 담았다. 그는 하나님이 주신 미국인의 영토적 권리 행사를 영국과 프랑스가 방해하고 있다며 "신대륙에서의 유럽 국가의 식민주의적 행위를 미국에 대한 전쟁 행위로 간주하겠다"고 한 1823년의 먼로 독트린을 연상케 하는 나름의 대유럽 경고문을 실은 것이었다.

당시 미국인들에게 상당한 호소력을 갖고 있던 '명백한 운명'이라는 담론적 서사는 1890년대 미국·스페인전쟁(1898)과 하와이 합병(1898) 과정에서 대륙 너머로의 영토 확장에 대한 미국인의 정치적 공감대를 형성하는 데 큰 영향을 미쳤다. 미국인들은 매사추세츠의 청교도들이 "산 위의 동네"를 건설하려 했던 것처럼 '자유롭고 윤리적인 공화국'의 경계를 태평양을 넘어 확대해야 하는 신앙의 의무를 가진 것으로 파악했던 것이다. 이후 미국의 정치인들은 외교 노선이나 정책을 정당화하기 위해 이러한 미국인들의 독특한 기독교 문명적 예외주의이자 인종적 우월주의를 사용했다.

자유와 민주주의를 전 세계에 확산해야 할 신앙적 의무를 강조한 미국의 지도자는 "자유의 제국(Empire of Liberty)"의 제퍼슨(Thomas Jefferson), 그리고 이 노선의 신봉자였던 링컨, 윌슨, 맥아더, 케네디, 존슨, 닉슨(Richard Nixon), W. 부시(George W. Bush) 등을 포함했다. 이와 같이 "민주주의의 횃불"인 미국은 전 세계의 자유와 평화를 위해 "필수불가결한 나라(indispensable nation)"로서 전 지구적 경찰의 역할을 자처했다. 미국의 이상주의적 신념이 국제적으로 선포된 주요 사례는 1947년 3월의 트루먼 독트린이었다. 트루먼 대통령은 공산주의자들이 그리스와 터키(현 튀르키예)를 위협하자 "무장된 소수나 외부 세력이 자유민들을 복속시키겠다고 공격할 때 이에 저항하는 그들을 돕는 것이 미국의 정책이 되어야 한다"며 미국의 무조건적인 지원을 공약했다. 물론 미국의 정치 문화가 안정적인 구조를 갖고 있지만 그것이 본질화(essentialize)될 수는 없다. 문화의 본질화는 미국의 문화를 고정적이고 동질적인 실체로 제시함으로써 그 유동성, 다양성, 혼합적 특성을 무시할 수 있고, 나아가, 복잡하고 다층적인 문화적 현상을 단일한 본질로

축소하는 환원주의의 오류를 함께 범할 수 있기 때문이다. 그러나 미국적 가치라는 '심층적 구조(deep structure)'는 비록 미국의 전술·전략적 이해관계나 정권 변동에 따르는 단기적 태도 변화를 설명하기는 어렵지만 장기간에 걸쳐 '변하지 않는 미국'을 이해하는 데 핵심 요인이 된다는 점은 부인할 수 없을 것이다.

3) 바이든의 국내정치

미국 특유의 이상주의는 국내정치적 차원에서 소비될 수 있는 정치적 자원이 될 수 있다. 다시 말해, 미국의 기독교적 자유주의 가치관이 현재도 그대로 유효한지 의문이 제기될 수 있고 미국의 예외주의가 신화적 요소를 가진 것도 사실이지만, 중요한 것은 그러한 신화가 미국 내에서 정치적 호소력과 힘을 가지고 있다는 점이다. 미국의 정치인들은 정치적 지지를 확보하기 위해 개인의 종교적 자유와 '강 같은 평화'가 넘치는 '산 위에 있는 동네'라는 상징을 끊임없이 활용해 왔다. 케네디(1961년 대통령 당선인 연설), 레이건(1980년 선거유세 마지막 연설), 오바마(2006년 6월 2일 매사추세츠대 졸업식 연설) 등이 주요 사례이다. 미국의 상대적 쇠퇴를 반영하며 자유주의 국제체제 유지 비용 전담을 거부하고, '미국 민족주의'를 선언하는 등 고립주의 외교 노선(미국은 필요한 것이 다 완비된 자족적인 국가로서 타국들 간의 관계에 개입하지 않는다는 노선)을 추구했던 트럼프 대통령도 2020년 연두 국정보고에서 미국인들의 '명백한 운명'을 강조했다. 그도 '명백한 운명'이라는 서사가 강력한 국내정치적 호소력이 있다는 사실을 잘 알고 있던 것이다.

바이든 대통령이 2018년 사우디아라비아 반체제 언론인 카슈크지

암살의 책임을 물어 사우디를 국제사회의 '왕따'로 만들겠다고 공언했던 것도, 그리고 국내정치적으로 위기감을 조성하는 고유가를 진정시키기 위해 사우디에 대해 실리외교를 추구하면서도 "카슈크지에 대한 내 입장은 절대적으로 명확"하며 "나는 인권 문제에 대해 결코 침묵한 적이 없다"고 강조한 것도 같은 국내정치적 맥락에서 이해될 수 있을 것이다. 현재 바이든과 그의 민주당은 향후 10년의 미국 정치를 좌우할 수 있는 중간선거를 코앞에 두고 있다. 정치적 이익을 도모하고자 하는 어떤 미국의 정치 지도자도 중대 선거를 앞두고 '자유주의적 미국인들'을 '도덕적'으로 실망시킬 수는 없을 것이다.

4) 미국의 안보전략적 계산: "러시아가 '민주평화' 노선을 좌절시켜서는 안 된다."

미국은 냉전 직후인 클린턴 정부 때부터 소위 민주평화론에 입각하여 구적성국이나 비민주주의 국가들을 민주화함으로써 세계적 평화와 안정을 실현하고자 했다. "민주 국가끼리는 싸우지 않는다"는 국제정치이론을 수용한 미국의 국가안보전략, 즉 "관여와 확산(engagement and enlargement)" 전략이 그것이었다. NATO의 동진(1999년 체코, 헝가리, 폴란드 가입)도 같은 맥락에서 이루어졌다. 구적성국인 동유럽국들을 민주화하면 민주 국가끼리는 싸우지 않기 때문에 적어도 유럽에서의 평화와 안정이 보장될 수 있다는 논리였다. 2004년 불가리아, 발트3국, 루마니아, 슬로바키아, 슬로베니아의 NATO 가입이 보여주듯, 민주평화론에 기초한 외교안보 관념과 이론은 클린턴 정부 이후의 정부에서도 그 기조가 유지되었다. 그런데 냉전에서 패배하여 소련이 해체되는 수모를 당한 러시아의 민족주의가 푸틴을 통해 우크라이나 등으로의 세력권 탈환을 시도하자, 미국으로서는 '시장민주주의 동맹국'과 함께 러시아의 팽창을 막아야 하는 것이다. 민주주의의 후퇴는 궁극적으로 세계나 유럽의 안정과 평화를 위협할 것이기 때문이다.

서방의 러시아 제재는 민주평화론뿐 아니라 '뮌헨 증후군(Munich syndrome)'이 게재되어 있기도 하다. 앞서 말했듯이, 1938년 히틀러가 독일인들이 많이 거주하던 체코의 주데텐란트에 대한 영토 할양을 요구했을 때 영국의 체임벌린(Neville Chamberlain) 수상이 뮌헨에서 히틀러 등과 회동하여 당사자인 체코를 무시한 채 주데텐란트를 나치에게 넘겨주는 협정을 체결하는 등 유화적(appease)으로 대처함으로써 결국 2차대전을 야기했던 것을 반면교사로 삼아, "1인치를 주면 1마일을 요구할" 히틀러나 푸틴과 같은 반민주적 독재자들의 영토적 야심에는 처음부터 강력하게 대처해야 한다는 역사적 교훈이 작용하고 있는 것이다. 메르켈(Angela Merkel) 전 독일 총리는 서방이 "뮌헨의 교훈을 잊어서는 안 된다"며 러시아가 "침략하고도 대가를 치르지 않고 도망가지 못하도록" 해야 한다고 말했다.[9]

3. 서방의 러시아 경제 제재는 얼마나 효과적인가

러시아가 2021년 EU 국가들에 대한 원유 및 천연가스 수출로 올린 수익은 같은 해 러시아 예산의 45%에 해당한다. 러시아가 우크라이나를 공격하자 수입 감축을 시작한 EU와 영국은 선박으로 운송되는 러시아산 원유에 대해서는 2022년 말까지, 석탄은 8월 이전에 금수하겠다고 발표했다. 가스에 대한 제재는 시행되지 않고 있지만, 유럽 국가들은 2022년 말까지 가스 소비를 66% 줄이고, 2027년까지는 러시아산 가스에 대한 의존을 완전히 해소하겠다는 계획이다. 러시아산 천연가스 의존율이 세계에서 가장 높은 독일은 독일과 러시아를 해저에서 직접 연결하는 가스 파이프라인 계획인 노르트스트림2(Nord Stream 2)에 대한 인증을 거부했다. 미국은 러시아의 모든 석유와 가스 수입을 금지했다.

서방은 러시아 경제의 혈관을 옥죄기 위해 금융 제재를 시행했다. 금융 제재로 인해 러시아는, 예를 들어 미국 은행에 예치된 6억 달러를 해외 부채 변제용으로 사용할 수 없게 되었고, 서방의 은행이 러시아 중앙은행과의 거래를 거부하여 해외에 투자된 자금 6300억 달러 중 절반인 3150억 달러도 동결되었다. 러시아의 주요 은행들은 전 세계 은행들이 참여하는 국제은행통신협회(SWIFT)에서 퇴출되어 사실상 금융 거래를 할 수 없게 되었다. 이로 인해 수출입 무역 대금의 정상적 결제가 불가능해져 러시아는 석유와 천연가스 판매 대금을 제때에 받는 데 어려움을 겪고 있다. 2012년 이란도 SWIFT에서 퇴출된 적이 있다. 이는 이란이 2015년 미국 등과의 핵협정에 서명하게 된 배경 중의 하나였다. 투자 및 기술 제제의 일환으로 상당수의 초국적 기업이 러시아를 떠났거나 영업을 중단했다. 제재에 참여하고 있는 기업은 BP, Shell, Exxon 등 석유 기업, 그리고 세계 최대 항공기 제작사인 보잉과 에어버스, 제트엔진 제작사인 GE와 프랫앤위트니를 위시하여 Amazon, Apple, Google, Microsoft, BMW, LG, 삼성, TSMC, Sony, VISA 등 1,000개를 상회하고 있다.

그렇다면 러시아에 대한 서방의 경제 제재는 얼마나 효과적일까?

에너지 자원에 대한 제재의 효과를 보자면, 러시아 국영기업 가즈프롬의 2022년 7월 가스 생산량은 전년 대비 10.4% 줄었다. 이는 2008년 이후 최저 수준이다. 러시아의 7월 원유 생산량은 우크라이나 침공 이전에 비해 1일 기준 31만 배럴 감소했고, 수출은 58만 배럴 줄었다. 물론, 에너지 가격의 상승으로 서방의 에너지 금수의 효과는 현재로서는 제한적이지만, 미국 예일대 경영대학원의 한 보고서에 따르면 "유럽 시장에 의존하는 러시아는 중장기적으로 큰 위협을 받게 될 것"이며, 러시아가 제재의 타격을 저가 공세로 상쇄하려 하지만 이는 효과적으로 유지될 수 없는 대안이 될 것이다.[10] 9월 현재 러시아는 우랄유를 북해산 브렌트유에 비해 배럴당 34달러나 할인하여 전례 없이 저렴한 가격으로 중국과 인도에 팔고 있는데 결국 중장기적으로는 남는 게 없는 장사가 될 것이라는 말이다. 추가적인 가격 압박도 문제가 될 것이다. 러시아가 아시아 외에 새로운 시장을 개척하려면 유가를 그 이상으로 할인해야 할 수도 있는데 러시아가 과연 이러한 출혈 판매를 감당할 수 있겠는가? 만일 그렇다고 해도 기존의 시장이 '최혜국 대우(Most Favored Nation Status, 통상 조약을 체결한 나라가 상대국에 대해, 가장 유리한 혜택을 받는 다른 나라와 동등하게 대우하는 일)'를 요구하며 차별 시정을 요구하면 어떻게 할 것인가? 러시아의 할인 판매는 중장기적으로는 지속 가능하지 않다고 보는 것이 합리적이다.

　금융 제재의 효과는 어떤가? 서방의 동결 조치에 의한 러시아의 외화 부족은 루블화의 가치를 급격히 떨어뜨리고 있다. 만일 러시아가 보유한 외화를 자유롭게 사용할 수 있다면 루블화 가치의 급락을 효과적으로 막을 수 있을 것이다. 러시아 정부가 보유 외화를 팔아 루블화를 사들이면 되기 때문이다. 그러나 금융 제재로 인해 러시아는 그러한 방어 수단을 사용하기 어렵고, 따라서 루블화의 가치는 사상 최저치로 추락하고 있다. 루블화의 급락은 그렇지 않아도 세계 경제의 인플레이션 압력 하에 있는 러시아 경제를 더욱 취약하게 만들고 있다.

서방의 대러 투자 및 기술 제재 또한 의미 있는 결과를 낼 것으로 예측된다. 보잉과 에어버스 그리고 GE와 프랫앤위트니는 대러 제재에 참여하여 러시아 항공기의 정비 지원이나 부품 공급을 거부하고 있다. 러시아 항공사들은 부품이 바닥난 상태이고 항공기는 정비도 제대로 받지 못하고 위험한 운항을 하고 있다.

러시아 GDP의 25%(2021년 기준, 러시아상공회의소)를 담당하던 초국적 기업들의 대탈출은 러시아의 고용 상황을 악화시키고 있다. 2022년 3월 실업률은 2월의 4.1%에서 6.4%로 증가했다. 러시아를 떠나는 초국적 기업들이 늘어나고 경제가 계속 악화됨에 따라 실업률은 앞으로 몇 달 동안 계속 상승할 것으로 예상된다. 러시아의 실업 위기는 생활 수준의 저하를 야기하고 있고, 정치적으로 예민한 문제인 민생고를 크게 부각하고 있다. 러시아 정부는 실업 위기를 해결하기 위해 기업에는 보조금을 지급하고 노동자들에는 실업 수당을 지급하는 등의 조치를 취하고 있지만 지금까지 실업률 상승을 막기에는 불충분해 보인다. 앞서 인용한 예일대 보고서에 따르면 "러시아 내수 경제는 떠나가버린 외국 기업과 수입품, 그리고 기술 인력을 대체할 능력이 전혀 없는 상태에서 완전히 멈춰 섰다."[11]

서방의 제재로 러시아 경제가 실제로 붕괴할지는 확실하지 않다고 보는 시각도 있다. 이에 따르면 러시아는 크름을 침공하여 합병한 2014년 이후 서방의 제재 효과를 완화할 수 있는 경제적 조정 능력 또한 꾸준히 배양해 왔다. 나아가 경제는 심리라고 할 때 러시아 경제가 제재에 내성이 있다는 사실은 제재의 효과가 서방의 기대에 못 미칠 수 있음을 암시한다. 만일 경제 제재가 느닷없이 가해졌다면 붕괴의 가능성이 상당했을 것이다. 그러나 러시아는 이미 2014년부터 서방의 경제 제재를 받아왔기 때문에 견딜 힘, 특히 심리적 저항력이 생겼다. 상당수 북한 전문가가 대북 제재가 큰 효력이 없을 것이라고 보는 이유도 이와 유사하다. 어떤 학자는 대북 제재가 "스님에게 고기를 주지 않는 것"과 같다고 말한 바 있다. 물론 대러 제재의 역사는 북한과 비길 바가 아니지만, 어쨌든 2014년부터 가해진 제재는 역설적으로 러시아 경제의 붕괴를 완충할 가능성이 있다.

다방면에서 이루어진 서방의 제재는 러시아의 경제적 운신의 폭을 줄이고 국내정치적 압박 수위를 높여 중장기적으로는 푸틴의 전략계산에 영향을 줄 것으로 보인다. 그러나 다른 한편 적어도 단기적으로는 러시아 경제 붕괴와 푸틴의 항복이 현실성 있는 분석·예측이라 할 수는 없어 보인다. 푸틴은 초기 제재 국면을 잘 버티면 서방이 결국 제재에 따른 정치적, 경제적 피로 누적으로 분열되고, 제재의 동력이 약화되어 자신이 전쟁 과정을 통제할 수 있을 것이라 생각할 수도 있다. 푸틴의 낙관론을 부추기는 요인 중 하나는 서방의 대러 제재를 방해하는 이른바 실리주의 국가들이다. 실제로 컬럼비아대의 작스(Jeffrey Sachs)에 따르면 중국, 인도, 그리고 모든 아시아 및 라틴아메리카 국가들이 러시아와 교역하고 있으며 그들은 대러시아 '대리 전쟁'의 일부가 되고 싶어하지 않는다. "그들은 이 전쟁이 러시아가 일방적으로 일으킨 침략 전쟁이라고 보지 않는다. 그들에게 이 전쟁은 러시아와 미국 간의 전쟁이고 양국 모두 책임이 있다고 보고 있다."[12] 과연 이들 국가들은 어떻게 실리를 추구하고 있으며, 또한 그들의 방해 의지와 역량은 어느 정도인가?

1) 서방의 대러 제재 효과를 약화시키는 국가들, 그들은 왜?

일련의 국제정치학자들은 서방의 러시아 제재에 동참하지 않을 뿐더러, 이 기회를 이용하여 자신의 전략적, 군사적, 경제적 이익을 챙기려는 현실주의적 국제정치 주체는 상당수이며, 그들의 실리주의적 행동은 제재의 예봉을 무디게 하여 결과적으로 러시아를 위기에서 구제해 줄 수도 있다고 주장한다. 그러나 이 문제는 칼로 무를 자르듯 간단명료하지는 않다. 결론부터 말하자면 이들은 러시아의 '버틸 힘'을 증가시켜 줄 수는 있으나, 실존적 위기에 직면한 러시아에 생명줄을 제공할 수 있는 정도의 능력과 의지를 겸비하지 못하고 있다. 왜 그런지 중국의 경우부터 살펴보자.

중국의 경우

러시아의 우크라이나 침공 직후 중국은 "일관되게 각국의 주권과 영토 보전을 존중"한다고 했다. 하지만, "동시에 우크라이나 문제에 복잡하고 특수한 경위가 있다는 점을 주시하며, 러시아의 합리적인 안보 우려를 이해한다"며 양시론(兩是論)을 제시했으나, 사실상 러시아를 돕고 있다. 예를 들어 중국은 코로나19의 재유행과 격리 조치로 국내 수요가 감소했는데도 불구하고 5월 러시아산 원유를 842만 톤 수입했다. 직전 4월보다 29%, 전년 동기보다 56.6% 증가한 규모이다. 중국의 러시아산 천연가스 수입은 전년 동기보다 54% 증가했고, 이는 '시베리아의 힘' 파이프라인을 통한 수입액은 포함하지 않은 수치이다.

그러나 중·러 간 에너지 협력의 이면을 들여다보면 상황은 복잡하고 복합적이다. 일단 중국은 미국과의 패권경쟁의 구도 하에서 대러 지원을 지속할 가능성이 있음이 지적될 수 있다. 중국은 1970년대 말 덩샤오핑(鄧小平)의 개혁·개방 선언 이후 급성장하여 소련의 해체로 발생한 국제체제의 권력 공백을 메꾸면서 패권국 미국에 대항하려는 의지와 능력을 갖춘 주체로 부상했다. 중국이 동아시아에 대한 영향력을 증대해 나가자 9·11 이후 '테러와의 전쟁'에 몰두하던 미국은 '아시아로의 회귀(Pivot to Asia)' 또는 '재균형정책(Rebalancing)'으로 중국의 팽창을 저지하려 했다. 나아가 미국은 동맹국과 우방국을 규합하여 중국을 외교안보적으로 포위하고 압박하는 차원에서 쿼드(QUAD) 및 인도·태평양전략을 수립·추진하고 있고, 중국의 팽창주의적 대외정책의 기초가 되는 경제 성장을 둔화시키기 위해 화웨이(华为)와 같은 중국 IT 기업에 제재를 가하고, 또한 중국에 첨단 반도체 공급을 제한하는 "칩4(Fab 4)"를 결성했다. 게다가 중국이 보기에 미국은 자신의 영토인 타이완에 공격용 무기를 판매하고, 정치외교적으로 지원하며, 분리독립주의자들을 도덕적으로 격려하고 있다. 자신의 영해인 "타이완해협의 평화가 양국의 주요 관심사"라는 미국과 일본의 공동성명 등은 중국의 입장에서는 특히 자극적이다. 중국은 이러한 미국의 패권 전략에 공동 대응하기 위해 러시아와의 협력이 필요하다고 볼 개연성이 높다. 이 상황에서 우크라이나전쟁이 발발했으니 중국으로서는 미국이 제재하는 러시아 편에 서서 패권경쟁을 자신에게 유리하게 이끌고자 하는 유인이 생길 수 있는 것이다.

그러나 중국은 대놓고 반미 전선에 서서 러시아를 지원하기는 어려운 조건에 있다. 이 같은 조건은 중국의 국가적 가치관으로서의 반제국주의, 변화하는 중국의 정체성(identity), 세계전략상의 필요에 따른 반패권주의, 대타이완 전략상의 필요, 그리고 서방의 대중 제재 가능성 등을 포함한다. 첫째, 중화인민공화국의 핵심적 외교 이념은 반제국주의이다. 중국이 1950년대 초 반제국주의 '평화 공존 5원칙'을 채택한데는 역사적, 현실적 이유가 있었다. 무엇보다 '100년의 수모'이다. 중국은 오랫동안 천하사상이라는 자민족우월주의에 빠져 있다가, 19세기 중반 영국 등과의 아편전쟁에서 패함으로써 결국 반식민지화하였고, 상하이 프랑스 조계의 공원이나 식당에 게시된 "개와 중국인 출입금지"라는 팻말을 봐야 하는 수모를 겪어야 했다. 이 수모는 인민공화국 창건까지 100년 동안 이어졌다. 100년의 수모를 겪은 중국의 공산당 지도부는 서양 개념인 개인의 자유는 "국가 간 관계에서의 국가의 자유", 즉 국가주권이 침해되지 않고 보장될 때 비로소 상상할 수 있는 가치라고 인식해 왔다. 따라서 중국은 약소국들의 국가주권, 영토주권을 무시·침해하고, 상호 양해하에 '땅따먹기'를 정당화하는 제국주의국가와 그 외교 이념에 반대할 수밖에 없는 역사의식을 가진 것이다. 그런데 러시아는 우크라이나의 국가주권과 영토주권을 무참히 침해하였고, 이는 중국의 국가적 담론이자 가치관인 반제국주의와 정면으로 충돌한다.

둘째, 중국이 러시아 지원에 '올인'할 수 없는 구조적인 이유는 국제정치의 '규범' 및 중국의 정치적 '정체성'과 관련이 있다. 중국의 정체성은 자기중심적인 민족주의적 중화사상과 '100년의 수모'에 의해주로 구성되어 있지만 시간과 환경의 변화에 따라 바뀌어 왔다. 시간순으로 말하자면 중국의 정체성은 개혁·개방이 시작된 1970년대 말부터 서서히 변해 왔고, 21세기 초반부터는 경제적 급성장과 세대교체에 힘입어 '100년의 수모'보다 중화사상이 우위를 점하는 가운데 중국이 세계를 이끌겠다는 새로운 자신감에 기초한 정치적 가치관으로 재구성되고 있다. 중요한 것은 지속적으로 변하는 중국의 정체성은 국제사회의 정치적 문화이자 환경이라 할 수 있는 국제적으로 "공유된 규범(shared norms)"과 연동되어 있다는 사실이다. 중국의 정체성은 국제사회의 지배적인 가치관 및 규범과 소통하며 영향을 받는다는 것이다. 중국은 대약진운동, 문화혁명 등 국제사회와 절연하고 자력 갱생을 추구하던 마오쩌둥(毛泽东) 시대와 달리 국제사회의 가치관과 규범에 '자발적으로' 포섭되어 있다. 그것이 자신의 이익을 위해 '적절'하다고 보는 측면도 있다. 따라서 국제정치학의 구성주의자들이 지적하듯, 국제사회의 공유된 규범을 무참히 짓밟고 있는 러시아를 중국이 계속 비호하며 국제사회에서의 외면과 고립을 무릅쓰려 하지는 않을 것이다. 세계를 덕(德)으로 이끌며 왕도정치(王道政治)를 하겠다는 중국의 정체성이 그것을 용납하기 어렵다는 말이다.

셋째, 중국은 이념이나 가치관적 이유와는 별도로 세계전략상의 필요에서 반패권주의, 뒤집어 말하면 국가주권과 내정 불간섭 원칙의 신성성(神聖性)을 강조해 왔다. 현재 중국은 자신의 신장된 물리력에 기초하여 2차대전 후 미국이 구축한 기존의 국제질서를 보다 "정의롭고 민주적"인 새로운 질서로 바꾸자고 국제무대에서 선전하고 있다. "정의롭고 민주적"이라는 중국의 담론은 기존 질서에서 주변에 머무르거나 국제사회의 의사결정과정에서 배제되어온 이른바 개발도상국, 즉 약소국을 대상으로 하고 있다. 패권국이나 그와 공생하는 서방의 엘리트국가가 밀실에서 담합하여 의사를 결정하고 그것을 약소국에게 강요하는 불의한 체제가 아닌 모든 주권국가가 평등한 입장에서 자율적으로 참여하여 전 세계의 평화와 공동 번영을 추구하자는 것이다. 이른바 천하체계론(天下体系論)이다. 이러한 맥락에서 중국이 약소국의 영토주권이 침해되는 것을 용인하거나 방치한다면 중국이 도덕적 주체로서 국제정치적 지도력을 확보하려는 것과 그야말로 형용모순이 된다.

넷째, 중국의 최고 국가 목표인 "타이완 해방"을 정당화하는 차원의 이유이다. 중국은 타이완을 미수복 지역 또는 반도성(叛徒省)이라고 불러왔다. 중국은 타이완이 자신의 영토라고 생각하기 때문에, 2022년 8월 미국 하원의장 낸시 펠로시(Nancy Pelosi)가 타이완을 방문하여 타이완을 "민주주의의 표상이자 이 지역의 모범"이라고 하자, "펠로시가 중국 내정에 심각하게 간섭하고 중국의 주권과 영토 완전성을 엄중하게 해쳤다"며 미국과의 기후변화협상 중단을 선언하는 등 극렬히 반발했다. 만일 중국이 러시아를 지지하면서 우크라이나의 국가주권과 영토주권을 무시할 경우 무슨 명분으로 타이완은 중국의 일부이기 때문에 타이완에 대한 중국의 국가주권과 영토주권을 인정하라고 주장할 것인가?

다섯째, 중국이 러시아 지원에 적극적으로 나서기 어려운 가장 중요하고 현실적인 이유는 미국 등 서방이 중국을 제재할 가능성이다. 중국은 현재 서방의 전방위적 제재를 감당할 수 있는 형편이 아니다. 중국은 러시아와 달리 미국 등 서방에 대한 경제적 의존도가 높아 '제재 전면전'의 파장은 심각할 것이다. 러시아의 교역은 중국과 벨라루스에 집중(56.3%)되어 있는 반면 중국의 수출 시장에서 서방이 차지하는 비중은 절대적이다. 이를 반영하듯 2022년 3월 중국이 미국의 제재 대상이 될 수 있다는 우려는 중국 기업들의 주식에 대한 대량 투매를 초래한 바 있다. 게다가 중국은 서방의 시장에 접근하기 위해서 초국적 기업들이 절대적으로 필요하다. 중국 국내 기업들의 대서방 시장 접근 능력은 매우 제한적이기 때문이다. 러시아의 경우처럼 서방 기업들이 영업을 중지하거나 아예 철수한다면 중국의 대서방 시장 접근은 사실상 불가능하게 될 것이며, 나아가 더 중요한 것으로서 실업률 증가라는 '정치적으로 민감한' 문제가 발생해 중국 국내 문제를 더욱 복잡하게 만들 가능성이 있다.

요컨대 중국은 중·미 패권경쟁 차원에서 대러 협력을 지속할 수는 있겠지만, "정의롭고 민주적"인 새로운 국제질서를 제창하는 마당에 신성화된 반제국주의, 반패권주의 외교원칙을 배신할 수 없고, 국제규범을 파괴하여 외교적 고립을 자초할 필요가 없으며, 특히 국가 목표인 "타이완 해방" 문제가 결부되어 있는 국가주권을 신성시하는 평화공존론을 훼손할 수 없을 것이다. 나아가 중국은 세계적으로 고립된 러시아를 돕기 위해 현재의 부강한 중국을 가능하게 만든 미국 등 서방의 시장을 버릴 수 없고, 서방의 중국 제재라는 실존적 위험을 감수할 수는 없다. 중국은 미국으로부터 서유럽국가들을 떼어놓으려 한다. 프랑스 등 일부 국가들은 경제적 이유로 이탈할 수도 있다. 그러나 중국이 푸틴의 러시아를 대놓고 지원한다면 북대서양 동맹을 오히려 결집시켜 중국의 그러한 '대전략(grand design)'을 좌초시킬 것이다. 중국은 이를 잘 알고 있다. 따라서 서방의 대러시아 제재가 중국의 적극적 방해로 무력화될 수 있다는 주장은 사실과 부합한다고 볼 수 없다.

인도의 경우

인도는 세계 최대의 민주 국가지만 UN 총회의 대러시아 규탄 결의에 대해 기권을 선택했다. 인도는 오히려 러시아로부터 에너지 자원을 과거에 비해 더 많이 수입하고 있다. 인도는 2022년 6월 전달에 비해 15.5% 더 많은 러시아산 원유를 수입했다. 이라크산 및 사우디산 원유의 수입은 10.5%, 13.5% 줄였다. 의회에서 발언한 인도 외교장관은 "러시아는 다양한 영역에서 인도의 중요 파트너"라며 "국익의 관점에서 판단할 것"이라고 말했다. 도덕적 판단보다는 실리외교를 하겠다는 말이다.

인도의 입장은 실리 외에 러시아와의 오랜 우호 관계를 반영한다. 간디의 정치적 후계자이자, 1947년 독립 후 17년간 총리를 역임한 네루는 사회민주주의자로서 소련과의 협력을 중시했다. 영국에서 교육받은 그는 민주주의를 신봉하였지만, 가난한 인도에는 사회주의 경제 체제가 필요하다고 생각했고, 소련의 발전 모델을 신뢰했다.

그는 미·소 양 진영에 대한 대안을 모색한 비동맹운동의 주요 지도자였지만, 국제정치 문제에서 사실상 소련과 보조를 맞추었다. 인도를 위협하는 친미적 파키스탄, 그리고 국경에서 전쟁을 했던 중국 때문이었다. 미국에 대항하고 중국과 분쟁하던 소련은 파키스탄 및 중국과의 갈등에서 늘 인도를 지원했다. 인도는 소련이 1956년과 1968년 헝가리와 체코슬로바키아를 각각 침공했을 때 소련을 비판하지도 않았다.

이제 냉전이 종식했고 소련이 사라졌지만 인도의 지정학은 크게 바뀌지 않았다. 2000년 러시아와의 '전략적 파트너십'을 선언한 인도는 2014년 러시아가 크름을 점령했을 때 침묵했고, UN 총회에서도 기권표를 던졌다. 2019년 인도가 잠무-카슈미르(파키스탄과 영유권 분쟁 지역)에 특별 지위를 부여한 헌법 제370조, 즉 이 지역의 자치를 70여 년간 보장해 왔던 법적 장치를 폐기했을 때 국제사회는 이를 일제히 규탄했지만 러시아는 내정 불간섭을 내세우며 인도를 두둔했다.

인도-미국 관계가 나쁘지는 않다. 미국은 1962년 인도-중국 국경 전쟁에서 인도를 지지했고, 2000년에는 NPT 회원국도 아닌 인도를 "책임 있는 선진 핵기술 국가"로 칭하며 핵협력 협정(2006)을 체결했다. 인도의 무기 체계도 러시아 일색에서 미국과 유럽산으로 대체되고 있다. 그러나 인도의 변하지 않는 지정학적 압력은 미국의 요구나 세계 최대 민주 국가의 도덕적 위상에 부합하는 방향으로 인도가 움직이는 데 장애로 작용하고 있다. 중국도 인-파 관계에 묘하게 개입되어 있다. 인도와 갈등하는 핵보유국 파키스탄은 인도가 국경 분쟁을 한 중국과 준동맹 관계에 있기 때문이다. 적대적인 파키스탄과 중국 사이에 끼어 있는 인도는 생존을 위해 러시아와 협력하지 않을 수 없을 것이다. 만일 인도가 러시아를 소외시킨다면 그 결과는 인도에게 전략적 안보 이익과 관련하여 최대의 악몽이 될 수 있다. 인도와 결별한 러시아가 중국이나 파키스탄과의 관계를 강화하여 북방으로부터의 위협이 크게 가중될 것이기 때문이다. 인도로서는 친러 외에 이렇다 할 대안이 없는 셈이다.

미국은 인도의 행위에 좌절감을 느끼고 있으나 마땅한 압박 수단을 갖지 못하고 있다. 인도의 행위를 교정하려면 미국이 제재 등 강한 압박을 가해야 하지만 이러한 조치를 섣불리 동원할 수는 없다. 현재 미국의 세계안보전략의 핵심은 중국 억지·봉쇄이고 이는 인도-태평양 전략과 쿼드 등으로 이뤄지는데, 여기에 인도는 필수불가결한 존재이기 때문이다. 인도와의 갈등은 미국의 세계전략의 차질을 의미한다는 말이다.

다른 한편 인도가 미국 등 서방의 요구를 무시하고 일관되게 노골적으로 친러 노선을 걸을 수만은 없다. 인도를 위협하는 중국에 미국과 공동으로 대처해야만 하기 때문이다. 대미 협력의 중요성은 미·중 패권 경쟁으로 인한 중·러 밀착 가능성에 의해 더욱 부각된다. 인도는 중국에 의존하는 러시아가 자신을 방기할 수 있다고 우려할 수밖에 없기 때문이다. 인도는 2020년 라다크 지역에서 중국과 무력으로 충돌했다. 인도 병사 30여 명이 사망했다. 반중 정서는 극에 달했다. 현재 인도 내 안보 논쟁은 "인도가 얼마나 미국에 가까워져야 하는가?"에 그 초점이 맞춰져 있다. 인도는 미국이 자신의 무력을 증강하는 데 기여하길 바라지만 외교안보정책에 개입하는 것은 바라지 않고 있다. 그러나 인도는 중국의 위력이 강해질수록, 미·중 패권경쟁이 심화될수록 '헤징(위험 회피 또는 위험 분산)' 전략의 일환으로 미국과의 협력을 더욱 절실히 필요로 하게 될 것이다.

요컨대 인도는 오랜 맹방 러시아를 버릴 수 있는 입장은 아니고, 실용주의 외교의 실질적 이익을 포기할 수도 없겠지만, 그렇다고 해서 세계 최대의 민주 국가로서의 도덕적 입장이 있고, 대중 억지력을 제공할 수 있는 미국이나 서방의 경고를 무시하면서, 어느 순간이든 숙적(宿敵) 중국 편이 될 수도 있는 러시아의 숨통을 터줄 만큼의 협력을 감행할 의도는 없어 보인다. 미국은 불쾌하겠지만 그 정도는 수용할 수밖에 없는 처지이다.

이란의 경우

1953년 "페르시아의 애국자" 모사덱(Mohammad Mosaddegh) 수상이 CIA 등에 의해 축출된 이후 1979년 친미적 팔레비 국왕을 몰아내고 이슬람혁명을 성공시킨 이란의 신정(神政) 엘리트와 미국과의 관계는 긴장과 대립의 연속이었다. 미국은 1979년 이란대학생들이 주도한 미 대사관 점거 및 직원 인질 사건에 대한 보복으로 이란에 제재를 가한 이후 "테러 단체"인 헤즈볼라, 하마스, 팔레스타인 이슬람 지하드에 대한 이란의 지원을 이유로 제재를 추가했고, 핵무기 제조용으로 의심받을 수 있는 우라늄농축프로그램을 이유로 그 제재를 강화했다. 세계 최고 수준의 원유 및 가스 보유국인 이란은 제재로 인해 수출 길이 막혔고, 미국 등으로부터의 생필품 수입도 차단·제한되어 오랜 기간 지독한 경제적, 외교적 어려움을 겪어왔다. 이란의 반미는 이와 같이 뿌리가 깊고 굵다.

이란의 반미는 이스라엘을 일방적으로 지지·지원하는 미국에 대한 반감에서 비롯되는 측면도 있다. 이란의 입장에서 유대인들은 수천 년 동안 팔레스타인에서 살던 이슬람교도를 폭력으로 쫓아내고 그 땅에 이스라엘이라는 배타적인 유대인 국가를 세운 셈이다. 이스라엘은 독립을 선언하자마자(1948년 5월 14일) 자신을 승인한 미국의 지원에 힘입어 여러 차례 이슬람 국가들과의 전쟁에서 승리했고, 점령 지역 일부를 돌려주지 않고 그곳에 정착촌을 건설하여 사실상 영토를 넓히고 있다. 이스라엘은 "생존"을 위해 핵무기를 개발했고, 미국 등 서방 국가들은 이를 묵인하고 있다. 이란은 군사적으로 강력해진 이스라엘이 미국과 함께 중동 이슬람 국가들을 친미화하고 아랍 민족주의를 형해화하며, 특히 '가자 지구(the Gaza Strip)'의 참극을 초래한 원흉으로 보고 있다. '가자 지구'를 지배하고 있는 하마스를 오랫동안 지원해온 이란은 '지옥'으로 변한 '가자 지구'의 비극의 배후에 "미친개 이스라엘"의 "집단 학살"을 묵인·지원하는 미국이 존재한다고 비난했다.[13]

이란은 러시아를 규탄하고 즉각 철군을 요구하는 2022년 3월 UN

총회 결의안에 중국, 인도 등과 함께 기권했다. 이란은 "현재와 같은 동유럽의 취약 지역의 복잡성은 미국과 NATO의 도발적 행위와 결정들에 의해 악화되어 왔고, 러시아의 안보 우려는 존중되어야 한다"는 성명을 발표했다. 푸틴은 7월 이란을 방문했다. 이슬람 최고지도자 하메네이(Ali Khamenei)는 푸틴과의 회담에서 "NATO는 위험한 집단"이라며 "전쟁은 (러시아의) 반대편이 시작했다"고 말했다. 그는 이어 "우크라이나에서 전쟁이 멈추지 않는다면 그들은 크름을 구실로 삼아 유사한 전쟁을 시작할 것"이라며 "이란과 러시아가 상호 협력해야 한다"고 강조했다.

그러나 미-이란 관계는 실용주의적 측면도 있다. 2015년 미국의 오바마 정부와 이란은 핵 합의를 이루면서 제재가 완화되어 관계가 개선되는 듯했으나, 트럼프 정부가 이란의 미사일 프로그램 등을 지적하면서, 2018년 유럽 동맹국들의 반대에도 불구하고 핵 합의 폐기를 선언하면서 제재가 복원되었다. 그러나 미국에서 정권 교체가 이뤄지자 핵 협상이 재개되었다. 바이든 정부는 이란이 핵 협상에 복귀할 것을 요구하고 있고, 이란은 미국의 제재 중단이 선행되어야 한다고 맞서고 있다. 이스라엘의 반대에도 불구하고 이란과 미국은 EU의 중재 하에 핵 합의 복원에 다가서고 있다. 현재 이란은 뿌리 깊은 전통적 반미주의와 제재 완화·해제를 위한 대미 타협이라는 실용주의가 대립적으로 혼합된 형태의 복합적 외교 노선을 걷고 있는 것으로 파악된다.

이란의 반미주의가 제재 해제라는 실용주의적 문제와 엮여 있듯이, 러시아와의 에너지 협력을 위한 동력도 그에 역행하는 '시장의 힘'에 의해 제어되고 있다. 이란은 자신과 전략적 동반자 관계에 있는 러시아가 중국, 인도 등 아시아 시장에 싼값에 원유를 팔면서 자신의 생명줄인 원유 수출 시장을 빼앗아 가는 '직접적 경쟁자'가 되고 있음을 심각하게 우려하고 있다. 이란은 우라늄농축시설이 핵무기 개발용으로 의심받아 2000년대 초부터 서방의 제재를 받았는데, 중국, 인도, 튀르키예 등이 그나마 공식·비공식으로 이란산 원유를 수입해주어 제재를 어느 정도 견딜 수 있었다. 그러나 이제 러시아의 원유가 이란의 수출 시장을 잠식하여, 그렇지 않아도 세 자리 수 인플레이션과 사상 최저의 통화가치로 고통 받는 이란 경제에 치명상을 입힐 가능성이 커지고 있다. 라이시(Ebrahim Raisi) 대통령은 이란이 "미국의 제재를 물리쳤다"고 큰소리치고 있지만, 생필품 부족과 생활고에 지친 시민들이 시위에 나서는 상황은 이란의 국내정치 불안을 가중할 수 있다.

요컨대 이란은 러시아와 협력해야 하는 많은 이유에도 불구하고 그것이 가지는 복잡한 역효과를 고려하지 않을 수 없는 형편에 있다. 바이든 정부가 2021년 중반 이란과의 핵 협상 복원에 의욕을 보이자 이란산 원유 수출이 급증한 바 있다. 그러나 지난 1년여 간의 협상은 교착 상태에 빠져 있다. 핵심은 미국이 이란의 혁명수비대를 외국테러조직 명단에서 제외하길 거부하기 때문이다. 협상이 어떻게 방향을 틀지 알 수 없으나, 분명한 것은 이란으로서는 미국의 제재에서 벗어나야만 한다는 사실이다. 이란은 "불의한" 미국과 "불공정한" 국제질서에 저항하기 위해 자신의 실존적 이익을 포기하면서까지 서방으로부터 고립된 러시아와의 협력이라는 대안을 선택할 것인가, 그리고 그렇게 함으로써 자신의 국가적, 정권적, 체제적 생존을 위협할 수 있는 미국과 서방을 더욱 자극할 것인가? 이란의 의사결정자들이 합리적 계산을 할 수 있다면 그와 같이 무모하고 위험한 길을 선택할 가능성은 높지 않다. 특히 트럼프의 '막무가내식' 외교를 경험한 이란으로서는 당근과 채찍을 내놓고 선택을 요구하는 바이든 정부에 전향적으로 접근할 개연성이 크고, 따라서 이란의 적극적 협력으로 러시아가 서방의 제재를 무력화할 가능성은 높다 할 수 없을 것이다.

북한의 경우

푸틴의 우크라이나 공격이 시작된 이래 북한은 러시아의 침공을 비난하는 UN 총회 결의안에 반대하며 푸틴을 지지한 5개국 중 하나이며, "우크라이나 사태의 근본 원인"으로 미국을 지목했다. 북한은 현재 이렇다 할 대러 군사 지원을 실행하고 있지는 않지만 서방은 러시아의 무기 생산이 감퇴하면 북한이 그러한 공백을 메꾸려 할 것이라고 의심하고 있다. 그렇게 되면 러시아에 대한 서방의 군사적 압박이 이완되는 효과가 있을 수 있다. 북한이 러시아에 포탄이나 탄약 등을 지원할 수 있다는 합리적 의심은 근거가 있다.

첫째, 미국과 UN의 제재로 경제 난국에 빠져 있는 북한은 러시아가 절실하게 필요로 하는 무기를 고가에 "수출"하고 러시아로부터 곡물 및 에너지 자원을 저렴한 가격에 "수입"하려 할 것이다. 나아가 러시아의 절실성에 따라 북한은 난제로 꼽히는 장거리탄도미사일 기술 등을 이전 받을 수도 있다고 판단할 개연성이 높다. 둘째, 북한은 우크라이나전이 장기화되면 서방의 자원과 주목이 우크라이나에 지속적으로 쏠릴 것이기 때문에 핵무기 등 국제사회가 금지하는 대량파괴무기를 개발할 수 있는 기회를 갖게 될 것이라고 판단할 수 있다. 셋째, 러시아에 대한 지지와 군원을 지렛대로 삼아 북한은 대미 협상력을 높일 수 있다고 생각할 수 있다. 특히 김정은은 푸틴에 대해 상대적으로 우호적인 트럼프가 재집권하면 미국은 대러 제재를 완화하고, 북한은 대러 군원을 중단하며, 나아가 미국이 대북 제재를 완화하고, 북한은 자신의 핵군축에 융통성을 두는 북미 대합의를 상정하며 미래의 지렛대를 확보하기 위해 대러 군원에 적극적일 수 있다. 넷째, 북한과 러시아는 모두 서방의 시장민주주의에 도전하는 정치 체제이다. 김정은은 미국의 패권에 저항하고 다극적 국제질서를 창출하려는 푸틴에 대해 이념적으로 공감하고 또한 그의 반패권적 리더십에서 공동의 이익을 발견할 수 있다. 다섯째, 강대국인 러시아에 대한 원조는 북한의 자신감과 자부심을 북돋우고, 대외적 지위를 확인시켜 주권 국가로서의 자기 정체성을 확립하는 데 기여할 수 있다. 물론 북한은 대러 군원은 규모에 따라 외교적, 경제적 또는 군사적 역효과가 초래될 수 있다는 점을 알고 있을 것이다. 따라서 김정은이 합리적 주체라면 효과가 최적인 평형점을 찾으려 노력할 것이다.

4. 우크라이나에 대한 서방의 군사적 지원의 효과

서방의 제재에 따른 러시아 경제의 악화는 러시아의 전쟁 수행 능력에 점차 부정적인 영향을 줄 것으로 판단된다. 그러나 전쟁에 직접적 영향을 미치는 요소는 우크라이나에 대한 서방의 군사 원조이다. 우크라이나에 가장 많은 군원을 제공하는 국가는 미국이다. 전쟁 개시부터 6월 초까지 미국이 제공한 군원은 267억 달러에 달하는데 이는 미국 GDP의 0.1% 정도가 된다. 영국도 자신의 GDP의 0.1%인 25억 달러의 군원을 제공했거나 공약했다. 우크라이나의 이웃 국가인 폴란드는 GDP의 0.3%, 에스토니아와 라트비아는 각각 0.8%, 리투아니아는

0.3%의 군원을 제공하고 있다. 독일은 0.04%, 캐나다는 0.05%를 제공하고 있고, 프랑스, 네덜란드, 벨기에, 체코, 루마니아, 그리고 북유럽 국가들도 우크라이나를 위한 군사 지원에 참여하고 있다.

서방의 군원은 우크라이나군의 전쟁 수행 능력을 증가시켜 지난 수년 동안 우크라이나 동부 지역의 친러 분리주의자들과의 전투에서 경험을 쌓은 우크라이나의 숙련된 병사들이 러시아군에 효과적으로 투쟁할 수 있는 여건이 되고 있다. 러시아의 입장에서 보면 서방의 군원은 예상치 않았던 다수의 사상자를 야기하면서 특별군사작전의 목적을 달성하는 데 난감한 장애가 되고 있다. 실제로 러시아군은 우크라이나군의 집요한 저항에 수도 키이우 점령이라는 핵심 작전 목표를 달성하지 못하고 동부 친러 돈바스 지역을 확고히 장악하는 방향으로 작전을 수정했다. 러시아의 작전은 실패했고, 주요 이유는 고속기동포병 로켓시스템(HIMARS, 하이마스)에서 발사되는 장거리 지대지 미사일 애이태큼스(ATACMS) 등 서방이 우크라이나에 제공하는 무기에서 찾아져야 할 것이다.

서방의 대우크라이나 군원은 '푸틴의 딜레마'를 악화시킬 수 있다. 전황이 더욱 악화되면 푸틴으로서는 전쟁(현재는 특별군사작전을 진행 중이다)을 선포하고 총동원령을 내릴 수도 있다. 그러나 이것도 간단한 문제는 아니다. 현재 약 28만에 달하는 러시아의 현역 육군의 85%가 우크라이나 전장에 전개되어 있다. 여기에 해외주둔군의 일부와 친러 체첸공화국의 병사들, 그리고 푸틴의 '정치적 절친'인 아사드의 시리아군 일부도 참전하고 있다. 이는 전쟁을 선포하지 않고 동원할 수 있는 사실상의 최대 전력이라 할 수 있다. 그러나 러시아가 고전을 이어가면 푸틴으로서는 강제 징병을 수반하는 동원령을 고려할 수밖에 없을 것인데 문제는 푸틴이 강제 징집을 명령하더라도 장정들을 언제 훈련하며 그들에게 필요한 무기나 보급품을 얼마나 제대로 제공할 수 있을지 의문이라는 점이다.

나아가 러시아가 동원령에도 불구하고 전쟁에서 확실한 승리를 거두지 못하거나 소모전화하여 서방의 제재에 지친 러시아 국민이 심한 정치적 피로를 느끼게 되면 그의 국내정치적 지위가 심각하게 위협받게 될 것이라는 점도 간과될 수 없다. 만일 푸틴이 총동원을 명령한다면 그것은 그의 정치적 운명을 재촉하는 조치가 될 공산이 크다. 푸틴이 "모국을 위해 우크라이나에 가서 죽으라"라고 한다면 예비군이든 장정이든 또는 그들의 어머니이든 나치 독일에 대한 "대조국전쟁(1941-1945)"에서 목숨을 초개와 같이 던졌던 소련인과 같이 행동하지 않을 가능성이 높다. 푸틴은 그들에게 총을 주면 그들의 총부리가 그에게 향하게 될 수도 있다고 우려할 수 있다. 서방의 군사 원조로 우크라이나군은 강해지고 러시아군은 퇴각하고 있다. 그러나 '푸틴의 딜레마'가 해결될 기미는 아직 보이지 않고 있다. 서방의 군원은 푸틴의 계산에 큰 영향을 미치고 있다.

5. 전쟁은 언제, 어떻게 끝날까: 장기전이 되지 않을 가능성이 더 높다

이 질문에 답하기 위해서는 몇 가지 전제가 필요하다. 첫째, 핵무기가 사용되지 않을 것이라는 전제이다. 푸틴이 궁지에 몰려 전술핵무기를 사용하거나 또는 푸틴의 핵무기 사용 위협이 오인과 오산을 야기하여 의도치 않은 결과를 초래하지 않아야 한다는 것이다. 만일 그렇게 된다면 전쟁은 국제화되고 세계대전으로 비화될 수 있다. 둘째, 미국의 입장에서 '제2의 전선'이 개방되지 않을 것이라는 전제이다. 예를 들어 이스라엘-팔레스타인 간 무력 갈등이 벌어지거나 타이완해협 또는 한반도에서 중대 위기가 발생하게 되면 특히 미국의 국내정치적 함의가 다대한 전자의 경우, 우크라이나에 대한 미국의 관심과 원조가 분산될 것이다. 미국은 2개의 전쟁을 동시에 수행할 수 있다고 공언한 바 있지만, 이는 그렇지 않아도 심각한 미국의 재정적자를 악화시켜 공화당 등 보수세력의 정치적 입지를 강화할 것이기 때문에 민주당의 바이든이 선택할 수 있는 옵션은 좁아지게 될 것이다.

이러한 전제하에서 우리는 일단 우크라이나전쟁이 장기적 소모전이 될 가능성을 배제할 수는 없을 것이다. 실제로 우크라이나, 러시아, 미국 등은 전쟁의 장기화에 대비하는 자세를 취하고 있다. 젤렌스키는 "우리는 다른 나라와 상의하지 않고 우리가 옳다고 생각하는 모든 수단을 동원해 크리미아 반도를 되찾을 것"이며, "러시아군이 철수하기 전에는 대화는 없다"는 강경한 자세를 견지하고 있다. 러시아도 장기전 준비에 들어간 것으로 보인다. 푸틴은 8월 25일 러시아군의 규모를 137,000명 늘려 1,150,000명으로 상향 조정하는 대통령령에 서명했다. 징집병을 늘려 군 규모를 확대하는 이유는 두 가지이다. 즉 군 지도부가 미래의 전황을 비관적으로 보는 경우, 그리고 장기전에 대비하는 경우이다. 러시아는 이 두 경우 모두에 해당하는 것으로 판단된다. 미국도 장기전을 염두에 두고 있다. 바이든은 8월 24일 30억 달러 상당의 대우크라이나 군원을 발표하면서 "이번 지원으로 우크라이나는 '장기적'으로 스스로를 방어할 수 있는 체계를 갖출 것"이라고 말했다.

전쟁 당사국들과 미국의 지도자가 말한 대로 전쟁이 장기화될 수 있으나, 그렇게 되지 않을 가능성이 더 높은 것이 사실이다. 몇 가지 이유를 살펴보면, 첫째, 이들이 장기전에 대한 의지를 보이고 대비하는 조치를 취하고 있지만, 행간을 읽어보면 그것들이 수세적이고 조건부적이라는 것을 알 수 있다. 예를 들어 젤렌스키는 "러시아는 대화를 전혀 생각한 적이 없고 지금도 그렇다"고 말했는데, 이는 오히려 대화에 대한 그의 관심을 암시한다. 푸틴은 "특별군사작전"의 목표가 "러시아와 러시아 국민의 안전을 확실히 하는 데 있다"고 했는데, 이는 우크라이나의 NATO 가입이 무산되거나 지연되고, 돈바스의 친러 지역을 합병할 수 있다면, 작전을 종료할 수 있음을 시사한다. 같은 맥락에서 바이든도 미국은 러시아의 "공격과 잔학 행위가 계속되는 한 군원을 계속하겠다"며 "우리는 러시아를 공격하는 게 아니라 러시아에 침략당한 우크라이나가 스스로 방어하는 것을 돕고 있다"고 말했다.

이와 같이 당사국 지도자들의 실제적 처지와 입장을 고려할 때, 비합리적, 돌발적 변수가 작용하지 않는다는 전제하에, 우크라이나전쟁은 베트남전(1955-1975)이나 아프가니스탄전(2001-2021)과 같은 장기전이 아니라 조기 정전으로 귀결될 가능성이 농후하다고 판단된다. 여기서 아마도 보다 중요한 것은 이들 지도자들이 '어째서' 장기적 소모전이 아닌 타협에 의한 휴전을 선호하게 될 것인지를 추론하는 일일 것이다.

젤렌스키는 전쟁이 장기화되면 그나마 우크라이나와 그가 지킬 수 있는 '파괴되지 않은 이익들'을 상실하게 될 것임을 잘 알고 있을 것이다. 우크라이나는 러시아의 침공으로 인해 상상키 어려운 인적, 물적 손실을 입고 있다. 2021년 우크라이나의 인구는 43,500,000여 명에서

2022년 39,700,000여 명으로 8.8%나 감소했다. 13,000,000여 명이 행방불명이거나 타국으로 피난을 갔다. 게다가, 전쟁은 우크라이나 경제를 심각하게 파괴하고 있다. 세계은행은 지난 4월 우크라이나 경제 규모가 연말까지 45%나 감소할 것이라고 예측했다. 전쟁으로 인한 우크라이나의 손실은 이미 1135억 달러에 달하고 가옥, 운송 인프라 등의 재건을 위해서는 2000억 달러 이상이 필요한 상태이다. 장기전은 전시 지도자가 누리는 국민적 지지를 갉아먹을 것이며, 지칠 대로 지친 국민은 적당한 선에서 타협하고 자신과 가족들의 삶을 되찾길 원하게 될 것이다. 젤렌스키는 정치인이고 선출직 공무원이다.

전쟁이 교착 상태에 빠지면 국내뿐 아니라 국외적으로도 협상과 휴전을 위한 압박이 심화될 것이다. 그렇지 않아도 난방비, 식비 등의 급증 등 인플레이션으로 고통받게 될 유럽의 국민은 만일 자국 정부가 멀리 떨어져 있는 타국의 이익을 위해 더 이상의 희생을 강요할 경우 내재된 거부감을 정치적으로 표시할 가능성이 높다. 우크라이나 난민 문제도 난제가 되고 있다. 폴란드, 독일, 체코, 이탈리아, 튀르키예, 스페인, 영국, 미국, 프랑스는 주요 난민 수용국이다.[14] 이들 중 난민이나 불법 이주가 정치 문제화되거나 극우 정당(예를 들어 이탈리아의 '이탈리아 형제들', 또는 프랑스의 '국민연합')이 정치적 영향력을 갖는 나라에서는 '이미 할 만큼 했다'는 분위기가 팽배해질 것이고, 정치인들은 이에 민감하지 않을 수 없을 것이다.

푸틴도 지금 "내 코가 석자"이고 상황은 시간이 갈수록 악화될 것이다. 물론 '2014년의 학습효과'와 중국, 인도, 이란, 북한 등과의 협력이 어느 정도 시간을 벌어주기는 하겠지만 러시아가 버티는 데는 한계가 있다. 서방의 입장에서 러시아 제재는 즉각적 효과를 내는 양약과 같은 치료제라기보다는 점진적으로, 그러나 누적적으로 효과를 내는 한방 약제에 비유할 수 있다. 제재는 '가랑비에 옷 젖듯이' 러시아에 침습(浸濕)하여 장기전에 대한 제약으로 작용하게 될 것이다.

그러나 우크라이나든 러시아든 상대의 약점을 알기에 '더 버티기'를 선택할 수도 있다. 장기전의 비용이 두려워 조기 종전을 선택하려 할 때 상대도 그럴 개연성이 높기 때문에 오히려 치킨게임에서 보듯 협력 대신 배신을 선택할 유인이 커질 수 있는 것이다. 러시아의 도박이 성공하려면 우크라이나와 서방이 러시아의 배신에도 불구하고 협력을 선택해야 하는데 서방의 민주주의와 이상주의적 압력도 만만치 않다. "악한(惡漢) 푸틴의 러시아"에 굴복한다는 것은 서방의 지도자들에게 정치적으로 불가능에 가까운 선택으로 여겨지게 될 것이다. 그들은 자신들이 "악마에게 굴복하고, 악행을 보상한" 무능하고 부도덕한 지도자라는 프레임에 갇혀 정치적 운신의 폭이 터무니없이 좁아진다는 사실을 잘 이해할 것이기 때문이다. 특히 바이든의 정치적 인기의 급락이 2021년 '악한 탈레반에 쫓겨난 무질서한 아프가니스탄 철군'에서 비롯된 것은 그에게 중요한 학습효과로 작용할 것이다. 나아가 러시아가 서방의 피로로 인해 우크라이나에서 승리하게 되면 유럽의 다른 국가도 넘볼 수 있다는 우려는 국민적 피로를 상쇄할 수 있는 이른바 역반전(逆反戰)을 추동하는 힘이 될 것이다. 이 역반전의 힘은 푸틴의 장기전에 대한 유혹을 감퇴시킬 것이다. 요컨대 제재의 피로감에도 불구하고 서방의 러시아 제재 및 대우크라이나 지원은 젤렌스키가 원하는 만큼은 아닐지라도 상당 기간 지속될 것이다. 만일 서방이 먼저 무너지지 않을 것이라는 확신이 들면 푸틴은 자신이 궁극적으로 승리할 것이라는 판단이 수정되어야 할 것이라 생각할 수 있다. 물론 중요한 것은 푸틴이 착각에서 벗어나 현실적 계산을 하게 될지 여부일 것이다. 푸틴은 서방이 먼저 무너지지 않을 것이기 때문에 장기전이 그에게 손해가 될 것이라는 점을 알 만큼 계산적이고 이성적이라고 판단된다.

그렇게 되면 유일한 문제는 우크라이나와 서방이 배신을 선택할 가능성이다. 그러나 서방은 국내정치적, 전략적 이익의 관점에서 볼 때 러시아가 협력을 선택할 경우 우크라이나에 휘둘려 확전과 장기전을 추구할 가능성은 높지 않다. 1953년 북진통일을 주장하던 이승만 대통령을 미국이 어떻게 다루었는지를 보면 우리는 젤렌스키가 통제되지 않을 때 어떻게 될지에 대해 합리적 추론을 할 수 있다. 한국전쟁 중 이승만과 미국의 대립은 1951년 정전협상이 개시될 때부터 1953년 7월 말 정전협정이 체결되기 직전까지 계속됐다. 미국이 북진통일안을 외면하자 이승만은 마침내 1953년 6월 반공포로를 미국이나 UN군과 상의하지 않고 전격 석방해 버렸다. 당시 중국과 북한은 반공포로 문제를 협정의 중대 이슈로 삼고 있었다. 정전협정이 임박한 상황에서 이승만이 단독으로 감행한 반공포로 석방은 미국의 협상 노력을 수포로 돌릴 수 있는 미국과 "UN에 대항한 공개적 저항(open revolt against UN)"이었다. 미국은 이승만을 억류하여 정권을 교체하는 "에버레디(Everready)" 작전 카드를 만지작거렸다.[15]

못지않게 중요한 것은 장기전의 전략적 차원에서의 결과를 푸틴이 어떤 식으로 파악하고 있는가이다. 장기전의 전략적 결과는 그와 러시아에 다대한 손실로 나타날 가능성이 높다. 첫째, 러시아의 입장에서 장기적 소모전 하면 가장 먼저 떠오르는 것은 '아프가니스탄의 악몽'일 것이다. 소련은 1979년 아프가니스탄을 침공한 후 10년 동안 어마어마한 물적, 인적 비용을 치르고도 위성국가화라는 목적을 달성하지 못하고 굴욕적으로 철수했다. 이는 소련 해체를 야기한 부분적 원인이 되었는데 당시 해외정보 담당 KGB 요원으로 활동했던 푸틴은 이러한 국가적 트라우마에서 자유로울 수 없다. 일부 분석가들은 이미 우크라이나전쟁이 "푸틴의 아프가니스탄전", "푸틴의 베트남전"이 되고 있다고 지적하고 있다.[16] 주지하듯 아프가니스탄전쟁으로 인해 본국으로 후송되는 부상자들이 늘어나자 그렇지 않아도 장기전에 피로를 느낀 소련 국민의 여론은 급격히 악화했다. 소련을 지탱하는 물리력인 군의 자존감과 위신, 그리고 병사들의 사기도 크게 저하되었다. 참전 후 제대한 장병을 일컫는 '아프간치(Afgantsy)'가 소련 공화국들의 도시에 대거 등장하고 정치적, 사회적 문제가 된 것처럼 우크라이나 전선에서 돌아온 러시아 전사자와 부상병도 다대한 정치적, 사회적 문제가 될 개연성이 있다. 베트남전과 아프가니스탄전 때와는 달리 첨단화된 글로벌 소셜 미디어를 통해 자유롭게 흘러 다니는 영상과 사진에 대한 러시아 국민의 접근을 푸틴 정부가 완전히, 그리고 장기적으로 차단한다는 것은 상상할 수 없는 일이다. 인식적(perception), 인지적(cognition)으로 실패하지 않는 한 합리적 의사결정자로서의 푸틴은 장기전이라는 '역사가 거부하는 선택'을 하지는 않을 것이다.

둘째, 장기전은 결국 러시아의 힘을 마모시킬 것인데 어느 나라가 '약화된 러시아'를 가장 반길 것인가? 단기적으로는 단연 미국과 서방국가들일 것이다. 그러나 간과할 수 없는 것은 중장기적으로는 중국도 '탈-탈 냉전기(post-post Cold War period)' 러시아의 세계전략 구도 속에 잠재적인 위협 주체로 들어온다는 사실이다. 첫째, 중·러 관계의 역사에서 기인한 중국의 대러 경계심·적개심이 지적될 수 있다. 러시아는 제2차 아편전쟁에서 영·프 연합군이 텐진을 점령하자, 청나라에 자신이 중재를 해줄 테니 그 대가로 동시베리아의 영토를 달라고 했다. 청은 어쩔 수 없이 1858년 5월 28일 아이훈조약(瑷琿條約)을 맺고 외싱안링(外興安岭)산맥 이남에서 아무르강 이북의 땅을 러시아에 넘겨주고, 우수리강 동쪽(연해주)을 공동 관리로 둔다는 데 동의했다. 청의 입장에서 보면 이는 취약해진 자신의 처지를 악용하여 러시아가 영토를 갈취한 것이었다. 중국은 이 조약을 대표적인 불평등조약으로 간주하고 있다. 보다 최근의 사례로서는 국경 분쟁을 들 수 있다. 중국은 1969년 3월 동부 국경 우수리강의 전바오다오(珍寶島, 소련명 다만스키)의 영유권을 둘러싸고 소련과 무력 충돌했다. 중국은 소련에 무력으로 대항할 수준이 되지 못했고, 1,000명 이상의 군인이 전사하는 등 참패했다. 8월에는 중국 서부 신장위구르(新疆维吾尔自治区)에서 또 무력 충돌이 발생했고, 수십 명의 인민해방군이 목숨을 잃었다. 며칠 후 소련의 KGB 요원은 소련이 중국의 핵무기 시설을 폭격한다면 미국은 어떻게 하겠냐고 미 국무부 관리에게 물었다. 물론 이것이 소련 정부의 입장이었는지는 불분명했지만, 얼마 되지 않아 미국은 "소련이 중국의 핵무기 시설을 폭격하는 것에 대해 어떻게 생각하는지 바르샤바조약기구 회원국들에게 물었다"는 비밀 정보를 공개하면서 소련의 진의를 확인했다. 이로써 자신의 생존을 파괴하려는 소련의 위협적 이미지는 중국 지도부의 의식에 깊게 각인되었을 가능성이 높다. 마오쩌둥은 생존을 위해 "제국주의 미국"과 관계 개선을 시도하게 되었다. 미국과 "암묵적 동맹(tacit alliance)" 관계를 맺은 중국은 오랫동안 소련의 국력을 마모시켜 결국 소련의 해체를 촉진하는 주요인 중 하나로 작용했다. 푸틴으로서는 구원(舊怨)을 가진 중국이 러시아를 경계하고 적대시하는 정도만큼 장기전으로 '약화될 러시아'도 '팽창하는 중국'을 경계하지 않을 수 없다고 생각할 것이다.

둘째, 현재 동시베리아에서 급증하는 중국의 영향력도 변수가 될 것이다. 20세기 초 전 세계에 흩어져 있던 유대인들이 팔레스타인으로 대거 이주하기 시작했다. 그때 유대인들의 슬로건이 "땅이 없는 민족을 위한 민족이 없는 땅(a land without people for a people without land)" 이었다.[17] 이는 현재 중국인들이 동시베리아를 차지하는 모양새와 유사하다. 물론 이 지역이 비어 있는 공간은 아니지만, 자원이 풍부한 대신 인구가 부족한 동시베리아는 현재 중국의 상황과 정확히 반대이다. 이러한 논리의 무게는 크레믈린의 대중국 경계심을 자극하고 있다. 수많은 러시아인이 중국인 소유의 수많은 공장에서 일하고 있다. 우크라이나에서의 장기 전쟁으로 '약화된 러시아'는 19세기에 체결된 "불평등조약"을 파기하고 동시베리아로 팽창하는 중국을 상대할 수 있을 것인가?

물론 중국으로서는 현재 진행 중인 미·중 패권경쟁으로 인해 러시아와의 전략적 동맹 관계를 중시하는 것으로 보인다. 그 정도만큼은 푸틴이 중국의 배반을 의심하지 않아도 될 것이다. 그러나 이미 역사가 보여주었듯이, 미·중 관계가 변하지 않을 것이라는 전제도 잘못된 것이다. 푸틴도 이를 잘 알고 있을 것이다. 미·중 관계의 다차원적 상호의존성을 고려할 때 예측 가능한 미래에 중국이 미국을 겨냥한 '대러 일변도' 외교로 나갈 가능성은 높지 않다. 오히려, 미·중 패권경쟁이 오르갠스키(A. F. K. Organski)의 '세력전이론'이라든가 앨리슨의 '투키디데스의 함정론(Thucydides Trap)'이 예측하는 것과는 달리 영국 옥스포드대의 푸트(Rosemary Foot)가 상정하는 미·중 간 '강대국 콘도미니엄(a great power condominium, 동아시에 대한 미·중의 공동 통제)'으로 진화할 가능성이 있고,[18] 특히 경쟁하는 힘들이 불가피하게 충돌했던 수천 년이나 수백 년 된 과거에 비해 전쟁의 학습효과와 소통 기술의 발달로 인한 인간 주체의 의지와 역량이 부각되는 현재나 미래에는 세력권을 분점하는 미·중 간 실용주의적 타협이 충분히 가능하다. 따라서 러시아로서는 미국이나 유럽뿐 아니라 '미국과 타협한 기회주의적 중국'도 의식하지 않을 수 없는 것이다. 요컨대 미국으로서는 러시아의 팽창주의를 효과적으로 차단하기 위해 중·러 협력을 막아야 하고, 그러려면 미·중 간 모종의 타협을 추구할 수밖에 없다. 그렇게 되면 장기전으로 '약화된 러시아'는 궁지에 몰리게 될 것이다. 푸틴이 합리적 의사결정자라면 이러한 위협적인 가능성을 무시하거나 방치하지 않을 것이며, 따라서 러시아를 약화시키는 장기적 소모전을 원하지 않을 것이다.

미국의 바이든은 푸틴에게 러시아가 버티는 한 미국이 '절대 먼저 무너지지 않는다'는 메시지를 행동으로 뒷받침하면서 그의 기대와 야심에 쐐기를 박고, 동시에 그가 국내정치적으로 체면을 구기지 않으면서 조기 종전으로 연착륙할 수 있도록 퇴로를 열어주는 '당근과 채찍 전략'을 구사할 것으로 판단된다. 어려운 선택은 자신이 아닌 푸틴이 하도록 하는 것이다. 미국의 외교사를 일관해 볼 때 유화정책(appease-ment)은 화를 가져왔고, 강경일변도 정책은 문제를 해결하지 못했으나, 강경 조치를 배후에 둔 온건책은 극적으로 성공했음을 알 수 있다. 즉 1938년의 '유화적' 뮌헨협정은 2차대전을 초래했고, 북한을 악마화한 W. 부시 정부의 신보수주의적 강경책이나 오바마 정부의 "전략적 인내(strategic patience)"로 불리는 비타협적 대북정책은 북한 핵 문제의 해결에 접근도 하지 못했다. 그러나 1962년 쿠바 미사일 위기에 직면했던 케네디는 크게 성공했다. 그는 매파가 요구한 무력 공격과 비둘

기파가 권고한 외교 노선 모두를 거부했다. 그가 채택한 것은 쿠바에 대한 "해상봉쇄(naval blockade)"라는 군사적 프레임을 지양하고 쿠바에 접근하는 소련 선박들에 대한 "검역(quarantine)"이라는 보다 사무적이고 비군사적인 프레임이었다. 미국은 전의가 없음을 소련에 알리는 신호였다. 그러나 케네디는 만일 소련이 자신의 비군사적 조치에 호응하지 않을 경우 미국의 안보를 위협하는 쿠바 내 소련의 미사일을 제거하기 위해 대규모 군사 조치가 불가피하다는 것을 실제 준비 행동으로 보여주며 소련을 압박했다. 그는 소련의 흐루쇼프에게 두 개의 선택지를 주며 자신이 아닌 그가 어려운 결정을 하도록 강제했다. '신의 한수'였다. 흐루쇼프는 물러섰고, 케네디는 자유 세계의 영웅이 되었다.

그렇다면 우크라이나전쟁은 어떻게 끝날 것인가? 결론적으로 말하자면 미국이 배수진을 치면서도 대러 경제 제재 완화와 같은 퇴로를 열어놓는 '당근과 채찍 전략'으로 나오는 가운데, 푸틴은 러시아가 이미 점령하고 있는 크름과 우크라이나 동부 친러 지역을 잇는 교두보를 확보한 후, 그리고 일부 점령지역에 주민투표를 실시한 후, 이제 러시아인의 안전이 확보되었고, 또한 우크라이나의 NATO 가입이 좌절되었다며 특별군사작전의 완수를 선언하고 철군하면서 휴전 협상에 임하게 될 가능성이 높다. 그는 러시아가 더 이상 NATO에 일방적으로 밀리던 냉전 직후의 '약대국(big but weak)'이 아니라는 점을 자국 국민에게 대대적으로 선전할 것이다. 젤렌스키는 우크라이나가 러시아의 침공을 물리쳐 국가주권을 지켰으며 크리미아나 돈바스의 영토는 포기된 것이 아니며 언제든지 수복에 나설 것이라고 선언할 것이다. 그는, 또한 우크라이나가 유럽국가들의 전폭적 지지 하에 EU 가입에 성공할 것이라고 천명하며, '자유와 번영'의 국제사회의 권고를 받아들여 휴전에 동의하게 될 것이다.

여기서 중요한 것은 러시아와 우크라이나가 상반되게 주장하는 바는 의도적으로 모호하게 처리될 것이라는 점이다. 예를 들어 러시아도 우크라이나도 자신이 승전했다고 주장할 것인데 이러한 상반된 주장은 이른바 '전략적 모호성의 전략(strategy of strategic ambiguity)'에 의해 봉합된 채 양국에 의해 암묵적으로 양해될 것이라는 말이다. 러시아는 젤렌스키가 국내에서 하는 선전에 대해 사실상 반박하지 않을 것이며, 우크라이나 역시 푸틴이 국내정치를 의식하여 떠드는 것에 대해 못 들은 척할 것이다. 양국 간 휴전은 "합의될 수 없는 사안(예를 들어 누가 이겼는가)에 대해 합의하지 않기로 합의(agreed to disagree)한 것"이며, 푸틴과 젤렌스키의 정치적 입장에서는 최선은 아니지만 차선적으로 이익을 나누는 '윈-윈'인 것이다. 2022년 7월 22일 우크라이나 곡물 해상운송 협상을 타결시킨 UN과 튀르키예 등 제3자가 비밀리에 또는 공개적으로 중재에 나서게 될 가능성이 높다. 바티칸이나 프랑스 또는 친러적 헝가리도 유사한 역할을 할 수 있을 것이다.

6. 전후 국제질서는 어떻게 달라질까

우크라니아전쟁이 중지되거나 종식된다면 그 이후 국제질서는 어떤 모습일까? 푸틴이 러시아의 권좌에 계속 앉아 있을 것이라는 전제하에 새로운 국제질서의 주요 특징은 몇 가지로 요약될 수 있을 것이다.

1) '신(新) 철의 장막'

러시아 외교장관 라브로프도 2022년 6월 암시했듯이, 과거 냉전기 "철의 장막"을 연상시키는, 그러나 러시아의 세력권이 훨씬 더 후퇴한 '신 철의 장막', 또는 '미니 철의 장막'이 내려질 것이다. 이는 핀란드-러시아 국경에서 시작하여 발트3국, 폴란드, 우크라이나, 루마니아, 몰도바(EU 준회원국), 불가리아로 이어지는, 다시 말해 벨라루스만을 제외한 과거 소련의 동유럽 위성국가 전부를 서방으로 편입한, 러시아의 입장에서는 옹색하게 쭈그러든 세력의 경계선이자, 러시아와 서방 간의 군사적 긴장과 지정학적 경쟁의 현장이며, 경제적, 문화적 장벽이 될 것이다.

'신 철의 장막'이 내려질 수 있는 주요 이유는 서방과 러시아 간의 상호 불신 및 혐오와 관련이 있다. 서방의 입장에서 러시아는 국제법과 국제규범을 위반한 침략자로서 신뢰할 수 없는 국가이다. 무자비한 민간인 살상 행위는 혐오의 대상이 된다. 서방은 그러한 러시아에 대해 한동안 '재관여(re-engagement)' 정책을 시도할 수 없을 것이다. 러시아의 경우 대서방 불신과 혐오와 함께 피포위의식이 서방과의 관계 단절을 불가피하게 할 것이다. 그렇지 않아도 NATO의 동진으로 미국과 서방에 의해 포위되고 있다고 느끼던 러시아는 우크라이나전을 통해 심한 고립감과 불안감을 갖게 될 것이다. 따라서 러시아는 자신을 보호하기 위해 자발적으로 서방과의 관계 차단에 나서게 될 공산이 크다.

사실 '신 철의 장막'은 2014년 러시아가 크름을 병합했을 때 이미 반은 내려졌다. 2014년 크름 침공의 연장이라 할 수 있는 2022년 우크라이나 침공은 장막을 완전히 내리게 될 것이다. '신 철의 장막'은 국제사회가 인정하지 않는, 그러나 현실적으로 작동하는 국제정치적 경계로 한동안 유지될 것이다.

2) '환대서양 공동체' 강화

환대서양 공동체가 더욱 견고해질 것이다. 오랫동안 중립을 유지하던 핀란드와 스웨덴은 러시아의 위협을 이유로 NATO 가입을 선언했다. 이들이 NATO에 가입하기 위해서는 30개 회원국 전원의 동의를 받아야 한다. 자신의 안보를 위협하는 테러 집단이 이들 국가에서 활동하거나 지원받고 있다며 이의를 제기한 튀르키예는 2022년 6월 마드리드에서 열린 삼국 협상에서 조건부로 이의를 철회했다. 핀란드와 스웨덴이 '쿠르드 노동당(PKK)'을 포함하는 테러 집단을 용납하지 않는다는 공약이 일단 수용된 것이다. 튀르키예는 이들의 공약이 지켜지지 않는 경우 언제든 이들 국가의 NATO 가입에 반대할 것이라 천명했다. 이와 같이 튀르키예 국내정치에 민감한 이슈가 NATO 확장에 영향을 미칠 가능성이 있지만, 이들 국가에서 PKK 등이 현시점에서 테러 행위를 자행한다든지 하는 이른바 '이슈의 정치화'를 도모할 가능성은 높지 않다고 할 때, 핀란드와 스웨덴의 NATO 가입은 실현될 가능성이 높다 할 것이다. 2023년 5월 튀르키예의 대선에서 친서방 노선의 야당 지도자 클르츠다로을루가 친러이면서 실리주의 민족주의적인 에르도안(Recep Erdoğan) 대통령을 누르고 승리한다면 그 가능성은 더욱 높아질 것이다. 그 반대가 되면 그 가능성 역시 상대적으로 낮아질 수 있다. 친러 포퓰리스트 오르반(Viktor Orbán)의 헝가리가 변수가 될 수도 있지만 그는 NATO로부터 얻을 수 있는 이익을 포기하지 않을 것이다.

NATO의 확대뿐 아니라 회원국 간의 소통과 유대가 강화될 것이다. 미국과 NATO 회원국의 우크라이나 군사 지원은 후자가 회원국이 아니기 때문에 분명한 법리적, 정치적 한계가 있다. 만일 우크라이나가 회원국이었다면 NATO 전 회원국은 "한 회원국에 대한 군사 공격은 회원국 전체에 대한 침공으로 간주해 즉각 개별적으로 또는 집단적으로 대응한다"는 조약 제5조에 따라 우크라이나전쟁에 직접적으로 개입하였을 것이다. 소련의 우크라이나 침공을 목도하고 경험한 NATO 회원국들, 특히 과거 소련의 침공, 강제 합병, 압제에 시달렸던 핀란드, 발트 3국, 폴란드 같은 국가들은 '사나운 북극곰'의 위협과 위험을 또다시 경험했기 때문에 더욱 NATO에 밀착하게 될 것이다.

이와 관련하여 NATO가 러시아의 우크라이나 침공에 대응하여 냉전 종식 이후 처음으로 '방위 계획'을 실행에 옮겼다는 사실이 중요하다. 이는 "영토 보전과 정치적 독립 또는 국가안보가 위협받고 있다는 특정 회원국의 의견이 있을 경우 회원국이 함께 문제를 협의한다"고 규정한 조약 제4조에 따른 비상안보협의권의 발동이다. 제4조의 발동은 NATO가 회원국들의 공격을 가만히 보고만 있지 않겠다는 러시아에 대한 경고였고, 또한 미래의 침략을 억지하고 방어하겠다는 NATO의 의지를 보여주는 신호이기도 했다. NATO가 취한 행위는 장기적인 관점에서의 집단 방어에 대한 동맹의 의지를 보여주기 때문에 중요하다. 회원국들의 군사력 현대화와 파트너십 강화는 NATO가 세계에서 가장 강력한 군사동맹으로서 '대서양 횡단 동맹'을 공고히 하는 데 기여할 것이다.

3) 중국이 정점에 서는 전략적 삼각관계

중국이 정점에 서는 전략적 삼각관계가 형성될 가능성이 높다. 우선 중·러 관계의 미래는 주로 미·중 관계의 미래와 연동될 것이라는 점이 부각된다. 현재는 미·중 간 패권경쟁 구도가 명확해 보인다. 미국은 중국이 자신을 동아시아에서 쫓아내지 못하도록 하기 위해, 또는 중국이 아시아의 지역패권을 추구하지 못하도록 하기 위해 대중국 견제 또는 포위 전략을 구사하고 있다. 미·중 관계가 적대적으로 악화되면 중국은 생존을 위해 러시아와 유대를 강화하게 될 것이다.

그러나 "정치는 생물"인 것처럼 국제정치도 마찬가지로 변화무쌍하다. 공권력이 부재하여 도덕·정의·의리보다는 이익이 더 중요한 국제정치에서는 국가적 전술·전략의 변동이 오히려 더 역동적으로 일어나게 마련이다. 어떤 이들은 항공모함과 같이 거대한 미국의 외교가 급격한 방향 전환을 할 가능성은 낮으며, 만일 그렇게 된다면 가히 충격적일 것이라고 말한다. 그러나 우리가 역사를 돌아보면, 미국이, 특히 정권이 바뀌었을 때 변하는 전술·전략적 이해관계에 따라 태도를 바꿈으로써 세상을 충격에 빠뜨린 적이 적지 않다는 것을 알 수 있다. 예를 들어 극우적 반공투사였던 닉슨이 자신의 "안보보좌관 키신저가 비밀리에 '공산주의' 중국 방문을 마치고 귀환"했으며, "자신도 1972년 5월 방중할 것"이라고 1971년 7월 15일 발표했을 때, 한국 일본 등 각국의 언론과 외교가(外交街)는 충격에 빠졌다. 그러나 1950년대의 '보수적 이상주의자' 닉슨은 이미 1960년대 실용주의자로 바뀌어 있었고, '중국카드'는 그의 비장의 외교적 무기였다. 미국은 1960년대 말부터 대적(大敵) 소련을 의식하여 불과 10여 년 전 전쟁을 했던 '중공(Red China)'

과의 관계 정상화를 추구했고, 이는 소련의 위협에 직면한 중국의 필요와 맞아떨어져 닉슨 대통령의 역사적인 중국 방문으로 이어졌다. 키신저는 이를 통해 미국이 '전략적 삼각관계(strategic triangle)'에서 정점에 서게 되었으며, "보드카와 마오타이를 동시에 즐기게 되었다"고 대통령에게 보고했다.[19] 충격은 정보가 사전에 알려지지 않았을 때 발생한다: 그러나 국가나 정권 차원의 이익이나 그에 대한 정의가 바뀌게 되면 충격은 수시로 발생할 수 있다.

　미·중 패권경쟁의 향방은 양국의 전술 및 전략적 득실구조의 변동과 함께 러시아가 얼마나 오랫동안 "불한당"으로 남으려고 할지에 크게 달려 있다. 사실상의 패전에 대한 복수를 벼르는 "폭력배" 푸틴의 위협이 상존하는 한 미국이 중국과 러시아의 밀착을 방치할 가능성은 높지 않으며, 오히려 이를 차단하는 것이 미국 외교안보정책의 최고 우선순위가 될 것이다. 최근 키신저는 "목표(purpose)를 잃은" 미국이 곧 러시아-중국과 전쟁을 하게 될 수도 있다고 경고하며, 중국과 "영구적 대화"에 나설 것을 주문했다.[20] 국제정치학자이자 정무직 고위 외교관으로서 국익 지향적 목표의식과 세력균형을 강조해 온 키신저는 현 단계 미국의 외교안보전략으로서, 중국식으로 표현하자면, 이이제이(以夷制夷)를 제시한 것이다. 그는 미국이 현재 중국과 러시아가 갈라지도록 할 방도가 없다 하더라도 미국은 최소한 중국과의 긴장을 조성하지 않고 대안을 만들어내기 위해 목표를 분명히 할 필요가 있으며, 예를 들어 2022년 8월 미국 하원의장이 타이완을 방문하여 중국을 자극한 일은 미국의 이익에 부합하지 않는다고 강조했다.

　키신저가 권고한 대로 미국의 외교안보정책이 이상주의적으로 일탈하지 않고 목표 지향적으로 유지된다는 전제하에 향후 국제질서는

1960년대 말-1970년대 말의 전략적 삼각관계가 재현된 형태의 외양을 가지게 될 가능성이 높다. 다만 미국과 중국 간의 득실구조가 수렴하여 형성된 미·중·러 전략적 삼각관계는 그 내적 관계가 과거의 단순 재현이 될 수는 없다. 즉 상처입은 러시아의 위협과 미·중의 실리주의에 따라 형성되는 이러한 '신 전략적 삼각관계'에서 이번에는 미국이 아닌 중국이 상대적 우위를 점하게 될 것이다. 중국은 1979년 미·중 관계 정상화 덕에 수출드라이브 정책에 성공하여 국력을 크게 신장하였고, 러시아와의 관계도 전략적 동맹 수준으로 개선했다. 따라서 구애하는 쪽은 중국이 아닌 미국과 러시아가 될 것이다. 과거 1960년대 말에는 소련의 위협과 압박에 시달리던 중국을 미국이 선택함으로써 미국이 보드카와 마오타이를 함께 즐길 수 있는 위치에 서게 되었지만, 우크라이나전쟁 이후에는 중국이 보드카와 버번(옥수수가 주재료인 미국 위스키)을 동시에 즐길 수 있는 위치에 서게 될 것이라는 말이다.

4) 트럼프 효과

2024년 11월 미국에서 실시되는 대선의 결과는 위에서 제시된 예측에 불확실성을 부가할 수 있다. 몇 가지 점에서 트럼프가 재집권하는 경우 미·러관계는 급격히 변할 수 있다는 주장이 제기될 수 있다. 첫째, 푸틴과 개인적 친분을 과시한 바 있는 트럼프는 러시아가 2016년 미국 대선에 개입했다는 미국 정보기관의 평가에 대해 회의적인 입장을 표명한 전력이 있다. 그는 2014년 크름 합병과 미국 대선 개입에 대한 응징 차원에서 부과된 대러 제재의 해제를 요구하기도 했다. 둘째, 트럼프의 외교 정책은 일반적으로 '거래적 접근(transactional approach)' 방식을 따르기 때문에 미국의 적대국으로 간주되는 다른 국가와도 거래를 시도할 가능성이 높다. 셋째, 트럼프의 국내 정치 상황도 러시아에 대한 접근 방식에 영향을 미칠 수 있다. 트럼프가 재선되면 자신의 정치적 입지를 강화하기 위해 러시아와의 관계 개선을 모색할 가능성이 높다는 것이다. 그는 외교의 성공이 자신의 사법적 문제로부터 주의를 분산시키는 데 도움이 될 수 있다고 생각할 수 있다. 요컨대 우크라이나전쟁 이후 국제질서의 모습은 '트럼프 효과'에 의해 상당 부분 달라질 수 있다.

II

국제정치학(學)이란 무엇인가

나는 여러분이 위의 글을 읽으면서 어떤 느낌을 받았을지 궁금하다. 만일 여러분이 끝까지 이 글을 읽었다면 일단 국제정치학에 대한 적성이 있는 것으로 볼 수 있다. 그렇지 않다면 중간에 읽기를 그만두었을 것이기 때문이다. 여러분이 이 글을 읽고 고개를 끄덕이며 '그럴 듯하다'고 생각했으면 국제정치학에 이미 발을 들여놓은 것으로 간주될 수 있다. 여러분이 '그럴 듯하긴 한데 이러저러해서 답답하다거나 불만족하다'는 생각을 했다면 이미 초보 수준의 국제정치 전문가가 되었다고 말할 수 있다. 이 '불만족'이야말로 여러분을 지적으로 한 단계 높은 수준으로 성장하게 만드는 기본적인 동력인 것이다.

　　국제정치학자들은 국제정치적 문제가 발생하면 이론적 지식을 동원하여 복잡한 현상 중 집중해서 봐야 하는 곳을 찾고 주목하게 된다. 그들은 축적된 이론적 지식(예를 들어 "전쟁이 발생할 때는 반드시 국가 간 국력 차이가 급격히 확대되거나 또는 좁혀지는 현상이 선행하더라" 등과 같은)을 가지고 파악된 문제를 야기하는 원인을 찾을 수 있고, 인과관계나 맥락을 규명하며, 그에 따라 미래를 예견하거나 해결책을 제시할 수 있다. 이 문제는 뒤에서 더욱 쉽고 상세히 설명하겠지만, 그에 앞서 우리는 국제정치를 '학문적'으로 접근하기 위해 우선 기초적이고 근본적인 질문을 몇 가지 던지고 답하는 과정을 필요로 한다.

2장

●

국제정치의 정의

국제정치(international politics)[1]는 공권력(公權力, governmental power)이 부재한 무정부적 구조하에서 국가적 주체와 비국가적 주체를 포함하는 국제정치적 주체들 간에 벌어지는 일련의 갈등, 투쟁, 타협, 협력의 과정이라 일단 정의될 수 있다. 국제정치의 기본이자 핵심인 무정부 상태(anarchy)라는 구조의 의미에 대해 더 이야기해 보자.

1. 공권력의 부재

국제정치의 의미를 더욱 선명하게 부각하려면 국제정치를 국내정치와 대비하는 것이 효과적이다. 국내정치와 대비되는 국제정치의 핵심적 특징은 그것이 공권력 부재 상태로 정의할 수 있는 '무정부 상태'

라는 점이다. 공권력이란 국가가 국민에게 명령하고 강제할 수 있는 정당한 권력을 뜻한다. 국가 공권력의 구성 요소라 할 수 있는 경찰이나 검찰이 불법 행위를 한 사람을 체포, 기소하고 법원이 감옥에 가두라고 명령하면 이는 공권력이 행사된 경우이다. 우리는 공권력이 존재하는 국내정치에서 불법 행위가 의심되는 사람을 사적 수단으로 처벌할 수 없다. 즉, 사적 제재(私的 制裁, private enforcement)는 불가능하며, 오로지 공권력에 처벌을 요구할 수 있을 뿐이다. 만약 국내정치에서 사적 제재가 용인된다면 그것은 결국 힘센 자가 지배하는 약육강식의 세계, 또는 영국 철학자 홉스(Thomas Hobbes)가 가상의 세계로 상정했던 "자연 상태(state of nature, 만인의 만인에 대한 투쟁)"가 되고 말 것이다. 이를 방지하기 위해 홉스는 개인이 보호와 질서의 대가로 자연권의 일부를 주권자인 리바이어던(the Leviathan), 즉 강력한 공권력을 행사하는 국가에게 양도하는 사회 계약(the social contract)을 체결할 것을 제안했다.

국제정치에서는 국내정치와 달리 "세계국가(world state)", 즉 세계 차원의 공권력이 존재하지 않기 때문에 다양한 정치 주체들은 원하든 원하지 않든 무정부 상태라는 '구조적 제약(structural constraint)'의 영향을 받으면서 모종의 목적을 달성하기 위해 상호작용을 하게 된다. 미국 예일대의 구성주의 국제정치학자 웬트(Alexander Wendt)는 (장기적으로) 세계국가의 형성이 필연적이라고 보고 있다.[2] 그러나 현재의, 그리고 우리가 내다볼 수 있는 미래의 국제정치에서는 세계국가가 존재하지 않으므로 무정부성이라는 개념은 국내정치와 대별되는 국제정치 고유의 특징이라 할 수 있다.

자연 상태와 사회 계약

홉스, 로크(John Locke), 루소(Jean-Jacques Rousseau)는 사회 계약의 필요성에 대해 각기 다른 시각을 제시했다. 홉스는 자연 상태를 혼란스럽고 폭력적인 "만인에 대한 만인의 투쟁"으로 보며, 이 상태에서의 "인생은 고립되고, 가난하며, 불쾌하고, 잔인하며, 짧다(solitary, poor, nasty, brutish, and short)"고 묘사했다. 이런 이유로 평화와 질서를 유지하기 위해 절대적인 권력을 가진 강력한 주권자가 필요하다고 주장했다. 반면, 로크는 자연 상태를 완전한 자유와 평등의 상태로 보며, 자연법에 의해 지배되고, 개인은 생명, 자유, 재산에 대한 고유한 권리를 가진다고 봤다. 이 권리들은 정부에 의해 보호되어야 하며, 정부가 이 의무를 다하지 못할 경우 전복될 수 있다고 주장했다. 루소는 자연 상태를 평화롭고 도덕적으로 중립적인 상태로 보며, 개인이 단순하고 고립된 삶을 살아간다고 생각했다. 그러나 그는 정당한 정치 권위는 "일반 의지(general will, 특정 개인이나 집단의 이익이 아니고 공동체 전체를 위한 공익과 공동선)"에 기반한 직접 민주주의에 의해 확립되어야 한다고 주장했다. 이와 같이, 각 철학자는 자연 상태를 다르게 정의하며, 그에 따른 사회 계약의 필요성과 형태를 제안했다. 홉스는 강력한 주권자의 필요성을 강조하고, 로크는 정부의 권한은 개인의 자연권을 보호하는 데 있다고 봤으며, 루소는 집단적 일반 의지에 기반한 민주주의적 정치 구조를 제안했다.

2. 국가주권과 근대국제체제

국제정치가 무정부 상태라는 것은 그것이 근본적으로 자구체제(self-help system)라는 사실을 말해 준다. 이는 구성원들이 '살아남기 위해서는 각자 알아서 해야 하는' 체제라는 의미이다. 빼앗고 죽이고 하는 (잠재적) 폭력배들이 득실거리는 거리에서 살아야 하는 주체들은 생존과 안전의 문제를 알아서 해결해야 하는 것이다.

그러나 부정부 상태의 국제정치가 순수한 의미에서의 자구체제인 것은 아니다. 혼란(chaos)이나 무질서(disorder)를 의미하는 것도 아니다. 오히려 국제정치의 주체들은 생존이나 지배를 위한, 또는 영예나 위엄을 과시하기 위한 정치적 과정에서 '규칙화된 실천과 관행'이라고 정의될 수 있는 국제질서를 창출하고 오랫동안 유지해 왔다. 특히 30년 간의 종교전쟁의 공식적 종료와 함께 체결된 '베스트팔렌조약(Treaty of Westphalia, 1648)'은 근대국제체제(modern international system)라는 새로운 국제질서를 낳았고, 이 질서하에서 정치 주체들은 중세 봉건 시대에 통용되어 왔던 국가 내부 문제에 대한 교회 권력(교황과 신성로마제국의 가톨릭 지배자들)의 개입을 종식시키고, "누구의 영역, 그들의 종교(cuius regio, eius religio, whose realm, his religion; 피치자들의 종교는 통치자의 종교를 따른다)"로 표현되는 국가주권(state sovereignty)의 원칙에 기초하여 '일정하게 구획된 지리적 공간(a demarcated geographical space)' 내에서는 국가(군주)가 최고 권력을 갖는다는, 다시 말해 국가 위에 존재하는 권력은 인정되지 않는다는 새로운 정치 규범을 창출·확인했다. '대내적 최고성'과 '대외적 독립성'을 바탕으로 한 국가주권의 개념은 국가의 본질적 징표이자 근대적 국제질서를 정의하고 규율하는 근본적 규범이 되었다.

국가주권이라는 새로운 유럽 중심적 정치 개념과 그에 기초한 근대국제체제는 주로 폭력을 통해 또는 "수용과 변용, 저항을 거쳐 다른 권역으로 전파(傳播)"되었다. 19세기 중반 영국이 청나라를 공격하여 시작된 아편전쟁은 중국 중심의 유기체적(머리와 심장인 중국과 손, 발 등 지체인 오랑캐로 구성된 생명체와 같은) 질서인 '천하질서(天下秩序; 하늘의

베스트팔렌조약

1517년 교황 레오 10세의 면벌부 판매(면죄부는 잘못된 표현이다. 죄를 사해주는 주체는 신이기 때문에 교황은 죄에 따르는 벌을 면해 줄 수 있을 뿐이기 때문이다)와 사제가 독점하는 성경 해석권을 비판한 루터(Martin Luther)가 파문되자 신성로마제국의 루터파 제후들과 농민들을 중심으로 종교개혁 운동이 일어났다. 황제 카를 5세와 독일어권 루터파 제후들은 종교 갈등을 해소하기 위해 1555년 아우구스부르크에서 열린 제국의회에서 각 제후국의 "피치자들의 종교는 통치자의 종교를 따른다"는 원칙에 합의하였다. 이는 제후가 가톨릭이나 개신교(루터파) 중 하나를 선택할 자유를 얻은 것이고, 신성로마제국 내에서 기독교의 법적 분할을 영구화한 것이었다. 1618년 페르디난트 2세가 가톨릭교를 자신의 영지인 보헤미아에 강요하려 하자 개신교 귀족들로 구성된 보헤미아의 귀족회의(Estates)는 이것이 아우구스부르크조약 위반이라며 페르디난드 1세를 퇴위한 후 개신교동맹을 이끌던 칼뱅파 개신교도인 팔츠의 선제후(選帝侯, Elector, 신성로마제국 황제 선거권을 가진 제후. 당시 8인) 프리드리히 5세를 보헤미아의 새로운 군주로 옹립하였다. 이는 신성로마제국 황제에 대한 직접적인 도전이었다. 스페인의 필립 3세가 신성로마제국 황제를 승계한 사촌지간인 페르디난트 2세를 지원하자 위협을 느낀 가톨릭교의 프랑스가 반(反) 합스부르크(The Habsburgs, 신성로마제국 황제의 가문) 개신교 동맹에 참여하게 되면서 내전에 머무를 수도 있었던 보헤미아 봉기가 유럽 전역에서의 전쟁으로 비화되어 30년 동안 지속되었다. 30년전쟁의 종식을 위한 협상은 베스트팔렌의 뮌스터와 오즈나브뤼크에서 이뤄졌다. 평화조약의 핵심은 아우구스부르크조약에서 인정된 '피치자들의 종교는 통치자의 종교를 따른다'는 원칙, 즉 국가주권에 대한 재확인이었다. 이로써 신성로마제국에서는 가톨릭과 루터파 및 칼뱅파 개신교가 공존하게 되었고, 각 제후국들은 제국이나 황제의 권리를 침해하지 않는 한 상호 간에 그리고 외국과의 조약을 자율적으로 체결할 수 있게 되었다. 베스트팔렌조약은 세력균형과 외교를 통해 평화를 회복한 유럽 최초의 사례이며, 국가주권의 개념이 최초로 인정된 국제정치적으로 획기적인 사건이었다. 이 조약은 이후 국제법의 정치적 근간이 되었으며, 베스트팔렌의 원칙과 체제는 점차 유럽 전역으로 확산되었다.

뜻을 받아들인 천자가 다스리는 중국 중심의 국제질서)' 또는 '화이질서(華夷秩序; 문명 중화가 금수 같은 비문명 미개인들을 상대하고 교화하는 국제질서)'를 붕괴시켜 유럽 중심의 주권적 국제질서의 세계화를 촉진한 의미심장한 역사적 사건이었다.

그러나 국가주권의 개념에 기초한 근대국제체제에서 모든 국가가 실제로 평등하지는 않았다. 그들은 국제법적으로는 평등한 주권적 주체로 인정되었지만, 공권력이 없어 '자기가 자기를 지키지 않으면 안 되는' '자구체제'하에서, 보유한 물리적 힘의 정도를 기준으로 강대국과 약소국으로 구분되었다. 원칙적으로는 국가주권이 인정되었지만, 실제적으로, 강대국 중심의 힘의 논리에 따른 국제적 위계질서가 형성된 것이다.

그러나 국제적 위계질서는 적나라한 힘의 논리에만 기초한 것은 아니고, 힘의 특별한 형태로서 그러나 힘과는 질적으로 다른 '권위(legitimate authority)'가 국가들을 움직이는 영향력을 갖는 국제체제이기도 하다. 권위는 강제력을 넘어서는, '통치할 수 있는 권한(right to rule)'이다. 이러한 국제체제하에서 권위를 가진 국가는 그 구성원들이 지켜야 하는 규칙을 제정하고 이를 집행할 수 있는 능력을 가지며, 체제의 구성원들은 그러한 국제 규칙이 정당성(legitimacy)을 가지기 때문에 자신들이 지켜야 하는 의무로 받아들인다. 이것이 국가 간 권위 관계이며, 국가들이 자신의 권리와 의무를 확인하는 자연스러운 사회적 관계인 것이다. 미국은 오랜 기간 세계경찰을 자처하며 북한, 이라크, 이슬람국가(Islamic State)와 같은 "국제적 범법 주체"에 대해 강제력을 사용해 왔고, 국제체제의 대부분의 국가는 그것을 정당한 행위라고 인정해 왔다. 이는 국제정치의 권위적 측면을 명징하게 보여주는 사례라 할 수 있다.

3. 국제체제와 국제정치의 변화

근대국제체제와 그것에 규칙과 규율 기제를 제공하는 국제질서
는 끊임없이 변화해 왔다. 변화를 추동하는 요인은 다양하다. 첫째, '권
력 이동(power shift)'이다. 국가 간 권력 분배의 변화는 국제체제의 변
화로 이어질 수 있다. 새로운 강대국이 부상하거나 기존 강대국이 쇠퇴
하면 힘의 균형이 바뀌고 국제질서의 역학관계에 영향을 미칠 수 있다.
소련의 해체나 중국의 부상 또는 미국 패권력 약화 등은 국제체제 변
화를 야기한 전형적인 추동력이다. 둘째, 국제규범과 제도의 변화이다.
인권이나 환경 문제를 포함하는 글로벌 거버넌스(global governance)
원칙의 변화와 같은 새로운 규범이나 기존 규범의 변화는 국가의 행동
에 영향을 미치고 주권 개념에 기초한 국제질서를 새로운 방향으로 재
편할 수 있다. 셋째, 기술 발전이다. 예를 들어 통신 기술의 발전은 글

용어 설명

글로벌 거버넌스

글로벌 거버넌스란 국제 문제를 관리하고 규제하는 체계와 과정을 말한다. 이는
국제기구, 비정부기구(NGO), 다국적 기업 등 글로벌 차원의 다른 행위자뿐만
아니라 국가 간의 협력과 의사결정을 촉진하는 제도, 규범, 규칙 등을 포괄한다.
이 개념은 글로벌 도전과제를 해결하려면 개별 국가의 역량을 넘어서는 집단적
행동과 협력이 필요하다는 점을 강조한다.

로벌리제이션을 촉진하고 비국가 행위자들이 글로벌 규모로 활동하는 것을 더 쉽게 만들었다. 넷째, 정치 이념의 변화 또는 국내 우선순위의 변화는 국가의 외교정책과 국제체제와 질서의 변화를 추동할 수 있다. 공산주의 소련의 해체는 양극체제를 붕괴시켰다. 아래에서는 국제체제 및 국제정치의 변화를 압축적으로 보여주는 국가주권과 무정부 상태의 성격의 변화에 대해 이야기해 보자.

4. 국가주권의 성격 변화

근대국제체제의 핵심 기반인 국가주권이라는 개념은 위로부터(from above) 그리고 아래로부터(from below) 도전받고 잠식당해 왔다. 전자에 대해 먼저 논해 보자면 초국적 행위자의 중요성이 부각된다. 예를 들어 자본의 집적과 집중(자본 자체의 크기가 커지고, 이어서 대자본이 소자본을 합병하여 더욱 커지는 과정)을 통해 국제정치적 권력 주체로 성장한 초국적 기업들은 기업 활동의 자유, 규제 철폐, 자본과 노동의 자유 이동 등을 강조하며 자본의 투자에 구조적으로 의존하는 국가들의 주권을 제약하고 있다. 시장민주주의 국가들의 선출직 최고위 정치인들은 권력을 획득·유지하기 위해 국민이 느끼는 경제 상황을 중시할 수밖에 없는데, 고용이나 성장으로 대표되는 경제 상황은 대자본의 투자와 직결되어 있기 때문에 결국 그들은 정치적으로 생존하기 위해 대자본과 타협할 수밖에 없는 구조적 의존 상태에 있다는 말이다. 2022년 9월 현재 주식 시가총액 기준으로 이탈리아, 브라질, 캐나다, 러시아의 GDP 규모를 능가한 애플, 마이크로소프트, 아마존과 같은 초국적 기업들이 국제정치경제에 대해 가지는 영향력은 웬만한 국가행위자의 권력을 넘어서고 있다. 초국적 기업뿐 아니라 UN, 국제통화기금(IMF), NATO, OSCE 등 국제기구, 그린피스나 국제사면위원회 등 국제 비정부기구(INGO), 로마 가톨릭교회와 같은 종교적 권위체, 그리고 쿠르드 노동당(PKK)과 같은 민족단체나 알카에다(Al-Qaeda)와 같은 국제 테러 조직도 국제정치적 힘을 갖는 유력한 비국가적 행위자이다.

국가주권의 의미가 도전받는 또 다른 사례로서 문명 간 충돌이라

문명충돌론

기독교 문명과 이슬람-중화 문명 간의 갈등을 강조하는 문명충돌론을 수용하는 미국의 상당수 개신교 복음주의자들(evangelicals)은 미국의 배타주의적 외교를 추동하는 정치적 기반이 되고 있다. 국제정치에서의 종족주의(tribalism)도 유사한 결과를 산출하고 있다. 인간은 우리가 클럽이나 팀에 소속하기를 원하는 것처럼 집단에 소속길 원한다. 인간이 집단에 소속하게 되면 그들의 정체성은 집단과 밀접히 결합된다. 그들은 개인적으로는 이익이 없어도 집단에 이익이 된다면 수단을 가리지 않고 외부자들을 처벌하는 데 기꺼이 참여한다. 그들은 집단을 위해 희생할 수도, 죽일 수도, 죽을 수도 있다. 미국의 트럼프나 2022년 대선에 41.45%를 득표한 프랑스의 르펜(Marine Le Pen)은 이러한 종족주의를 부추기는 정치인이라 할 수 있다. 트럼프는 버지니아의 샬롯츠빌에서 집회를 열고 폭력을 행사한 백인우월주의자들에 대해 "좋은 사람들(some very fine people on both sides)"이라고 말했고, 르펜은 "프랑스를 신종족주의 국가로 만들고 있는 대량 이민은 프랑스에 대한 위협이다. 진짜 프랑스인들은 주변화되고, 수가 많아진 타종족 집단이 주인 행세를 하게 될 날이 머지않다"고 말했다. 문명충돌론이나 종족주의가 국제정치적 현실을 반영한다면 그만큼 국가주권의 의미가 퇴색하는 것이다.

는 개념이 제시될 수 있다. 하버드대의 헌팅턴(Samuel Huntington)은 냉전 이후 대규모 전쟁은 국가 간에 일어나기보다는 종교가 핵심인 문명 간에 일어날 것이라고 예측했다. 그가 우려하고 있는 것은 이슬람-중화 간의 문명 동맹이 기독교적 서구 문명을 공격할 가능성이다. 문제는 이익을 둘러싼 국가 간 분규는 협상이나 타협으로 해소될 수 있지만 종교나 신앙과 관련된 갈등은 타협이 사실상 불가하다는 데 있다. 뿐만 아니라 개인이나 국가들이 자신들의 종교나 인종에 대한 극단적인 충성심으로 상호 갈등하고 투쟁한다는 국제정치적 '종족주의론(tribalism)'이 국내정치적 시의성(時宜性, timeliness)을 획득하면서 미국 등 강대국들의 자민족중심주의를 자극하고 국가주권의 성격을 또 다른 차원에서 바꿔나가고 있다.

이와 같이 국가주권이 위로부터 타협되고 있다면 아래로부터도 도전받고 있다. 예를 들어 전통적인 국가주권의 개념은 '인간안보(human security)'나 '인도주의적 개입(humanitarian intervention)'이라는 국가가 아닌 '인간 중심'의 새로운 개념이나 담론에 의해 그 의미를 점차 상실하고 있는 것이다. 냉전 후 국제사회는 "공포, 결핍, 인간 존엄성 파괴로부터의 자유"를 핵심으로 하는 인간안보라는 개념을 적극적으로 수용하고 있다. 예를 들어 '보호책임원칙(Responsibility to Protect, R2P)'이라는 개념은 2005년 9월 UN 총회 때 열린 세계정상회의(191개국 참가) 이후로 새로운 국제적 규범으로 자리 잡고 있다. R2P는 일국에서 집단학살, 전쟁범죄, 인종청소, 반인도적 범죄 등이 발생했을 때 그 나라 국민을 보호하기 위해 국제사회가 개입할 수 있도록 하는 원칙이다. 국민을 보호할 일차적 책임은 해당 주권국가에 있지만, 그 국가가 그럴 의지 혹은 역량이 없거나 인권 유린을 자행하고 있는 당사자일 경우 그

인간안보

인간안보(human security)는 외침으로부터 자국민을 보호하려는 국가안보 (national security), 국제사회의 소통 장치와 경찰력으로 침략 행위를 방지하려는 국제안보(international security)와는 달리 인류적 관점에서 인간 개인의 안전 확보에 초점을 두는 혁신적인 국제정치적 개념이다. 인간안보의 핵심적 아이디어는 인간 개인의 안보는 국가안보 및 국제안보와 긴밀하게 상호 연결되어 있다는 것, 즉 이것들은 홀로 존재할 수 없다는 것이다. 예를 들어 한 국가에서의 인권 유린은 난민을 발생시키고 이들은 타국에는 망명 신청자들이 되며, 나아가 UN난민기구와 같은 국제사회가 다뤄야 하는 안보 문제가 된다. 테러나 내전과 같은 국경을 넘나드는 위협도 유사한 연쇄반응을 야기할 수 있다.

나라 국민을 보호할 책임이 국제 공동체에 있다는 것이다.

물론 인간안보의 개념이 대세라고 할 수는 없고 이에 저항하는 세력도 만만치 않다. 인간 중심의 안보 담론에 역행하는 주요 국가는 중국이다. 중국은 국가주권을 지고의 선으로 간주하고, 개인의 자유를 중시하는 미국 등 서방의 자유주의(liberalism)는 자신의 독립을 위협하는 위험한 사상이라고 보고 있다. 중국을 관찰하는 연구자들 일부는 여기에는 역사적 이유가 있다고 보고 있다. 중국인은 고대부터 중국이 인간 문명의 중심이고 미개한 약소국으로부터 조공을 받아야 마땅한 천자의 나라라는 선민의식을 가지고 살아왔다. 그런데 19세기 중반 서양 "오랑캐"와의 전쟁(아편전쟁, 1839-1842, 1856-1860)의 패배에서 시작된 국가 해체 수준의 역사적 재앙, 즉 '100년의 수모(또는 백년국치, 百年 國恥)'는 중국인의 대외 인식에 지대한 영향을 미쳤다. 영국은 중국이 아편 수입을 금지하자 아편도 개인의 기호 상품이기 때문에 개인이 아닌 국가가 나서 금지할 수 없다며 아편전쟁을 일으켰고 중국을 쉽게 제압했으며, 이에 편승한 열강들이 앞다퉈 중국 내 조차지(租借地, leased territory)를 강제적으로 설정하는 등 중국은 무기력하게 반식민지 상태로 전락하게 되었다. 런던정경대의 휴즈(Christopher R. Hughes)에 따르면[3] '100년의 수모'를 겪은 중국의 인민, 특히 엘리트는 자유주의가 국가 해체를 야기한 위험한 사상이기 때문에 수모를 다시 겪지 않으려면 그러한 제국주의적 정치 담론의 유입·확산을 막고 국가의 주권과 존립을 확고히 방어해야만 한다고 믿는다. 중국은 개인의 자유가 아니라 국가 간 관계에서의 국가의 자유를 중시하며, 그 결과는 강렬한 주권 의식과 내정 불간섭의 원칙에 대한 비타협적 주장이자 집착인 것이다.

인간 중심의 안보 담론에 역행하는 국가는 중국뿐 아니라 러시아, 북한, 미얀마, 그리고 이란과 시리아, 사우디아라비아를 포함하는 중동 및 아프리카 상당수 국가를 포함한다. 미국 등 서방의 일부 국가들도 경우에 따라서는 이들과 유사한 국제정치적 행태를 노정하고 있다(미국은 2003년 명확한 명분 없이 그리고 UN과 같은 국제사회의 지지 없이 이라크를 침공했다. 이 전쟁으로 인해 수십만 명의 이라크 민간인이 사망했다. 당시 미국은 국가주권과 인간안보 모두를 침해한 셈이다). 따라서 국가주권에 기초한 전통적인 안보 개념과 국제정치의 패턴은 상당 기간 지배적 위상을 유지할 것으로 전망된다.

그러나 근대국제체제는 지난 수십 년간 자본주의의 발달과 국가 간 상호작용이 누적된 결과 양적, 질적 변화를 거듭해 온 것 또한 사실이다. 상당한 국제정치적 영향력을 가지게 된 초국적 행위자들과 비국가적 주체들은 국가안보 등 국가주권의 의미를 위로부터 그리고 아래로부터 퇴색시키고 있다. 중국과 같은 예외가 존재하지만 국제체제의 다원주의적 변화의 방향성은 장기적으로 그리고 경향적으로 안정적이라 할 수 있을 것이다.

5. 국제정치의 무정부성의 질적 변화

국제체제와 질서의 변화는 비국가적 주체의 부상뿐 아니라 국가 간 상호작용이 누적된 결과로서 무정부성의 질적 변화에서도 감지되고 있다. 모종의 학습효과가 작동하고 국가들의 성찰 능력이 증가했기 때문이다. 앞서 말한 바와 같이, 국가들의 행위에 영향을 미치는 국제적 구조로서의 무정부 상태는 자력 구제라는 국제정치적 규범을 준수하는 국가들은 생존을 유지하게 하고, 그렇지 않은 국가들은 외적의 침략을 받아 도태의 위기에 직면하게 만들 수 있다. 그런데 자력 구제가 국가적 생존의 필요조건이지만 충분조건이 되는 것은 아니다. 오히려 공권력이 부재한 상태에서 모든 국가가 자구, 즉 자국의 국가안보 증진에만 노력을 경주할 경우, 설사 이들의 국가적 목표가 상호 충돌적이지 않은 경우에도 의도하지 않은 부정적 결과가 초래될 수 있다. 영국 캠브리지대의 버터필드(Herbert Butterfield)가 제기한 이 아이러니에 대해 하버드대의 허츠(John Herz)가 안보딜레마(security dilemma)라는 이름을 붙여주었다.

안보딜레마는 안보를 증진시키기 위한 한 국가의 조치가 타국의 방어적 반응을 불러일으키고, 이것이 원래 국가의 안보를 오히려 감소시키는 상황이라고 할 수 있다. 예를 들어 서로에 대해 적대감이 없는 국가 A와 B가 있다고 하자. 국제체제는 자구체제이기 때문에 A국은 이 국제적 구조가 명령하는 대로 국가안보를 증진하기 위해 무기를 구입하게 될 것이다. 그런데 A국의 자구책은 B국에는 위협이 될 수 있다. 국내정치와는 다르게 국제정치에는 공권력이 존재하지 않기 때문이다. 따라서 B국은 자구 논리에 따라 A국에 대해 상대적으로 우월한 방어력을 보유하려 하게 될 것이다. 이와 같이 B국의 안보 조치는 A국의 안보를 오히려 감소시킬 수 있고, 이러한 악순환이 방치되는 경우 양국은 군비경쟁(arms race)의 소용돌이에 빠져 궁극적으로는 의도하지 않은 전쟁에 휘말리게 될 수 있는 것이다.

무정부 상태의 국제체제에서 국가들은 생존하기 위해 자구 노력을 기울인 결과 안보딜레마에 빠지고 실제로 수많은 군비경쟁과 대규모 전쟁의 희생양이 되었다. 이러한 공권력 부재라는 국제 구조의 힘은 세계국가가 탄생하기 전까지 안보와 관련된 국가들의 판단과 행위에 영향을 미칠 것이다. 그러나 국가들은 의도했든 의도하지 않았든 그들 간의 오랜 상호작용과 학습 과정, 성찰과 실천이 누적된 결과 무정부적 국제 구조에 의미 있는 변화를 가져왔다. 웬트에 따르면 무정부성은 고정되어 있거나 영속적인 것이 아니고 역사적으로 형성되는 것이고, 따라서 유동적인 것이다. 물론 국제체제에 공권력이 존재하지 않는다는 객관적 사실 자체는 변하지 않았다. 그러나 무정부성이라는 국제 구조가 국가에게 명령하는 핵심 규범, 예를 들어 자력 구제, 그리고 그에서 비롯된 안보딜레마의 논리는 시공간적 영역의 차이에 따라 다르게 나타난 것이다.

웬트는 런던정경대의 와이트(Martin Wight)가 사용한 용어를 일부 차용하여[4] 무정부적 문화는 상대를 적(enemies)으로 보는 "홉스적 문

규범, 정체성, 구성주의

규범은 사회구성원이 공유하는 적절한 행동의 기준이나 규칙이라고 정의될 수 있다. 그리고 정체성은 개인이나 집단이 자기 자신을 어떻게 보는지(how they view themselves), 즉 그들이 갖고 있는 자신에 대한 인식(sense of self)이라고 할 수 있다. 국제정치학의 구성주의자는 정체성은 불변이거나 선천적인 것이 아니고 사회적 상호작용을 통해 구성되는 것으로 본다. 즉 개인과 집단은 자신의 정체성을 타자와의 상호작용을 통해 형성하고 정의하며, 정체성은 학습과 사회화(socialization)의 과정에서 지속적으로 변한다는 것이다. 시카고대의 사회학자 미드(George Mead)의 용어를 빌리자면, 자아(self)는 타 자아들과의 '첫 만남(first encounter)' 이후 '나는(I)'이라는 '개인적 정체성'의 수준에서 '나를 또는 나에게(me)'라는 '사회적 정체성'의 수준으로 변화하게 된다. "나[I]는 용감해서 짐승 사냥을 잘 한다"와 같은 물리적, 감정적 필요에 기초한 자기중심적인 정체성에서 "저 사람은 나[me]를 좋아하는 것 같다"와 같은 '상대를 전제로 하는' 사회적 역할과 관계에 기초한 사회적 정체성으로 변화하게 된다는 의미이다.

화(Hobbesian culture of anarchy)", 상대를 경쟁자(rivals)로 보는 "로크적 문화(Lockean culture of anarchy)", 그리고 상대를 친구(friends)로 보는 "칸트적 문화(Kantian culture of anarchy)"로 구분할 수 있다고 말했다. 동북아는 홉스적 문화 속에 놓여 있다고 볼 수 있다. 동북아의 국가들은 서로를 불신하고, 서로의 의도에 대해 '최악의 시나리오'를 상정하며, 그 결과, 그들의 이익을 자구적 관점에서 정의하는 경향이 있다. 북유럽은 칸트적 문화에 접근해 있다.

뒤에서 설명하겠지만, 웬트는 이와 같이 특정한 시공간에서 특정한 국제정치적 관념이나 규범이 파다하게 퍼져 있는 상태를 "간주관적

간주관적 이해

이 개념은 사회적 현실의 의미, 규범, 해석에 대한 행위자들 간에 공유된 이해와 합의를 의미한다. 국제정치에서 간주간적 이해의 한 사례로 1949년에 제정된 제네바 협약을 들 수 있다. 부상자와 병자, 난파선 생존자, 전쟁 포로, 그리고 분쟁 지역의 민간인에 대한 법적 보호를 제공하는 이 협약은 현재까지 196개국이 비준하여, 가장 널리 수용된 조약 중 하나이다.

이해(intersubjective understanding)"또는 "공유된 관념(shared ideas)"이라 명명하면서, 그 관념이나 규범이 상호불신이나 자구인 경우 동북아에서처럼 안보딜레마라는 논리가 지배하게 된다고 주장하고 있다. 그에 따르면 국가들이 상호 간의 분쟁을 평화적으로 해결할 수 있다는 믿음이나 그에 상응하는 규범을 공유하고 있다면 여기에서는 안보딜레마가 아니라 "폭력의 사용이 금기시 되는" 안보공동체(security community)가 형성될 수 있다. 우리는 예를 들어 북한 핵, 타이완해협, 센카쿠(댜오위다오) 섬 문제와 관련하여 동북아 국가 간 전쟁이 일어날 수 있다고 보지만 노르웨이와 핀란드 간에 또는 덴마크와 스웨덴 간에 전쟁이 발발할 가능성은 없다고 보지 않는가? 요컨대 동북아든 북유럽이든 모든 국가는 국제 차원의 공권력 부재라는 국제적 구조하에서 상호작용하고 있지만, 무정부 상태라는 구조가 국가에 미치는 영향력의 정도와 종류는 시공간적 영역에 따라 다르게 나타나고 있다는 사실은 국제적 구조가 고정되어 있거나 영속적이지 않고 행위자들 간의 성찰적, 실천적 과정을 통해 지속적으로 변할 수 있다는 점을 드러내주고 있다 하겠다.

III

국제정치는 어떻게 분석하는가

우리는 이제 국제정치학에 발을 디뎠으므로 한 걸음 더 나아가 국제정치의 분석에 대해 이야기해 볼 수 있게 되었다. 분석이란 "왜 (why)?라는 질문에 답하는 것"이다. 이 책의 서두에서 나는 "우리는 국제정치적 지식을 매일 소비하고 있다"고 말했다. 이 이야기를 조금 더 해보기로 하자. 그렇게 함으로써 우리는 '국제정치란 무엇인가'에서 '국제정치는 어떻게 분석하는가'로 이동할 수 있기 때문이다. 우리가 매일매일 의식 중에 또는 무의식중에 소비하는 국제정치적 지식은 21세기 최대의 화두인 미·중 관계와 관련이 있을 수 있다. 예를 들어 미국의 바이든과 중국의 시진핑이 서로에게 으르렁대고 있는데 과연 "미국과 중국 간에 전쟁이 일어날까?"라고 누가 묻는다면 우리는 뭐라고 답할까? A는 이렇게 말할 수 있다:

전쟁은 이길 수 있다는 확신이 있어야 시작하는 거야. 그런데 중국이 1970년대 말부터 시작된 개혁·개방 정책에 힘입어 급성장해 왔고, 앞으로 수년 내 미국의 국력에 비등한 수준으로 발전하게 될 것 같은데 그렇게 되면 미국이든 중국이든 이길 수 없는 전쟁을 시작하지는 않을 거야. 다시 말해 양국 간에 세력균형이 이뤄지면 의도적으로 상대를 무력 공격할 가능성은 제로에 가까워질 거야. 따라서 국제체제는 안정을 유지하게 되겠지.

그러나 B는 이렇게 말할 수 있다:

2차대전을 연합국의 승리로 이끌었고, 전쟁의 피해가 거의 없었던 미국은 전후 세계질서를 자국 중심으로 구축했어. 영국, 프랑스 등 연합국들은 약화되었거나 미국과 이해관계가 비슷했고, 독일과 일본은 전범국이고, 공산화된 소련은 국내정치와 공산권 내부 결속에 몰두했기 때문에 미국이 홀로 세계질서를 세우는 데 문제가 없었지. 소련보다 이념적으로 더 급진적이고 한반도에서 미국과 직접 교전했던 중국은 미국이 주도하는 이른바 패권적 국제정치에 반대하였지만, 질서를 대체할 수 있는 능력을 갖고 있지 못했으므로 자력 갱생을 추구하거나, 불만스럽게 미국 중심의 세계질서에 순응할 수밖에 없었지. 그런데 불만으로 가득한 중국이 1970년대 말부터 급성장하여 최근에는 미국의 국력을 넘보는 수준에 이르게 되어 미국에 도전할 수 있는 물질적 능력을 확보하게 된 거지. 불만이 가득한 중국은 기존 국제질서를 바꾸려 할 거고 미국은 거부하겠지. 그런데 미국은 바보가 아니니 중국의 성장을 더 이상 방치할 수는 없지. 중국이 더 커지기 전에 손을 쓸 수밖에 없을 거야. 그렇게 되면 양국 간 갈등이 전쟁으로 비화할 수도 있겠지.

다른 한편 C는 이렇게 말할 수 있다:

미·중 간에 전쟁이 벌어질지 여부는 중국이 미국 등 서방 강국들과 얼마나 경제적으로 상호의존하는지에 달려 있어. 교역이나 투자에 따른 경제적 상호의존이 높은 수준에서 상호이익이 막대할진데 그들이 굳이 전쟁을 해서 "자신들에게 먹을 것을 주는 손을 물지는 않을 것"이며, 나아가 전쟁으로 인한 재앙적 손해를 입을 필요가 없는 거지. 예를 들어 중국은 미국 기업의 주요 상품/서비스 시장이고, 낮은 생산비로 만들어진 중국제 상품/서비스는 미국 소비자들의 이익이지. 중국이 현재의 중국이 되기까진 미국 시장이 있었지. 어떤 이는 중국이 경제적으로 미국을 공격할 수 있다고 하는데, 그러나 예를 들어 미국의 국채(미국 정부가 자금을 확보하기 위해 채권을 발행함으로써 채권소유자에게 지게 되는 빚)를 많이 가지고 있는 중국이 미국 경제에 타격을 주기 위해 그것을 국채시장에 대량으로 팔아 치울 수는 없어. 미국 경제가 악화되면 결국 대미수출에 크게 의존하고 있는 중국의 경제 역시 악화될 것이기 때문이지. 게다가 세계 역사를 보면 시장경제가 성장하면 사람들은 자신의 이익을 보호하기 위해 정당을 만들고, 그렇게 되어 다당제가 뿌리를 내리게 되면 일단 절차적으로 민주적인 나라가 된다는 사실을 알 수 있지. 중국도 시장민주주의 국가가 되면 미국과의 이견이나 분쟁을 폭력적으로 해결하려 하지 않고, 민주 국가들이 일반적으로 사용하는 대화와 외교를 선택하게 될 거야.

D는 이렇게 말할 수 있다:

중국의 미래는 가치관이나 정체성의 관점에서 설명할 수 있어. 국가도 사람처럼 가치관이나 세계관에 따라 행동을 하게 되지. 그것은 개인적인 차원이라기보다는 국가 구성원들이나 지도자들이 공유하는 문화적 규범으로서 '무엇이 적당한 행동인지'를 결정하거나, 그것에 영향을 미치는 관념적 변수라 할 수 있어. 예를 들어 국가는 "세상은 약육강식의 논리가 지배하는 힘의 각축장인가, 아니면 최소한의 도덕이 존중되는 문명적인 대화와 협력의 장인가"라는 질문을 던질 수 있지. 그리고 그 국가는 자신이 갖고 있는 세계관에 맞게 행동하겠지. 그런데 세계관은 '자신은 누구인가'라는 국가적 정체성과 밀접히 연관되어 있어. 자기가 자신을 어떻게 생각하는지에 따라 외부적 조건이 정당한지 부당한지를 주관적으로 판단할 수 있을 테니까. 중국인들은 중국에 대해 어떻게 생각할까? 아직도 중국이 우주의 문명적 중심이라고 생각할까, 아니면 19세기 중반 아편전쟁 이후 당한 소위 '100년의 수모'를 되갚아주려는 복수혈전의 주체라고 생각할까? 아니면 이렇게 특별한 대접을 요구하는 중국이라기보다는 호혜와 평등의 입장에서 실용적인 이익을 주고받으려는 국제 공동체의 정상적인 일원이라고 생각할까? 중국의 미래는 미국 등 서방 세계가 중국을 어떻게 대접하느냐, 그리고 중국이 서방 세계를 어떻게 수용하느냐에 달려 있는 가변적인 것이야. 예를 들어 국제사회가 위협적으로 보이는 중국을 고립시키거나 강압적으로 대하면 중국은 아마도 저항적이고 사나운 공룡이 될 수 있고, 중국을 있는 그대로 인정하고 소통과 교류로 대하면 참여적인 순한 공룡이 될 수 있겠지.

우리는 앞서 A, B, C, D가 국제정치학적 지식을 '이론적'으로 훌륭하게 소비하고 있음을 알 수 있다. 국가의 행동이나 국가 간 관계를 인과적 또는 비인과적 관점에서 분석하고 그에 기초해 예측을 제공하고 있기 때문이다. 만일 그들이 국가의 정책결정자라면 문제의 원인을 분석하고 미래를 예측하여 인류적 삶의 조건을 개선하거나, 아니면 정반대로 이기적인 국익만을 추구하려다가 인류의 삶을 비의도적으로 파괴할 수 있다는 측면에서 국제정치학적 지식은 국가나 국민뿐 아니라 인류적 차원의 중차대한 의미를 가지게 될 수도 있다.

그런데 A, B, C, D는 나름 논리에 기초하여 미·중 관계와 전쟁 가능성에 대해 이야기하고 있지만, 그들은 복잡다기한 국가 간 관계에서 '무엇이 중요한지'에 대해 서로 다른 관점을 보여주고 있다. 어떤 이는 국가 간 관계를 좌우하는 것은 물리적 힘을 기준으로 하는 국가 간 역학관계라고 보고 있고, 어떤 이는 국가 간 경제적 상호의존의 정도나 민주주의와 같은 국가의 성격을 중시하며, 또 어떤 이는 국가의 가치관과 정체성을 제시하기도 하는 것이다. 센스 있는 독자들은 이미 내가 이 책 서두에서 던진 질문조차도 '무엇이 중요한지'와 관련된 나의 관점을 드러내고 있다는 것을 간파하였을 것이다. 맞다. 나는 21세기 국제정치에서 미·중 관계가 가장 중요하며, 특히 미·중 간 전쟁 가능성을 의미심장하게 분석해야 한다고 보고 있다. 사람들은 왜 국제정치를 서로 다른 각도에서 보게 되는가? 그것은 국제정치학을 소비하는 모든 사람은 은연중에 자신의 국제정치적 가치관을 반영하는 자신만의 줌렌즈를 가지고 세상을 보기 때문이다. 뒤에서는 우리들은 왜 줌렌즈를 필요로 하는지, 어떤 종류의 줌렌즈가 있는지, 왜 줌렌즈를 바꿔 사용하면 이전에는 보이지 않던 것이 보이게 되거나 보이던 것이 보이지 않게 되는지에 대해 자세히 이야기해 보기로 한다.

3장

•

국제정치학의 관점들:
다양한 줌렌즈

세상에는 수십만 개 이상의 언론 매체가 시시각각으로 정보를 제공하고, 언론 매체 외의 출처들도 정보의 범람에 기여한다. 우리는 이러한 정보의 홍수 속에서는 국제정치가 도대체 어떻게 돌아가는지 감을 잡기 어렵다. 분명한 것은 우리가 사는 복잡다기하고 역동적인 국제정치의 현실은 인간의 지각 능력의 범위를 넘어 존재한다는 사실이다. 우리는 '있는 그대로'의 국제정치의 현실에 직접 접근할 수도 없고, 국제정치 '전체'에 대해 설명이나 이해를 시도할 수도 없다는 말이다. 국제정치는 비유적으로 말하자면 의미 없어 보이는 초현대적 추상화처럼 보일 수 있다.

그렇다면 우리는 어떻게 국제정치를 설명·이해할 수 있는가? 하나의 방법은 복잡하고 무질서하게 보이는 국제정치적 현실을 단순화하고 '중요한' 부분만을 부각하여 주요 행위자들의 기본 속성과 지배적 행동양식, 그리고 현상의 반복성 등을 발견하는 것이다. 줌렌즈를 장착한 카메라를 생각해 보면 이해가 쉬워질 수 있다. 우리는 수많은 동식물과 샘이나 물줄기 등이 혼재하는 초원을 줌렌즈로 클로즈업(close-up)해서 보게 되면 그 속에 무엇이 어떻게 생존하고 사멸하는지를 볼 수 있다. 예를 들어 줌렌즈 속 화면에는 사슴이나 물소 등 동물들이 어떤 먹이를 먹는지, 그리고 그들은 호랑이나 사자와 같은 맹수에 의해 어떻게 먹이가 되는지가 드러나 있다. 한편 우리가 중요시하는 국제정치를 줌렌즈로 당겨본다는 말은 우리가 중요시하지 않는 부분은 생략된다는 것을 의미한다. 유의할 필요가 있는 현상의 특징 이외의 것은 버린다는 의미에서 이를 '사상(捨象, abstraction)'이라고도 한다. 나의 목적상 중요하지 않은 것은 마치 존재하지 않는 것으로 가정한다는 것이다.

그렇다면 우리는 어떤 것은 클로즈업하고, 어떤 것은 사상하는가? 그것은 우리의 가치관에 달려 있고, 설명·이해를 위해 우리가 갖고 있는 자산(시간, 에너지, 금전)을 얼마나 기꺼이 투자할 것인지에 달려 있다. 우리는 자신의 가치관에 따라, 예를 들어 전쟁이 가장 중요한 국제정치 현상이라고 본다면, 초국적 기업이나 국제기구가 아닌 '전쟁을 할 수 있는 권리와 능력'을 갖고 있는 국가를 국제정치의 유일한 주요 행위자로 간주할 수 있다. 그래서 우리는 국가가 아닌 행위자들은 마치 존재하지 않는 것처럼 가정하고 국가들 간의 관계와 상호작용을 줌렌즈로 클로즈업하여 거기에서 특정한 인과적인 현상이 규칙적으로 발생하는지 여부를 관찰할 수 있는 것이다.

이와 같이 우리의 가치관과 필요에 따라 국제정치를 단순화하여 설명·이해를 촉진해주는 줌렌즈와 같은 관념적 도구를 관점(perspec-

설명이냐 이해냐

우리는 지금까지 '설명·이해'라는 혼합 용어를 사용해 왔는데 이제는 양자를 구분해야 할 때가 왔다. 설명(explanation)은 우리가 주체의 행위를 야기한 합리적 원인을 실험이나 서베이와 같은 주체 외적인 객관적 관찰을 통해 찾는 추론 방식을 가리키며, 이해(understanding)는 우리가 주체의 행위를 야기한 원인을 그의 주관적 의미 안으로 들어가 역지사지적으로 '해석'하는 방법론을 뜻한다.

예를 들어 한 청년이 앞서가던 다른 청년의 뒤통수를 때렸다고 할 때 이른바 합리주의적 실증주의자들(rationalist positivists)은 그런 행동을 야기할 수 있는 합리적 이유, 즉 전자가 후자의 분노를 야기한 행동들이 있었는지 확인함으로써 설명을 시도할 것이고, 해석학적 탈실증주의자들(post-positivists)은 그들 간의 관계 내부로 들어가 그러한 행동의 주관적 의미, 예를 들어 두 청년은 절친으로서 후자가 우연한 시공간에서 전자를 알아차리고 반가움이나 애정을 과하게 그러나 그들만의 주관적 방식으로 표현했다는 사실을 알아내어 이해를 도모하고자 할 것이다.

tive) 또는 패러다임(paradigm)이라고 부른다. 국제정치학자들은 사람들이 국제정치를 설명·이해하기 위해 자신들의 가치관 및 필요에 따라 선택/사용하는 이러한 관념적 도구를 몇 가지로 구분하고 있다. 이 중 가장 많이 사용되는, 즉 지배적 관점이라고 할 수 있는 현실주의(realism)는 몇 가지 전제 또는 가정을 통해 국제정치의 현실을 단순화하고 있다.

1. 현실주의의 전제

국제정치학에서의 현실주의는 카(E. H. Carr)가 최초로 사용한 명칭이다. 전간기(1차대전과 2차대전 사이)에 대종을 이뤘던 국제정치학은 인간은 합리적 존재라며 인간 이성에 대해 낙관적이었던 자유주의 관점에 따른 도덕적 원칙과 국제법적 구조에 기초하고 있었다. 카는 이를 "유토피아적(utopianism, 공상적)"이라고 폄하하면서, 지도자나 지식인은 "당위(ought to)"가 아닌 "있는 그대로(as it is)의 현실"을 직시해야 한다고 주장했다. 그에 따르면 "있는 그대로의 현실"이란 국가들은 도덕이나 국제법이 아닌 권력에 대한 고려에 의해 움직이는 국제정치적 주체이며, 이들은 권력투쟁이 핵심이자 본질인 권력정치에 몰두한다는 사실이었다. 그러나 그는 국제정치에서 국가들이 왜 권력을 추구하는지, 얼마나 많은 권력을 원하는지 등에 대한 답을 제시하지는 않았다. 그는 역사가이고 외교관이었지 국제정치이론가가 아니었기 때문이었을 것이다.

그럼에도 불구하고 카가 제기한 문제의식을 바탕으로 삼은 현실주의는 독일의 나치즘이나 이탈리아의 파시즘을 피해 미국으로 이주하여 주요대학의 강단에 선 유럽의 지식인들에 의해 비로소 체계화, 이론화되었다. 카뿐만 아니라 쉬미트(Carl Schmitt), 베버(Max Weber), 니체(Friedrich Nietzsche) 등에 의해 영향을 받은 독일 출신의 모겐소(Hans Morgenthau)는 1948년 발간된 『국제정치론(*Politics Among Nations: The Struggle for Power and Peace*)』에서 "모든 국가는 권력에 의해 정의된 국가이익을 추구한다"는 전제를 포함한 '정치적 현실주의(political realism)의 6개 원칙'에 기초한 현실주의 관점을 최초로 이론화했다. 정치적 현실주의 또는 고전적 현실주의는 후일 월츠(Kenneth Waltz) 등에 의해 보다 과학적이고 체계적인, 그리고 인간 주체보다는 무정부 상태라는 국제정치의 구조를 강조하는 구조적 현실주의(structural realism) 또는 신현실주의(neorealism)에 의해 수정·보완되기도 했다. 아래에서는 이들 현실주의가 기초해 있는 공통 분모, 즉 현실주의 관점의 기본 전제에 대해 살펴보기로 한다.

1) 국제정치에서 유일한 주요 행위자(sole major actor)는 국가이다

현실주의자들은 국제정치를 움직이는 주체는 UN, 초국적 기업, 바티칸, INGO, 테러 단체 등 비국가적 주체를 포함하지만 국제정치의 현실을 중요도의 기준으로 단순화하면 '대내적 최고성'과 '대외적 독립성'을 가지며, 가장 중요한 권리인 '전쟁을 할 수 있는 권리'와 대규모 물리력을 가진 국가만이 부각될 수밖에 없다고 본다. 대표적 현실주의자인 월츠와 길핀(Robert Gilpin) 등은 비국가적 주체들의 행위는 국가의 결정과 권력에 의해 제한되거나 영향을 받기 때문에 국제정치의 지배적 주체가 될 수는 없다고 제시하고 있다. 따라서 현실주의자들에게는 국제정치 분석의 핵심 단위(key unit of analysis)는 국가가 되고, 국제정치학은 이 핵심 단위 간의 관계에 대한 연구가 된다. 학자들은 이를 국가중심주의(state centrism)라고 부른다.

국제정치는 영어로 international politics인데 이는 국가 간 정치라는 뜻으로서 현실주의의 기본 전제를 받아들인 개념이자 명칭이다. 이는 현대 국제정치학이 현실주의 또는 국가중심주의에서 시작되었음을 암시하는 방증이라 할 수 있다. 물론 국가중심주의를 수용하지 않는 국제정치학자들은 이러한 용어 대신 세계정치(world politics) 또는 지구정치(global politics)라는 명칭을 사용하기도 하는데 국제정치학계에서는 이미 굳어진 관행에 따라 국제정치라는 이름이 통용된다.

그러나 현실주의 줌렌즈 속에서는 모든 국가가 평등한 것은 아니다. 여기서 주인공들은 국제정치를 지배하고 국제정치의 주요 현상을 빚어내는, 특히 가장 치명적인 대규모 전쟁을 해대는 강대국들이다. 현실주의자들의 국가중심주의는 사실상 강대국중심주의라 할 수 있다.

2) 국가는 단일체적 행위자(unitary actor)이다

현실주의자들은 국제정치를 효과적으로 설명하기 위해서는 국가가 당구공과 같이 겉과 속이 같은 주체로 또는 '통합된 단위(integrated unit)'로 단순화해야 한다고 제시한다. 국가가 마치 이성적인 사람과 같은 존재로, 즉 '의인화(擬人化)'되는 것이다. 『뉴욕타임즈』의 한 기자는 2020년 2월 17일자 기사에서 "미국과 러시아는 양국 간 전쟁을 피하기 위해 신호전을 펼치고 있다. 양국은 전쟁의 대가가 너무 커 상대가 감당키 어려울 것이라는 신호를 보내고 있다"라고 적었다. 이 기자는 미국과 러시아가 마치 게임을 하는 계산적인 사람인 것처럼 의인화하여 우크라이나를 둘러싼 양국 간 상호작용을 분석하고 있다.

현실주의 관점하에서는 국가 내부의 역동성, 예를 들어 국가 지도자와 국민 사이에 존재할 수 있는 모종의 정치적 간극(political cleavages) 등은 고려되지 않는다. 국가 내부에 존재하는 그러한 정치적 이견들은 궁극적으로 해소 또는 통제될 것이기 때문에 국가를 대외적으로 대표하는 정부는 하나의 목소리로 말하게 된다는 것이다. 정부 내에서도 정책적 이견이 노출될 수도 있다. 예를 들어 외교부는 국방부의 정책과 충돌하는 정책을 추진하려 할 수도 있다. 그러나 결국 상위의 권위체, 가령 대통령실이 개입하여 이러한 이견이 노출되는 것을 방지할 수 있다는 것이다.

국제정치학에서 국가의 가치관이나 정체성이 전쟁 등 국제 갈등에 대해 갖는 태도에 영향을 줄 수 있다는 이론이나 논리가 있을 수 있다. 예를 들면 민주 국가는 다른 민주 국가와 갈등을 빚을 때는 폭력으로 문제를 해결하려 하지 않지만, 비민주 국가와의 갈등의 경우에는 폭력 행사를 자제하지 않는다는 것이다. 그러나 현실주의자들에 따르면 모든 국가가 힘의 논리에 의해 움직이는 국제정치에서는 힘의 차이만 고려될 뿐 가치관이나 정체성과 같은 국가 내부적 요소들은 '주요' 변수로 취급될 수 없다. 그들은 뒤에서 다룰 자유주의자들과는 달리 국제정치를 설명함에 있어 가치관을 중시하지 않기 때문에 "좋은(good, 자유민주국가)" 국가와 "나쁜(bad, 독재 국가나 전체주의 국가)" 국가를 구분하지 않으며, 국가의 문화, 정치체제, 또는 집권자가 누구냐를 따지지 않는다. 강대국들은 당구공들과 같다. 국제정치의 당구대에는 크고 무거운 당구공과 그렇지 않은 공이 있을 뿐 예쁜 공이나 그렇지 않은 공은 존재하지 않는다.[1]

3) 국가는 합리적 행위자(rational actor)이다

앞서 나는 설명이라는 개념을 설명하면서 합리적이라는 용어를 사용했다. 우리는 여기서 이 개념에 대해 논해 볼 수 있다. 합리적 행위란 목표가 분명하고 일관되며, 이를 달성케 해주는 여러 대안 중 순익의 관점에서 가장 효율적인, 즉 가성비가 가장 높은(most efficient) 것을 선택하고, 그 선택의 결과에 대해 미리 인지하고 이뤄지는 행위를 말한다. 우리는 여기에서 두 가지 이슈에 대해 토론해 볼 필요가 있다. 첫째, 국가는 도덕적 가치가 아닌 물질적 이익을 추구한다는 점, 둘째, 국가는 이 물질적 이익을 효율적으로 추구한다는 점이다. 순서대로 이야기해 보자.

현실주의자들에 따르면 모든 국가는 "권력에 의해 정의되는 국가이익(national interest defined in terms of power)"의 극대화를 일관되게 추구한다. 국가는 외적 제약과 기회가 변함에 따라 끊임없이 자신의 정책과 전략을 바꾸면서 변하지 않는 국익을 극대화하고자 하는 것이다. 이는 모든 국가에 해당되는 철칙이다. 따라서 국제체제는 같은 기준에 따라 같은 행동 패턴을 보여주는 국가들로 구성된다. 정치적 현실주의(또는 고전적 현실주의)의 창시자라 할 수 있는 모겐소는 현실주의의 핵심은 "권력에 의해 정의되는 국가이익"이라는 '누구에게나 통용되는 보편적 개념'[2]이며, 외교를 성공시키기 위해서는 외교 주체가 "십자군적 정신(crusading spirit)"을 탈피해야 하고, 현실과 유리되어서는 안 되며, 외교안보정책의 목표를 "실질적 이익의 내용"의 관점에서 정의해야 한다고 역설하였다.

나아가 현실주의에 따르면 국가는 이익을 가져다줄 것으로 예상되는 많은 정책대안 중 '가성비'가 가장 높은 대안을 선택한다. 예를 들어 국가가 이익을 추구하는 과정에서 주어진 선택지(A, B, C)가 있고 각각의 이익과 손실이 다음과 같다 하자.

A: 이익(10) 손실(-5); B: 이익(20) 손실(-10); C: 이익(30) 손실 (-20)

국가들은 이미 주어진 자신의 선호(권력으로 정의되는 이익)에 따라 각 선택지의 순익을 정확히 비교·대조할 수 있고, 그 결과 예상되는 순익이 가장 큰 대안(C의 순익은 10)을 선택한다.

현실주의자들은 물질적 이익 이외의 변수, 예를 들어 감정이나 가치관과 같은 것은 고려하지 않는다. 그들에 따르면, 가령, 국가가 전쟁이라는 수단을 사용해야 할지를 고민할 때 두 가지 대안이 있을 수 있다. 현상유지(status quo)를 할 것인가, 아니면 전쟁을 할 것인가? 모든 국가는 이길 수 있다는 계산이 있어야 전쟁을 할 수 있다. 분하다고 해서 질 수 있는 전쟁을 시작하지는 않는다는 것이다. 나아가 현실주의자들은 국가의 이익계산은 인간적 특징인 오인(misperception)이나 오판(misjudgment)에서 자유롭다고 가정한다. 그렇게 현실을 단순화함으로써 확보되는 분석적 명료성(analytical clarity)이 그러한 요소들을 고려함으로써 발생하는 이론적 이익보다 더 중요하다고 생각하기 때문이다.

개념으로 깊이 알기

권력

권력(power)은 경제학에서 돈이 그러한 것처럼 정치학이나 국제정치학의 논리와 동학을 표현하는 주요 매개적(mediative) 개념이다. 대부분의 정치학자는 독일 사회학자 베버(Max Weber)가 정의한 권력의 개념을 사용하고 있다. 그에 따르면 권력은 "사회적 관계에서 한 행위자가 저항에도 불구하고 자신의 의지를 실행할 수 있는 위치에 있을 확률(the probability that one actor within a social relationship will be in a position to carry out his own will despite resistance)"이다. 예를 들어 나의 권력은 타자의 의사에 반하여 그의 행동을 나의 의지대로 관철할 수 있는 능력이라 할 수 있다.

월츠와 같은 실증주의자들은 권력은 관찰 불가하기 때문에 능력(capability)이라는 관찰 가능한 개념을 사용한다. 이들에 따르면 어떤 국가가 타국에 대해 GDP로 표현되는 경제 규모, 군사비로 표시되는 군사력 등에 우위를 가진다면 그 국가는 상대국에 비해 우월한 권력을 보유하고 있는 것이다. 그러나 능력이라는 관찰 가능한 개념은 국가의 외교력, 정치력, 국민의 사기(士氣, morale, fighting spirit) 등 권력의 핵심적인 그러나 관찰 가능하지 않은 요소를 포함하기 어려운 면을 가지고 있다.

권력은 통상적으로 군사력과 같은 하드 파워를 가리키지만 최근에는 소프트 파워라는 개념이 각광을 받고 있다. 이 개념을 처음 제시한 하버드대의 나이(Joseph Nye Jr.) 교수에 따르면 소프트 파워(soft power)는 "타자의 선호를 만들어낼 수 있는 능력(ability to shape the preferences of others)"이며 "강제나 지불(payment)이 아닌 매력(attraction)으로 선호되는 결과를 이끌어내는 능력"이다. 비유적으로 말하자면 하드 파워(hard power)는 이래라저래라 하는 "푸시(push)"이고 소프트 파워는 끌림, 즉 "풀(pull)"이다.[3] BTS나 블랙핑크가 상징하는 K-pop에 매료된 외국인들이 한국을 이해하고 패션과 예술뿐 아니라 경제, 문화, 환경, 국제정치 등의 영역에서 한국에 공감하고 지지하게 되었다면 끌림의 소프트 파워가 행사된 것이다.

국제정치에서 권력의 문제는 '권력 자원의 대체 가능성(fungibility of power resources)'의 문제와 밀접히 연관되어 있다. 이 '대체 가능성'이라는 개념은 국가가 전략적 목표를 달성하기 위해 사용할 수 있는 다양한 권력 자원의 융통성(adaptability)과 호환성(interchangeability)을 강조한다. 우리가 아래에서 다룰 세력전이론이라는 현실주의 국제정치이론은 국제체제의 지배국가(패권국)는 경제적으로 급성장한 도전국가가 더 강력해지기 전에 손을 봐주는 선제적 예방전쟁을 시작할 수 있다고 가정하는데 이는 도전국가의 권력자원이 고도로 대체 가능하다는 전제에 따른 것이다. 즉 도전국가의 경제력과 같은 권력 자원이 쉽고 빠르게 실질적인 군사력으로 전환될 수 있다고 본다는 것이다.

4) 국제정치는 '힘이 곧 정의'인 권력정치(power politics)이다

현실주의에 따르면 국제정치는 도덕, 윤리, 의리(義理), 이념이 설 자리가 없는 오로지 국가 이익의 극대화라는 개념이 중심적 위치를 차지하는 정치 무대이다. 모든 국가는 자국의 물질적 이익을 위해 무자비하게 군사력을 사용할 수도 있고, 때에 따라서는 전략적 군사동맹을 포함하는 기회주의적이고 철면피한 외교 수단을 사용하기도 한다. 학자들은 국제정치를 탈가치화하고 국가 이익과 군사력의 중요성을 절대화하는 이러한 독특한 현실주의 전제이자 정책적 지침을 '레알폴리틱(realpolitik)'이라고 부른다.

개념으로 깊이 알기

레알폴리틱

레알폴리틱(realpolitik)은 국제정치에는 중앙정부와 같은 공권력이 존재하지 않으므로 각국의 지도자는 약육강식의 국제정치적 현실을 인정해야 하고, 따라서 각 국가가 자기의 이익을 챙기지 않으면 타국의 이익 추구의 희생양이 되기 때문에 국가 지도자가 갖추어야 하는 '진정한 의미에서의 국제정치적 도덕'은 도덕이나 윤리를 걷어낸 '권력의 관점에서 정의되는 국가 이익'을 계산하고 추구하는 능력이라고 주장한다. 레알폴리티커(realpolitiker)는 초점을 국가 이익이 아닌 인류의 이익에 맞추고 전쟁 방지와 자유 및 인권 신장, 환경 보전 등을 위해 국가 간 협력이 필요하고 또 그것을 위해 각국은 평화적 외교적 노력을 기울여야 한다는 관점을 이상주의(idealism)라고 폄하해 부른다. 나아가 주어진 구체적 조건하('어떠한 경우에도', '비용이 얼마나 들더라도'와 같은 무조건적인 개념은 여기에 없다)에서 태도와 행동의 적응성(adaptability, 오늘의 친구는 내일의 적이 될 수 있고 오늘의 적은 내일의 친구가 될 수 있다)을 특징으로 하는 레알폴리틱에 따르면 국가 간 관계에서 의리나 윤리 따위는 중요하지 않으며 국가는 자신의 필요와 상황 변화에 따라 정책을 자유롭게 조정할 수 있어야 하고, 특히 민감한 국제정치 문제에서는 비공개 협상과 행동을 통해 비밀이 활용될 수 있도록 해야 한다.

레알폴리틱이라는 용어를 처음 사용한 사람은 19세기 중반 독일의 역사가/정치인 로차우(Ludwig von Rochau)였다. 프랑스혁명에 의해 영향을 받은 자유주의자였던 그는 1833년 프랑크푸르트에서 자유주의적 봉기에 참가한 후 체포되었으나 파리로 탈출했다. 그는 유럽을 휩쓴 1848년 혁명 기간에 귀국하여 유명 정치인이 되었으나 혁명이 프로이센의 프리드리히 빌헬름 4세의 보수 정부에 의해 진압·좌절되자 기존 혁명 노선에 대해 회의하게 되었다. 그는 1853년 작성한 『독일 국가들에 적용된 레알폴리틱의 원칙(*Grundsätze der Realpolitik, angewendet auf die staatlichen Zustände Deutschlands*)』에서 계몽주의의 위대한 업적은 힘이 반드시 옳은 것은 아니라는 것을 보여준 것이라고 말했다. 단지 자유주의자들이 저지른 실수는 강자의 법칙이 부당하다는 것이 밝혀졌다는 이유만으로 그것이 갑자기 사라졌다고 전제하는 것이었다. 부당해도 그것은 엄연한 현실이었다는 것이다. 그는 "여리고 성벽을 무너뜨리기 위해서는[구약성경에 따르면 이 성벽을 무너뜨리고 여호수아가 가나안을 정복했다] 가장 강력한 나팔보다 단순한 곡괭이가 더 유용하다는 것을 레알폴리틱은 알고 있다"고 썼다. 로차우의 개념은 19세기 중후반 독일 사상가들에 의해 광범위하게 수용되었다. 역사적으로 비스마르크(Otto von Bismarck) 프로이센/독일제국 수상과 키신저 미국 국가안보보좌관과 같은 인물들은 각각 19세기 독일 통일과 냉전의 복잡한 상황을 헤쳐나가는 데 레알폴리틱을 활용했다.

프로이센/독일제국의 수상 비스마르크는 레알폴리틱의 화신으로 알려진 인물이다. 그는 1862년 군사비 증액을 위해 의회에서 연설하던 중 "오늘날 가장 중요한 문제들은 연설이나 다수결이 아니라 오로지 피와 철에 의해 해결될 것"이라고 말했는데 이는 39개나 되는 작은 국가들로 쪼개져 있는 독일을 통일하기 위해서는 설득이나 공감, 또는 소통이나 외교가 아닌 '철로 만들어진 무기'와 '전장에서 흘리는 피', 즉 힘이 필요할 뿐이라는 의미였다.

사실 비스마르크의 국제정치관은 '힘이 곧 정의(might makes right)'라고 말한 고대 그리스 시대 사가 투키디데스에 맞닿아 있는 정치 관념이었다. 투키디데스는 국제정치에는 도덕이나 윤리는 없으며, "권리라는 것은 힘이 비슷한 자들 사이에서나 이야기될 수 있는 것일 뿐, 강자는 자신이 할 수 있는 것을 하며, 약자는 자신이 해야만 하는 것을 할 수밖에 없는 것"이라고 말했다. 그는 국가가 이러한 "만고의 진리"를 위배하고 이익이 아닌 가치를 추구하면 패망한다는 것을 보여주는 사례로서 '멜로스의 대화(the Melian Dialogue)'를 들었다. 투키디데스의 『펠로폰네소스 전쟁사(*History of the Peloponnesian War*)』에 따르면 세력이 막강해진 아테네인들은 펠로폰네소스 전쟁(기존 패권국 스파르타와 도전국 아테네 간의 전쟁)에서 중립을 선언한 멜로스인들에게 '힘이 곧 정의'라며 멜로스가 항복하고 자신에게 조공을 바칠 것을 요구하면서 자신의 요구가 수용되지 않으면 멜로스인들은 파멸을 각오해야 한다고 위협했다. 멜로스인들은 아테네인들의 행위가 정당하지 않으며, 자신들은 700년 동안 지켜온 자유를 위해 아테네의 요구를 수용하지 않겠다고 말했다. 멜로스인들은 결과적으로 아테네인들에게 도륙당했다. 현실주의자들은 멜로스인들이 '만고의 진리'인 '힘이 정의'라는 철칙을 지키지 않아 파멸했고, 대다수의 성공하는 국가들은 도덕적 가치가 아닌 물질적 이익을 일관되게 추구한다고 지적한다.

물론 현실주의자들은 국제정치에서 국가들이 항상 그리고 오로지 "권력으로 정의되는 이익"만을 좇는다고 말하지는 않는다. 예를 들어 모겐소는 국가들이 종종 윤리와 도덕을 이익 위에 두는 것처럼 보일 수도 있다고 인정한다. 그는 국가가 자기 이익을 위해 행동할 수 있지만 장기적인 전략적 목표를 달성하기 위한 수단으로서 윤리적, 도덕적 원칙을 준수하는 것의 중요성을 인식하고 있다고 보는 것이다. 그러나 그는 이러한 윤리적, 도덕적 고려는 순전히 이타적인 것이 아니라 안정적인 관계를 유지하고 과도한 갈등을 피하려는 국가의 실용적 필요를 반영한다고 지적한다. 역시 국제정치의 본질이자 핵심은 권력정치라는 것이다.

5) 국제정치의 핵심은 권력투쟁(power struggle)이다

현실주의에 따르면 권력정치라는 보편적인 정치 개념이 투영된 구체적인 국제정치적 상황은 권력투쟁(power struggle)이다. 국제정치가 권력투쟁인 이유는 크게 보아 두 가지이다. 첫째, 인간 본성론(human nature realism)이다. 모겐소는 쉬미트와 니체의 사상을 바탕으로 "타자를 지배하려는 욕망(*animus dominandi*, desire to dominate)"이 모든 인간이 공유하는 본질적이고 보편적인 본성으로서 인간의 "권력에 대한 의지(will to power)"를 추동하는 원인이라고 보았다. 그에 따르면, 국가는 이러한 본능적으로 권력을 추구하는 인간들로 구성되어 있기 때문에, 인간의 본성은 국가의 본성이 되며, 이는 불변하는 국가의 본질이다.[4] 따라서 타자를 지배하려는 욕망이 가득한 이기적이고 권력지향적인 국가들 간의 관계는 권력투쟁일 수밖에 없다.

둘째, 구조론이다. 무정부적 국제 구조에 따른 자구체제하에서는 권력투쟁이 불가피하다는 것이다. 국제정치가 권력투쟁인 이유를 국제 구조의 무정부성에 찾는 대표적 국제정치학자는 월츠와 미어샤이머(John Mearsheimer)이다. 이들에 따르면 무정부 상태는 '알아서 해야 하는' 자구체제로 이어지고 이러한 냉혹한 국제체제하에서 국가들은 생존과 안보를 확보하기 위해 '상대적으로 충분한' 힘을 갖추어야만 한다. 이러한 상대적 힘의 우위를 확보하기 위해서 국가들이 해야 하는 일은 내적, 외적 차원에서 지속적으로 군사력을 증강하는 것이다. 결과적으로 국가들은 의지와는 상관없이 자구체제의 논리에 의해 끊임없는 권력투쟁으로 내몰리는 것이다.

요컨대 현실주의자들에 의하면, 국제정치는 인간 본성에 따른 지배를 위한 권력투쟁이거나, 무정부적 국제 구조하에서 생존과 안보를 확보하기 위한 권력투쟁이다. 따라서 현실주의자들은 전쟁은 관리될 수는 있지만 불가피하고 영원히 지속될 것이기 때문에 전쟁을 '없애기' 위한 모든 노력은 부질없는 일이라는 비관적 세계관을 가지고 있다.

Hungry for more?

전쟁은 고칠 수 있는 병이 아니다

모겐소는 인류 문명의 발전을 부정하지는 않지만, 인간의 이성이 정치의 본질인 "타자를 지배하려는 욕망"에서 한계를 마주하게 된다고 보고 있다. 그에 따르면 권력에 대한 비이성적인 욕망은 필연적으로 폭력을 동반하게 된다. 그는 "법적 관계가 권력 관계를 은폐하더라도, 권력은 실제 및 잠재적 폭력의 관점에서 이해되어야 하며, 이 잠재적 폭력은 [국제정치에서] 언제든 전쟁으로 변할 가능성이 있다"고 말했다. 모겐소에게 [국제]정치는 단순한 퇴행적 현상이나 "극복된 질병", 또는 "최종적으로 극복된 악"이 아니라 "자체적으로 역사적 필연성을 발생시키는 자율적인 힘 중 하나"이다. 그에 따르면 자유주의자들은 합리주의의 이름으로 [국제]정치를 대체할 수 있다고 주장할 수 있지만, 이는 인류적 지구적 위험을 감수해야만 하는 일이다.[5]

6) 국제정치에서는 상위정치인 군사적 문제가 핵심이다

권력정치와 권력투쟁의 연장선에서 현실주의자들은 국제정치를 분석할 때 상위정치(high politics)와 하위정치(low politics)를 구분한다. 전자는 국가의 생존과 국가안보에 필수적인 문제를 다루며, 권력투쟁과 관련된 군사 문제가 주종을 이룬다. 후자는 경제, 무역, 환경, 인권, 사회 개발 등 국가의 존립에 직접 연관되지 않는 것으로 간주되는 문제로 구성된다. 상위정치와 하위정치 간의 경계는 모호하고 상황에 따라 달라질 수 있지만, 이러한 구분은 현실주의자들이 국제정치 문제를 바라보는 시각을 이해하는 데 유용한 인식의 틀을 제공한다. 현실주의자들은 국제법이나 규범, 또는 국제제도나 국제기구가 아닌 국가안보와 국가주권의 중요성을 강조하며 세력균형, 군사동맹, 그리고 국제체제 내의 힘의 분산 상태가 가지는 국제정치적 함의에 대해 분석적 초점을 맞춘다.

2. 자유주의의 전제

현실주의 줌렌즈가 세상을 정확하고 타당하게 보여주지 못한다고 생각하는 사람은 그 렌즈를 거부하고, 다른 렌즈를 통해 그가 생각하기에 더 중요하고 타당한 국제정치의 현실을 보고자 할 것이다. 국제정치학자들은 이 다른 렌즈 중 하나에 자유주의(liberalism) 또는 다원주의(pluralism)라는 이름을 붙여주었다.

자유주의의 기원은 영국 철학자 로크(John Locke)로 거슬러 올라간다. 그는 익명으로 1689년에 내놓은 『통치론(*Two Treatises of Govern-ment*)』의 제1부에서 왕권신수설을 비판하고, 제2부에서는 시민의 권리, 즉 개인의 자유와 그것을 보호하기 위한 법치(rule of law)를 옹호했다. 그에 따르면 자연 상태(the state of nature)에서 모든 인간은 "자연의 법칙(the law of nature)의 범위 내에서 자신이 옳다고 생각하는 대로 자신의 행동을 명령하고 자신의 소유물과 사람을 처분할 자유"가 있다. 그러나 이러한 자연 상태에서는 분쟁을 해결할 수 있는 공동의 권위가 없으므로 개인은 사회 계약을 통해 정부를 만드는 데 동의한다. 개인은 이제 자연 상태를 떠나 개인의 자유와 법치가 보장되는 시민사회로 나아간다.

현대 국제정치학의 자유주의 역시 개인의 자유와 인권, 법치주의 등을 강조하며 이러한 가치의 확산과 제도화가 국가 간 협력을 전 세계적으로 촉진할 수 있다고 제시한다. 그렇기 때문에 국제정치학의 자유주의자들은 현실주의의 전제를 완화하는 경향이 있다. 예를 들면 그들은 국가만이 유일한 주요 주체라고 생각하지 않고 오히려 국제정치에서의 영향력의 원천은 개인을 필두로 비국가적 주체들을 포함하여 다원화되어 있으며, 나아가 국가가 단일체적 행위자나 합리적 행위자로 행동하지 않을 수 있으며, 국제정치의 핵심 이슈는 군사적인 것을 포함하여 인권, 민주주의, 경제, 환경 등 다양하다고 지적한다. 특기할 만한 것은 국제법이나 '규칙-기반의 국제질서(rules-based international order)'를 통해 국제정치에서 권력정치의 효력이 제한될 수 있다는 그들의 시각이다. 자유주의자들에 의하면 전쟁은 불가피하지도 영원하지도 않다. 그들은 현실주의자들에게 비해 낙관적이다.

1) 비국가적 주체도 국제정치의 주요 행위자이다

예를 들어 자유주의자들은 국제기구는 자기 자신의 독자적 이해관계를 갖는 독립적 행위 단위로 보고 있다. 대표적인 자유주의자인 커해인과 나이(Robert Keohane and Joseph Nye, Jr.)에 따르면 국제기구의 의사결정자들과 관료들은 의제설정력(agenda-setting power), 즉 어떤 이슈가 정치적으로 가장 중요한지를 자율적으로 결정하는 능력을 갖고 있다. 따라서 국제기구는 주권국가들이 논쟁하고 경쟁하는 단순한 토론의 장 이상의 의미를 갖는다.[6]

초국적 기업은 국제기구 이상의 국제정치력을 갖고 있다. 초국적 기업은 명칭에서 알 수 있듯이 사실상 국적이 없는 대규모 자본이다. 초국적 기업은 이윤 극대화를 목표로 하고 있기 때문에 언제 어디서든 더 높은 이윤율이 보장되는 국가로 생산·판매 거점을 옮길 수 있다. 국가는 초국적 기업의 결정에 따라 자국 국민의 고용 문제뿐 아니라 거시적으로는 경제성장, 나아가 생존 자체가 영향을 받기 때문에 이들의 요구를 무시할 수 없다. 자력 갱생을 추구하는 몇 안 되는 폐쇄적 국가들을 제외하고 세계 모든 국가는 초국적 기업을 자국에 유치하기 위해 안간힘을 쓰고 있다. 초국적 기업의 '정치 행위'도 국가의 경제적 주권을 심각하게 잠식할 수 있다. 시장의 공정성과 효율성을 해치는 초국적 기업의 '지대추구 행위(rent-seeking behavior, 기업들은 자신이 생산하는 상품에 대해 정부 보조금이나 경쟁상품에 대해 관세부과를 요구한다든지, 경쟁기업에 대한 진입장벽을 높이는 특별규정을 입법화함으로써 지대를 추구할 수 있다)'로서 미국 항공기 제작사인 록히드가 일본의 정치인들과 고위 관료들에게 뇌물을 제공하여 주문을 획득한 '록히드 스캔들'을 들 수 있다. 일본의 현직 총리는 구속되었고, 1995년 최고재판소에서 유죄가 확정되었다.

국제기구나 초국적 기업 외에도 비정부기구, 종교 단체, 테러 단체 등도 중요한 국제행위자로 간주된다. 빼놓을 수 없는 것은 순수 개인 역량으로 국제정치를 빚고 짓는 개인적 주체들이다. 21세의 젊은 세계적 환경 운동가 툰베리(Greta Thunberg)나 인종 차별에 항의하며 27년을 감옥에서 투쟁한 만델라(Nelson Mandela) 등의 규범적, 도덕적 권위와 권력은 국제정치의 사회적 구조의 변화에 지대한 영향을 미쳤다. 이와 같이 국가만이 유일한 주요 행위자라고 보는 현실주의와는 다르게 자유주의는 국제정치력을 갖는 다양한 주체들을 분석에 포괄하기 때문에 다원주의로 불리기도 하는 것이다.

2) 국가는 단일체적 행위자가 아니다

현실주의자들은 국제정치를 효과적으로 설명하기 위해서는 국가가 당구공과 같이 겉과 속이 같은 주체로 또는 '통합된 단위'로 단순화해야 한다고 제시한다. 그러나 자유주의자들은 현실주의의 전제가 지나치게 현실을 단순화한다며, 세 가지 면에서 현실주의와 차별화한다. 첫째, 그들에 따르면 국가는 '통합된 단위'라기보다는 오히려 관료들, 이익집단들, 그리고 외교정책에 영향을 미치려는 개인들을 포함하는 다양한 주체로 구성되어 있는 혼합물이다. 국가 내부에서 이 행위자들 간에 경쟁과 갈등이 일어나고, 연합과 흥정과 타협이 이루어진다. 이들은 국가의 의사결정과정에 참여하기 위해 그들의 가용 자원을 동원한다. 국가를 경영하는 정치인이나 고위 관리들은 이러한 국내적 상황을 반영하여 국가의 선호를 정의하고 외교정책은 이러한 선호를 반영한다. "밀고 당기는(pulling and hauling)" 이러한 정치적 행위는 국가 내부뿐 아니라 서로 다른 국가들의 관리들 간 상호작용에서도 자주 발견된다. 커해인과 나이는 이러한 "초정부적 연합"을 "정부나 최고의사결정자의 정책에 의해 통제되지 않거나 면밀히 감독되지 않는 서로 다른 국가의 관리들 간에 이루어지는 일련의 직접적 상호작용"이라고 정의하며, 최고지도자의 정책은 공식적인 정부 정책의 기준점(benchmark) 정도의 역할을 할 뿐이라고 제시한 바 있다.[7]

둘째, 현실주의자들은 국가들의 행위는 내부적 요소가 아닌 외부적 환경에 의해주로 영향을 받는다고 주장하지만, 자유주의자들은 정치체제, 경제구조, 사회적 가치 등 국가의 내부적 특성이 국가의 행동에 영향을 미친다고 강조한다. 예를 들어 자유주의 이론가들은 민주주의 국가들끼리는 싸우지 않는다고 주장한다. 이러한 가설은 18세기 프로이센/독일 철학자 칸트의 '영구평화론(Perpetual Peace)'에서 비롯되었다. 칸트는 영원한 평화를 이루기 위해서는 공화주의 정부 형태가 필수적이라고 주장했다. 그는 공화정을 "법을 제정하는 권한이 시민 전체에 있는 국가"라고 정의했다. 즉, 군주나 소수의 엘리트 집단이 아닌 국민이 국가 운영 방식을 결정할 수 있는 궁극적인 권한을 가진다는 뜻이다. 칸트는 공화주의 정부 형태가 시민의 권리를 보호하고 전쟁을 예방하는 최선의 방법이라고 생각했다. 그는 국민이 통치 방식에 대해 발언권을 가질 때 자신에게 최선의 이익이 되지 않는 전쟁을 지지할 가능성이 줄어든다고 주장한 것이다. 자유주의 이론가들은 칸트의 영감과 통찰력을 경험적 검증을 통해 민주평화론(현재 모든 자유민주 국가는 공화정을 채택하고 있다. 따라서 공화평화론인 동시에 민주평화론이다)으로 체계화하고 있다.

셋째, 자유주의가 현실주의에 대해 가지는 또 다른 차이는 후자가 '몰가치적 가치관'을 갖는 데 비해 전자는 특유의 정치적 규범을 이론과 분리하지 않는다는 점이다. 즉 개인의 자유와 법치주의를 통치의 근간으로 하는 공화주의적 민주주의는 평화와 안정, 그리고 공동 번영의 차원에서 '좋은' 국가체제이고 그렇지 않은 정치체제는 '나쁜' 국가체제인 것이다. 프랭클린 루스벨트(Franklin D. Roosevelt) 미국 대통령은 도미니카공화국의 독재자 트루히요에 대해 "그는 개자식일 수 있지만, 중요한 건 그가 '우리'의 개자식이라는 사실이지"라고 말했다. 트루먼 대통령과 덜레스 국무장관은 니카라과의 잔인한 독재자 소모사에 대해 비슷한 말을 했다. 모두 몰가치적인 현실주의의 입장인 것이다. 그러나 냉전의 종식 직후 민주평화론이 'NATO의 동진'을 세계 평화의 이름으로 정당화하는 데 사용되었듯이, 자유주의는 현실주의와는 달리 개인의 자유라는 가치 중심의 '규범적 실천성'을 강조하는 관점이라 할 수 있다.

3) 국가는 합리적 행위자가 아닐 수도 있다

자유주의자들은 국가가 합리적 주체로 행동한다는 전제에 대해 거부감을 가지지는 않는다. 그러나 문제는 예외가 상당하는 점이다. 그들에 따르면 국가는 외교·안보 행위로써 국제정치에 참여하게 되는데 이때 국가적 주체는 그것이 정치인이든 관료이든 어쨌든 사람이고 개인이다. 따라서 국가는 인간이 비합리적일 수 있는 만큼 비합리적일 수밖에 없다.

우리는 일상생활에서 늘 합리적 선택을 하는가? 자유주의자들은 그렇지 않다고 본다. 그들에 따르면 우리가 합리적 선택을 하려면 전제 조건으로서 완전 정보를 가지고 있어야 하는데 그것은 인간의 능력 밖에 있다. 게다가 우리는 인간의 '생래적인 편향성(inherent human bias)'에 영향을 받아 종종 비합리적으로 행동한다. 예를 들어 사람들은 3,000만 원의 확정된 상금을 취하는 선택지(3,000만 원)와 3,000만 원의 확정된 상금을 취하는 대신 4,000만 원의 상금을 받을 수 있는 확률이 80%고 아무것도 받지 못할 확률이 20%인 선택지(3,200만원) 중 하나를 선택하라고 하면 어떤 것을 선택할까? 실험 연구에 따르면 사람들은 '비합리적'이게도 전자를 택하는 경향이 있다. 노벨 경제학상을 받은 행동경제학자이자 전망이론(Prospect theory)을 개척한 카네만(Daniel Kahneman)과 트버스키(Amos Tversky)에 따르면 인간은 같은 양의 이익에서 얻는 기쁨보다 손실을 더 아파하고 피하려 하며, 따라서 지금 가지고 있는 것에 더 큰 의미를 부여하는 성향을 갖고 있기 때문에 이익들 중 고르라 하면 위험회피적으로, 손실들 중 고르라 하면 위험감수적으로 행동한다는 것이다. 뿐만 아니라, 우리는 감정에 휩쓸려 후회하게 될 결정을 하기도 하고, 편견, 불확실성 등에 따른 오인 등 심리적 요소에 영향을 받아 비합리적 결정을 내리게 된다.

개인이 아닌 집단도 비합리적으로 행동하는 경향이 있다. 예를 들어 "저마다 독자적 생명력을 지닌 여러 조직이 느슨하게 엮어진 대기업과 같은 복합체"라 할 수 있는 정부의 행위는 의식적이고 의도적인 선택(choice)이 아니라, 거대한 조직들이 과거 경험에서 축적된 지식을 담아놓은 매뉴얼, 즉 조직의 '표준처리절차(standard operating procedure, SOP)'에 따라 기계적으로 처리된 산출(output)로 이해할 수도 있다. 다른 각도에서 보면, 국가가 합리적 선택을 하지 못하는 경우는 정부 각 부처의 고위직 공무원들, 즉 관료들이 '정치'를 하기 때문일 수도 있다. 국가의 대외정책은 다양한 이해관계와 권한을 가진 여러 관료들이 서로 타협하고, 갈등하고, 때로는 혼란을 일으킨 결과로 나타나는, 의도되지 않은 결정이나 행동이 될 수도 있는 것이다.

자유주의자들은 국가를 합리적 행위자라고 전제할 경우 심각한 정책적 부작용이 발생할 수 있다고 경고하고 있다. 오버도퍼(Don Oberdorfer)에 따르면 1980년대 초 북한의 김일성은 중국의 덩샤오핑(鄧小平)에게 한국을 포함하는 4자평화회담을 제안했고, 덩샤오핑은 중국을 방문 중이던 와인버거 미 국방장관에게 이를 전했다. 그러나 어이없게도 며칠 후 북한은 미얀마의 양곤(랭구운)에서 한국 대표단에 폭탄 테러를 자행했다. 합리주의적 관점에서 보면 북한은 적(한국)을 속이기 위하여 주된 공격 방향(전두환 대통령 암살)과는 다른 쪽에서 공격(4자평화회담 제안)하는 이른바 양동작전(陽動作戰)을 편 것이었다. 그러나 앞서 언급한 SOP를 중시하는 조직과정론적 관점에서 보면 북한의 의사결정 체계와 집행 체계가 따로 놀았을 가능성, 즉 김일성이 기존의 명령을 취소했거나, 집행에 수정을 명령했지만 암살·파괴 공작을 담당하는 부서가 자신이 갖고 있던 매뉴얼 또는 SOP대로 집행했을 가능성을 배제할 수 없다. 만일 당시 한국이 북한을 합리적 단일체적 주체라고 보고 대북 정책을 (미국과 협의 없이 단독으로) 결정했다면 당연히 무력 응징이었을 것이다. 그러나 한국이 조직과정론의 관점을 사용했다면 응징보다는 더 신중한 대안을 고려했을 것이다. 조직과정론에서 볼 때 한국이 보복한다는 것은 북한의 노후하고 비체계적인 의사결정체제를 무력으로 응징하는 셈이 되었을 것이기 때문이다. 당시 북한의 의도를 명확하게 알 수는 없었지만, 중요한 것은 국가 주체가 '어떠한 관점'을 사용하여 사태를 보느냐는 외교정책의 성격과 내용을 결정하는 핵심 요인이 된다는 사실이고, 국가가 합리적 단일체적 행위자가 아닐 수 있다는 자유주의적 관점은 현실주의에 대한 하나의 대안으로서 국가 간 문제에 대한 보다 완전하고 심도 있는 이해, 다시 말해 문제 해결을 위한 보다 '큰 그림(big picture)'을 그리는 데 기여한다는 점에서 그 이론적, 정책적 의의를 가진다 하겠다.

4) 국제정치에서 권력정치의 효력은 제한될 수 있다

자유주의자들에 따르면 국가들은 자유무역으로 이익을 증대시킬 수 있고 무역 상대국을 공격함으로써 이러한 이익을 포기하려 하지 않는다는 점에서 자유주의 국제정치이론의 전제가 정당화된다. 텍사스대의 맥도널드(Patrick J. McDonald)는 과거 40년간의 데이터를 살펴본 결과 자유무역과 국가 간 갈등 사이에는 의미 있는 음의 상관관계가 존재함을 발견했다. 국가들이 관세 및 쿼터 제한을 낮추면 낮출수록 그들 간 무력 충돌이 발생할 확률도 낮아진다는 것이다.[8] 경제적 상호의존은 권력정치를 완화하는 요인이다.

자유무역과 경제적 상호의존뿐 아니라 국가의 성격이라는 변수도 권력정치에 대해 영향력을 가진다. 앞서 말했듯이 자유주의자들은 민주주의 국가는 웬만해서는 타 민주 국가에 대해 무력을 사용하지 않는다고 주장한다. 민주 국가에서 내부적 분규는 협상과 타협이라는 사회적 규범에 의해 폭력으로 비화하지 않는 것처럼, 이러한 규범을 공유하는 민주 국가 간의 이해 충돌도 전쟁으로 비화하지 않는다는 것이다.

그들은 또한 민주 국가는 의회를 갖는 공화정이고 전선에 나가 목숨을 걸고 싸워야 하는 일반 시민들의 이익을 대변하는 의회는 호전적인 지도자들을 제어하는 역할을 한다고 제시한다. 따라서 민주주의의 확산은 전쟁을 야기하는 권력정치의 효력을 약화시켜 세계평화에 기여할 수 있다.

국제적 규칙과 제도도 중요한 변수이다. 합리적 주체인 국가들이 상호 이익을 증대하기 위해 규칙과 제도를 만들고 이것이 다시 국가 간 불신과 거래 비용(transaction costs, 국가 간 재화·서비스 거래에서 지불하는 가격 이외의 비용으로서 일반적으로는 거래 상대 탐색·교섭·계약이행 감시 등에 드는 비용을 말한다)을 감소시켜 국가 간 갈등을 완화하고 협력을 증진할 수 있다는 것이다.

현실주의가 국가의 합리적 행위를 설명하는 '죄수의 딜레마(Prisoners' dilemma)' 게임은 이 맥락에서 자유주의적 협력의 가능성을 오히려 부각시켜준다. 강도 혐의가 있는 두 사람이 체포되어 검찰에 송치되었다고 가정하자. 물증이 없는 검사는 이들을 따로 불러 다음과 같은 형태로 자백을 종용한다. 첫째, A가 자백하고 B가 부인하면 A의 자백으로 증거가 확보되므로 B에게 법정최고형(10년)을 구형하고, A는 수사에 협조했으므로 기소유예로 석방한다. 둘째, A, B 모두가 자백하면 정상을 참작하여 형량을 감경한다(각 5년). 셋째, 모두 부인하면 증거 부족으로 강도죄로 기소하지는 못하지만 불법무기소지죄로 기소하고 1년을 구형한다. 이를 표로 정리하면 아래와 같다.

이러한 조건에서 합리적 행위자인 A와 B는 서로에 대해 배신을 택할 수밖에 없다. A는 B가 협력할 경우 선택지는 협력과 배신 두 개이다. 협력하면 1년, 배신하면 석방이다. B가 배신할 경우 A가 협력하면

표 1 죄수의 딜레마

	B	
	협력(부인)	배신(자백)
협력(부인)	1년, 1년	10년, 석방
배신(자백)	석방, 10년	5년, 5년

A

10년, 배신하면 5년이다. 두 경우 모두 배신이 이익이다. B도 마찬가지 논리로 배신을 선택할 수밖에 없다. 결과는 둘 다 5년형을 구형받게 되는 것이다. 모두에게 더 나은 결과(1년, 1년)가 가능한데도 왜 이것이 선택되지 못했나? A와 B가 소통할 수 없고 서로를 불신하기 때문이다. 이 문제를 해결하면 좌상단의 '파레토 최적(Pareto optimal)'에 도달할 수 있다는 말이기도 하다. 자유주의자들은 국제제도나 국제기구가 국가 간 소통을 원활히 하고 불신을 완화할 수 있는 역할을 할 수 있다고 지적한다.

냉전 시기 유럽안보협력회의(CSCE)의 설립은 제도를 통해 국제적 소통을 늘리고 불신을 줄여야 한다는 자유주의적 주장이 수용된 역사적 사례이다. 1975년에 결성된 CSCE는 긴장이 고조되던 시기에 동서 양 진영 간의 외교적 대화와 협력을 위한 중요한 포럼을 제공했다. CSCE의 주요 결과물로서 '헬싱키협정(Helsinki Final Act)'은 회원국들이 정치·군사적, 경제·환경적, 인도주의적 측면을 포괄하는 총체적 안보를 증진한다는 원칙을 명시했다. CSCE는 정기적인 회의와 협상을 촉진함으로써 진영 간의 불신을 줄이고 국가들이 소통하고 공동의 목표를 위해 노력할 수 있는 공간을 제공하는 데 기여했고, 파레토 최적의 결과를 낳을 수 있는 잠재력을 보여주었다.

5) 국제정치의 이슈는 위계적으로 이분법적으로 구분될 수 없다

자유주의자들은 국제정치의 주요 문제로서 무역, 투자, 금융, 과학/기술, 인권, 종교, 테러리즘, 마약 밀수, 에너지, 자연 자원, 기후변화, 환경오염, 전염병, 이민/난민, 식량 등 다양한 이슈를 제시한다. 예를 들어 기후변화가 야기하는 문제들을 생각해 보자. 기후변화에 관한 정부 간 협의체(IPCC)가 2022년 발표한 보고서에 따르면 지구가 더워질수록 경기 침체, 식량난, 조기 사망 등의 문제가 더욱 악화될 것이다. 100년에 한 번 정도 발생할 수 있는 규모의 홍수에 노출되는 인구는 해수면이 15cm 상승할 경우 현재보다 20% 증가한다. 온실가스 배출량이 많을 경우 2100년에는 해수면이 75cm 상승할 것으로 예상되는데, 이때 대규모 홍수에 노출되는 인구는 두 배로 증가할 것이다. 덜 취약한 지역의 사람들에 비해, 가장 취약한 지역의 사람들이 폭풍, 가뭄, 홍수 등으로 사망할 확률은 15배 더 높다. 이러한 문제 외에도 기후변화는 주요 안보 문제이기도 하다. 기후변화는 물과 식량과 같은 자원을 둘러싼 분쟁으로 이어질 수 있기 때문이다. 지구가 온난화됨에 따라 가뭄, 홍수, 산불과 같은 기상이변이 더욱 빈번하게 발생할 수 있고, 이러한 현상은 농작물에 피해를 입히고, 물 공급에 차질을 빚고, 사람들을 이주시킬 수 있다. 이는 사람들이 부족한 자원을 차지하기 위해 경쟁하면서 분쟁으로 이어질 수 있는 것이다. 예를 들어 시리아에서는 2006-2011년 동안의 가뭄이 내전 발발의 주요 요인이었다. 가뭄으로 인해 광범위한 농작물 실패와 가축 폐사가 발생했고, 이는 광범위한 빈곤과 난민 발생으로 이어졌으며, 결국 내전을 야기했다. 자유주의자들에 따르면 자본주의가 발전하고 세계화가 확대될수록 전통적인 국가안보의

관점보다는 지구적, 인류적 관점에서 접근해야 하는 문제가 많아질 것이고, 따라서 비군사적 이슈의 상대적 중요성은 증가할 것이다.

3. 마르크스주의의 전제

마르크스주의는 우리가 이제까지 다루었던 관점들과는 차원이 다른 이념적 토대와 혁명적 실천성을 가지고 있는 대안적 개념이자 구상이다. 마르크스(Karl Marx)는 19세기 자본주의가 노동자 착취, 인간 소외, 그리고 극심한 불평등을 야기하자 이를 비판하며 대안으로 사회주의를 제시한 독일의 경제학자, 정치학자, 철학자, 혁명가였다.

마르크스 이전에도 자본주의 사회에 대해 비판하는 사회주의 사상가들이 유럽 일부에 존재했으나 그들은 자본가들을 도덕적 차원에서 설득/훈계하며 더 좋은 사회를 상상/제시할 뿐 실현 가능한 대안을 제시하지는 못했다. 마르크스는 이와 같은 "공상적 사회주의(utopian socialism)"를 비판하며 자본주의는 내재적 모순(contradiction)으로 인해 불가피하게 붕괴할 수밖에 없다는 것을 과학적 방법을 통해 증명하는 자신의 접근법을 과학적 사회주의(scientific socialism)라고 불렀다. 마르크스에 따르면 자본주의가 봉건주의를 타파할 수 있었던 이유는 그것의 높은 '사회적 생산 능력'이었다. 18세기 말-19세기 초 자본가들은 임금을 주고 노동자들을 자신의 공장에 와서 함께 일하도록 했다. 노동분업(division of labor)이 생산성과 이윤을 증대시키는 데 유리했기 때문이다. 이것이 '생산의 사회화'의 시작이었다. 생산력의 발전은 봉건영주들에 대한 자본가들의 계급투쟁에 동력을 부여했다. 1789년 삼부

마르크스

마르크스는 1818년 프로이센(독일)의 트리어(Trier)에서 유대인 가정에서 태어나 본대학과 베를린대학에서 법학과 철학을 전공했다. 정치적 저술활동으로 인해 그는 무국적자 신세가 되어 수십 년간 영국 런던에서 가족과 함께 망명생활을 했다. 그의 대표작으로는 1848년 출간된 『공산당 선언(Communist Manifesto)』과 1867년에 제1권이 출간된 3권짜리 『자본론(Capital: Critique of Political Economy)』이 있다. 『공산당 선언』에 대해 이야기하자면, 마르크스와 엥겔스(Friedrich Engels)는 유럽 대륙을 휩쓴 1848년 혁명의 전야에 사회주의자들을 결집하고 혁명을 선동하기 위해 이 선언을 발표하였다. 마르크스는 이 소책자에서 과거 낭만적 사회주의자들과는 달리 '변증법적 유물론'과 '역사 유물론'에 기초한 과학적이고 대안적인 철학과 이념을 제시했다. 마르크스가 이러한 사상을 제시하기 전에는 개인의 권리를 중시한 로크류의 자유주의와 질서와 안정의 중요성을 강조한 버크(Edmund Burke)류의 보수주의가 경쟁 속에서 공존하며 유럽의 지식적 및 정치적 풍경을 지배하고 있었다. 역사는 계급투쟁이며, 만국의 노동자들은 결국 자본주의 사회를 전복하고 공산주의 사회를 건설하게 될 것이라고 명시한 『공산당 선언』은 기존의 양대 이념에 도전하는 혁명적 사상을 도입하여 사회 변화를 위한 운동을 촉발시켰으며, 유럽의 정치 및 철학적 지형에 깊고 지속적인 영향을 미쳤다.

회(Estátes Géneral, 성직자-귀족-평민의 대표자들로 이루어진 신분제 의회. 제3신분의 주요 구성원은 막강한 재력을 가진 자본가들이었다)의 소집으로 시작한 프랑스혁명은 자본주의가 봉건주의를 혁파한 주요 분기점이었다.

자본주의 사회에서 상품의 생산 과정이 복잡해질수록 사회화는 고도화되었다. 그러나 생산은 사회화되지만 생산수단은 사유화되어 있기 때문에 이는 생산력의 증가에 대해 질곡으로 작용하게 되었다. 즉 생산수단을 소유하는 자본가들은 막대한 이윤을 거두지만 최저생계비만을 받는 노동자들은 빈곤에서 벗어나지 못하고 오히려 노동 분업의 심화로 인간의 존엄성을 상실하는, 즉 생산된 상품과 자신이 아무런 관계가 없어 보이는 '소외(alienation)'를 겪게 되었다(예를 들어 인형을 만드는 봉제 공장에서 노동분업에 따라 어떤 노동자들은 얼굴에 눈알만 붙이는 기계적인 일만을 하루 종일 해야 했다). 뿐만 아니라 자유경쟁은 불평등을 격화시키고 이윤 극대화의 논리는 대규모 실업과 주기적 공황을 야기할 수밖에 없었다. 마르크스는 결국 자본주의는 생산수단의 사회적 소유(social ownership)가 불가피한 수준으로 치닫게 되며 결국 봉건주의가 자본주의로 대체된 것처럼 자본주의도 사회주의에 자리를 내주게 될 것으로 보았다.

마르크스에 따르면 사회주의는 자본주의와 공산주의 사이에 존재하는 잠정적이고 이행적인 국면이다. 이 단계에서는 생산수단이 무산계급에 의해 소유되지만 국가는 사회를 조직하고 반혁명에 대비하는 수단으로서 반드시 필요하다. 사회주의가 성숙해지고 생산력이 지속적으로 성장하게 되면 국가는 점차 사라지고(wither away) 사회주의는 "계급과 국가가 없는(classless and stateless)" 공산주의 사회에 의해 대체될 것이다. 노동이 개인적 부담이 아니고 집단적 책임이 되어 모든 인민이 직업을 갖게 되는 공산주의 사회에서 인민들은 "각자의 능력에 따라" 일하고, "각자의 필요에 따라" 분배를 받게 될 것이다(from each according to their ability, to each according to their needs). 이 사회에서는 노동자들이 소외되지 않고 기쁜 마음으로 일할 동기를 갖게 된다. 자본가들의 이윤을 위해 일하는 것이 아닐 뿐 아니라 자신이 스스로 만들어낸 생산물에 대해 더 광범위한 통제권을 갖기 때문이다. 마르크스에 따르면 인민들은 빈곤, 불평등, 강압, 외적 통제 등에서 해방되어 자발적으로 자유롭게 공동선(common good)을 위해 유대하고 노동하게 될 것이다.

자본주의의 내재적 모순을 과학적으로 파헤친 마르크스는 국제정치에 대해 구체적으로 언급하지는 않았다. 그의 문제의식과 방법론을 국제정치 분석에 응용한 주요 인물은 마르크스주의자이자 러시아의 혁명가였던 레닌(Vladimir Lenin)이었다. 말하자면 마르크스주의 국제정치이론은 레닌의 저작인 『제국주의론(*Imperialism, the Highest Stage of Capitalism*)』에 담겨 있다는 말이다. 여기서는 제국주의론의 이론적 토대가 되는 마르크스주의의 원리(원리가 더 적절한 용어이지만 다른 관점의 평행구조를 유지하기 위해 뒤에서는 전제라는 명칭을 사용한다)에 대해 논하고, 그 뒤에서는 마르크스주의의 논리를 국제적 수준에 적용한 레닌의 제국주의론을 다루기로 한다.

1) 역사는 대립과 갈등의 변증법적 과정을 통해 변화/발전한다

이는 '변증법적 유물론(dialectical materialism)'이라고 불리는데, 마르크스는 역사의 발전을 사물에 내재된 모순과 대립이 에너지를 발생시켜 그 사물이 더 높은 단계로 고양(高揚)되는 과정으로 파악했다. 이는 헤겔의 변증법을 차용한 것이었다. 차이는 그가 관념이나 정신의 자리에 물질을 넣은 것이었다. 헤겔의 변증법(dialectics)은 인간 경험의 모든 영역—정치, 사회, 예술, 종교 등—에서의 관념(idea)이나 개념(concept)은 그것에 필연적으로 내재되어 있는 모순이 드러나고 그에

따르는 대립이 해소되는 과정을 통해 진보한다는 하나의 논증 방법이라 할 수 있다. 변증법적 과정은 3단계이다. 하나의 명제(thesis, 관념)가 내재된 모순에도 불구하고 그 모순이 아직 드러나 있지 않은 단계가 제1단계이고, 명제가 내재되었던 모순이 드러난 형태인 반명제(anti-thesis)와 대립하는 단계가 제2단계이며, 명제와 반명제 간의 대립과 긴장이 해소되어 보다 높은 단계에서 종합(synthesis)된 상태가 제3단계이다.[9] 그런데 종합은 그 다음 국면의 명제가 되어 또 다른 반명제와 대립하게 되며 이 과정은 종착역(헤겔에 있어서는 인간의 자유와 자기의식이 최고조에 달한 절대정신, 마르크스에 있어서는 계급적 모순이 해소된 공산주의 사회)에 달할 때까지 지속된다.

앞서 말했듯이, 명제와 반명제 간의 대립이 극복되는 동시에 양자가 보존되어 종합되는 과정을 고양 또는 지양(止揚, aufheben, sublation)이라고 한다. '부정이 부정(negation of negation)'됨으로써 이제 모순이 해소되고 양자가 하나의 통합된 전체 내에서 통일되어 조화로운 관계에 존재하게 된 것이다. 이것이 헤겔 변증법의 핵심이다. 그는 명제의 모순이 발견되면 바로 기각되어야 한다는 아리스토텔레스의 형식논리학(formal logic)을 거부했다. 예를 들어 형식논리학에서 모순은 문제적(problematic)이고 부적당한 것(invalidity)으로 결론지어진다. 형식논리학에서 비모순의 법칙(law of non-contradiction)은 어떤 명제가 동시에 참이면서 동시에 거짓일 수 없다는 것을 말한다. 반면 헤겔은 모순이 본질적이고 생산적이라고 생각했다. 그는 모든 모순은 에너지를 발생시키고 '운동(movement)'을 야기하는데, 관념적, 논리적 과정에도 에너지와 운동이 결부되어 있기 때문에, 부정의 부정에서 새로운 것이 생성 또는 발현(emerge)된다고 제시했다. "한 알의 밀알이 …

땅에 떨어져 썩으면 많은 열매를 맺는다"는 기독교 성경의 논리와 유사하다. 형식논리학에 따르면 밀알이 썩으면, 즉 부정되면 그것으로 끝나는 것이지만, 헤겔은 명제는 반명제에 의해 부정되지만 지양을 통해 종합에서 더 높은 차원의 조화로운 형태로 발전하게 된다고 본 것이다. 우리의 일상생활에서 지양이 이루어지는 사례를 생각해 보자면, "좋은 일은 그것을 기다리는 자에게 오게 되어 있다"라는 명제가 있을 수 있고, 반명제는 "시간은 누구도 기다리지 않는다" 정도가 될 것이다. 헤겔은 논리가 여기서 끝나지 않고 "좋은 일은 시간을 효율적으로 사용하는 자에게 오게 된다"와 같은 (절충이 아닌) 종합이 가능하고 필요하다고 보았다. 우리가 어떤 주장을 하는 순간 그것이 가지는 일방성이라든지 제한성으로 인해 그 반대 주장의 형성을 유발한다. 그러나 양자는 모두 부정되었지만 동시에 보다 포괄적인 전체 속에서 대립하지 않고 조화스럽게 보존될 수 있다. 부정의 부정은 단순한 반복이 아니고 이전보다 더 발전된 상태에서의 반복, 즉 나선형적 발전을 추동한다. 씨앗이 썩어야 싹이 트고 싹이 부정되어야 열매가 맺히게 된다. 열매는 씨앗과 싹을 부정했지만 동시에 더 높은 차원에서 보존하고 있다.

헤겔의 변증법이 마르크스에게 매력적으로 보인 이유는 모순과 대립이 에너지를 생성시키고, 그 에너지로 인해 사회가 변화하고 발전한다는 논리 때문이었다. 예를 들어 형식논리학에 따르면 봉건제는 봉건제이면서 동시에 다른 어떤 것일 수 없다. 그러나 변증법에 의하면, 봉건제 안에 봉건제가 아닌 것이 동시에 존재하고 대립하는 과정이 불가피하며, 그것이 에너지를 발생시켜 봉건제는 봉건제와는 다른, 그러나 동시에 그것을 담고 있는(preservation of the old within the new) 자본제로 이행하게 되는 것이다. "존재(being)" 대 "무(nothing)"라는 이분법적 틀에서 벗어나, 존재와 "이행(becoming)"의 관계, 즉 운동과 변화가 설명된 것이었다. 마르크스는 헤겔의 변증법적 과정에 정신이나 관념 대신 물질, 더 정확히 표현하자면, '물질적 조건'을 대입했다.

마르크스의 변증법적 유물론에 따르면 사회의 물질적 생산력이 발전하면 재산권과 같은 기존의 사회적 생산관계와 모순과 대립의 관계에 빠지게 된다. 기존 생산관계는 이제 생산력 발전의 질곡이 된 것이다. 생산력과 생산관계 간의 모순과 대립은 변증법적 지양을 거치면서 새로운 생산양식의 출현을 추동한다. 마르크스는 "발전의 변증법적 단계들"은 원시공산주의, 노예제, 봉건제, 자본주의 생산양식을 포함하며, 자본주의는 그 계급 모순으로 인해 사회주의 생산양식에 의해 대체될 것이고, 사회주의는 역사 과정의 종착점이라 할 수 있는 "계급이 없고, 인간 소외가 해소된" 공산주의 사회로 이어질 것이다. 물론, 그가 상상하는 공산주의 사회는 원시공산사회로의 복귀가 아니고, 그 이전의 생산양식과 문명들의 성과들을 모두 고양하고 지양한 차원을 달리하는 공산주의 사회인 것이다.

2) 사회적 변동은 생산의 물질적 조건과 거기에서 발생하는 갈등에 의해 야기된다

이는 마르크스의 '역사 유물론(historical materialism)'의 핵심으로서 사회가 역사적으로 어떻게 변화하였는지를 설명하는 물질론적이고 변증법적인 인식의 틀이다. 변증법적 유물론이 현실과 변화의 철학적·방법론적 측면에 초점을 맞추는 반면, 역사적 유물론은 이러한 원칙에서 비롯되는 구체적인 역사적·사회적 과정을 중점적으로 다룬다. 두 개

넘은 상호 연결되어 있으며, 변증법적 유물론은 역사적 유물론의 분석에 영향을 미치고, 그 반대도 마찬가지이다.

물질론은 관념론에 대비될 때 쉽게 이해될 수 있다. 마르크스는 1835년 본대학에 입학한 후 1836년 베를린대로 옮겨 법학과 철학을 공부하기 시작했다. 당시 독일 학계에서 지배력을 갖고 있던 헤겔 철학은 마르크스의 초기 지적 발달을 형성하는 데 결정적인 역할을 했으며, 이후 사회 및 정치 이론 영역에서 비판과 발전의 출발점이 되었다. 마르크스는 역사 변동에서 모순과 대립에 주목하는 헤겔의 변증법은 받아들였으나 역사 발전에서 정신을 강조하는 그의 관념론은 배척했다. 그는 실제로 존재하지 않는 정신적인 것에 대한 논의는 그 자체로 인간을 소외시키는 유해한 허위의식이라고 생각했다. 그는 인간 존재의 물질적 조건보다 추상적이고 정신적인 영역을 우선시하는 이상주의적 관념론을 비판한 포이어바흐(Ludwig Feuerbach)의 철학에 끌렸다. 포이어바흐는 1841년 발간된 그의 『기독교의 본질(*The Essence of Christianity*)』에서 종교적 신념과 개념은 인간의 물질적 욕망과 필요의 투영이라고 주장했다. 그는 신과 신성한 속성은 인간의 창조물이며, 진정한 인간 해방은 이러한 속성을 인간 자체에 내재된 것으로 인식하고 되찾는 데 있다고 주장했다. 포이어바흐의 기독교 비판은 마르크스로 하여금 세상에 대한 인본주의적이고 유물론적인 이해의 토대를 마련하도록 한 셈이었다. 포이어바흐의 유물론과 인간 존재의 물질적 조건에 대한 그의 강조에서 영감과 통찰력을 얻은 마르크스는 사회, 경제, 역사적 역학에 대한 광범위한 분석을 통합한 자신만의 포괄적인 역사 유물론을 발전시킴으로써 포이어바흐의 철학적 틀을 넘어서고자 했고, 무엇보다 중요한 것으로서, 그는 "철학자들은 이제까지 세상을 여러

『포이어바흐에 관한 테제』

마르크스는 11개의 철학적 메모를 담은 『포이어바흐에 관한 테제(Theses on Feuerbach)』(1845)에서 포이어바흐와 이전의 유물론자들이 현실을 단지 관조의 대상으로만 인식하고, 인간 활동과 실천의 산물로 보지 않는다고 비판했다. 그는 인간은 의식적으로 사회적, 물질적 변화를 추구하는 활동, 즉 '이론의 혁명적 적용'이라할 수 있는 프락시스(praxis)를 통해 현실을 바꿔나갈 수 있다고 보았다. 11번째 메모의 내용인 "철학자들은 이제까지 세상을 여러 가지로 해석하기만 했을 뿐이다; 중요한 것은 그것을 변화시키는 것이다"는 『공산당 선언』(1848)의 마지막 구절인 "만국의 노동자여, 단결하라(Working Men of All Countries, Unite!)"와 함께 그의 비석에 새겨져 있다.

마르크스 시대에는 현실의 본질, 인간 의식, 철학의 역할에 관한 철학적 논쟁이 있었는데 그는 이 논쟁에 참여하기 위해 이러한 메모를 작성한 것으로 보인다. 그는 자신의 사상을 유물론과 관념론 모두와 대조시킴으로써 보다 실용적이고 행동 지향적인 철학을 옹호하였다. 『포이어바흐에 관한 테제』는 마르크와 엥겔스의 『독일 이데올로기(The German Ideology)』(Prometheus, 1998)에 포함되어 있다.

가지로 해석하기만 했을 뿐이다; 중요한 것은 그것을 변화시키는 것이다(Philosophers have hitherto only interpreted the world in various ways; the point is to change it)"라며 단순한 철학적 사유를 넘어 유물론적 분석을 적용하여 당시의 사회적, 경제적 상황을 이해하고 변혁시키고자 했다.

마르크스에 따르면 모든 사회적 변화는 그 사회의 물질적 구조의 변화에서 비롯된다. 그는 사회의 물질적 구조를 '생산양식(modes of production)'이라고 부르면서, 이는 '생산력(forces of production)'과 '생산관계(relations of production)'의 특정한 결합이라고 제시했다. 생산력은 자원·토지·기계·설비 같은 '생산수단(means of production)'과 이것을 가지고 자본을 상품(이윤을 위해 판매되는 물품)으로 전환시키는 인간의 노동력(labor power)의 결합이다. 생산관계는 생산수단의 소유권(ownership)에 기초한 계급구조이다. 노예제하에서는 노예주인이, 봉건제하에서는 지주가, 자본주의하에서는 자본가가 생산수단을 소유한다.

마르크스에 따르면 사회는 하부구조(substructure) 또는 토대(base)로서의 생산양식과 그것을 반영하는 상부구조(superstructure)로 이루어진다. 상부구조란 특정 시대를 지배하는 관념들을 말하는데, "사람들이 말하고, 상상하고, 생각하는 모든 것"으로서 종교, 도덕, 문화, 문학, 철학, 정치, 국가, 법 등을 포함한다. 중요한 점은 관념적인 상부구조는 물질적인 하부구조를 반영한다는 점이다. 우리에게 어떤 아이디어가 떠올랐다거나 또는 어떤 가치관을 중시하고 있다면 그것은 우리가 사는 물질적 조건의 결과이거나 반영인 것이다. 달리 말하자면 우리의 주관적 의식이 우리의 존재를 규정하는 것이 아니라 물질 관계로 정의되는 우리의 사회적 존재가 우리의 의식을 규정하는 것이다. 예를 들어 우리가 당연시 하는 자유무역주의, WTO, IMF, 세계은행 등의 국제적 규범이나 기구는 하부구조인 자본주의 생산양식을 반영하는 또는 그것에 조응하는 이념, 즉 상부구조이다. 현 단계 국제정치의 핵심 중 하나인 NPT 체제도 자본주의 강대국들의 군산복합체(military-industrial complex)의 물질적 이해관계를 반영하고 있다. 핵무기를 5개 국가에 한해 보유하도록 함으로써 핵무기를 갖고 있지 않은 나머지 많은 국가들은 이들로부터 재래식 무기를 비싼 값에 수입할 수밖에 없는 것이다.

그러나 마르크스는 하부구조가 상부구조를 '결정'한다고 말하지는 않았다. 마르크스가 말하고자 했던 것은 이념이나 관념의 영역이 자립적 영역은 아니지만 그렇다고 해서 물질이 모든 것을 결정하는 것은 아니며 단지 인간의 생산활동이 이념이나 관념에 앞선다는, 즉 선차적 의미를 가진다는 점이었다. 마르크스가 경제환원론이나 경제결정론에 빠졌다는 주장은 일부 마르크스주의자들의 오독(誤讀, misreading)에 기인하는 것이거나 비마르크스주의자들에 의한 일종의 부정적인 정치적 프레임이라고 봐야 할 것이다.

마르크스주의자인 레닌, 그람시(Antonio Gramsci), 마오쩌둥은 자본주의의 작동 원리를 분석할 때, 또는 혁명기 사회주의자들을 독려하거나 주의를 촉구할 때 사회를 지배하는 관념이나 가치관의 중요성을 오히려 강조했다. 예를 들어 자본주의 상부구조가 하부구조에서 형성된 사회계급의 힘을 약화시키는 기제로 작용한다고 보았던 레닌은 "러시아의 대부분의 병사와 일부 노동자는 아직도 '자본가들의 정부'에 대해 이성에 의거하지 않은 신뢰(unreasoning trust)를 갖고 있다"고 한탄했다.[10] 마오쩌둥은 "많은 경우에 올바른 지식은 물질론에서 시작하여 의식론으로 그리고 다시 의식론으로부터 물질론으로 이동하는 과정의 수많은 반복에 의해 얻어진다. 다시 말해 실천이 지식을 낳고 그리고 그러한 지식이 다시 실천을 지도하면서 참된 지식이 얻어지는 것이다. 바로 이러한 지식의 변증법적 유물론이야 말로 지식에 관한 마르크스주의 이론인 것이다"라고 말했다.[11]

상부구조가 하부구조에 미치는 영향에 관한 가장 체계적 이론을 제시한 인물은 무솔리니의 파시스트 치하 이탈리아에서 이탈리아 공산당 서기로 활동했던 마르크스주의 철학자 그람시였다. 그는 19세기 중반 이후 선진 자본주의 국가의 지배 계급은 강압에 직접 의존하기보다는 시민들의 "자발적 동의(willing consent)"를 확보함으로써 비용이 덜 들고 보다 안정적인 지배를 추구해 왔다고 보았다. 이를 이해하기 위해서는 국가에 대한 그람시의 정의를 알 필요가 있다. 그에 따르면 국가는 강압으로 지배하는 "정치적 사회(political society)"와 동의를 통해 지도하는 "시민적 사회(civil society)"로 구성된다. 전자는 군대, 경찰, 법원 등을, 후자는 학교, 교회, 언론, 이익집단, 지식인 등을 포함한다. 그람시에게 중요한 것은 바로 이 시민적 사회이다. 여기서 "특정한 삶의 방식(a certain way of life)"이 보편화, 상식화되고 특정 관념이나 이념에 대한 "정당성과 동의가 제조된다(consent and legitimacy are manufactured here)." 그는 이와 같이 특정 관념과 이념이 시민적 사회에서 정당성과 광범위한 동의를 확보한 상태를 헤게모니(egemonia, hegemony), 그리고 이를 지속적으로 재생산하는 지배계급과 시민사회의 네트워크를 "역사적 블록(blocco storico, historic bloc)"이라 불렀다. 강압이 주로 시민의 몸과 행동을 규율하는 데 비해, 헤게모니는 주로 시민의 마음을 설득한다. 여기서 설득이 합리적일 필요는 없다. 이성적 설득뿐 아니라 감정적 설득도 중요하다. 시민들의 의식을 기만하거나 조종·조작함으로써 동의를 도출할 수도 있다. 강압은 헤게모니의 배후에서 좀처럼 그 모습을 드러내지 않는다. 많은 경우 대다수 인민의 행동을 통제하는 데 헤게모니로 충분하기 때문이다.[12]

이러한 논리를 연장해 적용하자면, 오늘날 노동자들이나 일반 시민들이 기존의 지배적 관념이나 이념에 자발적으로 정당성을 부여하는 자본주의적 헤게모니의 상황에서는 자기부인적 허위의식이 팽배하고 세뇌가 광범위하게 진행된다고 볼 수 있다. 한국의 노동자들이나 농민들이 (자본가들을 위한) 규제 완화 차원에서 증여세나 상속세 폐지에 찬성한다면 이는 헤게모니가 작용한 결과라 할 수 있다. 국제 차원에서의 예를 들자면 패션이 있을 수 있다. 미국의 엘리트 패션 디자이너들이 디자인한 패션은 일단 미국의 일반 대중들이 입고 영화나 소셜 미디어를 통해 전 세계로 전파된다. 그 결과 세계의 대중은 모두 비슷한 옷을 입고 다니게 된다. 미국이 가지고 있는 문화적 헤게모니 때문일 것이다.

마르크스주의는 유물론이기도 하지만, 인간 사회를 포함해 "모든 것은 변한다(everything is in motion)"는 역사적 관점이기도 하다. 역사성은 마르크스가 활동하던 당시 지배적 관점이었던 몰역사적(ahistorical) 보편성에 대비되는 개념이다. 역사성과 보편성 간의 관계는 어떻게 이해할 수 있나? 먼저 보편성에 대해 이야기해 보자면, 17세기 이래 많은 구미인은 사회적 속박과 질곡에서의 해방을 추구하면서 '모든 시공간에서 타당한' 이른바 '보편적 가치(universal values)'의 중요성을 강조했다. 예를 들어 영국인들은 명예혁명에 따른 권리장전(1689)에서 "개인의 자유와 법치"를, 프랑스인들은 프랑스혁명에 따른 '인간과 시민의 권리 선언'에서 "자유와 평등의 권리"를, 미국인들은 미국혁명에 따른 독립선언서에서 "인간의 자연권과 계약에 의한 통치"라는 보편적 가치를 행동의 최고 목적으로 내세웠다.

그러나 마르크스는 근본 세계관이 달랐다. 그는 시공간을 초월하는 불변의 보편적 가치란 존재하지 않는다고 보았다. 오히려 그는 구체적인 물질적 현실과 동떨어진 이상주의적이거나 추상적인 개념이나 이론은 그 자체로 인간의 자기소외의 한 형태라고 비판했다. 마르크스는 사회 변화의 역동성이 추상적인 도덕적 또는 철학적 개념이나 원칙보다는 구체적인 역사적 맥락에 의해 형성된다고 믿었기 때문에 구체적인 역사적 조건을 보편적 가치보다 우선시했다. 그는 자유나 평등과 같은 보편적 가치는 고정되거나 시대를 초월하는 개념이 아니라 주어진 역사적 시기 내의 지배적인 물질적 조건과 사회적 관계에 의해 형성된다고 믿었다. 그가 보기에 보편적 가치는 지배 계급의 이익과 권력을 이념적으로 정당화하는 것에 지나지 않았다. 마르크스는 구체적인 역사적 조건을 우선시함으로써 사회 내부의 근본적 모순과 갈등을 밝히고 이러한 모순에서 사회 변화가 어떻게 나타나는지 이해하고자 했다. 그는 사회 변화가 일어나는 메커니즘을 파악하기 위해 구체적인 경제 구조, 계급 관계, 그리고 그 역사적 맥락을 분석할 필요성을 강조했다. 이와 같이 마르크스의 관심은 공시적(共時的, cross-sectional) 현상이 아닌 통시적(通時的, longitudinal) 역사 과정에 있었다.

3) 자본주의 사회의 국가의 성격은 계급 관계를 통해서만 비로소 확인될 수 있다

인구라는 것은 단순한 수적 개념이다. 인구수나 인구 증가율은 세상이 양적으로 변하는 전체적 측면을 보여줄 수 있지만 세상의 변화의 과정에 대한 설명·이해를 제공하는 수단은 아니다. 그렇기 때문에 연구자들은 인구를 성별, 종교, 인종 등을 기준으로 구분하여 세상에서 일어나는 현상들을 설명·이해하고자 한다. 마르크스는 인구를 관념적 요소가 아닌 물질적 요인을 기준으로 구분하는 것이 실제로 일어나고 있는 인간의 현실과 부합한다고 보았고, 자본주의 사회에서 인간이 먹고 사는 데 필요한 물건을 생산하는 주체인 노동자와 그를 부리는 자본가는 물질적 이해관계를 둘러싸고 서로에 적대적일 수밖에 없는 양대 사회 계급(social class)이라고 생각했다. 그는 인류를 계급을 기준으로 분류하면 그간 보이지 않던 것, 즉 인류의 역사적 발전을 추동한 근본 에너지가 보인다고 생각했다.

마르크스에 따르면 계급은 생산수단의 소유 형태를 분류하는 개념이다. 자본주의 사회에서는 생산수단을 소유하는 자본가는 이윤의 극대화를 추구하고, 생산수단이 없는 노동자는 자신의 노동력을 팔아 생존을 유지하고자 한다. 그는 이것이야말로 자본주의적 착취와 억압이 본질적이고 구조적인 이유라고 보았다. 이 문제는 뒤에서 더 자세히 설명하기로 하고, 여기서는 계급과 국가 간 관계에 대한 마르크스의 개념을 살펴보기로 하자. 그가 국제정치학의 양대 관점들인 현실주의와 자유주의와는 완연히 다른, 즉 사회 계급에 기초한 국가관을 제시하고 있고, 따라서 마르크스주의적 국제정치이론을 이해하려면 그가 국가를 어떻게 보았는지 아는 것이 핵심이기 때문이다.

현실주의자들은 국가를 자체의 독자적 이익을 극대화하려는 행위자로 간주한다. 자유주의는 국가가 중립적이고 최소한의 역할을 하며, 의사결정과정에 참여하는 개인이나 집단의 이해관계가 흥정·타협되는 정치적 경기장이라고 개념화한다. 이에 비해 마르크스는 국가는, 그가 1848년『공산당 선언』에서 말했듯이, "노동자 계급을 억압하는 자본가 계급의 조직화된 권력", 즉, 지배 계급의 대리인이라고 주장했다. 국가는 "자본가 계급의 집행위원회이고, 일반참모부이며, 계급 지배의 도구이고, 혁명에 대한 최고의 방해물"인 것이다.[13] 따라서 그에 따르면 국가이익이라는 개념은 허구이며 국가가 복무하는 것은 지배 계급의 이익이다.

지배 계급의 "도구로서의 국가론"은 레닌의 제국주의론에서 그대로 활용된다. 레닌은 선진자본주의 국가들인 지배 국가들의 지배 계급, 보다 구체적으로, 독점금융자본이 국가를 포섭하여 자신의 이익을 전 세계적으로 관철하고자 할 때 자본주의 열강 간의 충돌이 불가피하고, 충돌은 결국 세계대전으로, 그리고 그 와중에 사회주의 혁명으로 이행하게 된다고 보았다.

마르크스의 '도구적 국가론'은 1970-1980년대 이르러 개념의 장기적이고 구조적인 측면을 강조하는 신마르크스주의자들에 의해 변용되기도 했다. 그들은 국가가 자본가 개개인의 단기적 이익이 아닌 자본과 자본주의의 장기적 이익을 위해 복무한다고 주장했다. 국가는 지배 계급의 특정 구성원들로부터 상당한 정도의 독립성·자율성을 가지는 주체라는 것이었다. 그들은 국가가 지배 계급의 단기적 이익만을 좇다가는 피지배 계급의 저항으로 자본주의 체제 자체가 도전받고 붕괴할 수 있기 때문에 자본주의 체제를 보호하기 위해 일정한 정도 지배 계급으로부터 독립을 유지하고자 한다는 내용의 '국가의 상대적 자율성(relative autonomy of the state)'이라는 개념을 제시했다. 국가가 상대적 자율성을 행사하는 사례 중 하나는 노동자들을 포함하는 빈곤한 대중의 불만이 폭발하는 것을 막는 안전밸브로서의 사회보장제도이다. 국제정치의 사례를 들자면, 파리 기후협약(2016)이 있을 수 있다. 이 협약의 맥락에서 선진자본주의 국가들은 탄소 배출을 제한하는 등 경제활동이 환경에 미치는 부정적 영향을 완화하고자 한다. 이는 새로운 환경기준에 맞춰야 하는 기업에게는 막대한 비용으로 간주된다. 그럼에도 불구하고 국가들은 규제되지 않는 경제활동이 환경적 재앙을 낳고 이것이 자본주의 체제의 정당성과 안정성을 잠식할 수 있다고 보고 예견되는 사회적, 정치적 불안과 그에 따른 경제적 불안정성을 예방하고자 하는 것이다. 국가들은 지배 계급의 단기적 이익이 아닌 자본주의 전체를 보고 장기적 관점에서 행동하는 것이다.

4) 착취적인 자본주의는 내적 모순으로 인해 필연적으로 붕괴할 것이다

마르크스에 따르면 자본주의는 노동력 착취를 전제하는 생산양식이다. 여기서 핵심 개념은 '잉여가치(surplus value)'로서 이는 마르크스주의를 스미스(Adam Smith)나 리카르도(David Ricardo) 등의 고전파 경제학(classical economics)과 구분하는 핵심 기준 중 하나가 된다. 스미스에 따르면 모든 '가치(value)'의 궁극적 원천은 노동이고, 따라서 상품의 가치는 그것을 생산하는 데 들어가는 노동의 양에 의해 결정된다. 그렇기 때문에 그의 이론은 노동가치론(labor theory of value)인 것이다.

마르크스는 단순히 "상품 가치의 원천은 노동"이라는 스미스의 노동가치설은 노동력 시장에서 사고파는 '노동력(labor power, 노동자가 일을 할 수 있는 능력, 즉 노동을 하기 위한 체력, 지식, 기술 등)'과 상품의 생산에 투입되는 '노동(labor, 노동자가 실제로 하는 물리적으로 일하는 행위)'을 구별하지 못해 자본주의 이해를 위해 필수적인 이윤의 원천과 노동력 착취를 가능케 하는 기제로서의 잉여가치를 설명하지 못한다고 생각했다. 그의 잉여가치설에 따르면 생산수단을 갖고 있지 않은 노동자들은 생존을 위해 자신의 노동력을 팔고자 하고, 그에 대한 수요가 있기 때문에 노동력 시장이 형성된다. 이 시장에서 자본가들은 시장 가격에 따라 노동력을 구매한다. 그런데 노동자들은 상품 생산 과정에서 노동력에 상응하는 가격을 넘어서는 노동을 제공하게 된다. 노동력의 시장 가격에 의해 정해진 양보다 더 노동해서 생겨나는 가치가 잉여가치이다. 자본가들은 이것을 '이윤(profit)'이라는 명목으로 다 가져간다. 노동자들은 자신이 실제 투여한 노동에 대한 대가가 아닌 노동 시장에서 판매된 자신의 노동력에 해당하는 임금(wage)만을 받게 된다. 마르크스는 이 '임금이 지급되지 않은 노동, 즉 무급노동(unpaid labor)'을 "착취된 노동력(exploited labor power)"이라고 불렀다. 임금은 노동자가 아프거나 죽지 않고 지속적으로 노동을 제공할 수 있도록 해주는 정도의 최저생계비에 해당한다. 자본가는 잉여가치(그의 입장에서는 이윤)를 증대시키기 위해 노동 시간과 노동 강도(labor intensity)를 늘릴 수 있다. 노동자의 입장에서는 그만큼 착취되는 것이다.

　노동력이 착취되는 이유는 자본가와 노동자 간의 권력관계에서 비롯된다. 자본가들과 노동자들이 노동과 임금을 교환하는 평등한 주체들이라고 본 스미스와는 달리 마르크스는 자본가들이 노동자들보다 더 많은 권력을 가지고 있다고 주장했다. 그 이유 중 하나는 자본가들이 노동 파업을 더 오래 견딜 수 있는 능력이 있기 때문이다. 생산 수단과 자본의 소유자로서 자본가들은 보통 더 많은 재정 자원을 가지고 있어 즉각적인 수입 없이도 더 오래 버틸 수 있다. 그들은 생산을 중단하고 파업을 기다릴 여유가 있지만, 일상생활의 필요를 충족시키기 위해 임금에 의존하는 노동자들은 오랜 기간 동안 수입 없이 지낼 여유가 없다. 이러한 경제적 격차는 자본가들에게 노동 분쟁에서 상당한 이점을 제공하며, 노동자들은 생계의 필요성 때문에 더 쉽게 다시 일터로 돌아가게 된다.

산업예비군

산업예비군(industrial reserve army)은 자본가가 필요에 따라 고용할 수 있는 실업자 또는 불완전 고용 노동자 집단을 의미한다. 마르크스에 따르면, 산업예비군의 존재는 경기 팽창과 수축이 노동 수요의 변동으로 이어지는 자본주의 생산의 주기적 특성에서 비롯된 결과이다. 경기 침체기나 노동력 과잉기에는 노동자들이 해고되거나 일자리를 찾지 못해 산업예비군 대열에 합류하게 된다. 산업예비군은 자본가가 임금과 근로 조건에 대해 하향 압력을 가하는 메커니즘으로 작용한다. 이는 노동자들 사이에 고용 불안과 경쟁 심리를 조성하여 노동자들 전체의 협상력을 약화시킨다. 잉여 노동력을 보유함으로써 자본가는 더 낮은 임금으로 노동자를 쉽게 대체할 수 있어 임금 상승을 막고 자신에게 더 유리한 노동 시장을 유지할 수 있다. 마르크스는 산업예비군을 자본주의가 사회적 불평등과 착취를 영속화하고 악화시키는 수단으로 보았다. 그에 따르면 이는 노동자가 일회용 상품으로 취급되고 생계가 시장의 변동에 따라 좌우되는 자본주의 체제의 모순과 내재적 불안정성의 산물인 것이다.

자본가의 상대적 힘은 실업자들로부터 나오기도 한다. 마르크스는 "산업예비군(industrial reserve)"이라는 개념을 도입했는데, 이는 실업 상태의 노동자 집단을 의미한다. 이 산업예비군은 고용된 노동자들에게 압박 메커니즘으로 작용한다. 실업자들이 고용된 노동자들을 대체할 수 있다는 위협은 노동자들이 파업을 하거나 더 나은 근로 조건을 요구하는 것을 어렵게 만드는 것이다. 자본가들은 필요시 언제든지 실업자들을 고용하여 생산을 지속할 수 있으므로, 고용된 노동자들은 실직의 두려움으로 인해 자본가들의 요구를 받아들이게 된다. 이는 자본가들이 노동자들보다 더 많은 권력을 가지게 되는 이유 중 하나로, 노동력 착취의 구조적 요인이 된다.

그렇다면 자본주의에 익숙한 우리들은 마르크스의 잉여가치설, 특히 잉여가치가 모두 노동자의 몫이 되어야 한다고 하는 그의 주장은 공정한가 하는 의문을 가질 수 있다. 노동자들은 자본가들의 자본이 없이는 아예 일하고 임금을 받을 기회를 가질 수조차 없을 것이기 때문이다. 그러나 다른 한편 노동자들의 노동 없이는 자본가들도 이윤을 창출할 수 없는 것은 마찬가지이다. 아무것도 하지 않으면 아무 일도 일어나지 않는 것이다.

그러나 마르크스가 급진적 혁명가인 보다 본질적인 이유는 그가 자본주의적 관점에서 자본주의를 보지 않고 대안적인 체제의 시각에서 비판했다는 데 있다. 즉 자본주의라는 생산양식 자체를 타파하여 착취의 근원인 잉여가치가 발생하지 않는 체제, 생산수단을 자본가가 아닌 사회가 소유하여 인민들은 "각자의 능력에 따라" 일하고, "각자의 필요에 따라" 분배를 받게 되는 세상을 만들면 된다는 생각이었다. 그러니까 자본가들로부터 생산수단을 몰수하여 사회가 소유한다는 개념은 자본주의 관점에서는 불공정하고 폭력적일 수 있지만 그러한 행위가 모든 인민에게 정의롭고 평등한 사회를 가져다준다면 사회주의적 관점에서는 당연히 정당화된다는 것이 '혁명가' 마르크스의 생각이었다.

마르크스에 따르면 노동력 착취는 사회 혁명과 자본주의의 몰락을 초래하는 근본 원인 중 하나다. 자본가의 이윤율 하락에 대해 논해 보자. 자본주의 생산양식 하에서 자본가들은 이윤을 극대화하기 위해 착취를 극대화할 수밖에 없는데 이는 아니러니하게도 이윤율의 경향적 하락을 초래하게 된다(tendency of the rate of profit to fall)는 것이다. 마르크스가 이윤율이 '경향적'으로 하락한다고 한 것은 단기적으로는 이윤율의 하락과 증가가 지그재그로 진행되지만 장기적으로는 하락의 경향이 뚜렷하게 나타난다는 점을 지적하기 위함이다. 사물은 단선적 (unilinear)이 아니고 변증법적(dialectical)으로 운동하기 때문이다.

이윤율은 왜 하락할까? 이윤율은 이윤/투자자본(생산수단 및 노동력 구매 비용)이다. 따라서 자본가들이 이윤율을 높이기 위해서는 분자를 늘리고 분모를 줄이면 된다. 그들은 먼저 노동 시간을 늘리고 노동 강도를 높임으로써 분자를 늘리려 할 수 있다. 그런데 이러한 조치는 결과적으로 노동자의 수를 줄임으로써(예를 들어 임금은 불변인데 초과근무를 시킨다거나, 일정 시간 내에 행해지는 노동 지출의 정도를 늘림으로써 노동자의 수를 줄여도 생산은 줄지 않게 할 수 있다) '잉여가치의 원천'을 (노동이 투여되지 않으면 무급노동이 생산한 가치인 잉여가치가 아예 생산되지 않는다는 점에서) 오히려 감소시키는 효과를 내게 된다.

자본가는 이윤율의 분자를 늘리려 할 뿐 아니라 그 분모를 줄이려 할 것이다. 마르크스에 따르면 자본가는 생산비를 줄이기 위해, 신고전주의 경제학적 용어를 사용하자면, '규모의 경제(economies of scale, 생산량이 증가함에 따라 단위당 평균 비용이 감소하면서 효율성은 증가하고 생산 비용은 감소한다)'를 실현하려 한다. 예를 들어 생산량이 많으면 자본가는 원자재, 부품 또는 소모품을 구매할 때 더 나은 거래와 할인을 협상할 수 있다. 공급업체는 대량 구매 시 더 낮은 가격을 제시하는 경우가 많기 때문에 자본가는 단위당 조달 비용을 절감할 수 있는 것이다.

그러나 자본가는 '규모의 경제'를 달성하기 위해 노력할수록 이윤율이 하락하는 경향에 직면하게 된다. 즉, 자본가의 생산규모의 확대는 수확체감의 법칙(law of diminishing returns)에 따라 '추가 투자 단위' 대비 이윤율의 하락을 야기할뿐 아니라, 규모의 경제는 단기적으로는 개별 자본가의 이윤을 늘릴 수 있지만, 과잉생산으로 공급이 수요를 초과하여 가격 하락을 재촉하게 되며, 나아가 모든 자본가가 '규모의 경제'에 따른 박리다매를 추구하게 되면 자본가 전체의 입장에서 보면 이윤율의 감소는 불가피하다는 것이다.

또한 자본가가 '규모의 경제'를 달성하기 위해 노동자에 비해 생산성이 상대적으로 높은 기계와 기술에 더 많이 투자함에 따라 인건비 대비 고정비 비중이 높아져 결국 잉여가치, 즉 이윤의 원천이 감소하게 된다. 기계와 기술이 인간 노동을 대체하여 이윤율이 하락한다는 마르크스의 주장은 과학과 기술이 고도로 발전하는 현대 자본주의의 성격과 미래를 토론하는 데 의미심장한 함의를 가진다고 할 때 우리는 이에 대해 한 걸음 더 들어가볼 필요가 있다. 이윤을 극대화하려는 자본가는, 앞서 말했듯이, 고정자본(기술, 기계, 인프라), 특히 인간 노동을 대체하는 기술과 기계에 더 많은 투자를 하게 된다. 마르크스는 이러한 변화를 "증가하는 자본의 유기적 구성(organic composition of capital)"이

용어 설명

규모의 경제

상품생산량이 늘어날수록 평균생산비용이 감소하는 현상이 나타날 수 있는데 이를 규모의 경제(economies of scale)라고 한다. 달리 말하면, 규모의 경제는 기업이 생산 규모를 늘릴 때 달성할 수 있는 '비용 이점(cost advantage)'을 말한다. 대규모 생산을 위해서는 많은 양의 원자재와 부품이 필요한데 대규모 구매를 통해 더 낮은 가격으로 구매할 수 있기 때문에 이는 생산 비용을 절감할 수 있다. 나아가, 기업이 더 커지고 더 많은 상품이나 서비스를 생산함에 따라 고정 비용을 더 많은 생산량에 분산시킬 수 있으므로 단위당 평균 비용이 낮아질 수 있다.

라고 불렀다. 유기적이란 말은 일반적으로 생명체를 뜻하는 용어이지만 마르크스는 자본주의 생산양식 내 자본의 내부적 구조와 상호 관계가 정태적이고 불변하는 것이 아니고 시간이 지남에 따라 진화하고 변화한다는 점을 강조하기 위한 용어로 사용했다. 어쨌든 노동 비용을 줄이고 생산성을 높이기 위한 자본가의 노력으로서의 '기계에 의한 인간 노동의 대체'는 이윤, 즉 잉여가치의 원천이자 착취의 대상인 노동자의 수를 감소시켜 결국 이윤율의 감소로 이어질 수밖에 없다. 마르크스에 따르면 현대 자본주의의 자동화, 로봇, 인공지능 등에 의한 노동 절감 '혁신들'은 아이러니하게도 생산양식으로서의 자신의 명을 줄이는 자기파괴적인 행위이다. 자본의 유기적 구성의 고도화는 또한 실업을 증가시키고 따라서 노동자의 구매력을 감소시켜 궁극적으로는 과소수요와 과잉생산을 불가피하게 만든다. 노동자의 수중에 돈이 없으면 상품과 서비스를 구매할 수 없고, 재고가 쌓이게 되면 자본가는 이것들을 헐값에 팔거나 소규모 기업의 경우 고정비용을 감당하지 못해 아예 문을 닫을 수도 있다.

이와 같이 자본주의 체제하에서 이윤율은 경향적으로 하락할 수밖에 없다. 마르크스에 의하면 이윤율 하락은 자본주의 생산양식의 근본적 특성이자 태생적 모순에서 비롯됐기 때문에 잠정적 지연은 가능할 수 있으나 근본 문제의 해소는 불가능하다. 제1차대전(1914-1918) 중에 『제국주의론』을 작성한 레닌은 그와 같은 미봉책과 결과에 대해 논한 바 있다. 그에 따르면 선진자본주의 국가에서의 자본가의 이윤율 하락은 그들로 하여금 상품 시장, 투자처, 곡물과 자원의 원천으로서의 식민지 개척에 뛰어들게 만들었다. 이로써 자본주의 생산양식의 수명이 연장된 것이었다. 그러나 수명 연장은 그야말로 연장일 뿐 자본주의의 작동 논리가 바뀔 수 있는 것은 아니었다. 레닌에 따르면 독점자본에 포섭된 선진자본주의 국가들은 수명 연장을 위한 식민지 쟁탈전을 벌이며 결국 세계대전을 일으키게 되었다. 대전쟁과 그에 따른 사회 혼란 및 국가 통제력 약화를 초래한 '제국주의'는 착취적인 자본주의 생산양식의 몰락과 사회주의 생산양식으로의 이행을 위해 준비된 자본주의 최후의 단계일뿐이었다.

이윤율 하락 외에도 자본주의가 붕괴될 수밖에 없는 또 다른 이유는 소비가 아닌 이윤이 목적인 자본가가 생산수단을 독점한다는 데 있다. 마르크스에 따르면 착취는 윤리적 문제나 개인의 선택의 문제가 아니고 자본주의 생산양식의 태생적이고 구조적인 문제이다. 마르크스 이전의 사회주의자들은 자본주의의 문제를 빈부격차라고 보고, 이를 개인이나 사회의 개량을 통해 해결할 수 있다고 믿었다. 그러나 마르크스에게 이러한 방법은 대증요법일 뿐이었다. 설사 빈부격차를 줄일 수 있다 해도 그것은 다른 형태로 반복될 것이었다. 근본 원인은 생산력과 생산관계(자본가에 의한 생산수단 독점) 간의 내재적 모순 때문인 것이다. 자본주의의 생산력이 고도로 발전하기 위해서는 생산 과정이 사회화되어야 한다. 그런데 생산의 규모가 커지고 생산 과정에 직간접적으로 참여하는 사람들은 늘어나는데도 생산수단은 여전히 소수의 자본가가 독점하고 있다면 문제가 발생할 수밖에 없다는 것이다.

소비가 아닌 이윤이 목적인 자본가가 생산수단을 독점하면 노동자와 자본가 간의 빈부격차가 악화되어 계급 갈등과 사회 불안정이 야기될 뿐 아니라, 보다 근본적으로는, 주기적 공황과 같은 구조적 위기가 반복될 수 있다. 자본가는 이윤을 극대화하기 위해 생산량을 늘리는데 감소한 노동자의 구매력은 이를 소화하지 못해 과잉생산이 초래되고,

생산의 사회화

자본주의 하에서 상품 생산은 각층의 수많은 사람의 참여를 필요로 한다. 그만큼 생산력이 커지는 것이고, 이는 봉건제를 제압한 자본주의의 힘 중 하나였다. 자본주의가 발달할수록 생산의 사회화는 전 세계적으로 확대된다. 예를 들어 어떤 운동화는 면화를 생산하는 인도인, 설계를 담당하는 이탈리아인, 고무를 채취하는 말레이시아인, 디자인을 하는 미국인, 조립을 담당하는 한국인의 상호의존적인 노동에 의해 만들어진다. 마르크스는 생산은 발전적으로 사회화되는데 생산수단은 사적으로 소유된다는 점이 자본주의의 내재적 모순이라고 생각했다. 그는 이 모순이 사회경제적 긴장, 경제 위기, 계급 투쟁을 야기하여 궁극적으로 자본주의의 붕괴로 이어질 것이며, 착취에 대한 자각을 바탕으로 한 프롤레타리아의 혁명적 잠재력은 이러한 역사적 변혁의 원동력이라고 생각했다.

위기의 국면에서는 대중의 빈곤화가 더욱 심화되고, 계급 구성은 더욱 단순화(소수의 자본가 대 압도적 다수의 노동자)된다. 이제 생산의 사회화 (socialization of production)와 생산수단의 독점은 자본주의 생산양식의 외피(外皮) 속에서 공존하기 어려운 국면에 접어든다. 마르크스에 따르면 자본주의의 외피는 찢어지고 생산수단을 갖고 있지 않은 무산계급은 사회주의 혁명을 통해 국가 권력을 장악하고 생산수단의 사회화와 같은 혁명 조치를 취하게 된다. 노동착취가 없는 새로운 생산양식하에서는 생산이 이윤이 아니라 '인간의 필요(human needs)'를 충족시키는 차원에서 이뤄지게 된다. 노동을 착취하던 자본가는 이제 착취 수단을 몰수당하게 되는 것이다(The expropriators are expropriated).

4. 구성주의의 전제

1) 역사적 맥락: 국제정치학의 대논쟁

구성주의(Constructivism)는 1980년대 후반까지 국제정치학을 지배하던 (신)현실주의와 (신)자유주의 관점이 터하고 있는 실증주의적(positivist, 실증주의는 자연과학의 방법과 원리를 국제정치 연구에 적용하려는 접근법을 말한다고 일단 해두자) 존재론과 인식론에 대한 과학철학적 또는 '메타이론(meta-theory)적' 반론에서 시작했다. 이를 역사적인 시각에서 이해하기 위해서는 국제정치학의 '대논쟁(the great debates)'에 대해 알 필요가 있다.

제1차 논쟁은 말이 논쟁이지 이상주의(Idealism)에 대한 비판이었다. 1차대전의 참극은 전쟁 방지를 목적으로 하는 '국제정치학'을 탄생시켰다. 그런데 이 국제정치학은 후일 이상주의라고 일컬어지는 다분히 목적론적인 자유주의적 학문이었다. 이 계열의 대표적인 국제정치학자는 영국왕립국제문제연구소의 노먼 안젤(Norman Angell)이었다. 그는 『위대한 환상(*The Great Illusion*)』에서 당시 널리 퍼져 있던 '국가가 전쟁, 군국주의, 정복을 통해 이익을 얻을 수 있다'는 믿음이 환상이라고 주장했다. 그는 밀접히 상호 연계된 현대 사회에서는 전쟁으로 인한 경제적, 사회적 비용이 너무 커서 어떤 국가도 전쟁을 통해 이익을 얻을 수는 없다고 지적했다. 그는 지속적인 평화와 번영을 위한 길로 국제 협력, 국제법 존중, 군사주의 배격을 주장했다. 1909년에 출간된 그의 저서는 1933년에 재출판되어 많은 지식인들과 정치인들의 열렬한 지지를 받았다. 그에 공감하는 자유주의 국제정치학자들이나 정치

메타이론

이는 이론에 대한 이론(a theory about theories)이라 할 수 있다. 즉 메타이론은 각 이론의 기본 전제나 개념, 방법론 등이 어떤 존재론이나 인식론에 기초하고 있는지 비교·대조함으로써 서로 소통할 수 있는지 여부, 나아가 어떤 이론이 실제하는 국제정치를 보다 더 잘 설명·이해하는지 여부를 판단해주는 이론인 것이다. 예를 들어 모겐소와 같은 현실주의자들은 국가가 '물질적' 국가이익에 초점을 맞춘 합리적 행위자라고 가정하지만 웬트와 같은 구성주의자들은 이러한 가정에 이의를 제기한다. 그들은 국가 행동이 규범, 아이디어, 정체성 같은 사회적으로 구성된 '관념'에 의해 영향을 받는다고 강조한다.

인들은 각국의 시민들에 대해 개인의 자유에 기초한 민주주의 교육을 실시하고, 세력균형책과 비밀외교가 아닌 집단안보기구와 공개적 외교를 통해 소통과 신뢰를 증진함으로써 대규모 전쟁의 재발을 막을 수 있다고 주장했다.

그러나 안젤이나 미국 대통령 윌슨(Woodrow Wilson)의 구상에 기초한 집단안보기구인 국제연맹(League of Nations)이 1930년대 초·중반 독일, 이탈리아, 일본의 도발과 침략적 행위를 예방·처벌하지 못하는 등 무기력함을 드러내자 카는 1939년 9월에 발간된 『20년의 위기 (*The Twenty Years' Crisis: 1919-1939*)』에서 "있는 그대로(as it is)의 국제정치적 현실"을 인식하지 못하고 국제정치의 당위성만을 강조하는 규범적 목적론적(teleological) 이상주의자들을 공상주의자(utopianists)로 폄하하면서 그들의 "위험스러울 정도로 순진한(dangerously naïve)" 발상과 시각을 비판했다(목적론은 역사는 이미 정해진 목적을 가지고 있고,

그것을 향해 전진하는 목적 지향적 과정이라고 보는 시각이다. 카는 목적론의 문제는 그것이 역사가들로 하여금 그러한 예정론에 부합하는 사건들과 주체들에만 주목하도록 부추기는 데 있다고 보았다). 2차대전의 발발은 안젤과 같은 이상주의자들 또는 자유주의자들의 입장을 약화하고, "있는 그대로의 권력정치적 현실"을 직시할 것을 주문한 고전적 현실주의자들(카는 현실주의라는 용어를 사용했지만 학자들은 이를 후일 나타나게 되는 국제 구조를 강조하는 구조적 현실주의와 차별화하기 위해 고전적 현실주의라고 부른다)의 입장을 강화했다. 이 무렵 국가주권, 국가이익, 권력, 안보라는 핵심 개념이 국제정치 연구의 중심으로 확립되었다. 1948년 출간된 모겐소의 『국제정치론』은 마치 기독교의 성경처럼 전 세계의 국제정치학계를 지배하게 되었다.[14]

이상주의-고전적 현실주의 간의 제1차 대논쟁, 더 정확하게 말하자면 이상주의에 대한 현실주의의 공격과 비판에 이어 1960년대에는 전통주의(traditionalism)와 행태주의(behavioralism) 간 제2차 대논쟁이 벌어졌다. 이 논쟁은 인식론과 연구방법론에 관한 것이었다. 1950년대부터 컴퓨터가 개발되어 학자들은 이전에는 불가능했던 엄청난 양의 통계자료를 활용할 수 있게 되었다. 일단의 국제정치학자들은 역사, 국제법, 정치철학에 의존하는 전통주의적 방법론이 "비과학적(unscientific)"이라 비판하며 자연과학에서 사용되는 실증주의 방법론을 국제정치학에 도입할 것을 주장했다.

상당수 (국제)정치학자들이 실증주의적 행태주의자가 되었는데 여기에는 당시 미국의 국내정치도 일역을 했다. 코넬대의 핵커(Andrew Hacker)에 따르면 적지 않은 학자들이 '맥카시 마녀사냥'을 자행하던 극우 반공주의 정치인들의 무차별 공격이나 용공 의혹을 피하기 위해 가치중립을 방법론상의 본질적 요소로 하고 있고, 제한된 청중에게 기술적 전문용어를 사용하는 행태주의로 피난했던 것이다.[15]

행태주의 국제정치학의 선구자 중 하나는 시카고대의 캐플런(Morton Kaplan)이었다. 그는 고전적 현실주의와 자유주의 모두를 겨냥하여 관찰 가능한 현상에 대한 경험적 검증을 통해서만 신뢰할 수 있는 국제정치학적 지식이 획득·축적될 수 있고 학문의 발전이 비로소 가능하다는 입장을 개진했다. 전통주의 노선을 고수하던 영국국제정치연구위원회(the British Committee on the Theory of International Politics, 영국위원회)에 막 가입한 런던정경대의 불(Hedley Bull)은 감정을 가진 인간을 다루는 국제정치학에 대해 물질을 다루는 자연과학과 같은 "엄격한 검증과 증거의 기준을 적용하면 국제관계에 관해 할 수 있는 이야기는 사실상 없다"고 반박했다.[16]

제2차 논쟁은 방대한 통계자료를 이용한 실용적인 지식 산출을 장려하던 포드재단, 카네기재단, 미국국립과학재단 등의 연구지원 덕택에 행태주의적, 정량적 연구자들이 『미국정치학회보(*American Political Science Review*)』 등 미국 국제정치학계를 지배하게 되었다. 워싱턴 D. C. 등 동부 지역 학자들이 주도하던 행태주의적 미국정치학회(American Political Science Association)에 불만을 품은 일부 서부 지역 학자들은 1959년 지역 학회로서 미국 국제정치학회(International Studies Association)를 설립하였다.

실증주의와 그에 터한 행태주의 접근법은 한동안 미국의 국제정치 연구를 지배했지만, 1980년대 후반 데이터 및 통계 분석이 중심이 된 정량적 연구방법, 그리고 이론적으로는 구조적 현실주의(또는 신현실주의)의 실증주의적 존재론과 인식론에 대한 근본적인 문제 제기가 이뤄지면서 제3차 대논쟁이 촉발되었다. 비판의 대상은 같은 존재론과 인식론에 기초해 있는 커해인과 나이 등의 신자유주의(Neoliberalism)를 포함했다.[17]

제3차 대논쟁이 촉발된 배경은 유럽에서 시작한 기존의 지배적인 철학적 방법론에 대한 도전과 관련이 있었다. 20세기 중반 경험주의 철학의 전통을 가진 영미권이 아닌 관념론적(Idealism) 전통의 독일·프랑스 등 유럽 대륙의 철학자들— 예를 들어, 가다머(Hans-Georg Gadamer), 푸코(Michel Foucault), 데리다(Jacques Derrida)— 이 객관적 지식, 계몽주의적 합리성, 주객분리(主客分離)라는 오랫동안 서구 철학계에서 당연시되던 개념과 관점에 근본적인 문제를 제기하였다. 가다머는 이해의 과정이 단순히 주체(이해하는 사람)와 객체(이해되는 대상) 간의 관계가 아닌 역사적(주체는 자신의 역사적, 문화적 배경을 통해 대상을 해석한다)이고 주관적(이해는 주체가 이미 가지고 있는 선입견이나 전제들인 '선이해[pre-understanding]'를 기반으로 한다)인 과정이라고 주장했고, 푸코는 권력이 지식을 형성하고, 지식이 다시/동시에 권력을 재생산하는 과정을 분석하며 지식이 객관적이고 중립적이라는 기존의 믿음을 비판했으며, 데리다는 단어(또는 언어적 기호)의 의미가 명확하게 고정되거나 완전히 결정되지 않고, 지속적으로 다른 의미들과의 관계 속에서 다시 만들어지고 변형된다며, 의미는 공간에 따라 달라지고(differ) 시간적으로도 지연 또는 연기(deferred)된다는 의미의 "차연(différance)" 이라는 개념을 제시했다.

객관적 지식의 가능성을 의심하고, 계몽주의적 합리성이 가진 한계를 인식한 이와 같은 성찰적 접근에 공감한 애리조나주립대의 애쉴리(Richard Ashley)는 1984년 "신현실주의의 빈곤(The Poverty of Neorealism)"[18]에서 신현실주의는 이론에 내재된 국가중심주의적인 물질론적 존재론, 그리고 경험주의에 기반한 실증주의적 인식론으로 인해 국제정치를 이해하는 데 근본적 결함을 갖고 있다고 지적했다. 또한 그는 국가 간의 권력 분포를 통해 국제정치를 설명하려는 정태적인 구조주의적 접근은 동태적이고 사회적으로 구성된 현실을 설명하지 못한다며, 인간의 주체성(human agency), 인간의 역사적 실천, 그리고 정치적 현실의 사회적 구성의 역할을 인식하는 변증법적인 접근을 옹호했다.

제3차 논쟁의 또 다른 철학적 배경이 된 것은 '후기 비트겐쉬타인(Ludwig Wittgenstein)' 철학이 1950년대 촉발한 '언어적 전회(言語的 轉回, linguistic turn)'였다.[19] 타 학문에서 이미 진전을 거둔 이 접근법이 1980년대 중반 국제정치학에 도달한 셈이었다. 언어적 전회는 철학의 관심이 진리, 이성, 사유, 객관성 등에서 언어로 옮겨갔다는 것을 의미하기도 하고, 철학에서 연구되는 언어의 성격이 이상적이고 논리적인 언어에서 일상적이고 실용적인 언어로 바뀌었다는 것을 의미하기도 한다. 비트겐쉬타인은 철학적 문제들이 '일상적인 맥락에서 언어가 사용되는 방식'에 대한 오해에서 비롯된다며 이상적 언어가 아닌 일상적 언어를 분석함으로써 그러한 문제들을 명확히 하고 해결할 수 있다고 제시하였다. 이러한 언어의 일상적 사용이라는 맥락에서, 비트겐쉬타인은 언어나 단어가 고립된 상태에서는 의미를 가지지 않고, 구체적이고 특정한 맥락에서 사용됨으로써 비로소 의미가 생겨나는 일련의 "말놀이(language games)"로 기능한다고 제시하였다. 언어나 단어가 사회적 상호작용과 규범적 맥락 속에서 그 의미를 획득한다는 것이었다. 이제 학문적 관심의 대상은 언어를 도구로 사용하는 객관적 현실이 아니라 우리가 사용하는 언어의 의미의 불확정성, 그리고 그러한 언어가 가

비트겐쉬타인의 '말놀이'

언어나 단어의 의미는 어떻게 생기는가? 가장 원시적인 방식은 단어의 의미를 설명하기 위해 그 단어가 지칭하는 대상을 직접 가리키는 것이다. 사과의 의미는 사과를 가리키며 "이것이 사과야" 하면 생긴다는 소위 지시적 정의(指示的 定義, ostensive definition)에서 비롯된다. 이 관점을 출발점으로 삼은 비트겐쉬타인은 한 걸음 더 나아가 의미는 단순히 객체를 지시함으로써가 아니라 '특정한 맥락에서의 단어의 사용'을 통해 파생된다고 제시하였다. 그는 『철학적 탐구(*Philosophical Investigations*)』 서두에서 집 짓기를 예로 들며 어거스틴(St. Augustine)의 원초적인 접근법을 비판하고 자신의 "말놀이"라는 시각을 제시한다.

> 그 언어는 집 짓는 사람 A와 그의 조수 B 사이에 의사소통을 하게 해주게끔 되어 있다. A는 집 짓는 재료들로 집을 짓고 있다: 거기에는 벽돌, 기둥, 기왓장 그리고 대들보 등이 있다. B는 A가 필요로 하는 재료를 A가 명령할 때마다 날라다 주어야 한다. 이러한 목적을 위해서 그들은 '벽돌', '기둥', '기왓장', '대들보'와 같은 단어들로 이루어진 하나의 언어를 사용한다. A가 이 단어들을 소리쳐 말하면 B는 이러이러한 소리에는 이러이러한 것을 가져가야 한다고 배웠던 그 재료를 갖다준다.

이 말놀이의 예에서 비트겐쉬타인이 말하고자 하는 것은 단어는 고립된 상태에서는 의미를 가지지 않으며, 특정한 삶의 형태나 말놀이에서의 사용에 의해 비로소 의미를 획득하게 된다는 것이다. 위의 예에서 '벽돌'은 A와 B가 하고 있는 집 짓기 활동의 맥락에서 그 의미가 생성된다. 즉, 집 짓는 사람 A가 '벽돌!'이라고 외치면 그것은 벽돌을 기술하는 것이 아니라, 그의 조수 B에게 '벽돌을 가지고 오라'는 '명령'이다. B는 '아, 벽돌을 가지고 오라는 의미이구나'라고 알아듣고 벽돌을 그에게 가져다주게 된다. B가 그렇게 이해하고 행동에 옮기는 이유는 '그러한 상황'에서 그렇게 하도록 배웠기 때문이고, 또한 그것이 A와의 관계를 고려할 때 '사회적'이고 '규범적'으로 적당한 행위임을 알기 때문이다. 비트겐쉬타인의 말놀이의 이론적 함의는 언어나 단어의 의미가 고정된 것이 아니라, 특정한 상호 작용과 구체적인 사회적, 규범적 맥락에서의 사용을 통해 형성된다는 것이다.

지고 행사하는 모종의 힘으로 전환되었다.

플로리다국제대의 오누프(Nicholas Onuf)는 1989년 『우리가 만드는 세상(*World of Our Making: Rules and Rule in Social Theory and International Relations*)』에서 국제정치적 현실은 언어, 담론, 사회적 실천을 통해 구성된다고 제시하였고,[20] 독일 뮌헨대의 크라토크빌(Friedrich Kratochwil)은 같은 해 『규칙, 규범, 그리고 결정(*Rules, Norms, and Decisions: On the Conditions of Practical and Legal Reasoning in International Relations and Domestic Affairs*)』에서 국제법과 국제규범, 그리고 국가의 정치적 행위가 어떻게 언어적, 담론적 실천 과정을 통해 구성되는지 고찰하였다.[21]

독일 프랑크푸르트학파의 비판이론(Critical theory)도 1980년대 초중반 국제정치학계의 문을 두드렸고 제3차 논쟁을 촉발시키는 데 기여하였다. 마르크스주의, 특히 역사 유물론과 변증법적 유물론, 그리고 계급투쟁론과 소외론을 이론적 기반으로 하고 있어 이른바 '후기 마르크스주의(post-Marxism)'라 할 수 있는 비판이론은 현대 자본주의 사회에서 문화산업(culture industry)과 대중매체(mass media) 같은 현상유지적 비물질적 힘이 대중의 의식을 조작하고, 사회적 불평등을 지속하며, 비판적 사고를 억압하는 방식에 주목했다. 이론적인 측면에서 프랑크푸르트학파는 기존 사회이론의 몰역사적(ahistorical) 기본 가정에 도전하고, 현존 체제를 뒷받침하는 '당연시되는 규범이나 전제'에 의문을 제기하며(questioning taken-for-granted norms and assumptions), 정치적 현실이 사회적으로 구성된 측면을 드러내려 했다. 못지않게 중요한 것으로서 반성적인(reflexive) 접근에 대한 성찰이었다. 프랑크푸르트학파는 연구자가 단순히 외부 관찰자로서 연구대상에 대해 초연히 존재하지 않고, 오히려, 그를 포함하여 연구 과정 자체가 사회적, 정치적 맥락 속에 자리 잡고 있다고 인식하였다. 또한, 프랑크푸르트학파는 사회 변화를 목표로 하며, 이를 위해 기존의 권력 구조와 이념을 비판적으로 분석했다. 특히, 비판이론의 기초를 마련한 프랑크푸르트대 사회연구소의 호르크하이머(Max Horkheimer)는 1937년 "전통이론과 비판이론(Traditional and Critical Theory)"에서 사회를 '있는 그대로' 이해하고 설명하려는 "전통 이론"과 사회를 비판하고 변화시키려는 "비판 이론"을 구분했다.[22] '이론과 실천의 통일성(프락시스, praxis)'을 통해 사회변화와 '인간 해방(human emancipation)'을 추구하는 마르크스주의의 실천성에 대한 그의 관심은 국제정치학에서의 비판이론을 도입한 콕스(Robert W. Cox)에 큰 영향을 주었다.

캐나다 요크대의 콕스는 1981년 기념비적 논문 "사회적 힘, 국가 및 세계 질서: 국제관계 이론을 넘어서(Social Forces, States and World Orders: Beyond International Relations Theory)"에서 호르크하이머를 패러디하며 현상유지적인 "문제해결이론(problem-solving theory)"과 변혁추구적인 "비판이론(critical theory)"을 구별하고 전자에 속하는 전통적인 국제정치이론의 물질론적 국가중심주의와 가치중립적 실증주의적 가정을 비판했다. 그는 이론은 항상 "누구를 위한 것"이며 "어떤 목적을 위한 것"임을 강조하고, 경제적 계급, 사회적 운동, 지배적 담론과 같은 사회적 힘(social forces)과 현재를 만들어 낸 역사적 맥락의 영향에 주목하였다.[23] 그는 국제체제 내 권력의 분포에 대한 표면적 분석을 넘어 이념적 목표와 사회적 맥락 속에서 국가와 비국가 행위자들이 어떻게 상호작용하는지를 파악하고, 국제제도와 국제규범의 형성과 변화가 어떤 사회적 의미를 갖는지를 이해하기 위해 해석학적이고 비판적인 접근이 필요하다고 강조했다.

국제정치학에서의 제3차 논쟁은 이와 같이 기존의 지배적 이론에 대한 철학적, 규범적, 메타이론적 도전으로서 1980년대 중반부터 시작되었으나 1980년대 말, 1990년대 초 냉전이 종식되면서 비주류의 대안적 접근에 탄력을 붙이는 방식으로 방향을 틀었다. 보다 구체적으로 살펴보자면, 1980년대 후반에 이르러 냉전이 끝나고 있었고, 따라서 냉전에 초점이 맞춰져 있던 이론적 렌즈는 녹아내리던 냉전과 새롭게 형성되던 국제정치를 설명하는 데 어려움을 노정하였다. 주지하듯, 2차대전의 발발로 이상주의를 제압하고 냉전의 시작으로 사실상 유일한 국제정치적 관점이 된 (미국식) 현실주의는 국제정치의 본질은 주권국가 간 권력투쟁이며 국가주권에서 비롯되는 전쟁이라는 국제정치 현상은 영원히 지속될 것이라는 비관적 세계관을 서방 세계에 광범위하게 확산하였다. 1970년대 말 이러한 고전적 현실주의를 바탕으로 과학주의적으로 재이론화한 신현실주의는 냉전기 미국의 정책적, 정치적 수요에 최적화된 렌즈를 제공하였다. 세력균형은 자연스러운 국제정치의 패턴이며 다극체제보다 미·소 대립과 같은 양극체제가 더 안정적이라고 주장한 신현실주의는 관찰 가능하지 않은 국가의 힘(power)을 관찰 가능한 국가의 능력(capability)으로 조작화(operationalize)하여 개념을 계량화할 수 있게 함으로써 정책담당자들이 선호하는 검증 가능한 가설들을 제공하였다. 다시 말해 신현실주의는 이해하기 쉽고 '쓸모 있는' 정책적 도구로서 미국의 냉전적 세계경영전략 또는 세계안보 전략의 이론적 지침을 제공하였던 것이다. 철학이나 역사적 통찰력을 중시하는 사변적(思辨的) 관점이나 이론은 '쓸모없는' 것으로 치부되었다. 나아가 신현실주의는 '미국의 전쟁'을 정당화하는 이념적 도구로도 사용될 수 있었다. 월츠의 신현실주의는 국제정치의 갈등과 전쟁의 원인은 특정 개인이나 국가의 야욕이 아니라 무정부상태라는 비극적 구조 때문이라고 시사했다. 그것이 의도되었든, 의도되지 않았든 신현실주의는 미국은 민주주의와 세계평화를 갈망하는 좋은 의도를 가지고 있지만 무정부상태라는 비극적 상황이 그것을 용납하지 않는다는 메시지를 서방세계에 그리고 서방의 국제정치학계에 암묵적으로 던지고 있는 셈이었다.[24] 미국은 이 이론을 좋아하였다.

그러나 냉전의 세력균형적 양극체제가 끝나가자 그에 '맞춤 제작'되었던 '쓸모 있는' 신현실주의 렌즈도 수명을 다한 것으로 인식되기 시작했다(그러나 냉전 종식 후 신고전적 현실주의가 신현실주의를 재생하였다). 40여 년 만에 일어난 냉전의 평화적 종식은 양극체제가 안정적이며 체제적 변동은 대규모 무력 갈등을 수반할 수밖에 없다는 신현실주의로는 설명될 수 없는 것이었다. 게다가 이 무렵 그간 '생존을 위한 이념적 연대'라는 냉전적 정치 프레임에 의해 억압되었던 민족주의나 인종주의 같은 전통적인 국제정치적 가치와 국가 행동 방식이 재부상하였다. 마치 "도금(overlay)이 [오래된 금속으로부터] 벗겨지듯이"[25] 이데올로기의 과잉이 청산되어 가면서 국가들이 냉전 기간 동안 일시적으로 감추었던 오래된 본모습을 드러내게 되었고, 나아가, 지정학적 집착이 완화되면서 그동안 정치적 우선순위에서 밀렸던, 현실주의자들이 "하위정치"라고 불렸던 비군사적 이슈들이 더 많은 주목을 받게 되었다. 그 결과 문화나 문명 간 갈등, 인종 차별, 인권 침해와 같은 비군사적인 위협을 포함하여 복합적이고 다면적인 지구적, 인류적 문제들이 국제정치의 현안으로 대두하였고, 국가 안보에 초점을 맞춘 신현실주의라는 설명체계의 틀이 지나치게 협소하다는 인식이 널리 확산되었다.

이 무렵 속도를 내던 글로벌리제이션은 냉전의 종식 과정과 서로 피드백을 주고받으면서 비국가적 행위자의 역할과 지구적, 인류적 문제의 심각성에 대한 주의를 환기하였다. 자본의 논리, 즉 이윤의 논리가 전 세계적으로 급속히 확산되는 과정이라 할 수 있는 글로벌리제이션은 초국적 기업의 국제정치적 영향력을 크게 제고하였다. 세계 경제의 자유화와 통합으로 웬만한 국가보다 더 강력한 경제적, 정치적, 문화적 권력을 행사하게 된 초국적 기업은 국가가 전통적으로 누리던 주권의 범주와 유효성을 잠식·축소하였다. 나아가, 자본의 자유라는 논리에 기초한 글로벌리제이션은 세계적 수준에서의 경제적 불평등을 심화시켜 빈곤, 실업, 이주, 난민, 인권 등의 문제를 악화시켰고, 전통적 사회 구조의 해체와 함께 극단적 이념의 급속한 전파와 국제 테러의 증가를 야기하였을 뿐 아니라, 환경 파괴, 기후 위기, 다양한 영역에서의 오염 등 지구와 인류를 위협하는 문제의 심각성을 부각하였다. 글로벌리제이션이 동반한 통신, 교통, 대중매체의 발달은 이러한 위협과 위험을 국제사회에 생생하게 신속히 전달하였다. 글로벌리제이션의 심화·확대는 국가주권과 내정 불간섭에 기초한 근대국제체제 또는 베스트팔렌체제를 전제하는 기존의 국가중심적 접근법에 대한 근본적인 회의를 야기했고, 나아가 비국가적 행위자와 비군사적 이슈를 포함하는 지구적, 인류적, 규범적 관점에 바탕한 대안 모색을 위한 성찰을 자극하였다.

　이러한 철학적, 역사적 배경하에서 촉발된 국제정치학에서의 제3차 논쟁은 관점과 이론의 뿌리를 건드리는 근본적인 도전과 응전으로서 메타이론을 둘러싼 토론이 핵심이었다. 칼튼대의 라피드(Yosef Lapid)는 제3차 논쟁은 "경험주의-실증주의에서 해석학적, 비판적, 반성적 접근으로의 전환을 특징으로 한다"고 요약했다.[26] 이에 대해 보다 구체적으로 살펴보자면, 인간과 사회의 문제도 실험실에서 행하는 과학적 방법으로 설명할 수 있다는 경험주의적 실증주의에 반기를 든 소위 "반체제 학자들(dissidents)"은 국제정치이론가들이 이론의 존재론적, 인식론적 기반에 대한 논의, 즉 메타이론적 논의를 소홀히 하면서 단지 이론이 경험적으로 검증되는지 여부에만 관심을 갖는 것은 사상 누각이라고 주장했다.[27] 이들에 따르면 "경험적 검증이란 마치 지반에 대한 조사를 건너뛰고 건물을 짓고 그 외형을 검사하는 것과 유사한 것으로 그 검사의 결과는 표면적 수준에 머물러 있을 수밖에 없다." 나아가 "건물의 기반이 불안정하더라도 건물의 외형이 안전하다는 경험적 판정을 받는다면 그것의 불안정한 토대는 그대로 유지되거나 혹은 또 다른 건물의 건축 기반으로 '재생산'되는 결과를 낳게 된다."[28] 나아가 불안정한 토대에 기초한 이론들의 무비판적인 확산은 국제정치학의 지적 진보를 막을 뿐 아니라 신뢰할 수 없는 지식을 양산하여 국제정치학 자체를 오염시키며 궁극적으로는 잘못된 실천이 도구가 되어 인류에게 재앙을 가져다줄 수 있는 개연성을 가진다.

　구체적으로, '반체제 학자들'은 존재론적으로는 직접 관찰 가능하지는 않지만 '실재'하여 힘을 갖고 있는, 또는 그 힘을 행사하는 '관념들

(ideas)'을 국제정치연구의 주요 대상으로 삼아야 한다고 주장하는 한편, 인식론적으로는 국가 주체의 성찰(reflective) 능력과 연구 주체의 반성적 또는 재귀적(reflexive) 성격에 주목하는 탈실증주의적 대안을 제시했다. 말하자면, 그들은 보이지 않는 전기(electricity)가 인간의 문명적 삶에 직접적으로 지대한 영향을 미치는 것과 마찬가지로, 민족주의나 국가주권, 인권이나 민주주의와 같은 보이지 않는 '공유된 정체성과 규범(shared identities and norms)'이 국가 지도자들과 국민들이 갖고 느끼는 선호와 위협을 형성하여 국제정치에 지대한 영향을 미친다고 지적했다. 한편 국제정치의 주요 주체인 국가는 기존의 실증주의 관점이 전제하듯 외적으로 주어진 자신의 선호(preferences)나 이익을 기계적으로 만족시키려는 주체가 아니라 타자의 시각에서 자신을 되돌아볼 수 있는 성찰력을 가지고 있기 때문에 자신의 선호를 바꿔나갈 수 있는 존재이며, 나아가 인간과 사회를 다루는 국제정치연구자들은 물질을 다루는 자연과학자들과는 달리 자신의 감정, 가치관, 기대, 선호 등이 연구 대상과 연구 과정에 무의식적으로 개입하여 "말이 씨가 되게 하는", 즉 재귀적 영향을 미치는 것을 사실상 차단할 수 없다고 주장했다.

2) 메타이론적 논쟁

제3차 논쟁에서 실증주의에 대해 비판을 제기하고 탈실증주의적 대안을 제시한 학자들의 상당수는 구성주의자들이었다. 그러나 구성주의자들이 모두 순수파 탈실증주의자인 것은 아니었다. 따라서 우리는 메타이론 자체에 대한 이해를 심화하는 동시에 구성주의의 분화의 의미를 파악하기 위해 여기서 실증주의와 탈실증주의를 조목조목 비교·

대조해 볼 필요가 있다. 그렇게 함으로써 우리는 국제정치이론들의 존재론적, 인식론적 기초가 어떻게 이뤄져 있는지, 어떤 것은 왜 불안정하고 위태로우며 어떤 것은 왜 그렇지 않은지, 나아가 우리가 뒤에서 다루려 하는 구성주의의 메타이론적 기초는 어떻게 다져졌고, 또 1990년대 말 왜 "진한(thick) 구성주의"와 "연한(thin) 구성주의"로 나뉘게 되었으며, 그리고 그 이론적 분화의 배경과 의의는 어떻게 파악될 수 있는지를 알 수 있게 될 것이다.

존재론에 대하여

제3차 논쟁에서 진행된 메타이론적 논쟁을 이해하기 위해 우리는 우선 존재론(ontology)과 인식론(epistemology)이 무엇인지 알아야 한다. 존재론과 인식론은 서양철학의 변천 과정을 보면 쉽게 이해할 수 있다. 고대 그리스의 철학자들은 자연 현상을 이해하기 위해 존재론을 사유의 출발점으로 삼았다. 그들은 '세상은 무엇으로 이루어져 있는가?'라는 질문을 던지고 어떤 이는 물, 어떤 이는 공기, 또 어떤 이들은 불, 흙 등을 제시했다. 중세에 들어 철학은 신학에 자리를 내어주었다. 신학자들의 주 관심은 인식론에 있었다. '당신이 안다고 생각하는 것을 어떻게 아는가(how do you know what you think you know)?'가 중요한 의제가 되었다. 그들은 신의 존재를 증명할 필요가 있었던 것이다. 요컨대 존재론은 "어떤 것은 실제로 존재하는 것이고 어떤 것은 실제로 존재하지 않는 것인가?"에 관한 연구라면, 인식론은 "어떤 것이 믿을 만한 지식인가? 어떤 것은 지식이라 할 수 없는가?"에 관한 탐구라 할 수 있다.

이제 우리는 존재론과 인식론이 무엇인지를 알았으므로 실증주의와 탈실증주의의 차이에 대해 존재론적, 인식론적으로 토론해 볼 수 있게 되었다. 국제정치학에서는 자연과학의 존재론과 인식론을 사회과학에도 적용할 수 있고, 해야 한다는 실증주의와 그럴 수 없고, 그렇게 해서는 안 된다는 탈실증주의 간의 논쟁이 오랫동안 지속되어 왔다. 양자는, 다음의 표에서 보듯이, 몇 가지 차이를 중심으로 대조될 수 있다.

첫째, 실증주의적 존재론에 따르면 '관찰 가능한 것(observables)'만이 실제로 존재하는 것이다. 전투기, 탱크, 병력, 지하자원, 경제력 등은 관찰 가능한 물질로서 실증주의적 국제정치 연구의 대상이 된다. 따라서 실증주의적 존재론은 물질론적 존재론이다. 탈실증주의적 존재론에 따르면 '관찰 가능하지 않은 것(unobservables)'도 존재한다(예를 들어 민족주의나 국가주권뿐 아니라 국제규범, 국제 관습, 국제제도 등도 관찰 가능하지는 않지만 그것들이 국가의 행위에 영향을 미친다는 사실을 통해 그것들이 실제하고 작동하고 있다는 것을 알 수 있다). 물질도 관념에 의해 "매개(mediated, 또 하나의 실재가 삽입되어 서로 떨어져 있는 실재 사이에 관련이 지어 지게 하는)"되었을 때 비로소 의미를 획득되며, 따라서 우리가 실재한다고 생각하는 것은 "사회적으로 구성된 것(socially construct-ed)"이다. 탈실증주의적 존재론은 관념론적 존재론이다.

둘째, 실증주의적 존재론은 사회적으로 구성된 구조의 존재를 인정하지 않거나, 인정하더라도 독립적인 영향력을 갖는 것으로 보지 않으며, 사회적 현상은 개별적 주체들의 속성이나 동기에 의한 것으로 본다. 전체는 그것을 구성하는 요소들에 의해 설명될 수 있다고 보는 이 존재론은 방법론적 개인주의(methodological individualism) 또는 환원주의(reductionism)라 불린다. 반면 탈실증주의적 존재론은 사회적 구조의 독립적인 위상과 힘을 강조한다. 아리스토텔레스는 그의 『현상학

표 2 실증주의와 탈실증주의의 대조

	실증주의	탈실증주의
존재론 어떤 것은 실제로 존재하는 것이고 어떤 것은 실제로 존재하지 않는 것인가?	실제로 존재하는 것은 관찰가능한 것이며, 주체에 대해 외적(external), 객관적(objective), 독립적(independent)으로 존재한다. 물질론적 존재론.	관찰 가능하지 않은 것도 존재한다. 실제로 존재하는 것은 사회적으로 구성되고(socially constructed), 주관적으로 존재하며(subjective realities), 그것들의 의미는 주체가 그것을 어떻게 보느냐에 따라 변화할 수 있다. 관념론적 존재론.
	주체의 선호(preferences)는 주체에게 '주어진 것'(예를 들어 인간의 본성이나 무정부적 국제 구조에 기인하는)이기 때문에 불변이며, 왜 주체가 어떤 것을 선호하는지는 탐구의 대상이 아니다. 본질주의(essentialism).	주체의 선호는 사회적으로 구성된다. 그렇기 때문에 주체가 어떠한 사회적 구조나 관계하에 놓여있는지가 그의 선호를 결정하는 데 중요하다. 주체는 학습을 통해 선호를 변경할 수 있다. 성찰주의(reflectivism).
	연구자들은 주체가 주어진 선호(물질적 이익)를 극대화하는 합리적 존재라고 전제한다. 합리주의(rationalism).	연구자들은 선호가 어떻게 사회적으로 형성되는지, 사회적 상호작용에 의해 어떻게 변화하는지에 주목해야 한다. 사회적 구성주의(social constructivism)
	행동의 논리: 주체는 '결과의 논리', 즉 비용 대비 이익을 계산하는 시공간을 초월하는 보편적 논리에 따라 행동한다. 합리주의.	행동의 논리: 주체는 '적절성의 논리', 즉 주어진 역할이나 정체성의 구체적 맥락에서 무엇이 적절한 행동인지를 제시해주는 규범에 따라 행동한다. 성찰주의.
인식론 어떤 것이 믿을만한 지식인가? 어떤 것은 지식이라 할 수 없는가?	신뢰할 만한 지식은 과학적 지식이며 그러한 지식은 관찰가능한 가설에 대한 경험적 검증을 통해서만 획득될 수 있다.	관찰 가능하지 않은 현상도 신뢰할 만한 지식을 제공한다. 주관적 의미 해석을 통해 지식이 획득될 수 있다.
	주객분리와 가치중립주의(value-free)가 가능하다. 과학주의(scientism).	주객분리는 불가하고 가치개입은 불가피하다. 인간을 다루는 사회과학에서 관찰자는 자연과학자처럼 관찰대상에 대해 초연할 수 없다. 주체는 객체에 대한 자신의 사고와 행위로 인해 객체로부터 재귀적으로 영향(recursive)을 받는다. 반성주의(reflexivism).
	설명(explanation): 외부 관찰자적인 입장에서 일반화를 목적으로 행위나 현상의 원인을 규명하는 객관적 진술. 경험적 정량적 연구방법 (설문조사, 통계분석 등) 사용.	이해(understanding): 행위자의 내면에서, 즉 그의 주관적 세계에 참여하여 그의 행위의 동기와 의미를 역지사지적으로 파악하는 해석학적 접근. 질적 연구방법(예를 들어 인터뷰, 담론 분석 등) 사용.

(*Metaphysics*)』에서 사물의 본질은 그것의 구성 요소들로 환원될 수 없으며, 그것들 간의 관계와 상호작용으로부터 발생하는 '창발성(創發性, emergent properties; 개체들에는 존재하지 않지만 그것들 간의 관계나 상호작용에 의해 조직이나 체제에 돌연히 나타나는 속성)'으로 드러난다고 말했다. 탈실증주의자들은 아리스토텔레스의 관점을 빌려 "전체는 그것을 구성하는 요소들의 집합과 같지 않다(The whole is not the same as the sum of its parts)"며 국제정치와 같은 복합적인 체계에 대해 환원주의가 아닌 총체론적 존재론(holist ontology)이 타당한 전제라고 지적한다. 이러한 관점에서 보면 현대 경제학의 주류인 신고전주의(neoclassical) 경제학의 실패는 예견되어 있다. 사회와 정치와 같은 구조의 존재와 힘을 무시하고 '경제적 인간'으로서의 경제주체들이 독립적이고 고립적으로 작동한다는 환원주의적 전제 때문이다.

국제정치에서 창발성이 발현된 사례로서 19-20세기 유럽에서 일어난 민족주의의 부상이 제시될 수 있다. 코넬대의 앤더슨(Benedict Anderson)에 따르면 민족주의는 "상상의 공동체(imagined community)"의 한 형태이다. 민족주의는 사람들이 그들 간에 "공유된 문화적, 언어적, 역사적 유대관계"에 기초하여 특정 민족(nation)에 대해 동질감을 갖게 되고, 타자들에게 그것의 주권과 그것에 대한 정치적 인정을 요구할 때 형성되는, 개개인의 속성과는 무관하지만 그들 간의 상호작용에 의해 발현된 사회적 산물로서의 창발성이다. 국제정치학에서 자주 언급되는 안보딜레마나 세력균형(자동적 세력균형 또는 비의도적 세력균형. 이에 대해서는 뒤에서 다루도록 한다) 등도 국가 간의 상호 과정에서 의도하지 않게 발생한 창발성의 사례이다.

셋째, 실증주의적 존재론에 따르면 주체의 선호는 주체에게 '주어진 것(given, 예를 들어 인간의 본성 또는 국제정치의 무정부성에서 기인하는)'이기 때문에 불변이며, 왜 주체가 어떤 것을 선호하는지는 탐구의

Hungry for more?

성찰주의와 반성주의

일부 국제정치학자들은 성찰주의(reflectivism)와 반성주의(reflexivism)를 구분하지 않고 reflectivism이라 부른다. 이 두 개념은 실증주의 인식론에 문제를 제기한다는 점에서는 공통점을 갖지만 엄연히 서로 다른 것을 의미한다. 예를 들어 비판적 실재론(Critical Realism)의 창시자 바스카(Roy Bhaskar)는 과학자는 자신의 전제와 편견, 그리고 자신이 연구하는 사회적 맥락을 인식해야 한다고 지적했을 때 반성주의적 면모를 보여준 것이다. 재귀적 효과(recursive effect)는 이러한 반성주의 연구자들이 주목하고 주의하는 독특한 사회 현상 중 하나이다. 재귀성은 연구자의 주관적인 입장과 관점이 연구자가 생산하는 지식에 영향을 미칠 수 있다는 점을 가리킨다. 이 개념은 연구자가 독립된 관찰자가 아니라 연구하는 사회적 맥락에 내재되어 있으며, 연구자의 해석은 연구 대상에 의해 형성될 수 있다는 점을 인정하는 것이다. 재귀성은 국제정치에 대한 지식을 형성하는 데 있어 연구자의 역할에 대한 '자기 인식(self-awareness)'과 '비판적 검토(critical examination)'를 요구한다. 이와 같이 '가치중립적 과학주의'에 대한 반성으로서의 반성주의가 인식론적 이슈인 반면 성찰주의는 존재론적인 문제이다. 예를 들어 국가는 객관적 실체로서 인간의 지각 밖에 독립적으로 존재하고 합리주의적 원칙에 따라 행동한다는 주장은 실증주의적 존재론(결과의 논리)에, 그리고 국가는 역사적 맥락, 문화, 국내정치 등에 의해 형성되는 사회적 행위자이다라는 주장은 탈실증주의적 존재론(적절성의 논리)에 각각 입각해 있다. 후자에서 보듯 주체의 사회적 구성과 행위의 시공간적 맥락을 강조하는 성찰주의는 사회적 맥락과 무관한, 즉 변하지 않는 본질을 강조하는 본질주의 존재론, 그리고 주체의 선호(preferences)는 주체에게 주어진 것(given, 예를 들어, 생존-신현실주의, 이익-현실주의 및 자유주의)이라고 보는 합리주의 존재론에 대한 비판이자 도전이라 할 수 있다.

대상이 아니다. 따라서 이는 본질주의(essentialism)적 존재론이다. 탈실증주의 존재론에 따르면 주체의 선호는 주체에게 주어지는 것이 아니라 그것이 활동하는 사회에서 빚어지는, 다시 말해 사회적으로 구성되는 것이다. 그렇기 때문에 주체가 어떠한 사회적 구조나 관계하에 놓여 있는지가 그의 선호를 만들어내는 데 중요하다. 선호가 사회적 과정에서 만들어지고 따라서 가변적이라고 보는 시각은 사회적 구성주의(social constructivism)라 불린다.

넷째, 실증주의적 존재론은 주체가 '주어진 자신의 선호'를 효율적

사회적 구성

"사회적으로 구성된"이란 정체성이나 의미와 같은 우리 현실의 특정 측면이 내재적(또는 태생적)이거나 자연적(natural)인 것이 아니라 사회적 과정에 의해 형성된다는 의미이다. 예를 들어 돈은 사회적으로 구성된 개념이다. 종이 한 장이나 금속 동전은 그 자체로 내재적 가치가 있는 것이 아니라 공유된 믿음과 합의에 따라 사회에서 그 가치를 부여하는 것이다. 마찬가지로 성 역할(gender roles)도 사회적으로 구성된 개념으로, 남성적 또는 여성적이라고 간주되는 것은 내재적인 자질보다는 문화적, 사회적 규범에 의해 결정된다. "사회적으로 구성된 것들"은 인간 상호작용, 공유된 이해, 세상에 대한 우리의 인식을 형성하는 문화적 영향의 산물이라 할 수 있다. 국제정치에서 "사회적으로 구성된다"는 개념이 중요한 영향을 미치는 예로 국가주권 개념을 들 수 있다. 베스트팔렌 체제에서 국가주권은 국가가 국경 내에서 궁극적 권위를 가지며 국제체제에서 법적으로 평등하다는 것을 의미하는 핵심 원칙이다. 그러나 이 개념은 자연적이거나 내재된 현실이 아니라 국가 간 상호작용에 의해, 즉 사회적으로 구성된 개념이다. 구성주의에 따르면 국제정치에서 무정부 상태, 국가 정체성, 심지어 권력 등 우리가 근본적 개념으로 간주하는 것의 대부분은 "사회적으로 구성된 것"이다.

으로 만족시키는, 즉 여러 대안 중 가성비가 가장 높은 것을 일관적으로 선택한다고 전제한다. 시공간을 초월하여 모든 주체에게 보편적으로 적용되는 실증주의의 합리주의적 존재론(rationalism)에 대해 탈실증주의 존재론은 주체의 선호는 역사적, 사회적 구성물로서 가변적이며, 주체는 자신이 놓여 있는 '구체적 상황과 맥락에 알맞은 합리성'에 따라 행동할 수 있다는 성찰주의(reflectivism)를 제시한다. 전자가 조건이나 주변을 살피지 않고 기계적으로 자기 이익만을 추구하는 이기적 주체라면 후자는 자기의식(self-consciousness, 자기의식은 타자와 구별되는 자립적 존재로서의 자기에 대한 의식이라 일단 해두자)을 갖고 상황이나 맥락을 살펴 생각하고 행동하는 성찰적인 주체인 것이다. 합리주의는 주체가 '결과의 논리(logic of consequence)'에 따라 행동하는 존재라고 보는 것이고, 성찰주의는 주체가 '적절성의 논리(logic of appropri-

---

개념으로 깊이 알기

결과의 논리와 적절성의 논리

결과의 논리는 의사결정자가 자신의 선호를 최적으로 만족시킬 것으로 예상되는 합리적 선택을 하게 하는, 그리고 적절성의 논리는 그가 지배적 규범, 규칙, 가치, 맥락, 역할에 부합되는 성찰적 선택을 하게 하는 동인을 의미한다. 예를 들어 전후 일본은 군사적 갈등이나 군사동맹 행위에 적극적으로 개입하거나 가담하는 것을 꺼려왔다. 태평양전쟁에서 패한 일본은 승전국 미국이 만들어준 평화헌법(맥아더헌법)의 제9조(전쟁 포기 조항)뿐 아니라 전후 일본의 평화적인 국제정치적 역할에 대한 국제사회의 기대에 부응하여 '적절하게' 행동했던 것이다. 그러나 일본도 국제체제의 다른 모든 독립국가와 마찬가지로 국익을 스스로 판단하여 국가주권을 행사하겠다는 최근의 "보통국가론"은 적절성의 논리가 아닌 결과적 논리에 따른 일본의 외교안보정책적 노선이라 할 수 있다.

---

ateness)', 즉 구체적 상황이나 맥락에서 어떤 행동이 적당한지를 제시해주는 제도나 규범에 따라 행동할 수 있는 능력을 가진 존재라고 보는 것이다.

인식론에 대하여

존재론뿐 아니라 '어떻게 획득된 지식이 신뢰할 만한 지식인지'를 다루는 인식론에서도 실증주의와 탈실증주의는 의미 있는 차별점을 가진다. 실증주의와 탈실증주의 간 인식론적 차이점은 첫째, 신뢰할 만한 지식을 획득하는 과정으로서의 경험적 검증의 의미와 관련이 있다. 실증주의 인식론에 따르면 관찰 가능한 것들에 대한 인과적 가설은 물적 증거에 기초한 경험적 검증에 의해 신뢰할 만한 지식이 될 수 있다. 실증주의 인식론은 관찰 가능하지 않은 것은 '잠정적'이고 '특정 가능하지 않기' 때문에 우리가 알 수 없는 것이고, 나아가 인과성(인과성이란 논리적 연관성이 있는 두 개의 사건이나 현상이 시간적 선후관계 속에서 발생한 상황이라고 하자)은 신뢰할 만한 지식의 핵심 조건으로서 우리가 국제정치적 가설들을 일반화 및 이론화함으로써 미래를 예측할 수 있게 해주는 필수불가결한 요소라는 입장이다. 민주평화론은 전형적인 실증주의 인식론에 기초한 국제정치이론이다. "민주 국가들끼리는 싸우지 않는다"는 민주평화론적 가설은 1861년에서 2002년까지 벌어진 국가 간 물리적 갈등을 총망라한 '전쟁 연관성(Correlates of War) 분석 프로젝트'의 데이터에 의해 강력한 지지를 받고 있다.

탈실증주의 인식론은 과학이 자연(nature)은 설명할 수 있다 해도 사회를 이해하는 데는 근본적인 한계를 가진다는 시각이다. 탈실증주의자들은 존재론이 인식론을 결정하기 때문에 실증주의 인식론은 실증주의 존재론이 놓친 것들, 즉 관찰 가능하지는 않지만 실재하고 힘을 행사하는 사회적 존재들을 포착할 수조차 없다는 입장이다. 예를 들어 국제체제의 '보이지 않는' 구조적 힘을 간과하거나 보이는 것들만을 보는 이론가들은 국제정치의 '뿌리적' 속성을 보지 못하고, 겉으로 보이는 '현상적인 것들(epiphenomenal)'에만 몰두하면서 시간을 낭비하는 어리석은 자가 될 수 있다.

설사 물질이 중요하다 하더라도 그것은 관념에 의해 매개되어 비로소 의미를 갖게 되기 때문에 관념의 역할을 무시하는 객관적이고 경험적인 검증만으로는 신뢰할 수 있는 지식 획득이 불가하다. 예를 들어, 앞서 '개념으로 깊이 알기'에서 언급했듯이, '뒤통수를 때린 행동'이 '반가움과 친근감의 표현'이라는 엄연한 사실은 주체들 간의 주관적 의미를 중시하는 해석과 이해의 인식론을 통해서만 포착 가능할 뿐 물질론적 합리주의적 인식론으로는 그 진정한 의미를 파악할 수 없는 것이다. 나아가 실증주의의 물질론적 환원주의 인식론은 개체들 간의 상호작용에 의해 형성된 창발성을 포착하지 못하며, 그것은 '전체는 그것을 구성하는 부분들의 단순한 집합과 다르다'는 총제론적 인식론에 의해서 비로소 파악될 수 있는 것이다.

한편 탈실증주의 인식론에 따르면 주체들 간의 상호의존적인 관계들과 그러한 관계들을 짓고 빚어내는 역사적, 문화적, 사회적 요인들 간에 '상호적-동시적'으로 이뤄지는 '순환적 동학(circular dynamics)'은 원인과 결과로 명백히 구분될 수 없으며, 그러한 종류의 동학의 의미를 파악하기 위해서는 고정적(fixed)이고 선형적(linear)이며 결정주의적(deterministic)인 인과론이 아닌 우발적(contingent)이고 맥락적(contextual)이며 사회적으로 구성된 사건이나 현상을 해석하려는 구성주의적 인식론이 불가피하다.

'상호적-동시적'으로 이뤄지는 '순환적 동학'은 원인과 결과로 명백히 구분될 수 없다는 말은 무슨 뜻인가? 아래에서 더 자세히 설명하겠지만 여기서는 일단 예를 들어 의미를 파악해 보자면, 노예와 노예제는 인과가 아닌 구성적 관계에 있다. 노예가 먼저 생기고 이후 사람들이 노예제를 만든 것도 아니고, 사람들이 노예제를 먼저 만들고 그에 따라 노예 사냥에 나선 것도 아니기 때문이다. 노예라는 실체와 노예제라는 관념은 서로를 전제 조건으로 해서 동시에 형성된 것이다. 서로를 전제 조건으로 해서 동시에 형성된 것이라는 말은 양자가 인과관계가 아니라 상호구성적 관계라는 것을 의미한다. 나아가 이런 구성적 관계는 일방적이지 않고 양방향적이다. 구성적 관점에서 노예들은 노예제의 향방에 영향을 줄 수 있고, 동시에 노예제는 노예들의 삶과 미래에 직접적 영향을 미칠 수 있다. 구성이란 원인과 결과의 분리가 불가능한 영역에서 일어나는 현상이자 과정이다.

우리는 이제 인과와 구성의 차이에 대해 이해했지만 뒤에서 전개될 메타이론적 토론에 더 적극적으로 참여하기 위해 인과론에 대해 한 걸음 더 들어가기로 한다. 인과론은 아리스토텔레스의 목적론적 인과론(teleological causality), 데카르트(René Descartes)의 합리주의적 인과론(rationalist causality), 그리고 흄(David Hume)의 경험주의적 인과론(empiricist causality)으로 나눌 수 있다. 목적론적 인과론은 원인이나 결과를 관념적으로 이해하는 데에 초점을 두는 반면(이에 대해서는 뒤에서 웬트의 '세계국가 불가피론'을 다룰 때 더 이야기하기로 한다), 합리주의적 인과론은 시간적 선후관계(temporal precedence)와 논리적 필연성(logical necessity)의 관계를 인과성의 필수조건으로 삼는다. 즉 합리주의적 인과론에서는 인과관계는 인간의 직관에 의해 인식되지 않으며 선후관계와 논리적 필연성 사이의 경험적 유추로서 설명되는 것이다. 예를 들어 '비가 오면 땅이 젖는다'는 진술은 합리주의적인 인과적 진술이다. 합리주의적 인과론의 또 다른 특징은 인과관계는 시간적 선후관계에 따라 영향이 일방적이라는 점이다. 예를 들어 비가 오면 땅이 젖는 것이지 젖은 땅이 비를 오게 할 수는 없다는 것이다. 경험주의 인과론에 따르면 우리는 원인과 결과 사이의 필수적인 연관성을 직접 관찰할 수는 없고, 단지 일관된 사건 패턴에 대한 경험을 바탕으로 그것들 간에 인과관계, 즉 "항구적 결합(constant conjunction)"이 존재한다는 것을 추론하는 것이다.

'물질을 다루는 인과론'과는 달리 관념적 관계가 개재되는 영역에서 일어나는 현상과 과정을 다루는 구성주의는 주체들이 말과 생각으로 사회적 현실을 짓고 빚어내며 동시에 그러한 사회적 현실이 주체들

항구적 결합

합리주의가 아닌 경험주의자인 흄(David Hume)은 "항구적 결합(constant conjunction)"이라는 개념을 통해 인과관계에 대한 인간의 개념은 '항상 함께' 또는 '시간적으로 밀접하게' 연속적으로 발생하는 두 사건을 반복적으로 관찰하는 데서 비롯된다고 주장했다. 그에 따르면, 우리는 원인과 결과 사이의 필수적인 연관성을 직접 관찰하지는 않으며, 단지 일관된 사건 패턴에 대한 경험을 바탕으로 인과관계를 추론하는 것이다. 예를 들어, 번개 뒤에는 항상 천둥이 뒤따른다는 사실로부터 번개가 천둥을 일으킨다는 것을 추론할 수는 없지만, 번개 뒤에는 항상 천둥이 뒤따르고 천둥에 대한 다른 가능한 설명이 없다는 것을 알고 있다면 번개가 천둥의 원인이라고 추론할 수 있다는 것이다.

의 존재와 사고와 행위에 영향을 주는 '상호구성적 과정'을 중시한다. 주체들의 언어와 담론은 사회적 현실을 단순히 서술하는 데 그치지 않고 그것을 건조(建造)하고 변형하는 힘(constructive and transformative), 즉 수행적 힘(performative power)을 가지며, 동시에 그러한 힘은 역방향으로도 행사된다고 보는 것이다. 아래에서 이야기하겠지만 이러한 '재귀적(recursive)' 관계를 보여주는 국제정치적 예를 들자면 국가의 존재와 국가주권 체제 간의 관계가 있다. 국가주권은 베스트팔렌조약을 기점으로 국가들이 상호작용하며 타국들의 주권을 생각과 행동으로 존중함으로써 비로소 사회적 현실이 되었고, 동시에 그러한 사회적 현실은 '국가는 대내적 최고성과 대외적 독립성을 가진다'는 광범위하게 공유된 관념이자 규범으로서 국제정치의 핵심적 주체가 된 국가 주체들의 존재, 정체성, 권위, 정당성을 구성해 왔다.

탈실증주의자들이 인과론 자체를 거부하는 것은 아니다. 그들은 인과관계가 존재한다는 것을 인정한다. 그러나 앞서 말한 바와 같이, 그들은 인과관계를 변수들 간의 단순하고 선형적이며 결정론적인 관계로 이해하는 전통적인 시각에 의문을 제기한다. 사회 현상의 복잡성과 다양성을 고려할 때 인과관계는 우연적이고 상황에 따라 다르며 사회적 구성과 해석의 영향을 받는다고 주장하고 있는 것이다. 이들은 국제정치적 결과를 형성하는 근본적인 구조, 담론, 권력관계, 역사적 우연성을 이해하는 것이 중요하다고 보며, 따라서 인과관계의 다차원적이고 비선형적인 특성에 주목할 것을 주문한다. 예를 들어, 2011년 시작한 '아랍의 봄' 동안 발생한 일련의 혁명을 살펴보자. 실증주의자는 정치적 억압과 경제적 불만이 민주화 혁명을 초래했다고 주장할 수 있다. 그러나 탈실증주의자는 일단은 우연성에 주목할 수 있다. 튀니지의 자스민 혁명은 2010년 12월, 시디 부지드라는 작은 도시에서 시작되었다. 거리 상인 모하메드 부아지지가 자신의 생계를 위협하는 정부의 부패와 탄압에 항의하며 분신자살을 한 사건이 발단이었다. 부아지지의 행위는 즉각적으로 튀니지 전역에 걸쳐 대규모 시위로 번졌고, 결국 2011년 1월 14일, 대통령 벤 알리가 권좌에서 물러나게 만들었다. 나아가, 그들은 전 아랍 세계로 번진 혁명의 결과가 각 국가의 정치적, 사회적 맥락에 따라 다르게 나타났음을 강조할 것이다. 예를 들어, 튀니지에서는 혁명이 성공하여 민주화로 이어졌지만, 시리아에서는 혁명이 내전으로 변질되었다. 이러한 차이는 각 국가의 역사적 배경, 사회적 구성, 그리고 국제적 개입의 정도와 같은 다양한 요인에 의해 결정되었다. 탈실증주의적 관점은 이러한 복잡성과 다차원적인 요소를 고려하여 인과 관계를 이해하고자 한다.

실증주의와 탈실증주의 간의 두 번째 인식론적 차이점은 관찰자(主)와 관찰대상(客) 간의 관계에 관한 이른바 주객분리 가능성에 대한 것이다. 실증주의 인식론에 따르면 국제정치를 다루는 관찰자는 마치 자연과학자가 실험실에서 물질을 대하듯 관찰대상과 아무런 가치관적 관계가 없기 때문에 그로부터 독립적이고 객관적으로 관찰과 분석에 임할 수 있다. 즉 관찰자는 '가치중립적(value-free)'인 태도를 유지하면서 '있는 그대로(as it is)'의 국제정치적 현실을 직시할 수 있다는 것이다. 따라서 이 관점을 받아들이는 학자들은 관찰자로부터 떨어져 객관적으로 존재하는 국제정치적 실재와 현상에 대해 $Y = aX$ 형태의 인과적 가설을 세우고 그것이 관찰이나 실험에 의해 또는 역사적 데이터에 의해 지지되는지 여부를 경험적으로 검증한다.

탈실증주의적 인식론에 따르면 인간을 다루는 사회과학에서 주객분리와 가치중립주의는 불가능하며, 그러한 전제에 기초한 연구는 구체적 실제적 현실을 왜곡하거나 지나치게 단순화하는 오류를 범하게 될 것이다. 이 관점에 따르면 관찰자와 관찰대상은 모두 가치관과 세계관을 가지고 있고, 특히 경험적으로 측정되지 않는 감정과 마음, 그리고 선입견과 편견을 가지고 있는 인간이다. 그렇기 때문에 관찰자는 관찰대상에 대해 무관심하거나 초연할 수 없고, 관찰대상(예를 들어 관찰자가 살고 있는 사회나 국가 또는 국제체제라는 시공간) 역시 관찰자의 사고와 관찰에 구조적 영향을 미칠 수밖에 없다.

컬럼비아대의 저비스(Robert Jervis)는 베트남전쟁에 관한 한 서베이 연구를 인용하면서 관찰자는 관찰대상에 (아마도 무의식적으로) 개입할 수밖에 없다고 지적했다. 그에 따르면 미국이 베트남전에서 승리하는 것이 미국에 중요하다고 느끼는 사람들은 또한 미국이 이 전쟁에서 승리할 것이라고 믿는 경향이 있었다. 그런데 이 두 가지 신념은 논리적으로 아무런 관련이 없다. 미국의 패배가 미국의 안보를 위협하지도, 많은 다른 가치를 손상하지도 않는다고 느끼는 사람들은 또한 미국이 전쟁에서 승리할 수 없다고 판단하는 경향이 있었다. 역시 이 두 가지 신념도 논리적으로 아무런 관련이 없다. 전쟁의 승리가 중요하기 '때문에' 전쟁에서 승리할 것이라는, 또는 전쟁의 승리가 그렇게 중요하지 않기 '때문에' 전쟁에서 승리하지 못할 것이라는 무논리 또는 논리의 비약은 사람이라면 누구나 저지를 수 있는 인식적 오류인데 이는 관찰자가 자신의 가치관과 감정과 편견을 무의식적으로 관찰대상에 개입시킨 결과이다.[29] 이는 관찰자가 관찰대상에 대해 독립적, 객관적으로 접근할 수 없으며 주객분리가 불가능하다는 사실을 일깨워주는 실증적 증거가 된다.

유사한 맥락에서 그러나 다른 각도에서 주객분리 또는 가치중립이 가능하지 않다는 점을 지적하는 탈실증주의적 개념은 주체의 '재귀성(再歸性, recursiveness)'이다. 재귀성이란 주체가 무의식적으로 '자기강화적 효과(self-reinforcing effect)'를 유발할 수 있는 능력이다. 재귀성의 원리를 최초로 개념화한 미국의 사회학자 토마스(William I. Thomas)에 따르면 "사람들이 어떤 상황을 실제라고 정의하면(믿으면), 그러한 상황은 결과적으로 실제가 된다(If men define situations as real, they are real in their consequences)"고 말했다.[30] 상황에 대한 해석이 행동의 원인이 되고 그러한 행동이 최초의 해석을 현실화한다는 뜻이다.

　　제3차 논쟁의 주요 개념 중 하나였던 재귀적 효과는 컬럼비아대의 사회학자 머튼(Robert K. Merton)에 의해 "자기실현적 예언(self-fulfilling prophecy)"으로 개념화되어 타 학문으로 확산되었다. '자기실현적 예언'이란 예언(믿음, 사고, 기대, 언술 등)의 영향을 받아 그 예언이 없었다면 발생하지 않았을 현상이 예언대로 실현되는 것을 묘사하는 개념이다. 예를 들어 어떤 사람이 "난 인생의 실패자가 될 거야"라고 자주 되뇐다면 그는 그의 예언에 따라 무의식적으로 실패자에 걸맞은 사고나 행동을 함으로써 결국 예언대로 실패자가 될 것이라는 말이다. 국제정치에서의 예를 들자면 한 국가가 다른 국가가 침공을 준비하고 있다고 믿고 그 결과 자국의 군사력을 강화하기로 결정하면 이러한 행동은 긴장을 고조시키고 자기실현적 예언을 만들 수 있다. 근거 없는 공격적 의도에 대한 초기 믿음은 분쟁 가능성을 높이는 행동으로 이어질 수 있는 것이다. '자기실현적 예언'이라는 개념은 관찰대상에 대한 관찰자의 믿음이나 생각이 관찰대상의 실존과 그 행마에 영향을 미친다는 점을 알려준다. 주객분리나 가치중립주의는 가능하지 않다.

최근 하버드대의 앨리슨이 제시한 '투키디데스의 함정'이라는 이론은 이러한 재귀성이나 '자기실현적 예언'의 의미를 상기시켜주고 있다. 이 이론은 경쟁국들 간 세력균형의 급변이 야기하는 구조적 스트레스에 초점을 맞추고 있다. 투키디데스는 펠로폰네소스 전쟁의 원인으로서 아테네의 '급부상(rise)'이 스파르타의 '공포(fear)'를 자극한 데서 찾았다. 의도하지 않은 결과, 즉 대전이 초래된 것은 바로 이러한 공포가 재귀효과(fear breeds fear)를 발생시켜 '자기강화적 순환(self-reinforcing cycle)'을 만들고 그 공포를 정당화하는 결과를 초래했다는 것이다. '투키디데스의 함정' 자체는 본질적으로 '자기실현적 예언'은 아니지만, 관련 당사자들이 이를 인식하고 해석하는 방식이 '자기실현적 예언'의 역학관계에 기여할 수 있다는 점이 중요하다.

앨리슨에 따르면 작금의 미·중 패권경쟁 맥락에서 자기실현적 예언이 중요한 이유는 미·중 양국 또는 이들의 동맹국들의 지도자나 전략가들이 미·중 간 세력전이, 즉 중국의 힘이 미국의 힘을 추월하는 일이 실제로 벌어지고 있는지 불확실한 상태에서 '투키디데스의 함정'의 이론이나 담론을 맹신하여 위협을 과장하거나, 이것들을 국내정치적으로 이용하려 할 때 자기도 모르게 자기강화적 효과가 발생하여 전쟁의 위험이 실제로 증가할 것이라는 점이다. 말이 씨가 되는 것이고, '투키디데스의 함정'이 그야말로 진짜로 '함정'이 되는 셈이다. 요컨대 자신도 의식하지 못하는 주체의 재귀 능력은 국제정치 연구에서 주객분리나 가치중립이 사실상 불가하다는 점을 드러내준다 할 것이다.

실증주의와 탈실증주의 간의 세 번째 인식론적 차이점은 설명(explanation)과 이해(understanding)의 문제로 귀결될 수 있다. 쉽게 구분하자면, 설명은 연구자가 외부 관찰자적인 입장에서 연구 대상의 행위의 원인을 규명하여 타자에게 그 지식을 제공하는 것이고, 이해는 연구자가 연구 대상의 내면에서, 즉 그의 주관적 세계에서 그의 행위의 동인에 공감함으로써 얻어낼 수 있는 역지사지적 통찰을 연구자 본인이 개인적으로 경험하는 것이다. 국제정치학도라면 보다 형식을 갖춘 정의를 원할 수 있는데, 설명은 행위나 현상의 규칙성을 찾아내어 그것의 인과성을 규명하고 나아가 인과관계의 '일반화'를 목적으로 하는 객관적, 경험적 진술이고, 이해는 특정 행위자(또는 집단)에만 해당되는 주관적 의미, 가치, 믿음, 그리고 그가 활동하는 사회적, 역사적 맥락을 역지사지적으로 공감함으로써 그의 행위의 주관적 동인을 알아내는 '해석학적 접근법'이다.

예를 들어 북한의 대외적 행위를 관찰하는 국제정치학도는 역사적으로 북한의 외교 행위가 중국의 국가이익에 부합하는 경향을 발견했다. 그는 동맹 관계 속에서 강대국에 안보를 의지하는 약소국은 그 강

Hungry for more?

해석학적 접근법의 한계

이해를 지향하는 해석학적 접근법은 사건과 행위자에 대한 주관적인 해석을 수반하기 때문에 연구 결과를 검증하거나 복제하기가 어려울 수 있다. 이는 편견이나 과학적 엄격성 부족이라는 비판을 초래할 수 있다. 또한 해석학적 접근은 이념과 담론을 지나치게 강조하는 경향이 있어 관념적 환원주의에 빠질 수도 있다. 국제정치에서 이념과 담론이 중요한 역할을 하는 것은 분명하지만, 복잡한 국제정치에서 유일한 요소는 아니다. 나아가 해석학적 접근법은 경제적 불평등, 권력 불균형, 지정학적 구도 같은 구조적 문제보다는 개인의 신념과 인식과 같은 국제정치의 미시적 수준에 초점을 맞추는 경향이 있다. 이는 분석 범위를 제한하고 국제 정세에 대한 불완전한 이해로 이어질 수 있다.

대국에 자신의 정치적 자율성을 양도하는 국제정치적 규칙성을 알고 있다. 그는 이 이론을 북한에 적용하여 약소국 북한이 중국의 국익에 따라 행위하는 이유는 북한이 자신의 안보를 중국에 의존하기 때문이라고 설명할 수 있다. 만일 북한이 중국의 이익을 침해하면서까지 자율적 외교를 추구하는 경우가 있다면 그 국제정치학도는 의아하게 생각하거나 아니면 그것은 우연이거나 예외적 현상이라고 치부할 수 있다.

그러나 그 국제정치학도가 설명이 아닌 이해의 방법을 선택했다면 그러한 의아함은 해소될 수도 있다. 그는 북한의 역사와 문화 안으로 들어가서 북한 지도자들의 주관적 의미와 동기가 의사결정에 미치는 영향에 주목할 수 있을 것이다. 예를 들어 그는 역지사지를 해보면 북한의 중국관은 외부 관찰자가 보는 것과 다르다는 것을 알 수 있다. 북한에서 '민족의 태양'으로 숭앙받고 있는 김일성은 1930년대 이른바 민생단(民生團) 사건에 연루되어 중국 공산당원들에게 처형될 위기에 처했던 적이 있다. 그는 후일 북한 주민들에게 중국의 배타적 민족주의의 광기에 대해 경고하면서 북한의 주체성을 누누이 강조한 바 있다. 요컨대 이해를 추구하는 국제정치학도는 북한의 역사적 경험과 정치 문화를 내적으로 공유함으로써 국제정치에서 일반적으로 발견되는 규칙성에 반하는 북한 지도자들의 자율적 외교 행위의 주관적이고 심층적인 원인을 파악할 수 있을 것이다.

연구방법과 관련하여 설명을 추구하는 실증주의자들은 설문조사, 문헌 내용 분석(content analysis), 통계 분석, 실험, 사례연구 등을 사용한다. 이해를 추구하는 탈실증주의자들은 인터뷰, 현장 조사, 담론 분석(discourse analysis) 등을 주로 사용한다.

실증주의와 탈실증주의 간의 논쟁을 위주로 한 국제정치학의 제3

담론 분석

담론 분석가들에 따르면 '언어와 의사소통을 통해 사회적 현실을 구성하고 의미를 형성하는 방식과 과정'이라 할 수 있는 담론은 사물에 대한 어떤 사고의 틀은 정상적인 것으로 규정하고 특권을 부여하는 반면 다른 사고의 틀은 비정상적인 것으로 규정하여 소외시키고 배제한다. 일례로, 영화에서 이상적 여성의 모습을 수동적이고 얌전한 것으로 일관되게 그려낸다면, 사회는 여성이 이렇게 행동해야 하는 것이 정상이라고 생각하게 되므로 이 틀에 맞지 않는 여성은 비정상이라고 생각하게 된다는 것이다. 담론 분석가들은 이러한 현상을 당연한 것으로 보지 않고, 의미를 구성하고 인식을 형성하는 언어가 어떻게 규범을 만들어내고 나아가 그러한 규범이 세상 사람들에게 당연하게 보이도록 만드는 데 어떻게 정치적, 이념적, 문화적 역학관계가 작용하는지에 주목한다.

프랑스 철학자 푸코(Michel Foucault)는 담론을 "인간과 사회를 다루는 특정한 영역에서 진실 여부를 가려주는 지식체계"라고 정의했다.[31] 여기서 진실은 세상에서 옳다고 또는 맞다고 일반적으로 여겨지는 사실을 의미한다. 그는 정신의학과 광기를 예로 들어 설명하면서, '과학'이라는 명칭을 부여받은 담론이 의사와 광인을 각각 주체와 대상으로 정의하고, 의사가 환자에게 취하는 모든 조치를 정당화하며, 집행도 강제할 수 있도록 권력을 준다고 말했다. 진실 여부를 가려주는 것은 기득권적 지식이라 할 수 있는 담론인 것이다. 중요한 것은 담론과 권력 간의 공생적 상호 강화적 관계이다. 권력이 담론 내의 지식에 권위를 부여하고 지식은 권력을 정당화하는 것이다. 따라서 현실을 '이해'하려면 '당연한 진리'로 받아들여지는 담론이 권력과의 밀착을 통해 어떻게 생산, 축적, 유통, 재생산되는지를 알아야 한다.

국제정치학에서의 담론 분석은 국제정치의 맥락에서 어떻게 주체들의 언어와 담론이 사회적 현실을 짓고 빚어내는지를 이해하려는 질적 연구방법이다. 이런 면에서 담론 분석은 담론의 기원(birth)을 찾고, 그 과정에 행사된 권력을 드러내는 것을 목표로 하는 접근법이기도 하다. 푸코에 따르면 누구도 도전하지 않는 ("과거가 없어 보이는", without history) 현존의 담론이 그 연원을 추적해 들어

가면 특정한 시대의 특수한 상황에서 특정한 누군가가 인위적으로 만들어낸 것일 뿐, "사물은 어떠한 본질도 갖고 있지 않으며, 사물의 본질이라는 것은 이질적인 형식들로부터 조각조각 끌어모으는 방식으로 날조된 것일 뿐"이기 때문에 담론 분석은 당시 다른 사고와 행동 방식이 존재했음을, 일들이 다른 방식으로 전개될 수도 있었다는 사실을 일깨워주기 위해 전환점들과 중요한 단절(discontinuity)들을 보여준다.

차 논쟁은 역사적 사변에 의해 크게 영향을 받았다. 특히 냉전의 '평화적' 종식은 실증주의에 기초한 구조적 현실주의에 타격을 가하고 탈실증주의적 구성주의에 탄력을 붙여주었다. 구조적 현실주의에 따르면 냉전의 종식과 같은 체제적 또는 구조적 변동(양극체제의 붕괴)은 강대국이 타 강대국을 파괴하는 대규모 전쟁을 수반해야 했다(뒤집어 말하면, 대규모 전쟁은 국가 간 능력 분포의 변경을 야기함으로써 국제체제의 재편을 가져온다는 것이다). 나아가 합리적 주체인 소련은 국가 존재 이유인 생존을 위해 핵무기 등 자신이 갖고 있던 막강한 무력을 포함해서 온갖 수단을 동원했어야 했다. 그러나 현실은 대규모 전쟁을 동반하지 않은 냉전의 평화적 종식이었다. 그것은 고르바초프(Mikhail Gorbachev)의 소련이 자신의 선호와 정체성을 바꿨기 때문에 이루어진 것이었다. 특히 핵무기 사용의 금지와 군비축소라는 전 세계적으로 공유된 국제정치적 규범이 고르바초프의 선호와 정체성에 구성적 영향력을 행사했다. 냉전의 종식은 소련이 해체된 1991년이 아니고 소련이 생각을 바꾼 1989년이라는 구성주의자들의 지적은 물질론과 합리주의에 의구심을 갖고 있던 적지 않은 국제정치학자들의 지지를 받았다.

5. 구성주의의 시작과 분화

창발적 속성을 가지는 사회적 구성인 국제 구조와 행위 주체 간의 총체론적 상호구성이 국제정치에 대해 가지는 의미를 강조하는 '성찰주의적(reflectivist)' 접근을 국제정치학계에 소개한 최초의 구성주의 학자는 오누프였다. 그는 1989년의 자신의 저작 명이 말해주듯, 국가들은 개인들과 마찬가지로 "우리가 지속적으로 만들어가는 세상(world of our making)"에서 살고 있다고 생각했다.[32] 이러한 주관적인 세상에서 실재하는 것은 인간의 인식·해석 밖에 객관적으로 존재하는 "순수 사실(brute facts)"이 아니고 인간의 사회적 행위에 의해 형성되고 동시에 인간의 사고와 행위를 빚어내고 통제하는 "사회적 사실(social facts)"이다. '사회적 사실'이란 무엇인가? 예를 들어 "공이 선을 넘어 네트로 들어갔다"는 객관적 사실이고, '우리 홈팀이 골을 넣었다'는 '사회적 사실'이다. '공', '선', '네트', '들어갔다'는 객관적 사실이고, 사회적으로 형성된 개념인 '우리', '홈팀', '골', '넣었다'로 구성되는 문장은 '사회적 사실'이다. '사회적 사실'은 '물질적 사회적 사실'과 '비물질적 사회적 사실'로 구분될 수 있다. 성문법, 교회, 학교 등은 전자에 속하고, 종교, 도덕, 규범 등은 후자에 속한다.

좀 더 쉬운 예로서 산과 강과 꽃은 여러분이 인식하든 말든 거기에 존재하므로 이것들은 객관적인 순수 사실이다. 그런데 여러분이, "내가 그의 이름을 불러주기 전에는 그는 다만 하나의 몸짓에 지나지 않았다. 내가 그의 이름을 불러주었을 때 그는 나에게로 와서 꽃이 되었다"는 시인 김춘수에 동의한다면, 즉 내가 그것을 꽃이라고 의미를 부여했을 때 비로소 꽃이라는 사회적 사실(실재)이 되었다고 생각한다면 여러분은 구성주의자인 셈이다.

프랑스 사회학자 뒤르켐(David Émile Durkheim)은 인간의 태도, 신념, 행위 등에 미치는 '비물질적 사회적 사실'의 영향력을 확인하기 위해 종교와 자살률 간의 관계에 주목했다. 그에 따르면 가톨릭교 신자들은 개신교 신자들보다 자살할 확률이 낮다. 가톨릭교 신자들의 자살률이 개신교 신자들의 자살률에 비해 낮은 이유는 가톨릭교가 '공동체 의식'을 더 강조하기 때문이다. 개신교는 가톨릭이나 유대교에 비해 개인의 자유를 더 중시하고 신앙과 실천에 관한 공동체적 규범의 수가 상대적으로 적기 때문에 공동체 의식이 덜하다. 공동체 의식은 사회적 응집성과 사회적 유대, 그리고 개인이 느끼는 소속감을 강화한다. 이에 비해 '개인주의'는 개인들의 "사회적 무규범 상태(breakdown of social norms)"를 조장하고 개인들의 분리감과 고립감의 배경이 된다. 이러한 서로 다른 감정들은 자살률의 차이를 만들어낸다. 자살에 관한 연구에서 인간 행동에 미치는 사회적 사실들의 영향력을 보여준 뒤르켐은 구성주의의 설계자 중 하나로 꼽힌다.[33]

제3차 논쟁에서 오누프와 같은 '사회적 사실'을 중시하는 탈실증주의자들 상당수가 국제정치학에서의 구성주의의 부상을 주도하였지만 구성주의자들 모두가 탈실증주의의 메타이론 전체를 지지한 것은 아니었다. 그들은 세상을 이해하는 데 있어 사회적 구성의 중요도와 관련하여 물리력이나 자원과 같은 물질적인 것들조차 사회적으로 구성되는 것이기 때문에 그러한 관점에서 세상을 봐야 한다는, 따라서 존재론이 인식론을 결정한다고 보는 크라토크빌(Friedrich Kratochwil)과 같은 급진적 또는 순수파 구성주의자들과 사회적 구성이 강력한 힘을 가진 것은 인정하지만 그럼에도 불구하고 세상에는 관념과 규범만으로는 충분히 설명되지 않는 객관적 물질적 요인들(예를 들어 지리, 자원, 기후, 기술 등)의 힘이 작동하며 사회적 구성은 물질적 조건들을 결정하는 것이 아니라 그것들과 상호작용한다고 보는, 따라서 존재론이 인식론을 전적으로 결정하는 것은 아니라는 웬트와 같은 온건파 또는 중도파 구성주의로 분화되었다. 요컨대 전자는 '사회적 사실' 또는 사회적 구성의 시각이 세상을 제대로 보여주는 유일한 렌즈라고 보는 반면 후자는 그것이 우리에게 주어진 유일한 렌즈는 아니라는 입장인 것이다.

이 분화 과정의 중심에 선 학자는 웬트였다. 그는 탈실증주의 존재론을 받아들이면서도 '간주관적 의미' 해석에 전적으로 의존하며 객관적 측정과 경험적 검증을 중시하지 않는 탈실증주의 인식론의 한계를 지적했다. 예를 들어 웬트는 담론 분석은 언어와 담론, 문화와 권력이 지식 생산에 대해 행사하는 힘을 보여주지만 연구자의 주관적이고 자의적(恣意的)인 해석의 위험성을 줄이기 위해서는 엄격한 물적 증거와 과학적 검증으로 보완되어야 한다고 보았다. 그는 구성주의는 실증주의를 전적으로 불신하는 "진한(thick)" 구성주의와 실증주의의 인식론을 수용하는 "연한(thin)" 구성주의로 나눌 수 있다며, 후자에 속하는 자신은 탈실증주의 존재론과 실증주의 인식론 간의 대화와 소통, 그리고 상보적 관계의 가능성과 유익성을 전제하는 "중도론(via media)"이 국제정치에 대한 보다 완전한 이해를 가져올 것이라고 주장했다. 그는 『국제정치의 사회적 이론(*Social Theory of International Politics*)』[34]에서 외교 문서와 정치 지도자들의 연설문 등 경험적 증거와 방법을 자유자재로 사용하고 있으며, "세계국가 불가피론(Why a World State Is Inevitable)"이라는 논문에서도 왜 세계국가가 장기적으로 불가피한지를 설명하기 위해 무기 및 기술의 발전과 세계적 상호의존의 증가 등 실증주

웬트의 "잔존 물질론"

이 개념은 그가 최소한의 물질론(minimalist form of materialism)을 수용했다는 것을 말해 준다. 즉 그는 국제정치에서 물질적 요인의 존재를 완전히 부정하지는 않지만, 물질적 요인이 관념에 부차적인 역할만을 한다고 생각한다는 것이다. 예를 들어, 비슷한 수준의 군사력을 가진 두 국가는 무력 사용에 대한 공유된 문화적 규범에 따라 서로에 대해 전쟁을 일으킬 가능성이 높거나 낮을 수 있고, 한 국가가 군사동맹에 가입하기로 결정할 때는 동맹 가입에 따른 물질적 혜택보다는 다른 동맹 회원국과의 "공유된 가치(shared values)"에 더 큰 영향을 받을 수 있다. 이유는 국가의 정체성, 이해관계, 규범이 사회적, 문화적 맥락에 의해 형성되기 때문이며 이와 같은 관념들은 다시 국가가 물질적 요소를 해석하는 방식과 국제체제에서 국가가 행동하는 방식을 형성하기 때문이다.

그러나 급진적 또는 순수파 비판자들은 웬트의 잔존 물질론(rump materialism)이 경험주의나 실증주의에 대한 불필요한 타협이라고 지적한다. 그들은 잔존 물질론이 의도치 않게 물질적 요소를 강조하여 이것과 관념적 요소를 별개의 영역으로 취급하는 이원론적 관점을 강화할 수 있다고 경고한다. 이들 순수파 구성주의자들은 물질적 요인은 전적으로 사회적으로 구성되며 국가 행동에 독립적인 영향을 미치지 않는다고 주장한다. 이들은 관념, 규범, 사회 구조가 국제정치의 주요 동인이며, 물질적 요인은 이러한 사회적 구성을 통해 해석될 때만 의미와 중요성을 갖는다고 주장한다. 잔존 물질론의 설명력에 의문을 제기하는 비판자들은 물질적 요인이 중요한 역할을 하는 경우가 있다 하더라도 그것의 영향력을 관념, 규범, 권력 관계, 역사적 맥락의 복잡한 상호작용으로부터 어떻게 분리할 수 있냐고 반문한다.

의 인식론을 사용하고 있다. 일부 국제정치학자들은 웬트의 중도론을 미국을 오랫동안 지배해온 실증주의에 대한 타협이라고 비판하고 있지만[35] 그의 이론이 미국뿐 아니라 유럽, 한국, 일본 등에서도 주류 이론의 하나로 간주되고 있는 것은 부인할 수 없는 사실이다. 현실주의와 마르크스-레닌주의가 주도해 온 중국의 국제정치학에서도 최근에는 산둥대(山東大) 친야칭(秦亚青) 등을 중심으로 웬트의 구성주의에 대한 관심과 연구가 점증하고 있다.

우리는 앞서 메타이론에 대해 공부하면서 존재론과 인식론에 관한 논쟁이 국제정치학계에서 최근 벌어진 제3차 대논쟁의 핵심이었다는 사실, 그리고 이 논쟁에서 명백한 승패가 갈린 것은 아니지만 냉전의 종식과 더불어 구성주의라고 하는 성찰적 패러다임이 기존에 실증주의가 지배하던 학계에서 새로운 지적 바람을 불러일으켰고, 급기야는 웬트가 중심이 되는 중도론적 구성주의가 세계 수준의 국제정치학계 주류 이론 중 하나로 부상하였음을 알게 되었다. 아래에서는 웬트의 구성주의가 기존의 국제정치학적 패러다임이나 이론들과 어떻게 비교·대조될 수 있는지 살펴보기로 한다.

6. 웬트적 구성주의의 전제

1) 국제정치의 구조는 사회적으로 구성된 관념적인 것이다

웬트를 이야기하기 위해 월츠를 다루는 것은 필수적이다. 웬트의 구성주의를 담은 저작의 이름이 '구조적 현실주의'를 제창한 월츠의 저작명(*Theory of International Politics*)에 '사회적(social)'이라는 수식어를 붙인 『국제정치의 사회적 이론(*Social Theory of International Politics*)』인 것을 보면 그들 간의 관계가 어렵지 않게 이해될 수 있다. 웬트의 구성주의는 미국 등에서 지배적 위상을 갖고 있던 월츠가 주도하던 구조적 현실주의에 대한 비판과 대안으로 제시되었던 것이다. 따라서 우리가 웬트를 이해하기 위해서는 월츠를 알아야 하고, 월츠를 이해하기 위해서는 국제적 구조의 개념에 대해 잘 알아야 한다.

월츠는 1979년 『국제정치이론』에서 미시경제학을 차용하여 국제적 구조라는 개념을 제시했다. 그는 이 책에서 분석의 수준(개인, 국가, 국제체제 중)을 국가에 맞춘, 즉 국가 수준의 속성, 예를 들어 국가의 "제국주의적(imperialist)" 성격을 가지고 국제정치를 설명하는 흡슨-레닌주의 이론은 환원주의라 비판했고, 인간의 본성, 예를 들면 인간의 지배욕이라는 개인 수준의 속성을 가지고 국가의 행위를 설명하는 모겐소의 "정치적 현실주의"는 환원주의적일 뿐 아니라 비과학적이라 비판했다. 그는 전체(whole, system)는 그것을 구성하는 부분(parts)의 단순한 집합과는 다르다며, 부분을 가지고 전체를 설명하려는 환원주의를 극복하고, 국가적 성격이나 인간의 본성이 아닌 국제체제의 무정부성과 체제 내 능력의 분포(국제체제 내 국가들의 상대적 능력)라는 국제적 구조에 주목하면 국제체제 내 국가 행위의 패턴을 더 적절하게 설명할 수 있다고 지적했다.

월츠는 국제정치의 구조를 설명하기 위해 국내정치의 구조에 대해 먼저 이야기한다. 그에 따르면 국내정치의 구조는 첫째, 체제가 조직되는 원리(organizing principle, 공권력이 구성원들의 생명과 재산을 보호해준다), 둘째, 국내정치의 각 주체들이 수행하는 기능들의 분화(functional differentiation among actors, 의회는 법을 만들고, 행정부는 그것을 집행하며, 사법부는 그것을 해석하는 기능을 수행한다), 셋째, 각 정치 주체들의 능력의 분포(distribution of capabilities)로 구성된다.

월츠는 이 논리를 국제정치의 장에 확대 적용한다. 첫째, 여기서의 조직 원리는 무정부성(anarchy)이다. 국내정치와는 달리 공권력이 없기 때문이다. 둘째, 무정부 상태에서는 각 주체가 "자력 구제(self-help)"를 해야 하기 때문에 그들 간의 기능적 분화는 존재하지 않는다. 국제체제를 구성하는 주체들, 즉 모든 국가는 자구체제에서 생존하기 위해 모두 같은 기능을 수행할 수밖에 없다. 예를 들어 미국은 의회의 기능을, 중국은 행정부의 기능을, 독일은 사법부의 기능을 수행하는 등 세계국가에서나 가능할 수 있는 분업을 하지 않는 것이다. 기능의 분화는 무정부성의 조건에 의해 불필요하게 된 것이다. 셋째, 국가들의 능력의 분포이다. 이는 국제체제에서 힘의 분산 정도를 말하는데(월츠는 실증주의자로서 힘은 측정하기 어려우니 군사비나 GDP와 같은 능력이라는 개념을 사용한다), 예를 들어 다극체제는 양극체제에 비해 힘이 분산된 상태이다.

이와 같이 월츠의 국제 구조는 무정부성과 능력의 분포라는 2가지 차원의 요소로 구성된다. 먼저 무정부성에 대해 토론해 보자. 첫째, 국제 구조로서의 무정부성은 체제 내 단위들(units)에 대해 영향력을 행사한다. 즉 무정부성은 국가들이 자기 자신을 지키지 않으면 안 되는 자구체제로서 자력 구제를 하는 단위들은 생존하게 하고 그렇지 않은 단위들은 도태시키는, 학술적으로 이야기해서 인과론적 힘을 행사한다는 것이다. 월츠의 용어를 사용하자면, "구조가 [누굴 살려둘지 누굴 도태시킬지를] 선택하는 것이다(Structure selects)." 그는 "어째서 [내부적 속성이] 상이한 단위들이 유사하게 행동하는가?"라고 자문한다. 답은 단위들은 구조가 제시하는 규범, 즉 무정부 상태가 요구하는 자구 원리에 따라 행동하기 때문이라는 것이다.

둘째, 무정부성은 체제 "외적으로 주어진 것(exogenously given)"으로서 국가들의 행위를 일방적으로 제약한다. 17세기 중반 '국가라는 것들'이 형성되니 세계정부의 부재, 즉 무정부 상태가 이미 존재하고 있었던 것이고, 이는 국가들이 의도적인 노력으로 바꿀 수 있는 것이 아니며 국제체제의 영구적이고 지속적인 특성이다. 월츠에 따르면 국가들이 의도를 가지고 국제체제의 무정부 상태를 세계정부 체제로 바꿀 수 없는 이유는 그것이 개별 국가들의 능력을 벗어나는 일이기 때문이다. 만일 자구라는 규범을 따르지 않고 자신의 안보를 희생시켜가면서 세계정부 창출을 위한 국가 간 협력을 추구하는 국가가 있다면 이 국가는 독립과 자율성 상실이라는 구조적 처벌을 받게 될 것이다. 국가들은 오히려 구조의 규범에 부응하기 위해 기회만 있으면 군사력을 증강하거나 동맹을 체결하는 등 자구 노력에 매진할 수밖에 없다. 월츠는 바로 이러한 구조의 불변성과 일방성이 국제정치에서 발견되는 반복적인 패턴과 특징들을 설명하는 핵심적 요인이라고 주장하고 있다.

무정부성에 이어 능력의 분포에 대해 살펴보자. 첫째, 능력의 분포는 물질적 구조로서 국제체제 내 국가들의 행위 패턴에 영향을 미친다. 월츠는 능력의 분포는 늘 세력균형을 향해 움직인다고 말하면서, 예를 들어 체제 내 힘이 한 국가에 집중되는 조짐이 있으면 타국들은 내적(경제성장이나 군비 확충), 외적(반패권 동맹) 밸런싱을 통해 이를 저지함으로써 세력균형을 유지·회복하려 한다고 제시한다.

그에 따르면 능력의 분포는 양극체제와 다극체제로 구분될 수 있는데 전자가 후자에 비해 더 안정적이다. 2차대전 이후 형성된 양극체제하에서는 밸런싱이 제대로 작동되었다. 미·소 양국은 단순하고 명확한 경쟁 구도하에서 자신과 상대의 능력에만 신경쓰면 되었기 때문에 세력균형의 유지·관리가 상대적으로 수월했다. 그러나 그 이전 유럽의 다극체제하에서는 밸런싱의 책임을 미루는 '책임전가(buck-passing)'가 자주 일어났다. 따라서 패권을 추구하는 강대국은 제대로 견제되지 않았고(underbalanced) 국제체제는 불안정했다.

둘째, 능력의 분포는 무정부성이라는 국제체제의 조직 원리와는 다르게 고정적이거나 불변하는 구조적 특성이 아니고 가변적이고 동태적인 요소로 작용한다. 월츠에 따르면 체제 내 능력의 분포는 단위들의 내부적 변화(경제성장, 기술 발전, 인구 규모의 변화 또는 정치적 변화)와 외부적 변화(동맹, 전쟁 또는 지정학적 환경의 변화)에 따라 함께 변한다. 세계국가가 출현하기 전까지는 무정부성이 유지되므로 유일한 '변수'는 능력의 분포이다. 따라서 무정부성은 국가 행위의 유사성과 지속성을, 그리고 능력의 분포는 국가 행위의 차이와 변화를 설명할 수 있는 요인으로 제시된다.

셋째, 능력의 분포는 관찰 및 측정 가능한 물질적 조건이다. 물론 월츠는 능력의 분포는 능력과 다르다며 능력은 체제 내 단위들의 속성이지만 능력의 분포는 단위들의 속성과는 상관이 없는 체제적 속성이라고 말했다. 그러나 이는 월츠가 자신의 이론이 환원주의가 아니며 체계이론(systems theory, 또는 시스템이론)이라는 점을 강조하기 위해 한 말일 뿐 능력의 분포도 역시 물질적 조건이다. 월츠에 따르면 이러한 물질적 조건에 대한 주목은 국제정치에 대한 보다 객관적인 분석을 가능하게 하고, 구조적 제약과 체제적 결과를 이해하는 기반을 제공한다.

월츠가 제시한 무정부 상태라는 외적으로 주어진 영구적인 국제구조가 가지는 인과적이고 일방적인 힘에 대한 웬트의 입장을 들어보자. 웬트에 따르면 국제정치의 구조는 외부적으로 주어진 것이 아니고

밸런싱의 종류와 밸런싱의 실패

월츠에 따르면 내적 밸런싱(internal balancing)은 국가가 안보를 강화하기 위해 자체 군사력, 경제력 및 기타 자원을 개발·증강하는 것이고, 외적 밸런싱(external balancing)은 국가가 공동의 위협에 대응하기 위해 다른 국가들과 동맹을 형성하는 것을 포함한다. 국제정치에서 밸런싱이 효과적이지 않거나 부족했던 사례는 아래와 같다:

- 언더밸런싱(underbalancing): 균형 미달이라고도 부를 수 있는 언더밸런싱은 국가가 잠재적 공격자에 대응할 수 있는 충분한 역량을 구축하지 못했거나, 역량은 갖췄으나 인지된 위협에 적절히 대응하지 못했을 때 발생한다. 이는 국내정치적 제약, 위협의 심각성에 대한 오판 또는 다른 국가가 위협을 해결할 것이라는 잘못된 믿음으로 인해 발생할 수 있다(무임승차, free riding). 유럽 강대국들이 나치 독일에 적절히 균형을 맞추고 도발적 행위에 효과적으로 대응하지 못한 것은 언더밸런싱에 기여했고, 히틀러가 팽창주의 정책을 견제받지 않고 계속할 수 있게 했다. 이러한 언더밸런싱은 결국 1939년 2차대전 발발의 주요 원인이 되었다.
- 무임승차(free-riding): 무임승차란 동맹이 제공하는 안보의 혜택을 받는 국가가 공동의 노력에 공정한 몫을 기여하지 않을 때 발생한다. 무임승차는 광범위한 개념인 언더밸런싱의 한 구체적 사례라 할 수 있다. 트럼프 대통령은 NATO의 일부 회원국과 한국 등이 동맹의 혜택은 보면서 무임승차를 하고 있다고 비난한 바 있다.
- 편승(bandwagoning): 편승은 밸런싱의 반대 개념이다. 편승은 공격적인 강대국에 저항하는 것보다 동조하는 것이 더 많은 혜택이나 안전을 제공한다고 인식될 때 발생할 수 있다. 독일 해군 제독 티르피츠(Alfred von Tirpitz)의 "위험 이론(risk theory)"은 독일이 강력한 해군 함대를 건설하면, 그 존재만으로도 영국이 무시할 수 없는 "위험"을 초래하여 영국을 중립으로 만들거나 독일과 동맹을 맺게 할 수 있다고 주장했다.
- 결박되기(chain-ganging): 강제 노역을 하느라 사슬로 함께 묶인 죄수들처

럼 함께 움직일 수밖에 없는 상황을 말한다. 국제정치에서 '결박되기'('패거리 짓기' 또는 연쇄가담) 또는 '체인-갱잉'은 국가가 동맹 의무를 준수하기 위해 자신의 이해관계와는 상관없이 어쩔 수 없이 동맹국의 전쟁에 참여하거나 휘말리는 현상을 가리킨다. 1차대전 직전 독일제국은 동맹국이자 게르만족 국가인 오스트리아-헝가리에, 그리고 범슬라브주의(Pan-Slavism)의 러시아는 슬라브족 국가인 세르비아에 결박된 채 대전으로 휘말려 들어갔다면 이는 전형적인 '체인-갱잉'의 사례이다.

• 책임전가(buck-passing): 책임전가는 다른 주체에게 밸런싱의 부담을 전가하여 직접적인 책임을 회피하는 것이다. 1936년 3월 7일 히틀러의 독일군은 베르사유조약을 위반하면서 라인란트로 진입했다. 프랑스는 영국이 동참하지 않으면 홀로 독일에 맞설 수 없다는 입장이었고, 영국은 대전을 다시 유발할 수 있는 무력 조치보다 독일을 달래는 것이 합리적이라고 판단했다. 프랑스와 영국은 서로 다른 도전에 직면하고 서로 다른 전략적 고려를 가지고 있었기 때문에 히틀러의 팽창주의적 움직임에 맞서 단합된 연합전선을 형성하지 못했다. 이는 결과적으로 2차대전이 발발하는 데 기여했다. 벅-패싱이라는 용어는 미국 서부 개척 시대에 사람들이 포커 도박을 할 때 카드를 나눠주는 딜러를 나타내기 위해 손잡이가 사슴뿔(buckhorn)로 된 칼을 건네던 것에서 유래한 것으로 추정된다. 시간이 지나면서 '벅'은 책임을 상징하게 되었고, 따라서 '벅패싱'은 책임을 전가하거나 의무를 회피하는 것을 의미하게 되었다.

주체 간 상호작용에 의해 발현된, 즉 사회적으로 구성된 창발성을 가지는 관념으로 이뤄졌다. 그렇기 때문에 웬트의 구조는 불변이 아닌 가변적인 것이다. 보다 구체적으로, 월츠는 '무정부 상태'하의 '물질 능력의 분포'가 국제정치를 구동(驅動, drive)한다고 보는 반면, 웬트는 그가 간과한 결정적인 요인으로 국가들의 정체성과 이익을 '구성(constitute)' 함으로써 그들의 행위에 영향을 미치는 "간주관적으로 공유된 관념들과 신념들(intersubjectively shared ideas and beliefs)", 즉 "사회적으로 구성된" '관념적 국제 구조'가 그러한 역할을 한다고 보고 있다. 뿐만 아니라 관념적 구조는 주체에 대해 인과적, 일방적 힘을 행사하기보다는 상호적이고 동시적으로 영향을 주는 관계, 즉 상호구성의 사회적 관계에 있다.

웬트의 사회적이고 관념적인 국제 구조를 좀 더 깊이 있게 이해하기 위해서는 '구성', '간주관적', '사회적'이라는 용어에 대한 해설이 필요할 것 같다. 우선 인과성이라는 개념은 원인과 결과가 시간적으로 구별되는 상태를 뜻하는 반면 구성이라는 개념은 독자적으로 존재할 수 없는 상호의존적인 주체들 간에 '동시 발생하는(synchronous)' 관계를 의미한다. 웬트는 앞서 노예라는 실체는 노예제라는 관념이 없이 존재할 수 없고, 그 반대도 마찬가지라는 예를 든 바 있다. 그것들이 동시에 존재해야 비로소 각자도 존재할 수 있는 것이다.

간주관적이라는 말은 어떤 개념이나 규범 등이 많은 수의 주체 사이에서 이해되고 공감되는 상태를 뜻한다. 현재 196개국이 서명한 제네바협약에 담긴 전시 인도주의적 규범이 좋은 사례이다. 다른 예로서, 동북아와는 달리 북유럽의 국가들은 국가 간 분규가 대화로 해결될 수 있다고 믿고, 또 그래야 한다고 생각하고 있다. 제로섬적 관계를 전제하는 국가안보가 아닌, 안보를 국제체제의 공공재로 보는 '공동 안보(common security, 이는 한 국가의 안보가 다른 국가들의 안보와 상호 연결되어 있음을 인식하며, 지속 가능한 평화와 안정은 협력적, 집단적 노력을 통해서만 달성될 수 있다는 점을 강조하는 개념)'라는 개념과 규범이 이 지역 국가 간에 존재하는 간주관성(intersubjectivity)이다.

간주관성과 긴밀히 연관되는 개념으로서 '사회적'이라는 말은 복수의 학습 능력이 있는 주체 간에 형성된 상호적이고 동태적인 관계를 전제한다. 웬트에 따르면 국가들은 단순히 물질적인 자기 이익만을 추구하는 이기적인 주체가 아닌 체제 내 광범위하게 공유된 규범과 관행과 가치에 영향을 받는 '생각하는 주체'이고, 나아가 학습과 사회화 과정을 통해 지속적으로 그러한 관념적 구조를 변화시키는 능동적 주체이기도 하다. 월츠는 무정부 상태가 국제체제에 원래부터 주어진 구조적 특성이라고 보는 반면 웬트는 그것은 사회적 현상으로서 그것을 구성하는 주체들이 그것을 '어떻게 보느냐(how to make of it)'에 따라 달라질 수 있다며 무정부 상태를 홉스적, 로크적, 칸트적 무정부 상태로 구분한 바 있다.

2) 국가는 성찰 능력을 가진 주체이다

웬트에 따르면 국가는 합리적으로 행동한다. 그러나 국가가 늘 객관적인 물질적 조건에만 직접 반응하는 단순하고 수동적인 주체라기보다는, 자신의 정체성과 이익의 관념을 구성하고 행위를 지도하는 국제규범에 대해 깊이 살피고 지각하며, 그와 같은 관념적 환경을 사회적 상호작용과 학습을 통해 적극적으로 구성하고 재구성하는 성찰 능력을 가진 주체이다. 주체들이 '적절성의 논리'에 따라 행동할 수 있는 능력을 갖고 있다고 보는 것이다. 웬트에 따르면 국가의 이러한 성찰 능력은 기존의 물질론적 합리주의 관점이 복잡하고 복합적인 국제정치를 설명하는 데 불충분하다는 점을, 그리고 국제체제의 구조는 그것을 구성하는 단위 간의 상호작용을 통해 지속적으로 변화한다는 점을 드러내준다.

국가들의 성찰적 능력을 보여주는 사례로서 2차대전 이후 유럽에서 독일의 태도와 역할의 변화를 들 수 있다. 독일은 오랫동안 호전적 행위자이자 유럽의 불안정을 야기하는 주체로 여겨져 왔으나, 전후 독일 지도자들의 실천적 노력으로 유럽 통합의 주도 세력이 되었고, 유럽 내 협력과 안정의 아이콘이 되었다. 이러한 독일의 정체성의 변화와 유럽 국가들 간의 상호작용과 소통은 독일에 대한 국제사회의 인식과 기대의 변화를 가져왔고 서로를 상승적으로 구성하는 선순환적 동학을 만들어낸 것이었다. 이는 국가가 물질적 이익만을 추구하는 이기적 주체라고 보는 관점으로는 설명할 수 없고, 주체의 자각과 반성, 그리고 국제적 규범이나 기대에 부응하여 행동할 수 있는 성찰 능력을 상정하는 관점에 의해 보다 충분히 설명 또는 이해될 수 있는 현상이라 할 것이다.

국가의 성찰 능력과 관련하여 웬트는 "집단적 기억(collective memory)"이라는 개념을 통해 또 다른 하나의 의미 있는 사례를 제시하고 있다. 그에 따르면 무정부적 국제체제는 궁극적으로 세계국가로 불가피하게 진전(進展) 또는 발전할 수밖에 없다. 국가들이 원시적 무정부 상태로 퇴행하도록 하지 않고 세계국가로 전진하도록 자극하는 요인 중 하나는 이전의 끔찍했던 무정부 상태에 대한 '집단적 기억'이다. 다시 말해 국가 형성에 관한 홉스의 회고적 주장과 같이, 이러한 기억들은 '자연 상태(state of nature, 만인에 대한 만인의 투쟁)'나 무정부 상태로의 복귀를 혐오스럽게 만들고, 세계국가를 향한 전진을 상대적으로 더 매력적으로 만듦으로써 체제의 퇴행을 막을 것이다. 이와 같이 구성주의에서는 국가들이 알고리즘이 입력되어 있는 로봇처럼 단순히 물질적 자기 이익만을 추구하는 수동적, 이기적 존재가 아니고 생각하고 자각하고 조건과 주변을 살필 수 있는 성찰 능력을 갖고 있는 존재로 이해된다.

국가들이 성찰 능력을 가지고 있다는 말은 국제규범이나 제도가 반드시 국가들의 의도적인 행위의 결과라는 의미는 아니다. 의도적으로 만들어질 수도 있지만 이익 추구의 상호작용과 학습 과정에서 생긴 창발성처럼 의도하지 않게 국제 구조의 형성·변화를 초래할 수 있는 것이다. 웬트에 따르면 무정부 상태는 국가들이 그것을 '어떻게 보느냐'에 달려 있지만, 동시에 그것은 국가들이 자신들이 원해서 의도적으로 만든 것은 아니다. 국가들은 그들이 완전히 통제할 수 없는 의미들과 실천들의 사회적 구조하에서 행위할 수밖에 없는 것이다. 예를 들어 동북아의 성찰 능력이 있는 국가 지도자들이 외교와 교섭 등 상호작용을 통해 그 지역의 무정부 상태를 북유럽의 무정부 상태로 변경시키려 할 수 있다. 그러나 결과는 그렇게 될 수도, 또는 그들이 바라는 대로 되지 않을 수도 있다. 국가들의 성찰 능력이 현실화되는 과정에 개입하거나 방해하는 정치적, 사회적, 문화적, 역사적 변수는 다양하기 때문이다. 단지 웬트가 여기서 말하는 것은 국가가 단순히 물질적 자기 이익만을 추구하는 수동적, 이기적 존재가 아니고 생각하고, 자각하고, 조건과 주변을 살필 수 있는 성찰 능력을 갖고 있는 존재로 이해되어야 한다는 점이다. 아래에서는 상호작용과 상호구성이 어떻게 국제 구조를 변화시킬 수 있는지에 대해 토론해 보기로 한다.

3) 주체들은 구조와의 상호작용과 상호구성을 통해 국제정치의 구조적 변동을 유발할 수 있다

월츠에 있어 국제 구조는 구성 요소들에 일방적으로 영향력을 행사하지만, 웬트에 있어 구조는 주체들과 상호구성 및 상호작용의 관계

에 있기 때문에 구조가 주체들에 영향을 주는 만큼이나 주체들도 의식적 또는 무의식적으로 관념적 구조의 변동을 야기할 수 있다. 이것이 그 유명한 '주체–구조 문제(the agent-structure problem)'이다. '주체–구조 문제'에 대한 웬트의 관점은 주체와 구조가 상호구성적이라고 주장함으로써 전통적인 이원론에 도전한다. 그는 월츠와는 달리 국가를 무정부적 구조에 의해 일방적으로 제약받는 주체로 보지 않고, 국가가 자신이 거주하는 구조를 능동적으로 형성하고 구성하는 주체라고 주장한다. 이러한 역동적인 관계는 국제체제의 구성적 힘을 인정하면서도 동시에 국제체제를 구성하는 국가의 주체성을 강조하는 것이다. 웬트의 접근법은 국가가 국제체제의 사회 구조에 의해 형성되고 동시에 그것을 형성하는 상호구성의 관계에 있다는 점을 지적함으로써 기존의 이원론적인 존재론적 '주체–구조 문제'를 뛰어넘으려고 하는 것이다. 웬트는 국가들의 공유된 관념, 정체성, 상호작용이 국제 구조의 형성과 변화에 기여한다고 주장하며, 구조가 국가 행동을 전적으로 결정한다는 구조적 현실주의 관점에 이의를 제기한다.

이러한 시각에서 웬트는 국제정치적 주체들은 상호작용을 하면서 '서로에 대해 어떻게 대해야 하는지'와 관련하여 '공유된 이해, 규범, 기대들'을 광범위하게 발전시켜 나간다고 제시한다. 웬트 등 구성주의자들은 국제정치의 관념적 구조를 변화시키는 주요 사회적 요인으로서 국가 간 사회화(socialization), INGO 등 '규범 창출자들(norm entrepreneurs)', 국가 간 권력관계의 변화, 기후변화나 사이버 안보와 같은 새로운 이슈의 부상, 협상과 토론의 장을 제공하는 국제제도나 국제기구 등을 꼽고 있다.

주체들의 사회적 상호작용이 국제 구조를 창출한 사례로서 핵확산금지를 들 수 있다. 핵무기가 히로시마와 나가사키에 투하된 이후 국가들은 한편으로는 국가 생존을 위한 '자구책'으로서 이 공포의 무기를 신속히 개발하려 했고, 다른 한편으로는 온갖 환경 재앙을 야기하고 인류 공멸을 초래할 수 있는 이 '인조 괴물'을 없애려는 노력을 집단적으로 기울여왔다. 1950년 말에 출범한 '핵무기 철폐를 위한 운동' 등 시민사회가 국제적 영향력을 증대하는 가운데 핵확산금지를 위한 결정적인 사건이 1962년 10월 발생했다. 소련이 쿠바에 배치한 단(중)거리 핵미사일을 철수시키라는 미국과 이를 거부하는 소련이 핵전쟁 직전까지 치달았던 쿠바 미사일 위기(1962)는 결국 '사고에 의한 핵전쟁' 방지를 위한 소통 수단의 필요성을 부각시켜 양국이 '핫라인(최고지도자 간 직통전화)'을 설치하고 핵실험금지를 위한 협상에 나서도록 했으며, 1963년 8월에는 성찰 능력을 가진 136개국이 서명한 '부분적 핵실험금지조약(PTBT, 지상·우주·수중 실험을 금지하고 지하 실험만 허용)'을 낳았다. 중국의 지상 실험(최초 실험은 1964년 10월)과 프랑스의 비협조에도 불구하고 1968년 7월 1일 미국, 영국, 소련이 핵확산금지 제도이자 규범인 NPT에 기탁국으로서 서명했고, 연말까지 62개국이 동참했다. 현재는 191개 회원국이 핵무기 확산을 방지하고 핵의 평화적 이용을 촉진하는 이 국제규범을 준수하고 있다.

다른 예를 들자면 무정부성이 산출한 자력 구제라는 관념적 구조나 국가주권이라는 정치적 개념도 영원히 지속되지는 않고, 시대와 지역에 따라 다르게 나타나고 있다. 앞서 말했지만, 주체들이 무정부성이라는 관념적 구조를 어떻게 "보느냐(make of)"에 따라 무정부 상태의 성격이 달리 나타날 수 있는 것이다. 웬트는 무정부적 문화는 상대를 적으로 보는 홉스적 문화, 상대를 경쟁자로 보는 로크적 문화, 그리고 상대를 친구로 보는 칸트적 문화로 구분할 수 있다고 보았다.

국가주권이라는 관념적 구조도 이미 많이 변했다. 앞서 말한 바 있지만, 세계화와 지방(분권)화를 결합한 개념인 '글로컬리제이션(glocal-ization)'은 국가주권의 의미를 위로부터, 그리고 아래로부터 상당 부분 퇴색시켜오고 있다. 인권을 핵심으로 하는 국제제도나 국제기구의 역할 증대와 확산은 대척점에 서 있는 국가주권과 내정 불간섭과 같은 전통적 관념과 규범의 중요성과 현실성을 점차 잠식하고 있다. 냉전 후 UN이 허용한 인도주의적 개입의 수는 급증했다. 하비에르 UN 사무총장이 지적했듯이 "억압받는 사람들을 도덕의 이름으로 보호하는 것이 국경이나 법적 문서보다 우위에 있어야 한다는 신념이 전 세계적으로 거부할 수 없는 흐름이 되고 있다." 국제사법재판소(ICJ)는 "주권이 국제관계에서 중요한 조직 원리로 남겠지만, 그것이 절대적이라고 누군가가 말한다면 그는 국제 현실을 전혀 모르는 시대착오적인 인물이 될 것"이라고 선언했다.[36] 주권의 성격은 국가에 절대적 권리를 주는 것에서 그들에게 일정한 책임을 요구하는 것으로 점차적으로 변하고 있다. 요컨대 웬트에 따르면 우리가 구성주의 렌즈를 착용하면 국제정치의 주체들이 상호작용과 상호구성을 통해 국제정치의 구조적 변동을 유발하고 있다는 사실을 볼 수 있다.

4) 국제정치의 사회적 구조는 주체의 사고와 행위를 '근본적' 으로 변하게 할 수 있다

월츠의 구조는 주체들에 대해 인과적으로 힘을 행사한다. 무정부 상태가 가지는 힘에 예민하게 반응하는 합리적 이기주의자들은 그러한 힘에 역행하지 않고 부응하는 방식으로 행동한다. 구조의 이러한 힘은 '행태적 효과(behavioral effects)'를 낸다고 할 수 있다. 그러나 웬트의 사회적, 관념적 구조는 단순히 외적 제약으로 작용하는 것이 아니고 행위자들에게 내면화되어 그들 속성 자체를 짓고 빚는 것이다. 구조의 이러한 힘은 '속성적 효과(property effects)'를 낸다고 할 수 있다. 구조가 행위자들을 "선택한다(selects)", 또는 "제약한다(constrains)"는 말은 그것이 단지 행태적 효과를 가진다는 것을, 그리고 구조가 행위자들을 "구성한다(constructs)" 또는 "생성한다(generates)"는 말은 그것이 속성적 효과를 가진다는 것을 뜻하는 것이다. 속성적 효과들이 행동적 효과들보다 더 심층적이고 근본적이다. 왜냐하면 전자는 일반적으로 후자를 겸하고 있지만 그 역은 성립하지 않기 때문이다.

웬트에 따르면 냉전은 소련이 물질적으로 약화되었거나 미·소 간 세력균형이 변했기 때문에 종식된 것이 아니고 고르바초프와 소련의 가치관과 정체성이 '냉전이 불필요하다'는 당시 국제정치의 관념적 구조에 의해 구성되었기 때문이다. '해체(deconstitution)'라는 과정을 통해 냉전의 정체성을 지탱하던 제도, 서사, 관행이 점차 해체되거나 재해석되었고, 이를 통해 소련과 다른 동구권 국가들이 위협을 느끼지 않고 새로운 국제체제에 편입될 수 있었던 것이다. 따라서 웬트에게 냉전의 종식은 단순히 누가 폭탄이나 돈이 부족해졌느냐의 문제가 아니었다. 그것은 국가들이 자신과 서로를 이해하는 방식의 근본적인 변화, 즉 국가 간 상호작용을 형성하는 공유된 관념과 규범의 변화가 가지는 '속성적 효과'에 관한 것이었다.

사회적, 관념적 구조는 국가의 정체성, 이익, 선호를 구성함으로써 속성적 효과를 낸다고 제시하는 구성주의 시각은 한국이나 미국의 대

북한 정책에 대해서도 흥미로운 함의를 제공한다. 현실주의에 따르면 북한의 이익은 모든 다른 국가들과 마찬가지로 정해져 있다. 그렇기 때문에 한국이나 미국이 북한이 무력도발을 하거나 전쟁을 일으키지 못하게 하기 위해서는 북한이 감당하기 어려울 정도의 응징이나 보복이 반드시 이루어질 것이라는 확신을 북한에 주어야 한다. '힘에 의한 평화(peace through strength)'라는 개념은 전형적인 현실주의적 처방이다.

그러나 구성주의자들은 '불만족하거나 불순한 마음은 그대로 있는데 행동만 억누르는' 정책은 근본적인 해결책이 되지 못한다는 입장이다. 그들은 북한의 정체성과 이익이 외적으로 주어진 것이 아니고, 사회적으로 구성되기 때문에 한국과 미국 등이 북한을 국제사회로 끌어내고 타국들과 어울리게 유도함으로써 북한이 국제사회에서 '깡패국가'로 인식되지 않고 (또는 그렇게 인식되지 않을 수) 있음을 이해하게 하고, 나아가 국제규범을 지키는 것이 자신의 이익이라는 생각을 갖도록 만드는, 즉 북한의 정체성과 이익을 바꾸는 정책이 상책이라고 보는 것이다. 웬트가 명성을 얻게 만든 논문, "무정부성은 국가들이 그것을 어떻게 보는가에 달려 있다(Anarchy is what states make of it)"가 압축적으로 표현하듯 '북한이 무엇인가'는 '북한이 자신을 어떻게 보는가'에 달려 있고, 이는 다시 미국 등 국제사회가 북한을 어떻게 취급하는가에 달려 있는 셈이다. 구성주의에 따르면 한국과 미국 등은 북한과의 교류·협력을 강화·확대하고 국제사회로의 편입을 지원함으로써 북한이 자발적으로 자신의 정체성과 이익을 재정의하도록 만드는 것이 합리적이다. '교류·협력을 통한 평화' 또는 '평화를 통한 국력 강화(strength through peace)'는 동독을 평화적으로 흡수통일한 서독의 '동방정책(Ostpolitik)'의 핵심 개념이었다. 구성주의적 대북 접근은 상당한 시간과 인내력을 필요로 한다는 단점을 가지고 있다. 그러한 이유로 인해 정책의 효과성을 둘러싼 국내정치적 논쟁에서 취약점을 드러낼 수 있다. 그러나 구성주의자들은 억누르는 것은 쉽지만 위험하고, 속성을 바꾸는 일은 오래 걸리지만 안전하고 근본적이라고 주장한다.

IV

국제정치적 이론들

우리는 앞서 국제정치학의 여러 관점의 전제들을 살펴보았으므로 이젠 관점과 이론 간의 관계에 대해 이야기할 수 있게 되었다. 관점을 세계관에 기초하여 실제를 단순화하는 관념적 도구라고 한다면 각 관점은 단순화된 국제정치적 현실에 대해 일정한 규칙적 패턴(regularities)을 가정하는 가설의 체계, 즉 이론들을 포함한다. 일반적으로 이론은 체계화된 가설들로부터 시작된다. 연역적으로 도출될 수도 있고, 귀납적으로 발견될 수도 있는 가설들로 구성된 (실증주의적) 이론 또는 관념적 모델(conceptual models)은 경험적 검증에서 기각되지 않으면 일반화의 가능성을 유지할 수 있게 되고, 설명이나 예측을 가능하게 해주는 수단으로 사용될 수 있다. 세력균형론, 세력전이론, '강대국 국제정치 비극론' 등은 현실주의 국제정치이론이고, 민주평화론, 외교정책결정과정론 등은 자유주의 국제정치이론이다. 이들 관점만큼은 아니지만

연역과 귀납

연역적 방법은 일반적(general)인 원리나 보편적 전제로부터 구체적(particular) 가설을 이끌어내는 추리 과정이다. 예를 들어, 모겐소는 "모든 인간은 지배욕을 타고난다"는 보편적 전제를 제시하고 국가는 인간으로 구성되기 때문에 국가도 마찬가지로 타국들을 지배하려 하며 그 결과는 "지배당하지 않으려는 국가들이 힘을 합쳐 패권국의 출현을 막으려 한다"는 구체적 가설을 도출하였다. 귀납적 방법은 구체적인 경험적 현상으로부터 원리를 생각해 내는 추리 과정이다. 예를 들면, 만일 어떤 국제정치학자가 국제정치의 역사를 들여다보다가 패권국이 출현할 조짐이 있으면 국가들이 그 국가에 대해 균형화(balancing)에 나서는 일이 자주 일어났다는 사실을 알게 되었다면 그는 "패권 추구는 균형화를 야기한다"는 가설을 세우고 이 가설을 정당화하는 인과적 이유를 제시한 후 이 가설이 경험적으로 일반화될 수 있는지 테스트할 수 있다.

대안적인 패러다임도 적지 않은 이론, 모델을 갖고 있다.

재미있는 것은 관점을 공유하면서도 구체적 가설 차원에서는 상충하는 논리를 담고 있는 이론들이 존재한다는 사실이다. 현실주의적 관점에 속하는 세력균형론과 세력전이론이 전형적인 사례이다. 세력균형론에 따르면 국가는 이길 수 있다고 판단될 때 전쟁을 시작한다. 국가는 합리적 행위자이기 때문이다. 따라서 세력이 엇비슷하여 이길 가능성이 낮을 때는 전쟁을 하지 않고 현상을 유지한다. 세력전이론도 국가는 합리적 행위자이기 때문에 이길 수 있다고 판단될 때 전쟁을 시작한다고 본다는 점에서 세력균형론과 마찬가지로 현실주의의 전제를 수용한다. 그러나 이 이론은 세력균형과는 반대로 세력의 격차가 클 때 현상이 유지된다는 입장을 취하고 있다. 힘이 월등히 센 국가는 힘이 약한 국가로부터 위협을 느끼지 않고, 힘이 약한 국가는 힘이 센 국가를 이길 수 없기 때문에 역시 현상유지(status quo)에 동의한다는 것이다. 반면 힘이 약했던 국가, 그리고 동시에 강국이 구축해 놓은 국제질서에 대해 불만족했던 국가가 상대적으로 신속한 내적 성장을 이루어 기존 강국과 세력 면에서 엇비슷하게 될 때(power parity) 현상이 타파될 가능성이 높아진다. 불만족했던 국가가 이제는 한번 해볼 만하다고 판단할 수도 있고, 기존 강국이 부상하는 국가가 더 위험해지기 전에 선제적으로 조치를 취해야 한다고 판단할 수도 있기 때문이다. 이와 같이 관점을 공유하면서도 상충하는 이론들이 있지만, 일반적으로는 관점을 공유하는 이론들은 상충하기보다는 상보적인 관계에 있다(이 이야기는 자유주의 정부정치모델을 논할 때 더 해보자).

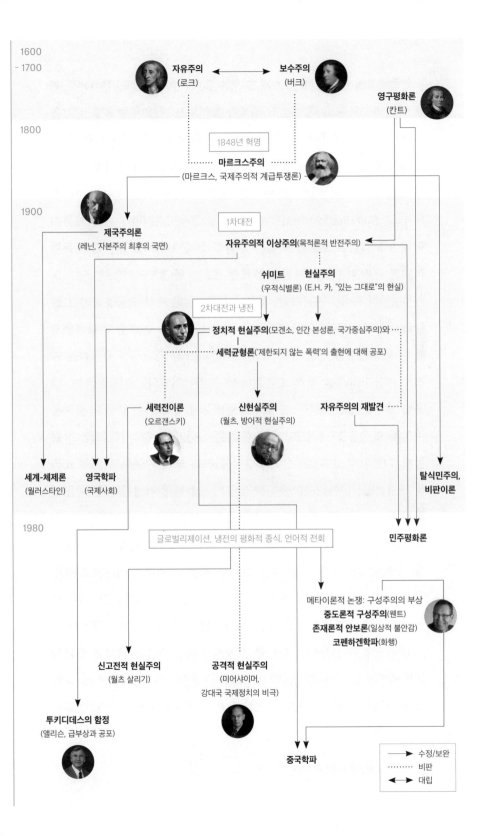

1600 - 1700

자유주의 (로크) ↔ 보수주의 (버크)

영구평화론 (칸트)

1800

1848년 혁명

마르크스주의 (마르크스, 국제주의적 계급투쟁론)

1900

1차대전

제국주의론 (레닌, 자본주의 최후의 국면)

자유주의적 이상주의(목적론적 반전주의)

쉬미트 (우적식별론)

현실주의 (E.H. 카, "있는 그대로"의 현실)

2차대전과 냉전

정치적 현실주의(모겐소, 인간 본성론, 국가중심주의)와

세력균형론('제한되지 않는 폭력'의 출현에 대해 공포)

세력전이론 (오르갠스키)

신현실주의 (월츠, 방어적 현실주의)

자유주의의 재발견

세계-체제론 (월러스타인)

영국학파 (국제사회)

탈식민주의, 비판이론

1980

글로벌리제이션, 냉전의 평화적 종식, 언어적 전회

민주평화론

메타이론적 논쟁: 구성주의의 부상
중도론적 구성주의(웬트)
존재론적 안보론(일상적 불안감)
코펜하겐학파(화행)

신고전적 현실주의 (월츠 살리기)

공격적 현실주의 (미어샤이머, 강대국 국제정치의 비극)

투키디데스의 함정 (앨리슨, 급부상과 공포)

중국학파

→ 수정/보완
······ 비판
↔ 대립

국제정치이론에 대한 소개와 토론에 들어가기 전에 각 이론의 현주소를 파악하기 위해 이론적 계보를 들여다보는 것이 중요할 듯하다. 이론의 부침은 세계사적 사건들에 의해 영향을 받기도 하고, 철학적 사조의 변화와 사회적, 규범적 관점 간 논쟁의 과정에서 연유하기도 했다. 이론의 계보와 이론 간 상호작용에 대한 도식화는 '지나친 단순화(oversimplification)'의 위험을 수반할 수 있다. 따라서 우리는 국제정치이론의 도식적 계보화가 이론의 진화와 현재적 위치를 파악하는 목적 이외의 다른 아무것도 아님을 인식할 필요가 있다.

개인의 자유, 자유 시장, 제한된 정부, 법의 지배를 옹호하는 로크(John Locke), 스미스(Adam Smith), 밀(John Stuart Mill) 등의 자유주의적 사상이 전통과 사회 안정 그리고 기존 제도의 연속성을 중시하는 버크(Edmund Burke) 등의 보수주의적 사상과 경쟁하는 가운데 1848년 유럽 전역을 휩쓴 혁명적 운동은 유럽인들의 민족주의, 민주주의, 자유주의적 열망을 대대적으로 표출했을뿐 아니라 자본주의의 노동 착취 문제가 정치적, 사회적 문제로 부각되는 데 크게 기여했다. 마르크스와 엥겔스는 '공산당 선언'에서 "만국의 노동자여 단결하라"는 국제주의적 계급투쟁론을 제시했다. 이후 마르크스는 1867년에 발간된『자본론(*Capital: Critique of Political Economy*)』등에서 계급투쟁은 자본주의의 태생적 모순이 해소된 "계급 없는 사회"를 가져올 것이라고 주장했다. 러시아 제국의 마르크스주의자 레닌은 1차대전 중 작성된 그의 '제국주의론'에서 자본주의의 최후 단계는 제국주의이며, 이 국면에서 불가피하게 일어나는 대전쟁은 결국 자본주의의 붕괴와 새로운 생산양식의 출현으로 이어질 것이라고 적었다. 1917년 러시아 혁명이 성공한 이후 마르크스-레닌주의는 가난한 나라와 식민지 등에서 유력한 '국제적 권위'로 작용하였다.

인류 최초의 지구적 수준에서의 총력전인 1차대전의 참혹함을 경험한 유럽의 정치인들과 지식인들은 전쟁 방지를 위한 정치적, 학문적 노력을 기울였다. 그 결과 평화지향적인 국제규범과 국제기구가 창설되었고, 전쟁의 원인 규명과 예방에 초점을 맞춘 국제정치학이 탄생했다. 특히, 칸트의 영구평화론에서 영감을 얻은 목적론적 이상주의는 이 시기에 큰 영향을 미쳤다. 그러나 1차대전의 원인 중 하나로 간주되던 세력균형과 같은 국가 간 동맹 정치를 비난하고 소통과 신뢰에 기초한 집단 안보를 강조한 이상주의적 국제제도와 국제규범이 독일, 이탈리아, 일본 등의 권력정치와 팽창주의를 제어하지 못하자, 영국 외교관 출신 학자 카(E. H. Carr)는 당위적 목적론을 '공상주의(Utopianism)'라 비판하고 "있는 그대로(as it is)"의 현실을 직시할 것을 주문했다. 그는 '순진한 이상주의(naive Idealism)'에 빗대 자신의 시각을 노련하고 원숙한 '현실주의(Realism)'라 칭하였다. 2차대전은 현실주의의 손을 들어주었다. 전후 냉전이 시작되자 나치 독일을 떠나 미국에 정착한 모겐소는 카의 이니셔티브를 체계화하고 이론화하여 최초의 국제정치이론이라 할 수 있는 정치적 현실주의를 제시하였다. 그는 경제학에서 돈이 중요한 개념이듯, 정치학에서는 권력이 중심 개념이라고 주장했다. 그는 인간과 마찬가지로 국가도 충족되지 않는 지배욕을 가지고 있으며, 이로 인해 국가 간 영원한 권력 투쟁이 불가피하다고 보았다. 미국과 서방에서는 소련을 '제한되지 않는 폭력(unrestricted violence)'으로 보고 이에 대항하는 집단 동맹과 같은 세력균형책의 필요성을 강조한 정치적 현실주의가 정책적 관련성을 갖는 것으로 평가되었다.

대소전략에 정책적으로 쓸모를 인정받은 미국적 현실주의는 영국에 그러한 국제정치학을 이식하려 했으나 영국 학자들은 정책적, 실용주의적 국제정치학 대신 그들에게 익숙한 전통적 국제정치학, 즉 철학적, 역사적, 규범적인 국제정치학을 고수하고자 했다. 영국학파로 불리는 일련의 학자들은 미국식 현실주의가 상정하는 자구적 국제체제는 합리적 국가들이 자신의 이익을 위해 준수하는 국제규범이나 관행, 국제제도나 국제기구에 의해 그 권력정치적 속성이 제한되며, 이러한 국제사회는 국가주권 대신 시민적 권리가 중시되는 세계사회로 발전할 수 있는 가능성이 있다고 보았다.

이와 같이 '영국적 정체성(the Englishness)'을 표방하는 영국학파가 '우리도 햇볕 아래서 우리의 자리를 주장한다'고 말했다면, 중국적 전통과 경험에 기초한 '중국중심주의'를 국제정치적으로 이론화하려는 소위 중국학파도 그러하다. 1970년대 시작한 미·중 화해와 그에서 비롯된 중국의 개혁·개방은 마르크스-레닌주의에 몰두하던 중국 학자들이 서방의 국제정치학을 모방하고 중국 특색적 국제정치이론을 구축할 수 있는 기회를 제공하였다. 그들은 왕도정치, 천하질서, 사회적 관계성이라는 개념에 기초한 대안적인 접근법을 제시하고 있다.

1950년대 중후반 모겐소의 정치적 현실주의가 구미 국제정치학계에서 각광을 받고 있던 상태에서 그의 접근법이 '결정론'이라는 비판이 제기되었다. 단일체적이고 합리적인 국가 행위자들은 정책결정자가 누구이든, 어떤 동기나 자질을 가졌든, 국가에게 선험적으로 주어진 선호와 이익에 따라 일정한 방향으로 행동한다는 그의 전제가 '결정론'이라는 것이었다. 현실주의가 지나치게 현실을 단순화하고 있다고 보던 일단의 국제정치 연구자들은 국가라는 '형이상학적 추상물'의 암상자를 열어 그 속에서 '살과 피'를 가진 사람들이 실제로 참여하는 의사결정의 과정을 관찰하고자 하였다. 이렇게 해서 국가중심주의가 아닌 개인 단위의 자유주의적, 다원주의적 외교정책결정과정론이 형성되었다.

한편, 세력균형론은 오르갠스키의 세력전이론의 비판의 대상이 되었다. 1950년대 초 오르갠스키는 산업혁명 이전에는 세력균형론이 설명력을 가질 수 있었으나 산업혁명 이후에는 국가 간 불균등한 내적 성장 속도가 국가 간 합종연횡보다 국가 행위를 더 잘 설명할 수 있다고 주장했다. 그는 기존 국제질서에 불만족한 강대국이 패권국과의 힘의 격차를 줄일 경우 패권 전쟁이 일어날 수 있다고 경고했다. 오르갠스키의 세력전이론은 후일 미·중 관계에 적용되었다. 세력전이론을 고전화하여 미·중 관계에 적용하고 있는 앨리슨(Graham Allison)의 '투키디데스의 함정'이 그것이다. 투키디데스는 "아테네의 '급부상(rise)'이 자극한 패권국 스파르타의 '공포(fear)'가 전쟁을 불가피(inevitable)하게 만들었다"고 말했다. 앨리슨은 힘의 격차가 급격하게 좁혀짐에 따른 '구조적 스트레스'가 작용-반작용의 악순환을 야기한다는 투키디데스적 논리가 일반화될 수 있다고 주장했다.

다른 한편, 오르갠스키의 세력전이론이 세력균형론에 도전하는 가운데, 모겐소의 인간본성론을 비판하는 구조주의적 세력균형론이 제시되었다. 1970년대 월츠는 국가 행위를 국가 주체 개인의 지배욕으로 설명하는 이론은 관찰 불가한 것에 실체의 의미를 부여하는 비과학적 접근일뿐 아니라 국제정치적 구조의 존재와 힘을 무시하는 환원주의라고 비판하였다. 그는 외교정책과 같은 국가 행위를 설명하기보다는 전쟁과 같은 국제체제의 안정성 여부를 설명하고 예측하는 체계이론을 제시하며 무정부적 국제체제에서의 힘의 분포가 국제정치적 구조로서 체제적 안정과 변동에 대해 설명력을 가진다고 주장했다. 무정부적 구조하에서 생존을 추구하는 국가들이 있으면 자연스럽게 세력 균형이 형성된다고 제시한 월츠는 국가들은 세력균형을 통해 생존을 추구할 뿐 팽창이나 패권을 추구하지 않는다는 소위 '방어적 현실주의'의 시조가 되었다. 냉전이 종식된 이후 미어샤이머(John Mearsheimer)는 '공격적 현실주의자'로서 강대국들은 세력균형을 위해 적절한 정도의 힘이 아니라 타 강대국들과의 힘의 '초격차'를 유지하는 것, 즉 세계 패권을 쥐려 한다고 주장했다. 그는 모든 강대국들이 같은 생각을 하고 있으니 "세계는 영구적인 강대국 경쟁에 내몰릴 수밖에 없다"며, 누구도 의식적으로 설계하거나 의도하지 않은 이 상황은 참으로 비극적이라고 말했다.

1980년대 중후반 가속화된 글로벌리제이션과 냉전의 종식 과정은 기존 국제정치이론의 존재론적, 인식론적 기반에 대한 대논쟁을 야기하였다. 이 관점 간 대논쟁은 당시 주류의 위상을 차지하고 있던 신현실주의의 합리주의적 물질론에 대한 비판에서 시작했다. 냉전의 평화적 종식은 신현실주의의 설명력을 의문시하였다. 월츠는 양극체제가 안정적이라 했지만 오래 가지 못했고, 소련은 막강한 군사력을 써보지도 않고 자진해서 해체를 선언했다. 이 논쟁을 계기로 현실을 매개하는 관념이나 담론의 사회적, 정치적 힘을 강조하는 구성주의가 급부상하였다. 존재론과 인식론의 탈실증주의적 합일을 강조하는 순수파 구성주의와 실증주의적 인식론을 수용한 웬트의 중도론적 구성주의가 경합하였으나, 국가의 '일상적 불안감'이 국가 행위의 동기가 된다는 존재론적 안보론이나 '없는 것도 만들어 내는' 화행이나 담론의 힘을 강조하는 코펜하겐학파의 인기에서 보듯 후자가 세계 국제정치학계에서 대세로 굳어지는 형국이다.

현실주의자들 일부는 냉전의 평화적 종식으로 심각한 비판에 직면한 신현실주의 구하기에 나섰다. 그들은 국제체제의 신호는 의사 결정자의 인식과 국내 정치라는 '불완전한 변속기 벨트(imperfect transmission belts)'를 통과한 이후에야 의사 결정자들에게 전달된다고 주장했다. 신고전 현실주의자들은 신현실주의가 국가의 외교 행위를 설명하는 이론이 아니기 때문에 불완전한 변속기 벨트라는 개념이 결합될 때 국가 행위에 대한 이론적 설명력을 확보할 수 있다고 제시하였다.

이제 우리는 국제정치이론의 역사적 계보를 파악하고 각 이론의 현주소를 이해했으므로, 각 이론이 다른 이론들과 비교하여 어떤 위치에 있는지를 명확히 인식하며 하나 하나 살펴보기로 한다.

4장

●

현실주의 국제정치이론

1. 세력균형론

"국제정치학에서 '뚜렷이 정치적인 이론(distinctively political theory of international politics)'이 있다면 그것은 세력균형론(Balance of power theory)이다."[1] 월츠가 한 말이다. 하버드대의 월트(Stephen Walt)는 세력균형론의 국제정치학적 위상을 유머스럽게 표현했다. 그는 세력균형은 국제관계의 가장 기본적인 원리라면서 "만일 여러분이 대학에서 국제관계학 개론을 수강했는데 교수가 세력균형에 대해 한 번도 언급하지 않았다면 모교에 연락하여 등록금 반환을 요구하라"고 말했다.[2] 세력균형론은 국제정치를 분석하는 데 가장 많이 사용되는 이론이기도 하고 가장 논쟁적인 이론적, 정책적 개념이기도 하다.

1) 세력균형의 역사

　세력균형은 고대의 그리스, 인도, 중국에서 지배적이면서도 긍정적인 국제정치적 관념으로 존재했다. 예를 들어 그리스 도시국가 중 하나였던 코린트의 지도자들이 페르시아전쟁 전부터 펠로폰네소스 전쟁 전까지 행한 연설문들을 분석한 로체스터 공대의 디닌(Nathan Dinneen)에 따르면 그들의 외교안보정책의 본질은 아테네, 스파르타, 테베 등의 제국적 야망이 방치될 경우 그리스 도시국가 체제 내에서 폭군이 출현할 것이며, 이는 무슨 수단으로든 방지되어야 한다는 것이었다.[3] 이 국제정치적 개념은 17세기 중반 이후 유럽에서 본격적으로 광범위하게 사용되었다. 1648년의 베스트팔렌조약 이후 유럽에서 국가주권에 기초한 근대국제체제가 형성되면서 세력균형은 정치사상가들이나 법이론가들, 특히 외교안보정책결정자들에는 국제정치나 각국의 외교술을 이해하거나 또는 자신의 정책을 수행할 때 반드시 고려되어야 하는 필수적 개념이 되었던 것이다. 18세기 유럽 계몽주의(교회의 권위에 바탕을 둔 구시대의 정신적 권위와 사상적 특권, 제도에 반대하여 인간적이고 합리적인 사유(思惟)를 제창하고, 이성의 계몽을 통하여 인간 생활의 진보와 개선을 꾀하려던 사상) 시대에는 세력균형이 질서, 안정, 평화, 정의, 조화 등을 가져다주는 자연의 법칙처럼 인식되기도 했다.

　한국이 세력균형의 개념을 접하게 된 것은 그리 오래되지 않다. 수백 년 동안 천하질서라는 중국 중심의 위계질서에 익숙해 있던 조선이 세력균형이라는 근대적 국제정치 개념을 소개 받은 계기는 1880년 일본 주재 청나라 외교관 황준헌(黃遵憲)이 작성하여 일본을 방문 중이던 조선의 수신사 김홍집(金弘集)에게 건넨『조선책략』과 관련이 있다.

당시 러시아의 남진에 공포감을 가지고 있던 청나라는 조선이 청의 속 방으로 남고, 다른 한편 일본 및 미국과 수교하여 대러 세력균형 체제 의 일원이 되기를 원했다. 청은 일본이 경계의 대상이기는 하지만 러시 아의 남진이 더 큰 위협이므로 당분간 협력하는 것이 불가피하고, 영토 야욕이 없어 보이는 강력한 "신사의 나라" 미국을 조선과의 수교를 통 해 반러 전선에 끌어들이는 것이 자신의 안보 이익과 부합한다고 보았 다. 황준헌은 『조선책략』에서 "균세(均勢, 세력균형)"가 조선의 이익이 라며 "친(親)중국, 결(結)일본, 연(聯)미국"을 권고했다. 세력균형은 오 래된 개념이지만, 지금도 각국의 동맹 전략에서 생생하게 살아 있다. 이와 같이 세력균형이 '시간의 심판'을 견뎌낸 몇 안 되는 국제정치적 개념이자 이론이라 할 때 현재의 국제정치의 현실을 이해하고 문제의 해결책을 찾는 국제정치학도들이 이에 대한 깊은 이해를 도모하려는 것은 당연하다 하겠다.

2) 세력균형이란 무엇인가: 이론이자 정책

국제정치학이란 어떻게 보면 전쟁을 방지하거나 그 피해를 최소 화할 수 있는 방법에 대한 탐구이자 논쟁이라 할 수 있다. 국제정치학 자나 정치 지도자들은 전쟁을 방지하기 위해 국제제도, 국제기구, 국 제법, 외교적 협상, 인권 및 민주주의 교육, 다자간 협정 등 다양한 방 법을 제시해 왔다. 켈로그-브리앙조약(1928), 국제연맹(1920-1946), UN(1945)은 모두 전쟁 방지 및 평화 증진을 목표로 하는 국제정치적 시도였다. 켈로그-브리앙조약은 전쟁을 불법화하기 위한 다자간 조약 이었지만 효과적인 집행 메커니즘이 부족했다. 국제연맹은 평화 유지를 목표로 한 최초의 국제기구였지만 제2차대전 발발을 막지 못해 결국 해산되었다. 제2차대전 이후 설립된 UN은 평화 유지, 인도주의적 노력, 국제 협력을 아우르는 광범위한 임무를 수행하며 현대의 도전 과제를 해결하는 글로벌 조직으로 활동하고 있다. 현실주의자들은 이러한 노력이 국제정치의 본질인 권력정치와 권력투쟁의 측면을 간과한 것으로서 그 평화 효과에 대해 비관적이거나 회의적이다. "다수의 자율적 힘으로 구성되는 체제의 안정"이라고 정의될 수 있는 세력균형은 현실주의자들이 발견한 또는 고안해 낸 국제정치의 안정과 평화를 도모해 줄 수 있는 현상이자 정책 도구라 할 수 있다. 힘의 남용은 오로지 힘으로만 견제될 수 있다는 생각인 것이다. '세력균형' 체제란 체제 내에서 한 국가가 보유하고 행사하는 권력이 다른 국가들의 통합된 힘에 의해 견제되고 균형을 이루는 체제이다. 따라서 한 국가의 힘이 다른 강대국을 위협할 정도로 커지면 이를 견제하는 연합이나 동맹이 생겨나며, 패권을 차지하려는 모든 국가는 자멸에 이르게 된다. 이를 아는 국가 지도자들은 패권 추구를 자제하게 되고 그 결과 국제정치에는 안정과 평화가 깃들게 된다.

세력균형은 국제정치의 실제 상태에 대해 묘사하고 설명하는 이론적 개념이지만, 동시에 국가들이 생존과 힘의 증강을 위해 추구해야만 하는 정책으로 사용되기도 한다. 사실 현상을 묘사하고 설명하는 세력균형론이 학문적으로 체계화된 것은 1차대전 이후의 일이다. 대전 직후부터 전쟁 방지를 위한 연구, 즉 학문으로서의 국제정치학이 그때 시작되었기 때문이다. 그 이전에 사용된 세력균형은 생존이나 안정을 추구하는 국가들의 외교안보정책이나 국제체제의 규범으로 기능했다. 사회과학으로서의 국제정치학이 자리를 잡은 현재도 세력균형은 국제정치의 경험적 현상을 기술·설명하고 미래를 예측하는 이론적 개념으로 사용되기도 하지만, 동시에 국제정치의 주체들이 수행해야 하고 준수해야 하는 외교안보정책의 지침이자 규범으로 간주되기도 한다.

하나의 개념이 이렇게 이론과 정책으로 공히 사용되는 이유 중 하나는 그것이 역사적으로 검증되어 정책화하기 쉽기 때문일 것이다. 세력균형이라는 개념은 고대 그리스 세계에서 냉전 시대에 이르기까지 동맹 형성과 같은 국가들의 행동을 설명하는 데 있어 오랫동안 성공적으로 사용되어 왔다. '시간의 심판'을 견뎌낸 세력균형론은 정책결정자들에게 안심하고 사용할 수 있는 정책적 지침으로 수용될 수 있을 것이다.

세력균형론의 다른 특징은 단순성과 명확성이다. 세력균형론은 복잡한 국제정치의 퍼즐을 한 가지 핵심 원칙으로 요약한다. 즉, 국가들은 어느 한 세력이 우위를 차지하여 자국의 안보를 위협하는 것을 막기 위해 노력한다는 것이다. 이러한 단순성과 명확성 덕분에 정책결정자와 대중 모두 이 이론을 쉽게 이해할 수 있다.

세력균형론은 구체적 정책 제안을 가능케 하는 실용적인 정책 지침이다. 이 이론은 생존에 대한 위협을 파악함으로써 동맹을 맺거나, 떠오르는 강대국에 맞서 밸런싱을 하거나, 군비 통제 협상에 참여하는 등 국가가 추구해야 할 전략을 구체적으로 제시한다. 이러한 실용성은 국제정치에서 문제를 해결해야 하는 정책결정자들에게 매력적으로 보일 것이다.

3) 세력균형의 형태

세력균형은 세 가지 형태로 나누어 볼 수 있다. 즉 세력균형을 '얼마나 의식적 행위'인가 여부에 따라 자동적, 수동적, 반자동적인 것으로 분류할 수 있는 것이다. 첫째, 자동적 세력균형은 '보이지 않는 손'에 의해 형성되는 비의도적 세력균형이다. 18세기 스코틀랜드 철학자/경제학자 스미스(Adam Smith)는 "우리가 저녁 식사를 할 수 있는 것은 정육점, 양조장, 빵집 주인의 자비심 덕분이 아니라 그들이 자기 이익을 좇기 때문이다. 우리는 그들의 인도주의에 호소하는 것이 아니라 그들의 이기심에 호소한다"고 말했다. 그는 이기적인 개인들의 사익 추구 행위들이 시장의 "보이지 않는 손(the invisible hand)"에 의해 사회 전체의 복리를 증진한다고 했는데, 이는 국가들이 모두 이기적 이익을 추구할 때, 즉 계획이나 의도 없이 자기 보존이나 팽창을 일방적으로 추구할 때 자연히 그리고 자동적으로 형성되는 기계적 세력균형을 예시하는 적당한 비유이다. 미국과 소련 간의 냉전기 세력균형이 이에 해당한다 할 수 있다.

둘째, 수동적 세력균형은 인간 주체들이 국가 간 관계를 관리하는 수완과 기교를 발휘하여 만들어내고 유지하는 힘의 평형 체제이다. 전형적 사례인 19세기 유럽협조체제(the Concert of Europe)에 대해 간략히 살펴보자. 1803년 4월 30일, 프랑스의 나폴레옹은 현재 미국 본토의 1/4에 해당하는 루이지애나 영토를 미국에 팔았고, 이 자금을 유럽에서의 전쟁을 지원하는 데 사용하려고 했다. 아미앵조약(the Peace of Amiens)이 붕괴된 후, 영국은 1803년 5월 18일 프랑스에 선전포고를 했고, 이는 12년간의 나폴레옹전쟁의 시작을 알리는 것이었다. 유럽의 열강들은 동맹을 맺고 유럽 패권을 추구하던 프랑스를 패퇴시킨 후 새로운 유럽의 질서를 세우기 위해 (더 정확히 말하자면 유럽의 질서를 회복하기 위해) 1814년 9월 18일 오스트리아의 비엔나에서 회합했다. 비엔나 회의를 주재한 인물은 오스트리아의 재상 메테르니히였고, 러시아의 황제 알렉산드르 1세, 프로이센의 재상 하덴베르크, 영국의 외교장관 캐슬레이가 주요 참여자였다. 메테르니히는 나폴레옹 몰락 후 재집권한 부르봉 왕조의 루이 18세를 대변하는 프랑스 외교장관 탈레랑을 초대하여 프랑스의 복권과 체제 재편입을 도왔다. 1815년 이들은 유럽 역사상 가장 포괄적인 다자간 조약과 전례 없는 오랜 평화의 시대를 만들어내었다. 이후 40년간 열강 간 전쟁이 일어나지 않았고, 크리미아전쟁(1853-1856) 이후 50년간 대규모 전쟁이 발생하지 않았다. '비엔나체제'라고도 불리는 이 국제질서는 국가 간 역학관계보다는 정치인/외교관의 의지와 솜씨에 의해 유지된 세력균형 체제였다. 키신저에 따르면 이 세력균형 체제는 엄청난 타격이 아니라면 붕괴가 어렵도록 설계되어 있었다. 가장 중요한 요인은 유럽 대륙의 열강들이 "공유된 가치"에 의해 촘촘히 엮어져 있었다는 점이었다. 열강들은 자신들이 생각하는 정의(justice)와 정통성(legitimacy)을 지켜야 한다는 데 합의했다. 물론 이는 미국 대통령 윌슨이 20세기에 실현하고자 했던 "보편적" 정의나 정통성은 아니었지만, 유럽의 보수적 정치주체들은 그들 간에 공유된 가치와 규범을 준수하며 외교안보정책을 수행하였으므로 "힘과 정의"가 공존할 수 있었다. "물리적 평형"만 있었던 것이 아니라 "도덕적평형"도 있었던 것이다. 세력균형은 "힘을 사용할 기회를 감소시켰고, 정의라는 공유된 가치는 힘을 사용할 욕구를 감소시켰다." 영국 옥스포드대의 겔만(Peter Gellman)은 메테르니히, 프로이센의 비스마르크, 영국의 디즈레엘리 수상 등을 '분별력 있는(prudent)' 세력균형가로 꼽았고, 프랑스의 나폴레옹, 독일의 빌헬름 2세 황제, 그리고 영국의 체임벌린, 소련의 흐루쇼프 수상 등은 그런 능력을 갖지 못한 인물로 평가했

다.[4]

셋째, 반자동 세력균형은 세력균형이 깨어졌을 때 체제 외의 국가 주체에 의해 회복되는 체제이다. 여기에서는 이런 역할을 하는 '균형자(balancer 또는 holder of balance)'가 중요해진다. 비유적으로 말하자면 균형자는 시소가 한쪽으로 기울면 반대 쪽에 무게를 실어 균형을 회복하는 국가를 지칭한다. 서던캘리포니아대의 로즈크랜스(Richard Rose-crance)는 균형자를 "안정을 유지하기 위해 파괴적 힘들에 대항하는 국제체제 내의 조율자(regulator)"라고 불렀다.[5] 여기서 안정이란 경쟁의 "결과들(outcomes)"이 주요 강대국들이 받아들일 수 있는 한계 내에 머무르는 국제체제를 말한다. 모겐소는 "세력균형의 중심 무대에서 벗어나 행동하기 때문에 국제체제 내에서 사실상 견제되지 않는 균형자"는 "영구적인 비평형(permanent disequilibrium)"을 방지하는 기능을 수행한다고 보았고, 나아가 균형자 역할은 국익 극대화를 위한 효과적 수단이기 때문에 강대국의 지도자들에게 강력한 유인을 제공한다고 주장했다.[6] 영국은 1822년 유럽협조체제를 공식적으로 떠나며 '영구적 동맹 불참', 또는 "영광스러운 고립(splendid isolation, 고립이 영광스러운 이유는 당시 막강한 힘을 가진 대영제국이 자발적으로 자신을 고립시켰다는 데 있었다)"의 원칙을 천명한 이래로 유럽 대륙 문제에 개입하지 않았지만 대륙에서 패권국이 출현하는 경우에는 힘이 기우는 국가나 세력의 편에 서서 균형을 회복하는 역할을 수행했다. 물론 오르갠스키는 "균형자라는 것은 없다. 역사적으로도 존재한 적이 없다"고 하지만, 대다수 세력균형론자들은 "이론과 실제에서 지역적이든 세계적이든 모든 세력균형체제는 균형자를 필수 요건으로 한다"는 모겐소에 동의한다.[7]

패권국

미어샤이머에 따르면, 패권국이란 국제체제에서 모든 다른 국가들을 지배할 수 있을 정도의 물리력을 가진 국가를 의미한다. 다른 모든 국가들은 패권국에 대해 의미 있는 싸움을 벌일 수 있는 군사적 능력을 갖고 있지 못한다. 한 마디로 말해, 패권국은 국제체제에서의 유일한 강대국이다. 다른 강대국들에 비해 상당한 정도의 물리적 우위를 갖고 있는 국가는 패권국이라 할 수 없다. 왜냐하면 이 강대국은, 정의상, 다른 강대국들의 도전에 직면하고 있기 때문이다. 패권국은 도전을 불허할 만큼의 물리력을 갖고 있는 유일한 강대국이다. 앞서 우리는 패권주의에 대해 언급했는데 이는 패권국의 행태에 관한 것이다. 이론적으로는 패권국이 패권주의에 빠지지 않을 수 있다. 월트가 미·소 양극체제가 와해된 이후 세력균형이론가들의 예측과는 달리 미국에 대항하는 이른바 균형화가 일어나지 않은 이유는 패권국 미국이 패권주의적 행위를 하지 않았기 때문이라고 말했을 때 미국은 패권주의적이지 않은 '자애로운 패권국(benevolent hegemon)'인 셈이었다. 그러나 프린스턴대의 길핀(Robert Gilpin)에 따르면, 패권국은 국제체제 전체를 위한 "수탁자(trustee)," 즉 '자애로운 패권국'이 아니라 모든 다른 국가들과 마찬가지로 자신의 이익만을 극대화하려 한다. 따라서 반패권 전쟁은 불가피하다.[8]

4) 세력균형의 작동 원리

이론적 개념으로서의 세력균형은 체제적 안정을 유지해주는 동인으로 이해된다. 합리적 행위자인 국가나 국가군은 대등한 힘을 가진 상대와의 전쟁에서는 이기기 어렵다고 보기 때문에 현상타파에서 이익을 발견할 수 없고, 따라서 현상유지, 즉 전쟁을 일으키지 않는다는 것이며, 나아가 세력균형이 체제적 안정이라 할 때 국가들은 이러한 안정을 깨는 잠재적 패권국이 출현할 경우 이에 집단적으로 대항하여 세력균형과 안정을 유지 또는 회복하려 한다는 것이다. 여기서 현상을 단순히 서술하는 전자에 비해 이론적, 정책적으로 보다 이야기할 거리가 많은 후자, 즉 밸런싱에 대해 더 알아보기로 한다.

국가들은 패권 추구 행위를 인식하게 되면, 다시 말해 심각한 힘의 불균형이 발생한다고 인식할 때 밸런싱에 나서는데 경제력, 군사력 증강과 같은 '내적 밸런싱'과 동맹 체결과 같은 '외적 밸런싱'을 도모하게 된다. 그러나 내적 밸런싱은 시간이 걸리는 반면 외적 밸런싱은 국가들의 의도와 의지에 따라 비교적 쉽게 힘을 통합·결집시킬 수 있는 수단이 된다. 국가들은 이러한 밸런싱 조치들이 실패하는 경우 최후의 수단으로서 전쟁을 마다하지 않는다. 세력균형 정책의 주목적은 패권국 출현 방지에 있는 것이다. 공권력이 없는 국제정치는 자구체제이다. 여기서는 힘이 정의이고 모든 결정권을 갖는다. 따라서 국가들은 어느 특정 국가가 과도한 힘을 갖게 내버려둘 수는 없는 것이다. 국제정치에서 선한 힘은 없다. 어느 국가가 패권국이 되면 나머지 국가들은 괴롭힘을 당하거나 심지어 주권이나 독립을 잃어버릴 수도 있다. 국가들은 이러한 폭군의 지배를 모든 수단을 통해 막고자 하는 것이다.

모겐소에 따르면 제1차세계대전 발발의 국제정치적 원인은 유럽에서의 세력균형이 와해될 수 있다는 강대국들의 공포심과 직결되어 있었다. 전쟁으로 치닫던 시기에 삼국동맹(Triple Alliance)과 삼국협상(Triple Entente)은 발칸반도 지역에서 적대적 세력이 지배력을 확보한다면 이는 유럽 전체의 세력균형에 결정적인 부정적 영향을 미칠 것으로 보았다. 이러한 공포심은 독일이 동맹국 오스트리아-헝가리에 '사슬로 함께 묶인 것처럼(결박되기, chaing-ganging)' 어쩔 수 없이 전쟁에 끌려들어 가게 된 핵심적 요인이었다. 상대방도 마찬가지였다. 발칸에서 삼국동맹에게 우위를 빼앗기면 유럽대륙 전체를 내줄 수 있다는 삼국협상의 공포는 러시아가 세르비아를 그리고 프랑스 및 영국이 러시아를 지원하게 된 배경이 되었다.

일부 세력균형론자들은 체제 내 힘의 분포와 체제의 안정 간의 상관관계에 주목했다. 체제 내 힘의 분포는 힘이 셋 이상의 국가에 분산되어 있는 다극체제(multipolar system), 힘이 두 개의 강국에 양분되어 있는 양극체제(bipolar system), 힘이 하나의 강국에 집중되어 있는 단극체제(unipolar system)로 구분할 수 있다. 이 중 단극체제는 세력균형체제가 아니므로 이들은 다극체제와 양극체제의 안정성에 대해 논쟁했다. 국가 주체들의 외교적 능력을 중시한 카, 모겐소, 캐플런, 도이치 등과 같은 정치적 현실주의자 또는 고전적 현실주의자들은 다극체제가 양극체제보다 더 안정적이라고 보았다.[9]

모겐소, 그리고 도이치와 싱어에 따르면 강대국이 두 개뿐인 양극체제하에서는 한 강대국이나 그의 진영이 체제 전체를 지배하기 용이하며, 이는 긴장을 고조시키고 갈등을 부추길 수 있다. 또한 이 체제에서는 하나뿐인 상대를 적으로 간주하는 경향이 있고, 모든 주의(注意, attention)가 그에게 집중되며, '상대의 손실은 나의 이익' 또는 '나의 손실은 상대의 이익'이 되는 제로섬적 논리에 기초해 있으며, 따라서 외교와 타협의 기회가 줄어든다. 반면 강대국이 여럿인, 즉 권력의 분포가 상대적으로 분산되고 이완되어 있는 다극체제에서는 어느 한 국가가 체제를 지배하는 것은 불가능에 가깝다. 따라서 그 국가가 체제 지배를 위해 힘을 사용해야 할 필요를 느낄 가능성은 매우 낮다. 나아가 다극체제는 국가 간 상호작용의 복잡성과 다양성을 증가시키는 경향이 있으며, 이는 양극체제와는 달리 국가들 간의 적개심이 축적되는 것을 방지한다. 또한 다극체제는 하나의 이슈에서의 적국이 다른 이슈에서는 동맹국이 될 수 있도록 하는 이점이 있다. 즉 이합집산을 상대적으로 용이하게 만든다. 이와 같은 다극체제의 특징인 '교차횡단적 균열(cross-cutting cleavages)'과 '교차압력(cross-pressures)'은 체제의 경직성을 완화시키고 철천지원(徹天之冤)이 발생할 가능성을 줄여주며,[10] 잠재적 패권국에 대한 집단적 밸런싱이 효과적으로 이뤄질 가능성을 높여준다.

또한 다극체제하에서는 각 행위자들이 잠재적 적국들에 대한 주의를 분산할 수밖에 없다. 즉 힘이 여러 행위자에게 분산되어 있으면 관심이나 우려의 중심이 여러 곳에 있을 수밖에 없다는 것이다. 강대국들은 이와 같은 '다중 초점(multiple focal points)'의 존재로 인해, 다시 말해 다수의 주체와의 관계를 동시에 관리해야 하기 때문에, 적대적인 주의와 의심을 분산할 수 있으며, 이러한 주의의 분산은 군비 경쟁이 발생/격화하거나, 전쟁으로 비화할 가능성을 줄여준다.

월츠 등 신현실주의자들은 양극체제가 더 안정적 구조라고 주장한다.[11] 첫째, 양극체제에서는 우적(友敵)과 피아(彼我)가 분명하다. 이분법의 세상에서는 모든 것이 전략적으로 명료하고 확실하다(strategic clarity). 따라서 주의가 분산되지 않고 책임이 분명하며 결과적으로 오산과 오판의 가능성이 낮다.

둘째, 주변부의 부재(absence of peripheries)이다. 양극체제하에서는 양대 강국의 관심밖에 존재하는 주변부가 존재하지 않는다. 그리고 주변국이 없으면 주변 분쟁이 대전으로 비화될 수 없다. 1876년 비스마르크는 발칸 반도가 독일의 이익과 무관하다고 말했지만, 미국과 소련의 지도자들은 그럴 여유를 가지지 못했다. 체임벌린 영국 수상은 1938년 "우리가 알지 못하는 멀리 떨어져 있는 [체코슬로바키아] 민족"이 나치 독일에 의해 공격당해도 어쩔 수 없는 일이라고 생각했지만(그래서 2차대전이 일어났다), 미국의 트루먼 대통령은 1950년 소련의 꼭두각시에 의해 [한국인들]이 공격당했을 때, 그들이 누군지 알아야 했고, 신속히 파악할 수 있었다(그래서 그 꼭두각시를 쫓아내고 한반도에서 안정을 회복할 수 있었다).

셋째, 잠재적 적들의 수가 여럿인 경우 국가 간 행동 통일이 어려워지지만 적의 수가 하나인 경우 '체인-갱잉'과 책임 전가 등 '집단행동의 딜레마(dilemma of collective action)'가 발생할 수 없다. 월츠는 초강대국들이 서로에 대한 밸런싱을 직접 관리/통제하기 때문에 '집단행동의 딜레마'가 발생하지 않는다고 했고, 크리스텐센과 스나이더(Thomas Christensen and Jack Snyder)는, 보다 구체적으로, 이 체제에서는 두 초강대국이 자신의 생존을 군소 동맹국들에 덜 의존하기 때문에 그들에 대한 무조건적인 지원의 필요성이 줄어들고, 무모한 동맹국들에 의해 갈등에 휘말릴 가능성이 줄어든다. 나아가 이 체제에서는 군소 동맹국들이 단독으로 상대 초강대국에 맞설 수 없기 때문에 초강대국들은 책임을 그들에게 전가하지 않는다. 각 초강대국은 상대방을 직접적으로 견제해야 할 자신의 책임을 이해한다.[12]

넷째, 압력과 위기의 지속성(persistence of pressure and crisis)이다. 초강대국이 첨예하게 대립하는 양극체제에서는 상대를 감시하고 그의 행동에 대처해야만 하는 압력이 상존하고 그에 따라 위기가 빈발한다. 그러한 압력과 위기가 덜한 다극체제에서는 위기 관리 방식에 일관성이 부족해져 통제되지 않은 전쟁 비화의 위험이 더 높아질 수 있지만,

양극체제에서는 초강대국들이 서로를 지속적으로 마주하기 때문에 위기 관리와 갈등 해결 메커니즘을 개발할 가능성이 더 높다. 따라서 이체제에서는 '예측 가능하고 균형잡힌 경쟁(a predictable and balanced rivalry)'이 안정적으로 유지될 수 있다.

다섯째, 초강대국들의 압도적인 힘(preponderant power)이다. 양대 강국의 압도적 힘은 그들로 하여금 세계 각국의 혁명적인 정치·군사·경제적 변동을 양극체제의 세력균형 내에서 흡수할 수 있도록 했다. 예를 들어 미국은 1949년 국공내전에서 승리한 마오쩌둥에게 '자유중국'을 "빼앗겼고", 공산주의 맹주 소련은 1969년 7개월간의 국경 분쟁 끝에 공산주의 중화인민공화국을 완전히 상실했다. 그럼에도 불구하고 이러한 "두 개의 상실"은 미국과 소련 간의 세력균형에 큰 영향을 주지 않았다. 거함은 웬만한 격랑에는 미동도 하지 않는다. 나아가 이러한 압도적인 힘의 균형은 각 초강대국이 상대방을 억지할 수 있게 만든다. 냉전 시기의 상호확증파괴(MAD) 원칙이 그 대표적인 예로, 미국과 소련은 서로를 파괴할 수 있을 만큼 충분한 핵 능력을 가지고 있었기 때문에 어느 쪽도 갈등을 일으킬 수 없었다. 반면에 다극 체제에서는 힘이 여러 나라에 분산되어 있어 균형이 덜 명확해지고 억지력이 덜 신뢰할 수 있게 되어 전쟁의 위험이 증가한다. 또한 양대 강국은 막강한 힘을 가지고 있기 때문에 군소 동맹국들의 행위를 단속할 수 있고, 따라서 '체인-갱잉'에 의한 전쟁 발발 가능성은 상대적으로 낮다.

월츠는 국제체제의 안정성은 체제 내 변동이 얼마나 평화적으로 관리되는가의 문제와 함께 '내구성(durability)'의 관점에서 파악되어야 하는 국제정치적 현상이라고 주장하며 다극체제에 비해 더 안정적인 양극체제는 내구성 면에서도 우월하다고 강조한다. 그에 따르면 강대부국들은 그들이 잃을 수 있는 것들에 의해 발목이 잡히게 된다. 따라서 그들은 책임감을 갖고 행동할 수밖에 없으며, 결과적으로 자신의 '행동의 자유'를 자발적으로 유보·자제하게 되는 것이다. 그러나 약소빈국들은 잃을 것이 없다. 그들은 자신의 이익조차도 경우에 따라서는 무시할 수 있다. 따라서 이들 국가는 상대적으로 자유롭게 행동할 수 있다. 월츠는 타이완의 장제스(蔣介石), 한국의 이승만, 이란의 모사덱을 언급하며 이들 약소빈국의 행동은 통제되기 어렵지만, '잃을 것이 많은' 미국과 소련 간의 관계는 책임과 자제 면에서 질적으로 다르다고 지적했다. 양극체제에서는 진영의 맹주들이 약소국들에 의한 우발적 사태가 전쟁으로 비화되는 것을 적극적으로 통제할 수 있다. 그래서 이 체제는 안정적으로 '오래' 갈 수 있다.

5) 세력균형이 원활히 작동하기 위한 조건

앞서 언급했듯이 우리가 관심을 가지는 세력균형의 형태는 수동적 세력균형이다. 그런데 이는 조건 여하에 따라 원활히 작동할 수도 그렇지 않을 수도 있다. 잘 작동하면 국가적 독립과 체제적 안정이, 그렇지 않으면 특정 국가가 패권을 쥐고 흔들 수 있다. 세력균형 이론가들이 제시하는 조건 중 몇 가지는 주목할 필요가 있다.[13]

무정부 상태에서 생존과 지배를 놓고 경쟁하는 둘 이상의 국가는 현재적 또는 잠재적 적들의 행보에 대해 항상 경계(vigilant)해야 한다. '자신의 동맹국들'에 대해서도 마찬가지이다.
국가들은 특히 국제체제 내의 힘의 분포 상황 또는 그 변화에 대해

주시하고 민감하게 반응할 수 있어야 한다. 국가들은 현재적 또는 잠재적 경쟁자들의 외교적, 군사적 행보뿐 아니라 동맹국들의 힘이나 의도의 변동 상황 또는 그 가능성에 대해서도 늘 주목해야 한다. 후자는 국가 지도자의 '분별력(prudence)'의 진수이다. 그들은 적의 동태는 관심의 대상이어서 잘 볼 수 있지만 동맹국들의 능력과 의도는 대개 변하지 않거나 당연하다고 전제하기 때문에 잘 볼 수 없다. 나아가 국가 지도자는 동맹국들의 힘이 약화되고 있다면 이를 감안한 조치를 기민하게 강구하여 위험이 방치되는 것을 막아야 한다. 못지않게 중요한 것은 '오늘의 친구가 내일의 적이 될 수 있다', 또는 '오늘의 적이 내일의 친구가 될 수 있다'는 사실을 늘 염두에 두는 일이다.[14] 동맹은 경직되고 무분별하게 방치되면 체제의 불안정과 급기야는 대규모 전쟁을 야기할 수 있다.

강자에 편승하기보다는 상대적 약자에게 힘을 보태 밸런싱을 해야 한다.

월츠에 따르면 국내정치적 경쟁에서는 패한 후보자들이 승자와 운명을 함께하는 쪽으로 방향을 선회한다. 이와 같은 강자에의 '편승(bandwagoning)'은 현명한 행위인데, 이유는 패자에게도 이익이 돌아올 가능성이 있고, 패배가 패자의 안전이나 생존에 대한 위협을 의미하지는 않기 때문이다. 그러나 국제정치에서는 지도자가 되기 위한 경쟁에서 균형을 이루려는 행위, 즉 밸런싱이 현명하다. 이유는 한 연합이 다른 연합을 누르고 승리했을 경우 이 승자 연합에 속하게 된 다른 강대국들, 즉 '편승자들'은 같은 연합의 최강자에게 복속되기 때문이다. 국제정치에서는 어느 국가도 특정 국가의 압승을 바라지 않는다. 강대국들은 자신의 편 가운데 특정 국가가 지도자로 부각되는 것도 바라지 않는다. 우리는 전쟁에 승리한 동맹국들이 전쟁이 끝나고 얼마 되지 않아 서로 반목하게 되는 경우를 어렵지 않게 본다. 무정부 상태에서 안보, 즉 생존은 지고의 목적이다. 일차적으로 생존이 보장된 뒤에 평화, 이익, 힘 등의 문제가 고려될 수 있는 것이다. 그렇기 때문에 국가들은 생존과 독립을 유지하기 위해 두 개의 동맹 중 상대적으로 약한 쪽에 참여한다.

마키아벨리(Niccolo Machiavelli)는 오래전에 중립 불가론과 밸런싱 전략의 중요성을 강조한 바 있다. 즉 어떤 경우에든 중립은 피해야 하고, 동맹을 맺어야 하는 상대는 상대적 약자라고 권고한 것이다. 그는 "약한 군주와의 동맹은 당신에게 유익하다. 당신의 도움을 받은 군주는 당신의 처분에 따를 것이다. 강력한 세력과는 상황에 의해 강요되지 않는 한 자발적으로 동맹을 맺지 말라. 당신은 승자의 수중에 들어가게 된다"고 경고했다. 마키아벨리는 강자에 대한 편승은 복속을 의미하기 때문에 독립 국가로서 생존하기 위한 방책은 오히려 강자에 대한 밸런싱 전략을 통한 상대적 약자들과의 규합과 동맹에서 찾아진다고 주장했다. 분별력 있는 군주는 밸런싱을 통해 세력균형을 추구해야 한다는 말이다.

전쟁은 정당한 정치술의 도구로 간주되어야 한다.

세력균형은 전쟁을 무릅씀으로써 전쟁을 방지하고자 하는 정치술이다. 밸런싱은 평화가 아니라 전쟁을 위한 준비이다. 강대국 간 전쟁이 발발한다고 해서 세력균형이 제대로 작동하지 않았다고 단정할 이유는 없다. 오히려 그 반대일 수 있다. 전쟁 발발은 세력균형론을 부정하는 것이 아니라 대부분의 경우 이를 뒷받침하는 것이다. 세력균형은 국가들이 서로의 이견을 전쟁을 통해 해결한다는 기대(expectation)에 기초해 있다. 폭력 사용에 대한 그러한 기대가 국가들의 행동 양식에 강력한 영향력을 행사하는 것이다. 강대국들은 기회만 되면 서로의 영토를 정복하려 한다는 광범위하게 공유된 기대야말로 그들이 세력균형을 끊임없이 추구하게 만드는 핵심 요건이 되는 것이다. 전쟁은 정당한 정치술이다.

동맹은 일시적인 국익 추구 수단이므로 영원할 수 없고 국가는 항상 유연하게 입장과 노선을 변경할 수 있어야 한다.

세력균형론에 따르면 동맹이란 특정 국가나 국가군이 세상을 지배하지 못하도록 하기 위해 만들어지는 방어적인 전략 수단이다. 따라서 동맹은 패권을 추구하는 그 어느 국가에 대항해서도 예외 없이 결성되어야 한다. 모든 강대국은 오로지 '힘으로 정의되는 이익'만을 판단의 기준으로 삼아 힘이 한쪽으로 쏠리는 현상을 막아야 한다. 잠재적 패권국이 정해져 있는 것이 아니기 때문에 동맹은 일시적이고 유동적일 수밖에 없다. 국제정치적 조건이나 상황이 변했는데도 동맹 전략이 이를 반영하지 않고 고정되어 경직된다면 해당 국가들은 불이익을 감수해야 하며 경우에 따라서는 생존의 위기에 빠질 수도 있다. 이념, 개인적 경쟁, 국가적 증오, 기억, 감정, 현재 진행 중인 영토 분쟁 등 세력균형의 지속을 방해하는 이러한 권력 외적 고려인 "동맹 핸디캡(alliance handicaps)"은 배제되어야 한다.[15]

세력균형론자들에 따르면 냉전 후 NATO의 확장은 세력균형론에 배치되는 현상이자 정책이다. 동맹은 영원할 수 없고 국제체제의 힘의 분포의 변동을 반영하여 항상 유연하게 변경될 수 있어야 하는데

NATO는 그렇지 않은 것이다. 세력균형론에 따르면 냉전 초기 공산 소련에 대항하기 위해 결성된 서방의 집단군사동맹체인 NATO의 동쪽으로의 확장은 물론이고 그 존속 자체가 세력균형과 국제체제의 안정을 위협하는 요인이다. NATO는 대항 집단군사동맹체였던 바르샤바조약기구와 소련이 붕괴되고 냉전이 종식되었는데도 존속할 뿐 아니라, 오히려 소련의 위성국가였던 폴란드, 체코와 슬로바키아, 알바니아, 헝가리, 불가리아, 루마니아, 그리고 소련에 속했던 발트3국 등으로까지 확장되었다. 서방은 이러한 조치가 국제체제 안정과 민주주의 확대라는 "선의"에서 비롯된 것이라고 주장하지만, 세력균형 이론가들은 이를 힘이 센 주체가 자신의 의지를 일방적으로 관철하는 소위 패권적 행위로 비칠 수 있다고 우려한다. 실제로 러시아는 NATO의 동진을 심각한 안보 위협으로 간주하고 군비 확충뿐 아니라 실제로 크름을 점령하는 등 "깨어지고 있는 세력균형"에 대해 민감하게 대응해 왔다. 2022년 러시아는 NATO 가입을 신청한 우크라이나를 전격적으로 침공했다. 서방의 대부분의 국가들은 러시아의 무력 사용을 '침략전쟁'이라고 비난하면서 강력한 경제 제재에 나서고 있지만, 중국은 사실상 러시아를 돕고 있다. 중국은 러시아의 우크라이나 침공 직전 개최된 중·러 정상회의에서 약 142조 원에 달하는 러시아산 원유·천연가스 수입 계약에 서명했고, 침공 수 시간 만에 러시아산 밀 수입 제한 완화 조치를 내렸다. 세력균형론에 따르면 미국과 NATO가 러시아를 심각하게 옥죄려 한다면 중국은 세력균형 차원에서 러시아에 밀착하지 않을 수 없을 것이다.

세력균형과 관련하여 '기억(memory)'이나 감정이라는 권력 외적 요인이 주요 변수가 될 수 있다. 특히 원한과 같은 '나쁜 기억'이 생생

러시아를 자극한 미국의 책임?

"공격적 현실주의"의 창시자인 미어샤이머는 "우크라이나전쟁은 러시아를 자극한 서방의 책임"이며, "NATO 확장에 대한 러시아의 반응은 합리적이고 불가피하다"라고 말했다. 그에 따르면 NATO의 동진은 러시아의 위협인식을 높여 긴장을 고조함으로써 불신과 경쟁의 소용돌이로 이어지는 안보딜레마를 야기할 수 있으며, 갈등이 전쟁으로 비화할 가능성이 있다. "방어적 현실주의"의 아이콘인 월츠도 NATO의 확장이 유럽의 기존 세력균형과 그에 기초한 안보 체제를 무너뜨릴 것이라고 주장했다. 그에 따르면 NATO의 영향력이 동쪽으로 확대되면 러시아의 입지가 약화되고 러시아의 전략적 계산에 불안감이 조성될 것이며, 이에 대응하여 러시아는 힘의 균형을 재확립하거나 주변 지역에 영향력을 행사하기 위한 조치를 취할 동기를 갖게 될 수 있다. NATO를 확장한 클린턴 정부에서 국무차관을 지낸 탤벗(Strobe Talbott)은 "러시아인은 NATO를 자신들을 겨냥했던 냉전의 유물로 보고 있으며, 러시아는 바르샤바조약기구를 해체했는데 미국은 왜 NATO를 해체하기는커녕 동쪽으로 확대하느냐고 묻는다며 이 질문은 합리적 질문"이라고 말했다. 냉전기 대소 "봉쇄정책의 아버지" 케넌은 "누구도 누구에 의해 위협받지 않는 상황에서" NATO의 동진은 "새로운 냉전의 시작이며, 러시아는 점차적으로 대응에 나설 것"이고, 미국의 조치는 결국 "비극적인 실수"로 판명될 것이라고 말했다.[16]

하게 살아 있는 경우 '어제의 적은 오늘의 친구가 될 수 있다'는 세력균형의 기본 원리를 무력화할 수 있다. 콜로라도대의 미들라스키(Manus Midlarsky)는 이 문제에 천착하여 19세기 동맹 체제는 "기억 부재(memorylessness)"의 시기였으며 그 기간에 유럽 세력균형 체제는 그 어느 시기보다 안정적이었다는 사실을 발견했다. 그에 따르면 1978년 이스라엘-이집트 캠프 데이비드 협정은 이러한 19세기 '기억 부재 모델'에 기초한 것이었다. 양국은 과거의 불만과 원한을 잊고 현재와 미래의 실질 이익에 집중하려 했다는 것이다.[17]

'기억 부재'의 부재가 밸런싱을 무력화한 사례로서 나폴레옹의 부상과 제3차 대프랑스 동맹이 제시될 수 있다. 나폴레옹은 1790년대와 1800년대 초에 걸쳐 연전 연승하며 유럽 질서에 명백한 위협을 가했다. 전통적인 세력균형을 흔든 나폴레옹의 프랑스에 대항하기 위해 오스트리아, 러시아, 영국 등이 1805년 결성한 제3차 동맹은 밸런싱의 교과서적인 사례였다. 그러나 제3차 동맹은 실패했다. 러시아의 차르 알렉산데르 1세와 오스트리아의 황제 프란츠 1세(신성로마제국의 프란츠 2세) 사이의 오랜 적대감으로 인해 프랑스 봉쇄라는 공동의 목표를 효과적으로 추진하지 못했던 것이다. 두 사람은 폴란드 분할을 비롯한 이전의 여러 분쟁에서 상호 불신과 적대감을 갖게 되었는데 특히 프란츠 1세는 동유럽에 대한 러시아의 팽창주의적 의도를 의심했다. 알렉산데르 1세는 프란츠 1세가 자신과 상의 없이 프로이센을 동맹에 끌어들이려 하자 이를 러시아의 역할과 영향력을 축소하려는 시도로 인식하고 분개했다. 이러한 내부 불화는 결정적으로 중요했던 프로이센의 동맹 참여를 막았다. 이는 패권을 추구하던 나폴레옹에 대한 동맹군의 조직적이고 효과적인 저항 능력을 약화시켰고, 결국 아우스터리츠 전투에서의 패전으로 이어졌다.

전쟁을 해야 한다면 온건한 목표(limited war aims)를 추구해야 한다.

세력균형론은 국제체제의 안정과 패권국 출현 방지를 목표로 하지만 전쟁을 해야 한다면 그것의 결과를 세력균형의 회복을 염두에 두고 계획·관리해야 한다고 제시한다. 뒤에서 논의하게 될 월츠의 '방어적 현실주의'의 관점에서 보면, 중요한 것은 어느 한 강대국이 체제의 주요 구성원을 파괴하고 지배할 경우 그 강대국이 치러야 하는 대가가 막대하다는 사실이다. 세력균형의 주요 주체를 파괴하여 어느 국가가 패권국으로 부상하면 나머지 주요 구성원들이 생존 위협을 느끼고 그 국가에 대해 집단적으로 밸런싱을 하게 되어 결국 그 국가는 얻는 이익보다 훨씬 큰 비용을 감당해야 할 것이기 때문이다. 요컨대 다극체제에서 국가들은 자신을 제외한 나머지 국가들이 자신에 대항하여 똘똘 뭉치는 역풍이 예상되기 때문에 불가피한 전쟁은 할 수밖에 없지만 전쟁의 목표는 온건하게 제한해야 하는 것이다.

전쟁을 해도 세력균형체제의 일원을 파괴해서는 안 되는 또 다른 이유는 그 구성원이 살아남아서 패권국 출현을 방지하는 데 기여하도록 해야 하기 때문이다. 예를 들어 비스마르크는 1866년 쾨니히그래츠 전투(오스트리아-프로이센전쟁을 끝낸 전투)에서 압승하며 경쟁국 오스트리아를 파괴할 수 있었지만, 그렇게 하지 않고 오스트리아가 강대국의 반열에 남는 것을 허용했다. 그것이 프로이센에 대한 집단적 밸런싱을 막고, 나아가 자신에게 이익인 유럽 대륙에서의 대프랑스 세력균형 유지에 도움이 되기 때문이었다. 프로이센은 결정적이지만 파괴적이지 않은 승리를 전쟁 목표로 정했다. 약해졌지만 여전히 독립적인 오스트리아는 프랑스의 잠재적 침략에 대해 완충 역할을 했다. 세력균형론에 따르면 비스마르크는 분별력을 잃지 않고 현명하게 행동한 것이다.

2. 세력전이론

현실주의의 전제들을 대부분 공유하면서도 세력균형론과 논리적으로 대척점에 서 있는 이론은 세력전이론(Power transition theory)이다. 즉 두 이론은 국제정치의 유일한 주요 주체는 국가이고, 국가는 단일체적이고 합리적 행위자[18]이며, 국제정치의 핵심 이슈는 안보 문제이고, 따라서 물리적 힘이 국제정치를 설명하는 결정적 변수라는 데는 견해를 같이 하면서도, 국가 행위의 결과인 전쟁이 왜 또는 어떤 조건하에서 일어나는가에 대해서는 180도 다른 예측과 설명을 내놓는 것이다. 간단히 말하자면 세력균형론은 국가 간 힘의 격차가 크면 강국이 약국을 침공하여 승리할 가능성이 높기 때문에 전쟁이 일어난다고 보는 반면 세력전이론은 국가 간 힘의 격차가 크면 강국은 약국으로부터 위협을 느끼지 않고, 약국은 강국을 공격할 엄두를 낼 수 없기 때문에 전쟁이 오히려 일어나지 않고 안정이 유지된다고 제시한다.

언뜻 보면 양 이론이 제공하는 설명은 모두 그럴듯해 보인다. 그러나 정면으로 충돌하는 설명이 모두 타당할 수는 없다. 오히려 양 이론 모두 하자가 있을 개연성이 있다. 그렇지 않다면 이론이 적실하게 적용될 수 있는 시공간이 제한적이어서 한 이론은 특정 시공간에서 다른 한 이론은 그와 다른 시공간에서 타당한 예측과 설명을 제공한다고 볼 수도 있을 것이다. 학자들은 오랫동안 이 문제에 대해 논쟁해 왔다. 우리는 여기서 그 논쟁에 참여하기보다는 일단 이론적 이해를 도모하기 위해 양 이론의 특징들을 비교·대조해 보기로 한다. 그러기 위해서는 세력균형론을 염두에 두고 세력전이론의 논지가 구체적으로 어떻게 다른지 살펴봐야 할 것이다.

1) 세력균형론은 산업혁명 이후의 전쟁과 평화를 제대로 설명할 수 없다

미시건대의 오르갠스키는 1958년 그의 저서 『세계정치(*World Politics*)』[19]에서 세력전이를 최초로 개념화했다. 그는 세력균형론이 산업혁명 이전 시기의 전쟁과 평화 문제를 설명하는 데는 유용했을 수 있지만, 각국 간의 국력의 차이가 급격히 발생하기 시작한 산업혁명 이후의 전쟁과 평화를 제대로 설명할 수는 없다고 주장했다. 말하자면 산업혁명 이전에는 각 국가가 농업경제에 기초하여 국내적 성장이 모두 고만고만했기 때문에 전쟁 발발의 중요 변수인 힘의 격차에 영향을 주지 못

Hungry for more?

세력전이와 동맹

동맹은 세력균형론의 주요 관심사이지만 세력전이론에서는 핵심 변수가 아니고 부차적인 것으로 간주된다. 동맹은 패권 전쟁의 근본 원인이 아니고 오히려 세력전이 또는 '권력이동(power shift)'의 결과로 보기 때문이다. 그러나 동맹이 세력전이의 결과라는 사실은 경우에 따라 동맹이 중요할 수도 있다는 사실을 드러내준다. 지배국가가 국제체제를 지배하고 있을 때는 동맹체제가 안정적일 수밖에 없고 따라서 동맹은 중요한 '변수'가 되지 못한다. 그러나 지배국가가 부상하는 불만족 강대국에 의해 도전받는 상황이 오면 그림은 달라질 수 있다. 이 기간 동안, 지배 권력과 부상하는 권력 모두 전략적 위치를 강화하기 위해 동맹에 의존할 수 있으며, 이는 세력전이 전쟁의 계산과 잠재적 결과에 영향을 미친다. 따라서 동맹은 무력 갈등의 근본 원인은 아니지만, 권력 이동 시기에 지배국가와 불만족 강대국의 전략계산에 영향을 미치므로 패권전쟁의 개시와 전개 과정에 중요 개입 변수로 작용할 수 있다.

했고, 따라서 국가가 생존을 위해 힘을 증가시키는 수단은 타국들과의 동맹 체결, 즉 세력균형책밖에 없었던 반면, 산업혁명 이후에는 각국의 내적 성장이 차별적으로 이뤄졌기 때문에(differential growth rates) 이로 인한 국가 간 역학관계의 변동(미국과 소련의 성장, 영국과 프랑스의 쇠퇴를 보라)이 전쟁의 핵심 변수가 되었다는 것이다. 오르갠스키는 산업혁명 이후 지배국가가 주도한 동맹은 적어도 단기적으로는 안정적인 전략 도구였기 때문에 전쟁을 설명하는 주요 '변수'가 될 수는 없다고 생각했다. 지배국가가 어떤 동맹을 가지고 있는가보다는 그 국가의 국력이 '불만 가득한' 도전국에 비해 얼마나 월등한지, 또는 도전국이 얼마나 신속히 성장하여 국력 격차를 줄이는지가 핵심 변수라는 말이다.

2) 국제정치는 위계체제이다

오르갠스키는 국제정치가 법리적으로는 주권과 평등의 원칙에 기초해 있지만, 사실은 국력의 우열을 바탕으로 하는 위계체제(global hierarchy)로 보아야 한다고 주장했다. 그가 상정하는 위계체제의 맨 꼭대기에는 지배국가(dominant power)가 존재한다. 이 지배국가는 인구 규모, 생산성, 정치적 능력(통합 및 안정), 경제 발전, 국가적 사기(士氣), 자원, 지리 등으로 측정되는 권력 자원을 가장 많이 보유하고 있는 나라이다. 지배국가 아래에는 잠재적 경쟁자인 몇 개의 강대국(great powers)이 있고, 그 아래에는 지역적 영향력을 갖고 있지만 지배국가나 국제체제의 구조를 전복할 능력은 없는 중간국가(middle powers)가 있으며, 그 아래에는 약소국(small powers)이 있고, 국력의 피라미드의 제일 아래에는 식민지가 있다.

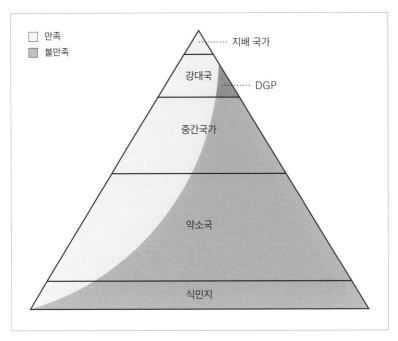

그림 1 세력전이론의 위계체제

오르갠스키의 세력전이론이 현실주의 전제를 대부분 수용하지만 한 가지 도드라지는 차별점은 이 이론은 비물질적 변수인 '체제 만족도'를 중시한다는 점이다. 오르갠스키에 따르면 위계적 국제체제 내에 기존 질서에 만족하는 국가들과 불만족한 국가들이 존재한다. 만족 국가군에는 지배국가, 기존 질서의 유지에 이해관계를 같이하는 기득권적인 강대국들, 그리고 체제의 규칙과 규범을 큰 불만 없이 따르는 중간국가들과 약소국가들이 존재한다. 불만족 국가군에는 지배국가의 주도하에 유지되는 국제질서에 대해 강한 거부감을 갖는 강대국이 있고 식민지도 이에 포함된다. 가장 중요한 것은 '불만족한 강대국(dissatis-fied great power)'이다(위의 그림에서 DGP). 이는 지배국가와 기득권 세력에게 일방적으로 유리한 기존의 "부당한 국제질서"를 전복하고 싶지만 힘이 부족하여 어쩔 수 없이 참아야 하는 형편에 있다. 그러나 이 불만족 강대국은 자신과 지배국가와의 힘의 격차가 충분히 줄어들어 힘으로 어떻게 해볼 수 있다고 판단되는 경우 기존 질서를 바꾸기 위해 전쟁을 불사할 수 있는 강렬한 의지를 가진 현상타파적 국가이다.

3) 불만족한 강대국이 지배국가에 비해 급속히 성장하는 경우: 세력전이

세력전이론이 주목하는 부분은 불만족한 강대국이 지배국가에 비해 상대적으로 급속히 성장하는 경우이다. 가령, 불만족 강대국은 1960년에는 힘의 격차가 커서 지배국가가 구축한 국제질서에 도전하지 못했지만, 2020년에는 그 격차가 크게 줄어들어(approximate parity) 세력전이가 일어날 때쯤 강화된 힘을 통해 불만족을 해소하려 한다. 세력 격차가 줄어들어 이제 이길 수 있다는 판단이 서면 이른바 패권 교체를 위해 지배국가에 대해 전쟁을 불사한다는 말이다. 여기서 짚고 넘어가야 할 것은 세력전이론이 관심을 갖는 전쟁은 국제체제의 주도권을 두고 벌이는 장기간에 걸쳐 대규모 무력이 동원되는 세계 수준의 패권 전쟁이라는 점이다. 세력전이론자들은 이렇게 벌어지는 대전을 체제를 바꾸려 한다는 의미에서 "수정주의적 도전(revisionist challenges)"에 따른 전쟁이라고 부른다.

다른 한편 전쟁은 지배국가가 세력전이 과정을 중단시키거나 역전시키기 위해 "예방적" 차원에서 일으킬 수도 있다. 불만족 강대국이 더 강해지기 전에 손봐준다는 의미이다. 이러한 전쟁은 "예방 전쟁(pre-

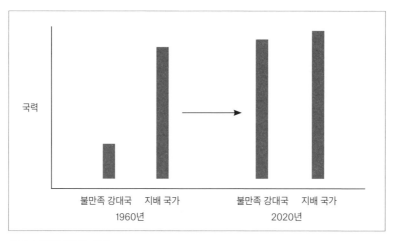

그림 2 세력전이의 과정

ventive wars)"이라 한다. 지배국가가 도전국의 공격이 '임박'했다고 판단하여 개시하는 전쟁은 "선제 전쟁(preemptive war)"이다. 텍사스대의 리비(Jack Levy)에 따르면 상대적으로 쇠퇴하는 지배국가는 "기회의 창이 닫히는 가운데 두 개의 나쁜 선택지", 즉 더 늦기 전에 전쟁을 할지, 아니면, 기다리다가 더 강한 적과 싸워야 할지 중 하나를 선택해야 하는 위기에 빠지게 된다. 지배국가가 오래 기다릴수록 전쟁은 그에게 최악이 될 가능성이 높고, 따라서 지배국가의 지도자들은 신속히 행동해야만 한다는 압박감을 느끼게 된다. 이는 결국 숙의할 시간을 줄이고, 비합리적이고 일탈적인 결정에 이르게 할 수 있으며, 파국적 전쟁의 원인이 될 수 있다.[20]

세력전이가 패권 전쟁을 항상 유발하는 것은 아니다. 도전국이 지배국가에 우호적인 만족 국가라면 세력전이가 평화적으로 이뤄질 수 있다. 지배국가였던 대영제국에 도전했던 독일제국이나 나치 독일은 1

차대전과 2차대전을 일으켰지만, 1차대전 후 인구(이민자 급증 등)와 경제력 면에서 급성장한 미국은 영국 중심의 국제질서에 도전하지 않고 오히려 현상유지를 선호했다. 오르갠스키는 2차대전 후 미국이 국제질서를 주도하는 지배국가가 되었지만 미국의 신국제질서는 자유주의라는 같은 규칙과 규범을 가진 사실상 영국의 국제질서의 연장이었고, 따라서 그 질서 하에서 이익을 보장받았던 영국을 포함한 만족 국가군이 미국의 신질서를 유지하는 주요 성원이 되었다고 제시했다.

미시건대의 렘키(Douglas Lemke)는 오르갠스키의 이론을 기초로 다중위계모델(multiple hierarchy model)을 고안하여 세력전이론의 논리가 세계패권을 둘러싼 강대국들 간 전쟁뿐 아니라 지역적 패권 분쟁에도 적용될 수 있는지에 대해 경험적 검증을 실시했다. 그는 아프리카, 극동아시아, 중동, 남아메리카의 전쟁을 조사한 결과, 이들 사례에서 세력전이가 전쟁의 주원인이라는 사실을 발견했다.[21] 그의 발견은 세력전이론을 '특수한 전쟁(세계패권전쟁)'에 관한 이론이 아니라 국제정치의 일반이론으로 확대할 가능성을 높여주었다.[22]

4) '투키디데스의 함정'

세력전이 이론가들을 포함하여 적지 않은 국제정치학자들은 이 이론을 작금의 국제정치 현상에 적용하여 미래를 예측하고 있다. 이러한 시도 중 현재 가장 많은 주목을 받고 있는 것은 세력전이론을 고전화하여 미·중 관계에 적용하고 있는 앨리슨의 '투키디데스의 함정(the Thucydides Trap)'이다. 주지하듯, 투키디데스는 『펠로폰네소스 전쟁사』에서 "아테네의 '급부상(rise)'이 자극한 패권국 스파르타의 '공포

(fear)'는 전쟁을 불가피(inevitable)하게 만들었다"고 썼다. 앨리슨은 힘의 격차가 급격하게 좁혀짐에 따른 '구조적 스트레스(strutural stress, 국제체제의 구조에서 발생한 긴장과 압력)'가 작용-반작용의 악순환을 야기한다는 투키디데스적 논리가 일반화될 수 있다고 주장했다. 예를 들어 1차대전은 영국과 독일이 투키디데스의 함정에 빠진 결과였다. 그에 따르면 1차대전이 발발하기 8년 전, 영국 국왕 에드워드 7세는 수상에게 영국 정부가 더 큰 도전 세력일 수 있는 미국을 주시하지 않고 자신의 조카인 빌헬름 2세의 독일에 왜 그렇게 비우호적인 태도를 보이는지 물었다. 수상은 외무부의 독일 담당 책임자인 크로우(Eyre Crowe)에게 국왕의 질문에 답하는 메모를 작성하라고 지시했다. 크로우는 1907년 새해 첫날 비망록을 제출했는데 그의 분석 논리는 투키디데스의 통찰력을 반영하고 있었다. 크로우는 독일의 "정치적 패권과 해양 권력"의 추구가 "이웃 국가들의 독립과 궁극적으로 영국의 생존"에 실존적 위협을 제기하게 될까?라는 질문을 던지고 분명하게 대답했다. 능력이 핵심이었다. 그는 "독일 경제가 영국을 능가함에 따라 독일은 유럽 대륙에서 가장 강력한 군대를 보유하게 될 것이며 가장 강력한 해군을 건설"할 것이라고 생각했다. 그는 "독일이 해양 패권을 획득하면 … 독일의 의도와는 상관없이 그 자체로 영국에 대한 객관적인 위협이 될 것이며 대영제국의 존립과 양립할 수 없을 것"이라고 생각했던 것이다.[23]

메모를 읽고 3년 후 에드워드 7세는 사망했다. 그의 장례식에는 에드워드의 후계자 조지 5세와 독일제국의 빌헬름 2세, 그리고 미국을 대표한 시어도어 루스벨트 대통령 등 두 명의 "주요 애도자"가 참석했다. 루스벨트는 빌헬름 2세에게 독일-영국 간 해군 군비 경쟁을 멈출 수 있을지에 대해 물었다. 빌헬름 2세는 독일은 강력한 해군을 보유하는데 변함없이 전념하고 있다고 답했다. 그러나 그는 독일과 영국 간의전쟁은 상상할 수 없는 일이라고 말했다. "나는 영국에서 자랐고, 나 자신이 영국인이라고 생각합니다. 나는 독일을 제외하고 영국을 다른 어떤 나라보다 더 아끼고 사랑합니다!"라고 그는 말했다. 그럼에도 불구하고 빌헬름 2세와 독일은 강력해진 자신의 힘을 과시하였다. 영국은독일의 야망과 군비 증강을 자국의 안보와 패권적 지위에 대한 직접적인 도전으로 보았다. 독일은 영국의 견제가 독일의 성장을 억제하고 주요 강대국으로서의 정당한 지위를 제한하려는 부당하고 억압적인 시도로 인식했다. 앨리슨에 따르면 "충돌이 얼마나 상상할 수 없든, 모든행위자에 대한 잠재적 결과가 얼마나 치명적이든, 지도자들, 심지어 혈족 사이의 문화적 공감대가 얼마나 깊든, 국가 간의 경제적 상호의존도가 얼마나 높든 상관없다. 이러한 요인은 1914년이나 오늘날이나 전쟁을 막기에 충분하지 않다." 중요한 것은 투키디데스의 함정이고 정치지도자들은 이 함정에 쉽게 빠진다는 사실이다. 지난 500년간 신흥 도전국이 패권국에 도전한 16번의 사례에서 12번(75%)이 '투키디데스의함정'에 빠져 전쟁으로 비화했다.[24]

앨리슨에 따르면 오늘날 미국의 공포는 중국의 급부상과 직결되어있다. "제지할 수 없는 중국은 움직이지 않는 미국을 향해 접근(an irresistible rising China is on course to collide with an immovable America)"하고 있다는 것이다. 양국의 지도자는 애국주의를 선동하고 있다. 17번째 '급부상-공포'의 사례가 13번째 전쟁을 야기하는 방향으로 가고 있다. "중국이 야심을 자제하지 않는 이상, 그리고 미국이 태평양에서의제2인자로 만족하지 않는 이상", 타이완해협이나 남중국해에서의 돌발적 사건은 전면전으로 급격히 비화할 수 있다.

국제정치학에서 전쟁을 설명하는 이론은 수도 없이 많지만, 지배적인 접근법은 두 가지로서 첫째, 구조를 강조하는 접근법과 둘째, 행위 주체(human agent)를 강조하는 접근법이다. 투키디데스의 함정은 세력전이론과 마찬가지로 구조주의적 국제정치이론이다. 국제체제 내의 힘의 분포의 급격한 변동, 즉 패권국이 누리던 힘의 격차가 급격히 줄어듦에 따른 구조적 스트레스가 패권국의 공포를 자아내고 전쟁을 불가피하게 만든다는 가설을 공유하고 있는 것이다. 그러나 차이도 있다. 앨리슨은 투키디데스식 세력전이론을 21세기 최대의 국제정치적 화두인 미·중 관계에 적용했다는 점, 그리고 오르갠스키가 강조하는 기존 국제질서에 대한 강대국의 (불)만족도가 앨리슨에서는 생략되거나 그 의미가 축소되었다는 점이다. 나아가 오르갠스키는 강대국이 기존 체제에 대해 불만족하다면 전쟁은 불가피하다고 본 반면 앨리슨은 도전강국의 불만족이 해소되어야 한다고 암시는 하고 있지만, 이는 '구조 일방향'이 아니라 '구조와 주체 간 쌍방향'적인 것으로 본다. 특히 그는 양국의 국가 지도자와 같은 '인간 주체'가 국제체제의 구조적 스트레스를 해소하기 위한 노력을 기울이면 전쟁의 불가피성은 완화될 수 있다고 강조한다.

중국의 시진핑은 이 세상에 "소위 투키디데스의 함정과 같은 것은 없다"고 단정했다.[25] "전쟁은 선택이지 함정"이 아니라는 것이다. 이는 적어도 앨리슨에게는 미국과 중국이 직면하고 있는 국제체제의 구조적 스트레스가 인간 주체의 분별력과 소통 능력에 의해 완화 또는 해소될 수 있는 단초로 보일 수 있을 것이다. 그러나 시진핑이 과연 구조적 제약에서 '실제로' 벗어날 수 있을지, 그리고 미국의 지도자들이 자기실현적 예언을 매개로 투키디데스의 '함정에 함정이 있음'을 간파하게 될지 현재로서는 알 수 없는 일이다. 어쨌든 앨리슨에 따르면 현재는 "불가항력이 불가동(不可動)의 물체를 향해 접근하고 있는" 위험천만한 상황이다.

5) 세력전이론은 구조적이고 동태적 이론이며 반(半)현실주의적이다

세력전이론을 세력균형론과 메타이론적으로 비교·대조해 보자. 첫째, 세력전이론은 세력균형론과는 달리 구조적(structural)이며 동시에 동태적(dynamic) 이론이다. 즉 전자는 국가 지도자나 외교관 등 인간 주체보다는 국제체제 내의 힘의 분포에 초점을 둔다는 점에서 구조적 또는 구조주의적이고, 동시대에 존재하는 국가들이 단순히 힘을 합치는 동맹 결성보다는 시간의 흐름에 따라 나타나는 국가들의 불균등한 내부적 성장의 결과에 주목한다는 점에서, 그리고 국제체제에서 변동이 왜, 그리고 어떻게 일어나는지를 보여준다는 면에서 동태적이라는 말이다.

둘째, 세력전이론은 물질적 힘으로 국제정치를 설명한다는 차원에서 현실주의에 속한다고 볼 수 있으나, 다른 한편 현실주의와는 두 가지 점에서 차별성을 갖는다는 점이 간과될 수 없다. 먼저, 현실주의는 국제정치의 무정부성을 강조하지만 세력전이론은 국제정치가 사실상 위계체제라고 보고 있다. 따라서 국제정치에서는 경쟁과 갈등뿐 아니라 다양한 수준에서 지배국가와 강대국들 간의 협력도 일어나는 것이다. 다음으로, 앞서도 언급했지만, 세력전이론은 기존 질서에 대한 강대국의 (불)만족도라는 비물질적, 관념적 요인을 핵심 변수화하고 있다는 점에서 현실주의와 대비된다. 현실주의는 국력의 다소나 분포에만 주목하지만 세력전이론은 "국가적 선호(national preferences)"[26]를 중시한다는 면에서 자유주의적 또는 구성주의적 면모를 가지고 있다 할 것이다.

6) '강대국 국제정치 비극론'

세력균형론에 도전하는 또는 세력균형론의 한 변형(variant)으로서의 또 다른 주요 현실주의 국제정치이론은 '강대국 국제정치 비극론'이다. 이 이론은 월츠의 '방어적 현실주의'에 대비되는 '공격적 현실주의'라 불리기도 하는데 주창자는 미어샤이머이다.

미어샤이머는 그의 저서 『강대국 국제정치 비극론(*The Tragedy of Great Power Politics*)』에서 강대국들은 불확실성과 불신으로 가득한 무정부 상태의 자구적 국제체제에서 자신의 생존을 확실히 보장하기 위한 가장 효과적인 방법은 타 강대국들과의 힘의 '초격차'를 유지하는 것, 즉 세계패권(global hegemony)을 쥐는 것이라고 판단한다고 적었다. '충분한 정도의 격차를 유지하면 안전하겠지'라는 사고는 안일한 생각이다. 방어를 위해 충분한 힘을 가진 강대국들 간 평화 공존은 현실에서 동떨어진 이야기이다. 강대국들은 언제 어떻게 될지 모르니 가능한 한 많은 힘을 비축하고 있는 것이 상책이라고 생각한다. 미어샤이머에 따르면 모든 강대국들이 같은 생각을 하고 있으니 "세계는 영구적인 강대국 경쟁에 내몰릴 수밖에 없다(the world is condemned to perpetual great-power competition)."[27] 누구도 의식적으로 설계하거나 의도하지 않은 이 상황은 참으로 비극적이다. 서로 싸울 이유가 없는 강대국들, 즉 자국의 생존에만 관심이 있는 강대국들은 그럼에도 불구하고 자구체제에서 생존하기 위해 패권을 추구할 수밖에 없고, 그 과정에서 '큰 싸움'은 불가피한 것이다. 이 책은 발간되자마자 모겐소의 『국제정치론』과 월츠의 『국제정치이론』에 이어 현실주의 최고 저작의 반열에 올랐다. 이 이론을 이해하기 위해서 우리는 먼저 그가 어떤 면에서 세력균형론자 모겐소 및 월츠와 같은지 또는 다른지부터 살펴보기로 한다.

구조적 현실주의

미어샤이머의 이론은 몇 가지로 요약될 수 있다. 첫째, 그의 '강대국 국제정치 비극론'은 강대국들만이 관심의 대상이다. 강대국들의 역량과 욕망에 따라 국제정치의 향방이 결정되기 때문이라는 것이다. 이것은 모겐소나 월츠와 같다. 둘째, 국제정치의 조직 원리는 무정부 상태며, 이러한 구조적 조건의 강제력 때문에 전쟁은 끊임없이 일어난다. 모겐소 등 정치적 현실주의자들(또는 고전적 현실주의자들)은 전쟁의 핵심 원인을 인간의 본성, 즉 지배욕에서 찾았다. 그렇기 때문에 갈등이나 전쟁의 피해를 최소화하기 위해서는 이러한 인간의 본성을 잘 이해하는 현명하고 분별력 있는 국가 지도자나 외교관이 필요하다고 보았다. 그러나 미어샤이머는 월츠와 마찬가지로 전쟁의 원인을 인간의 속성에서 찾기보다는 국제정치의 구조, 즉 무정부성이 국가에 강제하는 자구(self-help)의 원리에서 찾아야 한다고 주장했다. 그렇기 때문에 전쟁은 어느 악한(들)이 저지르는 불장난이 아니라 누구도 어떻게 할 수 없는 국제정치의 무정부성에서 기인하는 비극이라는 것이다. 공권력이 존재하지 않는 상황에서 각자 안전하게 살려고 하다 보니 결과적으로 불가피하게 각자를 죽여하는 비극, 바로 그런 비극이다. 물론 월츠는 그렇게까지 비관적이지는 않지만 전쟁의 원인이 국제체제의 무정부성에서 비롯된다는 점에서 월츠와 미어샤이머는 공히 구조주의적이다.

월츠와의 이별

여기까지는 구조주의자 월츠의 강대국중심주의와 자구체제론과 대동소이하다. 미어샤이머가 월츠와 이별하게 되는 지점은 '강대국들이 원하는 힘의 양'과 관련된 이견이다. 월츠는 강대국들의 힘과 안보의 추구에는 합리적 한계가 있다고 본다. 보다 구체적으로, 월츠는 강대국이 자신의 안보를 지키기 위해 필요한 양만큼만 힘을 추구하며 또한 그런 행위가 현명한 정책이라고 정책 담당자들에게 주문하기도 한다. 그 이유는 과다한 힘의 추구는 국제체제에 의해 '처벌'받기 때문이라는 것이다. 위에서 언급했던 안보딜레마가 발생하여 안보 추구 행위가 안보를 감소시킬 수 있고, 나아가 해당 국가의 과다한 힘, 즉 "잉여권력(a surplus of power)"[28]의 추구는 그로부터 위협을 느끼는 다른 국가들이 동맹을 맺고 밸런싱에 나섬으로써 결과적으로 그 해당 국가는 손해를 입게 된다는 것이다. 국제정치는 장난이 아니며 매우 "진지한 비즈니스"인 것이다.[29]

따라서 '강대국들은 얼마나 많은 힘을 원하는가?'에 대한 월츠의 답은 국제체제의 안정과 국가적 생존을 보장하는 '세력균형이 유지되는 데 필요한 양만큼만'이다. 노벨경제학상을 받은 사이먼(Herbert Si-mon)은 "충족하다(satisfice)"라는 개념을 만들어냈는데 월츠의 답이 이에 해당한다 할 수 있다. 즉 "그 정도면 충분하다(good enough, satisfied

+ suffice = satisfice)"는 의미이다. 이에 반해 미어샤이머의 답은 "그 정
도면 충분하다"가 아니라 "가능한 한 최대의 양을 지금 확보하고 있어
야 한다"이다.

강대국들은 왜 가능한 한 최대의 힘을 지금 확보하고 있어야 하는가

가능한 한 최대의 힘을 지금 확보하고 있어야 하는 근본적인 이유
는 무정부적 국제정치의 불확실성(uncertainty, 타국들의 의도는 모호하거
나 오해의 소지가 있다) 하에서 국가들은 '최악의 경우(worst-case scenar-
io)'에 기초한 안보전략이 안전하다고 생각하기 때문이다. 풀어서 이야
기해 보자면, 강대국들은 자신이 안전을 확보하기 위해 얼마만큼의 힘
이 필요한지 알 수 없다. 다른 강대국들의 의도가 불투명하고 무력 증
강 가능성에 대한 확실한 정보가 부재한 국제정치 구도하에서는 안심
했다가는 언젠가는 따라잡힐 수도 있고 불시에 기습을 당할 수도 있기
때문에 모든 강대국은 이러한 불확실성, 오산의 가능성, 뜻밖의 일이
일어날 가능성에 대비하는 차원에서 적정한 정도의 힘을 넘어 '잉여 권
력'을 보유하게 된다는 것이다. 강대국들은 세력균형을 위해 충분한 정
도의 힘의 격차로는 안 되고 안전이 확실하게 보장되는 '초격차'를 유
지해야만 안전하다고 생각한다. 그 어떤 국가나 세력도 '힘의 초격차'
를 확보하고 있는 막강한 이 패권국을 공격할 수는 없을 것이기 때문이
다. 강대국들은 안보를 추구한다, 그리고 그들이 추구하는 안보는 '절
대적 안보(absolute security)'이다. 그렇기 때문에 그들은 '패권'을 '지
금' 쥐려 한다.

한 걸음 더 들어가보자. 미어샤이머의 이른바 '공격적 현실주의'의
시나리오에서는 안보 추구 행위가 곧 공격적 팽창의 추구가 된다. 즉

무기 획득이나 동맹 결성 등과 같은 방어적 행위를 넘어, 자신의 권력을 극대화하기 위해 기회가 있을 때마다 공격적 확장을 추구한다는 것이다. 이는 강대국들이 안보와 생존을 위해 세력과 영향력을 확대하려는 행동이 제국주의적 행위와 유사할 수 있음을 의미한다. 미어샤이머가 제시하는 이러한 세상에서는 강대국들의 안보적 필요는 양립 불가하다. 모든 강대국이 세계 권력에서 그들이 차지하는 비중을 동시에 증가시킬 수는 없다. 불꽃을 튀기는 "안보 경쟁(security competition)"이 만연하게 되는 것이다.

국제정치에서 절대적 안보를 추구하기 위해 강대국들은 필연적으로 패권을 추구한다는 미어샤이머의 주장은 국제정치의 기본 논리인 안보딜레마로 인해 강대국들이 적당한 힘만을 추구한다는 월츠의 견해에 대한 근본적인 도전이다. 그에 따르면 무정부적 국제정치에서는 현상 유지를 선호하는 강대국은 존재하지 않는다. 강대국들은 모두 기회만 되면 현상 타파를 시도하려는 수정주의(revisionist) 국가들이다. 미어샤이머는 월츠가 국가들의 권력 추구 행위의 의미를 평가절하하는 "현상유지적 편견(status quo bias)"을 가지고 있다고 비판한다. 모겐소와 유사한 입장이다. 그러나 그렇다고 해서 미어샤이머가 모겐소와 같은 정치적 현실주의자들의 "인간 본성론(human nature realism)"을 수용하는 것은 아니다. 오히려 그는 국가가 "선천적으로 A형의 성격을 타고난다"[30]는 모겐소의 주장을 거부한다. 미어샤이머에 따르면 강대국은 채워지지 않는(unsatiable) 권력욕을 가진 탐욕적 국가(greedy states)가 아니다. 그들은 국제체제의 무정부적 성격에 의해 어쩔 수 없이 패권을 추구할 수밖에 없는 '마지못해 행동하는 주체(reluctant actor)'이다.

둘째, 강대국들은 패권 추구 행위가 체제에 의해 처벌받기는커녕 오히려 자신의 안보를 증진하는 역할을 한다고 판단한다. 즉 힘의 추구에 따르는 이익은 월츠가 제시하듯 어느 지점에 도착하면 마이너스로 돌아서는 것이 아니라 오히려 지속적으로 증가한다는 것이다. 그렇기 때문에 강대국들은 패권 추구에 거리낄 것이 없다. 이는 가히 '비극적 낙관주의'라 할 만하다. 힘을 가지고 안보를 구매한다고 생각해 보자. 월츠는 안보를 구매할 때 '힘의 한계수익(한 단위의 투자 증가에 따라 발생하는 추가 수익)'이 점차 감소하여 임계점을 넘으면 큰 손해가 발생할 수 있다고 보는 반면 미어샤이머는 국가가 힘을 축적하게 되면 그 이후의 축적에 따른 한계비용이 오히려 감소하거나 한계수익이 증가하여 앞으로 그 국가의 힘에 대한 투자는 더 많은 수익을 가져오게 될 것이라는 입장이다.[31] 일부 경제학자나 경영인은 기업의 규모가 커지는 이유는 대기업에서의 노동이 훨씬 더 생산적이기 때문이라고 말할 것이다. 머튼은 "무릇 있는 자는 받아 풍족하게 되고, 없는 자는 그 있는 것까지 빼앗기리라"는 기독교 성경 마태복음 25장 29절을 인용하며 "마태 효과"를 언급한 바 있다. 미어샤이머의 논리를 쉽게 풀어 설명한 경우들이다. 따라서 경쟁국에 대해 현격한 힘의 우위를 가지고 있는 강대국은 강력한 적수에 직면해 있는 국가보다 더 공격적으로 행동할 것이다.

강대국 국제정치는 왜 비극인가

이와 같이 국제정치의 무정부적 구조는 강대국이 패권을 추구하도록 강제한다. 서로 싸울 이유가 없는 강대국들, 즉 단지 자신의 생존과 안보에만 관심이 있는 강대국들은 그럼에도 불구하고 이 무정부적이고 자구적인 체제하에서는 권력의 초격차를 확보하여 절대적 안보를 추구할 수밖에 없다는 것이다. 이러한 비극적 딜레마는 프로이센의 정치가 비스마르크가 1860년대 초 당시 독립국이 아니었던 폴란드가 주권을 되찾을 수 있을 것으로 보였을 때 했던 잔인할 정도로 솔직한 발언에 잘 나타나 있다: "어떤 형태로든 폴란드 왕국을 회복하는 것은 우리를 공격하게 될 적의 동맹국을 만드는 것과 같다…우리는 폴란드가 모든 희망을 잃고 쓰러져 죽을 때까지 그들을 박살내야 하며, 그들의 상황에 대해 모든 동정심을 가지고 있지만 우리가 살아남으려면 그들을 전멸시키는 것 외에는 선택의 여지가 없다."[32]

강대국은 세계패권은 어렵기 때문에 차선으로 '지역패권'을 쥐려 한다

미어샤이머에 따르면 강대국이 세계패권을 추구하지만 "보복에 대한 두려움 없이 경쟁국을 초토화할 수 있는 능력"으로 정의되는 "명백한 핵 우위"를 확보한 국가는 상상키 어렵다고 볼 때 세계패권은 사실상 불가능하다.[33] '명백한 핵 우위'가 존재하지 않는 현실 국제정치에서 강대국이 기대할 수 있는 최선은 지역패권국(regional hegemon)이 되는 것이다. 이유는 "물의 정지력(stopping power of water)", 즉 바다가 경쟁 강대국의 영토에 힘이 투사되는 것을 막는 힘을 갖고 있기 때문이다. 예를 들어 미국은 오늘날 지구상에서 가장 강력한 국가이지만 서반구처럼 유럽과 동북아시아를 지배하지 못하며, 먼 지역을 정복하고 통제할 의도도 없다. 실제로 유럽과 동북아시아에 대한 미국의 군사적 공약이 확실히 이행될지에 대해 의심할 만한 이유가 있다. 이 모든 것은 '물의 정지력' 때문이다. 그렇다면 강대국들은 육로로 접근 가능한 인근의 다른 지역을 지배하려 할 것이다. 동북아시아에서는 군국주의 일본, 유럽에서는 나폴레옹의 프랑스, 빌헬름 2세의 독일제국, 나치의 독일이 지역패권을 쥐기 위해 큰 전쟁을 벌였지만, 어느 것도 성공하지 못했다. 현대 역사상 지역패권을 차지한 국가는 미국이 유일하다.

지역패권을 달성한 국가는 다른 지역의 강대국이 자신의 성과를 복제하지 못하도록 견제한다. 즉, 지역패권은 "동료들(peers)"를 원하지 않는다. 예를 들어 미국은 빌헬름 2세의 독일제국, 나치 독일과 군국주의 일본, 그리고, 소련이 지역패권을 쥐는 것을 용납하지 않았다. 지역패권국이 다른 지역에서 패권국이 부상하는 것을 막으려는 이유는 무엇인가? 지역패권국은 다른 지역의 패권국이 자신의 뒷마당으로 야수를 뻗칠 수는 가능성을 두려워하기 때문이다. 지역패권국은 타 지역에서 적어도 두 개의 강대국이 존재하길 원한다. 그렇게 되면 이들 강대국은 멀리 떨어져 있는 자신이 아닌 지리적으로 인접한 같은 지역의 다른 강대국에 에너지와 관심을 집중하게 할 것이 때문이다. 이들 사이에서 잠재적 패권자가 등장하면 해당 지역의 다른 강대국들이 스스로 이를 견제할 수 있어 멀리 떨어진 패권국은 이를 안전하게 관전할 수 있다.

물론 지역 강대국들이 서로를 견제할 수 없다면 원거리 지역패권국이 위협적인 국가에 대처하기 위해 적절한 조치를 취할 것이다. 미국은 20세기에 네 차례에 걸쳐 이러한 부담을 떠맡았으며, 이것이 바로 미국이 '역외 균형자(offshore balancer)'라고 불리는 이유이다. 역외 밸런싱 전략이란 지역패권국이 직접 밸런싱에 나서는 것이 아니라 어떤 지역에서 패권 지향적 움직임이 일어나는 조짐이 보이면 그 지역의 자신의 동맹국들이 밸런싱에 나서도록 독려·지원하는 해양국가 특유의 보다 세련된 '계산된 침략' 행위이자 자신이 직접 나섬으로써 발생하는 비용(예를 들어 바다를 건너가 싸워야 하는 비용)을 최소화하는 간접적 안보전략이다. 요컨대 역외 밸런싱 전략은 강대국이 '잉여 권력'을 추구하는 하나의 방법으로서 어떤 지역에서든 패권국이 부상하지 못하도록 하는, 그래서 자신만이 자신의 지역에서 패권을 유지하려는 의도에서 비롯된 것이다.

최초의 지역패권국 미국과 부상하는 잠재적 지역패권국 중국

미어샤이머는 역사상 최초로 지역패권을 쥔 미국의 역사는 '강대국 국제정치 비극론'과 미·중관계의 미래와 관련하여 시사하는 바가 크다고 말한다. 그에 의하면 19세기 미국은 상호 밀접하게 연관된 두 가지 정책을 끊임없이 추구함으로써 지역패권을 확립했다. 하나는 북미 전역으로 영토를 확장하고 서반구에서 가장 강력한 국가를 건설하는 정책, 즉 '명백한 운명'으로 알려진 정책(이에 대해서는 앞서 토론한 내용을 참고할 것)이고, 다른 하나는 영국과 다른 유럽 강대국들의 남아메리카 대륙에 대한 영향력을 최소화하는 정책, 즉 '먼로 독트린(1823)'으로 알려진 정책이었다.

지역패권을 쥔 미국은, 미어샤이머의 이론이 제시하듯, 타 지역에서의 패권국의 출현을 방지하려 한다. 미국은, 예를 들어 중국이 아시아에서 패권을 추구하지 못하도록 직간접적인 조치를 취하고 있다. 미국이 중동에서 테러와의 전쟁을 수행하는 동안 중국이 아시아에서 세력을 급격히 확장하자 이를 막기 위해 아시아의 동맹국들과 함께 중국을 견제하려는 역외 밸런싱 전략인 '재균형(Rebalancing)' 정책이 일례이다.

그런데 미어샤이머에 따르면 지난 수십 년간 국력을 급격히 축적한 중국은 미국과 마찬가지로 그 양으로 안심하거나 만족할 수 없다. 중국은 서반구에서 유럽 열강들을 쫓아내고 지역패권국이 된 미국의 발자취를 그대로 쫓아갈 것이다. 중국은 자신의 지역을 지배하기 위해 아시아에서 미국을 축출하려 할 것이다.

그렇게 되면 국제정치는 어떤 모습이 될까? 보다 구체적인 질문으로서 "중국의 화평굴기(和平崛起, 평화롭게 우뚝 선다는 의미)"는 가능할까? 미어샤이머의 답은 '노'이다. 그에 따르면 중국은 아시아 지배를 추구할 것이고 미국은 전 세계에서 유일한 지역패권국으로 남기 위해 중국의 지역적 패권 추구를 집요하게 방해할 것이다. 그 결과는 미·중 간 전쟁이고, 그것은 불가피하다.

미어샤이머는 자유주의 국제정치이론의 꽃이라고 할 수 있는 민주평화론(뒤에서 집중적으로 다룰 것이다)은 그야말로 '천진한 생각'이라고 비판한다. 일부 민주평화론자들은 중국의 경제가 성장하면 정치가 다원화되고(자기 재산을 지키려는 이른바 부르주아 정당이 출현하여 공산당과 경쟁하게 되고), 그렇게 되어 자유화되고 민주화된 중국은 대외적으로 보다 평화적인 행태를 보일 것이라고 예측한다. 그러나 미어샤이머는 현실주의에 대한 강력한 도전이라고 자유주의자들 스스로 주장하고 있는 민주평화론은 이론적으로 허술하며 경험적으로 근거가 희박한 논리라고 말한다. 간단히 말하자면 첫째, 그는 '민주 국가들끼리는 싸우지 않는다'는 민주평화론은 강대국들이 서로의 의도를 알고 있고, 또한 그 의도는 무해하다고 전제하는데, 이는 논리적으로 설득력이 없고 경험적으로도 정당화되지 않는다고 지적한다. 그는 레인(Christopher Layne)의 저작을 인용하며[34] 그가 다룬 네 번의 위기에서 민주 국가들은 서로에 대해 전쟁을 불사하였으며, 이 국가들이 전쟁을 하지 않은 이유는 국가 내부적 성격이 아닌 국제적 세력균형에 대한 고려 때문이었다고 주장한다. 둘째, 미어샤이머는 민주 국가가 "퇴행(backsliding)"할 가능성도 지적했다. 어떤 민주 국가도 언젠가 다른 민주 국가가 권위주의 국가가 되지 않을 것이라고 확신할 수 없으며, 이 경우 남은 민주 국가들은 더 이상 안전하지 않을 것이다. 따라서 민주 국가들은 '친근한 이웃'이 '동네 불량배'로 변할 경우를 대비해 가능한 한 많은 힘을 갖기 위해 노력할 수밖에 없다. 중국도 예외가 아니다. 중국은 민주화된다 하더라도 생존을 위한 패권 추구라는 국제정치의 일반 문법과 논리에 따라 행동하게 될 것이다. 미어샤이머에 의하면 중국이 경제 강국이 되면 경제력을 군사력으로 전환하여 동북아시아를 지배하려는 시도를 할 것이 거의 확실하다. 중국이 민주화되고 세계 경제에 깊이 관여하게 되더라도, 또는 독재적이고 자폐적으로 퇴행하더라도, 패권은 모든 국가가 자신의 생존을 보장하는 최선의 방법이라고 생각하기 때문에 중국의 대외적 행동은 변하지 않을 것이다. 중국은 여타 강대국들과 마찬가지로 필요 이상의 잉여 권력을 확보하여 아시아 지역에서의 패권을 확보함으로써 자신의 안보와 생존을 확실히 보장하려 할 것이다.

3. 현실주의 국제정치이론에 대한 비판

세력균형론, 세력전이이론, 투키디데스의 함정, 강대국 국제정치 비극론 등 현실주의 국제정치이론은 학자들과 분석가들로부터 상당한 비판을 받아왔다. 현실주의의 시그니처 이론이라 할 수 있는 세력균형론에 대한 비판을 먼저 요약해 보자면, 세력균형론이 역사적으로 충분히 검증되지 않는다는 것이다. 오하이오주립대의 쉬웰러(Randall Schweller)는 국제정치학자들은 대체로 세력균형론을 지지하지만 외교안보 실무자들은 국가들이 "이윤이 크게 나는 편승(bandwagoning for profit)"이 밸런싱 못지않게 자주 나타난 동맹정책이라고 본다는 점을 지적하였다.[35] 그에 따르면 밸런싱은 생존만을 위한 보수적인 대처법이다. 편승은 탐욕적이고 포식자적 목표를 가진 전략으로서 위협을 전혀 필요로 하지 않으며 물질적 보상, 즉 이윤을 기대하는 행위이다. 쉬웰러는 이러한 사례로서 이탈리아전쟁(1494-1517), 루이 14세의 전쟁(1667-1679), 그리고 나폴레옹전쟁(1806-1813) 등을 제시하였다. 쉬웰러는 강대국에 대한 "이익을 위한 편승"은 현대 국제정치에서도 자주 일어났다고 주장하였다. 그에 따르면, 제2차대전에 앞서 독일의 부상을 위협이 아닌 기회로 판단한 이탈리아와 일본은 삼국동맹을 맺은 후 이익 확보를 위해 주변국에 대한 팽창정책을 시도하였다.[36] 일리노이대의 역사학자 쉬뢰더(Paul Schroeder)는 무정부적 상태에서 국가들이 위협에 대처하는 방식은 밸런싱이나 자구만이 아니라며 유럽근세사에서는 편승이 더 자주 나타난 동맹정책이었다고 지적하였다. 그에 따르면, "국가들은 때로 몸을 낮춰 위협으로부터 숨기도 하고, 상황의 정의를 바꿔 위협을 초월하기도 하며, 때로 강자에 편승하여 생존을 추구하고 이득을 꾀하기도 하는 등 편승이 더 자주 나타났다. 약소국의 경우는 특히 그러했다."[37]

세력균형론은 정의와 도덕보다 안정과 질서를 우선시하여 심각한 불평등이나 불공정을 수반하더라도 강대국 간 '현상 유지가 더 좋다(status quo bias)'는 몰가치성(amorality)을 정당화할 수 있다는 비판을 받는다. 세력균형론은 본질적으로 국가 간의 균형을 유지하여 어느 한 세력이 독주하는 것을 방지하는 데 초점을 맞추고 있다. 이러한 체제적 안정에 대한 강조는 기존의 권력 구조가 본질적으로 불공정하거나 억압적일지라도 그 구조가 유지되는 데 기여할 수 있다. 예를 들어 영국과 프랑스는 1885년 베를린회의와 같은 외교 협상과 조약을 통해 아프리카에서 자유롭게 '땅 따먹기'를 했는데 독일과 벨기에 등 다른 유럽 강대국들은 서로 간의 충돌을 피하고 어느 한 세력이 패권을 쥐지 못하도록 하기 위해 이러한 '아프리카 쟁탈전(Scramble for Africa)'을 수용하고 때로는 지지하기도 했다. 세력균형에 참가하던 유럽 강대국들은 아프리카인들에 대한 잔인한 착취와 가혹한 식민 통치는 진지하게 고려할 만한 가치 있는 변수로 생각하지 않았다.

또 다른 비판으로서 일부 학자들은 세력균형론이 16세기부터 19세기까지 유럽 강대국들의 정치적 역학관계와 군사적 경쟁에서 비롯된 것으로 유럽의 역사적 맥락에 뿌리를 두고 있다고 지적한다. 유럽의 세력균형 체제란 주권, 외교, 국제법에 대한 공유된 이해와 비슷한 수준의 물리력을 가진 비교적 적은 수의 유사한 정치 구조의 국가들 간의 정책적, 관행적 상호작용이었다. 따라서 이 이론은 역사적 경험, 정치 구조, 문화적 규범이 다른 비서구 지역이나 문화권에는 적용되지 않을 수 있다. 예를 들어 중동은 지역 내 경쟁(사우디-이란), 종교 및 민족 갈등(이스라엘-팔레스타인), 외부 세력의 영향력(독립을 추구하는 쿠르드족은 어떨 때는 미국, 어떨 때는 러시아와 협력한다) 등이 복잡하게 얽혀 있어 세력균형론을 단순하게 적용하는 데 문제가 있을 수 있다.

세력전이론에 문제를 제기하는 비판은 그것이 가지는 제한적인 설명력 및 예측력과 관련이 있다. GDP와 군사력 같은 단순 지표에 의존하는 세력전이론은 중국과 같은 신흥 강대국에 직면한 패권 국가의 행동의 복잡한 역학을 예측하는 데 어려움을 겪고 있다. 유사한 맥락에서 비판자들은 투키디데스의 함정이 펠로폰네소스 전쟁과 같은 역사적 유추에 의존하기 때문에 현대의 다양한 세력전이의 복합성을 정확하게 포착하지 못할 수 있다고 주장하며 투키디데스의 함정의 광범위한 적용 가능성에 대해 의문을 제기한다. 비판자들은 각각의 역사적 맥락이 고유하기 때문에 현대의 세력전이를 기원전의 세력전이와 직접 비교하는 것은 무리라고 지적한다. 현재의 국제정치를 분석할 때 역사적 패턴으로부터 직접적이고 결정론적인 결론을 도출하는 것은 시대착오적일 수 있다는 말이다.

구체적 이론이 아닌 현실주의 관점 자체의 문제를 지적하는 비판도 제기된다. 첫째, 국제체제 내의 복잡한 역학관계를 지나치게 단순화한다는 비판이다. 비판자들은 '국제정치에서 유일한 주요 행위자'라는 국가 중심의 권력투쟁에 초점을 맞추면 비국가 행위자의 역할, 초국적 또는 글로벌 이슈, 정체성이나 이념 등 관념의 영향 등을 간과할 수 있다고 지적한다. 둘째, 현실주의 이론의 초석인 국가의 합리성이라는 기본 전제와 관련이 있다. 비판자들은 감정적 요인, 오인이나 오해, 국내 정치적 고려 사항이 외교 정책을 형성하는 데 중요한 역할을 하기 때문에 국가가 일관되게 순전히 합리적 방식으로 행동하지 않을 수 있다고 지적한다. 셋째, 당구공 모델인 현실주의 이론은 또한 국가 행동에 영향을 미치는 여론 및 정권 유형(regime type, 민주 국가냐 아니냐와 같은)과 같은 국가 내부적 성격의 중요성을 간과한다는 비판을 받기도 한다. 국가들은 타국과의 전략적 역학관계에만 반응하는 주체가 아니고 자신의 정치적 구조(예를 들어 삼권분립과 견제와 균형)에 제약받고 내부적 가치관이나 관행(예를 들어 협상에 의한 분규 해결)에 의해 영향을 받는 행위자라는 것이다. 넷째, 현실주의 이론이 군사력이나 경제력과 같은 물질적이고 객관적인 요인을 지나치게 강조하여 국가 행동과 국제 정치를 형성하는 규범이나 정체성과 같은 관념적 요소와 국가 간 광범위하게 공유된 가치로서의 사회적 구조의 영향력을 무시한다고 주장한다. 예들 들어 이들은 국가이익에 관한 현실주의 이론의 본질주의적(essentialist), 정태적(static), 결정론적(deterministic) 시각이 국가이익을 구성하는 규범이나 정체성이 국가 간 '사회적' 상호작용에서 비롯되고 역동적으로 변화한다는 사실을 설명할 수 없다고 지적한다.

5장

●

신고전적 현실주의

　　구조적 현실주의에 대한 도전이라기보다는 '빈 곳'을 채우는 역할
을 하고자 하는 국제정치이론은 이른바 신고전적 현실주의(neoclassi-
cal realism)라 할 수 있다. 그러나 이 '빈 곳'은 월츠 등 구조적 현실주의
자들이 채우기를, 즉 설명하기를 거부한 '빈 곳'이기도 하다. 월츠는 자
신의 이론이 "나무에서 떨어지는 나뭇잎의 개별적이고 특이한 행동을
설명하려 하지 않으며, 오히려 떨어지는 나뭇잎의 궤적을 지배하는 일
반적 원리, 즉 중력을 설명한다"[1]고 말한 것으로 유명하다. 이 비유에서
"떨어지는 나뭇잎"은 개별 국가의 구체적 외교정책을, 그리고 중력은
국가 행위를 제약하는 국제체제의 구조적 힘을 가리킨다. 그럼에도 불
구하고 일련의 국제정치 이론가들은 이론의 목적이 문제 해결에 있다
는 전제하에서 구조적 현실주의의 통찰력을 바탕으로 상대적으로 미
시적인 수준에서 실제 사용 가능한 국제정치이론, 즉 '국제체제적 외

신현실주의는 외교정책론이 아니다!

월츠는 "세력균형론은 국가들의 특정한 정책들을 설명하지 않는다는 비판을 받곤 한다. 사실이다. 이 이론은 왜 국가 X가 지난 화요일 이러저러한 정책을 구사했는지 우리에게 말해주지 않는다. 그렇게 하길 기대하는 건 만유인력이론이 떨어지는 낙엽의 궤적을 설명하길 기대하는 것과 같을 것이다. 한 수준의 일반성에 대한 이론은 다른 수준의 일반성에 대한 질문에 답할 수 없다"고 말했다.[2]

교정책이론'을 제시했다. 미국의 국제관계연구소(Council on Foreign Relations)의 로즈(Gideon Rose)는 이를 "신고전적 현실주의"라 명명했다.[3]

1. 구조적 현실주의와 고전적 현실주의의 결혼

미국 리하이대의 립스먼(Norrin M. Ripsman)에 따르면 신고전적 현실주의는 국제체제의 힘의 분포가 가지는 영향력에다 고전적 현실주의가 중시하는 '비구조적(non-structural)'인 국내적 변수들(예를 들어 국가 내부적 권력의 분포, 국가강도, 여론, 이익집단, 관료정치 등)을 위계적으로 겹쳐 놓은, 즉 구조적 현실주의와 고전적 현실주의를 '결혼'시켜 생겨난 이론이다.[4] 따라서 쉬웰러, 크리스텐센, 월포스(William Wohlforth), 자카리아(Fareed Zakaria) 등 신고전적 현실주의자들의 핵심 주장은 두 가지로 이루어진 하나이다.[5] 즉 한 국가의 외교정책의 범위와 야망은 무엇보다도 국제체제에서 그 국가가 차지하는 위치에 의해, 특히 상대적인 물질적 힘에 의해주로 결정되지만, 이러한 구조적 힘이 외교정책에 미치는 영향은 간접적이고 복합적인데 그 이유는 국제체제적 압력이 국가라는 단위 수준에서 개입 변수들(intervening variables)을 통해 변환되어야 하기 때문이라는 것이다.

2. 구조적 현실주의의 한계

신고전적 현실주의자들의 공통점은 월츠의 구조적 현실주의를 기본으로 하고 국내적 요소를 고려하는 고전적 현실주의를 이에 결합시킨다는 데 있다. 중요한 것은 왜 고전적 현실주의를 추가하는가인데 이는 구조적 현실주의의 한계 때문이다. 립스먼은 이를 네 가지로 요약하고 있다:

1) 국제체제로부터의 자극(systemic stimuli)은 불명확할 수 있다

국제체제가 항상 위협과 기회에 대한 명확한 신호를 국가들에 보내는 것은 아니다. 국가들은 급격하고 임박한 세력전이와 같은 거시적으로 명백하며 현재 진행형인 위험이나 위협은 쉽게 식별하고 대응 방법을 결정할 수 있다. 그러나 그러한 경우가 아닌 상황은 불분명하며 따라서 국가들은 합리적으로 의사결정을 하기 어렵다. 예를 들어 19세기 후반 전 세계에 널려 있는 자신의 영토를 지키기 위해 많은 자원이 필요했던 대영제국은 당시 급부상하던 미국이 카리브해를 지배하는 것이 자신의 해양 패권에 대한 위협인지, 아니면 카리브해를 미국에 넘겨주고 자신의 해군력을 전략적으로 더 중요한 지역으로 이동 배치하는 것이 유리한지 알 수 없었다. 현재 미국의 입장에서 능력 면에서 급부상하는 중국은 봉쇄정책을 요하는지, 아니면 중국이 위험감수적으로 행동하지 않도록 하기 위해 관여정책을 필요로 하는지 불분명하다. 요컨대 국제체제가 각국의 정책적 대응을 안내할 만큼 명확한 정보를 제공하지 않는 경우 국가들이 선택하는 광범위한 외교정책과 그 국제정치적 결과는 완전 정보에 기초한 국가의 합리성을 전제하는 구조적 현실주의 이론의 범위를 벗어날 수밖에 없다.

2) 국가가 항상 체제로부터의 자극을 올바르게 인식하는 것은 아니다

국제체제가 위협과 기회에 대한 명확한 신호를 보내더라도 국가가 항상 "체제로부터의 자극"을 올바르게 인식하는 것은 아니다. 월츠가 제시하듯, 국제체제는 능력의 분포와 각국의 성장률의 차이를 반영하여 국가들에 비교적 명확한 요구 사항을 제시할 수 있다. 그러나 월포스가 지적하듯, "힘이 국제정치의 과정에 영향을 미친다면, 그것은 주로 국가를 대신하여 결정을 내리는 사람들의 인식을 통해 이루어질 수밖에 없다." 결국 인간일뿐인 지도자들은 상대적 힘의 계산, 선택 가능한 옵션의 식별, 행동의 결과에 대한 평가에서, 특히 불완전 정보에 직면했을 때 오류를 범할 수 있다. 이러한 오류와 오해는 유입되는 정보를 평가하고 처리하는 데 사용되는 특정 의사결정자의 '인지적 필터(cognitive filter)'의 '체계 편향(systematic bias)'으로 인해 발생할 수 있다. 따라서 한 국가의 외교안보적 행위는 국제체제에서 나오는 객관적인 제약이나 기회보다 의사결정자의 인지 능력, 또는 그의 성격이나 동기와 더 관련이 있을 수 있다. 이러한 맥락에서 맥앨리스터(James McAllister)는 제2차대전 직후 미국 지도자들이 양극체제에서 월츠가 예상했던 것처럼 행동하지 않았다고 주장했다. 즉, 미국은 소련에 대항하여 내적(군비증강), 외적(동맹강화) 밸런싱을 시도하기보다는 서유럽을 통합하는 데 더 신경을 썼다는 것이다. 국제체제적 요구에 부응하는 것 외에 '추가적 고려'가 있었다는 것이다. 그것은 2차대전 직후 미국 지도자들이 "잠재적 3극 체제"에 대한 인식이었다. 그들은 독일이 경제적으로나 군사적으로 회복되면 유럽이 미국, 소련, 그리고 부활하는 독일이라는 세 개의 주요 강대국으로 분열될 수 있다는 우려를 가지고 있었다는 것이다. 미국 지도자들은 독일이 잠재적인 안보 위협이 되는 것을 방지하기 위해 독일을 포함하는 통합적 서유럽을 추진했다.[6]

월포스에 따르면 미국과 소련 간의 상대적 힘에 대한 인식이 냉전기 양국 관계의 본질을 형성하는 데 결정적인 역할을 했다. 이러한 인식은 전체 냉전 기간을 놓고 보면 실제의 능력의 분포를 따르는 경향이 있었지만, 단기적으로는 장기적인 추세를 정확하게 반영하지 못하는 경우도 있었다. 이러한 오인과 오해의 순간들은 미·소 간의 위기를 초래하기도 했다. 따라서 냉전의 역학관계는 실제 힘의 균형뿐만 아니라 양측이 그 균형을 어떻게 인식하는지에 따라 영향을 받았던 것이다. 요컨대 신고전적 현실주의자들은 국제체제적 제약에 대한 의사결정자의 인식이 현실과 다르고 사람마다 다르다면 국가 행동의 근원이 외적 환경보다는 지도자의 배경, 성격적 기질, 심리적 상태에 있을 수 있기 때문에 외교정책과 국제정치에 대한 구조적 현실주의는 불완전할 수밖에 없다고 주장한다.

3) 의사결정자가 늘 합리적으로 대응하는 것은 아니다

국제체제가 보내는 신호가 명확하고 올바르게 인식되는 경우에도 의사결정자가 늘 합리적으로 대응하는 것은 아니다. 이러한 문제는 인간이 특히 시간이 촉박하고 걸린 판돈이 큰 위기 상황에서 정보를 처리하는 인지 능력이 불충분하다는 사실과 관련이 있다. 그 결과, 의사결정자는 가능한 모든 정책 대안을 파악하지 못하거나 최소한의 비용으로 기대 효과를 극대화할 수 있는 최선책을 택하지 못할 수 있다. 퓰리처상 수상자 터크먼(Barbara Tuchman)에 따르면 제1차대전 직전 러시아의 니콜라스 2세는 위기 상황에서 각국의 외교적 신호들을 오독했을 뿐 아니라 독일의 '온건한 보장(전쟁은 번지지 않고 국지화될 것이다)'을 순진하게 믿음으로써 세르비아와 오스트리아-헝가리 간의 분쟁이 국지화될 것이라고 안일하게 생각했고 독일의 야심찬 전략 목표와 오스트리아-헝가리의 운명을 엮는 삼국동맹의 견결성을 간과했다.

개인의 성격적 특질도 개입하여 의사결정의 합리성을 저해할 수 있다. 터크먼은 니콜라스 2세가 오스트리아-헝가리의 무리한 요구에 대한 군사적 대응책을 찾는 과정에서 부분동원(partial mobilization, 오스트리아-헝가리의 접경지대인 서부 지역에서의 군 동원)과 총동원(full mobilization) 사이에서 흔들렸던 것처럼, 의사결정자는 우유부단함으로 인해 사고와 행동이 마비되어 합리적으로 대응하지 못할 수 있다고 지적했다.[7] 그에 따르면 니콜라스 2세가 처음부터 총동원을 명령했다면 러시아의 기세에 눌린 오스트리아-헝가리가 한발 물러나 전쟁이 일어나지 않았을 수도 있었다. 하지만 그는 이도 저도 아닌 부분동원을 선택함으로써 결국 재앙을 초래했다. 독일을 억지하는 데 실패했고, 오스트리아-헝가리를 더욱 자극/고무했으며, 다른 국가들의 참전이라는 도미노 효과를 일으켜 유럽은 니콜라스 2세가 궁극적으로 피하고 싶었던 대전으로 치닫게 되었다.

의사결정자는 개인적 가치관이나 역사적 경험으로 인해 합리적으로 사고하지 못할 수도 있다. 히틀러와 스탈린이 좋은 사례이다. 과대망상적 성향을 가진 인종주의적 파시스트였던 히틀러는 불과 1년 반만에 오스트리아의 일개 시민에서 독일의 총통이 되었다는 자신의 역사적 경험을 온갖 데 적용했다. 그는 정치 및 군사 전문가를 무시하고 자신의 견해와 상반되는 의견과 정보를 거부하거나 부정했다. 일본의 진주만 공습 이후 히틀러는 군사 전략가들과 상의하지 않고, 미국과의 전쟁에 대해서도 준비하지 않은 채 대미 선전포고를 결정했다. 스탈린도 1941년 6월 임박한 독일의 공격에 대비하지 않으려는 것과 같은 비합리적인 결정을 내렸다. 그는 독일의 침공 가능성을 낮게 본 정보 보고서를 신뢰했고 그렇지 않다는 정보기관과 군사 고문의 경고를 무시했다. 스탈린은 마르크스-레닌주의자였지만 외교 정책에 대한 접근 방식은 실용주의였다. 나치 독일과의 불가침협정을 시간을 벌기 위한 전술적 조치로 여기던 스탈린은 히틀러도 자신의 실용적 이해관계에 따라 당분간은 협정을 준수할 것이라고 믿었던 것이다. 이 사례들보다 더 놀라운 사례는 킹(William King) 캐나다 총리가 제2차대전 참전 결정 등 주요 외교정책 결정을 내릴 때 죽은 조상의 영혼과 영매(靈媒, 무당)의 도움을 받아 결정했다는 것인데, 이는 결코 합리적 의사결정이라 할 수 없다.

의사결정과정의 합리성을 저해하는 요인은 다양하다. 이러한 비합리적 요인들은 국가들이 거의 자동적인 방식으로 국제체제의 명령과 신호에 순응하고 반응하며 또 그래야 한다는 구조적 현실주의에 문제를 제기하는 것이다. 신고전적 현실주의자들은 체제의 힘을 주체에게 전달하는 연결고리에 주목해야 한다고 주장한다.

4) 국가가 자신이 필요한 자원을 늘 동원할 수 있는 것도 아니다

국내 정치적, 경제적 상황으로 인해 국가들이 국제체제가 요구하는 정책 대응에 필요한 국내 자원을 항상 쉽게 동원할 수는 없다. 세력전이론 같은 구조적 현실주의에 따르면 지배국가는 세력전이의 상황에 직면하게 되면 예방전쟁이나 선제전쟁을 수행할 준비가 되어 있어야 한다. 또한 지배국가는 수정주의 국가가 패권을 탈취하지 못하도록 적시에 세입을 늘리고 자원과 병력을 동원할 수 있어야 한다. 그런데 이러한 수준의 유연성은 국가들이 정책을 결정할 때 국내적 제약에 직면하지 않는다는 가정(국가는 단일체적 주체라는 전제)을 필요로 한다.

그러나 현실을 다르다. 강력한 국내 이익집단이나 의회 등에서 사회적 거부권을 갖고 있는 행위자들이 반대하고 나설 때 국가이익을 위해 자율적으로 정책을 결정할 수 있는 국가는 많지 않다. 예를 들어 프랭클린 루스벨트 미국 대통령은 나치 독일에 맞서 영국과 프랑스를 더 많이 지원하고 싶었지만, 국민과 의회의 반대에 부딪혀 자신이 원하는 것을 할 수 없었다. 그래서 미국은 소극적으로만 대응할 수밖에 없었다. 1941년 12월 7일 일본의 진주만 폭격이 이를 바꿨다. 미국은 곧바로 일본에 선전포고했고 3일 후 일본의 동맹국인 독일과 이탈리아가 미국에 선전포고를 했다. 그때에야 비로소 루스벨트의 미국은 제2차대전에 본격적으로 참전할 수 있게 되었다.

다른 한편 모든 국가가 자신이 원하는 정책을 실행에 옮기기 위한 인적, 재정적, 물적 자원에 자동적으로 접근할 수 있는 것도 아니다. 자율성이 낮은 국가들은 선택된 정책을 그대로 밀고 나갈 것인지에 대해, 그리고 정책 실행을 위해 필요한 자원의 양을 결정할 때도 의회나 사회적 집단들과 자주 협상하고 타협해야만 한다. 자카리아는 힘이 감소하던 영국의 경우와 달리 19세기 후반에 상대적 힘이 증가하던 미국이 왜더 빨리 팽창주의 정책을 추구하지 않았는지에 대한 의문을 제기하면서 흥미로운 주장을 펼친다. 즉 구조적 현실주의 이론가들은 상대적 힘이 증가하면 그 국가는 힘에 걸맞는 외교 목표를 추구한다고 주장하지만 자카리아는 국가의 힘은 단순히 자원에 대한 국가의 지배력뿐만 아니라 사회로부터 그 국가자원을 추출해 낼 수 있는 능력에 따라 달라질 수 있다고 주장한다. 다시 말해 19세기 후반에 미국이 팽창주의 정책을 좀 더 일찍, 더 많이 추구할 수 없었던 이유는 "국가권력(national power)"을 "정부권력(state power)"으로 전환시킬 수 있는 능력이 부족했기 때문이라는 것이다.[8]

특정 국가의 외교안보정책을 설명함에 있어 국가의 상대적 권력이라는 국제체제 차원의 변수만을 단순히 계산하지 않고 그 물질적 자원을 정부가 실질적으로 동원할 수 있는 능력이라는 국내적 변수를 포함시키고 있는 자카리아의 분석은 신고전적 현실주의의 대표적인 예라고 할 수 있다. 이는 국제정치이론이 각국이 처해 있는 국내적 환경을 바탕으로 체제적 힘들을 구분해야만 한다는 사실을 드러내주고 있다 할 것이다. 국제체제적 명령은 국내 수준의 필터를 통과하지 않으면 안 되는 것이다. 국가를 단일체적 주체로 전제하는 [구조적] 현실주의에 대한 문제 제기인 셈이다.

구조적 현실주의에 대한 신고전적 현실주의자들의 비판을 요약하자면, 국제체제의 신호는 의사결정자의 인식과 국내정치라는 "불완전한 변속기 벨트(imperfect transmissions belts)"를 통과한 이후에야 의사결정자들에게 전달된다는 것이다.[9] 여기에는 두 가지 의미가 있다. 국제체제적 힘은 변속기 벨트를 통해야 한다는 점, 그리고 변속기 벨트가 불완전하다는 점이다. 자동차에서 '변속기 벨트'는 엔진의 동력(국제체제적 힘)을 차량(국가) 내의 다양한 구성 요소에 전달하는 역할을 한다. 체제적 힘은 이 벨트에 의해 일단 걸러진다. 그런데 이 벨트는 불완전하여 동력을 온전히 직접적으로 전달하지 못한다. 이 경우 의사결정자는 신호를 오인하거나 오해할 수 있고, 어떤 경우에는 국내정치적 제약에 의해 신호에 합리적으로 대응하지 못할 수도 있다. 자카리아는 이를 표현하기 위해 신고전적 현실주의를 "차최적(suboptimality, 次最適)"의 이론 또는 "병리학(pathology)"적 이론이라고 불렀다.[10] 이런 의미에서 신고전적 현실주의는 구조적 현실주의를 부인하는 것이 아닌 그것이 설명하지 못하는 일부에 대해 설명을 제공하는 이론이라 할 수 있다.

3. 그렇다고 '국내정치론'은 아니다

신고전적 현실주의자들은 국제체제적 힘(국제체제 내에서의 힘의 분포와 구조적 제약)이 정책으로 바로 반영된다는 구조주의적 가정에는 문제를 제기하지만 그렇다고 해서 국가의 외교안보정책이 국가 내부의 성격(attributes)이나 속성(properties)에 의해 지배된다고 보는, 다시 말해 '외교는 국내정치의 단순한 연장'이라고 보는 이른바 '국내정치론

(Innenpolitik)적 관점'에 동조하는 것은 전혀 아니다.

국제체제의 구조적 제약이 국가의 대외적 행위에 대해 압도적인 힘을 가진다고 보는 구조적 현실주의, 특히 국제체제의 무정부성에 의한 국가 행위의 동질성을 강조하는 '공격적 현실주의'의 대척점에 서 있는 국내정치론적 관점의 전형적인 예로서 민주평화론이 꼽힌다. 이에 따르면 모든 국가는 강대국인지 약소국인지와 같은, 오로지 물리적 힘의 다소로만 구별될 수 있다고 보는 현실주의의 당구공 모델을 지양하고 국가의 성격이 민주적인지 비민주적인지에 따라 그 대외적 행위가 달라질 수 있다는 가설을 제시하고 있다. 민주평화론에 따르면 민주주의 국가는 서로 싸우지 않는다. 왕이나 귀족 또는 대통령과는 달리 전장에서 목숨을 걸어야 하는 일반 국민은 전쟁을 원하지 않을 것이고, 의회가 그들의 이해관계를 대변하는 공화주의적 민주주의하에서는 누구도 전쟁을 쉽게 결정하지 못할 것이기 때문이다. 또 다른 하나의 국내정치론적 관점으로서 레닌의 제국주의론을 꼽을 수 있다. 레닌에 따르면 자본주의의 기본 운용 원칙은 자유경쟁이다. 그러나 자유경쟁은 약육강식과 다름없다. 효율적으로 작동하는 자본은 집적의 과정에서 몸집을 늘리고 나아가 경제 침체 시 매출 부진 및 신용 대출 제한을 겪는 소규모 자본들을 합병하는 집중의 과정을 거치면서 경쟁이 부재한 독점체제를 구축한다. 이는 산업자본뿐만 아니라 은행자본의 영역에서도 불가피하게 일어나는 과정이다. 대출력을 무기로 산업자본을 지배하는 독점적 금융자본은 국내시장이 포화상태가 되어 이윤율이 하락하게 되면 해외시장과 자원을 확보하기 위해 국가로 하여금 식민지 건설에 나서도록 압박하게 되는데 결국 경제영토 확보를 위한 자본주의 열강 간 경쟁은 제국주의 전쟁으로 비화하게 되는 것이다. 제국주의론은 세계대전이 자본주의 국내경제 구조의 모순에서 비롯된다고 본다는 점에서 민주평화론과 마찬가지로 국내정치론이다.

신고전적 현실주의자들의 입장에서 국내정치론적 관점의 문제는 국내적 변수들이 국가의 대외적 행위를 설명하는 데 한계를 노정하기 때문이다. 여기서도 '변속기 벨트'의 비유가 적당하다. 다만 동력이 만들어지는 지점이 외부가 아니고 내부이다. 그런데 문제는 내부에서 만들어진 동력이 일관성 있게 전달되지 않는다는 점이다. 예를 들어 유사한 국내체제를 가진 국가들의 상이한 외교 행위를 어떻게 설명할 수 있나? 같은 자유주의 민주 국가라도 영국과 미국의 전통적 외교 행위는 뚜렷한 차별성을 보여주었다. 영국은 "오늘의 친구는 내일의 적이 될 수 있다"는 금언에서 보듯 실리외교에, 미국은 "자유민을 보호하기 위해 어떠한 비용도 치를 자세가 되어 있다"는 트루먼 독트린에서 보듯 상대적으로 이상주의적인 외교를 추구해 왔다. 반대로 국내체제는 다르지만 유사한 외교 행위를 추구한 국가도 적지 않다. 스탈린의 소련(극좌적 사회주의)과 히틀러의 나치 독일(극우적 자본주의)은 체제의 측면에서 정반대에 서 있었지만 영토 확장을 최고의 국가이익으로 간주했다는 점에서 민족주의 외교안보정책이라는 같은 발판 위에 서 있었다.

4. 구조적 현실주의와 고전적 현실주의의 위계적 결합

이와 같이 신고전적 현실주의자들은 국제체제적 요인들이든 국내정치적 요인들이든 일원주의 또는 환원주의를 거부하고 이 두 수준의 요인들이 위계성과 순차성을 가지고 국가의 외교안보정책적 행위를 빚어낸다고 주장한다. 반복하건대, 이들은 국가의 상대적인 물리적 능력에서 비롯되는 국제정치적 제약이 국가의 대외적 행위의 가능성을 제한하는 것은 분명하지만 결국 외교정책을 결정하는 주체는 정치 지도자나 엘리트 등 '살과 피(flesh and blood)'를 가진 사람들이기 때문에 국제체제가 부과하는 압력이 실제 효과를 가지려면 그것이 그들에 의해 인식되어야 하고, 나아가 그것이 국가 행위로 이어지기 위해서는, 예를 들어 국가의 강도, 즉 국가가 얼마나 자원을 효과적으로 동원할 수 있는지 여부에 달려 있다고 보는 것이다. 체제 중심의 구조적 현실주의가 먼저이고 우위에 있지만 국내정치와 행위자를 중시하는 고전적 현실주의의 필터가 장착된 모양새이다.

위에서 우리가 다룬 내용에 기초해 신고전적 현실주의의 핵심을 요약하자면, 첫째, 국가의 외교적 운신의 폭은 국제체제 내에서 해당 국가가 차지하는 위상(position)에 의해 제한된다. 즉 그 국가가 할 수 있는 또는 할 수 없는 행위는 그 국가가 가지고 있는 상대적 물리력에 달려 있다는 것이다. 따라서 국제정치와 외교정책의 분석은 바로 여기, '장기적으로 외교정책의 패턴을 형성하는 요인은 상대적인 물리력'이라는 구조적 시각에서부터 시작해야 한다.

둘째, 그럼에도 불구하고 국제체제의 힘으로만 국가들의 외교정책 행위를 설명할 수는 없다. 그것과 함께 동시에 고려되어야 하는 차상위의 중요성을 가지는 변수로서 정책결정자들의 인식과 국내정치가 있다. 요컨대 한 국가의 상대적인 물리력은 그 국가의 외교정책의 기본 좌표를 설정하기는 하지만, 그러한 구조적 제약이 가지는 힘은 단위 수준의 변수들이라는 모종의 필터로 인해 국가 행위에 온전히 전달되지는 않는다. 자동차의 엔진에서 발생된 동력은 '효과적인' 변속기 벨트에 의해 각 추동 장치에 온전히 전달되지만, 국제체제의 구조적 압력은 '불완전한' 변속기 벨트로 인해 그대로 국가 행위자에 전달되어 효과를 발생시키지는 못한다. 신고전적 현실주의자들은 국가 수준 변수들이 필터 역할을 한다는 자각, 바로 이것이 자신들이 현실주의자들 또는 구조적 현실주의자들에 대해 가지는 차별성이라고 주장한다.

5. 신고전적 현실주의를 둘러싼 논쟁

신고전적 현실주의에 대한 주요 비판은 '[구조적] 현실주의 살리기' 또는 '월츠 살리기'라는 말로 요약될 수 있다. 냉전이 평화적으로 종식되자 구조적 현실주의 또는 크게 보아 현실주의에 대한 비판이 크게 일었다. 월츠가 불안정하다고 단언했던 유럽의 마지막 다극체제는 300년 동안 지속되었지만 안정적일 것이라고 예측했던 미·소 간의 양극체제는 반세기도 지나지 않아 끝이 났고 소련은 미국의 패권에 힘의 균형을 맞추는 밸런싱을 하기보다는 평화로운 철수를 선택했기 때문이다. 소련의 고르바초프는 월츠의 세력균형론의 처방과는 전혀 다른 외교·안보 정책을 선택했던 것이다. 이에 대해 [구조적] 현실주의자들 일부, 즉 신고전적 현실주의자로 불리게 될 몇몇 이론가들은 비판자들이 월츠의 구조적 현실주의를 잘못 이해하고 있다고 강조하면서 무정부 상태라는 체제적 요소는 국가들의 행위에 대해 특정 경향을 가지게 하고 (dispose), 제약(constrain)을 가할 뿐이지 최후의 결정은 결국 정책결정자가 선택하는 것이고 자신들은 후자의 경우를 설명해 줌으로써 월츠의 국제체제이론을 보완해 줄 수 있다고 주장하는 것이다.

그러나 비판자들은 이러한 '땜질식' 보완은 신고전적 현실주의가 퇴행적(degenerating)인 연구 프로그램임을 드러내준다고 지적한다. 예를 들어 미국 일리노이대의 바스케스(John Vasquez)는 결함이 있는 중핵(hard core)을 살리기 위해 보조 가설들을 추가하는 '신고전적' 행위는 연구 프로그램 전체의 퇴행적 성격을 보여주는 증거라고 지적했다.[11] 비과학적인 임시방편(ad hoc explanation)에 불과하다는 것이다. 다른 한편 경희대의 양준희와 가톨릭대의 박건영은 신고전적 현실주의는 국제정치이론이라기보다는 분석적 도구이거나 역사 서술에 가깝다고 비판했다.[12] 국제체제의 힘이 설명하지 못하는 부분을 국내적 변수들을 추가하여 설명하는 것도 이론으로서의 가치를 떨어뜨리는 것이지만, 이보다 훨씬 더 중요한 것으로서 신고전적 현실주의자들이 내세우는 국내적 변수들인 개인의 인식, 선호, 이념, 그리고 국내정치의 추출 능력, 정부 구조, 이익단체 등이 정책결정자에게 언제 어떻게 더 큰 영향을 미치는지 사전적(事前的)으로 구체화하지 못한다는 것이다.

개념으로 깊이 알기

신보수주의

신보수주의(neoconservatism)는 20세기 중후반 미국에서 등장한 정치 이념이다. 신보수주의의 주요 신조는 미국적 가치를 보편적 가치로 간주하고 이를 전 세계적으로 확산하기 위해 필요한 경우 군사력의 사용을 불사한다는 것을 포함한다. 신보수주의자들은 도덕적 명확성(moral clarity)을 우선시하며 미국이 권위주의 정권과 인권 침해에 대해 원칙적인 입장을 취해야 한다고 주장하며, 국제기구나 제도 등 다자주의에 회의적이며 미국의 주권과 일방주의적 행동의 중요성을 강조한다.

사건이 일어난 후 이러저러한 변수가 작동했을 것이라고 하는 사후 설명(post hoc explanation)은 예측력을 가지지 못하며 따라서 정책적 함의를 가지지 못한다는 것이다.

그들은 이런 결함을 가지고 있는 신고전적 현실주의 저작의 예로서 로벨, 립스먼, 탈리아페로의『신고전적 현실주의, 국가, 그리고 외교정책(Neoclassical Realism, The State and Foreign Policy)』을 들고 있다.[13] 2003년 미국 W. 부시 정부의 이라크 침공을 다루는 이 저작에 따르면 미국의 군사 대응이 우선은 외부적 위협과 미국의 압도적인 힘에 의해 기본적 범위가 정해졌지만 안보정책 결정을 내리는 데 있어서 행정부가 지배권을 가지고 있었다는 점, 신보수주의자들의 "정책 기업가 정신(policy entrepreneurship)"이 행정부와 "싱크탱크 공동체" 내에 존재했다는 점, 그리고 미국의 외교정책 담론이 윌슨주의(또는 자유주의) 이상에 의해 지배되었다는 점 등의 단위 차원의 변수가 부시 정부가 선택한 대응의 성격과 장소를 결정했다.[14] 이에 대해 양준희와 박건영은 이들 저자들이 국제체제적 변수와 국내적 변수를 통합하여 특정 외교정책을 설명해 줄 수 있는 '이론'을 제시하고 있다고 생각했겠지만, 그들의 시도는 역사가들이 특정 사건을 '분석(analyze)'할 때 흔히 제공하는 설명과 별반 다를 것이 없다고 지적했다. 그들의 논의에서 앞으로 오바마 정부나 중국 또는 독일이 어떤 외교정책을 추구할 것인지를 예측할 수 있는 과학적 근거는 전혀 찾아 볼 수 없다는 것이다.

임시방편적인 설명에 대한 우려를 해결하기 위해 신고전주의 현실주의자들은 보다 체계적이고 일관된 이론적 틀을 제공하기 위해 노력해 왔다고 주장한다. 그들은 쉬웰러의 2006년 저작이 이에 해당한다고 주장한다.[15] 이 책에 대해 좀더 이야기해 볼 필요가 있다. 쉬웰러

간결한 이론이 아름답다!

우리는 세상을 설명할 수 있는 변수가 빠진 것처럼 보일 때 그것을 추가하면 이론을 더 강력하게 만들 것이라고 생각할 수 있다. 그러나 월츠는 그게 아니라고 말한다. 이론은 변수들을 수집해 놓은 것이 아니라는 것이다. 그에 따르면 우리는 이론과 분석을 혼동해서는 안 된다. 이론은 현실을 추상한 것이고, 추상화된 이론은 보편성을 확보할 수 있는 것이다. 변수를 추가하면 할수록 추상에서 멀어지고 현실에 가까워진다. 그렇게 되면 현실을 가지고 현실을 설명하는, 새로운 지식을 창출하지 못하는 동어반복(tautology) 또는 순환론(circular argument)이 될 수밖에 없다. 동어반복은 정의상(by definition) 항상 참일 수밖에 없는 진술이고, 순환론은 결론이 전제의 재탕에 불과한 결함 있는 추론을 포함하는 진술이다. 예를 들어 "결혼하지 않은 남자는 총각이다"는 동어반복이고, "성경은 하느님의 말씀이기 때문에 참이고, 하느님의 말씀이 참인 것은 성경에 그렇게 쓰여 있기 때문이다"는 순환론이다. 여기에는 새로운 증거도 지식도 존재하지 않는다. 월츠는 "분석에는 많은 것이 포함되지만 이론은 조금만 포함되어 있고, 이론은 표현에 있어 간결하고 아름답도록 간단하지만 현실은 복잡하고 종종 추잡하다"고 강조했다.[16]

에 따르면 역사는 그가 말하는 '과소균형(過少均衡)' 또는 '언더밸런싱(underbalancing)', 즉 위협적인 수정주의 국가의 세력 축적에 직면하여 국가들이 동맹을 맺거나 군비를 증강하지 않은 실패들로 가득 차 있다. 왜 그리고 어떤 유형의 국가들은 밸런싱에 실패하는가? 답은 국내정치에 있다. 예를 들어 중앙집권적 권력 분포를 가진 국가는 일관된 외교정책을 추구할 가능성이 높은 반면 분권적 권력 분포를 가진 국가는 분열되고 우유부단할 가능성이 높다는 것이다. 그는 또한 집권 엘리트의 선호가 국가의 외교정책 행태에 상당한 영향을 미칠 수 있다고 주장한다. 예를 들어 지배 엘리트가 위험회피적 선호를 가지는 경우 국제체제의 구조가 위험감수를 요구하더라도 국가가 외교정책에서 위험감수적 행동을 할 가능성은 낮아진다. 여론도 중요 변수가 된다. 국민이 전쟁에 반대하면 국제체제의 요구에도 불구하고 국가가 전쟁에 나설 가능성이 줄어든다는 것이다.

쉬웰러에 따르면 국가는 안보를 극대화하려는 합리적 행위자이지만 국내적 요인에 의해 제약을 받는다는 가정에 기초한 그의 신고전적 현실주의 이론은 경험적 증거에 의해 뒷받침된다. 그에 따르면 2차대전 직전 영국과 프랑스에는 나치 독일의 위협에 대처하는 방법에 대해 서로 다른 견해를 가진 다양한 정치 세력이 존재했다. 일부 정치인들과 사회단체들은 독일에 대한 단호한 입장과 강력한 조치를 주장한 반면 다른 정치인들과 단체들은 회유와 같은 유화적인 접근 방식을 선호했다. 이러한 세력 간의 힘의 균형과 정치적 합의의 필요성이 정책 선택에 영향을 미쳤던 것이다. 특히 주요 정치 지도자들의 선호와 신념이 유화 정책이 선택되는 데 중요한 역할을 했다. 체임벌린 영국 수상과 달라디에(Édouard Daladier) 프랑스 수상과 같은 지도자들은 무엇보다 전쟁을 피하는 것이 중요하다고 생각했다. 전쟁에 대한 개인적 혐오와 외교에 대한 신념은 분쟁을 예방하기 위한 수단으로 이들 국가가 유화책을 추구하기로 한 결정에 영향을 미쳤다. 나아가 1차대전에 대한 참담한 기억은 영국과 프랑스 모두의 여론에 큰 영향을 미쳤다. 국민은 전쟁에 지쳐 있었고 또 다른 대규모 분쟁에 휘말리는 것을 원치 않았다. 지도자들은 이러한 국민 정서를 잘 알고 있었으며, 전쟁을 결정하려면 국민의 지지를 얻어야 한다는 점을 인식하고 있었다. 평화와 안정을 약속하는 유화 정책은 전쟁에 지친 국민의 공감을 불러일으키며 광범위한 지지를 받았다.

쉬웰러는 자신의 이론이 임시방편도 아니고 퇴행적이지도 않다고 주장한다. 그의 입장을 요약하자면, 첫째, 이론적 일관성(theoretical coherence) 또는 총체적 일관성(holist coherence)을 유지하고 있다. 자신의 '언더밸런싱' 이론은 신고전적 현실주의의 맥락 내에서 위협 상황에 대한 국가의 대응을 평가하기 위해 체계적이고 잘 정의된 기준을 따르기 때문에 즉흥적이거나 자의적이지 않고 내부적으로 논리적 일관성을 유지하고 있다는 것이다. 둘째, 체계적(systemic) 접근이다. 국제정치연구에서 체계적 접근이란 연구자가 '미리 정의된 계획(predefined plan)'이나 일련의 절차에 따라 데이터를 수집·분석하고, 결론을 도출하는 이른바 '구조화된(structured)' 조사 수행 방식이다. 이는 가설들을 자의적이거나 특정 사례에 맞게 조정하지 않고 총체적 일관성의 기준에 따라 설정하므로 다른 연구자들이 같은 절차에 따라 연구 결과를 재검증할 수 있도록 투명성을 보장한다. 특히 쉬웰러는 가설 검증 방법으로 '소프트 테스트(soft test)'가 아닌 '하드 테스트(hard test)'를 선택함으로써 자신의 언더밸런싱 이론이 학문적으로 정직하다는 것을 간접적으로 정당화한다. 쉬웰러는 만일 그가 임시방편적으로 이론을 구성했다면 이러한 엄밀한 검증 방법은 그의 가설이나 이론을 경험적으로 기각·거부하였을 것이라고 주장한다. 셋째, 다수의 사례에 대한 비교분석이다. 쉬웰러는 이러한 접근법은 언더밸런싱의 사례를 다양한 상황에서 효과적인 밸런싱과 대조할 수 있게 한다고 제시한다. 그렇게 함으로써 이론가는 이론에 깊이와 폭을 더하여 임시방편적인 설명이라는 의심을 완화할 수 있다는 것이다. 넷째, 언더밸런싱 이론은 신고전적 현실주의 내에서 더 광범위한 연구 프로그램의 발전에 기여한다. 쉬웰

하드 테스트

경험의 세계는 특정 사실에 대한 어떠한 해석도 정당화할 수 있는 자료와 증거를 제공할 만큼 사실상 무제한적이고 충분히 복합적이다. 따라서 경우에 따라서는 서로 충돌하거나 모순적인 견해나 해석이 경험적 증거를 제시하며 공존할 수도 있다. 이러한 면에서 가설을 정당화하기 위해 그것과 부합하는 경험적 사례 몇 개를 제시하는 '소프트 테스트'는 경험적 검증의 방법으로서 정당화될 수 없다. 이와 같은 "체리피킹(cherry-picking)"은 모순되거나 불리한 증거는 무시한 채 자신의 입장을 뒷받침하는 증거만 선택하거나 강조하는 잘못된 논증 전술이다. 이 접근 방식은 특정 주제나 이슈에 대해 편향적이거나 일방적인 견해를 제시하는 데 사용되며, 사용 가능한 증거를 공정하고 균형 있게 제시하지 않기 때문에 기만적일 수 있다. 따라서 이론가가 객관성을 유지하려면 '하드 테스트'를 선택해야 한다. 예를 들어 역사가 카가 오래전에 제시하였듯이, 영국 "빅토리아 시대의 영국인들이 도덕적이고 이성적인 존재였다"고 기술하고자 할 때에는 1850년의 '스톨리브리지 웨이크스(Stalybridge Wakes)' 사건, 즉 생강빵을 팔던 한 상인이 사소한 문제로 인해 결국 화난 군중에게 맞아 죽은 일을 반드시 함께 평가·기술해야 한다. 비슷한 맥락에서, 국제제도가 국가 간 협력을 가져올 수 있다는 국제정치의 제도주의적 해석을 검증하려면 북유럽의 사례만 동원해서는 안 되고, 역사적, 전략적 불신에 기초한 안보딜레마가 지배적인 동북아시아의 경우 또한 검증 대상에 포함시켜야 한다.[17]

러에 따르면 이 이론은 국제체제적 압력과 국내적 요인들 간의 상호작용에 대한 추가 연구를 장려하며, 새로운 질문의 길을 열어주고, 미래의 학술적 토론을 위한 토대를 제공한다.

쉬웰러와 같은 신고전적 현실주의자들은 자신들의 이론이 간결성이 부족하고 따라서 비효율적이라는 비판에도 대응하고 있다. 그들은 외교정책 및 국제정치이론에 국내정치나 개인 수준의 변수를 포함시킴으로써 신고전적 현실주의 이론이 구조적 현실주의 이론보다 덜 간결하다는 것에 대해서는 인정하고 있다. 월츠는 국제체제가 무정부적일 것, 그리고 국가들은 생존을 위해 노력할 것, 이 두 가지 조건만 충족되면 세력균형이 형성된다고 했다. 그는 '간결한' 그래서 '효율적'인 자신의 구조적 현실주의에 대해 자부심을 갖고 있다. 이는 역으로 신고전적 현실주의의 상당한 단점이 될 수 있다. 그러나 신고전적 현실주의자들은 구조적 현실주의가 유용한 출발점이지만, 그것은 '간결함의 제단(altar of parsimony)'에서 너무 많은 설명력을 희생한다고 반박한다. 그들은 단위 수준의 변수를 포함시키는 것은 신중하고 과학적인 방식으로 수행된다면 과거 사건을 설명하고 미래의 국가 행동을 예측하는 능력을 크게 향상시킬 수 있다고 주장한다. 국제정치이론은 학문적으로 심오한 가치뿐만 아니라 정책 입안자들에게 행동 지침을 제공하기 위한 것이므로, 특정 국가가 특정 국제 상황에서 어떻게 반응할지에 대한 이론을 체계적으로 정밀하게 제시할수록 이론의 유용성은 더욱 커진다는 것이다.

6장

●

자유주의 국제정치이론

구조적 현실주의와 고전적 현실주의 간의 결혼이라 할 수 있는 신고전적 현실주의는 국제정치나 외교정책에 대한 국내정치적 요인들(지도자들의 인식이나 정치력, 사회적 선호, 관료정치 등)의 요인들의 영향력을 중시한다는 점에서 자유주의적 관점과도 닿아 있다. 다만 신고전적 현실주의자들은 국제체제의 영향력을 일차적이고 근본적이라는 점을 강조하며 자신들은 넓게 보아 구조적 현실주의에 속한다고 주장한다. 그러나 그들의 관점이 순수히 구조적이지 않기 때문에 굳이 관점론적 지위를 따진다면 그들은 양자 간의 어느 중간 지점에 속한다고 볼 수도 있을 것이다. 어쨌든 우리는 이제 구조적 현실주의에서 신고전적 현실주의를 거쳐 국내정치에 더 개방적인 자유주의에 대한 논의에 들어가게 되었다.

자유주의 관점이 현실주의에 대해 가지는 차별성은 후자가 국가들은 마치 당구공처럼 '겉과 속'이 같고 크기와 무게만 다를 뿐이라고 가정하는 것과는 달리 전자는 국가들은 서로 다른 내부적 성격을 가지고 있는, 달리 말해 서로 다른 가치관이나 선호를 가지고 있는 주체라고 본다는 점, 그리고 후자가 국가들은 합리적이고 단일체적 주체라고 전제하는 것과는 달리 전자는 국가들을 그렇게 보지 않아야 할 필요성이 있다는 점을 강조한다는 데 찾을 수 있다. 뒤에서는 국가들이 다양한 내부적 성격을 가지고 있으며, 그에 따라 국제정치적 행위가 달라진다고 보는 민주평화론, 그리고 국가의 국제정치적 행위를 이해하려면 하나의 합리적 단일체로 추상화되어 있는 국가 주체가 아닌 그것을 실제로 구성하는 '살과 피'를 가진 구체적인 인간 주체나 집단의 비합리적 인식과 행위에 주목해야 한다는 외교정책결정과정론에 대해 살펴보기로 한다.

1. 민주평화론

현실주의자들은 모든 국가는 문화, 정치체제 또는 정부를 운영하는 사람에 관계 없이 동일한 논리에 따라 행동하기 때문에 "좋은" 국가와 "나쁜" 국가를 뚜렷하게 구분하지 않는다. 따라서 상대적 힘의 차이를 제외하고는 국가를 구별하는 것은 어렵다. 국가들은 본질적으로 크기와 무게만 다른 당구공과 같다. 자유주의자들은 국가의 내부적 특성을 중시하며 좋은 국가와 나쁜 국가를 구별한다. 대표적인 예가 민주평화론이다.

1) 칸트의 영구평화론

현실주의가 투키디데스나 마키아벨리 등으로 거슬러 올라가는 것과 유사하게 자유주의도 로크나 칸트(Immanuel Kant)에서 그 이론적, 철학적 기원을 찾는다. 민주평화론은 칸트와 직결되어 있다. 칸트는 1795년 『영구평화론(*Perpetual Peace: A Philosophical Sketch*)』에서 전쟁은 불가피하지 않으며, 인간이 하기에 따라서는 영구적으로 평화로운 세계가 가능하다고 말했다. 구체적으로, 그는 전쟁을 억지하는 정치체제로서 공화주의(republicanism)의 중요성을 강조했다. 칸트는 한 국가의 형태를 최고 권력을 얼마나 많은 사람들이 소유·분점하고 있느냐에 따라 군주제(한 사람), 귀족제(여러 사람) 그리고 민주제(모든 사람)로 구분했으며, 또한 통치 방식에 따라 전제정(despotism)과 공화정으로 나누었다. 전제정에서는 입법권력과 집행권력이 융합되어 있으나 공화정에서는 양자가 분리되어 있다. 칸트에 따르면 권력이 분립하는 공화정은 (1) 모든 사회구성원의 자유("내가 합의할 수 있었던 것들을 제외하고는 어떠한 법률에도 복종하지 않을 권리")의 원리, (2) 모든 사회구성원이 단일하고 공통된 법체계를 준수해야 하는 준수의 원리, (3) 모든 사회구성원이 법적으로 평등("어떤 사람이 그 자신에게 구속력이 있는 법률을 준수하지 않으면서 동시에 타인에게 그 법률의 준수를 요구할 수 없는, 시민들 간의 관계")하다는 평등의 원리에 기초해 있다고 말했다. 그에 따르면 전제적이고 독단적인 정치체제는 자유와 평등을 보장하기는커녕 오히려 그를 침해할 가능성이 더 높고, 자유, 평등, 법치가 가능한 정체는 오직 공화제뿐이다.

칸트는 공화주의적 헌법을 가진 정치체제하에서는 위정자가 전쟁을 쉽게 일으키지 못한다고 주장했다. 비공화주의적 정치체제하에서 자신을 국가의 소유자로 인식하는 국가의 수장은 시민들처럼 전쟁에서 비롯되는 손해와 고통을 직접적으로 겪지 않기 때문에 전쟁을 일으키는 일에 신중하지 못할 수가 있다. 반면 공화체제하에서 시민에 의해 선출된 지도자들은 전쟁을 고려할 때 전제체제의 위정자보다 더 신중한 태도를 취할 수밖에 없다. 왜냐하면 그들은 전쟁이 일어나면 피해와 고통을 직접적으로 당하게 되는 시민들의 이해관계를 대변하지 않으면 권력을 상실하게 된다는 점을 잘 알고 있기 때문이다.

2) '자유주의적 평화'

칸트가 주목한 공화정과 평화 간의 친연성(親緣性, affinity)은 현대 국제정치학에서 '민주평화론'으로 만개했다. 1983년 프린스턴대의 도일(Michael Doyle)은 "자유주의적 평화(liberal peace)"라는 개념을 제시하면서 칸트의 영구평화론을 그의 국제정치학에 도입했다. 그는 이후 수많은 논문과 책을 통해 칸트적 평화를 체계화하였는데 이는 2005년 논문 "자유주의적 평화의 세 가지 기둥(Three Pillars of the Liberal Peace)" 등에서 다음과 같이 제시되었다:[1]

(1) 공화주의적 대의제(republican representation): 이는 자유주의 국가 내에서 지도자들이 국민의 동의를 얻어야 하는 민주적 구조를 의미하며, 이는 공적 책임성과 무력 갈등의 높은 비용 때문에 전쟁을 덜 발생하게 만든다.

(2) 인권에 대한 이념적 헌신(ideological commitment to fundamental

human rights): 이 개념은 자유주의 국가들의 핵심 원칙(core principles)과 정치 구조에서 인권 보호와 증진이 우선시되는 것을 의미한다. 인권에 대한 이러한 헌신은 자유주의 국가들 사이에 상호 신뢰와 존중을 형성하며, 그들 간 "별도의 평화(separate peace)"를 촉진한다. 자유주의 국가들은 상호 간에 공유된 가치와 인권 존중으로 인해 서로 간의 갈등에 휘말릴 가능성이 낮다. 이 "별도의 평화"는 "자유주의 평화" 이론의 핵심 요소로, 자유주의 국가들 간의 이념적 일치가 갈등 가능성을 줄이고 협력과 평화로운 분쟁 해결을 도모한다고 제시한다.

(3) 초국적 상호의존성(transnational interdependence): 자유주의 국가는 무역 파트너로서 다른 자유주의 국가의 복리를 증진할 물질적 인센티브를 가지고 있기 때문에 그들 간 관계는 칸트의 '상업주의 정신'인 사회적, 경제적 상호작용과 상호의존으로 특징지어진다. 칸트의 영구평화론의 확정 조항 제3조에 따르면 상업정신(spirit of commerce)은 조만간 모든 사람들에게 스며들 것인데, 그것은 전쟁과 공존할 수는 없다.

(4) 자유주의 국가는 자유로운 동의에 기반하지 않는 비자유주의 국가와 전쟁을 벌일 수 있는데, 그 이유는 자유주의 국가들 사이에서 평화를 촉진하는 바로 그 요소들, 즉 '헌법적 제약,' '개인의 권리에 대한 국제적 존중', '공유된 상업적 이익'이 비자유주의 국가들에서는 없거나 부족하기 때문이다.

(5) 자유주의 국가들은 전쟁이 일어나면 모두 같은 편에 서게 된다.

민주평화론에서 말하는 민주주의는 칸트가 말한 민주주의가 아니다

칸트는 자신의 시대적 상황을 반영하는 것이기는 하지만 민주주의는 위험하다고 보았다. 대의제에 입각하지 않은 민주정에서는 대표들이 아닌 인민 자신이 자신을 통치하기 때문이라는 것이다. 그는 전제주의나 귀족주의는 완벽하지는 않아도 대의제의 정신을 담고 있고 점진적인 개혁을 통해 공화주의로 나아갈 수 있는 잠재력을 가지고 있지만, 민주주의는 폭력적인 혁명의 수단에 의해서만 공화주의로의 전환이 가능하다고 말했다. 칸트에게 있어 민주주의는 최악의 정부 유형이다. 그는 18세기 민주주의는 대의제를 결여한 "소위 골동품 공화국들(so-called republics of antiquity)", 즉 그리스의 직접민주주의적 공화정과 같이 불가피하게 독재와 폭정 그리고 전쟁으로 귀결될 것으로 보았다.

3) 민주적 평화

도일의 1983년 논문 이후 민주주의 국가는 비민주주의 국가만큼이나 전쟁을 자주 하지만, "민주주의 국가끼리는 싸우지 않는다"는 가설을 가진 "민주적 평화"라는 이론이 제시되었다. 현대에는 공화정이 사실상 (자유 또는 사회)민주주의를 의미하므로 공화 대신 민주를 사용해도 무방하다는 의미에서 공화적 평화론이나 자유주의적 평화론이 아닌 민주적 평화론이라는 이름이 널리 자리 잡게 된 것이다. 민주평화론은 민주적·다원적 정치규범을 강조하는 규범적 모델과 민주정체의 구조를 강조하는 구조적 모델을 양 축으로 해서 발전하고 있다. 민주평화론의 규범적 설명에 따르면 도일이 제시했던 바와 같이 민주 국가 내부에서 발생하는 분규는 타협과 협력이라는 사회적 규범에 의해 폭력으로 비화되지 않는 것처럼, 이러한 규범을 공유하는 민주 국가들 간의 이해충돌도 전쟁으로 비화하지 않는다. 구조적 설명에 따르면 민주 국가에서는 시민의 이익을 대변하는 의회를 비롯한 '권력 분립(separation of powers)'과 '견제와 균형(checks and balances)'의 제도적 제약뿐 아니라 언론의 감시와 선거 압력 또한 선출직 정치 지도자들이 국민의 반발을 불러일으킬 수 있는 정책을 추진하기 어렵게 만든다.

1989년 리비(Jack Levy)는 민주평화론이 "국제정치의 경험적 법칙에 가장 근접해 있는 이론"이라고 평가했다.[2] 전쟁의 역사를 살펴보면 "민주 국가끼리는 싸운 적이 거의 없었다"는 것이다. 1993년 마오즈와 러셋(Zeev Maoz and Bruce Russett)은 1946년에서 1986년 사이의 국제 갈등을 분석한 결과 민주적 규범이나 민주적 제도를 공유하는 국가쌍(dyads)의 관계에서는 분쟁이 전쟁으로 비화될 가능성이 낮은 반면 민주적 규범이나 제도를 공유하지 않는 국가쌍의 관계, 그리고 민주 국가와 비민주 국가가 갈등하는 관계에서는 국제정치의 무정부성과 국가 생존의 절대성으로 인해 분쟁 해결 과정을 비민주 국가의 규범이나 제도가 주도하게 되어 전쟁이 발발할 가능성이 높다는 사실을 발견했다.[3]

1993년 예일대의 러셋은 『민주평화론의 이해(Grasping the Democratic Peace: Principles for a Post-Cold War World)』에서 '민주 국가들끼리는 싸우지 않는다'는 민주평화론의 기본 전제하에 규범적 모델과 구조적 모델을 체계적으로 검증했다. 그는 우선 민주주의(보편적인 성인 참정권, 정기적이고 자유로우며 공정한 선거, 법의 지배, 독립적 사법부, 언론과 결사의 자유)가 국제평화에 직접적이고 인과적인 영향력을 갖는지를 파악하기 위해 국제평화를 촉진할 수 있다고 간주되는 다른 변수들(소득 수준, 경제성장률, 동맹, 지리적 인접성 등)을 등식에 포함하여 해당 가설이 의사적 상관관계(spurious correlation, 인과관계는 없지만 관련성이 있는 것처럼 보이는 변수들 간의 통계적 상관관계)가 될 가능성을 최소화했다. 그는 이어 두 모델을 비교 검증한 결과 규범적 제약은 갈등과 전쟁의 발생 모두를 예방하는 데 기여하는 것으로 확인했다. 그러나 구조적 제약은 갈등이 전쟁으로 비화하는 것을 막기는 하지만 그 자체로 국가가 저강도 분쟁에 연루되는 것을 막지는 못하는 것으로 확인했다. 따라서 그는 "국내정치에서의 폭력의 부재와 민주적 통치의 기간"으로 계량화되는 민주적 규범이 민주 국가들 간의 평화에 대해 구조적 제약보다 더 강한 영향력을 갖는다고 결론내렸다. 『역사의 종말과 최후의 인간(*The End of History and the Last Man*)』의 저자 후쿠야마(Francis Fukuyama)는 러셋의 이 연구를 이미 광범위하게 형성되어 있는 국제정치적 관점을 실증적으로 체계화한 현실주의 국제정치학에 대한 주요 도전이라고 평가했다.[4]

민주평화론은 오웬(John Owen), 오닐(John Oneal), 마오즈(Zeev Maoz) 등이 후속 연구를 진행하며 일반화의 가능성을 높여주고 있다.[5] 특히 2021년 정교한 통계기법을 사용한 하버드대의 이마이(Kosuke Imai)와 서던캘리포니아대의 로(James Lo)의 연구는 특기할 만하다. 일반적으로 사용되는 회귀분석(regression analysis) 대신 비모수 민감도 분석(nonparametric sensitivity analysis)을 사용한 이들에 따르면 민주주의와 전쟁 사이의 부정적인 연관성을 뒤집으려면 민주주의 국가쌍에 비민주주의 국가쌍에 비해 47배나 더 많은 교란 요인(confounder)이 필요하다. 이 수치를 맥락에 대입하면 민주주의와 평화 사이의 상관관계는 흡연과 폐암 사이의 관계보다 최소 5배 이상 강력하다.[6]

4) 민주평화론에 대한 비판

　민주평화론에 대한 비판자들도 적지 않다. 노트르데임대의 로사토 (Sebastian Rosato)는 경험적 데이터로 보면 상관관계가 인정되지만 민주평화론에는 논리적 하자가 있다고 지적했다. 그에 따르면 첫째, 민주 국가들은 그들의 사회적 규범을 일관성 있게 외부화(타 민주국에 적용) 하지 않으며, 그들의 이해관계가 충돌할 시 서로를 신뢰하지도 존중하지도 않을뿐더러, 선출된 지도자들이 그들의 행위로 인해 정치적, 사법적으로 책임지어지는 경우도 많지 않다. 둘째, 민주 국가들은 군의 동원이나 기습 공격을 주저한다는 주장은 설득력이 약하며, 이 국가들에서의 공개적인 정치적 경쟁이 정보의 자유로운 유통을 가능하게 하여 전쟁을 억지한다는 주장 역시 경험적 근거가 박약하다.[7]

　미어샤이머는 민주주의 국가가 본질적으로 더 평화롭다는 발상에 문제를 제기했다. 그에 따르면 국제정치는 주로 무정부적인 국제체제의 성격에 의해 좌우되며, 여기서 국가들은 생존과 안보를 최우선시한다. 이는 국내 정치 구조보다 권력과 이익이 더 중요하다는 것을 의미한다. 그는 민주주의 국가들도 이러한 체제적 압력에서 자유롭지 않으며, 그들의 안보 이익이 위협받을 때 공격적으로 행동할 수 있다고 주장한다. 나아가 그는 민주주의와 평화 간의 상관관계가 반드시 인과관계를 의미하지는 않는다며 오히려 전략적 이익, 지정학적 고려 사항, 세력균형과 같은 요인들이 민주주의 국가들 간의 평화를 유지하는 데 더 중요한 역할을 한다고 강조한다.[8]

5) 정책적 함의

민주평화론은 정책적 함의가 많은 이론으로서 미국의 자유주의 정치세력의 외교안보 노선을 정당화하는 데 자주 활용되어 왔다. 예를 들어 클린턴 대통령은 1993년 UN 총회에서 "민주주의 국가는 서로 싸우는 경우가 거의 없다"며 "민주주의의 확산이 우리 시대 평화의 열쇠"라고 말하면서 미국은 전 세계의 민주주의 증진을 도울 "도덕적 의무"가 있다고 말했다.[9] 클린턴 정부는 1994년 '관여와 확장(the Engagement and the Enlargement)'이라는 국가안보전략을 제시하면서 "민주 국가들은 서로를 공격하지 않기 때문에 미국의 안보를 위해, 그리고 지속적인 세계 평화를 위해 민주주의의 확산이 궁극적으로 최선의 [미국의 국가안보]전략이다"라고 천명했다.[10]

실제로 클린턴 정부는 1999년 NATO 동맹국들과 함께 유고슬라비아의 밀로세비치(Slobodan Milošević) 정부가 주도한 무력에 의한 '인종청소'로부터 알바니아 민족을 보호하기 위해 코소보에 군사 개입을 실시했다. 클린턴 정부는 "민주주의를 증진하고 인권을 보호하는 것이 발칸 반도의 평화와 안정에 기여할 것"이라며 군사 개입을 정당화했다. 이념을 중시하는 신보수주의 정치세력도 민주평화론을 정책도구화했다. 예를 들어 W. 부시 정부는 사담 후세인 정권을 제거하고 이라크에 민주주의를 확립하는 것이 지역 안정에 기여하고 중동의 민주주의 도미노 효과를 촉진할 수 있다고 주장했다.[11]

2. 외교정책결정과정론: 정부정치모델

자유주의 관점을 공유하는 국제정치이론 중 또 하나의 주요 이론은 외교정책결정과정론이라 통칭할 수 있는데, 이 중에서도 국제정치학에서 잘 알려져 있고 광범위하게 사용되고 있는 이론은 정부정치모델(governmental politics model, 이를 처음 제시한 앨리슨은 고위 '관료가 정치를 한다'는 의미에서 관료정치모델이라 부르기도 했다)이다. 여기서는 외교정책결정과정론은 무엇이고, 그중 하나인 정부정치모델은 무엇인지에 대해 개관해 보자.[12]

1) '살과 피'를 가진 '사람들'이 실제로 참여하는 의사결정의 과정

1950년대 미국과 서구에서 국제정치학이 체계화, 이론화되기 시작한 이후 국가 간 상호작용이나 국가의 외교정책 행위를 설명하는 주된 분석 도구는 국가의 단일체성(unitary)과 합리성(rational)이라는 현실주의적 전제에 기초해 있었다. 이에 따르면 국가는 주어진 대안들 중 가장 큰 이익을 가져다줄 것으로 예상되는 대안, 즉 자신의 "효용함수(utility function)"의 관점에서 가장 선호되는 결과를 낳을 것으로 예상되는 대안을 선택한다. 다시 말해 해결해야 하는 문제와 관련된 정보, 문제 해결을 위한 각 대안들의 비용과 이익, 각 대안들이 성공/실패할 확률 등이 국가라는 '암상자(black-box)'로 들어가고, 암상자 내부에서는 경제적 효용계산이 이루어지며, 그 결과 국가이익의 관점에서 가성비가 가장 높은 외교정책이 그 암상자로부터 산출되어 나온다는 것이다. 이 외교정책은 상대국의 대응을 야기할 것이고, 그것은 다시 자국의 암상자로 들어가서 새로운 효용계산에 따른 외교정책을 산출한다.[13]

이와 같은 합리주의적 시각에서 보면 외교정책이 결정되는 '과정'은 중요하지 않다. 국가가 모든 대안들의 장단점을 고려하여 국가이익의 관점에서 가성비가 가장 높은 대안을 선택하기 때문이다. 즉 국가는 암상자 속에서 '선험적(先驗的, a priori)'으로 이미 주어져 있는 자신의 선호에 따라 가성비가 가장 높은 대안을 선택하는 것이다. 여기서 '선험적'이라는 말은 시간적으로 경험보다 앞선 인식이라는 뜻이라기보다는 경험만으로는 얻을 수 없는, 즉 보편성과 필연성을 지닌 인식이라는 뜻이다. 즉 합리주의에서의 국가의 이익이나 선호는 구체적 시공간의 차이에 의해, 즉 실천(practice)과 과정에 의해 형성되는 것이 아닌, 인간의 본성이나 국제정치의 무정부성과 같은 상수적 요소에 의해 '주어지는', 따라서 시공간의 특수성을 초월하여 '모든 국가'가 공유하는 개념으로 파악된다는 것이다. 예를 들어 '모든 국가'는 '언제나' 자신의 '권력으로 정의된 이익'을 극대화하려 한다. 그것은 모든 국가가 시공간을 초월하여 선호하는 것이다. 그러한 전제하에서 중요한 것은 이러한 선호를 선험적으로 가지는 국가들이 자신의 목적을 달성하기 위해 '어떻게' 상호작용하는가이다. 그들은 외교를 할 수도 있고, 필요하다면 전쟁을 할 수도 있다.

그러나 현실주의의 합리주의적 전제가 지나치게 현실을 단순화하고 있다고 보던 일단의 국제정치 연구자들은 국가라는 "형이상학적 추상물"의 암상자를 열어 그 속에서 '살과 피'를 가진 사람들이 실제로 참여하는 의사결정의 과정을 관찰하고자 했다. 이것이 외교정책결정과정론의 핵심적 문제의식이다. 이렇게 시작된 외교정책결정과정론은 현실주의의 합리적 선택론과 함께 국가의 외교정책 행위에 대해 보다 완전하고 심도 있는 설명이나 이해를 가능케 주는 대안적 분석 도구로 부상했다.

물론 외교정책결정과정론이 합리적 선택론을 대체하는 이론은 아니다. 다시 말해 이들은 상충적이라기보다는 상보적인 관계에 있다. 우리는 아래에서 현실주의의 핵심 전제인 국가의 단일체성과 합리성에 문제를 제기하는 외교정책결정과정론의 정부정치모델에 대해 토론할 예정이지만 이 모델은 소비자의 입장에서는 합리적 선택을 상정하는 현실주의 국제정치이론과 함께 사용될 때 그 의미가 더욱 부각될 수 있다. 비유적으로 말하자면 손전등(정부정치모델)이 어두운 구석이나 사각지대에 빛을 비출 수 있지만 형광등(합리적 선택론)이 없다면 손전등의 조명은 말초적이고 주변적인 조명에 머물 수 있다는 것이다. 요컨대 이 두 개의 시각은 현상을 설명함에 있어 서로를 보완하는 관계에 있다. "행위자-일반적(actor-general)" 이론인 합리적 선택론은 장기적이고 일반적인 외교정책적 추세를 기술하는 데에, 그리고 국가 내부의 '결정 동학(decisional dynamics)'에 주목하는 "행위자-구체적(actor-specific)"인 외교정책결정과정론적 시각은 단기적이고 급변하는 외교책 행위를 설명하는 데에 상대적으로 더 유용하다는 것이다.

2) 정부정치모델

앨리슨의 '정부정치모델'에 따르면 정부의 외교 행위는 의도적이고 계산된 "선택(choice)"이 아닌 고위 관료들 간의 정치적 "흥정게임(bargaining games)의 결과(resultant)"이다. 정부정치모델은 현실주의 이론과는 달리 국가를 단일체로 전제하지 않는다. 대신 의사결정이라는 게임에 참여하는 많은 내부적 참여자(players)에 주목한다. 그리고 이 모델은 이러한 참여자들이 선험적으로 주어진 국가이익을 일관되게 추구하기보다는 "각자가 생각하는" 국가이익, 조직이익, 개인이익에 따라 '밀당' 게임을 한다고 상정한다. 각 부처의 고위직 "공무원들이 정치를 하는 것"이다.

이 모델의 핵심 개념이나 가설들은 몇 가지 질문을 중심으로 정리될 수 있다. 누가 게임에 참여하는가? 무엇이 이들의 인식과 선호, 그리고 사안에 대한 입장을 결정하는가? 무엇이 결과에 대한 각 참여자의 영향력을 결정하는가? 참여자의 입장, 영향력, 그리고 각자의 행위들이 어떻게 맞물려 정부의 결정과 행동으로 나타나는가? 이 질문들에 하나 하나 답해 보자.

첫째, 유관 업무 수행자들이 '정부정치'의 게임에 참여한다. 이들은 통상적으로 "행동 채널(action channel, 누가 언제 게임에 참여할 것인지를 정해 놓은 절차적 규정)" 속에서 일정한 지위를 차지하는 사람들이다. 그리고 이들의 지위는 그들이 할 수 있는 것과 해야 하는 것을 상당 부분 규정한다. 그러나 업무처리가 "맡고 있는 자리"에 의해 전적으로 결정되는 것은 아니다. 참여자마다 개인적인 차이가 있기 마련이다. 특히 이들이 고위 직책에 기용되었을 때 빈손으로 오지 않고 큰 "가방(bag-gages)"을 끌고 들어온다는 점이 중요하다. 그 가방 속에는 그가 평소 중요하게 생각했던 것, 그가 참여했거나 약속했던 다양한 프로젝트들, 그리고 그 자리에 오기까지 그가 진 신세와 빚이 들어 있다.

둘째, 무엇이 이들의 인식과 선호, 그리고 사안에 대한 입장을 결정하나? 여기서 가장 중요한 것은 "편협한 조직우선주의(organizational parochialism)"이다. '문제가 무엇인가?', '어떻게 대처해야 하는가?'라는 질문에 대한 대답은 그 문제를 어느 자리에 앉아서 보는지에 따라 달라진다. 조직의 장들은 그들 조직의 구성원들에게 동기를 부여하고 활력을 불어넣기 위해 예산, 인력 등 그들의 이익과 요구에 민감하게 반응할 수밖에 없다. 그들은 자신의 조직이 건강하고 확대되어야 자신의 이익과 권력도 증가한다고 믿기 때문이다. 같은 의미에서 대통령도 이러한 '정부정치'의 논리에서 벗어날 수 없다. 민주적, 다원적 사회의 최고 공직자인 대통령은 '국내정치적' 결과에 민감하지 않을 수 없기 때문에 국가이익을 자신이나 자신의 조직의 정치적 이익의 관점에서 볼 수 있는 것이다.

셋째, 무엇이 결과에 대한 각 참여자의 영향력을 결정하나? 앨리슨은 참여자의 권력은 그가 쓸 수 있는 자산, 그 자산을 사용하는 기술과 의지, 그리고 이 두 요소에 대한 다른 참여자의 평가 등으로 이루어진다며, 특히 협상 자산을 구성하는 요소로 직위가 부여하는 공식적 권한과 책임, 행동을 수행하는 데 필요한 자원에 대한 통제력, 문제의 성격을 규정하는 데 필요한 전문성과 정보에 대한 접근권 및 통제력, 보스들에게 결정이 어떻게 집행될 것인지를 구체적으로 보여줄 수 있는 프레젠테이션 능력, 국내정치 게임 등 다른 게임에서 다른 참여자의 목표와 이익에 영향을 줄 수 있는 능력, 인간관계나 카리스마에서 나오는 개인적인 호소력, 다른 참여자에 대한 접근 능력과 그들을 설득할 수 있는 정치력 등을 꼽았다.

넷째, 참여자의 입장, 영향력, 그리고 각자의 행마(行馬, procession, 바둑, 장기 등에서 말을 쓰는 행위)가 어떻게 맞물려 정부의 결정과 행동으로 나타나는가? 정부정치모델의 관점에서 보면, 결정을 하는 권한은 공유하면서 입장은 서로 다른 사람들이 벌이는 이러한 게임은 다름 아닌 '정치'이다. 각 참여자는 스스로가 생각하는 국가이익, 조직이익, 개인이익을 증진하는 방향으로 결정을 끌고 가기 위해주어진 권한과 보유하고 있는 권력을 동원하여 "밀당이라는 정치적 행위(pulling and hauling that is politics)"를 하는 것이다.

앨리슨의 정부정치모델에 따르면 이와 같은 일련의 협상과 흥정의 과정에서 서로 다른 입장과 의견의 조각들이 서서히 모양새를 갖춘 하나의 결과물로 모습을 드러낸다. 그러나 이 결과물은 특정 개인이나 조직이 의도했던 것과는 상관없는 일종의 절충이다. 미술 작품에 비유하자면 여러 개의 잡다한 요소가 혼합된 "콜라주(collage)"와 같다 할 것이다. 우리는 종종 한국의 외교정책이 일관성이 없거나 표류한다는 느낌을 받는다. 예를 들어 2023년 초 한국 정부는 '전략적 모호성'이 아닌 '전략적 명확성'을 천명하면서 자유민주주의 이념을 공유하는 미국, 일본 위주의 가치 외교에 올인하다가 같은 해 말에는 갑자기 "한중 관계는 한미 동맹 못지않게 중요한 관계"라며 "조화롭게 양자 관계를 유지할 수 있는 방법을 찾을 것"이라고 입장을 전환했는데 이는 정부정치 또는 관료정치의 콜라쥬적 결과일 수 있다.

정부정치모델은 정해진 정책이 집행 과정에서 번복되거나 무시되는 상황을 드러내주기도 한다. 즉 결정이 내려진 후 행동에 옮겨지는 과정에서 누수가 일어나는 일이 생각보다 많다는 것이다. 결정이 내려지면 게임의 판이 커지고 더욱 많은 참여자가 독자적인 권한과 권력을 가지고 게임에 참여하기 때문이다. 앨리슨은 프랭클린 루스벨트 대통령의 보좌관을 역임한 대니얼스를 인용함으로써 이러한 누수 현상이 정부정치모델에 의해 포착되고 있음을 강조하고 있다:

"대통령의 제안이란 결과적으로 명령이나 다름없다. 그러나 그 절반은 각료들이 그냥 무시한다. 대통령이 그것에 대해 두 번째 물으면 검토 중이라고 말한다. 대통령이 세 번째 물으면 현명한 각료는 일부에 대해서만이라도 대답한다. 그러나 대통령이 세 번째 묻는 경우는 매우 중요한 문제를 제외하고는 거의 없다."[14]

정부정치모델은 각 참여자가 어떻게 행동할지에 대해 예측을 제공한다. 구체적으로, 이 모델은 참여자가 "어디에 서는지는 어디에 앉아 있는지에 달려 있다(Where you stand depends on where you sit, 여기서 stand는 어떤 입장에 서 있는지를 의미)"고 지적하고 있다. 앨리슨은 "달려 있다"는 말은 "결정된다"라기보다는 "상당한 정도로 영향을 받는다"로 해석해야 한다고 말한다. 게임의 참여자가 직책이나 행동 채널상의 위치로부터 오는 제약에 '저항'하거나 그것을 아예 '무시'할 수도 있기 때문이다. 한국의 통일부는 남북대화를 주 임무로 하는 부처이다. 만일 통일부 장관이 국무회의나 국가안보회의 중 북한의 도발적 행위에 대해서는 무력으로 응징해야 한다고 말한다면 이는 직책의 제약에 저항하는 사례가 될 것이다. 그럼에도 불구하고 자리의 영향력은 일반적으로 매우 의미심장하다. 앨리슨은, 그렇기 때문에, 참여자가 어떤 조직에 속하느냐, 즉 어떤 좌석(seat)에 앉느냐를 알면 그의 입장과 주장을 상당 부분 예측할 수 있다고 말하는 것이다. 특히 예산이나 무기 획득과 같은 구조적 문제의 경우 더욱 그러하다.

정부정치모델을 쿠바 미사일 위기에 적용하다
앨리슨은 쿠바 미사일 위기(1962) 시 무력 위협을 동반하는 사실상의 해상봉쇄라는 대안이 도출되기까지 누가 어떤 "연합"과 "반연합"을 형성하고 협상과 흥정에 참여하였는지, 그리고 그러한 과정의 결과물이 어떤 모습이었는지를 정부정치모델을 사용하여 보여주고 있다.

1962년 10월 16일 U2기(고고도 정찰기, U-2기는 정보 수집 목적으로 개발된 2세대 다목적 항공기)가 찍어온 명징한 사진들은 케네디 대통령을 아연실색하게 만들었다. 선거를 앞두고 절대로 자신을 정치적 곤경

쿠바 미사일 위기

쿠바 미사일 위기는 1962년 10월 소련이 미국 주요 도시들을 타격할 수 있는 거리에 위치한 친소 쿠바에 단거리 및 중장거리 미사일을 비밀리에 배치하다가 발각되어 일어난 미증유의 핵전쟁 발발 위기를 말한다. 미사일 배치의 증거를 확보한 미국 케네디 정부는 소련에 철거를 요구했고, 의심되는 소련의 선박들이 쿠바에 들어가지 못하도록 해군력을 동원하여 쿠바 주변 해상을 봉쇄하였다. 만일 소련 선박들이 미 해군의 정선 명령을 거부하면 강제력이 사용될 수 있고, 이는 '끔찍한 일'로 이어질 수 있었기 때문에 세계가 극도로 긴장할 수밖에 없었다. 결국 소련의 흐루쇼프 서기장은 미국이 쿠바를 침공하지 않고 터키에서 미국 미사일을 철거하겠다고 약속하면 쿠바 내 소련 미사일을 철거하겠다며 타협안을 제시했고, 이는 케네디에 의해 수용되어 위기가 해소되었다. 이 위기는 인류 역사상 세계가 핵전쟁에 가장 근접했던 사건으로서 미·소 정부 수뇌 간의 긴급 직통전화(핫-라인)가 개설되고, 1963년 부분적핵실험금지조약(Limited Test Ban Treaty)이 체결된 배경이 되었다. 대결에서 흐루쇼프를 제압한 케네디는 소련의 위협을 받고 있던 서독의 서베를린(2차대전 승전국들은 전범국 독일의 수도 베를린을 동서로 나누어 분할통치하고 있었다)을 방문하여 서방 방어에 대한 미국의 공약을 재확인하였다. 흐루쇼프는 소련 정치국 내부 투쟁에서 패하여 실각하였다.

에 빠뜨리지 않겠다고 약속한 소련의 흐루쇼프에게 속았다고 생각했기 때문에 분노를 걷잡을 수 없었다. 케네디는 탄핵을 당할 수 있다고 생각했고, 따라서 그가 내릴 수 있는 결정은 강경한 대응일 수밖에 없었다.

대통령은 해결책을 찾기 위해 국무장관, 국방장관, CIA 국장, 법무장관, 합참의장과 각군 참모총장, 국가안보보좌관, 유관 전직 고위관리 등이 포함된 집행위원회(Excomm)를 소집했다. 대안들이 제시되었다. 합참은 정보를 더 모은 후 쿠바 내 미사일, 항공기 등 모든 것을 단 한 번에 파괴하는 공중폭격을 주장했다. 국무장관은 쿠바의 카스트로를 설득하자며 외교적 해결책을 제시했다. 맥나마라(Robert McNamara) 국방장관은 쿠바에 미사일이 배치되더라도 미·소 간 전 세계적 차원의 전략적 균형에는 큰 영향이 없을 것이라고 말하며, 합참이 주장하는 공습은 너무 위험하다고 말했다. 소련이 보복으로 미사일을 발사할 수 있다는 것이었다. 합참의장은 국방장관이 공습이 곧 전면 침공인 것처럼 보이게 하기 위해 자신이 제안한 공습의 규모를 과장하고 있다고 생각했다. 한바탕 설전이 벌어졌고, 해결책에 대한 논의는 합일점을 찾지 못하고 지체되었다.

대통령이 민주당을 위한 선거 유세 차 코네티컷주를 방문하고 10월 17일 오후에 백악관으로 돌아왔을 때 세 번째 안이 제시되었다. 맥나마라가 해상봉쇄안을 내민 것이었다. 대통령 동생인 로버트 케네디(Robert Kennedy) 법무장관과 소렌슨(Ted Sorensen) 대통령 법률보좌관이 맥나마라에 동조했다. 대통령이 가장 신뢰하는 참모들이 한데 뭉친 연합이 형성된 것이었다. 대통령은 자신이 내심 원했던 강경책을 지지했던 연합의 구성원들이 누구였는지를 상기해 보았다. 공습을 지지했던 사람들은 군부, CIA 국장 맥콘(John McCone), 국무장관 러스크 (Dean Rusk), 니체(Paul Nitze), 그리고 애치슨(Dean Acheson)이었다. 대통령에게는 그들이 어떤 대안을 어떻게 내세웠는지보다 그들이 '누구'인가가 더 중요했다. 정보 책임자 맥콘은 전임 공화당 정부에서 일하던 사람이었고, 케네디의 측근들은 대통령에 대한 그의 충성심을 의심하고 있었다. 니체는 트루먼 정부 시 국방예산을 네 배나 올려야 하는 필요성을 적시한 '국가안보회의 메모랜덤-68호(NSC-68)'를 작성한 장본인이었다.

대통령의 국가안보보좌관 번디(McGeorge Bundy)는 10월 18일 자칫 잘못하면 베를린으로 불똥이 튈 수 있다(당시 서베를린을 둘러싸고 미·소 간 긴장이 고조되어 있었다)며 무행동을 주장했다가 다음 날 마음을 바꿔 쿠바 내 미사일에 국한된 공습에 찬성했다. 10월 19일 과거 민주당 대통령 후보였던 UN 대사가 국방장관과 함께 공습 회의론에 동참했다. 맥콘 CIA 국장은 합참에 동조하여 공습을 지지했다. 그런데 이때 위협적인 중장거리탄도미사일(IRBM)까지 쿠바에 반입된 것이 확인됐다. 합참의장은 공습에 이어 침공을 해야 한다고 태도를 바꿨다. 전 국무장관 애치슨은 무차별 대규모 공습이 아닌 소규모 "족집게 공습 (surgical airstrike)"을 제안했고, 국가안보보좌관도 이에 동조했다. 군부를 무모하다며 신뢰하지 않았던 케네디는 내키지는 않았지만 군부 쪽으로 기우는 듯했다. 이에 국무부 부장관 볼(George Ball)은 기습을 일본의 진주만 공격에 비유하며 비겁한 행동이라고 반대했고, "형이 도조 히데키(東條英機)가 되면 안 된다"고 생각한 대통령 동생인 법무장관은 기습이란 "평생 '카인의 낙인'을 달고 살 일"이라며 고개를 가로저었다. 그러나 대통령이 가장 우려한 것은 불똥이 베를린으로 튀는 것이었다. 그렇게 되면 핵전쟁이 발발할 수도 있었기 때문이다. 고참 외교관 볼렌(Charles Bohlen)과 톰슨(Llewellyn Thompson)은 흐루쇼프에게 퇴각로를 열어 준다는 의미에서 최후통첩을 주자고 했다. 반대자가 나왔다. 그러자, 재무장관 딜론(Douglas Dillon)이 최초로 제안한, 봉쇄를 일종의 최후통첩의 방법으로 삼자는 안이 다시 고려되기 시작했다. 10월 19일 아침 대통령은 합참의 장군들을 만났다. 그들은 기습이라는 효과를 놓치지 말아야 한다고 주문했다. 공군총장은 해상봉쇄나 정치적 타협 등은 2차대전 직전 나치를 고무한 "뮌헨에서의 유화책"이라며 노골적으로 대통령을 몰아세웠다.

이어서 국무부에서 열린 회의 때도 의견은 분분한 상태로 유지되었다. 팀별, 팀 간 토론을 거듭한 후 맥나마라 국방장관이 봉쇄와 협상을 겸한 대안을 제시하면서, 미국은 터키(현 튀르키예)와 이탈리아에 배치된 미국의 미사일을 포기해야 할지도 모른다고 말했다. 케네디 법무장관은 그건 너무 과하다고 생각했지만, 결국 봉쇄와 최후통첩을 겸하는, 즉 봉쇄는 1차 단계일 뿐 언제든지 공격할 준비를 갖추자는 대안에 힘이 실렸다.

정부정치모델에 따르면 최종 결정을 내린 집행위원회는 마치 "배우들이 주어진 역할에 따라 연기하고 사전에 결정된 결말로 이끌어가는 그리스의 연극"과 같았다. 맥나마라 국방장관은 소련 미사일의 철수를 요구하는 최후통첩은 너무 위험하다며 봉쇄-협상안을 고수하고 있었다. 스티븐슨 UN대사는 그를 지지했다. 군부와 번디 국가안보보좌관은 이틀 후에 공습을 하자고 주장했다. 그러자 케네디 법무장관이 "봉쇄와 공습"을 조합하는 안을 제시하면서 봉쇄와 동시에 미사일 철수를 요구하는 최후통첩을 보내자고 했다. 그는 소련이 거부하면 그때 공습

뮌헨에서의 유화책

뮌헨회의는 1938년 9월에 열렸으며 독일, 프랑스, 영국, 이탈리아의 지도자들이 참여했다. 회의의 목적은 나치 독일의 영토 주장, 특히 체코슬로바키아의 주데텐란트에 대한 영유권 주장을 해결하는 것이었다. 체임벌린 영국 수상은 유화책을 주장하며 독일이 주데텐란트 지역을 합병하는 것을 허용하자고 제안했다. 이 지역이 합병되었는데도 이후 히틀러가 뮌헨협정을 무시하고 추가 침략을 감행하여 결국 제2차대전으로 이어졌기 때문에 뮌헨협정은 전쟁을 막으려 했던 그러나 처참하게 실패한 시도라는 비판을 받게 되었다. 뮌헨협정은 독재자의 공격적인 팽창주의에 직면한 민주국가의 유화책이 얼마나 위험한지를 보여주는 경고로 사용되어 왔다.

에 나서자는 것으로 기습이 초래할 도덕적 문제를 해결할 수 있다고 주장했다. 전 주소대사 톰슨이 지지하고 나섰다. 대통령은 '봉쇄-협상안'은 미국이 겁쟁이라는 인상을 줄 수 있다며 '봉쇄-최후통첩안'을 선택한 후 법률보좌관 소렌슨에게 초안 작성을 지시했다. 강경파들은 소렌슨이 초안을 작성하며 모종의 꼼수를 부리지 않을까 의심했다. 그들의 우려는 현실로 드러났다. 대통령은 초안에서 전쟁의 참화를 강조하는 문구와 미·소 정상회담을 제안하는 내용을 삭제토록 지시했다.

앨리슨은 이와 같은 "선택의 정치(politics of choice)"를 상세히 서술하면서, 이 정치적 협상과 흥정의 결과물은 색종이나 사진 등의 조각들을 더덕더덕 붙여 만든 그림, 즉 콜라쥬와 닮았다고 말했다. 사실 미사일 문제는 단순히 미사일 문제만이 아니었다. 미국 정부의 최정상에 앉은 여러 참여자는 문제 자체를 달리 보았다. 같은 문제를 보더라도 다른 측면을 보았다. 그들의 성격, 직책, 그리고 경험에 따라 달리 접근했다. 그리고 이것이 진행된 과정은 매우 미묘하고 복잡한 분석을 하고, "서로 밀고 당기고, 이끌고, 설득하고, 자극하는, 그야말로 한편의 극적인 스토리"였다. 그리고 최종적 결정은 결국 하나의 콜라쥬와 같은 모습으로 드러났던 것이다.

무언가 강도 높은 조치가 취해져야 한다는 대통령의 최초 결정이 한 요소였다. 공습에 대한 맥나마라를 비롯한 일부 사람들의 반대가 다른 하나의 요소였다. 그리고 쿠바 미사일 문제와 베를린 문제를 끊임없이 연결해 생각한 여러 사람, 특히 대통령의 걱정도 또 다른 한 요소였다. 이처럼 다양한 요소들을 봉쇄와 공습을 조합한 정부의 결정으로 만들어내기 위해서는 일종의 담금질이 필요했고 로버트 케네디가 그 일을 했다. 그러나 그가 궁극적으로 지지한 대안은 자신이 처음에는 상상도 하지 않았던 것이었다. 게임의 참여자 간의 역동적인 대립, 협상, 흥정의 과정, 그것으로부터 절충안, 즉 정치적 결과물(political resultant)이 나온 것이었다.[15]

정부정치모델에 대한 비판

앨리슨의 정부정치모델은 합리적 선택론이 가지지 못하는 이론적 통찰력을 제공한다. 예를 들어 일관된 선호를 가진 단일체적 행위자를 가정하는 합리적 선택론과는 달리 이 모델은 정부 내에 각기 다른 이해관계, 신념, 선호도를 가진 여러 행위자가 존재한다는 점과 의사결정이 이러한 행위자들 간의 협상, 타협, 그리고 연합과 반연합의 결과라는 점을 드러내 준다. 또한 이 모델은 결과뿐만 아니라 의사결정 '과정'을 연구하는 것이 중요하다는 점을 강조한다. 이 모델은 시간이 지남에 따라 다양한 행위자들 사이에서 일어나는 상호작용, 토론, 협상에 주목한다. 이러한 '과정 중심의 분석(process-oriented analysis)'은 의사결정이 어떻게 진화하는지, 의사결정에 영향을 미치는 요인은 무엇인지, 정책 결과를 형성하는 역학관계는 무엇인지에 대한 심층적인 이해를 제공할 수 있다.

정부정치모델은 합리적 선택론이라는 대형 형광등이 보여주지 못하는 국제정치의 모호하고 어두운 구석에 빛을 비춰주는 손전등과 같다. 이러한 손전등들을 여럿 구비하여 분석 도구로 사용할 수 있다면 우리는 설명과 이해의 대상에 대한 보다 전체적이고 보다 완전한 그림을 그릴 수 있고, 그에 따라 문제에 대한 더 적확(relevant)하고 현장감 있는 예측이나 정책적 해결책을 내놓을 수 있을 것이다.

그러나 비판도 적지 않다. 모델이 지나치게 복잡하고, 은유적으로 말하자면, "너무 두껍다(simply too thick)"는 것이다. 벤도와 하몬드(Jonathan Bendor and Thomas H. Hammond)는 "너무 많은 변수가 포함되어 있어 '분석적인 주방 싱크대' 같다"고 지적했다. 관련성이 있을 수 있는 것은 모두 이 모델에 포함되어 있다는 말이다.[16] 그렇다면 그것은 현실이지 이론 또는 모델이 아니다.

개인의 행위에 초점을 지나치게 맞춘 결과 제도, 규범, 문화, 전통과 같은 '구조적'인 제약의 중요성이 간과될 수 있다는 지적도 있다. 프리먼(Lawrence Freedman)은 손자병법 '제6편: 허실'에서 한 구절을 인용하며 정부정치모델의 이러한 문제를 비판하였다: "모든 병사들이 내가 정복하는 전술을 볼 수는 있지만 승리를 이끌어낸 전략은 알아차리지 못한다(人皆知我所以勝之形, 而莫知吾所以制勝之形. All men can see the tactics by which I conquer, but what none can see is the strategy out of which victory is evolved.)."[17] '전략'은 눈에 보이는 '전술'을 뒷받침하는 계획과 사전 고려라 할 수 있다. 정부정치모델은 보이는 전자에 너무 집착하여 보이지 않는 그러나 더 중요할 수 있는 후자를 못 보는 우를 범하고 있다는 비판인 셈이다.

아마도 가장 근본적인 비판은 이 모델이 현실적으로 사용하기 힘들다는 지적일 것이다. 합리주의적 이론이 보여주지 못하는 부분을 보여주는 것은 이론적 기여라 할 수 있지만, 실제 분석에서 이 모델을 사용하려면 정부 내부의 의사결정과정에 대한 정확하고 상세한 정보가 필요한데 이러한 정보에 대한 접근이 어렵다면 이 모델의 적용 가능성과 결론의 정확성이 제한적일 수밖에 없다는 것이다. 그러한 정보를 가지고 후일 누군가 글을 쓴다면 그는 정부 내부의 의사결정과정에 참여한 인물일 수가 있고, 그는 아마도 자신의 입장을 지지하거나 옹호하는 정보만을 사용할 가능성이 높을 것이다. 이 모델의 통찰력은 각국의 정보공개법이 더 전향적으로 강화되어 비공개 외교문건에 대한 보다 광범위하고 내실 있는 그리고 신속한 접근이 이뤄질 때 비로소 합리적 선택론의 빛이 닿지 못하는 외교정책결정과정의 어두운 구석구석에 더 밝은 빛을 비출 수 있을 것이다.

3. 자유주의 국제정치이론에 대한 비판

자유주의 국제정치이론은 비국가 행위자를 포함함으로써 분석의 범위를 넓혀 국가중심주의에 대한 대안적 시각을 제공하고, 주체의 단일체성과 합리성이 관찰되지 않는 국제정치의 일부에 빛을 비춰줌으로써 현실주의 이론이 그리는 단순화된 그림에 국가 못지 않은 영향력을 가지는 주체들의 행동 패턴의 디테일을 추가함으로써 이론적 입체성을 강화해 준다. 뿐만 아니라 자유주의 이론은 민주주의/비민주주의와 같은 국가의 유형이 외교 행태에 미치는 영향과 경제적 이익 공유 또는 상호의존이 국가 간 협력의 촉매제 역할을 할 수 있음을 지적하고, 다른 한편 문화, 외교, 비강제적 수단의 영향력을 인정하는 소프트 파워의 개념을 제시함으로써 국제정치에서 권력정치와 권력투쟁, 그리고 상위정치로서의 군사력이나 안보 문제의 중요성을 강조하는 현실주의 이론의 '권력-외골수적' 사고방식에 융통성을 부여한다.

그러나 자유주의 국제정치이론에 대한 비판도 상당하다. 국제정치의 현실인 권력정치에 충분히 주목하지 않는다는 비판은 차치하고라도 우선 현실주의 전제를 이완하거나 변수를 추가함으로써 이론의 간결성에 타협한다는 지적이 있을 수 있다. 이론의 역할 중 하나가 복잡한 관계나 과정을 단순화하여 쉽게 이해하도록 도와주는 것이라 할 때 이론 자체가 복잡해지는 것은 목적과 본질에서 벗어나 쓸모에 대해 문제가 제기될 수 있다는 것이다. 나아가 일부 자유주의 이론은 민주주의, 인권, 정의와 같은 가치를 강조하는 규범적 요소를 포함하는데 규범적 원칙은 행위자와 사회마다 다를 수 있기 때문에 이런 요소를 포함하면 이론의 복잡성이 배가될 수 있을 것이다. 그런데 더 중요한 문제는 가치나 규범이 서구중심적이라는 데 있다. 비판자들은 자유주의 이론이 서구의 문화적, 가치적 편견을 담고 있어 국제정치에 대한 포괄적이고 보편적인 설명이나 이해를 제공하지 못한다고 지적한다.

또 다른 비판은 자유주의와 관련된 경제적 결정론, 특히 자유 시장과 경제적 상호의존성에 대한 긍정적인 시각과 관련이 있다. 비판자들은 경제적 상호의존이 권력정치의 효력을 제한하고 갈등을 완화하는 역할을 한다는 자유주의적 개념은 지나치게 단순하여 그것이 오히려 갈등을 조장하는 경우를 설명하지 못한다고 말한다. 그들은 경제적 상호의존만으로는 국제 협력이 보장되지 않으며 자유주의 이론이 국제적 결과를 형성하는 데 있어 국제체제에 내재된 근본적인 불평등과 그것을 영속화하는 역사적 유산과 같은 구조적 요인의 영향을 과소평가하는 경향이 있고, 그 결과 국제정치에 내재된 복잡성을 파악하는 데 문제가 있다고 지적한다.

7장

●

영국학파

국제정치이론에서 (신)현실주의 및 (신)자유주의와 비교할 때 독특한 위치를 차지하고 있으며, 고유한 이론적 입장을 유지하면서 두 이론의 핵심 요소를 유기적으로 결합하는 중도론적(via media) 시각으로서 영국학파에 대해 토론할 필요가 있다. 영국학파(the English School of International Relations)의 주요 구성원인 런던정경대의 부잔(Barry Buzan)에 따르면 영국학파의 핵심적 논지는 현실주의적 '국제체제(international system)'와 이상주의적 '세계사회(world society)' 사이의 간극을 메우면서 양 개념의 현실성과 바람직성을 종합한 '국제사회(international society)'의 개념에 기초해 있다. 여기에서 국가들은 무정부적 상태에서 물질적 이익을 추구하는 경쟁적 행위자이지만 동시에 간주관적 규범과 관행, 그리고 상호 합의된 규칙과 제도로 운영되는 "구조화된 공동체(structured community)"에 참여하는 사회적(social) 존재이

일차적 제도

부잔은 국제체제가 국제사회로 전환되는 과정은 두 가지 개념으로 설명할 수 있다고 말했다. 독일 사회학자 퇴니스(Ferdinand Tönnies)가 제시한 사회학의 고전적인 '사회 개념'인 게마인샤프트와 게젤샤프트(Gemeinschaft and Gesellschaft) 개념을 사용하는 것이 이를 이해하는 데 도움이 된다는 것이다. 게마인샤프트적 이해는 사회를 공통의 정서, 경험, 정체성을 포함하는 유기적이고 전통적인 것으로 본다. 이는 본질적으로 역사적 개념으로, 사회는 "만들어지거나 디자인(designed)되는" 것이 아니라 "성장 또는 진화(evolve)"하는 것이다. 게젤샤프트적 이해는 사회를 정서적이고 전통적이라기보다는 계약적이고 구성적인 것으로 본다. 이는 보다 의식적으로 조직적인 개념으로, 사회는 의지에 의해 만들어질 수 있다고 본다. 일차적 제도(primary institutions)는 만들어진 공식적인 국제조직이 아니라 국제사회의 기본 틀과 운영 원칙을 구성하는 사회 내 깊이 내재된 지속성을 가진 그리고 동시에 정당성을 가진 것으로 인식되는 관행과 규범을 말한다. 그러니까 일차적 제도는 게마인샤프트적 개념이다. 베스트팔렌적 주요 일차적 제도의 예로는 국가주권, 영토적 무결성, 세력균형, 전쟁, 외교, 국제법, 강대국 간 협상 등이 있다. 이차적 제도는 게젤샤프트적 개념으로서 국가들이 국제정치의 특정 영역을 관리하기 위해 만든 UN, WTO 또는 IMF와 같은 공식적인 국제기구이다. 이차적 제도는 일차적 제도를 반영한 규칙과 규범을 기반으로 설립되고 이에 따라 관리되는 구체적 형태를 가진 제도이다.[1] 일차적 제도와 이차적 제도를 구분하는 이유는 국제정치의 정태적이고 지속적인 구조와 동태적이고 가변적인 측면을 하나의 틀 속에서 동시에 이해하기 위함이다.

기도 하다. 즉 국가들은 권력정치에 몰두하는 경쟁적, 이기적 주체이기는 하지만 동시에 그들 간 상호작용에 의해 형성된 일정한 사회적 구조와 조직을 갖춘 '국제사회'의 구성원이며, "외교, 국제법, 세력균형, 전쟁(전쟁이 질서를 만들 수도 있다), 강대국의 협상과 조정 역할" 등 이른

외교라는 국제제도

현대 외교는 르네상스 시기에 시작되었으며, 상설 외교 공관의 설립과 외교 면책 특권의 관행으로 특징지어졌고, 이는 현대 국제관계의 기초를 마련했다. 이러한 변화를 상징하는 예로, 스페인은 15세기 후반과 16세기 초에 세인트 제임스 궁정에 대표를 파견하여 지속적인 외교적 존재의 부상을 보여주었다. 1648년 베스트팔렌조약은 이러한 관행을 더욱 제도화하여 국가주권과 법적 평등의 원칙을 강화했다. 현대 외교의 주요 특징은 상설 대사관의 설립, 외교 직무의 전문화, 외교관의 안전과 기능적 독립성을 보장하는 외교 면책 특권의 성문화 등이다.

바 국제사회의 "일차적 제도(primary institutions)"를 의식적으로 준수함으로써 그들 간 관계를 조절하고 국제정치를 안정적으로 관리한다는 것이다. 나아가 합리적 국가들은 이차적 제도를 만듦으로써 내구력 있는 '제도-기반'의 국제질서를 구축하는 사회적 과정에 능동적으로 참여한다.

영국학파는 국제사회는 물질론적 실증주의를 배척하지 않는 가운데 행위자들의 가치관이나 내적 동기에 주목하는 '해석학적 접근'에 의해 보다 타당하게 조명될 수 있다고 주장한다. 또한 그들은 국제사회의 개념은 국가들이 공동의 규범, 법률 및 제도를 형성한다는 것을 의미하는바, 이러한 공동의 이익과 가치에 대한 인식이 변하면 국제사회의 성격도 변한다며, 이러한 변화를 포착·이해하기 위해서는 '역사적 접근'이 중요하다고 강조한다. 나아가, 국제사회의 변화 가능성과 관련하여 부잔과 같은 영국학파 학자들은 국제사회의 관행과 규범에 영향을 받으면서도 동시에 역동적으로 영향을 주는 비국가 주체들을 포함하는

'세계사회'의 역할에 주목한다. 세계사회의 개념은 탈냉전, 글로벌리제이션, 기후 변화 등에서 비롯된 현대 국제정치의 지구적, 인류적 문제를 다루는 데 있어 전통적인 국가중심주의를 넘어서는 세계시민주의(cosmopolitanism) 차원에서의 '규범적 접근'의 중요성을 부각한다. 사실과 규범이 결합된 영국학파의 이론적 독특성이다.

1. 영국학파 등장의 역사적 배경: 영국국제정치연구위원회

국제정치 연구에 있어 영국학파의 모체가 된 것은 1958년에 창단된 영국국제정치연구위원회(the British Committee on the Theory of International Politics, 영국위원회)였고, 영국위원회는 미국국제정치연구위원회의 성공에 따른 것이었다. 1954년 미국 록펠러 재단의 러스크(Dean Rusk)와 톰슨(Kenneth Thompson)은 국제정치에 관한 이론적 문제에 관심이 있는 미국인들로 구성된 연구위원회를 만들었다. 대학 교수와 전직 외교관이 참여했다. 이들은 주로 컬럼비아대에서 모임을 가졌고, 논의한 내용을 출판하였다. 이 모임이 성공적으로 진행되자 톰슨은 영국에도 비슷한 위원회가 있어야 한다고 생각했고, 캠브리지대의 역사학자 버터필드(Herbert Butterfield)를 접촉했다. 런던정경대의 와이트(Martin Wight), 런던대의 하워드(Michael Howard) 등이 초대되었고, 미국위원회의 파트너로서 영국위원회가 출범했다. 주말 모임이 1년에 3번 이루어졌다. 그런데 영국위원회는 톰슨이나 록펠러 재단이 생각했던 것과는 달리 '미국식 실증주의 국제정치이론' 또는 정책지향적인 국제정치이론의 개발에 소극적이었다. 영국위원회 구성원들은 정책적 함의를 가진 실용주의적, 실증주의적 이론보다는 해석학적, 역사적, 규범적 접근에 더 익숙한 사람들이었다. 그들은 '영국적 정체성(Englishness)'을 가진 국제정치이론을 구상하였는데 이는 당시 미국의 주류 국제정치이론의 주제와 방법론에 대해주체적 차별성을 확인하고자 하는 의도에서 비롯된 것이었다. 이를 이해하려면 역사적 맥락을 살펴볼 필요가 있다.

영국위원회가 시작될 무렵인 1950년대 말에는 2차대전이 그 "타당성"을 확인해 준 카(E. H. Carr)발 현실주의가 국제정치학계에서 지배적 위상을 차지하고 있었다. 특히 미국에서는 나치 독일에서 탈출하여 시카고대의 강단에 선(1943-1971) 모겐소가 국제정치에서 유일한 주요 주체는 국가이고, 국제정치학에서 핵심적 관심사는 "충족되지 않는 권력욕"에 가득 찬 "이기적 국가들" 간에 벌어지는 "권력투쟁"임을 강조하는 '정치적 현실주의'를 이론화하여 그 창시자로서의 위상을 정립해 가고 있었다. 나아가 컴퓨터의 등장으로 현실화된 데이터 처리 능력의 확장은 수학적 모델과 통계 분석을 포함하는 자연과학의 방법을 사회과학에도 적용할 수 있고, 적용해야 한다는 소위 행태주의 혁명(behavioralist revolution)이 실질적인 정책적 해답을 요구하는 냉전적 필요성과 맞물리면서 미국 사회과학 및 국제정치학계 내에서 거대한 방법론적 신흥 세력으로 떠오르고 있었다.

영국위원회 구성원들은 국제정치가 물질적 이해관계를 들러싼 단순한 권력투쟁의 장은 아니며 오랜 기간 동안의 국가 간 상호작용이 만들어낸 관행이나 규범, 국제법과 제도 등과 같은 사회적 구조가 물질적 구조와 다차원에서 교직된 복합적이고 '중층적(layered)'인 현실이라고 보았다. 1648년 베스트팔렌조약 이후 국가주권 및 세력균형 개념에 바탕한 근대국제체제의 유럽적 경험에서 비롯된 사고방식이었다. 그들은 이러한 복합적이고 중층적인 국제정치적 현실을 이해하기 위해서는 연구방법론도 그에 걸맞는 것이어야 한다고 생각했다. 요컨대 시작은 미국 록펠러 재단의 미국식 실용주의적 필요에 따른 것이었지만, 위원들은 유럽적 경험의 관점에서 무정부적 체제에도 사회적 질서가 존재한다고 보는 '국제사회'의 개념을 제시하고 실증주의적 방법론이 아닌 해석학적, 역사적, 규범적 방법론을 통해 국제정치의 성격과 동학에 대한 이해를 도모하고자 했던 것이다. 이런 맥락에서 캠브리지대의 저명한 역사가 버터필드가 좌장 역할을 맡은 이 "자의식이 강한 소규모 연구 집단(self-conscious grouping)"[2]은 현실주의를 제창한 사가이자 전직 외교관인 카나 런던정경대 국제관계학과의 창설자이지만 남아프리카공화국의 인종차별주의(apartheid)를 지지하는 반규범적인 매닝(Charles Manning)을 의도적으로 초대하지 않았다.[3]

영국위원회가 개발한 이론적 틀의 핵심에 대해 논해 보자면 우선 국가들이 무정부 상태의 국제체제(international system)에 존재함에도 불구하고 제도화된 관행, 규범, 국제법의 준수가 공통의 이익과 가치를 제고한다고 인식하기 때문에 '사회(society)'를 형성한다고 가정하는 국제사회(international society)라는 개념이 두드러진다. 훗날 영국학파로 알려지게 될 것의 토대와 상부구조의 대부분을 제공한 영국위원회의 국제사회론은 정체성과 가치관을 공유하는 유럽의 기독교적 문명권의 국가들이 상호작용을 통해 몇 세기에 걸쳐 형성해 온 사회적 정치도(政治道, statecraft)에 주목하였고, 특히 17세기 이후 베스트팔렌의 외교적 구전(口傳)이나 서사(敍事)를 자신들의 이론을 경험적으로 지지하는 구성 요소로 삼았다. 즉 위원회는 유럽 전통의 "덜 맛있는(less savory)" 요소들을(예를 들어, 식민지 착취나 마키아벨리적 권력정치)에 대해서는 개탄하는 경향을 보여주었지만,[4] 자연법 사상과 보편적인 도덕적 기준에 기초한 국제법의 발전, 그리고 베스트팔렌 평화조약 이후 유럽 국제정치의 핵심이 되어온 국가주권이나 세력균형과 같은 확립된 규범과 관행을 강조하는 등 전반적으로 유럽의 국제정치적 전통에 대해 긍정적으로 보았다.

이 위원회가 영국이라는 국적을 표방할 수 있는 근거는 위원들이 사용한 연구방법론과도 연관이 있었다. 이에 대해서는 전기한 바 있지만 방법론적 정체성에 대해 좀 더 이야기해 보자면, 1950년대 '매카시의 마녀사냥'이 증폭시킨 '적색 공포(Red Scare)', 외교안보적 정책에 대한 냉전적 필요성, 대규모 데이터 처리를 가능케 한 컴퓨터의 등장 등은 그렇지 않아도 결과를 "보여 달라(show me)"로 요약될 수 있는 경험주의 철학과 실증주의 방법론에 익숙한 미국 학자들과 정책입안자들이 행태주의를 대대적으로 수용한 배경이 되었다. 미국 정치학계에서는 합리적 선택론과 같은 관찰 가능한 현상에 대한 실험실적 접근이 대세가 되었다. 미국적 방법론은 전 세계적으로 확산하였고 영국도 예외가 아니었다. 이런 상황에서 1980년대 초반 이후 영국학파라고도 알려지게 될 영국위원회는 뭔가 새로운 접근법을 내세운 것은 아니었다. 오히려 그 반대로 "20세기 전반 '영미권'에서 국제정치이론에 대한 일반적인 접근법이었던 것"을 "최신의 것"으로 유지하려고 노력했던 것이다. 그들은 한편으로는 불을 중심으로 새로운 '과학적' 국제정치이론에 대항(제2차 대논쟁)하였고,[5] 다른 한편으로는 유럽적, 영국적 정체성에 기초한 "전통적 접근법(classical approach)"을 다방면에서 학제화

자연법 사상

자연법 사상은 기독교적 자연법 사상과 계몽주의적 자연법 사상으로 나눠 살펴볼 수 있다. 기독교적 자연법은 근본적으로 우주를 설계한 창조주에 대한 믿음과 연결되어 있다. 이런 면에서 자연법은 신이 창조한 자연 자체에서 비롯된 것이므로 이성적인 존재라면 누구나 적절한 추론을 통해 파악할 수 있는 자명한 진리이고 문화적 또는 종교적 배경에 관계없이 모든 인간에게 보편적이고 객관적으로 적용될 수 있는 것이다. 예를 들어, 기독교적 자연법 사상에 따르면, 국가의 법이 자연법(신에 의해 부여된 도덕적 법칙)과 정의(도덕적이고 윤리적인 공정성)에 부합하지 않으면 그것은 진정한 법의 성격을 지닐 수 없으며, 국가도 정당성을 잃고 존재할 수 없다. 또한 인간의 존엄성을 해하는 전쟁이나 전쟁 포로는 정당하지 않은 것이다. 나아가 아리스토텔레스에 의해 영향을 받은 기독교적 자연법은 목적론적이며, 이는 인간 삶의 최종 목적 또는 목표(telos)를 지향한다는 의미이다.

　계몽주의 사상가들의 자연법에 대한 접근 방식은 신의 계시가 아닌 세속주의와 인간 이성을 강조하는 것이었다. 아퀴나스(Thomas Aquinas)와 같은 기독교 자연법 이론가들이 도덕법을 하나님의 영원한 법에 근거를 둔 반면, 계몽주의 철학자들은 자연법 개념을 인간의 본성과 그로부터 비롯된 것으로 여겨지는 '내재적 권리(intrinsic rights)' 또는 양도불가한 권리(unalienable rights)에 기반을 두었다. 로크(John Locke)는 생명, 자유, 재산을 포함하는 자연권에 대한 비전을 제시하면서 이러한 권리를 신적 권위에 의해 부여된 것이 아니라 인간에게 내재된 것으로 간주했다.

하고자 했다. 어쨌든 중요한 것은 영국위원회가 의식적으로 또는 전략적으로 전통적 방법론을 가지고 치고 나왔다기보다는 미국의 사회과학/국제정치 학자들이 급진적으로 기어를 바꾸고 있을 때, 그들이 항상 해왔던 일을 계속함으로써, 해석과 역사와 규범에 대해 더 깊이 그리고 통합적으로 성찰함으로써, 독특한 국제정치학파를 탄생시켰다는 점이다.

영국위원회가 국제정치에서 권력과 규범의 역할, 그리고 유럽적 국제사회의 역사적 발전 등을 주로 다룬 1966년의 『외교 탐구(*Diplo-matic Investigations*)』는 즉각적으로 상당한 호응을 일으켰다. 기고자 중 영국학파의 이론적 기초를 내린 와이트의 구상은 특기할 만 하다. 그는 16세기 이후 서구 사회에서 국제관계를 보아온 세 가지 이론적 렌즈를 제시하였다. 그는 이러한 3분법은 근대 유럽의 지성사에서 "자주 나타나는 것(familiar aspect)"이며, 독일 사가 기에르케(Otto von Gierke)를 인용하며 "너무나도 당연한(strikingly plain)" 것이라고 말했다. 그에 따르면 마키아벨리와 홉스에 의해 상징되는 현실주의(realism)는 무정부적 국제체제(international anarchy)에서 권력투쟁을 벌이는 국가들을 연구 대상으로 하는 반면, 그로티우스와 글래드스톤(William Gladstone)과 같은 사상가들에 의해 대표되는 합리주의(rationalism)는 관행, 규범, 국제법 등을 만들고 준수하는 것이 이익이라고 인식하는 국가들이 국제사회(international society)를 구성하는 합리성에 주목하며, 칸트와 윌슨(Woodrow Wilson)에 의해 대표되는 급진주의(revolutionism)는 국가주권에 기초한 베스트팔렌 체제를 넘어 개인과 비국가적 주체의 의미가 강조되는 세계시민적 사회를 지향하는 것이었다. 와이트는 이러한 범주들이 중첩되는 부분이 있지만 역사적으로 볼 때 이 구분은 이론적으로 유용한 것이라고 주장했다.[6] 와이트는 자신의 이론을 경험적으로 검증하는 차원에서 서구뿐 아니라 고대 중국에도 그러한 세 가지 전통적 시각이 존재했다고 제시하였다.[7] 그에 따르면 중국 철학의 현실주의 사조는 법가, 즉 법가학파에서 비롯되었고, 합리주의 철학은 유교에 의해 제공되었으며 서양의 합리주의와 매우 유사했다. 급진주의는 도가(道家) 사상이었다. 국제정치에 대한 그의 3분법은 이후 영국학파뿐 아니라 각국의 국제정치학계에서 대체적으로 인정되는 이론 분류의 기준이 되었다.

와이트는 현실주의와 급진주의를 극단적 사고방식이라고 지적하며 양 극단의 가운데 위치하는, 그리고 입헌적 정부와 법치의 발전과 연관되어 있는 중도론적 시각에 주목하였다. 그에 따르면 서구적 가치들은 국제사회의 존재를 부정하지 않는, 그리고 그것이 세계 수준의 초국가적 실체로 발전할 수 있다며 현실을 과장하지 않는 중도론적 사상가들과 정치지도자들에 의해 가장 효과적으로 지지된다.[8] 그러나, 와이트가 중도론에 입각하여 국제사회에 주목하고 지지한다고 말했지만 정작 그가 생각하던 국제사회는 후일 영국학파가 그에 대해 평가하는 것보다 훨씬 더 현실주의에 가까운 발상에 기초한 것이었다. 물론 그의 국제사회는 그가 말했듯이 현실주의와 합리주의 간의 융합이자 결합이었다. 예를 들면 홉스적 또는 마키아벨리적 충동이 그로티우스적 제도인 세력균형에 의해 제어되는 식이다. 그러나 그의 이론에서 양자 간의 관계는 비대칭적이다. 그의 이론에서 국제사회는 주로 현실주의적 충동과 논리의 산물이다. 권력을 추구하는 국가 간 상호작용이 만들어낸 일련의 제도나 법적 장치들은 국제정치에서 권력욕을 완화할 수는 있으나 결코 통제할 수는 없다. 와이트가 현실주의에 더 기운 이유는 그가 독실한 기독교 신자였다는 사실과 무관하지 않다. 그는 2000년에 걸친 원죄와 불완전성을 인간의 유산으로 보는 기독교적 관념을 받아들여 국제정치의 정치철학으로서 비관적인 현실주의를 (무의식적으로) 선호할 수밖에 없었다.[9]

와이트는 기독교적인 집단적 정체성(collective identity), 그리고 국가주권, 국제법, 외교 특권, 상호이해에 기초한 관행이라 할 수 있는 세력균형 등의 베스트팔렌적 제도와 규범에 의해 무정부성이 일정 부분 제어되는 유럽의 국제사회를 상정하고 이것의 역사적 발전과 확산에 대해 천착하였다. 그는 유럽 국제사회가 주로 제국주의와 식민주의를 통해 확장되었다며 유럽 강대국들이 직접적인 영토 정복과 식민 행정의 수립을 통해 그들의 정치적, 법적, 외교적 규범 및 제도를 수출했다는 점을 강조했다. 시간이 지나면서 비유럽 국가들은 조약, 국제무역 및 국제기구 참여를 통해 이 유럽 국제사회에 편입/통합되기 시작했다. 와이트는 유럽 국제사회의 확장이 문화적 및 문명적 충돌로 인해 갈등과 저항을 야기했지만 세계적으로 국제정치의 특정 기준을 확산하는 데 도움이 되었다고 제시하였다. 유럽 국제사회의 확산과 관련된 그의 시각은 불과 왓슨(Adam Watson)의 후속 연구와 함께 "각 지역으로 분할되어 있던 지역적 국제정치가 세계정치로 변화하는 19세기 말, 20세기 초의 상황을 개별 국가 간 제국주의적 침탈의 과정이나, 자본의 논리에 기초한 경제적 침탈의 과정으로 보지 않고, 각 지역의 국제정치 근저에 녹아 있는 문명적 표준의 충돌과 전파의 과정으로 보는" 영국 학파 특유의 이론적, 방법론적 바탕이 되었다.[10]

영국위원회의 유일한 집단적 저작인 『외교 탐구』가 호응과 파장을 일으켰지만 영국위원회가 영국의 국제정치학에 끼친 '즉각적인 영향'을 평가하기는 쉽지 않다. 예를 들어, 위원회의 '정신적 고향'으로 간주되던 런던정경대의 국제관계학과(Department of International Relations)의 저명하고 영향력 있는 학자들은 위원회에 참여하지 않았고, 따라서 학과의 학풍은 위원회와 거리가 있었다. 영국의 대부분의 국제정치학자들은 영국위원회의 "구시대적 성격(old-world nature)"을 오히려 배척하는 분위기였고, 1970년대에는 미국발 '복합적 상호의존론(theory of complex interdependence)'에 매료되었고 유럽 통합의 문제에 큰 관심을 가지고 있었다.[11] 1977년 불이 '무정부적 국제사회'라는 개념을 체계화하기 전까지 영국위원회의 부진은 지속되었다.

2. 헤들리 불과 『무정부적 사회(*The Anarchial Society*)』

불은 와이트 등 영국위원회의 문제 의식과 연구 주제 및 방법론을 공유하면서도 그들의 개념과 구상을 체계적으로 정리하고 이론화했을 뿐 아니라 국제체제와 분명히 구분되는 국제사회의 진화 과정에 대한 상세한 역사적 분석을 통해 국제사회론의 통찰력을 제고하려 하였다. 불의 이론을 이해하기 위해서는 모순적인 책의 제목으로부터 시작하는 것이 유익할 것이다. 이 제목은 두 가지 근본적인 아이디어를 가리킨다. 국제정치에서 '무정부 상태'는 공권력의 부재를 의미하고 '사회'는 구성원들(이 경우 국가들)이 공유된 규범과 규칙을 따라 상호작용하는 구조화된 체제를 의미한다. 전통적으로 무정부 상태는 질서와 협력을 의미하는 사회라는 개념과 본질적으로 반대되는 무질서와 조직의 부재로 여겨지기 때문에 개념적 모순이 발생한다. 불은 상반되어 보이는 이 두 가지 개념이 어떻게 공존하는지를 보여주고자 했다. 그는 세계정부의 부재(무정부 상태)에도 불구하고 국가들은 공유된 규범, 규칙 및 제도에 기반한 상호작용을 통해 국제적 차원에서 '사회'를 형성한다고 보았다. 왜냐하면 국가들은 이러한 사회적 구조를 통해 국가 간 관계에서 일정한 질서와 예측 가능성이 유지되는 것이 자신의 이익에 부합하다고 보기 때문이다. 예를 들어, "제한되지 않는 폭력"의 출현에 대해 공포를 느끼는 무정부적 국제체제의 국가들은 이를 제어하고 완화해 줄 수 있는 법과 규칙을 만들어내고 세력균형과 같은 관행을 의도적으로 준수한다.

중도론을 표명한 와이트가 사실상 현실주의에 가까웠다면 불은 국제사회에 방점을 찍는 그로티우스적 접근을 채택했다. 그가 정의한 그로티우스적 접근이란 "국제정치는 국제사회 내에서 일어나는 것으로서, 국가는 분별력이나 편의성의 규칙(rules of prudence or expediency)뿐만 아니라 도덕과 법의 명령에도 구속된다"고 보는 관점을 말한다.[12] 이러한 사상적 전통은 '주권국가 내부와 국가 간의 정치 생활을 구성하고 지배하는 규칙'에 주목하기 때문에 국제정치 연구에 대한 '시민 과학(civil science)' 또는 헌법적 접근(constitutional approach)이며 국제정치의 전체가 법의 지배를 받는다는 확신은 그로티우스적 전통의 핵심으로서, 다른 개념이나 전통과 구별되는 특징이다.[13]

불은 홉스적 현실주의가 개인이 아닌 국제 수준에서는 적용될 수 없다고 주장했다. 즉 개인 간의 '잔인한 자연 상태'와 유사한 국가 간 영구적인 전쟁 상태를 가정하는 홉스적 개념에 문제를 제기한 것이었다. 그는 홉스의 주장을 사용하여, 국가 간의 전쟁 상태가 개인 간의 전쟁보다 "더 견딜 수 있는(more tolerable)" 이유로서 국가는 개인과는 달리 군사력 등 (자위를 위한) 조직화된 힘을 갖고 있다는 점을 지적했고, 나아가, 자연 상태에서는 개인이 모두 타자를 해할 수 있는 균등한 능력을 갖고 있지만 국제정치에서는 강대국과 약소국 간에 내재적 불평등이 존재하기 때문에 평화를 강제하기 위한 보편적 주권자, 즉 '지구적 리바이어던(Leviathan)'의 필요성이 줄어든다는 점을 부각했다. 국제정치에서는 무정부 상태가 혼란과 투쟁을 의미하지는 않는다. 국가들이 무정부 상태에서도 행동을 규율하는 공통의 규칙과 규범을 준수함으로써 중앙 권위 없이도 질서를 유지할 수 있다는 것이다. 불은 와이트와 마찬가지로, 홉스적 전통의 반대 편에 서 있는 또 다른 극단으로서의 칸트적 보편주의와 세계시민주의에 대해서도 문제를 제기하며 칸트가 인류의 단결과 국가주권이 해체될 가능성을 지나치게 강조했다고 말했다. 불은 칸트가 세계정부를 옹호하지 않았다는 점은 인정했지만, 칸트가 세계 통합의 가능성에 대해 이상주의적이었다고 비판했다.

불의 이러한 그로티우스적 시각을 염두에 두고 그가 어떻게 국제사회론을 체계화, 이론화하였는지 살펴보자. 먼저, 국제사회는 국제체제와 대비되는 개념이다. 불에 따르면 무정부적 국제정치에서 두 개 이상의 국가들이 충분한 접촉을 유지하고 타국의 결정에 대해 충분한 영향을 주며, 이 국가들이 하나의 전체에 속한 일부로 행동하게 할 때 국제체제(international system, system of states)가 존재한다. 예를 들어, 컬럼버스가 도착하기 이전 아메리카에 존재했던 독립적인 정치공동체들은 당시 유럽에 존재했던 그러한 공동체들과 함께 국제체제를 이루지 못한 것이고, 전국시대의 중국에 존재했던 독립적인 정치공동체들은 같은 시기 그리스나 지중해의 그러한 공동체들과 함께 국제체제를 이루지 못한 것이다. 이들이 충분한 접촉을 유지하지 못했기 때문이다.[14]

불에 따르면 국가군(또는 보다 일반적으로 말하자면 독립적인 정치공동체 집단)이 한 국가의 행위가 다른 국가의 계산에 필수적인 고려 요소가 된다는 의미에서 하나의 체계를 형성할 뿐 아니라, 대화와 합의를 통해 그들 간 관계를 규율하는 공통의 규칙과 제도를 형성할 때, 그리고 이러한 장치들을 유지하는 것이 공동의 이익이라고 인정할 때 그로티우스적 국제사회(international society, society of states)가 존재한다.[15] 보다 구체적으로 말하자면, 만약 국가들이 국제사회를 형성한다면, 이는 그들이 서로 독립에 대한 주장을 존중하고, 그들이 체결하는 협정을 준수하며, 나아가 서로에 대한 힘의 행사에 일정한 제한이 있다는 등의 특정 관행이나 규칙이 자신들의 행위에 구속력을 갖는다고 여기기 때문이다.[16]

국제사회를 지지하는 국가 간 공유된 규범이나 관행이자 정착된 제도라 할 수 있는 세력균형은 국제정치적으로 가장 많이 운위되는 중추적 개념이자 이론이다. 와이트가 다양한 국제 사상의 전통에서 세력균형이 갖는 역사적 역할과 철학적 함의 측면에서 논의했다면, 불은 무정부적 국제체제에서 질서를 유지하는 메커니즘으로서 세력균형이 어떻게 작동하는지에 대해 보다 상세하고 기능적인 분석을 제시하였다. 그는 세력균형은 단순히 자연적으로 발생하는 것이 아니라 국가들이 국가 간 역학관계의 변화에 대응하기 위해 의도적으로 선택하는 정책 행위의 결과라고 보았다. 즉 "제한되지 않는 폭력", 즉 패권국의 출현에 대해 공포를 느끼는 국가들은 이를 방지하고 독립을 유지하기 위해 서로 힘을 합치는 세력균형과 같은 관행을 의도적으로 준수한다는 것이다. 중요한 것은 세력균형이 당장의 위협에 대응하기 위한 일시적이거나 편의적인 조치라기보다는 국제사회의 항구적인 제도로 간주되어야 한다는 점이다. 이 제도적 관행은 군사력이나 경제력에 의한 직접적인 균형뿐만 아니라 그러한 균형을 가능하게 하는 체계를 유지하려는 '공유된 약속(shared commitment)'을 통해 작동한다. 세력균형에는 조약이나 동맹과 같은 공식적인 메커니즘과 외교적 관여 및 침략을 억지하는 행동 규범과 같은 비공식적 관행이 모두 포함된다.

불은『무정부적 사회』에서 체제와 사회 간의 차이를 명료화했을 뿐 아니라 기독교 기반의 국제사회가 유럽 중심의 근대적 국제사회로, 그리고 세계적 국제사회로 진화하는 과정에 대해서도 상세히 서술하였다. 그에 따르면 초기 단계인 15-17세기에는 기독교 문화유산이 유럽 국제사회의 근간이 되는 규범과 가치에 지대한 영향을 미쳤다. 이러한 공유 유산은 유럽 국가들 사이에서 국제법과 외교 규범의 초기 발전을 촉진하여 서로를 도덕적, 윤리적 기준을 공유하는 공동 문명의 일부로 인식하게 했다. 그러나 국제사회의 구성원이 누구인지에 대한 명확한 지침이 없었고, 자연법에 우선권이 부여되었으며, 미완 상태의 공존의 규칙은 세부적인 법적 틀보다는 광범위한 도덕적, 윤리적 지침에 기반했다. '보편적인 사회(universal society)'라는 개념은 다양한 정치 주체들 간의 정치적, 문화적 차이를 가리는 역할을 하였다.[17] 비토리아(Francisco de Vitoria), 수아레즈(Francisco Suárez), 그로티우스 등 이 시기의 자연법 사상가들은 국제사회의 개념을 파악함에 있어 광범위한 중세 기독교 세계관을 반영하였다. 유럽의 기독교적 국제사회는 근대적 국제사회의 전조(precursor)였다.

18세기와 19세기에 이르러 국제사회의 개념에서 기독교적 요소의 잔재는 점차 사라졌다. 자연법이 성문화된 국제법에 자리를 내주면서 초점은 보다 세속적인 유럽 국제사회로 옮겨갔다. 이 시기의 이론가들과 실무자들은 "신성한 법(divine law)"에서 벗어나 유럽 국가의 정치적, 법적 현실을 반영하는 보다 세속적이고 합리적인 원칙으로 이동하면서 국제정치의 뚜렷한 유럽적 성격을 강조하기 시작했다. 이러한 베스트팔렌으로의 전환은 유럽 국가와 다른 국가 간의 차별화를 특징으로 하며, 유럽 국가 간의 행동 규칙을 비유럽 국가와의 상호작용에 다르게 적용하는 일종의 문화적 우월성을 내포하였다.

20세기에 탈식민화가 가속화되고 새로운 국가들이 세계 무대에 등장하면서 국제사회의 개념은 지구적 관점으로 확장되었다. 이는 비유럽 국가들이 일정한 '문명의 기준(standards of civilization)'을 충족하면 정회원으로 인정되면서 국제사회에 포함되는 것이 특징이었다. 국제사회는 더 이상 유럽에만 국한된 것이 아니라 다양한 문명과 문화를 포괄하는 세계 수준의 국제사회가 되었지만 여전히 서구의 국가 규범과 법적 관행의 영향을 받았다.

불에 따르면 기독교적 국제사회에서 유럽의 국제사회로, 그리고 세계적 국제사회로의 전환은 종교개혁과 같은 광범위한 사회 정치적 변화를 반영하는 국제적 규범과 제도의 변화를 의미하는 것이었다. 각 단계는 기존의 전통과 새로운 현실을 조화시키려는 시도를 반영하여 종교적으로 통일된 유럽에서 점차 다양하고 세속적인, 그리고 합리주의에 바탕한 '규칙-기반의 세계'로 범위를 확장하는 방식으로 국가의 행위를 형성했다. 이러한 진화는 국제사회에 대한 동질적이고 배타적인 개념에서 보다 다면적이고 포괄적인 이해로의 전환을 강조하는 동시에 다양한 국가들을 공유된 법적, 도덕적 규범하의 단일한 국제사회로 통합하는 문제의 복잡성을 노정하고 있다. 불은『무정부적 사회』에서 국제사회가 유럽에서 전 세계로 확장되면서 공통의 문화적 기반이 약화되고 그로티우스적 요소가 잠식되는 가운데 홉스적(20세기 양차 세계대전) 및 칸트적(UN) 요소가 강화되는 과정을 상세히 서술하였고, 마지막 다섯 개의 장에서는 국제체제의 변형 또는 대안으로서 국제사회가 어떻게 진화할 수 있을지에 대해 고찰하였다.

이러한 면에서 불의 국제사회론은 사회적 규범과 제도의 진화에 주목하는 변화의 이론이라 할 수 있다. 하버드대의 호프먼(Stanley Hoffman)은 불의 이론을 "국제사회를 강조한 결과로서의 '변화의 이론'", 즉 관념의 변화 이론이라 칭하며 당시 주류이던 프린스턴대의 길핀과 월츠의 물질론적 현실주의와 대비하였다.[18] 불의 이론은 국가 간 공존과 협력의 맥락에서 공동의 이해관계에 대한 다른 인식을 만들어내는 '문화적 변화(cultural change)'에 대한 주의를 환기하는 것이었다. 불은 단순한 '체제'에서 '사회'로, 또는 '좁은 사회'에서 더 많은 구성원을 포함하는 '넓은 사회'로의 전환을 강조하였다. 종교개혁(종교 권력에서의 변동), 프랑스혁명(왕정에 도전하는 시민적 자유의 확산), 러시아혁명(자본주의 질서에 대한 도전)과 같이 국제사회에 완전히 새로운 신념과 규칙을 도입한 주요 격변은 불의 '변화의 이론'에서 관념적 구조를 바꾸는 핵심적 동인으로 간주되었다.[19]

불은 『무정부적 사회』를 통해 당시 주류 이론에 존재론적, 인식론적으로 도전하였지만 그가 속한 영국위원회와도 몇 가지 면에서 차별화를 시도하였다. 첫째, 옳든 그르든 영국위원회는 '국제사회'를 '유럽 국제사회'와 동일시하고 이를 이론적 구성물이 아닌 역사적 현상으로 간주했다. 이들에 따르면 '국제사회'는 로마제국 멸망 이후 천 년 이상에 걸친 서유럽, 특히 기독교의 사상과 관행의 독특하고 우연적인 산물이었다. 그들은 유사한 국제사회가 역사상 다른 곳에서 발견될 수 있다거나, '인간' 또는 국가가 단순히 서로 가까운 곳에 살면 생겨날 수 있다는 주장에 대부분 관심이 없거나 회의적이었다. 불은 국제사회가 단순히 유럽 중심의 역사적 산물이 아니라, 다양한 지역에서도 발견될 수 있는 보다 보편적인 현상으로 보았다.

둘째, 영국위원회는 국가보다는 '정치가(statesmen)'에 더 관심이 많았다. 구성원들은 매닝과 모든 면에서 동의하지는 않았지만 '국가'는 개인으로 환원될 수 있다는 그의 주장에 동의하였다. 특히 '정치가'와 '외교관'인 이 개인들이 '국제사회'를 구성하고 "목적을 가진 명령(pur-posive orders)"을 내린다고 생각했다. 국제사회를 유지하거나 잠식하기 위해 행위하는 주체는 이 국제사회의 가치에 대해 특정한 신념을 가진 바로 이들 정치가와 외교관인 개인이었다. 반면 불은 이론화가 용이한 '추상화된' 국가를 연구 대상으로 하여, 그 국가들이 공유된 규범이나 국제법을 통해 어떻게 국제사회의 질서를 조직/유지하는지에 대해 주목하였다.

3. 불이 남긴 논쟁의 불씨: 다원주의 대 연대주의

현재의 관점에서 불이 충분히 다루지 못한 이슈들에 대해 이야기해 보자면, 국가중심주의적 시각을 가진 불은 후일 부잔이 체계화, 이론화한 세계사회(world society)라는 개념에 대해서는 상세히 논의하지 않았다. 그는 "세계질서(world order)", 즉 인류 전체의 질서가 "국제질서(international order)"보다 더 광범위한 것이며, 그것보다 더 근본적이고 원초적인 것이고, 또한 그보다 도덕적으로 앞선 것이라고만 "감질 날 정도로 짧게(tantalizingly brief passage)"[20] 말하고 있지만,[21] 그가 제시한 "세계적 국제사회(world international society)"는 국가가 단위인 국제사회가 세계 수준으로 확대된 것을 의미하는 것이었지 분석의 단위나 수준이 개인이나 초국가적 주체나 현상에 맞춰진 것은 아니었다.

더 정확하게 말하자면, 그는 세계사회가 형성될 가능성에 대해 회의적이었을 뿐 아니라 현대국제체제에서 유일한 주요 주체는 비록 규범과 제도에 의해 행동 반경에 제약을 받기는 하지만 여전히 국가라는 현실주의적 사고방식을 유지하였다.

불이 세계사회에 대해 왜 회의적이었는지, 그리고 불 이후에 점화된 '세계사회 논쟁'은 어떻게 전개되었는지를 이해하는 일은 글로벌리제이션과 냉전의 종식으로 상징되는 21세기 지구적 문제를 파악하고 해결책을 제시하기 위해 부잔에 의해서 재활성화된 영국학파의 이론적 영역의 확장과 사회 구조적 재작업(social structural reworking)과 관련하여 의미심장하다 할 수 있다.

일단 불의 이야기를 먼저 들어보자면, 그는 1966년 『외교 탐구(Diplomatic Investigations)』에 실린 "국제사회의 그로티우스적 개념(The Grotian Conception of International Society)"이라는 논문에서 국제사회를 보는 시각은 질서(order)를 중시하는 다원주의(pluralism)와 정의(justice)를 중시하는, 따라서 "인류 전체의 질서"에 대한 비전을 제시하는 연대주의(solidarism)로 구분될 수 있다고 썼다. 다원주의는 국가들이 다양한 가치관과 세계관을 가지고 있기 때문에 법 집행과 관련하여 그들이 공유하는 최소한의 목적을 위해서만 상호 합의할 수 있다고 전제하는 반면, 연대주의는 국제사회를 구성하는 국가들 간에는 상당한 수준의 연대의식, 또는 잠재적 연대의식이 있기 때문에 법 집행도 그에 상응하는 보편성을 가진다고 가정한다.[22] 다원주의와 연대주의는 국제사회가 도달할 수 있는 합의의 범위, 특히 전쟁의 제도, 국제법의 원천, 국가의 주장에 대한 개인의 지위에 대해 고려할 때 분명하게 이견을 드러낸다.[23]

첫째, '정당한 전쟁(just war)'의 논의에서 다원주의자들은 '전쟁의 정당한 수행'에 대한 제한을 인정하면서도 '전쟁의 정당한 사유'의 문제에 대해서는 연대주의자들과 궤를 달리한다. 다원주의자들은 전쟁은 법적 고려 사항이라기보다는 정치적 고려 사항, 즉 "법이 침묵하는" 국가의 특권적 권리라고 본다.[24] 연대주의자들은 '전쟁할 수 있는 권리(jus ad bellum, right to war; 자기방어와 같은 정당한 이유로 전쟁을 할 수 있는 권리)'와 '전쟁에서의 권리(jus in bello, right in war; 전쟁에서 승리하기 위해 취한 행동이 정의로운가)' 모두 국제법의 범주에 속한다고 본다. 따라서 전쟁은 일종의 경찰 행위, 즉 국제사회 전체가 누리는 이익, 더 중요하게는 국가에 거주하는 모든 '개인이 누리는 이익'에 의해 정당성이 결정되는 법 집행 행위로 간주된다.

둘째, 국제법의 원천과 관련하여 다원주의자들은 법의 근원을 자발성에 기초한 관습과 조약에서 찾고, 그것은 국가가 명시적이든 암묵적이든 '동의한 범위 내에서만' 구속력을 가지며, 국제법은 국가가 '무엇을 해야 하는지'에 대한 규범적 시각이 아니라 국가가 실제로 '무엇을 하는지'에 근거하여 이해되고 연구해야 한다고 강조한다. 연대주의자들은 국제적 실정법에 더해 실정법의 정의와 타당성 여부를 평가하는 보편적 자연법을 추가하는, 상대적으로 광범위하고 포괄적인 접근 방식이 '옳다'고 주장한다.

셋째, 국제법의 근원에 대한 불일치는 국제사회에서 개인의 지위를 이해하는 방식에도 영향을 미친다. 국가가 동의한 법이 진정한 법이라는 다원주의 세계에서는 국가만이 국제법의 유일한 주체이며, 따라서 개인은 '국가의 의지가 양허한 한도 내'에서 권리를 누릴 뿐이다. 반면, 인간의 본성에서 파생된 실정법의 원리이자 척도인 자연법에 대한

연대주의적 헌신은 국제사회의 궁극적 구성원을 국가가 아닌 개인으로 지정한다.[25]

불의 입장은 일단 질서를 강조하는 보수주의와 정의를 중시하는 급진주의 사이 중간쯤 위치하는 것으로 판단된다. 영국학파가 대체로 그렇듯이 "국제정치의 질서는 정의에 대한 요구를 충족시킴으로써 가장 잘 보존되며, 정의는 질서의 맥락에서 가장 잘 실현된다"는 자유주의적 중도론의 신념을 반영하고 있는 것이다.[26] 그러나 불의 마음에는 질서와 정의가 화해하고 조화될 수 있다는 연대주의에 대한 회의론이 짙게 깔려 있었다. 냉전의 절정기에서 불이 본 것은 인류적 가치를 공동으로 추구할 수 있는 국가들의 능력(특히 미국과 소련)의 부재였다. 그는 국제사회에 대한 연대주의적 개념이 시기상조이며, 국제법에 합리적으로 감당할 수 있는 무게보다 더 큰 부담을 지우고 있고, 사실보다 열망을 앞세운다고 우려하였다.[27]

그가 20세기 후반의 연대주의 운동을 폄훼한 것은 아니었다. 그가 우려한 것은 국제법에 대한 연대주의적 집착이 (비뚤어진) 무력 사용의 제한을 오히려 약화시킬 수 있기 때문이었다. 그가 보기에 세력균형의 유지와 같이 본질적으로 정치적 문제인 것을 법제화하려는 시도는 최소한의, 그럼에도 가치 있는 국제 질서의 구조를 훼손할 위험이 있었다. 나아가 불은 국가가 허용하는 범위를 넘어서는 개인의 권리 주장은 그러한 주장을 할 수 있게 하는 구조 자체를 위협한다고 생각했다. 인권이 "정부들 간에 체결된 침묵의 음모(conspiracy of silence entered into by governments)"에서 해방되면 국가주권의 존중을 기반으로 하는 국가 간 공존의 (다원주의적) 협약을 위협할 수 있고, 따라서 국제사회를 근본에서부터 전복시킬 수도 있다는 것이다.[28]

국제사회의 규범의 성격과 관련한 다원주의와 연대주의 간의 논쟁을 다시 촉발시킨 것 중 하나는 남아프리카공화국 백인 정권의 인종차별정책(the apartheid, 1948-1994)이었다. 1982년 다원주의자였던 불조차 남아공의 아파르트헤이트에 반대하는 공감대를 바탕으로 국제행동을 조직해야 한다고 주장했다.[29] 사실 논쟁을 재점화한 영국 킬대학의 빈센트(R. J. Vincent)는 "기본적 인권을 국가 위의 천장(ceiling above states)이 아니라 국가 아래의 바닥(floor beneath states)으로 이해해야 한다"고 주장하면서 현재 영국학파 연대주의 입장의 토대를 마련했다.[30] 빈센트의 연구는 국제정치적 관점에서 인권에 대해 천착한 최초의 연구라는 점뿐만 아니라 "인권 전반에 대한 진지한 이론적 논의"를 회복하는 데 기여했다는 점에서 더 중요한 의미를 가진다.[31] 영국 헐대학의 휠러(Nicholas Wheeler)는 연대주의적 입장에서 '인도주의적 개입(humanitarian intervention)'을 지지하였다. 그는 대량 학살이나 대규모 잔학 행위와 같이 인권이 심각하게 침해되는 극한 상황에 국제사회가 개입할 책임이 있다며, 주권은 외부적 개입에 대한 절대적인 방패가 아니라 자국민 보호를 조건으로 하는 '조건부적 권리'로 재고되어야 한다고 주장했다.[32] 그러나 연대주의에 대해 비판적인 캐나다 브리티시콜럼비아대의 잭슨(Robert Jackson)은 인도주의적 개입의 효과와 윤리적 정당성에 대해 회의적이었다. 국가 또는 국가 집단이 다른 국가의 내정에 개입하는 것이 인권 침해를 막으려는 의도가 있더라도 국제정치를 안정시키는 주권 및 내정 불간섭의 원칙을 훼손하지 않고 정당화될 수 있는지에 대해 의문이 제기된다는 것이었다.[33] 캠브리지대의 메이올(James Mayall)은 냉소적인 비관론에서 벗어나자고 하면서도, "근거 없는 낙관론의 미지의 바다" 역시 피해야 한다며 "우리는 희망을 가지고

그러나 신중하게 미래에 접근하는 것 외에 현실적인 대안이 없다"고 말했다.[34]

　불의 모호한 입장이 유발한 논쟁을 정리하자면, 불과 같은 다원주의자들에게 국제사회의 규범적 틀은 '선(the Good)'에 대해 근본적으로 다른 개념을 가진 정치공동체들 간의 협력을 촉진하기 위해 고안된 다양한 제도들로 구성되어 있다. 그들에 따르면 국제사회를 공존을 넘어서는 목표를 위해 집단적으로 헌신할 수 있는 실체로 이해하려는 시도, 즉 연대주의는 실패할 수밖에 없다. 다원주의자들이 국제사회의 목적이 다양한 선의 개념을 지속시키는 데 있다고 보는 반면, 연대주의자들은 근본적으로 그러한 개념은 하나뿐이며 국제사회가 이러한 개념이 출현할 수 있는 토대를 제공한다고 주장한다. 즉 근본적 수준에서 인류는 문화적, 민족/국가적, 지역적 차이를 초월하는 공통의 윤리적 원칙(예를 들어, 인간의 존엄성)을 공유하고 있다고 보는 것이다. '인류'가 번영하기 위해서는 사회적으로 상호작용해야 하고, 이는 규칙을 수립하고 법을 제정 및 시행하며 복잡한 문제를 해결할 수 있는 안정적인 정치 환경을 필요로 한다. 결국 세계정부가 필요한 것이다.

　이와 같은 다원주의-연대주의 논쟁은 현재진행형이다. 그러나 현주소는 왓슨의 "레종 드 시스템(*raison de système*, 국제체제를 작동시키는 것이 유익하다는 믿음)"이라는 개념으로 잘 요약될 수 있다.[35] '레종 드 시스템'은 개별 국가의 권력정치와 이익에 중점을 두는 현실주의의 "레종 데타(raison d'état, 국가 이익)" 개념과 대조된다. '레종 드 시스템'은 국제정치를 국가 수준을 넘어 질서와 정의를 균형 있게 유지하면서 원활히 작동하는 체제로 만드는 노력을 중시한다. 최근 들어 부잔은 '레종 드 시스템'에 역동성과 신축성을 부여하였다. 우리는 뒤에서 논쟁의 이분법적 측면을 비판하며 세계사회의 실현 가능성을 타진하는 대안적 시각을 제시한 부잔의 이론에 대해 토론하겠지만, 현 시점에서 우리에게 중요한 것은 다원주의-연대주의 논쟁에서 보듯 영국학파의 핵심적 일부가 미국식 가치중립이 아닌 규범이론에 공공연히 터하고 있다는 독특한 유럽적 역사성을 이해하는 일일 것이다.

4. 부잔과 영국학파의 재진수

영국위원회는 1980년대 중반까지 활동을 이어나갔으나 1985년 불이 사망한 이후 정기적 회의는 중단하였고, '영국학파의 영국위원회 국면'은 종식하였다. 이후 영국학파는 이렇다 할 혁신적 아이디어나 학문적 성과를 내지 못하였다. 런던정경대의 브라운(Chris Brown)에 따르면 영국학파는 "동력을 잃고(running out of steam)" 정체기에 빠진 것이었다.[36] 이 무렵 글로벌리제이션과 냉전의 종식, 그리고 그에 따른 국제정치의 변동은 영국학파가 '재진수(re-launch)'하는 데 활력을 불어넣었다. 글로벌리제이션이 야기한 국가주권의 침식과 비국가 행위자의 부상, 그리고 새로운 성격의 안보 문제의 등장 등으로 특징지어지는 국제정치 환경의 질적 변화는 이러한 복잡하고 복합적인 현상을 다룰 수 있는 새롭고 포괄적인 이론적 관점의 필요성을 부각하였다. 이 시기는 또한 당시 지배적 관점이던 물질론적 신현실주의가 냉전의 평화적 종식을 설명하지 못하고, 그것의 메타이론적 기초가 흔들리는 가운데 '제3차논쟁'에서 공유된 정체성과 규범 등 관념적 구조의 중요성을 강조하는 구성주의가 각광을 받게 되면서 1950년대부터 물질과 관념적 힘이 교직되어 있는 국제사회를 그린 영국학파에 대한 학술적 관심이 자극될 수 있는 맥락이었다. 이런 상황에서 영국위원회와는 관련이 없는, 그러나 영국학파의 이론과 방법론에 공감하는 신세대 학자들이 급변하는 시대를 반영하며 영국학파의 재구성을 위한 학술 토론에 대거 참여하였다. 브라운(Chris Brown), 휠러(Nicholas Wheeler), 스미스(Steve Smith), 쇼(Martin Shaw), 랭거(Nicholas Rengger) 등이 영국학파의 "전통적인(classical)" 관심을 확대하고 새로운 국제정치에 대한 적용 가능성을 타진하는 글을 1992년 학술지 '밀레니엄 특집호'에 기고하였다.[37] 타 이론들과의 대화나 통합의 가능성을 탐색한 1992년 유럽정치연구학회(European Consortium for Political Research)의 아일랜드(Limerick) 회의도 같은 선상에서 주목되는 학술 행사였다.

　이러한 이론적 활성화에 초점과 질서를 부여하고 영국학파의 재진수 또는 재소집(re-convene)을 주도한 핵심적 인물은 부잔이었다. 그는 영국학파의 이론적 구상을 명료화, 체계화했을뿐 아니라 국제사회의 규범적 구조와 목적인(目的因, telos)에 주목하는 영국학파의 연대주의와 웬트적 구성주의 간의 친연성에 착안하고 이러한 구성주의와의 연결고리를 더욱 확장/심화하여 영국학파의 이론적 위상을 주류 이론의 반열에 올려놓으려 했고,[38] 특히 안보가 사회적 구성물이라고 보며 '안보 아닌 것'이 '안보가 되는' 화행(speech acts)과 담론적 과정에 천착하는 코펜하겐학파(the Copenhagen School of security studies)를 창단하기도 했다. 아래에서는 부잔이 영국학파를 재조명하고 타 시각들과의 대화를 통해 그것을 어떻게 보다 통합적이고 총체론적으로 재구성하려 했는지에 대해 2001년 및 2004년 저작을 중심으로 살펴보기로 한다.[39]

1) 총체론적 영국학파 이론

부잔은 무정부적 국제정치에서 어떻게 사회가 형성되는지에 관한 영국위원회 그리고/또는 불의 개념과 인식의 틀을 명료화하고 체계화하였으며, 특히 글로벌리제이션과 냉전의 종식이 야기한 국제정치 전반의 변화에 조응하는 새롭고 포괄적인 인식의 틀을 제시하였다. 원래 와이트 등 영국위원회가 이론적 종합을 시도했을 때는 현실주의(도덕적으로 모호한 행위를 마다하지 않는 권력추구적 국가를 상정하는 흡스적 관점)와 자유주의(국제법과 규범을 준수하는 보다 성찰적인 국가 행위에 기초한 그로티우스적 관점)가 대상이었다. 그들은 무정부적 국제체제의 갈등적 측면을 부각하는 현실주의는 협력적 측면에 주목하는 자유주의로 균형잡힐 때 비로소 국제사회의 국제정치를 보다 타당하고 완전하게 이해할 수 있다고 보았다. 급진주의(revolutionism)는 현재라기보다는 미래에의 비전으로서 제시되었지만 그것이 가지는 도덕적, 윤리적 함의는 현실 세계를 설명하는 요소가 아닌 상상 가능한 미래에 대한 일개 주장에 머무는 수준이었다. 보다 현실주의에 가까운 불은, 여기저기서 이른바 연대주의 또는 이상주의의 소구력을 인정하긴 했지만, 본질적으로는 세계정부나 세계사회를 거론하는 이상주의, 주권이 분산되어 있는 세계를 가정하는 신중세론(Neo-medievalism), 그리고 혁명적 변화의 가능성을 논하는 이론적 구상을 엄중하게 꾸짖는 인물이었다.[40] 부잔은 현대 국제정치의 현실을 반영하는 "혁명적" 또는 이상주의적 층위를 영국위원회와 불의 기존 구상에 체계적이고 유기적으로 결합하여 국제정치를 파악하는 주요 인식의 틀이자 상호공존, 상호작용하는 국제정치의 세 층위들(layers)을 다음과 같이 구분하였다:

1. 국제체제(마키아벨리/홉스)는 국가 간 권력정치를 중심에 두는 개념으로서 주류 현실주의의 연구 대상이며 체계적으로 잘 정리되어 있다.

2. 국제사회(그로티우스)는 국가 간 공동의 이익과 공유된 정체성이 제도화된 상태를 가리키며, 이 시각에 기초가 되는 합리주의는 공유된 규범, 규칙 및 제도의 생성과 유지를 이론적 탐구의 중심에 두고 있다. 이 관점은 자유주의적 제도론과 일부 유사점이 있지만, 단순한 도구적 의미보다는 구성적 의미를 갖는 훨씬 더 심오한 입장이다. 국제사회는 영국학파의 핵심적 연구 개념으로서 상당히 잘 발달되어 있고 비교적 명확하게 이해될 수 있다.

3. 세계사회(칸트)는 개인, 비국가적 조직들, 궁극적으로는 세계 인구 전체를 지구적 정체성을 구성하는 주체로 상정하고, 이 시각에 기초가 되는 급진주의는 국가주권에 바탕한 국제체제나 국제사회를 초월하는 새로운 국제정치를 이론의 중심에 놓는다. 급진주의는 대부분 보편적 세계시민주의의 형태에 관한 것이다. 이 입장은 초국가주의(transnationalism)[41]와 일부 유사점이 있지만 국제정치의 칸트적 규범이론[42]과 훨씬 더 근본적인 연관성을 가지고 있다. 이 개념은 영국학파의 개념 중 가장 덜 발달된 개념이며, 아직 명확하거나 체계적으로 정리되어 있지 않다.[43]

국제정치의 다층적, 복합적 현실을 보여주는 렌즈로서의 이러한 부잔의 3분법은 첫째, 국제체제는 무정부적 국제정치의 구조적, 권력정치적 맥락에 주목하며, 둘째, 국제사회는 단순한 권력정치뿐 아니라 주권국가들이 집단적으로 인정하고 준수하는 일련의 공유된 규범, 규칙, 제도에 의해 유지된다는 사실을 드러내주고, 셋째, 세계사회는 국제정치에서 국가가 여전히 핵심 주체로 남아 있지만 동시에 국제적 규범과 기대에 영향을 미치는 지구적 수준의 "사회적 힘들(global societal forces)"과 점점 더 밀접하게 얽히고 있다는 사실을 소개하는 개념이다. 부잔은 와이트와 불의 아이디어를 일부 반영하고 있지만 국제정치적 현실에 대한 분석적 명료성(analytical clarity)의 차원에서, 그리고 그가 "신데렐라 개념"[44]이라고 부른 세계사회의 개념화를 통해 분석의 단위나 수준을 유기적으로 통합한다는 면에서 그들에 비해 진일보했다는 평가를 받을 수 있을 것이다.

부잔의 국제체제, 국제사회, 세계사회는 상호 중첩되어 공존하고 동시에 상호구성, 상호작용하는 세 가지 층위의 국제적 현실이자 구조이다. 즉 그는 세 가지 구조가 서로 고립되고 독립적인 것이 아니라 깊은 상호의존성을 가지고 있다며 그의 총체론적(holist) 입장을 강조하고 있는 것이다. 부잔은 구조들 간 상호구성, 상호작용의 예로서 국제체제의 변화(예를 들어, 국가 간 권력 분포의 변화)는 국제사회(국가 간 상호작용을 지배하는 규범과 규칙의 변화)에 영향을 미칠 수 있다는 점, 글로벌리제이션과 기술의 발전, 그리고 지구적 문제의 심각성에 대한 시민적 인식의 확산 등으로 인해 세계사회의 영향력이 커지면서 국제사회의 구조와 국제체제의 운영 방식에 점차적으로 압력을 가하고 있는 작금의 현실을 들고 있다. 이러한 구조 간 상호구성과 상호작용에 주목하고 이론적 종합을 시도함으로써 부잔은 영국학파의 존재론적, 인식론적 틀을 더욱 체계적이고 총체론적으로 풍부하게 할 뿐만 아니라 전통적인 베스트팔렌적 사고를 넘어 현대의 복합적인 지구적 현실에 한층 더 밀착된, 따라서 이론의 적용 가능성이 높아진 현장감 있는 시각을 제공하고 있다.

부잔은 와이트나 불과 같이 국가 간 상호작용이 규범적, 제도적으로 규율/통제된다는 점을 조명하는 국제사회의 개념에 초점을 맞추고 있다. 그러나 그는 그들과는 달리 국제체제, 국제사회, 세계사회 세 영역 간의 상호구성과 상호작용의 과정과 결과 역시 중시하며, 특히 현대 국제정치의 복잡성, 복합성, 그리고 상호의존성과 역동성을 설명하고 이해하기 위해 세 가지 측면 모두가 동시적으로 상호작용하는 총체적 그림을 보여주는 정치(精緻)한 통합적 분석의 필요성을 강조하고 있다.

2) 이론적 통합

'세 가지 측면의 균형과 통합을 담보하는' 부잔의 인식의 틀에 대해 토론하는 것은 그 자체로서 영국학파를 이해하기 위한 의미 있는 학문적 행위이지만 그것이 미국적 이론, 예를 들어 구조적 현실주의와 어떻게 통합될 수 있는지에 대해 사고할 수 있는 기회를 제공한다는 면에서 이론의 발전과 정책 처방의 신뢰성에 기여할 수 있는 수단이 된다. 세력균형을 사례로 부잔의 이론적 통합 시도에 대해 살펴보자.[45]

부잔은 월츠가 이야기하듯 세력균형이 국제체제의 무정부적 구조와 국가의 생존 욕구에 의한 자연적인 산물이라고 인정한다. 중요한 것은 부잔이 국제사회에서도 그러하다고 본다는 점이다. 그에 따르면 세력균형은 역사적 공백 상태로부터 나오는 것이 아니라 무정부 상태에서의 국가 간 역학관계에 대한 대응으로서 산출되는 것이다. 다시 말해, 국제사회는 무정부적 자구체제 내에서 합리적으로 행동하는 이기적 국가들을 포함하지만, 이러한 이기적 국가들은 세력균형이라는 관넘적 구조를 유지하는 데 있어 상호이익을 인식하고 협력을 위한 공통 규칙과 제도를 수립한다는 것이다. 무정부적 구조가 규칙과 제도에 일 방적으로 영향을 주는 것도 아니다. 국제사회의 존재는 세력균형이 실 현되고 유지되는 방식에 영향을 미칠 수 있다. 국제사회에서 합의된 규 범과 규칙은 합리적 국가들이 그러한 합의를 준수할 개연성이 높다 할 때, 순수한 무정부 상태의 국제체제에 내재된 불확실성을 줄여 보다 안 정적이고 예측 가능한 세력의 균형을 이끌어낼 수 있다. 이 사례는 영 국학파의 규범과 구조적 현실주의의 무정부적 구조가 다층적으로 구 조화된 틀 내에서 통합될 수 있다는 점을 보여준다 하겠다.

부잔의 이론적 통합 노력은 국제사회가 세계사회로 전환될 수 있 는 가능성에 대한 토론에서도 찾아볼 수 있다. 그에 따르면 국가 중심 의 국제사회와 개인 중심의 세계사회는 서로 다른 기반(국가 대 개인) 으로 인해 처음에는 상충되는 것처럼 보이지만, 실제로는 '선진 국제사 회'에서 상호보완적인 관계를 구축하고 유지할 수 있다. 즉 선진 국제 사회에서는 국가 간 상호작용을 규율하는 규범과 제도가 인권 규범과 같이 개인 및 비국가 행위자에 초점을 맞춘 규범과 공존하며 긍정적으 로 상호작용할 수 있다는 것이다. 이러한 상호보완성에 주목함으로써 부잔은 국가와 비국가 행위자 모두를 주요 주체의 반열에 올려놓고, 국 제사회와 세계사회가 긴장 관계에 놓이기보다는 서로를 강화하는 글 로벌 거버넌스의 불가분의 일부로 상정하고 있다.

요컨대 부잔은 규범적 구조와 권력 역학을 연계하는 보다 통합적 이고 포괄적인 관점을 제공하여 (국제정치를 넘어선) '세계정치'의 패턴 이 어떻게 진화하는지를 설명하고 이해하는 데 도움을 주고 있다. 이러 한 이론적 종합은 국제정치이론의 분석적 견고성(analytical robustness)

과 실용/정책적 관련성(practical relevance)을 모두 강화하여 전통적으로 분리된 현실주의와 자유주의 접근법을 연결하고 국제정치 현상을 연구하기 위한 보다 더 광범위한 개념적 토대를 제공한다고 평가된다.

3) 다원주의-연대주의 스펙트럼

부잔이 세계사회 또는 급진주의를 이론의 핵심적 구성 요소로 포함한다는 사실은 그가 다원주의-연대주의 논쟁에 대해 할 말이 있음을 보여준다 하겠다. 다시 말해, 국제정치의 영역들 간 상호의존과 상호작용의 문제는 앞서 휠러 등이 지적한 바와 같이 국제사회의 규범과 목적인에 대한 토론으로 이어지는데 부잔은 이에 대해 자신의 차별적 입장을 분명히 하고 있다. 불에 비해 부잔은 상대적으로 연대주의에 가깝다. 그는 국제사회가 국제정치 질서나 공존뿐 아니라 인류적 가치인 정의, 자유, 평등, 환경 보존과 같은 집단적인 윤리적 목적을 달성할 수 있는 잠재력을 갖고 있다고 보는 것이다. 그는 규범은 진화한다고 말한다. 특히 글로벌리제이션으로 인해 비국가 주체들의 힘이 세계 수준에서 증가하면서 그러한 진화는 탄력을 받고 있다는 것이다. 그는 연장선에서 국제사회의 목적은 단순한 국제질서의 유지를 넘어서 인류적 가치 실현을 위한 보다 확대된 능력과 보다 광범위한 역할에서 찾아진다고 주장한다.

그렇다고 해서 국제사회의 '질서냐 정의냐'의 문제에서 부잔이 세계사회를 위한 정의를 선택한 것은 아니다. 그는 발상의 전환을 꾀하여 이 둘 모두가 하나의 틀 안에서 유기적으로 결합되어 있다는 통합적 인식의 틀을 제시한다. 그것은 상호배타적 이분법도 절충적인 중도론도 아니다. 부잔은 다원주의와 연대주의를 공유된 규범, 규칙 및 제도의 "얇음과 두꺼움(thinness/thickness)"을 기준으로 다양한 유형의 국제사회를 설명하는 스펙트럼의 양 끝으로 생각함으로써 이러한 개념적 혼란을 넘어서려고 시도하였다. 다원주의는 스펙트럼의 보수적 말단, 그리고 연대주의는 같은 스펙트럼의 진보적 극단에 위치하는 것이다. 이러한 부잔의 접근법은 국제사회에 대한 사고를 지배하는 것으로 간주되는 "자유주의 프레임에 잘 맞지 않는 공유 가치"에 대해서도 토론할 수 있는 이론적 공간을 창출한다는 점에서 의미가 있다. 예를 들어 "공산주의 '인민 공화국들', 이슬람 국가들, 군주제 또는 다른 형태의 이념적 표준화(ideological standardisation)"에 의해 구성된 연대주의적 공동체, 즉 "비자유주의적 국제사회(illiberal international society)"를 상상하고 토론할 수 있다는 것이다.[46]

결정적으로, 부잔은 흔히 연대주의와 세계시민적 가치 사이의 필수적인 연결고리로 간주되는 것을 분리함으로써, 빈센트나 휠러와 같은 '인도주의적 개입' 옹호자들이 생각하는 것처럼 연대주의를 더 이상 인권 문제로 축소하거나 환원하지 않는다. 오히려 부잔의 스펙트럼은 서로 다른 유형의 국제사회를 서술/설명할 수 있는 방법을 제공하고, 그것들이 공유하는 가치의 유형과 공유의 '두께/깊이'를 설명하며, 결과적으로 강압(질서 유지), 계산(이해 관계), 신념(가치와 규범)이 서로를 밀고 당기며 이러한 공동의 가치를 유지/변화하는 방식을 드러내준다.

부잔의 주장의 핵심은 연대주의는 다원주의에 기반을 두고 있으므로 다원주의에서 연대주의로의 전환은 생존과 이기심이라는 다원주의적 가치에 연대주의적 가치를 추가하는 것이다.[47] "연대주의는 다원주의를 기반으로 한다"는 말은 연대주의의 원칙이 다원주의에서 이미 인정된 기본 가치를 향상시키고 확장한다는 것을 의미한다. 다원주의는 국가의 생존과 자기 이익에 초점을 맞추며, 국가는 평화롭게 공존하기 위해 필요한 최소한의 합의에 기초하여 협력한다고 제시한다. 여기에 연대주의적 가치를 추가한다는 것은 이 틀에 더 많은 협력과 윤리적 규범을 결합하여 국가들이 공존하는 것뿐만 아니라 인권, 정의, 환경 보존과 같은 더 높은 집단적 목표를 달성하기 위해 서로를 적극적으로 지원한다는 것을 뜻한다.

상충하는 것처럼 보이는 다원주의와 연대주의가 오히려 상호연관되어 있다는 점을 강조하는 부잔의 스펙트럼 접근법은 변증법적 현실성을 확보하고 있다. 스펙트럼 접근법이 제시하는 '개념적 다리(conceptual bridge)'는 급진적인 변화가 아닌 점진적인 진화를 제안함으로써 다원주의적 세계관에 입각한 국가들이 보다 높은 수준의 도덕과 윤리의 추구를 더 쉽게 받아들이게 한다는 점에서, 다시 말해, 국가들이 보다 높은 수준의 사회적이고 도덕적인 국제 관계로 나아갈 수 있는 현실적인 경로를 제공한다는 면에서 관련 학자들의 긍정적 평가를 받고 있다.

국제사회의 규범과 목적인에 대한 불, 휠러, 부잔 간의 차이는 국제사회가 단순한 국가 간 관계 관리를 넘어 얼마나 많은 것을 달성할 수 있고 달성해야 하는지에 대한 영국학파 내의 광범위한 논쟁을 반영한다. 이러한 논쟁은 급변하는 세계에서 국제규범과 글로벌 거버넌스 구조의 잠재적 범위와 영향을 이해하는 데 긴요하다. 세계사회의 '가능성'을 상정하는 부잔의 상대적으로 두꺼운 또는 진한 연대주의는 국제정치학의 웬트적 구성주의에 기초한 '세계국가 불가피론'과 이론적 친화성을 가지고 있다. 모두 구성주의적 틀에 뿌리를 둔 지구적 통합을 향한 진전과 국제정치에서 공유된 규범의 영향력을 강조한다. 그러나 웬트가 국제체제의 무정부성이 갈등과 인정 간의 변증법적 과정(아래에서 논의될 것이다)에서 극복되어 불가피하게 세계국가로 나아갈 수밖에 없다는 결정론적, 목적론적 논리인 반면 부잔은 역사적, 문화적 차이나 주권 상실에 대한 저항 등으로 인해 세계국가가 현실화되기 어렵다고 보면서 인류적, 지구적 문제를 해결해 나가는 국제사회의 진화 과정에 대해서 보다 개방적이고 유연한 입장이다. 그럼에도 불구하고 부잔은 국제정치의 사회적, 규범적 측면을 강조하는 구성주의적 시각이 가지는 관념론적, 총체론적 메타이론의 타당성과 포괄성이 현대의 지구적 이슈를 이해하는 데 필수불가결하다고 보고, 영국학파의 진전의 한 방면으로서 '안보적이지 않은 것'을 '안보적인 것'으로 프레임하는 정치엘리트들의 화행과 담론의 힘을 주로 연구 분석하는 코펜하겐학파의 형성을 주도하였다.

5. 영국학파의 방법론

위에서 우리는 국제정치의 세 층위, 특히 현실주의에 자유주의(그로티우스적 자유주의)가 교직된 형태의 국제사회라는 개념을 중심으로 영국학파의 핵심 논지를 와이트, 불, 부잔을 중심으로 살펴보았지만, 학자 간 강조점의 편차와 역사와 시대를 반영하는 서로 다른 맥락을 고려할 때 영국학파를 일반화하여 요약하기는 어렵다. 그러나 영국학파는 연구 방법 또는 방법론에 있어서는 도드라지는 공통점을 가지고 있다. 역사적, 해석학적, 규범적 접근이 그것이다. 영국학파에 대한 토론을 방법론적 관점에서 마치는 것은 그것이 국제정치학계에 미친 영향이 그만큼 크다는 방증일 수도 있다.

첫째, 영국학파의 방법론은 국제체제와 국제사회를 형성한 역사적 맥락, 그리고 그것들의 지속성과 변화 과정의 구체성에 주목하는 역사주의(historicism)에 기초해 있다. 와이트와 불 같은 학자들은 역사적 분석을 통해 국제정치의 패턴과 구조를 추적하면서 과거가 현재의 국제 관행과 국가 간 상호작용에 중대한 영향을 미친다고 주장했다. 부잔은 역사주의가 영국학파에 '내장되어 있다(built-in)'고 말한다.

둘째, 영국학파가 사용하는 해석학적 접근법은 국가와 그 지도자가 그들의 행동과 상호작용에 부여하는 의미(meanings)를 이해하는 데 초점을 맞춘다. 예를 들어, 국제사회에서 세력균형의 규범이나 관행이 준수된다면 그러한 국가 행동의 근간이 되는 동기, 이유, 규범적 신념을 주체의 입장에서 주관적으로 해석하는 것이다. 이해의 방법론이라 할 수 있는 해석학적 접근법은 국제정치를 경험적이고 객관적인 방법으로만 설명할 수 있다는 실증주의적 관점을 거부하고 대신 사회 현상의 주관적 성격을 강조한다. 해석학적 접근법을 채택함으로써 영국학파는 국제사회의 동학에 영향을 미치는 신념, 인식, 문화적 관행의 복잡한 그물망을 이해하려고 한다.

셋째, 영국학파는 국제사회에서 '일어나는 일'뿐만 아니라 '일어나야 할 일'을 검토하는 규범적 접근법을 선호한다. 국제사회라는 개념 자체가 국가들이 무정부 상태와 권력정치의 논리에 의해서만 행동하는 것이 아니라 공동으로 인정하고 유지하는 규범, 규칙, 제도의 영향을 받는다는 것을 시사한다고 할 때 '규범적 접근법'은 이러한 사회를 하나로 묶는 공유된 가치와 규범에 대한 평가를 포함한다는 차원에서 영국학파의 이론적 정체성을 확인해주는 필수 요소가 된다. 부잔과 같이 세계사회를 개념화하고 연구 대상에 포함하는 최근의 영국학파의 방법론은 역사적이고 규범적 이론인 비판이론(Critical theory)에서 통찰력을 얻고 있다.

영국학파는 국제규범과 관행의 역사적 궤적(역사주의), 국가의 행동과 정체성에 대한 감정이입적 이해(해석학적 접근), 국가 행위자의 행동에 대한 도덕적, 윤리적 평가(규범적 접근법)를 하나의 인식론적 틀에 유기적으로 교직한 통합적 방법론을 사용하고 있다. 이와 같은 영국학파의 방법론적 지향성은 국제정치의 객관적 측면과 주관적 측면 사이의 간극을 해소할뿐 아니라 서술과 처방을 결합한 독특한 시각을 제공함으로써 국제정치의 작동 논리에 대한 이해를 돕고 개선 방법을 제안하고 있다.

6. 영국학파에 대한 비판

영국학파는 몇 가지 차원에서 비판의 대상이 되고 있다. 첫째, 버지니아대의 코플랜드(Dale Copeland)는 영국학파의 이론이 검증 가능성이 부족하고, 무정부 상태의 함의를 부적절하게 다루고 있다고 지적한다. 즉, 한편으로는, 핵심 개념인 국제사회가 '인과적 변수'로서 어떻게 기능하는지 설명하지 못하기 때문에 경험적으로 검증할 수 있는 가설을 제시하기 어렵고, 따라서 엄격한 이론적 모델이 아닌 서술적이고 개념적인 접근 방식(a descriptive and conceptual approach)에 머물러 있으며, 다른 한편으로는, 무정부 상태가 국가 행동, 특히 국가 간의 불확실성과 불신에 미치는 영향을 과소평가하여 영국학파가 중시하는 국제규범과 규칙의 효력이 현실에서는 생각하는 것보다 더 약하다는 것이다.[48]

다른 비판은 영국학파가 유럽 중심주의에 빠져 있다는 것이다. 영국학파, 특히 초기의 "고전적(classical)" 영국학파는 현대 국제사회는 수 세기에 걸쳐 독특한 국제사회가 발전한 유럽에서 시작되었으며, 유럽에서만 국가들이 외교 공관과 사절단을 교환하여 관계의 연속성을 상징하고 보장했으며, 국가 간 관계를 규율하기 위해 국제법을 만들고, 특히 '정당한 전쟁'의 조건을 규정했으며, 또한 유럽에서만 정치가들이 의식적으로 세력균형이라는 관점에서 생각하기 시작했고, 결국 강대국들이 세력균형을 유지하기 위해 집단적 관계를 관리하기 시작했다고 주장했다.[49]

비판자들은 이러한 입장은 이 국제사회가 비유럽 사회와의 만남을 통해 어떻게 형성되었는지를 간과하는 경향이 있다고 지적한다. 호주 시드니대의 알렉산드로비치(Charles Alexandrowicz)는 기존 영국학파의 설명에 가장 근본적인 도전을 제기하는 학자로, 16-18세기 유럽인들이 아시아의 여러 국가와 체결한 조약에 대한 면밀한 독해를 바탕으로 유럽인들이 동인도(East Indies)로 이주했을 때 그곳에서는 이미 잘 발달된 국제사회가 형성되어 있었다고 말한다. 예를 들어, 그에 따르면 17세기에 그로티우스가 공해가 국제영토(international territory)라는 원칙을 유럽인들이 받아들여야 한다고 주장했을 때 인도양은 이미 이 원칙의 선도적인 선례가 되어 있었다. 또한 18세기 말에 이르면 자연법에 기초한 지구적 수준의 국제사회가 존재하였지만, 그 무렵 유럽인들은 자연법에서 성문법으로 옮겨가기 시작했다. 그 과정에서 그들은 상호

동의(mutual consent)의 원칙에 기반한 순수 유럽식 법률 체계를 구축했다. 그 결과 과거에는 완전한 주권 국가로 인정받던 비유럽 국가들은 이제 유럽 국제사회의 잠재적 가입 후보로 격하되었다. 비유럽 세계와의 관계는 매우 근본적인 방식으로 재정의되었고, 유럽인들은 스스로를 미개인들과 차별화되는 문명인 문명국으로 간주하였다.[50] 이는 비유럽 국가들과의 관계를 재정의하는 과정에서, 유럽 중심의 시각이 어떻게 지배적이었는지를 보여준다.

베이징대의 장샤오밍(张晓明)은 초기 영국학파가 중국 등 비서구 국가들을 '타자'로 묘사하며 국제사회의 서사에서 그들을 소외시켰다고 비판한다. 조공 제도와 같은 중요한 동아시아적 제도가 유럽 중심의 주권국가 모델에 부합하지 않는다는 이유로 무시되었다는 것이다. 그에 따르면 조공 제도는 단순한 의례가 아니라 동아시아 지역 내 국가들의 행위를 근본적으로 형성한 복잡하고 다면적인 통치 및 대외 관계 체계였다. 그는 조공 제도를 국가 간의 상호작용, 특히 약소국들이 강대국(역사적으로는 중국)과 관계를 맺는 방식에 영향을 준 구조화된 관행이자 규범으로 제시한다. 그에 따르면 동아시아의 조공 제도는 중국 황실이 중심에 있고, 중국의 문화적, 정치적 우위를 인정하는 일련의 의식, 외교 사절단, 상품 교역 등을 통해 지역의 다른 국가들이 중국과 관계를 맺는 위계질서가 구체화된 것이었다.[51]

규범이론을 핵심적 구성 요소 중 하나로 하고 있는 영국학파, 특히 초기의 저작들은 유럽의 국제사회가 확장되는 과정에서 노정된 식민주의와 제국주의의 강압적, 착취적 폭력적 측면을 주요 의제로 설정하지 않음으로써 부지불식간에 유럽의 지배가 정당하다는 인식을 심어준다는 비판의 대상이 되어왔다. 우월적인 유럽의 규범과 제도의 확산은 불가피할 뿐 아니라 긍정적이었다는 영국학파의 주장에 대한 반론은 네덜란드 라이덴대의 타쿠르(Vineet Thakur), 존스홉킨스대의 실리암(Robbie Shilliam)과 그로보구이(Siba N'Zatioula Grovogui) 등 후기식민주의(Post-colonial theory) 이론가에 의해 제기되고 있는바, 이들은 영국학파를 포함하여 서구 중심주의 이론이 인종, 식민주의, 비유럽 세계의 문제를 주변화(marginalize)하고 왜곡(misrepresent)하고 있다며 이를 다루는 방식과 태도에 대한 재평가를 촉구하고 있다. 부잔과 리틀(Richard Little) 같은 영국학파 학자들도 식민주의와 제국주의의 역할과 영향을 진지하게 고려하는 보다 글로벌한 관점을 구축하기 위해 전통적인 유럽 중심적 경계를 넘어 영국학파의 관심과 초점을 확장할 필요성을 인식하고 있다.[52]

8장

●

중국학파

　오스트리아 출신 유대인으로서 파리정치대학(Sciences Po)에서 수학한 하버드대 교수 호프먼은 "국제관계학이 미국의 사회과학(an American social science)"이라고 했다.[1] 국제정치학 또는 국제정치이론을 미국 학자들과 그들의 관점이 지배 또는 독점하고 있다는 말일 것이다. 여기에 '영국적 정체성(the Englishness)'을 표방하는 영국학파가 "우리도 햇볕 아래서 우리의 자리를 주장한다(we also claim our place in the sun, 지구상에서 식민지가 영국과 프랑스에 의해 양분된 상태에서 독일의 지분을 확보하려던 독일 황제 빌헬름 2세가 1901년 한 발언)"고 말하고 있다. 한 걸음 더 들어가, 서울대 전재성과 가톨릭대 박건영이 지적하듯, 국제정치학에 국적이 있다면[2] 이는 중국적 전통과 경험에 기초한 국제정치이론을 체계화하려는 소위 중국학파(the Chinese School of International Relations)에 해당하고 또 어울리는 표현이라 할 수 있다.

중국학파는 '성숙한' 중국 특색적 가설이나 이론을 제시하고 있지는 않으나 문제의식은 분명하다. 문제의식만으로 국제정치이론이라 할 수는 없지만, 그럼에도 불구하고 중국학파에 대해 이론적, 정책적 주목이 필요한 이유는 중국이라는 국제적 주체가 가지는 국제정치적 영향력과 관련이 있다. 중국학파의 이론이 체계를 갖추지 못했고 국가가 후원하는 서사(narratives) 또는 선전(propaganda)의 한 형태로 볼 수도 있지만 그것과 중국의 외교안보정책이 상호구성 또는 상호강화적 관계에 있다 할 때 국제정치적 현실의 주요 일부를 설명 또는 이해하는 차원에서 중국학파에 대한 논의는 필요하다 하겠다.

중국학파는 영국학파와 마찬가지로 전통적인 기준으로 분류하기 어려운 면을 가진다. 거기에는 서양의 현실주의, 자유주의, 구성주의적 관점에 터한 접근법들이 중국의 전통과 경험을 고리로 다양하게 결합되어 있고, 모종의 경쟁 또는 공생이 존재하고 있다. 중국학파에 관한 논의를 여기에 배치한 이유는 중국학파가 이와 같이 단일한 실체로 분류되기 어려운 이론적 다양성 또는 혼종성(混種性)을 갖고 있다는 점 외에도 국적을 표방하는학파로서 영국학파와 연동하여 살펴보는 것이 이론적 통합이나 혁신, 특히 실천적, 규범적 차원에서 비교학적으로 유익하기 때문이다. 우리는 아래에서 마르크스-레닌주의와 마오주의 정치경제학에 매몰되었던 중국 학자들이 무엇을 계기로 서양 '부르주아 국제정치학'에 관심을 가지고 그를 모방하고 변형하는 데까지 이르게 되었는지를 우선 살펴보기로 한다.

1. 중국학파의 형성

　중국학파의 형성은 1970년대 중·후반의 중국 내 정치변동과 직접적인 연관성이있다. 중국 총리 저우언라이(周恩来)가 1976년 1월 사망한 후, 같은 해 4월 청명절 동안 천안문 광장에서 대규모의 공개 집회가 열렸다. 이 집회는 원래 저우언라이를 추모하기 위한 목적이었지만, 곧 '프롤레타리아 문화대혁명(无产阶级文化大革命, 1966-1976)'을 주도하던 장칭(江青), 장춘차오(張春橋), 왕훙원(王洪文), 야오원위안(姚文元) 등 '4인방'에 대한 규탄으로 변질되었다. 4인방은 이를 반혁명 행위로 규정하고 배후에 저우가 복권(復權)을 도왔던 덩샤오핑이 있다며 그를 비난하였다. 당중앙 부주석과 인민해방군 총참모장을 맡고 있던 덩은 실각하였다. 마오가 사망한 지 한 달 만인 1976년 10월 6일 '4인방'의 전횡에 위협을 느낀 마오쩌둥의 후계자 화궈펑(华国锋)은 그들이 반당 정변을 음모했다며 전격적으로 체포하였다. 이로써 전 세계적인 관심 속에 10여 년간 지속된 개인숭배와 패쇄적 이념투쟁의 문화혁명은 엄청난 후유증과 역사적 과제를 남긴 채 막을 내렸다.

　화궈펑은 당과 정부를 안정시키기 위해 덩샤오핑의 경험과 능력을 활용하고자 했다. 1977년 당은 덩의 복권을 승인했다. 덩의 실용주의 노선이 당과 국민적 지지를 확보하면서 마오주의를 고수하던 화궈펑의 권력은 잠식되었다. 덩은 당중앙 판공청의 주요 간부들과의 대화 중에 "전쟁을 피할 수 있다"고 주장했다. 이 발언은 중국공산당 내에서의 이념적 변화에 대한 광범위한 논의의 일환으로, "마오 주석의 결정과 지시는 모두 옳다"는 이른바 양개범시론(兩個凡是論)의 경직성을 비판하는 내용이었다. 덩은 경제 개발과 현대화를 하기 위해서는 실용주의에 입각해 개혁·개방을 해야 하고, 그러려면 전쟁 준비에 모든 것을 쏟아부어서는 안 된다고 생각했다. 1971년의 '핑퐁외교(the Ping-Pong Diplomacy)'와 1972년 닉슨의 방중과 상하이공동성명이 시작한 미·중 간 '화해(Rapprochement)'의 움직임은 1977년에 이르러 덩의 변화된 전략 구상을 정당화하는 상대적으로 안정적인 안보 환경을 제공하고 있었다. 1981년 사실상 중국공산당의 최고지도자가 된 덩은 자신의 노선을 1982년 제12차 중국공산당 대회에서 재확인하였다. 그리고 '무산계급의 이익'이라는 용어는 모든 당 문서에서 사라졌다. 이는 중국이 기존 국제사회와 국제기구에 일반적으로 받아들여지고 이해 가능한 기준에 따라 통합될 준비가 되었다는 신호를 서방 사회에 보낸 것이었다.[3] 덩은 1985년 중앙군사위원회 확대회의에서 국제정세를 분석한 결과 전쟁이 임박했다는 기존의 관점을 변경했다며 "우리가 잘 대처한다면 전쟁을 피할 수 있다"고 강조했다.[4] 전쟁과 혁명의 시대가 평화와 발전의 시대로 바뀌었다는 덩샤오핑의 판단은 중국의 전략적 아이디어에 일대 전환을 가져왔다. 이제 중국 외교의 주된 목표는 계급이익이 아닌 국가이익을 수호하는 것이 되었다.[5] 전쟁불가피론의 폐기에서 시작된 중국 외교·안보 노선의 실용주의적 전환은 중국의 외교와 국제정치, 그리고 중국국제정치학파의 형성에 심대한 영향을 주었다. 덩샤오핑의 선언과 축적되는 개혁·개방의 성과는 프롤레타리아 문화대혁명의 관념적 잔재를 일소하면서, 계급투쟁과 혁명을 신성시하는 마오주의와 마르크스-레닌주의 정치이론에 몰두하던 중국 학자들이 서양의 국제정치이론을 연구하고 모방할 수 있게 했다.[6]

2. 중국학파의 이론적 논지

1987년 8월 국제관계이론에 관한 전국학술대회(国际关系理论全国大会)가 상하이에서 열렸다. 여기서 중국 특색의 국제정치학을 구축하는 문제가 제기되었다. 이는 중국 국제정치학계에 초기 학문적 인식이 형성되었음을 보여주는 것이었다. 이 시점부터 중국적 특색과 관점을 담은 국제정치이론을 개발해야 한다는 주장이 잇따라 등장했다. 중국의 국제정치학자들은 서양 지식의 소비자가 아니라 주체성을 가진 지식의 생산자가 되고자 했던 것이다. 그들에게 중국학파의 창설이란 중국의 경험을 통해 기존의 국제정치이론을 검토·평가하고, 더 많은 중국적 관점과 전통적 사고를 기존 이론에 통합하는 것이었다. 이러한 학문적 운동에서 가장 대표적이고 영향력 있는 세 명의 중국 학자와 그들의 이론, 즉 칭화대(清华大) 옌쉐퉁(阎学通)의 도덕적 현실주의(Moral Realism), 중국사회과학원 자오팅양(赵汀阳)의 천하체계론(Tianxia-ism), 그리고 산둥대(山东大) 친야칭(秦亚青)의 세계정치의 관계성 이론(Relational Theory of World Politics)은 세계 국제정치학계의 주목을 끌고 있다.

옌쉐퉁이 중국 특색적 국제정치이론의 개발에 관심을 갖게 된 이유 중 하나는 중국 학자들이 구성주의 국제정치이론에 심취해 있고, 웬트의 『국제정치의 사회적 이론』에 의존하며 새로운 이론 개발에는 관심이 없었다는 점이다. 그는 웬트의 이론적 중요성을 인정했지만, 그에게 영원히 의존할 수는 없다고 생각했다. 2005년 웬트의 아이디어에 싫증을 느낀 옌은 새로운 이론 개발에 착수하기로 결심하였다.[7] 그는 웬트 이론의 문제 중 하나가 국제규범의 발전이 선형적으로 진행된다는 단순성 또는 경직성과 관련이 있다고 보았다. 그는 역사는 단일하고 직선적인 경로를 따르지 않으며 여러 방향으로 펼쳐지고 다양한 결과를 낳는다고 생각했다. 그는 고대 중국 사상이 역사적 발전의 복잡하고 비선형적인 본질을 더 잘 반영한다고 믿었다. 그에 따르면 춘추전국시대의 고대 중국 사상은 국가, 문화, 지도자들 간의 복잡하고 예측할 수 없는 상호작용을 인식하며, 역사에 대한 보다 역동적이고 다면적인 이해를 강조한다. 이 사상적 전통은 역사적 사건과 발전을 상호 연결되고 다양한 요인에 의해 영향을 받으며, 하나의 직선적인 궤적이 아닌 나무에서 가지들이 생겨나듯 다양한 결과를 초래할 수 있다고 본다. 요컨대 옌은 규범의 발전을 한 단계에서 다른 단계로의 직선적인 경로로 묘사하는 웬트의 선형적 역사 모델과는 달리, 고대 중국의 사상은 역사적 사건과 변화의 상호 연관성과 불가측적 분기(分岐, branching)를 인식한다고 생각했다. 이것이 옌이 중국 특색적 국제정치이론을 개발하게 된 주요 배경 중 하나였다.[8]

2005년 옌쉐통이 이끄는 연구팀은 선진(先秦) 시대, 즉 춘추시대(春秋時代, 770-476 BCE)와 전국시대(战国时代, 475-221 BCE)의 중국 사상을 바탕으로 현대 국제정치이론을 풍부하게 하고 중국의 외교정책과 관련된 통찰을 제시하기 위한 프로젝트를 시작했다. 옌쉐통은 선진시대는 여러 사상적학파가 이념적 우위와 정치적 영향력을 위해 경쟁하던 시기로서 중국 사상에 있어 가장 위대한 시기이며, 따라서 이 시기는 중국의 부상과 그로 인한 중국 및 국제정치에 대한 함의를 이해하는 데 새로운 통찰력과 영감을 제공할 수 있다고 제시했다.

옌쉐통의 프로젝트는 세 단계로 나눠 살펴볼 수 있다. 첫 번째는 국가 간 관계에 관한 근본적(중국 사상의 근본이 되는 천명[天命]과 같은 개념)인 그러나 독특한(서양 사상과는 차별적인 왕도[王道]와 같은 개념) 개념과 사상을 담고 있는 선진 시대의 고전적 정치 사상서를 탐독하는 단계이다. 그 결과 2008년 옌과 쉬진(徐进)이 편집한 14개 장으로 구성된 『중국선진국가간정치사상선독(中国先秦国家间政治思想选读)』이 푸단대학교 출판사에서 출간되었다. 두 번째 단계에서는 여러 선진 사상가들의 정치 사상을 체계적으로 이론화하는 작업이 진행되었으며, 이 단계에서 옌과 그의 동료들은 주로 중국 학술지에 논문을 발표했다. 이 논문들은 나중에 편집본 『왕패천하사상과 계적(王霸天下思想及启迪)』에 실렸다. 옌이 작성한 3편의 논문은 영어로 번역되어 서평과 함께 2011년 프린스턴대 출판사가 발간한 『고대중국사상과 현대중국의 힘(*Ancient Chinese Thought, Modern Chinese Power*)』에 실렸고, 국제학술공동체의 주목을 받았다. 세 번째 단계에서는 두 번째 단계에서 개발된 이론을 검증하기 위한 차원에서의 역사적 사례 분석이 행해졌다. 이 작업은 저우팡인(周方银)과 쉬진이 주로 담당했다.[9]

옌쉐퉁은 자신의 이론을 도의 현실주의(道义现实主义; 도덕적 현실주의, Moral Realism)로 명명하면서 권력정치, 권력투쟁, 국가이익으로 상징되는 서양의 현실주의에 고대 중국의 유교사상에서 중시하는 왕도(王道) 또는 인도적 권위(humane authority)라는 정치 개념을 결합한다. 그는 자애로움(仁), 의로움(义), 예의(礼)가 핵심인 왕도에 입각한 인정(仁政)은 정당성(legitimacy)을 가진 권력으로서 '자발적 복종'을 이끌어내어 왕도적 주체의 권력과 영향력을 오히려 증진시킬 뿐 아니라 국가 간 관계에서도 진정한 신뢰(credibility)에 기초한 안정과 평화를 조성할 수 있다고 주장한다.

옌에 따르면 인간의 본성은 윤리적이고 도덕적이라는 맹자(孟子)

의 성선설(性善說)에 반대하여, 개인적 욕망과 이익을 좇는 악한 인성을 인간의 '능동적인 작위(作爲)'라 할 수 있는 예(禮)를 통해 변화시켜야 한다는 성악설(性惡說)을 주장한 순자(荀子)[10]는 정치 권력이 행사되는 세 가지 방식에 대해 논하였다. 첫째, 일관된 도덕성을 갖춘 신뢰할 수 있는 '왕도(王道, humane authority)', 둘째, 신뢰할 수 있지만 이중 잣대(双重标准, double-standard)를 사용하는 '패도(霸道, hegemony)', 셋째, 신뢰할 수 없지만 일관성이 있는 '폭정(暴政, tyranny)'이 그것이다. 옌은 네 번째로 신뢰할 수 없고 이중 잣대를 사용하는 난정(乱政, ane-mocracy)을 추가한다.[11]

옌이 주목하는 왕도는 '끄는 힘', '매력의 힘'을 강조하는 나이(Joseph Nye Jr.)의 소프트 파워 개념과 유사하다. 그러나 매력의 원천이 무엇이냐와 관련해서는 입장이 다르다. 옌은 나이와는 달리 문화나 가치보다 정치적 지도력의 '신뢰성'이 매력의 원천이라고 본다. 구체적으로, 정치권력이 약속을 지키고 일관된 정책을 펼치는 능력인 "전략적 신뢰성(strategic credibility)"은 문화적 차이를 초월하여 보편적으로 받아들여지며 국제 사회에 안정과 협력을 가져올 수 있다. 패도, 폭정, 난정은 모두 하드 파워에 해당하는 권력의 행사 방식인데 패도는 배타적인 행위를 정당화하여 동맹국에게는 너그럽지만 경쟁국에게는 다른 잣대를 적용한다. 예를 들어 미국은 이란이나 북한에 대해서는 엄격하게 핵확산금지 원칙을 적용하지만 이스라엘이나 인도에 대해서는 그렇지 않다는 식이다. 폭정은 군사력과 기만술에 의존하여 통치를 유지하는 방식이다. 예를 들어, 진(秦) 왕조는 권력을 공고히 하기 위해 잔혹한 방법을 사용했지만, 결국 그 억압적인 전술로 인해 단 14년 만에 멸망했다. 현대의 예로는 히틀러의 나치 정권과 제2차세계대전 동안의 일본 군국주의 정권이 있다. 난정은 기회주의적이며 약한 국가들에 대해서는 괴롭힘을 일삼고 강한 국가들에 대해서는 타협적으로 행동한다. 폭정은 예측이라도 가능하지만 난정은 그렇지 않다. 가장 불안정한 유형이다. 옌에 따르면 트럼프 대통령 재임 시기, 미국은 파리기후협약이나 UN교육과학문화기구(UNESCO) 등 국제조약이나 기구에서 탈퇴하고 NATO와 같은 동맹의 가치를 폄훼하며 '미국 우선주의(America First)'를 내세움으로써 '전략적 신뢰성'을 상실하였다.[12] 옌은 순자를 빌려 왕도가 가장 안정적이고 평화적인 국제정치 질서를 만들어 낸다고 주장한다. 강대국이 자신의 이익을 위해 타국을 위협하거나 강제력을 사용하지 않고 '인(仁)', '의(义)', '예(礼)'로써 국제사회 내에 신뢰를 쌓기 때문이라는 것이다. 그가 보기에 국제정치의 고질병이자 만병의 근원인 국가 간 '전략적 불신'은 왕도정치로 극복될 수 있는 것이다.

여기서 한 가지 특기할 만한 것은 옌이 말하는 왕도정치는 서양의 국제정치에서 운위되는 헤게모니와는 전혀 다른 개념이라는 사실이다. 옌에 따르면 서양의 "규범적 설득(normative persuastion)" 모델은 패권국이 자신의 담론적 권력(또는 소프트 파워)을 통해 다른 국가들에게 자신에게 이익이고 자신이 주도하는 국제규범과 국제질서를 따르도록 설득한다는 점을 강조한다. 반면, 중국적 "본보기-모방(榜样-模仿, example-emulation)" 모델은 강대국이 "역할 모델(role model, 모범; 榜样)"로 행동함으로써 다른 국가들이 자발적으로 따르도록 이끈다. '본보기'나 '역할 모델'은 세계 지도자로서 받아들여지기 위해 왕도적 덕목과 도덕성을 '실천'하는 것이다. 중국어로는 이를 '이신작칙(以身作则)'이라고 하며, 솔선수범으로 다른 나라들을 이끄는 능력(leading by examples)을 의미한다. 따라서 왕도적 권력 또는 인도적 권위는 어떤 의도된 설득이나 강요로 얻어지는 것이 아니라, 타 국가들의 마음을 얻음으로써 획득된다. 이러한 맥락에서 국가와 지도자의 행동에 내재되어 있는 품성이자 속성인 덕목과 도덕성의 실천은 타국이나 타자의 감동과 존경을 자아내고 이는 인정을 베푸는 지도국의 정치 권력의 근본적인 원천이 될 수 있다.

옌의 도의 현실주의가 도의에만 경도되어 있는 것은 아니다. 즉 이상주의가 아니라 현실주의에 삽입되어 있는 형태, 즉 도덕과 윤리가 현실주의 전통에 '맥락화'되어 있는(현실주의 틀 안에서 이해되고 적용된다는 의미) 혼종성을 가진 관점이라는 말이다. 그가 이상으로서의 왕도를 설파한 맹자가 아닌 현실정치에 적용될 수 있는 왕도를 제시한 순자를 인용하는 이유이다. 보다 구체적으로, 그는 도덕성은 국가가 따라야 하는 가치의 집합이 아니라, 국가의 전략적 선호를 구현하기 위한 도구로 사용되어 국가가 자신의 이익을 달성하면서도 다른 국가들의 지지를 얻을 수 있게 한다는 데 주목한다. 그러니까 그의 이론이 도의 현실주의, 즉 도덕적 현실주의인 것이다. 이런 맥락에서 유타주립대의 허카이(贺凯)는 옌의 이론을 "이상을 추구하는 현실주의(现实主义者的理想追求, A Realist's Ideal Pursuit)"라고 명명했다.[13]

옌과 그의 동료들이 왕도라는 개념을 사용하여 중국적 관점에서 권력 개념을 재구성한 반면, 자오팅양은 고대 중국의 국제정치적 개념인 천하(天下)를 활용하여 베스트팔렌조약에 기초한 근대국제체제적 관점을 초월하는 평화적인 인류공동체, 즉 모든 국가들이 전 인류적 관점에서 서로를 배제하지 않고 포용하며 각자의 내재적 평등성을 인정하면서 세계 평화의 문제를 해결할 수 있는 방안을 제시하고자 한다.

자오에 따르면 서구의 국제정치 이론가들은 분석의 수준을 국가에 맞춘다. 그들이 보는 국제정치는 근대국제체제, 즉 국가의 주권에 기초한 베스트팔렌 국제질서이기 때문이다. 그리고 이러한 체제에서는 모든 구성원들이 국가이익을 이기적으로 추구하는 과정에서 경쟁하고 충돌하기 때문에 국가 간 갈등이나 전쟁은 불가피하고 영원히 지속될 수밖에 없다. 따라서 자오는 이러한 구조적인 문제에 접근하기 위해서는 국가를 최대 정치 단위로 하는 서구의 국제정치이론의 "국제성의 원칙(principle of internationality)", 즉 국가주권의 원칙을 뛰어넘어 글로벌한 인류적 관점에서 국제정치에 대해 사고할 필요가 있다고 주장한다. 이 맥락에서 자오는 주나라(周朝) 시대(기원전 1046-256년)의 이상화된 천하체계(天下体系)를 전형적인 모델로 삼아, 이 모델이 세계평화를 위한 대안적 접근이 될 수 있다고 제시한다.

　자오에 따르면 주나라 시대의 천하체계는 지리적, 정신적, 제도적으로 모든 것을 포괄하는 관념이었다. 즉 이 체계는 세 가지 수준에서 작동했다: (1) 하늘 아래의 모든 땅, 즉 지구, (2) 세계 모든 민족이 진정한 '일반 의지'에 따라 내린 공공적 선택, (3) 세계를 위한 보편적 정치 체계. 따라서 자오는 그의 천하체계론에서 세계 전체를 분석 단위로 하며, 국가와 같은 하위 체계는 세계체계적 수준에서의 분석을 방해하기 때문에 제외하고 있다. 나아가, 그에 따르면, 천하체계 내에서는 '우리'와 '그들' 사이의 구분이 존재하지 않는다. 모든 구성원은 내적으로 그 본연의 모습을 유지하며, 외적 요소로 인해 구분되거나 차별받지 않는다. 다시 말해, 천하체계는 국적이나 문화적 배경에 관계없이 모든 사람이 동등한 참여와 혜택을 누릴 수 있도록 제도화되어 있다. 자오는 이러한 이상적인 세계질서를 설명하기 위해 "가족주의(family-ship)"라는 비유를 사용하며,[14] 가족이 사랑, 조화, 상호 의무의 원칙에 따라 운영되는 것처럼 천하체계하의 글로벌 공동체도 그렇게 운영될 수 있다고 제시한다. 자오는 특정 집단이나 국가가 체계 내에서 많은 권력이나 특권을 가지지 않음을 강조한다. 천하체계는 개별 국가의 이익을 초월하고, 공유된 인간의 가치와 공동의 이익을 바탕으로 하는 통치 구조를 가진다. 자오는 이러한 천하체계가 주권과 개별 국가의 이익을 중심으로 하는 베스트팔렌 체계와 극명하게 대조된다고 지적하며 베스트팔렌 체계에는 갈등과 경쟁이 내재되어 있지만 인류 전체의 집단적인 행복과 조화를 중시하는 천하체계에는 평화롭고 공정한 세계가 존재한다고 말한다.

자오는 칸트의 영구평화론(Perpetual Peace)을 비판하며 자신의 천하체계론이 세계평화의 문제에 더 효과적으로 접근할 수 있다고 주장한다. 그에 따르면 칸트의 영구평화론은 원래 이상주의적, 현실주의적 비전을 모두 포함하고 있었다. 칸트의 이상주의는 '세계 시민'으로 구성된 '세계 공화국'으로, 이를 통해 세계를 하나의 대규모 국가로 만드는 것이었다. 그러나 칸트는 후일 이러한 이상을 스스로 부정하고 보다 현실적인 구상인 '자유 연방', 즉 '주권을 갖고 있는 자유 국가들'로 구성된 세계평화연방을 제안했다. 자오는 칸트의 이론이 그러한 평화 조건의 한계 때문에 세계평화 문제를 설명하거나 해결하기에는 부족하다고 지적한다. 서양의 정치 이론은 주로 주권과 국가 이익에 기반하고 있어 국제정치의 갈등이 불가피하다고 보는 것이다. 이에 자오는 '국제성의 원칙'을 초월하여 진정한 글로벌 관점에서 세계를 바라보아야 한다고 주장하며, 주나라 천하체계를 대안적 모델로 제시하고 있는 것이다.

자오는 천하체계론이 오해될 수 있다는 점을 인식하고 있다. 첫째, 그는 자신의 천하체계를 고대 중국의 조공체계와 동일시하지 않는다는 점을 분명히 하고 있다. 그에 따르면 진나라부터 청나라까지 '통일된 중국(unified China)'은 "세계를 포함한 나라(country containing the world)"였다. 진나라 이후 통일된 중국은 천하 개념의 영적 유산은 계승했지만, "세계 제도(the world institution)"는 포기했다는 것이다. 다시 말해, 중국은 "천하 정신을 국가 정신으로 바꾸어, 세계 구조를 국가 구조로 변화시키고, 결과적으로 중국을 '세계 구조의 국가(world-structured country)'로 전환시켰다"는 것이다.[15] 따라서 자오는 진나라 이후의 '세계를 포함한 나라'가 아닌 주나라에서 유래한 천하의 원래 의미를 활용하여 글로벌 거버넌스를 위한 현실성 있는 실천(및 사고방식)을 제안한다고 말한다. 둘째, 그는 자신의 이론은 세계를 이끌어야 하는 주체로 중국을 상정하는 것은 아니라고 주장한다. 그에 따르면 천하정신을 유지하고 있는 중국을 배제할 수는 없지만 천하체계는 '도(道)'를 알고 인류 전체의 행복을 증진할 수 있는 자격 있는 모든 후보자들에게 열려 있다.[16]

엔과 자오처럼, 친야칭은 고대 중국 정치 사상이 글로벌 문제에 대한 대안적 접근법을 제공한다고 주장한다. 친야칭은 중국의 대표적인 구성주의자이다. 엔과 마찬가지로 미국 대학에서 박사학위를 받은 그의 초기 작업 대부분은 문화, 규범, 정체성과 같은 관념적 요소에 의해 국가 행동이 형성된다는 사회적 구성주의에 큰 영향을 받았다. 중국 외교학원 재직 시인 2009년 친야칭은 "지난 30년 동안 등장한 세 가지 주류 국제정치이론인 구조적 현실주의, 신자유주의적 제도주의, 구조적 구성주의(친은 웬트를 관념적 구조를 중시하는 구성주의자로 보고 있다)는 모두 중요한 차원, 즉 국제체제의 과정과 국제사회의 관계적 복잡성에 대한 연구를 놓치고 있다며, 자신은 사회적 구성주의(오누프 류의 주체 간 상호작용과 구조의 역동성에 주목하는 구성주의)와 중국의 사상적 전통의 두 가지 핵심 사상인 '과정'과 '관계'를 통합하고 개념화함으로써 이러한 누락된 고리를 보완하고 '과정적 구성주의의 이론적 모델(过程建构主义的理论 模式, Processual Constructivism)'을 시론적으로 제시하였다".[17] 그는 '합리성'이 서구사회의 핵심 개념이었다면, 중국사회에서는 "관계성(relationality)"이 이에 상응하는 개념이라며 관계성을 개념화하고 이를 이론적 핵심으로 다루는 자신의 과정적 구성주의는 국제사회에서 관계적 연결망이 국가 정체성을 형성하고 국제적 권력을 생산하는 과정을 설명할 수 있다고 주장한다.

2016년 이후 친야칭은 관계성이론을 체계화하여 제시했다.[18] 그의 이론은 네 가지 기본 가정을 포함한다: (1) 관계성은 사회적 세계를 분석하는 기본 단위이다, (2) 합리성은 관계성 내에 포함되어 있다, (3) 관계성은 정체성을 결정한다, (4) 관계성은 권력을 생성한다. 친야칭에 따르면 중국사회는 유교사상에 내재된 개념인 관계성, 즉 '관시(关系)'에 큰 의미를 둔다. "모든 것이 모든 것에 서로 연결되어 있다는 개념"을 강조하는 이 유교적 우주론은 개별 요소를 이해하려면 그 상호 간 그리고 전체적 맥락과의 연관성을 고려해야 한다는 것이다. 친에 따르면 중국의 사회구조는 호수의 물결과 비슷하다. 개인은 중심에 위치하며, 가족, 친구, 지역사회 등의 동심원들로 구성된 사회적 관계망 안에 있다. 이 동심원들은 서로 겹치고 연결되어 있어, 개인의 행동과 결정이 전체 관계망에 영향을 미친다. 따라서 개인의 역할과 책임은 이러한 상호 연결된 사회적 맥락에서 분석되어야 한다. 요컨대 친의 이론에서 시공간을 초월하는 "절대적인 합리적 행위자(absolutely rational actor)"는 존재하지 않는다. 사회적 행위자는 합리적 결정을 내리기 전에 자신이 속한 관계적 맥락을 먼저 고려한다. 이러한 상호 연결된 세계에서 "관계의 총체는 사회적 행위자를 특정 행동으로 이끄는 보이지 않는 손과 같다".[19] 요컨대, 친은 개인을 "원자적 관점(atomistic, 사회적 맥락과는 독립적으로 존재하는)"에서 이해하고 개인의 합리성과 자율성을 강조하는 서구적 세계관과는 달리, 중국인들은 관계적 맥락 내에서 세계를 보고 이해하며 상호 연관된 사회 내에서 관계의 연속성을 유지하려는 동기에 의해 행동하는 것으로 본다.

더 나아가, 친은 웬트적 구성주의의 기본 원칙인 정체성이 이익을 정의하고, 이익이 행동을 정의한다는 논지를 받아들이면서도, 관계를 정체성을 구성하고 행동을 결정하는 "원동력(prime mover)"으로 강조한다. 그에 따르면 행위자의 정체성은 사회적 관계에 의해 결정되며, 사회적 관계에서 분리된 정체성은 존재하지 않는다. 행위자는 "관계 속의 행위자(actors-in-relations)"이며, 오직 그러한 방식으로만 존재할 수 있다. 절대적이고 독립적인 자아의 정체성은 존재하지 않으며, 이는 다른 주체들과의 관계 속에서, 그리고 관계의 총체성 속에서 구성되고 재구성된다. 친은 이를 설명하기 위해 중국에서 유래한 바둑(围棋, 웨이치)을 비유로 들고 있다. 바둑에서는 서양 체스와 달리, 각 말이 왕, 주교, 졸처럼 사전에 정해진 정체성을 가지지 않는다. 바둑판 위에 돌이 놓이면, 그 돌은 다른 돌들과의 관계를 통해 의미와 기능을 비로소 획득한다. 중국어도 마찬가지이다. 중국어 문자들은 사전에 정해진 품사를 가지고 있지 않으며, 문장 속에서 다른 문자들과의 관계에 따라 명사, 동사, 형용사로서의 역할을 획득한다. 친은 미시건대의 심리학자 니스벳(Richard Nisbett)을 인용하며 중국인들에게 있어, "나라는 존재는 추상적으로 고려될 수 있는 고립된 자아가 아니라, 특정한 타자들과의 관계 속에서 살아가는 역할들의 총체이다. 특정 타자들과의 관계가 모여서 각자에게 고유한 개인 정체성의 패턴을 만들어 낸다"라고 제시한다.[20] 따라서 한 개인이 복수의 정체성을 가지는 것은 정상적이다. 왜냐하면 그는 다양한 유형과 성격의 중첩된 관계망 속에 포함되어 있기 때문이다. 그의 행동이 합리적인지 적절한지는 그와 다른 사람들과의 관계의 성격에 달려 있다. 모든 것은 관계와 관계되어 있다.

마지막으로, 관계는 권력을 생성하며, 권력은 관계에서 비롯된다는 가설이다. 친에 따르면 권력은 실천에서 나오는데 그러한 실천은 간주관적인 관계적 맥락에서의 실천(intersubjective relational practice)이다. 즉, 권력은 사람들이 서로 맺는 관계와 이 관계를 어떻게 활용하는지에 달려 있다는 것이다. 예를 들어, 어떤 사람이 많은 친구와 중요한 인맥을 가지고 있으면 그는 큰 영향력을 발휘할 수 있다. 이처럼, 사람들 사이의 관계망이 클수록, 그리고 그 관계망 안에서 중요한 사람이 많을수록 그 사람은 더 큰 사회적 위신과 힘을 가지게 된다. 이러한 점에서 유교적 환경에서의 관계는 도구적 목적을 위한 '수단'이 된다. 그에 따르면 사회적 행위자는 즉각적이고 물질적인 이익뿐만 아니라 장기적이고 비물질적인 이익을 위해, 그리고 무엇보다도 각기 다른 개인 행위자들이 조화를 이루며 살아가는 사회 질서를 유지하기 위해 자신의 관계망을 적극적으로 활용한다.

친야칭은 이 네 가지 기본 가정을 국제정치에 적용하고 있다. 그에 따르면 관계성에 중점을 두는 그의 이론은 국가 간 상호작용과 관계망이 그들의 정체성과 권력관계에 어떻게 영향을 미치는지를 드러내준다. 그의 이론은 개별 국가의 자율적 행동과 합리적 선택을 전제하는 서구 중심의 국제정치이론에 도전하며 국가들의 관계와 관계망을 이해하는 것이 중국을 포함하는 국제정치를 이해하는 데 필수적이라고 주장한다. 친의 이러한 관점은 중국의 외교정책과 국제적 참여가 그 문화적 및 관계적 맥락에 의해 어떻게 형성되는지를 분석할 수 있는 틀을 제공하며, 기존의 서구적 국제정치이론이 간과 또는 소홀히 할 수 있는 영역에 빛을 비추고 있다 할 수 있다.

중국학파를 구성하는 옌쉐퉁, 자오팅양, 그리고 친야칭의 이론은 각기 독특한 방식으로 고대 중국의 전통과 경험을 현대 국제정치이론에 접목하여 새로운 시각을 제시하고 있다. 옌쉐퉁은 도의 현실주의를 통해 왕도라는 유교적 덕목이 권력의 정당성과 국제적 안정에 미치는 긍정적 영향을 강조하며, 자오팅양은 천하체계론을 통해 베스트팔렌 체제의 한계를 넘어서는 포용적이고 평화로운 글로벌 거버넌스 모델을 제안한다. 친야칭은 관계성을 중심으로 한 '과정적 구성주의'를 통해 중국을 포함한 국제정치의 복잡한 관계망이 국가 정체성과 권력을 형성하는 과정을 설명한다.

3. 중국학파에 대한 평가

중국학파의 이론은 미국과 서구 중심의 국제정치이론에 대한 비판적 성찰을 바탕으로, 중국적 사고와 가치가 현대 국제정치학 또는 현실 국제정치에서 유효하고 중요한 역할을 할 수 있음을 보여주고자 한다는 면에서 대안적 접근법이라 평가될 수 있다. 특히 중국학파의 이론이 중국의 대외정책과 상호구성, 상호강화적 측면을 갖고 있다 할 때 그것이 가지는 현실적 의미는 상당하다 할 것이다. 그러나 중국학파가 대안적 문제의식을 제시하고 있다는 사실만으로 그것이 정확하고 타당한 이론적 접근법이라고 평가할 근거가 될 수는 없다. 아래에서는 중국학파에 대해 제기되는 비판과 그에 대한 반론을 들어보자.

먼저 미어샤이머는 옌쉐통의 도의 현실주의가 현실주의가 아니라는 비판을 제기한다. 그는 현실주의는 근본적으로 권력과 이익에 관한 것이지 도덕에 관한 것은 아니라고 말한다. 미어샤이머는 옌이 자주 인용하는 고전적 현실주의도 '레종 데타(raison d'état)'와 레알폴리틱(Realpolitik)의 교리에 따라 국가는 윤리적 기준을 위반하더라도 국익을 증진하는 것을 더 중시하며, 보편적인 도덕적 가치는 이러한 관점에 포함되지 않는다고 지적한다. 그러나 옌은 미어샤이머의 비판이 고전적 현실주의에 대한 오독이나 오해에서 비롯되었다고 반박한다. 그는 대표적인 현실주의자인 모겐소를 인용하여, 모겐소가 도덕적 원칙을 적용할 때 맥락과 분별력의 중요성을 강조했을 뿐 국제정치에서 도덕의 역할을 인정했음을 지적한다. 옌은 오히려 모겐소의 현실주의가 자신의 도의 현실주의를 지지한다고 강조한다. 도덕적 행위와 전략적 이익을 통합하려는 목표를 가지고 있는 자신의 이론은 모겐소가 강조한 상황적 판단과 분별지(分別智)에 부합한다는 것이다. 옌은 도덕적 가치를 실천하는 국가는 정당성을 확보하여 권력과 영향력을 강화할 수 있으며,[21] 이는 미어샤이머의 비판이 경직된 단견임을 입증한다고 주장한다.

미어샤이머는 한 걸음 더 나아가 "진정한 현실주의자는 비현실적인 양심의 유혹에 저항하고 낯선 영역으로 과도하게 확장해서는 안 된다"고 주장한다.[22] 그는 "옌쉐통 교수가 중국이 도덕을 우선시하는 새로운 외교 전략을 채택해야 한다고 주장하지만, 내 생각에 이는 중국

레종 데타

고전적 현실주의는 17세기에 도입된 "레종 데타(raison d'état)"라는 교리에 깊이 영향을 받았다. 이 사상에 따르면 국가의 도덕성은 국가의 이익을 증진시키느냐에 따라 그 의미가 달라진다. 레종 데타에 따르면 국가는 통치자의 개인적 또는 정치적 이익과는 별개의 이익을 가지고 있으며, 국가 지도자는 도덕이나 윤리적 기준을 위반하더라도 국가 이익을 우선시하는 것이 그의 의무이자 능력이다. 19세기에는 레종 데타가 독일어 버전인 "레알폴리틱(Realpolitik)"으로 대체되었지만, 그 본질은 동일했다. 예를 들어, 영리하고 현명한 통치자는 국가의 힘을 증대시키기 위해 조약을 위반하고, 기존 동맹을 버리거나, 심지어는 타국을 침략할 수도 있었다.

을 더 큰 위험에 빠뜨릴 것이다"라고 말한다. 그는 "사회마다 가치와 도덕이 다르며, 어느 것이 객관적으로 가장 좋은지 합리적으로 결정할 수 있는 방법은 없다"고 주장한다. 사회들은 동일한 가치와 규범을 공유하지 않으며, 자신의 가치를 유일한 진리로 고집하면 국가 간 적대감이 생기고 심지어 전쟁으로 이어질 수 있다는 것이다.[23] 그는 "믿어라! 나는 그런 나라, 미국에서 왔다. 미국은 세계에서 도덕적 의식이 가장 높은 국가이지만, 도덕을 우선시한 결과 끝없는 국제 분쟁과 전쟁의 수렁에 빠졌으며, 이는 다른 나라들의 눈에 미국을 더욱 공격적인 국가로 보이게 만들었다"고 덧붙였다.[24]

도의 현실주의에 대한 또 다른 비판은 고대 중국의 국가들의 전통과 경험, 또는 그들이 직면했던 도전과 그들 간 역학관계를 현대 국가들과 그 관계에 직접적으로 비교할 수 없다는 것이다. 시대착오적이라는 것이다. 왕도와 유기적 관계에 있는 조공체계가 그 대표적인 예이다. 서주 초기 왕조의 수직적인 조공체계와 현대 국제정치의 수평적이고 주권적인 국제체제가 어떻게 비교될 수 있는가? 서주 초기에는 왕조와 제후국들 간의 관계가 뚜렷이 수직적이었다. 정통성을 가진 주 왕은 제후국들에 대해 패권적 권위를 가지고 있었으며, 제후국들은 보호와 인정을 대가로 조공과 군사 지원을 제공했다. 이러한 수직적 관계는 권위와 의무의 일방적인 관계를 의미했다. 왕도라는 개념도 중앙 국가의 도덕적 권위가 제후국들에 의해 이의 없이 받아들여지던 상황에서 형성되었고, 유교적 가치관이 널리 수용되고 전파된 상대적으로 동질적인 문화적, 사상적, 언어적 환경에서 발전했다. 그러나 현대 국제정치는 주권과 국가이익이라는 보편적 원칙에 따라 운영되는 자구적 체제이다. 이 체제에서는 국제적 권위에 대한 도전과 국가 간 이익의 충돌이 불가피하다. 또한, 현대 국제정치는 문화, 종교, 이념적 배경이 크게 다른 국가들로 구성된 매우 다양하고 이질적인 환경이다. 이러한 구조적인 시대적 간극은 왕도와 같은 고대의 단일 윤리적 틀을 현재의 전 세계에 적용하는 것을 어렵게 만든다. 옌쉐퉁 자신도 중국의 조공체계와 현대의 주권체계는 두 가지 다른 유형의 국제체계라고 인정하고 있다. 이러한 인정은 그의 발상과 이론에 내재된 태생적인 문제를 드러낸다.

중국 고대 시대의 정치적 독특성을 질적으로 다른 현대 국제정치에 직접적으로 비교하는 것은 시대착오적일뿐 아니라 과학철학의 용어를 빌리자면 '범주 오류(category mistake)'가 될 수 있다. 예를 들어, "숫자 5의 색깔은 무엇인가?"라는 질문은 범주 오류에 해당한다. 숫자는 색깔을 가질 수 없기 때문에, 이 질문은 색깔이라는 속성을 숫자라는 범주에 잘못 적용한 것이다. 옌의 도의 현실주의도 이에 해당될 수 있다. 옌은 자신의 도의 현실주의가 고대 중국 사상의 윤리적 본질을 추출하여 현대 국가의 도덕적 행위 지침으로 적용하려는 중국 특색적 시도라며 개념 자체가 시대를 초월하는 "보편적(timeless)"이고 바람직한 것이라면 이를 비판할 이유는 없다고 반박하면서, '왕도'와 같은 시공간을 초월하는 정치적 원칙은 국가 행위를 윤리적으로 순화하고 따라서 안정적인 국제질서를 구축하는 데 도움을 줄 수 있다고 주장한다. 그럼에도 불구하고 어떤 개념이든 구체적 시공간성을 가지는바, 중국의 고대 체제에서 도출된 개념이 현대의 국제정치를 이해하고 설명하는 데 얼마나 도움이 될지는 여전히 논쟁의 대상이며, 두 이질적, 역사적 체계 간의 구조적, 규범적 차이가 이론의 적용 가능성에 중요한 도전을 제기한다는 사실은 부인할 수 없을 것이다.

자오팅양은 고대의 중국적 국제정치질서를 벤치마킹하여 글로벌 거버넌스를 위한 포용적이고 통합적인 틀을 제안한다고 말하지만, 비판자들은 그의 천하체계 개념과 이론에 여러 문제가 있다고 지적한다. 첫째, 역사적 사실과 다르다는 비판이다. 마이애미대의 드라이어(June Dreyer)에 따르면 천하체계론이라는 서사는 다음과 같이 요약될 수 있다:

천명을 받은 후덕한 중국 황제는 '중국의 평화(Pax Sinica)' 속에서 천하를 통치했다. 주변 국가의 지배자들은 천조국의 궁정을 방문하여 고두례를 행하고 지역 산물을 선물로 바쳤다. 이들은 조공의 대가로 지배자로서의 정치적 정당성을 인정받았고, 그 결과로 중국과 주변국들 간에 대동(大同), 즉 대화합이 이루어졌다. 그러나 이러한 이상적인 국제질서는 상업적 제국을 확장하려는 탐욕스러운 자본주의 세력에 의해 파괴되었다. 이들은 자유무역과 국가주권이라는 평등 개념을 중국과 주변국에 강요했다. 그 결과 국가들은 이기적 주체로 제멋대로 행동할 수 있게 되었고 결국 만인 대 만인의 투쟁, 즉 '실패한 세계'가 초래되었다. 해결책은 천하를 재구성하고, 천하체계를 운영한 경험이 있는 중국의 지도자가 후덕한 천자로 다시 나서야 한다.

드라이어는 중국인 중국학자들을 인용하며 천하체계론이 허구를 포함하고 있다고 비판한다. 예를 들어, 하버드대의 량리엔셩(楊聯陞)은 소위 천하체계라는 "중국중심적 국제질서는 여러 시기에 따라 다르게 나타났으며, 때로는 거의 존재하지 않았다"고 단언한다.[25] 호주국립대의 왕궁우(王賡武)는 "제국의 현실은 힘의 단단한 핵과 덕의 부드러운 외피로 이루어졌다"며, 중국의 황제들이 실제로는 유가가 아닌 법가의 원칙에 따라 통치했음을 지적한다.[26] 비록 궁정 기록은 황제들의 유교적 지혜를 칭송하지만, 사실 그들은 법가처럼 행동했으며, 법가는 잘 조직된 사회는 자비보다는 명확한 규칙과 위반자에 대한 처벌에 의존한다고 주장했다. 드라이어는 유교적 사상이나 중국적 전략문화(strategic culture)가 무력 사용을 자제토록 했다는 천하체계론적 주장에 대해 중국 역사를 아는 사람이라면 이러한 주장이 터무니없다는 것을 잘 안다고 말한다. 드라이어는 허구적인 천하체계를 이상화, 본질화하는 자오의 천하체계론에 대해 "최선의 경우 부정직하며, 최악의 경우 위험한 시대착오적 발상이다"라고 힐난한다.[27]

둘째, 유사한 맥락에서 천하체계론의 '선택 편향(selection bias)'도 비판의 대상이 된다. 천하체계론이 천하사상의 흑역사 또는 천하관의 이면을 선택하지 않는다는 것이다. 가톨릭대의 박건영이 지적했듯이, 이른바 천하관은 화이관(華夷觀)과 별도로 논의될 수 없다.[28] 중국의 고대 민족인 화하족은 화하(황하 유역의 농경 지대)를 천하의 중심이라 여기며 수렵, 채집, 목축에 종사하는 사방의 "오랑캐"를 동이(東夷), 서융(西戎), 남만(南蠻), 북적(北狄)이라 폄하하여 불렀다. 그들에 따르면 이들 사이(四夷, 중국을 중심으로 사방에 흩어져 있는 민족들) 야만인들은 문화는 없고, 무력으로 제하(諸夏) 세계, 즉 문명 세계를 침입, 약탈하였다. 춘추전국시대에 광범위하게 퍼진 이러한 인종주의적 규범은 이적만이를 금수시하고 배격하는 화이관으로 심화/확대되었다. 화이관에 따르면 화하족은 국가, 농경, 청동기, 문자, 예제문화를 발달시켰으나 이적만이는 음식, 언어, 습관이나 생활방식, 경제생활, 그리고 예의범절 등에서 야만적이었다. 문화적으로 열등한 이적만이는 "굴속에 거주하고, 동물가족을 입고, 생식을 하는 원시적 생활상태"에 머물러 있는 인면수심의 동물로 비하되기도 했다. 화이관은 그 자체로 정서적, 심리적 의미를 갖는 것이기도 했지만, 더욱 중요하게는 중화민족의 존립과 지배 근거를 강화해주는 필수불가결의 존재로서 위협적인 이민족을 상정하고 차별과 멸시의 대상으로 설정한 민족주의적, 인종주의적 정치담론이기도 했다. 자오의 이론과 관련하여 중요한 것은 화이관은 이적만이라하더라도 중국문화를 흠모하고 동화하려는 민족들은 중국인으로 수용하기도 했다는 점이다. 그리고 이러한 "미개인들"을 품고 보살핀다는 포용적 관념이 소위 왕화사상(王化思想, 왕도사상)인 것이다. 요컨대 중국인들은 천하관, 화이관에 입각해 모든 민족과 국가를 외번(外藩), 외신(外臣)으로 간주하고 천자를 정점으로 한 천하일국의 보편국가 수립을 추구하고 이념화하였다. 이와 같이 천자의 왕치와 덕치를 통해 주변을 중국문화로 흡수/통일하려는 중국 특유의 문명적 가치관이 이념화된 일련의 규범체제는 중화사상이라고도 불리는데, 이는 민족주의적인 정치적, 문화적 이념이기도 하고 인종주의적, 선민주의적, 제국주의적 프로파간다이기도 한 것이다. 유사한 관점에서 런던정경대의 캘러핸(William A. Callahan)은 천하체계론이 제국 중국을 연상시키는 새로운 위계적 세계 질서를 조장할 위험이 있다고 경고한다. 그는 천하가 중국 특유의 패권적 관행을 정당화한다고 주장하며 "베스트팔렌 체제가 국가 중심적이라는 비판을 받는 것은 마땅하지만, 천하의 예시는 비서구적 대안이 더 국가 중심적일 수 있음을 보여준다"고 말한다. 그는 천하체계라는 '탈패권' 체제에 대한 제안은 새로운 (그리고 폭력적일 수 있는) '포함과 배제'의 체제를 내포하고 있다며 이는 제국 중국의 위계적 통치를 21세기에 맞게 업데이트한 새로운 패권의 대표적인 예시라고 비판한다.

셋째, 자오의 천하체계론이 서구 중심의 패권을 중국 중심의 새로운 패권으로 대체하는 데 이론적으로 복무할 가능성이다. 비판자들은 자오의 이론이 보편성을 추구하고 표면상 포괄적이고 포용적이라고 해도, 여전히 중국의 문화와 가치를 다른 문화와 가치보다 우선시하는 경향이 있다고 주장한다. 자오가 천하체계의 지도국가는 모든 사람들의 행복을 증진할 수 있는 자격을 갖춘 모든 후보에게 열려 있다고 말하지만, 천하와 역사적, 문화적 연관성을 가진 중국이 이 새로운 세계 질서를 이끌기에 가장 적합하다는 그의 암묵적인 주장이 옌쉐통의 왕도적 도의 현실주의와 함께 중국 예외주의를 부추길 수 있다는 것이다. 중국의 예외주의는 '중국은 다른 어떤 강대국과도 행동이나 성향 면에서 다를 것'이라는 희망적 사고에 기반한 일종의 오만한 중국적 민족주의를 암시한다.[29] 아메리칸대의 아차리아(Amitav Acharya)는 미국국제정치학회(International Studies Association) 회장으로서 행한 연설에서 자신의 집단(사회, 국가, 또는 문명)의 특성을 동질적이고 독특하며 다른 집단보다 우월하다고 제시하는 문화적 예외주의와 편협성을 경계할 것을 국제정치이론가들에게 당부한 바 있다.[30]

관계성을 중국 특유의 개념으로 간주하는 친야칭의 관계성이론 역시 비판받고 있다. 비판자들은 관계성이론이 이미 서구 이론에서 개발되고 학계에 정착된 이론의 일부일뿐이라고 지적한다. 예를 들어, 우리가 앞에서 다룬 기든스의 구조화이론은 친의 관계성이론과 마찬가지로 개인의 행동과 사회 구조 간의 상호작용, 상호구성을 강조한다. 친의 관계성이론은 프랑스 사회학자 부르디외(Pierre Bourdieu)의 이론과 비교할 때 새로운 것이 아니다. 두 이론 모두 관계가 정체성과 행동을 형성하는 데 중요한 역할을 한다고 강조한다. 부르디외의 '장(field)' 개념은 다양한 형태의 자본(사회적, 경제적, 문화적 자본)을 바탕으로 개인들이 상호작용하고 경쟁하는 다양한 사회적 공간의 구조와 동학을 설명한다. 이 장에서 개인의 위치와 행동은 사회적 맥락과 역사에 의해 형성된 내면화된 습관과 성향인 '아비투스(habitus)'에 의해 영향을 받는다. 부르디외는 사회적 행위자가 계산하거나 논리적으로 생각하는 대신, 일상생활에서 자연스럽게 몸에 배인 감각이나 습관에 따라 행동한다고 제시하는데, 이는 사회적 상호작용을 이해하는 데 관계성을 기본으로 보는 친야칭의 시각과 일치한다. "실제는 관계적이다(le réel est relationnel, the real is relational)"[31]라는 부르디외의 금언에 친야칭은 "중국의 역사와 문화에서도 그렇다"라고 말하고 있는 셈이다.

이러한 다양한 비판에도 불구하고 중국학파가 의미 있는 시도를 하고 있다는 평가도 있다. 네덜란드 라이덴대의 황이졔(Yih-Jye Hwang)는 탈식민주의적(post-colonialist) 관점에서 중국학파가 서구

이론과 개념을 모방하고 변형하며 중국의 그것과 혼합함으로써 미국과 서구의 학문적, 문화적 패권에 도전한다고 주장한다. '문화적 저항'이라는 것이다. 그에 따르면, "전통적인 중국적 개념들(즉, 인도적 권위, 천하체계, 관계성)을 되살리려는 시도는 한편으로는 서구의 주류 국제정치이론을 흉내내고 있지만(현실주의적 권력 개념, 자유주의적 세계시민주의 논리, 구성주의적 관계성 아이디어), 다른 한편으로는, 서구의 언어와 개념을 자신의 것과 혼합하여 변형하는 "식민지적 흉내내기(colonial mimicry)"또는 주류에 대한 역담론(reverse discourse)을 통한 서구의 문화적 패권에 대한 저항이다.

또한, 황이제에 따르면 중국학파의 시도가 '중국 문화'를 고정된 것으로 보며 본질화하고 있고, 신중국 중심의 이념에 기반한 또 다른 패권적 구조가 될 가능성이 있지만, 그럼에도 불구하고 '전략적 본질주의(strategic essentialism)'를 신중하게 사용하면 서구 지배에 맞서는 통합된 '반패권적 블록'을 형성하려는 더 광범위한 노력 속에서 중요한 지역적 담론이 될 수 있다고 주장한다.[32] 그는 중국학파의 이러한 노력은 기존의 국제정치이론을 재구성하여 패권적 국제정치에서 소외된 대중이라 할 수 있는 주변화된 약소국들의 목소리를 인식하고 그 위상을 높이는 더 큰 인류적 목표와 일치한다고 주장한다.

탈식민주의

1970년대 이후 부상한 탈식민주의(post-colonialism)는 다양한 아이디어와 개념으로 발전하여 학술연구와 사회운동에 큰 영향을 미쳤다. 핵심 목표는 (탈)식민지 권력 관계를 경험적으로 분석하고, 유럽 중심적 역사 서술과 가정에 저항하며, 그것을 탈식민화하는 것이다. 이는 서구 학문에서 주로 사용하는 개념을 채택하고 역전시키는 '문화적 저항 전략(cultural resistance strategy)'으로 볼 수 있다. 탈식민주의 이론가들은 유럽과 식민지 간의 역사적 관계를 통해 지구적 근대성이라는 것이 어떻게 형성되었는지, 식민지적 담론은 해당 국가와 국제정치에서의 권력관계와 지배구조를 어떻게 재생산하는지에 대해 비판적이고 역사적인 이해를 추구한다. 서울대의 전재성에 따르면, "탈식민 국제정치이론은 유럽에서 발원한 근대주권국가체제가 유럽완결적으로 형성되어 비서구로 확산된 것이 아니고 애초에 형성부터 비서구와의 조우, 식민지에 대한 침탈로 가능했다는 점을 강조하며, 근대국가는 군사국가, 경제국가일뿐 아니라 식민국가이므로 서구 주류담론이 비서구를 주변화하는 데 기여한 기존 국제정치이론의 여러 측면을 비판하는" 시각이다.[33] 한양대의 은용수에 따르면 "탈식민주의는 피지배자의 경험과 시각으로 지배세력에 의해 형성 및 유지되는 모든 형태의 위계적이고 차별적인 인식체계, 역사(기록), 질서 및 제도를 비판하고 해체/극복하여 불평등을 해소하고 궁극적으로는 주체성을 회복하고자 하는 이론, 담론, 그리고 실천운동"이라고 정의할 수 있다.[34]

식민지적 흉내내기

하버드대의 바바(Homi K. Bhabha)는 식민지인들이 식민국가의 언어, 개념, 가치를 흉내냄으로써 식민국가의 행위의 모순과 위선을 드러낸다는 점에서 흉내내기를 문화적 저항 전략으로 제시한다. 예를 들어, 인도의 간디(Mahatma Gandhi)의 비폭력 시민 불복종 운동은 시민권과 소극적 저항에 대한 영국의 사상적 전통에 뿌리를 두고 있다. 영국이 신성시하는 이와 같은 '영국적 가치'와 공명하는 방법을 사용함으로써, 그는 영국이 정의롭고 문명화된 힘이라는 영국 제국주의자들의 도덕적 입지를 약화시키려 했다. 보다 일상적인 예로서, 영국인들이 거룩하게 여기는 성경은 욕이나 저주를 금기시하고 있는데(야고보서 3장 9-10절), 인도의 식민주의자들이 인도인들에게 욕이나 저주를 할 경우, 인도인들은 야고보서를 인용하며 "욕을 하는 영국인의 입에서는 하나님의 말씀이 나올 수 없다"고 말함으로써 그들이 욕을 하는 자신을 볼 수 있도록 그들이 인도인들에게 읽으라고 준 성경이라는 거울을 들이댈 수 있을 것이다.

전략적 본질주의

전략적 본질주의(strategic essentialism)는 특정 상황에서 집단의 정체성을 임시적이고 전략적으로 고정하여 저항의 도구로 활용할 때 사용되는 개념이다. 컬럼비아대의 스피박(Gayatri Spivak)에 따르면, 본질주의는 '본질적'으로 해체되어야 하지만, 저항이 필요한 경우 일시적으로 사용할 수 있다. 이는 저항운동이 집단의 권리를 주장하고 정치적 투쟁을 수행하기 위해 단일한 정체성을 형성하고 강화해야 하는 필요성에서 비롯된다. 예를 들어, 동성애자 권리를 주장하기 위해서는 동성애라는 집단 정체성을 일시적으로 고정하는 것이 필요하다. 따라서, 전략적 본질주의는 본질주의를 반대하면서도 특정 상황에서 효과적인 저항을 위해 이를 도구로 사용하는 것이다. 스피박에 따르면 이러한 접근법은 서구 중심의 패권주의에 도전하고, '반패권 블록'을 형성하는 데 기여할 수 있다.

9장

●

마르크스주의 국제정치이론

앞서 언급했듯이, 마르크스주의 국제정치이론은 우리가 이제까지 다루었던 이론들과는 차원이 다른 이념적 토대와 혁명적 실천성을 가지고 있는 대안적 개념이자 구상이다. 무정부적 국제정치와 합리적 국가들 간의 역학관계를 탐구하는 현실주의 이론이나 국가의 내부적 성격이나 비합리적 정치 과정 등에 초점을 맞추는 자유주의 이론과는 달리 마르크스주의 국제정치이론은 기존의 세계 체제인 글로벌 자본주의의 모순을 밝혀내고, 나아가 전 세계의 노동자 계급의 해방과 자본주의 구조의 혁파를 도모하며, 더욱 평등하고 인본주의적인 공산주의 사회체제에 기초한 세계 체제를 지향한다.

1. 레닌의 제국주의론

마르크스주의 관점에 기초한 최초이자 가장 큰 영향력을 가지는 국제정치이론 중 하나는 레닌의 제국주의론이다.[1] 쉽게 얘기하자면, 레닌의 제국주의 이론은 자본가 계급이 노동자 계급을 착취한다는 마르크스의 이론을 국제 수준에 적용한 것으로서 세계자본주의체제를 주도하는 선진국가들이 독점자본주의 작동 논리에 따라 후진국들을 착취한다는 내용을 포함한다. 그러나 레닌은 자본주의가 내적 모순이 축적되어 결국 공산주의라는 새로운 생산양식으로 대체될 것이라고 주장한 마르크스를 뛰어넘는다. 그는 독점자본에 포섭된 선진자본주의 국가들이 "경제적 영토(economic territories)"를 확장하는 과정에서 불가피하게(inevitable) 충돌할 수밖에 없으며, 그 결과는 세계대전이고, 자본주의에 반대하는 무산자들 또는 프롤레타리아는 직업적 혁명 엘리트의 지도하에 대혼란을 이용하여 자본주의를 전복함으로써 계급적 착취가 없고, 세계평화가 보장되는 이상적인 공산주의 세상을 건설할 수 있다고 보았다.

레닌의 제국주의론이 국제정치이론인 이유는 그것이 자본주의의 내적 모순을 파헤친 마르크스의 이론과는 달리 대규모 전쟁의 원인을 설명하기 때문이다. 주지하듯이, 투키디데스는 대규모 전쟁의 원인을 이른바 '급부상(rise)과 공포(fear)'라는 구조적 역학관계에서 찾았고, 칸트는 독재적 군주의 명예추구나 호전성을 전쟁의 원인으로 간주했다. 보다 근래에 들어서 모겐소는 인간의 지배욕, 월츠는 국제체제의 무정부성, 민주평화론자들은 정권의 비민주성, 웬트는 국가 간 적대적인 정체성이나 사회적 구조의 중요성을 강조했다. 레닌은 전쟁의 원인을 국가 간 역학관계나 인간의 본성 또는 국가의 성격이나 인식이 아닌 국가 내부의 사회적 계급구조가 국제정치적으로 발현된 자본주의 열강 간 경제적 경쟁과 갈등에서 찾았다. 그의 이러한 구조적 관점은 전쟁이란 의도가 아닌 비의도적인 요인에서 비롯되는 것으로서 국가의 정책적 도구가 아니라는 점, 오히려 그것은 선진자본주의 국가들의 지배 계급의 힘들이 국제 수준에서 충돌한 불가피한 결과임을 부각시키고 있다. 아래에서는 레닌의 제국주의론을 일관해 보기로 한다.

1) 자본주의는 자유경쟁에서 시작해서 독점단계에 이르게 된다

제국주의론에 따르면 자본주의의 핵심 원리인 자유경쟁(free competition)은 개별자본(즉 기업)을 집적(集積, concentration)으로 이끈다. 기업들은 상품의 생산·판매로 획득된 이윤을 축적하여 '자기를 확대'하는 것이다. 이는 대기업에서의 노동이 훨씬 더 생산적이기 때문이다. 집적 과정이 상당히 진행되면 몇 안 되는 대자본이 생산을 지배하게 되어 가격경쟁을 지양하고 시장을 자신들 사이에서 분할하며, 나아가 상호 간의 결합·합병을 통해 자본의 규모를 더욱 확대시키는 집중(集中, centralization)으로 나아간다. 이와 같이 아이러니하게도 자본주의의 기본원칙인 자유경쟁을 토대로 해서 자유경쟁이 거세된 독점이 형성되는 것이다. 레닌은 집적과 집중을 통해 런던, 파리, 베를린, 뉴욕 등에서 거대 독점자본이 형성되었다고 말했다. 그의 시대에는 몇몇 대기업이 글로벌 자본주의 체제에서 중요한 참여자로 부상했는데 도이치 방크(독일), 스탠다드오일(미국), 앵글로더치셸(네덜란드), 크루프(독일), 소시에테 제네랄(프랑스)이 대표적이었다.

2) 독점은 과잉생산을 낳고 이 문제를 해결하기 위해 대자본은 '땅 짚고 헤엄치기'가 가능한 식민지로 진출한다

국내적으로 독점이윤을 누리던 자본가들은 이내 과잉생산 또는 공급과잉의 문제에 직면한다. 독점으로 인해 소득분배가 악화된 상황에서 국내 소비자들이 이들이 만들어내는 생산물을 더 이상 소화하지 못하게 되는 것이다. 독점자본은 상품 생산을 줄여도 고정비용(생산 시설의 임대료, 임금 지급, 보험료, 관리비 등과 같은 고정비용은 생산량의 변화와는 관련이 없는 비용을 의미한다)은 계속 발생하므로 생산량을 줄이기보다 수요 확대를 선택하게 된다. 수요를 늘리려면 상품 가격을 인하해야 하고 그러려면 생산에 들어가는 비용인 임금과 원료비를 낮춰야 한다. 그리고 국내 시장을 넘어 해외 시장, 즉 새로운 판매처가 필요하다. 이를 위한 완벽한 대안은 식민지 개척 및 확대이다. 레닌은 "집중은 한 나라뿐 아니라 세계 전역의 많은 나라에 있는 모든 원료 산지를 대략적으로 계산할 수 있는 지점에 이르렀다. [식민지의] 산지들은 독점연합체들의 수중에 들어가고 [또한] 그들은 자기들끼리 시장을 분할했다. [나아가] 그들은 숙련노동력을 독점하고 최고기술자를 고용하며 운송로 및 운송수단을 장악했다. 자본주의는 제국주의 단계에서 생산의 가장 광범위한 '사회화'에 바짝 다가간다"고 말했다. 과잉생산의 문제가 당분간 수면 아래로 가라앉게 되는 것이다.

상품 생산뿐 아니라 금융 영역에서도 같은 과정이 진행된다. 은행의 본래 역할은 '지불의 중계(a middleman in the making of payments)'였지만, 차차 활동하지 않는 화폐자본을 활동적인 자본, 즉 이윤을 창출하는 자본으로 전환시키며, 대량의 화폐소득을 자신의 관리하에 두게 되었다. 은행의 집적과 집중이 진행됨에 따라 큰 액수의 대출이 가능한 기관의 범위는 갈수록 좁아지고, 대은행들은 자신과의 출자와 인적 결합을 통해 밀접한 관계에 있는 기업들 외에는 신용 대출을 제한하거나 거부함으로써 금융에 대한 산업의 종속성을 증가시킨다. 그 결과 은행자본과 산업자본이 결합된 금융자본(finance capital)이 형성된다.

제국주의론에 따르면 이러한 금융과두제는 정부와의 인적 결합으로 보완·강화된다. 레닌은 독일 은행가 야이델스를 인용하며, 대은행들의 "감독이사회의 이사직은 당국과의 관계에서 여러 가지 편의를 줄 수 있는 명망가나 전직 정부 관리들에게 자연스레 돌아가곤 한다"고 지적했다.[2] 한국식으로 얘기하자면, 대은행들은 전직 고위 관리들에게 이른바 대관업무(對官業務)를 맡기는 것이다.

상품과 마찬가지로 자본도 과잉 상태에 빠지게 되며 이의 해결책은 자본의 해외 수출이다. 금융자본은 식민지의 산업과 사회간접자본 건설 등에 대규모 자본을 투하함으로써 국내의 과잉자본의 문제를 해결하려 하는 것이다. 물론 과잉자본은 선진자본주의국가 내에서 자본을 투자할 곳이 소멸했음을 의미하는 것은 아니다. 단지 독점적 지배가 확립된 상태에서 많은 자본 투하는 이윤율을 저하시키기 때문에 '땅 짚고 헤엄치기'가 가능한 식민지로 진출한다는 것이다.

자본 수출은 상품 수출과는 달리 본국과 식민지 사이의 결합을 항구화한다. 그렇지 않아도 정부와 유착된 독점금융자본은 이윤 극대화를 위해 국가를 포섭하여 국가 정책에 지대한 영향을 미치는 것이다. 국가도 이들과 공생 관계에 있다. 즉 금융자본이 식민지에 차관을 제공할 때 차관의 일부를 채권국의 생산물, 특히 군수품, 선박 등을 구입하는 데 지출할 것을 조건으로 내세우기 때문이다. 뿐만 아니라 차관이나 대출이 가져다주는 고이윤은 국내의 실업문제를 해결하고 노동자들을 매수하는 데 사용될 수 있다. 이와 관련하여 레닌은 영국 정치인 로즈를 등장시킨다. 로즈는 영국의 인구 과잉과 실업 문제가 내란을 유발할 수 있으며 이에 대한 유일한 해결책은 식민지 개척 및 확대라고 보던 많은 영국 정치인 중 하나였다. 그는 한 측근에게 "나는 어제 런던의 이스트엔드(노동자 구역)에 가서 실업자들의 집회에 가 보았다네. 거기서 '빵을! 빵을!'이라고 외치는 난폭한 연설을 듣고는 집으로 돌아오는 길에 그 광경을 곰곰이 생각해 보면서 나는 지금까지보다 더 제국주의의 중요성을 확신하게 되었네… 가슴에 품은 나의 이상은 사회 문제를 해결하는 것이라네. 그러니까 영국의 4천만 국민을 피비린내 나는 내란에서 구원하기 위해서 우리 식민정치가는 과잉인구를 이주시키고, 공장과 광산에서 생산되는 상품의 새로운 시장을 획득하기 위해 새로운 영토를 손에 넣지 않으면 안 된단 말일세. 내가 늘 말하는 것처럼 제국이란 빵과 버터의 문제라네. 내란이 일어나길 바라는 게 아니라면 우리들은 제국주의자가 될 수밖에 없다는 거야"라고 말했다.[3]

   3) 제국주의는 경제정책이 아니고 자본주의 발전의 마지막 국
      면이다

   레닌이 홉슨(John A. Hobson) 등 비마르크스주의 제국주의론자들과 다른 점은 선진자본주의국가들의 제국주의는 필요에 따른 경제정책이 아니라 자본주의에 배태된 모순이 점차 격화되어 나타나는 불가피하고 구조적인 과정의 결과라는 점을 간파한 데 있었다. 레닌에게 큰 영향을 준 홉슨은 자유경쟁은 독점, 금융과두제의 부상, 그리고 제국주

의로 이어진다고 분석하였으며, "제국주의는 유럽 국가들에 의해 의도적으로 채택된 면이 있고, 미국의 정치적 고립주의를 와해시키고 있다"고 지적했다. 그리고 그는 영국 등이 제국주의화한 핵심적 이유는 영국의 과소소비(underconsumption)에서 발견된다고 주장했다. 즉 영국 경제가 독점자본화되면서 소득분배가 악화되어 총수요가 감소했고(다시 말해 시장이 포화상태에 이르렀고), 그 결과 독점자본은 고이윤이 보장되는 시장을 찾아 해외로 진출하게 되었다는 것이다.

그러나 레닌은 홉슨과는 달리 제국주의가 정책이 아님을 강조했다. 그는 "제국주의는 경제의 국면이나 단계가 아니라 정책, 즉 금융자본이 선호하는 특정 정책으로 이해해야 한다"고 주장한 독일 사민주의자 카우츠키(Karl Kautsky)에 대해 날선 비판을 가할 때 독일 공산주의자 리프크네히트(Karl Liebknecht)를 인용했다:

"만일 정직하든 사기꾼이든 어떤 사람들이 예를 들어 독일과 영국 간의 긴장이 오해 때문에, 심술궂은 기자들의 자극적인 말들 때문에, 외교라는 음악회에서 솜씨 없는 음악가들이 뽐내는 연주 때문에 생기는 것이라고 우리가 믿기를 바란다면, 우리는 달리 알고 있다. 우리는 이 긴장이 세계 시장을 놓고 영국과 독일의 첨예화되는 경제적 경쟁의 필연적 결과라고 생각한다."[4]

요컨대 레닌은 제국주의는 자본주의의 체제적, 태생적 모순에서 비롯된다며 '뿌리를 건드리는' 급진적이고 혁명적인 시작을 제시한 것이었다. 그는 제국주의는 저소비나 수요부족 또는 실업문제 등 자본주의의 특정한 일시적 문제 때문에 생겨난 해결책이 아니라, 자본주의 시장경제의 기본 운용 원칙인 자유경쟁이 그 자유경쟁을 말살시키는 독점을 유발하고, 지속적인 이윤 극대화를 위해 형성된 국제적 수준의 독점연합체들이 국가를 포섭하여 결국 경제영토의 분할과 재분할을 시도하게 되었다는 측면에서 자본주의의 내재적 모순의 결과로 불가피하게 발생했다고 보았던 것이다.

이제 세계자본주의는 독점자본에 포섭된 선진자본주의 열강들 간에 세계가 분할되는 단계로 나아간다. 이들 국가의 독점자본은 상품 및 자본 시장, 그리고 자원과 노동력을 두고 세계 차원에서 경쟁하게 되며, 다른 한편 자국 독점자본의 이익을 보호·대변하는 국가들은 "경제적 영토"를 확보하기 위해 전쟁도 불사하게 되는 것이다. 이 과정에서 분할된 세계 시장은 불균등 발전, 전쟁, 파산 등의 결과로 재분할을 피하지 못한다. 세계 시장의 분할과 재분할은 독점자본가들이 나빠서가 아니다. 레닌에 따르면 자본가들이 "세계를 나눠 먹는 것은 특별히 나쁜 마음을 먹었기 때문이 아니라, 자본의 집중이 궁극적으로 도달한 제국주의적 단계가 이윤 획득을 위해 그들을 선택의 여지 없이 그 길에 세우기 때문"이다. 그들은 "세계를 '자본에 비례해서', '힘의 논리 따라' 나눠 먹는데, 자본주의 체제하에서 다른 분할 방식은 있을 수 없다."

이 국면에서는 제국주의 열강들 간의 전쟁은 불가피하다. 물론 '경제적 영토를 얻기 위한 투쟁'을 기초로 이들 간에 정치적 동맹이 만들어지기도 하지만, 이런 동맹은 전쟁과 전쟁 사이의 '짧은 휴지기'에 불과"하다. 평화 시의 동맹이 전쟁을 준비하고 전쟁에서 다시 평화적인 동맹이 성장하며 양자가 서로에게 원인이 되는바, 세계 경제와 세계 정치의 제국주의적 유착이라는 토양에서 평화적 투쟁과 비평화적 투쟁의 형태들이 교대로 발현되는 것"이다. 레닌은 "중국의 '평정'을 위해 모든 열강이 맺은 오늘의 평화적 동맹(1899년의 의화단 봉기에 대한 독일, 일본, 러시아, 영국, 프랑스, 이탈리아, 미국, 오스트리아-헝가리 등 8개 열강의 진압 동맹)은 목표가 달성되면 이내 오스만터키(현 뷔르키예) 등의 분할을 위한 내일의 '평화적' 동맹을 준비하게 되며, 이는 제국주의 평화와 제국주의 전쟁 사이의 생생한 연관성을 보여준다"고 지적했다.

2. 제국주의론의 통찰력

이론적 측면에서 보았을 때 레닌의 제국주의론의 핵심은 선진자본주의 부국들은 세계의 "빈국들을 자신들에 종속시켜 체계적으로 착취함으로써 자본주의의 '최후의 위기'를 지연시킬 수 있다"는 발견이자 주장이다. 그의 발견은 특히 식민지의 지식인들에게 울림을 주었다. 예를 들어 레닌은 식민지 지역이 세계자본주의 체제의 사활이 걸린 방어선이라는 관점에서 "광범위한 식민지들에 달라붙어 있는 제국주의의 촉수를 절단하라. 그러면 자본주의 체제 자체가 무너질 것이다"라는 전술·전략적 지침을 제시하였는데, 이는 베트남의 호찌민(胡志明, Ho Chi Minh)에게 큰 영감을 주었다.

레닌의 제국주의론은 2차대전 후 좌파 지식인과 학자들을 자극하여 그들의 사상과 사고방식에 지대한 영향을 미쳤다. 예를 들어 선진자본주의 국가는 식민주의와 불평등 교환을 통해 저발전국가를 착취한다는 레닌의 시각은 '불평등 교환(unequal exchange)'이 과거 식민지였던 국가에서 "저발전의 발전(development of underdevelopment)"이 일어나게 한다는 프레비쉬(Raúl Prebisch), 프랑크(Andre Frank), 카르도주(Fernando Cardoso), 에마뉘엘(Arghiri Emmanuel), 아민(Samir Amin) 등과 같은 종속이론가들(Dependency theorists)에게 사상적 통찰력과 지적 동력을 제공했다. 레닌의 제국주의를 역사적이고 총체론적으로 발전시킨 뉴욕주립대의 월러스타인(Immanuel Wallerstein)은 착취적인 불평등 교환에서 탈퇴(de-linking)한 자력갱생을 제안하는 규범적인 종속이론가와는 달리 세계자본주의의 구조적 측면을 역사적인 관점에서 객관적으로 설명하였다.

3. 마르크스주의 국제정치이론을 둘러싼 논쟁

마르크스주의 국제정치이론 대해 제기된 비판을 요약하자면, 첫째, 전쟁이 자본주의의 모순에서 비롯됐다는 경제결정론(economic determinism)은 국제정치를 형성하는 정치적, 문화적, 이념적 요인의 복잡한 상호작용을 무시하는 지나치게 환원주의적인 시각이다. 특히 경직된 '구조적 틀'에 대한 의존은 마르크스주의의 예측과 다를 수 있는 우발적 사건에 대한 분석을 제한한다. 둘째, 국제정치에서 개인과 비국가 행위자를 경제 구조와 계급적 이해관계의 단순한 산물이나 도구로 간주하는 경향이 있으며, 이들이 국제적 사건에 영향을 미치고 형성하는 능력을 무시한다. 개인과 비국가 행위자의 자율성과 주체성(agency)이 무시된다는 것이다. 셋째, 공산주의의 필연적 승리를 예측하는 이 이론의 목적론적 접근 또는 역사결정론(historical determinism)은 이러한 궤도에서 벗어난 역사적 사건들(예를 들어 공산 중국의 개혁·개방이나 공산 소련의 해체)을 설명할 수 없다. 결정론적 관점은 역사 과정의 복합성과 대안적 발전 경로의 잠재력을 간과할 수 있다. 넷째, 마르크스 사상에 내재된 혁명적 정신은 국제정치에서 평화적 진화와 협력(예를 들어 유럽 통합)의 잠재력을 과소평가한다.

서방의 대다수 현실주의자와 자유주의자는 사회주의 맹주 소련의 해체와 함께 이렇게 문제가 많은 마르크스-레닌주의는 사망한 것으로 간주했다. 그러나 자본주의와 세계 자본주의 체제의 모순과 문제를 지적한 이 관점은 시간이 갈수록 세계의 도처에서 새로운 생명력을 확인해주고 있다. 이를 주도하고 있는 학자 중 하나인 월러스타인에 의하면, 소련에서의 마르크스-레닌주의는 도그마화된 것이었고, 그것마저도 소련 관료와 지도부가 제멋대로 변형한 것이었다. 그것은 죽었다. 그러나 진정한 의미에서 마르크스주의와 레닌주의는 결코 죽지 않았다. 냉전 종식 후 러시아에서 그의 동상은 철거되었지만 레닌은 최근 러시아에서 부활하고 있다. 월러스타인은 도그마화되어 사망한 마르크스-레닌주의와 살아 있는 원래의 마르크스-레닌주의를 구별해야 한다고 지적한다. 그래야 지금 세상에서, 특히 러시아 등 비서방 세계와 수많은 빈국의 세계에서 벌어지고 있는 일들을 비로소 잘 이해할 수 있다고 말한다.[5]

10장

•

구성주의 국제정치이론

구성주의 관점은 군사력, 경제력과 같은 물질이 아닌 사회적으로 공유된 규범이나 정체성과 같은 '보이지 않는' 관념이 국제정치적 구조로서 주체의 속성(예를 들어 국가가 가지는 가치관)을 변화시키고 행위에 영향력을 행사한다고 본다는 면에서 앞서 논의된 물질론과 존재론적으로 차별성을 가진다.

구성주의에서 구조와 주체들 간의 관계는, 월츠의 신현실주의 이론에서와 같이 구조가 주체들에 대해 일방적으로 영향을 미치는 관계가 아니고, 사회적 존재인 국가와 같은 주체들은 상호작용을 하는 가운데 구조를 바꿀 수 있는 관계, 즉 구조와 주체 간의 상호구성의 관계에 있다. 다른 각도에서 말하자면 공유된 규범이나 관념이라 할 수 있는 국제 구조는 주체들의 속성을 형성하고 행위에 영향을 미치는 한편 끊임없이 상호작용하는 사회적 존재인 국가 주체들은 그들의 "사회적 행동(social practice)"을 통해 국제정치의 관념적 구조를 형성하고 변화시킨다는 것이다. 구성주의는 상호구성의 관계에 있는 구조와 그것을 구성하는 부분들이 서로에게 동시적으로 힘을 행사하여 그것들을 포괄하는 국제체제 전체가 끊임없이 변동한다고 본다는 점에서 균형이나 평형과 같은 현상유지적 개념을 강조하는 현실주의 세력균형이론과는 달리 동태적이고 역동적인 관점이다. 세력균형이론이 체제적 안정을 설명할 수 있다면 구성주의이론은 체제적 변동을 설명할 수 있다는 말이다. 변화하는 관념적 국제 구조가 어떻게 체제적 변동과 맞물리는지를 이해하려면 웬트의 국제정치이론 중 하나인 '세계국가 불가피론'을 살펴볼 필요가 있다.

1. 웬트의 '세계국가 불가피론'

대표적인 구성주의 학자인 웬트는 2003년 "세계국가 불가피론(Why the World State Is Inevitable?)"이라는 논문에서 국제정치는 궁극적으로 무정부성을 극복하여 세계국가로 전환하게 될 것이라고 예측했다.[1] 아래에서는 그가 어떻게 구성주의적 관점과 개념들을 사용하여 그러한 근본적이고 혁명적인 세계 수준의 정치 변동을 설명하는지 들여다보기로 한다.

1) 방법론적 개념들

웬트의 '세계국가 불가피론'을 이해하기 위해서는 그가 사용한 몇 가지 방법론적 개념들에 대한 지식이 필요하다. 목적론(teleology), 자기조직화(self-organization), 인정투쟁(struggle for recognition)이 그것이다. 언뜻 보면 난해해 보이지만 막상 한 걸음 더 들어가 보면 쉽게 이해되는 개념들이다.

목적론

목적론은 아리스토텔레스적 인과성(causality)에 관한 이야기로부터 시작해 볼 수 있다. 웬트에 따르면 아리스토텔레스는 인과성을 네 가지로 나누었다. 첫째, '효율적 인과성(efficient causality, 효과적 인과성이 더 정확한 표현이다)'은 기계적 인과성으로서 과학자와 같은 실증주의자들이 인과성을 정의하는 방식이다. 예를 들어 식물의 성장을 고려한다면 광합성에 필요한 에너지를 제공하는 햇빛이 효율적 원인이 될 수 있다. 햇빛은 식물의 성장 과정을 시작하는 활동적인 힘으로 작용하는 것이다. 둘째, '재료적 인과성(material causality)'은 실재나 과정이 특정한 재료적 구성을 가짐으로써 발생한다는 시각을 담고 있다. 예를 들어 원목 책상의 재료적 원인은 책상을 구성하는 목재이다. 목재는 책상을 구성하는 물질을 제공하는 것이다. 셋째, '형성적 인과성(formal causality)'은 구조가 그 구성 요소들에 형태를 부여한다는 의미를 담고 있다. 예를 들어 조각품의 경우, 조각가의 머릿속에 있는 디자인이나 아이디어가 작품에 형태와 구조를 부여하는 형성적 원인이 될 수 있다. 넷째, '최종적 인과성(final causality)'은 체제의 목적이나 종착역이 체제의 발전에 영향을 준다는 의미를 갖고 있다. 집 짓기를 예로 들어 이러한 인과성들을 비교·대조할 수 있다. 효율적 인과성은 목수나 배관공의 노동, 재료적 인과성은 집을 구성하는 벽돌과 시멘트, 형성적 인과성은 이러한 물질들에 궁극적 형태를 부여하는 설계도, 그리고 최종적 인과성은 집주인이 집을 짓는 목적이라고 할 수 있다.[2]

중요한 것은 완전한 설명을 위해 이러한 네 가지 인과성 모두가 필수적이라는 점이다. 과학적 방법론을 수용하는 사람들은 첫째와 둘째 인과성에 대해 익숙하고 의문을 제기하지 않는다. 대안적 아이디어는 셋째와 넷째 인과성이다. 웬트에 따르면 인간이나 국가 주체들에게 큰 영향력을 행사하는 정체성, 규범, 제도, 이념과 같은 관념은 형성적인 인과적 힘을 갖는다. 형성적 인과론을 인정하는 '인과적 다원주의'가 구성주의 이론을 정당화한다면 넷째 인과론인 최종적 인과론 역시 그렇게 될 수 있다. 목적론이라 할 수 있는 최종적 인과론은 '…를 위하여'라는 진술을 동반하게 된다. Y를 실현하기 '위하여' X가 발생한다면 Y가 X의 최종 원인이 되는 것이다.

최근 국제정치학계에서 목적론에 대한 관심이 되살아나고 있는 것은 사실이다. 이유 중 하나는 효율적 인과성으로 자연의 목적 지향성을 설명할 수 없기 때문이다. 다시 말해 목적론적 추론이 전적으로 배제된다면 설명적 구조가 와해된다는 것이다. 웬트의 '세계국가 불가피론'을 더 잘 이해하기 위해 우리는 '목적' 또는 '목표'가 세계국가를 향한 "의도적 과정"과 "비의도적 과정"에 어떻게 영향을 미칠 수 있는지에 대해 질문을 던져볼 수 있다.

의도적인 목적론적 과정 하에서 체제가 향하는 종착역은 의도적 주체의 목표이고, 이 주체는 그 결과를 '바람(desire)'으로써 그것을 가져오는 데 기여한다. 최종적 인과성은 목표 추구 과정에 개입하며, 이 것은 최소한 고등 동물, 아마도 모든 유기체에서 발견된다고 할 수 있다. 의도적 과정과는 대조적으로 비의도적인 목적론적 과정에서는 체제가 의도되지 않은 종착역으로 이동하게 된다. 전형적 사례는 배아가 성인이 되는 과정을 상정하는 '개체발생론(ontogeny)'이다. 여기서는 목적이 존재하지 않고, 따라서 그것이 추구되지 않는다. 강아지가 개가 되는 것을 추구하지 않는 것처럼. 그러나 의도는 없지만 그 과정은 목적 지향적이다. 왜냐하면 병이나 죽음에 의해 방해받지 않는 한 정상적인 유기체는 불가피하게 성체가 되기 때문이다.

의도적, 비의도적 과정들이 모두 목적론적일 수 있다고 가정하면 어떤 것이 세계국가 형성의 논리를 가장 잘 설명하는가? 웬트는 세계국가 형성을 미시적 수준에서는 의도적 과정으로, 거시적 수준에서는 비의도적 과정으로 파악한다. 미시적 과정은 사람들이 점점 더 자신을 하나의 인간 공동체의 일부로 여기는 '글로벌 의식'의 발달로, 거시적 과정은 참혹한 전쟁의 위험을 줄이기 위해 국가들이 점점 더 기꺼이 상호협력하는 '글로벌 안보 체제'의 발전으로 이어지게 된다. 미시적 과정과 거시적 과정은 상호의존적이고 상호강화적이다. 미시적 과정은 거시적 과정을 위한 조건을 만들고 거시적 과정은 미시적 과정을 형성한다. 웬트는 이 두 가지 과정이 힘을 합쳐 세계국가의 형성을 향해 불가역적으로 움직이고 있다고 주장한다.

자기조직화

목적이 인과적 힘을 행사한다는 목적론이라는 방법론적 개념을 염두에 두고, 여기에서는 목적론적 설명에 과학적 위상을 부여하는 '자기조직화'라는 개념에 대해 살펴보자. 독일 사회학자 루만(Niklas Luhmann) 등이 주도하고 있는 시스템이론(Systems theory)에 따르면 자기조직화는 한 시스템의 구성 요소들이 상호 소통하면서(또는 상호 이해에 기초하여) 외부로부터의 지시나 개입 없이 '자생적 질서(spontaneous order)'를 창출하는 과정을 가리킨다. 예를 들어 자유 시장 경제에서는 개별 생산자와 소비자들이 자신의 이익과 정보를 바탕으로 의사결정을 한다. 경제를 계획하거나 통제하는 중앙 권위가 없는 상황에서도 이러한 수많은 독립적인 주체들 간의 상호작용은 복합적인 경제적 패턴과 구조의 자생적 출현을 이끌어낸다. 자유 시장 경제에서는 상품과 서비스의 가격은 공급과 수요의 상호작용을 통해 결정된다. 생산자는 자신이 받을 수 있는 가격과 생산 비용을 고려하여 무엇을 얼마나 생산할지를 결정한다. 소비자는 자신의 선호도와 지불할 의사가 있는 가격을 기준으로 무엇을 구매할지를 결정한다. 스미스(Adam Smith)의 '보이지 않는 손'이라는 용어는 개별적인 이기심이 중앙 계획 없이도 경제적 효율성과 자원 배분에 기여하는 현상을 설명한다. 시장은 참여자들의 자기조직화된 행동(self-organizing actions)을 통해 변화에 적응하고 자생적 질서를 창출한다. 국제정치의 예를 들자면 19세기 나폴레옹 전쟁 이후, 유럽협조체제는 유럽 주요 강대국들 사이에서 자체적으로 조직된 외교·안보적 국제질서로 등장했다. 오스트리아, 러시아, 프로이센, 영국과 같은 주요 강대국들이 정기적으로 모여 행동을 조율하면서 다자 외교가 협조체제의 핵심적인 특징이 되었다. 세력균형과 체제 안정에 대한 다자적 공감에 의해 형성된 이 국제체제는 혁명이나 민족주의 봉기와 같은 도전에 공동으로 대처하면서 변화하는 상황에 대한 적응력을 보여주었다. 시간이 지남에 따라 비공식적인 외교 규범이 생겨나면서 패권국의 부활을 막기 위한 자발적인 질서가 형성되었고, 이 속에서 100년여 동안 유럽의 평화가 유지되었다.

자기조직화 과정에서 가장 중요한 것은 '최종 상태(end state)'이다. 체계의 구성원들은 상호소통을 하는 가운데 그들에게 알려진 최종 상태에 끌리게 된다. 이런 의미에서 이론가들은 최종 상태를 무언가를 끌어들이는 '끌개(attractor)'라고 부른다. 첫 번째 예에서의 끌개는 시장의 안정을 가져다주는 공급과 수요의 평형 상태, 최적의 자원 배분, 지속인 혁신 등이고 두 번째 예에서의 끌개는 세력균형과 체제적 안정이다. 체계의 구성원들이 최종 상태를 알고 있다면 그들은 그것에 끌리는 것이다. '세계국가 불가피론'을 펼치는 웬트의 최종 상태는 세계국가이다. 무정부 상태는 월츠가 생각하는 것과는 달리 세력균형이 아닌 세계국가를 향해 경향적(일보 후퇴 후 이보 전진하는 식으로 전향적으로 움직인다는 의미)으로 또는 추세적으로 나아가는 것이다. 요컨대 우리가 그리는 국제체제의 변동이라는 그림 속에 최종 상태가 추가되면 우리는 그것이 체제 구성원들의 행보를 어떻게 자신을 향해 유인하는지에 대한 더욱 깊은 이해에 도달할 수 있다.

인정투쟁

웬트의 '세계국가 불가피론'을 이해하기 위해 필수적인 세 번째 방법론적 개념인 헤겔의 인정투쟁(struggle for recognition)에 대해 살펴보자. 먼저 헤겔 철학은 초보자들에는 난해할 수 있지만 웬트를 이해하기 위해서는 반드시 알아야 하는 것이기 때문에 그의『정신현상학(The Phenomenology of Spirit)』중 인정투쟁과 관련 있는 내용을 가능한 쉽게 풀어 설명하고자 하니 여러분은 '세계국가 불가피론'뿐 아니라 대표적인 서양의 근대 철학자를 만난다는 가벼운 마음으로 임해주길 바란다.

인정투쟁론은 인간의 의식(consciousness)과 자기의식(self-consciousness)에 관한 이야기로부터 시작할 수 있다. 헤겔 철학에서 의식은 개인이 대상(object)을 자신과 분리된 외부로 인식하는 인식의 초기 단계를 의미한다. 예를 들어 방에 있는 의자를 볼 때 의식은 의자를 자신과 분리된 사물로 인식한다. 반면에 자기의식은 개인이 자신을 자기 성찰적인 주체로 인식하게 되는 더 높은 수준의 인식이다. 여기에는 개인이 외부 대상을 의식할뿐만 아니라 그 대상을 인식하거나 경험하는 주체로서 자기 자신을 인식하는 성찰적 과정이 포함된다는 말이다. 자기객관화라 할 수도 있다.

예를 들어 우리가 파티와 같은 사교 모임에 참석하고 있다고 상상해 보자. 의식의 맥락에서 여러분은 주변 사람들을 인식하고 대화와 행사에 참여하고 있을 것이다. 여러분은 다른 사람들을 자신과 상호작용하는 별개의 개인으로 인식한다. 하지만 여러분은 파티가 진행되는 동안 자기의식을 갖게 된다. 사회적 맥락에서 자신의 생각, 감정, 행동을 되돌아보기 시작한다. 자신을 어떻게 표현하고 있는지, 다른 사람들에게 어떤 인상을 남기고 있는지, 그리고 일어나는 상호작용을 자신이 어떻게 인식하고 해석하고 있는지를 자각하게 되는 것이다.

이와 같이 자기의식은 사회적 상황의 참여자로서 자신을 인식하고 자신의 생각, 행동, 그리고 다른 사람들이 자신을 어떻게 인식하는지에 대해 성찰할 때 나타나는 더욱 성숙된 인식이다. 이론적으로 말해, 개인이 자신의 의식 속에서 독립적이고 구별되는 주체로서 '스스로'를 인식할 때 생기게 되는 자기의식은 나에 대한 나의 의식이고, 나에 대한 나의 지식이며, 그것은 내가 나의 밖에서 나를 볼 때 발생하는 것이다. 우리는 타자라는 거울 덕분에 우리의 주관성(subjectivity)을 알게 되며 타자들로부터 우리를 차별화하기 시작하는 것이다.

자기 자신을 진리로 확신하는 의식(의식을 가진 인간)은 타 의식을 만나기 전까지는 자신이 모든 사물의 판단 주체라고 생각한다. 자신의 신념, 감정, 욕구, 권력 등이 자신에게 나타나는 모든 사물과 현상을 평가하고 판단하는 유일한 기준, 즉 "객관적 기준"이 되는 것이다. 다른 기준이 존재하지 않기 때문에 유일한 기준이 객관적일 수밖에 없는 것이다. 그러나 의식이 타 의식을 만나게 되면 자신을 객관화하여 자기의식이 생겨나게 된다. 타자의 시각으로 자신을 보게 될 수 있기 때문이다. 그들은 자신을 대상화할 수 있게 되었고, 그들이 가지고 있던 객관적 기준은 비로소 두 개의 "주관적 기준들"이 된다. 헤겔은 이러한 서로 다른 의식들 간의 "첫 대면(first encounter)"을 "간주관적 대면(intersubjective encounter)"이라고 불렀다.

개인이 '간주관적 대면'을 통해 자기의식을 갖게 되면, 즉 자신의 주관성과 개인성(individuality)을 인식하게 되면 자신의 능력과 정체성과 관련하여 자립성과 자율성을 확인할 필요를 느끼게 된다. 인간은 합리적이고 자유로운 존재로서 자신의 의지를 행사하고 자신의 가치관에 따라 의사를 결정하려는 본질적이고 내재적인 필요성을 갖고 있기 때문이다. 예를 들어 우리는 대학생이 되면 부모를 떠나 나만의 독립적 공간을 갖고 싶어 한다. 나의 일상과 운명을 내가 자율적으로 정하고 싶기 때문일 것이다. 자신의 자립성과 존재가치가 확인되는 것이다. 홀로서기가 가능하다는 확신이 들면 우리는 다른 영역에서도 유사한 실험을 하며 새로운 발견을 시도하게 된다. 어쨌든 헤겔이 말하는 자기의식이 추구하는 참된 확실성(true certainty) 또는 절대적 확실성(absolute certainty)은 단순한 주관적 신념이나 의견을 넘어서는 자기 자신의 존재적 가치와 정체성(identity)에 관한 것이다.

이렇게 자신의 존재 가치를 절대시하는 자기의식이 타 자기의식을 만나게 될 때 인정투쟁이 시작된다. 자기 자신의 존재 가치에 대한 절대적인 확실성 속에 존재하는 자기의식은 타 자기의식에게 자신이 절대적으로 자유롭고 독립적이라는 사실을 증명해 보이려 하는데 그와 직면하고 있는 타 자기의식도 같은 욕망을 가지고 있다. 양 자기의식은 '자연 상태'에서 상대가 자신의 자립성과 독립성을 위협한다고 보고 '자기 밖에 있는 존재'를 무화함(無化, 없앰)으로써 '안전한 자기만의 세계'를 만들려 한다.

이렇게 해서 발생한 양 자기의식 간의 갈등은 '죽기 살기의 투쟁'이 된다. 즉 하나의 자기의식은 타 자기의식을 자신의 '의식의 장(場)' 내에 흡수하여 그 존재 자체를 부정하고 자신만이 제한받지 않고 자유로운 존재임을 확인하려 하는데, 타 자기의식도 상대 자기의식을 마찬가지로 부정하려 하기 때문에 결국 서로의 존재 가치를 부인하는 이들 간의 만남은 생존 여부가 걸린 불가피하고 절박한 사투가 될 수밖에 없다는 것이다.

이러한 투쟁은 하나의 자기의식이 타 자기의식을 완전히 제압하는 데 이르게 된다. 여기서 중요한 것은 타 자기의식을 부정한다는 것이 그 타 자기의식의 자연적 존재를 없애버린다는 것이 아니고, 그에게 생명과 의식을 남겨두고 그의 자립성과 독립성을 파괴한다는 것이라는 점이다. 즉 하나의 자기의식이 타 자기의식을 완전히 제압하게 된다는 말은, 비유적으로 말하자면 전자가 후자를 노예로 만든다는 것을 의미한다. '죽기 살기의 투쟁'에서 살아남는 것을 선택했기 때문에 노예는 주인의 노예라기보다는 생명의 노예인 셈이다. 투쟁에서 이긴 주인은 '인정받는 자'로서 일을 시키는 자가 되고, 죽음이 두려워 무릎을 꿇은 자인 노예는 '인정하는 자'로서 시키는 일을 수행하게 된다.

헤겔은 '주인-노예의 변증법(the master-slave dialectic)'을 예시로 들며 자유와 종속, 주체와 객체, 개인과 사회의 상호작용을 통해 인간의 정체성이 형성된다는 점을 밝히고 있는데, 이 재미있는 비유에 대해 좀 더 이야기해 보면, '죽기 살기의 투쟁'은 주인이 지배하고 노예가 그에게 예속된 최초의 정치사회를 산출한다. 이 투쟁을 통해 자립적 의식으로서 주인이 된 자기의식은 이제 욕망의 대상인 사물(또는 먹고 사는 일)과 직접적으로 관계하지 않고 타 자기의식, 즉 사물을 가공하는(노동하는) 노예라는 수단을 매개로 자신의 욕망의 대상과 관계를 맺게 된다. 주인은 이러한 노예의 노동이라는 매개를 통해서만 사물을 향유하게 된 것이다.

그런데 주인이 노예를 통해 간접적으로만 사물과 관계 맺는다는 사실은 주인-노예 관계의 역전과 주객전도라는 변증법적 반전을 낳는다. 사물을 향유하기 위해 노예의 노동을 필요로 하게 된 주인은 이제 노예에 의존하는 관계에 놓이게 된 것이다. 즉 주인은 독립적인 자기의식으로서 자립성을 표방하지만, 그 진상(眞相, reality)을 노예에 대한 지배와 노예의 노동에서 구하는 한, 비자립적인 것이 되어버렸다는 말이다. 그는 노예가 만드는 작품에 한해 향유할 수밖에 없고, 결국 노예의 자의(恣意, 제멋대로 하는 생각)에 사실상 예속되고 만 것이다. 반대로 노예는 당초에는 비자립적인 존재로서 자기의식을 상실한 것으로 간주되었지만 그는 노동을 통해 인간적 활동의 원천이 됨으로써 그가 만들어낸 작품에 매달려 있는 그의 주인에 대해 자립성을 획득했다. 노예는 죽도록 노동함으로써 동물로서는 죽되 인간으로서는 다시 태어나 주체적 자기의식이 된 것이다.

노예의 노동에 의존하게 된 주인에게는 어떤 일이 일어날까? 소외

(alienation)가 발생한다. 소외는 여러 가지 방식으로 나타날 수 있다. 예를 들어 자신의 필요를 독립적으로 충족하지 못하고 타자에게 의존하는 주인은 불안감, 취약성, 무력감, 자율성 상실을 경험할 수 있다. 나아가 노예에게 노동을 일임한 주인은 생산적인 활동을 수행하는 데 있어 자신의 주체성과 주도권을 포기함으로써 일의 직접적인 경험과 창의적인 측면으로부터 단절되어 생산적인 과정에 대한 자신의 참여와 관여를 차단한다. 이러한 노동으로부터의 격리는 실제 노동과 그 결과로부터의 분리와 소외를 초래할 수 있다.

생사를 건 투쟁에서 승리하여 노예를 부리게 된 주인의 자기의식은 또 다른 근본 문제에 직면하게 된다. 자신의 존재 가치에 대한 인정을 노예가 해줄 수 없다는 문제이다. 자기의식은 왜 애초에 생사를 건 투쟁을 벌이게 되었는가? 그것은 타 자기의식과의 '첫 대면'에서 자신을 인정하지 않고 자기만 절대적이라고 내세우는 상대의 위협을 제거하기 위한 것이었다. 따라서 자기의식이 원하던 것은 사실 타 자기의식으로부터의 인정이었다. 그리고 주인은 투쟁에서 승리하여 자신의 자립성과 자율성을 패자로부터 인정받았다고 생각하게 된 것이다.

그러나 문제는 자신의 존재와 가치를 인정하는 주체는 노예라는 점이다. 여기에는 두 가지 문제가 뒤따른다. 첫째, 그러한 인정은 자발적 인정이 아니고 강요된 인정이다. 이러한 인정은 '진정한' 인정이 아니므로 주인의 인정욕구를 충족하지 못한다. 노예의 인정이 주인의 인정욕구를 만족시킬 수 없는 두 번째 이유는 그것이 독립적, 자립적 주체가 아닌 객체이자 도구에 의한 '말이 안 되는' 인정이라는 점 때문이다. 주인이 인정이라는 것을 필요로 한다면 그는 자신이 마음대로 부리는 노예로부터 그것을 받으려 하지 않을 것이다. 그는 자신에 대한 노예의 인정은 독립적 타자가 자신을 인정하는 것이 아님을 알기 때문이다. 노예는 자립적 타자가 아니고 '자신의 것'이기 때문에 자기의식의 입장에서는 타자가 아닌 자기가 자기를 인정하는 셈인 것이다. 그러니까 노예의 인정은 의미가 없다.

독일 철학자 부버(Martin Buber)를 예로 들면 다른 각도에서 이해를 도울 수 있다. 그는 "나와 너(I-Thou)"의 관계와 "나와 그것(I-It)"의 관계를 구분했다. 나와 상호작용하는 상대가 단순한 객체인 '그것'이 아니고 나와 같이 확실하고 자율적인 존재인 '너'일 경우에만 내가 확실하고 자율적인 존재로 인정받을 수 있는 것이다. 인정이라는 것은 확실한 실체가 있는 자율적인 존재 간의 상호성(mutuality)을 필수적으로 하는 것이다. 요컨대 헤겔에 따르면 주인은 권력 담지자로서 자신의 지위를 확립했지만 자기의 것인 노예의 행위에 의존해 자기확실성에 도달하므로 그가 성취한 것은 참된 확실성이 아니다. 주인이 받은 인정은 의미가 없고 빈 껍데기일뿐이므로 결국 주인은 자기 자신으로부터 소외되는 것이다.

그러나 헤겔은 마르크스와 달리 인간 의식 속에서 일어나는 소원(疏遠)과 분리로서의 소외는 개인의 발전과 자아실현의 필수적 일부로서 바로 이 소외의 과정을 통해 개인들이 참된 자기의식을 얻을 수 있고, 자신들의 욕망, 목적, 가치 등에 대해 비로소 인식할 수 있게 된다고 보았다. 주인은 노예를 오직 자신의 욕구충족을 위한 수단으로서만 이해함으로써 타자의 존재를 부정하는 절대적인 자기주장이 결국 자기부정과 자기 해체를 초래하게 된다는 사실을 인식하게 된다는 것이다. 소외 극복은 상호 인정에 의해 이루어진다. 이에 대한 이야기는 좀 미뤄두고 아래에서는 노예에게는 어떤 일이 일어나는지 확인해 보자.

헤겔적 소외

마르크스에 따르면 자본주의하의 노동자들은 자신의 노동의 결과물, 생산의 과정, 자신의 창조적인 잠재력, 동료 노동자들, 나아가, 자기 자신의 진정한 인간성으로부터 소외된다. 자본가들이 생산성을 높이기 위해 고안한 노동분업의 현장은 전형적인 소외의 현장이다. 노동자들은 자신의 창조적인 잠재력을 충분히 현실화하지 못하고 완성품의 일부만 반복적으로 만들어낸다. 그들은 생산과정 전체나 완성품에 대해 통제력을 갖지 못하기 때문에 분리감과 무력감을 느끼게 된다. 이와 같이 노동의 결과물로부터의 소외와 자신의 노동에 대한 통제력 결핍은 노동자들이 자본주의적 생산이라는 거대한 기계의 나사 한 개 정도로 취급받는다는 느낌을 주어 그들의 무력감, 좌절감, 분노를 야기한다.

헤겔의 소외(alienation)는 그것과 다르다. 헤겔의 소외는 개인의 '의식' 속에서 일어나는 소원(疎遠, 거리가 멀어진다는 의미, estrangement)과 분리(separation)의 과정이라 할 수 있다. 그에게 있어 소외는 개인의 발전과 자아실현의 필수적 일부이다. 바로 이 소외의 과정을 통해 개인들이 참 자기의식을 얻을 수 있고, 자신들의 욕망, 목적, 가치 등에 대해 비로소 인식할 수 있기 때문이다. 변증법적 운동으로서의 소외를 예를 들어 설명하자면 그가 『정신현상학』에서 사용한 '주인-노예의 변증법'이 적절하다. 노예는 노동과 복종을 통해 자신을 둘러싼 세상을 짓고 빚을 수 있는 능력을 실현함으로써 자기의식을 획득한다. 자신의 욕망으로부터 자신을 소외시키고 자신의 의지를 주인에게 예속시킴으로써 노예는 아이러니하게도 자유와 자결을 위한 자신의 능력에 대해 자각하게 된다. 이러한 과정을 통해 노예는 궁극적으로 자신의 소외를 극복하고 보다 높은 수준의 자아실현을 성취할 수 있다.

주인과는 달리 노예는 예속 관계하에서 주인의 물건을 만들면서 확실한 자신의 자립성에 대한 직관에 도달하게 된다. 노예는 가공과 개작을 통해 자연에 대한 지배력과 그의 능력에 대한 확실성을 갖게 되기 때문이다. 노동을 통해 노예는 자신의 가치, 주체성, 창조적 잠재력에 대해 더 깊이 이해하게 되고, 예속과 소외라는 초기 상태를 극복할 수 있다.

　다른 한편 목숨을 부지하기 위해 예속관계를 인정한 노예는 노예의 경험을 통해 다른 각도에서 진정한 자립적 의식에 도달하게 된다. 노예는 무엇보다도 자신을 무화(無化)시킬 수 있는 죽음의 위력을 온몸으로 경험한 존재이다. 이러한 죽음에 대한 공포의 경험을 통해 노예는 자신의 자연적 현존재(인식 가능하고 경험 가능한 '현실적 존재')에 대한 집착의 무의미성을 깨닫는다. 또한 죽음은 누구도 피해 갈 수 없는 절대적 힘으로서 보편적인 것이며, 노예는 죽음이 지닌 보편적 성격을 통해 자신과 더불어 '모든' 현존재가 공동운명체임을 알게 된다. 죽음 앞에서는 자신을 지배하는 주인이나 이러한 주인에게 복종하는 자신이나 동일한 존재인 것이다. 이런 의미에서 자립적 의식의 진리는 노예의 의식이다. 타자를 부정함으로써 주인이 획득한 허위의 자립성과는 달리 노예가 획득한 이러한 자립성은 타자에 대한 참된 인정을 통해 비로소 가능한 것이기 때문이다.

　노예는 객체, 즉 도구로 취급되는 것을 거부하고 자기의식을 가진 인간으로서 자신의 자립성과 자율성에 대한 인정을 요구하게 된다. 주인은 자신의 의지와 욕구를 관철하려는 노예에 대해 결국 인정 이외 다른 방법을 강구하지 못한다. 첫째, 노예의 노동이 없으면 주인의 존재와 생활이 어려워진다. 주인은 자신의 이익과 노예의 안녕 및 생산성이 서로 연결되어 있다는 것을 인식하게 된다. 노예에 대한 인정을 거부하면 주인은 자신의 권력과 노예 노동의 혜택에 접근하기 어려워질 뿐만 아니라, 노동력 제공 거부 등 노예의 반항이나 불복종((non-compliance)의 위험을 감수해야 한다.

둘째, 주인은 노예의 자기의식으로서의 주체성을 인정하지 않고서는 자신이 진정한 자기의식을 성취할 수 없다는 사실을 깨닫게 된다. 이는 노예가 자유와 자립성을 가져야만, 그가 주인에게 제공하는 인정이 강제에 의한 공허한 것이 아니라, 동등한 인격체로서 자발적으로 부여하는 진정한 인정이 될 수 있기 때문이다.

주인은 도덕적 의무나 정의감이 아닌 실용적인 이유로 노예의 인정 요구를 수용하게 된다. 이는 주종 관계의 종식을 알리는 매우 의미심장한 순간이다. 이제 주인과 노예는 동등한 인격을 가진 자기의식으로서 강제적이고 위계적인 관계를 넘어, 평등하고 윤리적인 사회 질서로 진입하게 된다. 이러한 전환은 강압적 지배를 벗어나 상호 존중과 자율성이 지배하는 새로운 사회적 틀을 형성하게 된다.

여기서 우리가 알 수 있는 것은, 이러한 비대칭적이고 허위적인 인정 관계가 자기의식이 참된 확실성을 획득하는 과정에서 필연적으로 부정(negation)되고 지양(sublation)된다는 점이다. 주인과 노예 간의 인정 관계는 '정(thesis)'에서 '반(antithesis)'으로, 그리고 '종합(synthesis)'으로 나아간다. 이 종합이 실현되는 시공간, 즉 평등한 자기의식들이 서로를 인정하는 시공간에서, 각 자기의식은 자신의 존재와 자립성에 대한 참된 확실성을 획득할 뿐만 아니라 진정한 자유를 얻게 된다.

따라서 "우리인 나, 나인 우리"로 표현되는 보편적인 의식은 자기의식의 상호 인정에 근거하여 참된 자유가 구체적으로 실현될 수 있는 궁극적 토대라 할 수 있다. 노예는 더 이상 노예가 아닌 근대적 평등의 이념을 구현한 시민이며, "인간은 법 앞에 모두 평등하다"는 보편적인 정치 의식을 갖고 있는 시민은 타자를 부정함으로써가 아니라 자신과 평등한 타자의 인정이라는 관념적 매개를 통해 비로소 자기 자신에 대한 참된 확실성을 획득하게 된다. 헤겔에 따르면 "노예가 자유롭게 됨으로써 비로소 주인도 또한 완전히 자유롭게 된다."

헤겔의 인정투쟁론은 국제정치를 새롭게 이해하는 데 얼마나 도움이 될 수 있는가? 다시 말해, 인류나 국가 간 관계의 역사는 권력투쟁인가 인정투쟁인가? 권력을 가진 사람은 이를 통해 다른 사람들을 지배할 수 있지만, 만약 그 사람이 존경이나 인정을 받지 못하고 무시와 조롱만 받는다면 그 상황을 무시할 수 있을까? 그렇지 않다면 그는 소시오패스(Sociopath)와 같은 병적인 인간일 수 있다. 일반적으로 사람들은 "나를 무시해? 아, 모욕감을 참지 못하겠다"와 같은 정체성의 불인정과 관련된 부정적 감정을 느끼고 이를 해소하기 위한 행동을 취한다. 우리는 사극(史劇)에서 "네가 감히 임금을 능멸하는 것이냐"와 같은 대사를 자주 듣는다. 이는 신하나 학자가 국왕을 인정하지 않는 언행을 했을 때 나오는 국왕의 반응이다. 이는 권력만으로는 부족하다는 것을 보여준다. 사실, 권력을 가진 자나 그렇지 않은 자나 모두 사회적으로 인정받기를 갈망한다. 특히 사회적 소수자들은 그러한 인정을 받기 위해 목숨을 걸고 투쟁에 나서기도 한다. 인정받고자 하는 필요와 욕망은 인간의 행동을 추동하는 주요 동기(motive) 중 하나이다. 물질론자에 따르면 역사는 주로 권력투쟁이다. 그러나 헤겔과 그의 지지자들은 그것만으로는 충분하지 않다고 말하고 있다.

헤겔의 인정투쟁 개념을 웬트의 구성주의와 연결시켜보면, 이는 국가 간의 '물질적인 권력투쟁'이 아니라 국가가 상대국에게 자신의 존재적 확실성과 자율성을 확인하려는 명예와 존엄성을 위한 싸움이다. 따라서 이는 관념적이고 정신적인 성격을 지닌다. 구성주의적으로 요약하자면, 인정은 국가의 정체성을 구성하는 핵심이다. 한 국가가 다른 많은 국가로부터 인정을 받는다는 것은 국제사회가 그 국가의 존재에 가치를 부여하고 사회적 위상을 인정한다는 의미이다. 이는 그 국가가 '자기 자신을 이해하는 방식'으로 행동하는 데 필요한 권위를 갖게 됨을 뜻한다. 국가의 '자기 자신에 대한 이해'가 바로 그 국가의 정체성이며, 이는 타 국가들이 그 국가를 어떻게 보느냐에 달려 있다. 인정은 그에 따른 정체성을 형성하고, 불인정이나 부인은 또한 그에 상응하는 정체성을 형성하여 국가들의 대외 행위에 영향을 미친다. 예를 들어, 구성주의에 따르면 중국의 정체성은 미국을 위시한 국제사회가 중국을 어떻게 대우하느냐에 달려 있다. 중국은 '순한 코끼리'가 될 수도, '사나운 공룡'이 될 수도 있는 것이다.

인정투쟁의 결과로서 상호 인정은 인정하는 주체(recognizer)와 인정받는 주체(recognizee) 간의 상호적 관계를 의미하며, 이는 구성주의자들이 자주 언급하는 간주관적 관계로서 국가 주체들 사이의 '공유된 이해(shared understanding)'를 말한다. 인정의 간주관적 관계에서는 인정하는 주체가 인정받는 주체를 가치 있다고 보고, 인정받는 주체가 인정하는 주체를 인정할 자격이 있다고 인정한다. 그들은 서로 이를 공감하고 이해한다고 인식한다. 웬트는 이러한 개인, 집단, 국가 간 상호 인정이 세계국가를 추동하고 형성하는 핵심적 관념이라고 제시한다.

'세계국가 불가피론'의 단계

이제 우리는 웬트의 '세계국가 불가피론'에서 사용된 몇 가지 방법론적 개념에 대해 잘 알게 되었으므로 그 내용에 대해 본격적으로 토론해 볼 수 있게 되었다. 세계국가의 형성이 불가피하다는 이유를 목적론

방법론과 자기조직화, 인정투쟁 등의 개념으로 설명하는 웬트의 구성주의이론은 국제체제는 다섯 개의 단계를 거쳐 세계국가로 나아가게 된다고 다음과 같이 제시하고 있다.

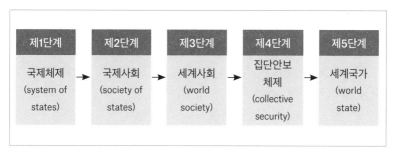

그림 3 웬트의 세계국가 불가피론

제1단계: 국제체제(system of states)

이 단계의 초기에는 의식만 존재할 뿐 자기의식이 존재하지 않는다. 이 체제는 세 가지 경계조건(boundary conditions)에 의해 구성된다. 첫째, 물리적으로 상호작용하는 다수의 국가가 존재한다(이 단계에서 국민이나 개인은 행위자로 간주되지 않는다). 둘째, 체제는 무정부 상태이다. 셋째, 국가들의 행동에 대한 사회적 제약이나 국가의 권리를 보장하는 법적 개념은 존재하지 않는다. 인정이라는 개념이 부재하고, 따라서 국가들은 진정한 의미에서의 주관성(또는 주체성, subjectivity), 즉 타자와의 관계에서의 나의 정체성을 가지지 못한다. 내가 '사회적'으로 어떤 존재인지 모르는 단계인 것이다.

이러한 초기적 단계에서 두 국가들 간의 '첫 대면'이 이뤄지고, 자기의식을 가진 이들 사이에서 인정투쟁이 일어나게 되면 두 가지 결과를 상상해 볼 수 있다. 첫째, 강대국이 약소국을 정복할 것이다. 이렇게

경계조건

경계조건(boundary conditions)은 시스템(체계)의 구조와 행동을 규정하고 제한하는 외부 환경의 요소들을 가리킨다. 이러한 조건들은 시스템의 작동 방식과 결과에 큰 영향을 미친다. 예를 들어, 생태계를 하나의 시스템으로 본다면, 그 생태계의 기후, 지리적 위치, 인근 생태계와의 관계 등이 경계조건에 해당한다. 이러한 조건들은 생태계 내 생물종의 다양성, 식생 활동, 생물들의 생존 전략 등을 결정하는 데 중요한 역할을 한다.

경계조건을 이론과 연결지어 설명하면, 이는 특정 시간적, 공간적 또는 맥락적 요소와 관련하여 이론의 적용 범위를 설정하는 것과 관련이 있다. 경계조건은 이론이 언제, 어디에서 유효할 것으로 예상되는지를 정의하며, 이를 통해 이론의 일반화 가능성의 범위를 정한다. 예를 들어, 시장경제이론에서 "완전 정보를 가정한다"거나 "경쟁적 시장 구조 내에서 운영된다"는 경계조건을 고려할 수 있다. 이러한 조건들은 이론의 적용 범위를 설정한다. 만약 시장에 독점적 요소가 있거나 정보 비대칭이 있는 경우, 이론의 예측은 더 이상 정확하거나 적용 가능하지 않을 수 있으며, 이는 경계조건이 작동하는 것을 보여준다.

국제정치의 경계조건과 관련해서는, 국제정치의 영역과 범위를 설정할 때 국가 단위의 차원을 넘어서는 지역적 시스템이 다수 존재할 수 있으며, 이러한 다수의 시스템이 외부 환경과 공존하고 상호작용하면서 국제정치의 동학을 형성한다고 말할 수 있다. 이때 각 시스템이 스스로의 경계를 어떻게 설정하는가가 중요하다. 왜냐하면 그 결과에 따라 시스템의 속성과 지속성이 결정되기 때문이다. 예를 들어, '동아시아'라는 지역 기반 시스템을 상정할 경우, 어떤 국가나 지역이 그 안에 포함되고 어떤 국가가 배제되는지를 명확히 해야 이론화가 가능해진다. 경계선을 어디에 긋는가가 시스템의 이론적 속성을 결정짓는 것이다.[3] 예를 들어, 유교 문화를 경계조건으로 하면 중국, 한국, 일본, 베트남, 타이완, 홍콩이, 그리고 경제적 상호의존성을 경계조건으로 하면, 중국, 일본, 한국, 홍콩, 타이완, 싱가포르가, 그리고 자유민주주의를 경계조건으로 하면 일본, 한국, 타이완이 동아시아에 속하게 될 것이다.

되면 두 국가는 하나의 단위가 될 것이고, 정복으로 강력해진 국가는 또 다른 타국을 정복하게 되고, 정복이 계속되면 궁극적으로는 하나의 국가만 남게 될 것이며, 국제체제는 무정부 상태로부터 벗어나게 될 것이다. 만일, 정복 국가가 정복된 국민을 '제국(empire)'의 시민으로 인정한다면 국제체제는 중간단계 없이 안정적인 세계국가, 즉 세계제국으로 이어질 것이다. 그러나 정복 국가가 피정복 국가 국민의 존엄성과 평등성을 인정하지 않는다면(그들을 자국의 국민과 똑같이 동등하게 취급할 가능성은 낮다), 그들은 결국 인정투쟁인 독립투쟁에 나설 것이고, 체제는 다시 무정부 상태로 빠지게 될 것이다. 요컨대 상호 인정에 기초한 헤겔적인 세계국가가 아닌, 힘에 의존하는 세계국가, 즉 세계제국은 장기적으로 불안정하게 될 수밖에 없는 것이다.

둘째, 두 개의 국가가 물리적 힘에서 비슷한 수준일 경우, 상대를 정복하는 것은 어렵기 때문에 이들은 지속적으로 인정투쟁에 몰두하게 될 것이다. 이런 상황에서는 전쟁이 끊임없이 지속된다고 할 수는 없지만, 전쟁을 준비하는 과정은 끊임없이 이어질 것이다. 전쟁 준비와 지속적인 군사적 경쟁을 지원하기 위해 사용되는 모든 유형의 사회적 자원은 소모될 것이며, 전쟁의 그림자는 계속해서 드리워질 것이다. 체제는 불안정할 것이다. 결국, 이 두 국가 중 하나가 우위를 점해 상대를 정복하거나, 아니면 양국이 지속적인 투쟁의 무의미함을 깨닫고 상호 인정을 받아들일 때까지, 서로의 힘을 소진시키며 지치게 만들 것이다.

여기에서 군사 기술에 대한 무정부 상태의 효과가 중요하게 작용한다. 무정부 상태는 국가들로 하여금 '자위(self-defense)'를 위해 군사 기술을 발전시키도록 요구하며, 이는 전쟁 비용을 증가시킨다. 그 결과, 국가들은 상대국에 대한 '불인정' 정책을 유지하는 데 점점 더 큰 비용, 즉 부정적 피드백을 감수하게 된다. 반대로, 상호 불인정이 아닌 상호 인정을 선택하면 경쟁하는 국가들이 전쟁이 아닌 생산적인 목적을 위해 더 많은 자원을 배분할 수 있게 되어 긍정적 피드백을 만들어낼 것이다. 웬트에 따르면 원칙적으로 상호 인정이라는 문제가 해결되면 바로 세계국가로 나아갈 수도 있겠으나, 여기서는 하나의 체제가 한 번에 하나의 발전적 문제만을 해결한다고 가정하고 두 번째 단계에 관한 이야기를 해볼 수 있다.

제2단계: 국제사회(society of states)

홉스적 문화의 무정부적 국제체제는 인정투쟁을 통해 '국제사회' 또는 로크적 문화의 국제체제로 이동하게 된다. 이 문화 속에서 국가들은 독립적 주체로서의 상대방의 법적 주권을 인정하며, 일정한 정도의 국제적 유대를 발전시킨다. 국가들은 공동의 규칙을 준수하며, "우리" 라는 개념 속에 자신들을 포함시킨다. 미국과 캐나다 사람들이 자신을 미국인이나 캐나다인이 아닌 북미인이라고 부른다거나, 독일이나 프랑스 사람들이 자신을 독일인이나 프랑스인이 아닌 유럽인이라고 부르는 경우가 이에 해당한다 할 수 있다. 그러나 국제사회에서 국가 간의 이러한 '집단적 정체성(collective identity)'의 깊이는 얕은 상태이다. 특히 제한적인 전쟁은 수용 가능한 것으로 남아 있다.

전쟁은 타국을 정복하는 수단으로 사용되지는 않지만, 영토적 또는 다른 이익을 확보한다는 목적의 관점에서 정당화된다. 러기(John Ruggie)가 말하는 '위치적(positional)' 전쟁은 수용된다는 것이다. 이와 같이 국가들은 홉스적 문화에서처럼 서로를 "적(enemies)"으로 구성하지는 않지만, 아직도 서로를 "경쟁자(rivals)"로 인식한다.

위치적 전쟁

러기(John Ruggie)는 전쟁을 세 가지 유형으로 구분했다. 첫째는 국가의 생성 또는 해체와 새로운 영토 경계 설정에 관한 전쟁인 '구성적 전쟁(constitutive wars)'으로, 베스트팔렌조약을 낳은 30년전쟁이 이에 해당한다. 생존을 위한 전쟁이다. 둘째는 기존 국제체제 내에서 국가주권은 인정되지만 영토적 배열에 대한 문제 제기가 지속되는 '배열적 전쟁(configurative wars)'으로, 18세기의 계승전쟁들과 1756-1763년의 7년전쟁이 그 예이다. 영토를 위한 전쟁이다. 셋째는 국제체제 내에서 국가의 상대적 지위와 영향력을 유지하거나 변화시키는 '위치적 전쟁(positional wars)'으로, 이는 보편적 제국의 추구가 좌절됨으로써 발생한 전략적이고 전술적인 전쟁이고, 이 전쟁에서는 국가들이 자신의 통제하에 있는 영토를 방어하고, 위험 부담이 없는 경우에는 정책 영역을 확대하려 한다. 우위(superiority)를 점하기 위한 전쟁이다.[4] 이러한 구분은 현대 국제체제의 맥락에서 분쟁의 동기와 역학관계를 분석하는 데 도움이 될 수 있다.

'위치적 전쟁'의 수용은 두 가지의 불안정 요소를 초래한다. 첫째, 위치적 전쟁은 국가의 생존을 직접 위협하지는 않지만, 그 비용은 상당하며 시간이 지남에 따라 군사 기술의 발전과 함께 증가한다. 둘째, 위치적 전쟁에서 국가 자체는 생존하더라도 그 구성원들은 그렇지 않다. 홉스적 문화에서와 마찬가지로, 여기서도 개인들은 국가 밖에서는 인정받지 못한다. 개인들은 전쟁에서 죽기를 원하지 않으며, 특히 타국이 그들의 집단적 정체성을 최소한으로라도 인정하는 경우에는 더욱 그렇다. 개인들은 홉스적 문화에서 느끼는 생존의 위기에서 벗어나, 전쟁에 나가 죽고 싶지 않다는 자신들의 필요를 지도자들이나 대표자들에게 호소하게 될 것이다. 이에 따라 그들은 타국에 대한 힘의 사용에 더욱 신중해진다. 이는 전쟁의 비용이 증가함에 따라 더욱 중요해진다. 궁극적으로, 로크적인 무정부적 문화하의 국가들은 '아래로부터의 압력'을 의식하여 전쟁의 유혹을 거부하는 방법을 배우고, 문제 해결을 위한 비폭력적 수단을 모색하게 될 것이다. 웬트에 따르면, 이러한 개인에 대한 인정은 '국가를 위한 죽음'이라는 개념을 받아들이지 않는 국가 구성원들이 민주 국가들 간의 관계를 평화롭게 유지하는 데 기여한다고 제시하는 민주평화론에 논리적 정당성을 제공한다.

무정부 상태의 로크적 문화가 안정적인 종착역이 아니라면, 국제사회는 어떤 방향으로 나아갈 것인가? 웬트는 2차대전의 결과를 상기시키며 하나의 가능성으로 히틀러의 세계제국을 제시한다. 그러나 히틀러의 제국이 현실화되었더라도 피정복국의 국민들이 봉기하여 제국을 붕괴시키고 국제체제의 무정부 상태를 회복시켰을 가능성이 크다. 이는 홉스적 문화로의 퇴행을 의미한다. 하지만 웬트는 로크적 체제가 일시적으로 퇴행하더라도 홉스적 체제의 높은 비용과 불안정성 때문에 결국 다시 로크적 체제로 돌아올 수밖에 없다고 주장한다. 그는 전쟁, 즉 비용과 불안정의 주요 원천이 퇴행이 아니라 전향을 통해서만 해결될 수 있다고 말한다. 따라서 체제는 결국 세계사회로 이동하게 될 것이다.

제3단계: 세계사회(world society)

세계사회(world society)의 단계에서 전쟁 문제는 공유된 가치와 규범에 기초한 안보공동체의 창설로 관리된다. 여기서 핵심은 국가 간 신뢰이다. 이전 단계에서 국가들은 안보딜레마에 시달렸는데, 이는 높은 불신 수준으로 인해 타국의 의도에 대해 '최악의 경우'를 상정하고, '내가 나를 지키지 않으면 누구도 지켜주지 않는다'는 자구적 관점에서 자신의 이익을 정의하는 사회적 구조 속에서 불안하게 경쟁하는 상황이었다. 그 결과는 군비 경쟁과 전쟁이었다.

그러나 안보공동체는 구성원들이 상호 신뢰에 기초하여 분쟁을 비폭력적으로 해결할 수 있다는 간주관적 이해 또는 공유된 규범으로 구성된 사회적 구조를 의미한다. 이는 체제 수준에서의 상호 인식이 이제 국가뿐 아니라 개인 수준으로 확장되기 시작했음을 보여준다. 이런 의미에서 이 단계는 '세계시민적 사회(cosmopolitan community)' 또는 세계사회로 불릴 수 있다. 세계사회를 구성하는 국가 주체들은 이제 '마음대로 전쟁할 수 있는 자유'를 잃게 된다.

그러나 세계사회도 안정적인 종착역이라 할 수는 없다. 이 단계에서도 침략에 대항하는 집단적 무력 조치가 제도화되지 않았기 때문이다. 대부분의 국가가 분쟁의 평화적 해결이라는 국제규범을 준수하더라도, 국내 혁명 등으로 인해 침략 국가가 나타날 가능성은 여전히 존재한다. 이 문제에 대처하는 방법은 두 가지가 있다. 하나는 중앙집권적인 강제력 사용이지만, 각 국가가 주권을 보유하고 있는 세계사회에서는 비현실적이다. 다른 하나는 분권적인 강제력 사용으로, 예를 들어 어떤 국가가 침략 행위를 할 경우 체제 구성원 모두가 마치 자신이 침략받은 것처럼 침략자를 응징하는 것이다. 그러나 세계사회 단계의 안보공동체 구성원들은 타국의 운명을 자기 일처럼 여기지 않기 때문에, 침략자에 대해 의무감을 가지고 집단적으로 무력을 행사할 가능성은 낮다.

결과적으로 '깡패국가'에 의해 위협받는 국가는 타국들이 자신에게 원조를 제공할지 불확실하기 때문에 늘 불안하다. 국가들은 이 불안을 해소하기 위해 한 단계 높은 인정의 형식이 필요하다는 것을 깨닫게 된다. 더 나아가 국가들은 비폭력이라는 수동적 의무뿐만 아니라 상호 군사 원조라는 적극적 의무를 약속하는 기제를 필요로 하게 된다.

물론 이 단계가 전 단계로 퇴행할 수도 있지만, 웬트에 따르면 상호 군사 원조에 대한 공약은 체제를 전향적으로 이끄는 강력한 유인이 된다. 예를 들어, A, B, C 세 국가로 구성된 체제를 상정해 보자. A와 B가 안보공동체를 형성하면 그들은 전쟁의 공포에서 벗어나고, 군비 경쟁에서 자유로워지며, 집단적 및 개인적 수준에서의 상호 인정을 통해 긍정적인 피드백을 경험하게 될 것이다. A와 B는 이러한 이익을 포기하지 않으려 할 것이며, 평화가 일단 정착되면 이를 영구화하려 할 것이다.

그런데 C가 B에게만 실존적 위협을 가한다고 가정해 보자. 이 경우, A는 자신이 인정하는 B와 형성한 평화로운 상태가 C라는 적대 국가에 의해 파괴될 수 있다고 판단하게 된다. 이러한 가능성은 A가 직접적으로 위협받지 않더라도 B를 원조할 유인이 된다. 자신과 상호 인정을 나누는 이웃 국가의 멸망 가능성이라는 부정적 피드백은 기존의 평화 체제가 제공하는 긍정적 피드백을 유지하고 강화하는 역할을 한다. 이러한 유인은 상호적이기 때문에 A와 B 모두 상대의 운명에 대해 무관심하지 않으며, 영구적인 동맹을 맺을 가능성도 있다.

모든 국가가 이러한 이익을 항상 인식하는 것은 아니지만, 상호 인정과 상호 유대를 공고히 한 국가는 그렇지 않은 국가보다 생존 가능성이 더 높다는 점이 중요하다. 장기적으로 이러한 국가는 체제 구성원들에게 본보기가 되어, 세계사회의 구성원들이 이를 재생산하고자 하는 갈망을 자극하여 더 높은 인정의 단계로 이동하게 될 것이다.

제4단계: 집단안보체제(collective security)

공유된 가치와 규범에 기초한 세계사회에 비해, '규칙-기반'의 공식적 구조를 가진 집단안보체제는 추가적인 경계조건을 획득한다. 즉, 이 체제의 구성원들은 상대의 주권을 인정할 뿐만 아니라, 분쟁의 평화적 해결이라는 규범을 준수하고 실천하며, 더 나아가 '하나를 위한 모두, 모두를 위한 하나'라는 원칙을 위협하는 침략적 주체에 대해 서로를 보호하고 방어해야 한다는 '집단적 정체성(collective identity)'을 확보하게 된다. 각 구성원은 전체의 운명과 자신의 운명을 동일시하는 '공동의 운명'이라는 관념을 공유한다. 이는 구성원들 간에 '간주관적 이해'가 형성됨을 의미한다. 이러한 체제는 이제 집단안보(collective security)라는 무정부성의 '칸트적 문화' 단계에 도달한 것이다. 웬트에 따르면, 제1차 걸프전쟁(1990-1991)과 "테러와의 전쟁"에서 미국이 연합전선을 쉽게 결성할 수 있었던 이유, NATO가 냉전 종식 후에도 지속될 수 있었던 이유, 그리고 19세기 '유럽협조체제'가 유지되었던 이유는 모두 이러한 '공동의 운명'이라는 집단적 정체성의 개념으로 설명될 수 있다.

상호 인정과 집단적 정체성은 국가 간 신뢰를 증진하는 역할을 하지만, 그럼에도 불구하고 보편적 집단안보체제가 곧 세계국가는 아니다. 이 체제하에서 국가들은 주권을 유지한다. 따라서 집단안보체제가 작동하느냐는 국가들이 상호 군사 원조에 대한 약속을 지킬지 여부에 달려 있다. 집단안보체제는 구성 국가에 서로를 지속적으로 인정하라고 '강제'하지는 못한다. 행위를 강제하기 위한 힘의 사용에 정당한 독점권이 없기 때문이다. 힘에 대한 정당한 독점에 기초한 국가와는 달리 이 체제는 '자발성'에 기초해 있다. 엄격히 말하면, 이 체제도 무정부 상태인 것이다. 다른 한편 집단안보가 인정에 대한 개인적 집단적 수준의 필요를 상당 부분 충족시키고 있다는 점에서, 그리고 그러한 인정을 유지할 수 있는 상당 정도의 능력을 보유하고 있다는 점에서, 더 높은 단계의 필요성이 제기될 수 있는지는 확신할 수 없다.

그러나 웬트는 '궁극적'으로 추가적 단계가 '필연적'이라고 지적한다. 추가적 단계가 필연적이라는 논리는 아이러니하게도 집단안보의 불안정성이 인정투쟁의 문제를 해결하지 못한다는 점에서 시작된다. 첫째, 주권국가들 간의 합의 체제인 집단안보체제는 국가들이 이로부터 탈퇴하고 침략적 목적으로 무장하는 것을 막을 권한을 갖고 있지 않다. 칸트는 연방(사실은 연합, confederation) 단계에서 국가들의 자발적 비무장을 요구함으로써 이 문제를 해결하려 했지만, 그것이 이루어진다 해도 미래의 재무장 가능성을 배제하지는 못한다. 둘째, 보다 중요한 문제로서, 집단안보는 국가들의 인정욕구를 완전히 충족시키지 못한다. 타국을 '죽일 수 있는 권리', 즉 전쟁을 할 수 있는 권리인 국가주권은 국가 주체들이 갈망하는 '자신에 대한 인정'을 누군가가 일방적으로 부인하거나 파괴할 수 있는 위험 요소이다. 물론 국가들은 이러한 권리를 행사하지 않을 것임을 약속할 수 있고, 그러한 약속을 오랫동안 지킬 수도 있을 것이다. 그러나 '죽일 수 있는 권리'가 '인정을 강제할 수 있는 권위'에 영구히 양도되지 않는 한, 국가들은 타국의 정책 변화에 취약하고 불안한 상태로 방치될 것이다.

웬트는 국가들이 원시적 무정부 상태로 퇴행하지 않고 세계국가로 전진하도록 자극하는 세 가지 요인을 제시한다. 첫째는 집단안보 이전의 끔찍한 무정부 상태에 대한 '집단적 기억'이다. 이는 양차 세계대전의 경험이 유럽 통합의 중요한 유인이 된 사실과 관련이 있다. 오늘날

칸트의 세계연방보다 더 높은 단계?

칸트는 목적론이 세계국가가 아닌 "세계연방([con]federation of free states)"에서 멈추는 것으로 보았다. 그는 1784년 『세계시민적 목적의 보편적 역사를 위한 구상(Idea for a Universal History with a Cosmopolitan Purpose)』에서 국가들의 주권을 제한하게 될 세계연방에 강제력을 부여하는 방안을 긍정적으로 보았지만 후일 출간된 『영구평화론(Perpetual Peace)』에서는 초국가적 수준에서 강제력을 보유하는 세계국가를 경계하며, 최선의 방책은 아니지만 순수하게 합의적인 체제인 세계연방을 차선으로 제시했다.

　칸트의 세계국가에 대한 우려는 세 가지로 요약된다. 첫째, 정치적 권위를 세계 수준에서 집행하는 것이 현실적으로 어렵다는 점, 둘째, 국가들이 자발적으로 주권을 세계국가에 양도하지 않을 것이라는 점, 셋째, 세계국가는 "영혼 없는 전제정(soulless despotism)"이 되어 결국 무정부 상태로 퇴행할 것이라는 점이다. 웬트는 첫 번째 우려는 기술 발전으로 인해 그 근거가 희박해졌다고 본다. 18세기 이후의 기술 발전은 강제력을 전 지구적으로 행사할 수 있게 만들었다. 그러나 두 번째 우려는 여전히 남아 있다. 따라서 체제의 발전은 보편적인 집단안보체제에서 '잠정적'으로 멈출 수도 있다.

증가하는 국가 간 상호 의존은 국제 수준의 집단적 정체성을 강화하고 있으며, 초국적 언론 매체의 급성장과 함께 '9·11 테러'와 같은 "세계적 수준의 기억들(global memories)"이 처음으로 형성되고 있다. 더 나아가, "비극적인 미래의 세계적 기억들(예를 들어 우크라이나와 같은 지역에서의 핵전쟁)"은 국가들이 원시적인 무정부 상태로 퇴행하도록 하지 않고 문명적인 세계국가로 전진하도록 자극하게 될 것이다. 이러한 기억들은 자연 상태나 무정부 상태로의 복귀를 혐오스럽게 만들고, 세계국가를 향한 전진을 상대적으로 더 매력적으로 만들어 체제의 퇴행을 막

세계연방인가 세계연합인가?

번역의 문제가 약간의 혼란을 초래할 수 있어 바로잡아야 한다. 세계연합(con-federation 또는 commonwealth)과 세계연방(federation)은 다른 것이다. 예를 들어, 영국의 전 식민지였던 국가들이 독립하여 상호 협력을 증진하기 위해 결성한 국가 간 협력체는 한국에서는 영연방이라 번역되어 사용되지만 사실은 영국과 관계가 밀접한 주권국가들 간의 연합(British Commonwealth)이다. 연방은 국가 간 연합이 아니라 미국이나 독일과 같이 주들로 구성된 그 자체로 통일국가이다. 따라서 칸트는 세계연방(federation)이라는 말을 사용했지만 정확히 말하자면 그것은 세계연합이다(칸트 시대에는 이러한 구분이 큰 의미가 없었을 것이다). 세계국가는 분권체제인 세계연방이 될 수도 있고 강력한 중앙집권체제가 될 수도 있다. 칸트가 우려한 체제는 후자이다. 웬트가 상정하는 세계국가는 분권형 세계연방이라 할 수 있다.

을 것이다. 두 번째 요인은 국가들 사이에 형성된 두터운 집단적 정체성이다. 국가들이 자신이 공격받지 않은 경우에도 타국의 방어에 나설 만큼 유대의 깊이와 넓이가 상당하다면, 이는 법적 차원을 넘어 국가들이 타국과 그 시민들에 대한 당위적 의무를 사실상 인정하는 것이다.

웬트는 이 두 가지 요인이 세계국가 형성에 대한 제약을 완화시킬 수 있지만, 그것들은 세계국가를 갈망하고 포용하게 하는 이유라기보다는 세계국가의 매력을 거부하지 않게 하는 이유로서 수동적인 요인이라고 주장한다. 그렇다면 능동적 요인은 무엇인가? 그가 제시하는 능동적 요인, 즉 세계국가를 전향적으로 추동하는 세 번째 요소는 강대국들에 대한 약소국들의 인정투쟁이다. 웬트에 따르면 강대국에게 이행을 '강제'할 수 없다면 그것은 최종적 의미에서 결코 인정이라 할 수 없다. 여기서 강제라는 말은 헤겔의 '주인-노예 변증법'에서와 같이 강대국이 자신의 필요와 이익을 위해 약소국을 '인정하지 않으면 안 되는' 상황을 묘사한다. 이런 의미에서 강제되지 않는 인정은 임시적일 수밖에 없다. 왜냐하면 그것은 강대국의 선의에 의존하는 것이기 때문이다. 인정하지 않아도 되지만 인정해 '준다'는 의미를 가지는 것이다. 진정한 인정은 인정받는 주체가 '인정받을 권리'를 가진다는 것을 인정하는 주체가 인정할 수밖에 없다는 것을 인식한다는 것을 의미한다. 따라서 하나의 주체는 타 주체에 대해 일종의 의무를 지게 되는 것이다. 진정한 인정은 의무에 관한 것이지, 적선이 아니다. 의무로서의 인정은 비로소 국제정치적으로 '안전한' 인정이 되는 것이다. 이 점은 세계국가 형성에 가장 큰 장애물이라 할 수 있는 강대국들에게 매우 중요한 사실이 된다. 국제정치적으로 '안전한' 인정이란 무엇이고, 이것은 왜 약소국들뿐 아니라 강대국들에게도 결정적으로 중요한가? '강제할 수 있는 인정'을 쟁취하기 위한 약소국들의 투쟁은 이해하기 어렵지 않다. 왜냐하면 그들은 약하기 때문에 강자들은 이들을 자발적으로 인정하지 않는 경향이 있고, 따라서 인정투쟁 외에 다른 선택지가 없기 때문이다. 이들의 인정투쟁은 체제의 발전을 변증법적으로 추동하는 주요 엔진이다. 그렇다면 강대국들을 움직이게 할 수 있는 유인을 발견하는 것이 중요해진다. 어떻게 하면 강대국들이 주권을 포기하고 세계국가에 자발적으로 합류할 수 있을까?

먼저 강대국들이 주권을 고수함으로써 발생할 수 있는 장기적 결과를 생각해 보자. 구속력이 없는 집단안보체제는 안정적인 종착역이 아니다. 따라서 피침 가능성이 높은 약소국들은 강대국들을 지속적으로 압박하여 인정을 받으려 할 것이며, 대량파괴 무기의 개발과 확산을 통해 강대국들을 위협할 수 있는 능력을 점차적으로 확보할 것이다(북한이나 이란을 생각해 보라). 약소국들과 중진국들은 힘을 합쳐 기존 강대국들에 대항하는 연합세력을 결성할 유인이 생길 것이며, 이는 군비경쟁을 촉발할 가능성이 크다. 이러한 조건하에서 강대국들이 약소국들의 인정 요구를 거부할 수 있는 능력은 감소할 것이며, 그들의 치외법권적인 권력과 특권을 유지해주는 국제체제는 점점 더 힘을 잃게 될 것이다. 강대국들, 특히 미국과 같은 초강대국들은 이를 이해하는 데 시간이 걸릴 것이다. 어쨌든 강대국들에게 놓여진 선택지는 분명하다. 강대국들은 약소국들을 충분히 인정하길 거부함으로써 발생하는 위협적이고 위험한 세계와, 그들의 인정욕구가 충분히 충족되는 더욱 '안전한' 세계 중 하나를 선택해야 한다. 웬트는 합리적 행위자로서의 강대국들은 후자를 택할 수밖에 없다고 주장한다. 그래서 세계국가의 형성이 가시권에 들어오게 된다.

제5단계: 세계국가(world state)

이 단계에서는 주권이 국가에서 세계국가로 이전되고, 개인적 수준의 인정은 더 이상 국경에 의해 방해받지 않게 될 것이다. 이는 칸트의 세계연방 수준을 넘어서는 것이다. 그러나 웬트가 말하는 세계국가의 형태는 우리가 현재 알고 있는 국가와는 다를 수 있다. 세계국가는 세 가지 측면에서 현존 국가들보다 훨씬 더 분권화된 형태가 될 것이다. 첫째, 세계국가의 구성원들(이전의 주권국가들)은 지역적 자율성까지 포기해야 하는 것은 아니다. '정당한 물리력 사용에 대한 독점권(monopoly on the legitimate use of physical force)'을 세계적 권위체에 양도하는 것은 문화, 경제, 또는 지역 정치까지 양도해야 한다는 것을 의미하지 않는다. 중앙정부는 지방정부가 수행하기 어려운 업무를 맡는 상호 보완성의 원칙이 세계국가의 운영 원리가 될 수 있다. 둘째, 세계국가는 단일한 군대, 즉 세계국군(世界國軍)을 필수조건으로 하지 않는다. 위협에 대한 집단적 대응을 지휘하고 집행할 수 있는 구조가 존재하는 한, 세계국가는 지역적 군대들(national armies)의 존재와 공존할 수 있다. 마치 NATO가 그러하듯이, 세계국가는 각 단위(주권을 이양한 국가들)의 군대에 임무를 하도급하는 형식으로 역할 분담 체제를 구축할 수 있다. 셋째, 세계국가는 세계정부, 즉 한 사람의 지도자가 최종 결정권을 가지는 단일적 조직체를 필수적으로 요구하지 않는다. 구속력 있는 결정이 내려질 수 있는 한, 세계국가의 의사결정과정은 한 사람에 의해 좌우되는 것이 아니라 '강력한 공적 영역(strong public sphere)'에서 집단적으로 이뤄질 수 있다. 웬트의 세계국가는 정해진 형태를 가지지 않는다. 그는 세계국가가 "공동의 권력, 정당성, 주권, 그리고 지역적 주체들을 보유하는 한" 어떠한 형태의 세계국가도 우리의 상상력에서 배제해서는 안 된다고 제시하고 있다.

세계국가의 형태가 그러한 모습이라면 이제 남은 문제는 과연 세계국가가 안정적인 종착역이 될 것인지 여부다. 왜냐하면 세계국가의 개인들과 집단들은 지속적으로 진화하여 언젠가는 자신의 인정욕구가 더 이상 충족되지 않는다고 판단할 수도 있기 때문이다. 이에 대한 부분적 대답은 세계국가는 어떤 무정부 상태의 문화보다 더 강력한 항상성(homeostasis)의 논리를 갖고 분리 독립을 방지할 수 있는 능력을 가진다는 점이다.

우선 세계국가가 불안정해질 수 있는 세 가지 잠재적인 내적 원인에 대해 이야기해 보자. 첫째는 칸트가 경계한 전제정에 대한 우려다.

과연 미래의 세계국가는 전 지구적 전제정(universal despotic monarch)이 될 수 있는가? 웬트의 답은 세계국가가 "물리력 사용에 대한 정당한 독점권"이라는 베버주의적(Weberian) 기준만을 충족시키는 경우라면, 원칙적으로 이러한 세계국가는 전제정, 즉 제국이 될 수 있지만, '평등에 대한 상호 인정'이라는 보다 수준 높은 헤겔주의적 기준을 충족시키는 세계국가는 그 이전 단계로 퇴행하지 않을 것이고, 따라서 전제정이 될 가능성은 거의 없다는 것이다.

둘째, 세계국가에 대한 또 다른 차원의 위협은 이른바 "민주적 적자(民主的 赤字, democratic deficit)"이다. 세계국가는 그 크기가 광대하다. 그렇기 때문에 각 구성원의 필요를 일일이 민주적으로 충족하기 어려울 수 있다. 나아가 구성원의 수가 많다는 것은 각 성원이 가지는 가치나 영향력이 그만큼 낮다는 것을 의미한다. 그들과 세계국가 사이의 거리는 엄청날 것이다. 그러나 웬트에 따르면 이러한 '민주적 적자'에 대한 우려는 현대적 소통 기술, 대의민주주의, 그리고 세계정부와 지역정부 간의 상호 보완성의 원칙 등과 같은 제도적 혁신이나 타협으로 상당 부분 해소할 수 있다. 또한 현대에 있어 민주주의가 정치적 정당성의 유일한 토대는 아니라는 점을 지적하고 있다. '평등의 상호 인정'의 이행, 경제적 안녕과 효율성도 중요한 토대가 될 수 있으며, 특히 세계국가의 경우 그 중요성은 더욱 강조된다는 것이다. 세계국가에서 민주주의가 일부 미흡하더라도 이것 때문에 체제가 붕괴되지는 않을 것이다.

한 걸음 더 들어가 보자. '민주적 적자'를 불평하는 개인과 집단들은 세계국가에 대한 대안으로서 영토적 국가들이 주권을 보유하고 있는 비민주적이고 부정의한 무정부적 세계를 다시 상상해 볼 수 있다. 웬트에 따르면 주권의 본질은 권력과 폭력이 임의로 행사될 수 있고,

주권적 주체들은 누구에게도 책임을 지지 않는다는 데 있다. 코소보, 아프가니스탄, 이라크에서 자행된 민간인 살상에 대해 누가 미국에게 책임을 물을 수 있는가? 세계국가가 민주적 책임성과 관련하여 문제가 있을 수 있지만 무정부 상태의 세계와 비교하면 그것은 사실 아무것도 아니다.

다른 한편 우리는 민족주의의 위협을 생각해 볼 수 있다. 그러나 웬트에 따르면 민족주의의 부상은 인정투쟁에 관한 것으로서 오히려 '세계국가 불가피론'에 부합하는 증거가 된다. 1945년 세계 인구의 과반수는 그들을 완전한 주체로 인정하지 않는 식민 제국들에서 살고 있었다. 그 결과 그들은 '민족자결'을 위해 투쟁했고, 궁극적으로 승리했다. 이런 의미에서 민족주의는 이전까지 인정받지 못하던 행위자들이 국제체제에 참여할 수 있도록 만들었고, 이들을 초국가적 제도들에 포함하는 구상도 가능하도록 만들었다.

웬트에 따르면 다양성의 증가는 '서로를 만나는' 주체들 간의 소통과 교류를 자극하고 세계시민이라는 그들 간의 집단적 정체성을 증가시킨다. 다문화적이고 다인종적인 뉴욕 시와 미국 남부의 시골 마을이나 소도시들을 비교해 보라. 어떤 쪽이 더 세계시민적인가? 칸트는 세계적 영구평화의 세 번째 필요조건으로 "세계시민적 정신(cosmopolitan spirit)"을 강조하지 않았는가? 민족주의는 세계국가를 위협하지 않는다. 웬트는 세계국가는 민족주의를 억누르기는커녕 그것을 포용함으로써만 그 형성 자체가 가능하게 될 것이라고 주장하고 있다.

셋째, 세계국가를 불안정하게 만들 수 있는 마지막 요인은 '세계국가 불가피론'의 핵심에 도전하는 사안이다. 한마디로 말하자면 세계국가는 지구상에 존재하는 단 하나의 국가인데 이렇게 되면 상호 인정이라는 개념 자체가 성립되지 않는다는 것이다. 웬트는 이에 대해 세계국가는 그 구성원들(각 국가가 아닌 개인과 집단들)과 상호 인정의 관계를 유지할 수 있고, 나아가 '공간적'으로는 홀로이지만, '시간적'으로는 상호 인정을 나눌 수 있는 타자를 갖고 있다는 입장을 제시한다. 풀어 설명해 보자. 이미 위에서 말했듯이, '세계국가 불가피론'은 헤겔주의적 세계국가가 기존의 주권국가들 간의 상호 인정에 기초한다고 전제하고 있다. 그러나 세계국가는 모든 주체를 하나의 집단적 정체성으로 동화시킴으로써 타 주체를 상실한 상태에 있다. 외계인들을 제외하고 이러한 세계국가를 인정하는 타 주체는 어디에 있는가? 웬트는 다음과 같이 답한다. 첫째, 세계국가는 그것을 구성하는 개인들과 집단들에 의해 인정될 것이고, 동시에 그들을 구성하고 인정하게 될 것이다. 세계국가의 구성원들은 세계국가의 정체성을 구성하고, 세계국가의 행동을 제약하는 그들만의 주관성(subjectivity)과 주체성(agency)을 가지고 있고, 세계국가는 구성원들의 정체성을 구성하고 행동을 제약하는 주관성과 주체성을 가지고 있다. 세계국가와 그것을 구성하는 개인과 집단은 상호 인정의 관계에 있다는 말이다.

둘째, 웬트에 따르면, 세계국가는 "공간적 차이(spatial differentiation)"의 결여를 과거와 현재 사이의 "시간적 차이(temporal differentiation)"를 통해 보상할 수 있다. 더 쉽게 말해 보자. 세계국가의 최초의 과거는 무정부 상태이다. 따라서 무정부 상태가 세계국가의 타 자기의식, 타 주체가 되는 것이다. 헤겔주의적 용어로 말하자면, '역사'가 타 주체가 되는 것이다. 구체적으로, 과거와의 대화는 어떻게 이루어지는가? 서사를 통해서이다. 서사는 정해진 시공간 내에서 인과관계로 이루어지는 일련의 사건이나 경험에 관한 허구적 또는 실제적 이야기이다. 개인 수준이든 집단 수준이든 정체성은 항상 지배적 서사에 의해 구성된다. 현재의 정체성은 지배적 서사를 매개로 과거(또는 미래)와 비교되고, 그러한 관계 속에서 확인되고 정당화된다. 예를 들어, 오늘날의 독일은 '나치 국가'와의 차별성으로 자신의 정체성을 부분적으로 구성한다. 요컨대, 웬트에 따르면 시간적 '자기-차별화'는 현재와 과거 간의 상호구성과 상호 인정을 가능케 하며, 그로써 세계국가를 안정화하는 역할을 할 수 있다.

그렇다면 세계국가는 역사의 끝일까? 세계국가 이후는 상상 불가한 것인가? 인정투쟁의 세계사적 역할은 어디까지인가? 웬트에 따르면, 세계국가는 투쟁의 대상이 사라진 유토피아는 아니다. '두터운 인정'을 구성하기 위한 새로운 방식들은 다양할 것이고, 이런 의미에서 인정투쟁은 '인간 조건'의 일부이며, 따라서 영원히 전개될 성격의 것이다. 물론, 세계국가가 형성되면 그러한 투쟁들은 '구속력 있는 법'에 의해 순화될 것이고, 세계국가 형성의 목적과 관련하여 더 이상 중요한 역할을 수행하지 않게 될 것이다.

그럼에도 불구하고, 세계국가는 역사의 끝이 아니다. 웬트에 따르면, 목적이 있음으로써 그것을 실현하기 위한 운동이 일어나게 된다. 운동의 원인, 즉 목적인(目的因)이 역사를 추동하는 것이다. 이런 의미에서 세계국가의 형성은 하나의 목적인이 사라지고 또 다른 목적인이 등장했음을 의미할 수도 있다.

2) 웬트의 구성주의 국제정치이론에 대한 비판

웬트의 구성주의 국제정치이론은 전통적인 인과론적 물질론의 관점에서 벗어났다는 점에서 평가를 받았지만, 동시에 상당한 비판의 대상이 되어 왔다. 주목할 만한 비판을 정리해 보면 다음과 같다.

첫째, 웬트의 구성주의는 물질적 고려를 희생하면서 관념적 요소를 지나치게 강조한다는 점이다. 예를 들어 2003년 미국이 이라크를 공격한 이유는 이 지역의 석유 접근성을 확보하려는 전략적 이해관계와 에너지 안보에 대한 우려 때문이었다. 마찬가지로 2014년 러시아의 크름 합병에는 흑해 접근성과 세바스토폴 해군 기지 통제권 유지 등 지정학적, 전략적 동기가 있었다. 이러한 사례는 에너지 자원 및 전략적 위치와 관련된 물질적 이해관계가 국가 행동을 어떻게 추동하는지를 보여준다. 웬트의 구성주의는 이러한 물질적 요소를 간과하여 이론의 설명력이 제한적이라는 비판을 받는다. 게다가 웬트는 관념의 중요성을 강조하면서도 비판에 대응하기 위해 물질도 중요하다고 말함으로써 '케익주의(cakeism, 케이크를 먹기도 하고 가지고 있기도 하려는 비현실성)'의 오류를 범하고 있다는 지적이 있다. 앞서 Hungry for more?에서 다룬 웬트의 "잔존 물질론(rump materialism)"을 여기서 재론할 필요는 없지만 웬트의 '양다리 걸치기'는 옹색한 입장일 수밖에 없다.

둘째, 구성주의는 규범이나 정체성과 같은 추상적 개념을 다루기 때문에 경험적 검증을 위한 구체적이고 측정 가능한 기준을 제공하기 어렵다는 비판이다. 구성주의가 경험적으로 검증하기 어렵다는 점은 이론의 정확성(accuracy), 타당성(validity), 일반화 가능성(generalizability), 예측력(predictive power)에 대한 우려를 불러일으킨다. 강력한 경험적 증거가 없다면 국제정치 현상을 정확하게 설명하는 이론의 능력, 신뢰할 수 있는 통찰력을 제공하는 타당성, 다양한 상황과 사례에 대한 일반화 가능성, 특정 상황이나 위기에서의 국가 행동에 대한 예측력은 제한적일 수밖에 없다.

셋째, 웬트의 구성주의가 기초해 있는 존재론이 논리적으로 일관성이 없다는 지적이다. 웬트는 구조와 주체는 상호구성의 관계에 있다고 강조하지만, 실제로 그가 그렇게 생각하는지는 의문이라는 것이다. 예를 들어, 웬트는 "구조적 제약(structural constraint)"이라는 개념을 사용하는데,[5] '제약'이라는 말 자체가 구조에 대한 주체의 실질적 구성 능력을 인정하는지 의문을 불러일으킨다. 비판자들은 웬트가 진정한 구성주의자라면 제약과 같은 물질론적이고 결정론적인 개념이 아닌 "규범적 영향(normative influence)" 또는 "집단적 규범의 형성(collective normative shaping)"과 같은 구성주의적 용어를 사용해야 했다고 지적한다.

넷째, 웬트의 접근법이 국가나 집단 내 동질성을 가정하는 본질주의적 가정(essentialist assumption)을 담고 있을 수 있다는 비판이다. 웬트의 이론이 국가 내 정체성의 다양성과 복잡성을 지나치게 단순화하여 문화적 역학에 대한 환원주의적 이해로 이어질 수 있다는 점을 지적하는 것이다. 예를 들어, 다양한 민족, 역사, 문화, 언어가 공존하는 다민족 국가인 러시아를 본질주의적으로 가정하면, 러시아의 외교정책에 대한 지나치게 단순화된 설명과 이해가 초래될 수밖에 없다.

구성주의는 전통적인 물질론에서 벗어나 규범이나 정체성의 개념을 도입하여 국제정치에서 주관적, 관념적 요인의 중요성을 강조하고, 구조결정론을 극복하여 상호구성과 상호작용의 의미를 부각하며 국제정치의 사회적 성격을 드러내는 등 이론적 다원주의를 강화하고 국제정치적 담론을 풍요롭게 했다. 그러나 위에서 제기된 비판은 국제정치학계에서 현재 진행 중인 이론적 논쟁의 주소를 가리킨다. 웬트를 포함하는 구성주의자들은 이러한 비판이 제기하는 문제를 해결하고 국제 정치의 복잡성과 복합성에 대한 설명력과 이해의 수준을 높이기 위해 지속적으로 수정하고 보완하는 노력을 기울이고 있다.

2. 존재론적 안보론

웬트는 신현실주의의 메타이론을 비판하고 관점의 전환을 제시한 핵심적인 구성주의자이다. 그러나 웬트 외에도 구성주의 관점을 국제정치 영역에서 이론화하고 경험적으로 검증하고 있는 일련의 성찰적 학자들은 최근 들어 상당한 관심과 주목의 대상이 되고 있다. 대표적 인물로서 오하이오주립대의 미첸(Jenniffer Mitzen)과 유타대의 스틸(Brent Steele) 등은 1960년대 랭(Ronald David Laing)이 도입하고 1980년대 기든스(Anthony Giddens)가 사회학에 접목한 "존재론적 안보(ontological security)"라는 개념을 국가 간 관계에 적용하였다. 그들은 국가는 국제정치의 자구체제에서 비롯되는 '물리적 공포(fear)'뿐 아니라, 일상적 개인과 마찬가지로, 불확실성 하에서 생활하는 하나의 존재로서 항상적인 '불안감(anxiety)'[6]에서 벗어나기 위해 자신이 경험하는 세상이 안정적이고 예측 가능하다고 인식하게 해주는 '확립된 행동의 패턴', 즉 일과(日課, routines)를 습관적, 강박적으로 반복하거나, 자신의 정체성에 대해 긍정적인 자전적 서사(自傳的 敍事, autobiographical narratives)를 구축하고 그것을 지속적으로 실천함으로써 안정되고 연속된 정체성을 유지하려는 동기를 갖는다고 제시한다.

신현실주의 등 주류 국제정치이론에 따르면 안보는 무정부적 국제

담론과 서사

우리는 앞서 담론(discourse)에 대해 간단히 이야기하고 넘어 갔지만, 여기서는 서사(narrative)와의 관계 속에서 담론을 파악해 보기로 한다. 국제정치이론에서 '담론'과 '서사'라는 개념은 국제 행위자들과 국제정치이론가들이 국제정치 현상을 이해하고, 서술하며, 분석하는 방식을 형성하는 데 중요한 역할을 한다. 두 개념 모두 언어와 소통과 관련이 있지만, 각각 독특한 의미를 가지고 있다. 담론은 특정 주제나 이슈가 어떻게 논의되고 이해되는지를 결정하는 지식의 광범위한 틀과 표현의 체계를 가리킨다. 담론은 특정 문화적 또는 사회적 맥락 내에서 '무엇을 말할 수 있는지', '누가 말할 수 있는지', '가능한 해석과 의미가 무엇인지'를 결정하는 데 역할을 한다. 지식의 생산과 권력 관계를 포괄하며, 국제정치에서 주체와 객체가 어떻게 구성되는지에 영향을 미친다. 국제정치에서 서사는 사건들을 의미 있는 틀에 놓고 그 속에서 행해지는 기승전결을 가진 특정한 서술이나 이야기를 가리킨다. 국제정치에서 서사는 복잡한 국제정치적 사건들을 서로 연결하고 일관된 인과적, 도덕적 방식으로 설명하면서 특정 행동이나 정책을 정당화하거나 비판하는 데 사용될 수 있다.

　예를 들어 북한과 미국 간의 국제정치적 맥락에서도 담론과 서사는 인식과 정책 형성에 중요한 역할을 한다. 북한과 미국 간의 담론은 핵무기 확산 및 안보 위협, 최악의 인권 상태, 아시아-태평양 지역의 지정학적 불안정성에 초점을 맞추고 있다. 이 담론은 북한의 핵 개발에 대한 적절한 대응, 제재의 정당성과 그 영향, 외교 대 군사 행동의 역할에 대한 전 세계적인 논의뿐 아니라 중국이나 러시아와 같은 강대국의 책임에 대한 토론도 포함한다. 이러한 이 담론 내에서, 미국과 북한은 경쟁적인 서사를 가지고 있다. 미국은 북한을 핵 야망과 예측 불가능한 행동으로 국제안보에 중대한 위협을 가하는 "불량국가(rogue state)"이며 자국민의 인권을 광범위하고 조직적으로 침해하는 "폐쇄적인 독재국가(oppressive regime)"이고 국제법과 규범을 무시하고 위반하여 국제사회에서 추방된 "방랑자 국가(pariah state)"로 묘사하고 있다. 북한의 서사는 자신이 국제규범인 국가주권과 내정 불간섭의 원칙을 무시하는 제국주의 미국의 강권과 횡포에 의해 포위된 나라이며, 핵 프로그램은 미국의 적대적 행동과 공격에 대한 자위적 수단이라고 강조한다. 북한은 "지배주의 세력의 불가역적 쇠퇴 몰락"과 "반제 자주역량의 불가역적 확대 강화"를 내다보며 자신이 "주체, 자주, 반제"의 화신이라고 묘사한다. 뒤에서 토론하겠지만, 존재론적 안보론에 따르면 국가의 '자아-정체성'을 구성하는 이러한 '자전적 서사(自傳的 敍事)'는 해당 국가의 심리적, 정신적 안보를 위해 지속적으로 유지/강화될 필요가 있다.

체제하에서 국민, 주권, 영토, 국익을 보호하는 국가의 능력의 관점에서 정의되며, 물적 자원과 군사적 수단을 통해 확보될 수 있다. 이러한 물질론적 관점과는 달리, 구성주의적 개념인 존재론적 안보론은 사회적 구성물인 '자아-정체성(self-identity)'이 국가안보의 중요한 일부를 구성한다고 본다. 이러한 정체성을 안정적으로 유지하고 이를 바탕으로 예측 가능한 '자아-타자 관계' 또는 사회적 관계를 형성하고 유지하는 것이 안보를 위한 '합리적' 행위라는 것이다. 아래에서는 이 이론의 시조라 할 수 있는 랭과 기든스의 발상에 대해 살펴보기로 한다.

1) 랭과 기든스의 존재론적 불안감

스코틀랜드의 정신과 의사 랭은 존재론적 안보론의 정신분석학적 시조(theoretical precursor)라 할 수 있다. 그는 1960년에 출간한 『분열된 자아(The Divided Self: An Existential Study in Sanity and Madness)』에서 환자를 물질적, 생물학적 관점에서 객체화하는 정신의학의 의학적 모델(medical model)을 비판하였다. 그는 정신병이 뇌의 문제라기보다는 사회적으로 구성되는 개념으로 이해될 수 있는, "분열된 자아"의 결과라고 보았다. 다시 말해, 그는 정신분열증을 뇌 세포가 망가진 결과로 보지 않고, 개인 내부에 존재하는 실제로 존재하는 '참 자아(true self)'와 세상에 드러내는 '거짓 자아(false self)' 간의 긴장으로 파악하였던 것이다. 그에 따르면 정신분열증은 '참 자아'가 외부 세계의 감당하기 어려운 요구와 압박에 의해 불안하고 위협받는 상황에서 환자가, 다른 사람들에게는 비이성적으로 보이는(seemingly irrational), 그러나 그에게는 정상적이고 합리적으로 대처하는 한 방법이다. '참 자아'는 자신의 생각, 느낌, 경험을 가지는 사적(private) 정체성이다. 그러나 이 '참 자아'는 사회나 가족에게 인정받을 수 없는 감정, 욕구, 시각을 포함할 수 있다. '거짓 자아' 또는 '사회적 자아'는 개인이 사회적 기대에 부응하고 사회생활에서 거부되지 않기 위해 만들어내는 "전면(front)" 또는 "탈(mask)"이자 '제정신인(sane)' "페르소나(persona)"이다.[7] 이 페르소나는 타자들에 의해 적당하다고 인정되는 방식으로 행위하며 그 과정에서 '참 자아'를 억누르고 소외시킨다. 양 자아 간의 긴장은 내적 갈등과 실존적 불안감을 고조시킨다. 이러한 긴장이 감당할 수 있는 정도를 넘어서면 개인은 더 이상 위축될 수 없을 정도로 소외된 '참 자아'를 결국 상실하게 되고, 나아가 정신병의 증상을 외부로 드러내게 된다.

랭은 줄리(Julie)라는 환자의 경험을 들려준다. 줄리는 자신이 "사람이 아니라고 느끼며 그의 삶에는 "행복이 없다"고 말했다. 그는 "세상이 피부에 와 닿지 않으며 자신과 타자들 간에 보이지 않는 장벽이 있다"고 말했다. 그는 "자신이 공허하고 가치 없는 존재"이며 "잡초 정원의 유령(the ghost of the weed garden)이라는 느낌이 든다"고 말했다.[8] 줄리에 따르면 그의 어머니는 아들을 "원했다가 원하지 않았다"고 했

자아와 자아-정체성

자아(self)는 개인의 핵심 본성으로서, 그의 선천적 특성, 신념 및 의식을 포함한다. 이는 개인의 내적 존재의 가장 근본적인 측면을 의미하며 외부적 영향과는 독립적이다. 반면에 자아-정체성(self-identity)은 사회적 및 문화적 환경 내에서 개인이 스스로를 인식하는 구체적인 방식을 가리킨다. 이는 사회적 규범, 문화적 가치 및 대인관계와 같은 외부 요인에 의해 형성되는 개인의 자아에 대한 이해나 이야기를 포함한다. 국가가 자아-정체성을 갖고 있다는 말은, 예를 들어, 미국이 자신을 세계의 경찰이라고 인식하는 것과 같이 자신이 주체적으로 목적 달성을 위한 행동을 선택할 수 있으며, 이 인식은 외부 요인, 즉 국제정치, 외교정책, 역사적 역할 등과 같은 사회적 및 문화적 요인들에 의해 형성된 것을 의미한다. 자아-정체성은 간단히 정체성이라고도 불린다.

다. 그는 "서양의 태양, 즉 어머니가 증오로 여자로 만든 우연한 아들"이었다. 검은 태양의 광선은 그를 태우고 쪼그라들게 했다. 검은 태양 아래서 그는 죽은 존재로 존재했다. 랭은 줄리의 진정한 욕구와는 거리가 먼 순응적이고 수동적인 '거짓 자아'에 대한 가족, 특히 "모성적 강화(줄리의 '거짓 자아'를 더욱 강화시키는 행동. 즉, 줄리가 사회적 기대나 가족의 기대에 부응하도록 격려하거나 강요하는 행동)"가 줄리를 진정한 자아로부터 더욱 멀어지게 했다고 보았다. 그는 주체적으로 행동할 수 없었고, 타자들이 원하는 것을 생각 없이 수행하는 존재, 즉 정체성을 상실하여 존재론적으로 불안한 존재가 되었다. 랭은 주체성을 상실하고 자신을 죽은 존재로 느끼게 하는 정신분열증이란 "주관적으로 느끼는 정체성(subjectively felt identity)"과 "외부에서 부여된 정체성(externally ascribed identity)" 간의 극단적인 불일치의 결과로 진단했다.[9]

랭은 정신분열증을 겪는 개인의 '자아와 정체성'의 붕괴를 후기 근대 사회(late modern society)가 개인을 상품화하고 비인격화하는 소외적인 사회적 관계의 냉정함으로부터 발생하는 '인간이라는 존재'의 실존적 불안감(existential anxiety)과 연결시켰다. 여기서 랭의 정신분석학을 상세히 다룰 필요는 없지만, 그의 이론이 존재론적 안보론에 통찰을 제공하는 부분은 두 가지이다. 첫째, 그는 정신병을 개인의 뇌 문제로 보는 물질론적 환원주의에서 벗어나 정체성을 '사회적으로 구성된 관념'으로 이해하여 총체론적(holistic)으로 접근했다. 둘째, 그는 개인이 내적으로 붕괴되기 전에 분열된 자아, 즉 '참 자아'와 '거짓 자아'를 화해시키고 이들 간의 긴장을 완화하며 심리적 안녕감(安寧感, a sense of well-being)을 확보하고 유지하기 위해 그의 입장에서 모종의 합리적 전략을 마련한다고 보았다.

인간 개인의 영역에서 사회의 영역으로 존재론적 안보 개념을 확대 적용한 인물은 영국 캠브리지대의 사회학자 기든스였다. 그는 랭을 인용하거나 그로부터 지적인 영향을 받았다는 점을 인정하지 않았지만, 그의 존재론적 안보 개념은 랭의 실존적 불안감과 존재론적 불안감이라는 정신분석학적 개념을 사회학적으로 체계화하였다. 기든스는 존재론적 안보를 "인간이라는 존재가 무의식의 수준에서 그리고 실천적 의식의 수준에서 근본적인 실존적 문제에 대해 모종의 해법을 갖고 있는 상태"라고 정의하였다.[10]

기든스에 따르면 20세기 중반의 후기 근대 사회에서는 그동안 자아(self)적인 것과 사회적(social)인 것에 대해 기준과 틀을 잡아주던 "확실성(certainties)"이 의미를 상실한다. 급격한 사회적 변동, 글로벌리제이션,[11] 그리고 가족, 공동체, 종교 등과 같은 개인적/사회적 안정

실존적이란?

'실존적(existential)'이라는 용어는 개인의 삶의 외적이고 객관적인 측면을 강조하는 본질주의적 접근법과는 달리, 개인적 경험과 주관적 의미, 개인의 자유 의지와 주체성(agency), 그리고 모든 존재가 갖고 있는 근본적인 불안감에 초점을 두는 현상학적(phenomenological) 또는 구성주의적 개념이다. 여기서 '개인의 삶의 실존적 맥락'이란 사람들이 삶의 의미를 찾고, 소외감과 싸우고, 자유와 책임의 문제를 다루고, 죽음을 고민하는 등 인간 존재의 근본적인 측면, 즉 인간 심리에 깊이 위치한 실존적 불안과 씨름하는 방식을 가리킨다. 이러한 실존적 맥락에서 사람들은 자신이 누구인지, 삶의 목적이 무엇인지, 세상에서 자신의 위치가 어떠한지에 대한 광범위한 질문을 던지며, 자신의 삶의 의미를 이해하려 하는 것이다.

의 전통적 원천의 약화를 동반한 후기 근대 사회는 항상적인 불안감(anxiety), 방향 감각 상실(disorientation), 소외감(alienation) 등 인간이라는 존재로서의 안보를 위협한다는 말이다. 그 결과는 "자아-성찰적(self-reflexive)"인 개인의 양산이다. 사람들이 자신과 자신의 환경, 그리고 현재와 미래에 대해 늘 의심하고 걱정하며 생각을 많이 하게 된다는 것이다. 이러한 상황에서 '자아-성찰적'인 개인은 항상적인 불안감으로부터 도피하기 위한 "대처 방법(coping mechanism)"을 찾게 된다. 기든스는 이 맥락에서 불확실성을 인위적으로 축소하는 "일상(routines of day-to-day life)"과 자신이 만든 자신에 대한 긍정적 이야기라 할 수 있는 '자전적 서사'를 창출하고 계속 이어가는 개인의 능력을 강조하였다.[12] 여기서 일상이란 개인의 습관화된 행동 패턴을 말하는데 이는 개인이 사회생활에서 안정감과 예측 가능성을 유지하는 데 중요한 역할

신자유주의적 글로벌리제이션

글로벌리제이션(globalization)은 상품과 서비스, 기술, 투자, 사람, 정보가 국경을 넘나들며 무역이 이루어짐으로써 세계 경제, 문화, 인구의 상호의존성이 커지는 현상으로 정의될 수 있다. 특히 경제적 글로벌리제이션은 전 세계가 하나의 시장으로 통합되는 과정을 의미한다. 이는 상품과 서비스, 자본, 노동력이 전 세계적으로 거래되고 정보와 연구 결과가 국가 간에 쉽게 이동하는 것을 포함한다. 다른 관점에서 보면, 글로벌리제이션은 자본의 논리, 즉 이윤의 논리가 전 세계적으로 급속히 확산되는 것을 가리킨다. 일부 학자들은 이를 "신자유주의의 글로벌리제이션(globalization of neoliberalism)"이라고 부른다. 이러한 시각에서 보면 글로벌리제이션은 자본주의의 태동에서부터 시작된 과정이며, 20세기 말 냉전의 종식에 의해 탄력을 받은 자연스러운 자본의 운동이라고 할 수 있다.

이와 같은 자본의 운동에 정부의 역할 제한 및 민영화로 요약될 수 있는 신자유주의라는 이념이 가속도를 붙였다. 영국의 대처(Margaret Thatcher) 수상과 미국의 레이건(Ronald Reagan) 대통령이 주도한 신자유주의적 글로벌리제이션은 각국의 경제 및 사회 정책의 패러다임을 바꾸어 놓았다. 복지국가 개념을 '영국 병'으로 지적하며 이를 치료하기 위한 '대처주의(Thatcherism)'를 내세운 영국은 정부의 경제 개입 축소, 국영 기업의 민영화, 공공 지출 삭감 등을 추진하였다. 이러한 변화는 경제적 자유와 개인 기업가 정신이 성장과 복지의 열쇠라고 주장하는 신자유주의 이념의 영향을 받은 시장 중심 정책으로의 광범위한 변화의 일부였다. 시장 메커니즘이 보다 효율적이고 비용 대비 효과적인 서비스 제공으로 이어질 것이라는 믿음에 기반한 신자유주의적 대처주의는 의료, 주택, 교육 등 과거 공공 공급이 주를 이루던 영역에 민간 부문이 대거 참여하게 하여 사회 정책과 사회 체제 전반에 일대 전환을 가져왔다.

을 한다. 자전적 서사는 자기 이해와 자아 정체성의 일관성을 제공하여 삶의 방향성과 의미를 부여한다.

일상의 예로서 취침하기 전에 현관 문이 잠겨 있는지 매일 밤 확인하는 습관(daily routine)을 들 수 있다. 이를 통해 개인은 잠재적인 침입자로부터 보호되고 있다는 안전감을 느낄 수 있다. 엄마나 아빠가 매일 밤 어린아이가 잠들기 전에 책을 읽어주는 것도 아이에게 친숙성, 반복성, 연속성을 느끼게 해주는 일상의 예가 될 수 있다. 기든스에 따르면 일상은 안정성과 연속성을 인지적 차원에서 담보해주는 정신적 과정이자 인지적 구조라 할 수 있는 이른바 "인지적 고치(cognitive cocoon)"를 구성한다. 즉 개인은 일상을 방해하거나 교란할 수 있는 상상 가능한 사건들에 대한 지식들을 걸러내고(filter out) 자신의 인지적 세계가 지속적이고 안정적으로 재생산될 것이라고 믿게 만드는 단단한 실용적 의식의 보호막을 만들려 한다는 것이다.[13] 그들은 세상의 위험과 위협을 인지적으로 차단하는 이러한 보호막 속에서 자신의 일상에 습관적, 강박적으로 몰두함으로써 질서, 예측 가능성, 환경에 대한 통제가 가능하다는 심리적 안정감을 얻으려 한다. 물론 이 보호막 속에서 이뤄지는 일상은 '안전하다는 확신'이라기보다는 본질적으로 '비현실감(a sense of unreality)'에 터해 있다. 왜냐하면 그것은 불안감의 원천인 위험 자체(risk per se)를 제거하지는 못하기 때문이다.[14]

기든스에 따르면 "타인들의 행동에 대한 신뢰성과 사회 구조의 예측 가능성에 대한 확신(confidence)"으로 정의되는 "기초 신뢰(basic trust, 예를 들어, 갓난아기는 부모가 그의 필요를 일관성 있고 예측 가능하게, 즉 '반드시' 충족시켜준다고 느낄 때 '최초로' 기초 신뢰를 형성한다)"는 그가 일과를 잘 따라갈 수 있게 만들고, 일과가 일정 부분 방해받는 경우에도 다시 복귀할 수 있도록 해주는 역할을 한다. 그러나 급변하는 후기 근대 사회에서와 같이 안정적인 사회적 질서에 대한 '기초 신뢰'가 무너지면 혼란스러운 현재와 알 수 없는 미래가 야기하는 존재론적 불안감이 고조되고, 이에 대처하고 정체성을 재창출할 수 있게 해주는 대안적인 심리적 도구가 필요해진다.

이런 상황에서 "정합적(coherent)이면서도 지속적으로 수정되는 자전적 서사를 구성하는 자아의 성찰적 프로젝트가 진수된다."[15] "자신의 삶, 자아, 세상에 대해 긍정적으로 평가하고 표현하는 이야기"인 이러한 자전적 서사는 불확실성과 불안감에 직면해 있는 개인에게 자신의 정체성과 주체성을 회복/강화하는 역할을 한다. 그러나 자전적 서사는 사실일 필요는 없다. 자전적 서사에서 중요한 것은, 실제 경험적 사실과의 일치가 아니라 서사 내에 모순이 없는 정합성이고, 또한 한번 구축된 서사와 추후에 수정/보완될 서사와의 내적 일관성이다. 이런 맥락에서 "선택적" 기억과 서술, 나아가 "나르시시즘(narcissism)"을 표출하는 것은 존재론적 안보행위의 일부로 흔히 관찰되는 현상이다.[16]

자전적 서사가 자신과 타자들에게 이해되기 위해서는 정합성과 일관성이 중요하지만, 정체성과 목적의식의 안정성을 위해서는 "타자들과의 관계에서 그것이 오래 지속될 수 있다(durable social relations)"는 "연속성에 대한 자신감(a sense of autobiographical continuity)"이 무엇보다 중요하다.[17] 개인이 자신의 자전적 서사가 방해받지 않고 지속될 것이라고 믿음으로써 존재론적 안정감을 느끼고, 타인과의 상호작용을 통해 이를 확인하고 검증하는 일상의 예는 '가족 우선(family-first)'이라는 서사에서 관찰될 수 있다. 예를 들어, 다른 무엇보다 가족을 우선시하고 가족 관계를 발전시키고 가족 역할을 수행하는 데 시간을 내고 노력을 기울이는 사람을 생각해 보자. 이 사람의 자전적 서사는 가족 간의 유대와 책임의 중요성을 중심으로 구성되고 전개된다. 가족 가치에 대한 헌신에 대해 주변 사람들로부터 지속적으로 인정을 받을 때 그의 존재론적 안정감이 강화된다. 이러한 인정은 그의 '정체성 확실성(identity certainty)'을 창출하고 주체성을 확인시켜주며, 삶의 목적의식을 제공하여 그의 존재론적 안보에 기여한다. 그러나 자전적 서사의 연속성이 외적 요인이나 환경에 의해 원치 않게 중단되면, 개인은 친숙한 서사가 주는 심리적 안정감을 잃고 자신의 정체성을 재정의해야 하는 혼란과 난관에 빠질 수 있다. 이로 인해 존재론적 안보가 위협받고, 그 결과 불안감, 마비, 폭력이 초래될 수 있다.

2) 미첸의 존재론적 안보: 일상에 대한 집착

랭의 정신분석학적 연구[18]와 기든스의 사회학적 통찰에서 영감을 얻은 국제정치학자 미첸은 '항상적 불안감'을 개념화하고 체계화하기 위해 우선 잠재적인 위험으로 가득 차 있는 현대 사회에서 개인이 직면하고 있는 '물리적 위험'과 '사회적 위험'을 구분한다. 예를 들어, 이웃이 느닷없이 공격하거나 태풍이나 해일이 집을 덮칠 수 있는 상황은 물리적 위험이다. 반면에, 직장에서의 해고나 배우자의 이탈과 같은 상황은 사회적 위험이다. 물리적 위험은 일기예보처럼 어느 정도 정확하게 예측할 수 있어 대비할 수 있지만, 사회적 위험은 불확실성이 높고 복잡한 사회적 역학관계와 개인적 관계의 영향을 많이 받는다. 그러나 확률이 객관적으로 알려져 있는 이러한 위험(risk)보다 더 중요한 것은 과거의 경험이나 데이터를 통한 예측이 전혀 불가능한 "근본적 불확실성(fundamental uncertainty)" 또는 "심층적 불확실성(hard uncertainty)"이다.[19]

근본적 불확실성은 행위자가 일어날 수 있는 사건에 대해 확률을 할당할 수 있다는 확신을 갖지 못하도록 만든다. 모든 사회적 행위자는 일상적인 삶의 이면에 '혼돈이 숨어 있다'는 것을 본질적이고 직감적으로 알고 있다. 이러한 혼돈에 대한 인식의 지속은 엄청난 불안을 야기하여 개인이 어떤 위협은 대처 가능하고 또 어떤 위협은 그렇지 않은지 구분하기 어렵게 만든다. 경우에 따라 개인은 아예 어떠한 행위조차 할 수 없는 상황에 이를 수도 있다. 행위자가 모든 가능한 우발적 상황을 상상할 수 있다고 가정하더라도 그 모든 위협이 현실화되는 것을 막을 방도는 없다. 이러한 무력감과 좌절감은 불안감을 증폭시키고 행동할 수 있는 능력을 마비시킨다. 따라서 개인이 '나 자신'이 되어 행위를 하기 위해서는 불확실성을 감당할 수 있는 수준으로 낮추고, 주변 환경이 예측 가능하게 재생산된다는 확신이 필요하다. 물론 여기서 확신이라는 것은 불확실성의 객관적 수준이 아니라 내적이고 주관적인 확실성을 말한다. 객관적으로 불확실성이 높더라도 주관적으로 낮다고 인식되면 그것이 효과를 가지게 된다.

이와 같이 존재론적 불안감을 개념화하고 체계화한 미첸은 국제정치학자로서 랭과 기든스에게서 얻은 개인의 '항상적인 존재론적 불안감'과 그것이 가지는 정체성과의 관계에 대한 통찰을 국제정치 연구에서 그대로 사용할 수 있는지 고민했다. 그는 세 가지 이유를 들어 그렇게 할 수 있다고 주장한다.

첫째, 국가들은 자신의 "몸(national body, 영토 또는 주권)"을 보호하는 것과 마찬가지로 "자기 자신(selves)" 또는 정체성(identities)을 보호하려 한다. 따라서 국가들이 존재론적 안보를 추구한다는 말은 그들이 물리적 안보를 추구한다는 말만큼이나 타당하고 정당화될 수 있다.

미첸은 이런 맥락에서 존재론적 안보를 몸이 아닌 자아의 안보, 즉 "내가 누구인지를 주관적으로 확신할 수 있는 상태"로 정의한다.[20]

둘째, 국가의 정체성과 고유성은 개인의 정체성과 안정감에 직접적인 영향을 미치기 때문에 이 두 주체는 정서적으로 연결되어 있다. 국가가 고유한 정체성을 유지하기 위해 행동할 때, 국가는 국민의 존재론적 안보를 지원하여 국가에 대한 그들의 정서적 애착을 강화할 수 있다. 이러한 정서적 유대는 국가가 옹호하고 반영하는 가치, 전통, 서사를 가진 고유한 공동체에 소속되어 있다는 공유된 경험을 통해 강화된다. 따라서 국가와 국민은 예측할 수 없는 세계 속에서 정체성을 상호 강화하고 존재론적 안보를 함께 추구함으로써 정서적으로 연결되며 (emotionally connected), "국가의 인격화(state personification)"는 충분히 가능하다.[21]

셋째, 대부분의 국가가 대부분의 경우, 즉 정권 유형, 지도자의 성격 또는 세력균형에서 차지하는 위치에 관계없이 "반사적으로 또는 일상적으로(unreflexively or routinely)" 국제법을 따른다는 사실이다. 유사한 맥락에서, 국가가 존재론적 안보를 추구한다고 가정하면 오랜 시간 동안 다양한 의사결정권자가 비슷한 행동을 보이는 이유를 이해할 수 있는 사회학적 근거가 마련된다. 덜레스(John Foster Dulles), 케네디(John F. Kennedy), 닉슨(Richard Nixon), 레이건(Ronald Reagan)은 성격 면에서 매우 다른 인물들이었고, 그들이 활동하던 세대도 상이하다. 그러나 소련의 행위에 대응하며 보여주었던 그들의 행동은 매우 유사했다. 소련을 극도로 불신했고, 그에 걸맞는 비이성적인 행동을 일상적으로 지속했다. 이러한 합리성에 대한 장애물이 세대를 달리하는 서로 다른 의사결정자들 사이에 공히 작용했다는 사실은 집합적 행위자

(corporate agent)인 국가의 성격과 관련된 그 어떤 것이 이러한 연속성(불신)을 (재)생산한 것으로 볼 수 있다. 요컨대, 국가가 개인처럼 존재론적 안보를 추구한다고 가정하면 미시적 수준의 변화에도 불구하고 이러한 거시적 수준의 패턴을 설명할 수 있다.

미첸에 따르면 이러한 이유들이 정당화될 수 있다면 국제정치에서의 존재론적 안보라는 개념은 물리적 안보라는 전통적 개념과 함께 국제정치의 동학과 패턴을 보다 포괄적으로 설명하고 이해하는 데 기여할 수 있다. 미첸에게 있어 국가들이 존재론적 불안감에서 벗어나는 주요 방법은 "외부로부터의 정보나 자극에 대한 '내적으로 프로그램된' 인지적-행태적 반응"이라고 정의되는 소위 일상(routines)에 파묻히는 것이다. 이러한 일상화된 반응은 생각 없이 하는 습관적 행동이다. 그것은 선택된 것이 아니고 당연시되는 것이다. 생각은 억눌린다. 사실 이러한 "생각의 억제(suppression of reflection)"는 존재론적 안보를 발생시키는 동력의 원천이다.

일상은 현재적 또는 잠재적 외적 자극에 대해 기계적이고 자동적으로 반응할 수 있도록 함으로써 국가의 '거칠고 사나운 인지적 환경'을 진정시키고 어려운 '의도적 선택의 영역'을 제한해주는 역할을 한다. 국가가 애써 힘들게 고민할 필요없이 일상을 기계적으로 따라가면 자신의 타국들과의 관계가 안정적으로 재생산되고 또한 그것이 제공하는 국제정치적 삶의 연속성과 예측 가능성이 그의 존재론적 안보가 달성될 수 있게 한다는 것이다. 일상에 매달리는 것이 물리적 안보를 위협한다 하더라도 존재론적 안보를 위해서는 그것이 더 합리적일 수 있다.

미첸은 '일상에 대한 집착'이라는 자신의 논지를 경험적으로 정당화하기 위해 몇 가지 사례를 든다. 우선 그는 국제체제에서 안보딜레마가 왜 지배적 패턴인지, 다시 말해, 국가들은 '상호 협력'하면 원-원 할 수 있는데 왜 구태여 고집스럽게 '상호 배신'을 선택하는지를 그의 존재론적 안보론으로 설명할 수 있다고 주장한다. 미첸의 논리는 앞서 우리가 다룬 '죄수의 딜레마' 개념에 기초해 있다. 안보 또는 생존을 추구하는, 그러나 상대가 어떤 유형의 국가인지를 모르는 두 개의 국가가 서로를 배신할 수밖에 없는 상황이다. 여기서 그는 "유형 불확실성(type uncertainty)"이라는 개념을 사용하는데 이는 상호작용하는 상대의 진정한 의도나 성격에 대한 명료성 또는 확실성의 결핍을 의미한다. 국가들은 원-원을 위해 협력을 선호하지만 '바보(sucker)'가 되지 않기 위해 지속적으로 배신을 선택하게 되는 것이다. 요컨대, 두 국가는 최초에는 생존을 추구하는 보수적 행위자였지만 불확실성으로 인해 상대를 배신할 수밖에 없고, 상대 또한 같은 방식으로 대응할 수밖에 없으며, 갈등이나 전쟁이라는 함정에 빠지게 된다. 여기까지는 현실주의자들의 논리와 같다.

미첸은 여기서 존재론적 안보가 개입하는 과정을 서술한다. 죄수의 딜레마의 상황에서 국가들은 반복적 상호작용을 통해 의도는 아니더라도 서로의 행동 패턴을 알게 되고 미래의 행동에 대해서도 추론할 수 있게 된다. 그들은 "행태적 측면에서 확실성을 획득"하게 되는 것이다. 이들 국가는 "경쟁적인 일상의 행태적 확실성(behavioral certainty of competitive routines)"을 확보함으로써 '유형 불확실성'의 문제를 극복할 수 있다. 최소한 예측을 할 수 있게 된 국가들은 갈등이나 전쟁을 방지할 수는 없더라도 상황에 대해 어느 정도의 통제력을 갖고 계획을 할 수 있다. 이들은 상대를 두려워하고 불신할 수는 있지만 그러한 공포 때문에 행동이 마비되지는 않는다. 결론적으로, 서로에 집중할 수 있게 된 이들 국가는 특정한 인지적, 행태적 반응을 습관적으로 노정하게 된다. 복잡하고 적대적인 환경에 대해 일정한 정도 익숙해져서 이른바 '인지적 지배력(cognitive mastery)'을 확보하게 되는 것이다.

미첸에 따르면, 인지적 지배력을 갖게 된 국가들이 경쟁적 일상에 구체화되어 있는 자신의 정체성을 확인하고, 경쟁 그 자체를 목적으로 확정하며, 그것에 집착하게 되는 순간이 온다. 경쟁자라는 정체성을 가진 이상, 합리적 행위자는 경쟁적 행위를 반복하면서 자신의 정체성을 확인하고 재확인하게 된다. 정체성에 기초한 존재론적 안보를 확보하고 유지하기 위해 한 국가가 다른 국가의 '경쟁적 행위를 먹고' 살아가는 것이다.

이런 의미에서 안보딜레마를 유지하는 것은 "합동 행위(joint activity)"이며, 상호인정에 의해 유지되는 사회적 구조이고 집단적 정체성의 한 유형이라 할 수 있다. 이 상황에서 국가들은 혼자 행위하는 것이 아니라 하나의 전체로서, 즉 "우리"라는 관념을 가지고 행동하는 것이기 때문에 이러한 '합동적 갈등 행위'를 그만두기는 매우 어렵다. 이 순간부터 생존 추구의 수단으로 시작된 조심스럽고 보수적인 경쟁이 목적 자체가 된다.

익숙해진 갈등에 대한 집착은 성찰의 대상이 될 수 없고 경직되어 지속될 수밖에 없다. 각 국가는 정체성과 주체성을 유지하기 위해 지속적으로 갈등을 재생산할 수밖에 없게 되는 것이다. 이제 국가들은 타국(들)이 크게 위협적이지 않은 생존 추구형 국가라는 점을 가리키는 그 어떤 정보도 받아들이지 않는다. 그러한 정보를 '찾으려 하지 않는다'고 하는 것이 더 정확한 표현이다.

요컨대, 일상화된 경쟁을 통해 존재론적 안보의 필요가 충족되는 상황에서는 '국가들이 안보딜레마에 직면해 있다'고 말하는 것은 정확하지도 현실적이지도 않은 표현이다. 주류 이론에 따르면 국제정치의 현실에서 안보딜레마에 빠져 있는 합리적 국가들은 '윈-윈'이라는 '파레토 최적(Pareto optimal)'을 기대하고 불신을 완화하고 소통을 강화하는 협력이라는 옵션을 선호하지만, 동시에 상대의 배신에 의해 순진한 '바보'가 될 개연성을 우려한다.

그러나 미첸에 따르면, 일상화되어 있는 '경쟁을 먹고 사는' 국가들은 그러한 걱정을 하지 않는다. 그들은 내면 깊은 곳에서 협력이 아닌 갈등을 선호한다. 오로지 친숙한 갈등을 통해서만 '자신이 누구인지'를 알 수 있기 때문이다. 국가들은 안보딜레마가 자신의 물리적 안보를 위협하더라도 불확실한 세계에서 자신의 정체성을 확인하고 존재론적 안보를 확보하기 위해 딜레마에 빠져 있는 것이 더 중요하다고 느낄 수 있다. 국가들은 안보딜레마를 벗어나지 못하는 것이 아니라, "벗어나고 싶어 하지 않을 수 있다"는 것이다.[22]

미첸은 국가들이 자신의 물리적 안보가 위협받는다 하더라도 자신의 정체성을 확인하고 존재론적 안보를 확보하기 위해 일상에 매몰되는 구체적인 사례로 오슬로협정을 붕괴시킨 '갈등적 일상에 고착'된 이스라엘과 팔레스타인의 심리적 욕구를 들고 있다. 그에 따르면, 양 행위자 간 갈등의 오래된 습관과 일상은 단계적인 신뢰구축 조치를 통한 학습, 즉 갈등에서 빠져나올 수 있는 길을 찾는 평화 프로세스인 오슬로협정(1993년 서명)에 대해 이들이 그러한 학습을 할 수 있는 기회를 주지 않았다. 지도자들이 평화를 원하더라도, 고착화된 행동 패턴은 이스라엘과 팔레스타인이 갈등의 악순환에서 벗어나기 어렵게 만들었다.

양측 모두 이러한 일상에 과도하게 익숙해져 있었기 때문에 새로운 가능성을 받아들이기보다는 '친숙한 두려움'에 따라 행동하기가 더 쉬웠다. "경직된 기초 신뢰(rigid or maladaptive basic trust, 따라서 기든스가 말하는 불건강한 기초 신뢰)"를 가진 이들이 오랜 습관을 버리는 것은 존재론적 불안감을 유발할 것이었다. 따라서 이스라엘은 오슬로합의서의 허점을 악용하여 팔레스타인 지역 내에 유대인 정착지를 건설하고, 팔레스타인은 테러를 충분히 억제하지 않았다. 이로 인해 양측은 물리적으로 안보를 보장할 수 있는 오슬로합의를 사실상 파괴하고 존재론적 안보를 제공하는 일상화된 적대와 갈등을 '생각 없이' '선택'하였다. 이스라엘과 팔레스타인은 적대와 갈등의 악순환에서 벗어나지 못하는 것이 아니라, 벗어나고 싶어 하지 않는 국가들의 일부였다.

이와 같이, 국가들은 타국의 의도와 관련한 "짙은 불확실성(deep uncertainty)"과 불안감(anxiety)을 줄이고 "존재로서의 안보(security-as-being)"를 추구하기 위해 '중요한 타국들(significant others)'과의 관계를 일상화하고 그러한 일과의 습관적 실천에 "고착(固着, attached)"된다는 미첸의 존재론적 안보론은 국가 행위의 현상유지적 경향뿐 아니라 물리적 안보를 위태롭게까지 하면서도 심리적, 정신적 안보를 고수하려는 '비합리적' 행태를 설명하고 이해하는 데 유용할 수 있다. 그에 따르면 존재론적 안보는 기본적인 욕구이며, 사회과학에서 기본 욕구가 중요한 문제로 제기된다면 그 목적은 행동의 변화를 설명하는 것이 아니라 행동의 연속성이 유지되는 과정을 밝히는 데 있다. 요컨대, 미첸의 존재론적 안보론은 협력적이든 갈등적이든 '감정적 행위자(emotional actors)'인 국가들 간의 사회적 관계가 변하기 어렵다는 점에 주목하는 이론이다.[23]

미첸의 이론을 현실주의적 관점과 요약적으로 대비해 보자. 첫째, 현실주의자들은 국가의 일상에 대한 집착과 지속적인 경쟁적 행동은 합리성과는 거리가 먼 병리적 현상이라고 주장한다. 그러나 미첸은 비합리적으로 보일 수 있는 일상 집착 현상은 불확실성 하의 행위자의 입장에서 보면 극히 합리적일 수 있다고 반박한다. 국가는 개인과 마찬가지로 자신이 자율적 주체라는 것을 확인하고 싶고, 그러기 위해서는 확고하고 일관적인 정체성이 필요하며, 그것은 낯선 불확실성이 아닌 친숙한 연속성과 예측 가능성이 담보되는 인지적 세계에서 생산되고 재생산될 수 있다는 것이다. 경우에 따라서는 물리적 안보에 대한 위협을 야기하는 일상이 존재론적 안보를 제공할 수 있기 때문에, 합리적 국가는 그로부터 탈출하는 방법을 배우지 못하거나 배우려고 하지 않을 수도 있다.

둘째, 현실주의자들은 일상에 대한 고착이라는 질병을 개별 국가 내부의 '첫 번째 이미지(정치 지도자들)' 또는 '두 번째 이미지(국내 정치)'에서 찾고 있지만, 미첸은 이러한 역기능적으로 보이는 행동의 주요 원인을 "국가들 사이('in between' states)", 즉 존재론적 안보에 대한 욕구를 충족시키는 "국가 간 일상(inter-state routines)"에서 찾아야 한다고 반론한다. 이는 미첸의 존재론적 안보론이 국제정치를 이해하는 데 있어 단순히 권력이나 이익의 차원을 넘어서 국가들이 어떻게 자신의 정체성을 구성하고 타 국가들과의 관계 속에서 이를 유지하려 하는지에 주목해야 한다는 구성주의적 사회 이론에 바탕을 두고 있다는 사실을 드러낸다.

3) 스틸의 존재론적 안보: 자전적 서사

유타대의 스틸도 역시 일상의 중요성을 강조한다. 그에 따르면 존재론적 안보의 주체는 기든스가 말한 "근본적인 실존적 문제에 대한 답"을 일상이라는 행위 형태로 찾고 그것을 재생산하려 한다. 이 일상은 주체의 삶의 구조를 정의하며, 주체는 이를 규칙적으로 확인한다. 스틸은 일상의 중요성에 대해서는 미첸과 공감하지만, 일상의 변화 가능성에 대해서는 이견을 가지고 있다. 미첸은 국가가 존재론적 안보를 위해 기계적으로 일상에 매몰되며 이것이 설사 자신의 물리적 생존을 위협한다 해도 예측 가능성의 중요성 때문에 그러한 습관적 행동을 포기하지 않을 수 있다고 주장하며, 일상을 국가 행위의 불변성을 설명하는 상수로 제시한다. 반면, 스틸은 국가는 자신의 행동과 정체성에 대해 성찰적 이해를 갖고 있으며, 이러한 성찰적 이해는 내적 대립과 불일치를 배태하고 있기 때문에 변화를 추동하는 힘을 갖고 있다고 말한다.[24] 이런 면에서 스틸은 '베이즈적 학습(Bayesian learning)'이라는 현실주의적 개념을 수용한다고 할 수 있다. 스틸은 일상이 제공하는 사회적 관계에서의 신뢰가 "교란적(disruptive) 상황" 또는 "중대한(critical) 상황"에 의해 위협받을 때 주체는 그의 일상적 행동을 성찰적으로 관찰(monitor)하며 필요하다면 변화를 모색할 수 있다고 제시한다. 여기서 '교란적 상황'이란 "상당수의 개인들에 영향을 미치는 예측 불가한 성격의 급격한 불연속(a radical disjuncture)"이 발생한 상황을 말한다.[25] 이 '교란적 상황'은 제도화된 일상에 대한 확신을 위협하거나 파괴하여 존재론적 불안감을 발생시킨다. 국가가 교란적 상황에 직면하면 어떻게 하는가? 이에 대한 스틸의 답은 '정체성을 바꾸기보다는 정체성에

베이즈적 학습

'베이즈'라는 용어는 '베이즈 정리(Bayes' Theorem)'를 공식화한 18세기 영국의 수학자이자 장로교 목사였던 토마스 베이즈(Thomas Bayes)의 이름에서 유래했다. 베이즈의 정리는 더 많은 증거나 정보가 입수됨에 따라 가설의 확률을 업데이트하는 수학적 방법을 제공한다. 이는 새로운 관련 정보의 통합에 따라 예측을 조정하는 과정을 공식화하기 때문에 '베이즈적 학습(learning)'의 기초가 된다. 베이즈적 방법은 새로운 데이터에 비추어 확률이나 예측을 업데이트하는 이 원리에 의존하며, 축적된 증거를 기반으로 학습의 지속적 과정을 반영하기 때문에 베이즈의 이름을 따서 명명되었다.

맞는 행동을 선택한다'이다. 이에 대해서는 뒤에서 사례를 들며 더 이야기해보자.

미첸과 스틸의 이론적 차이는 상이한 정책적 함의를 갖는다. 반복되는 갈등을 종식시키기 위해서는 '고착된 국가 간 일상'을 발견하고 이에 주의를 기울여야 한다는 것이 미첸 이론의 뚜렷한 시사점이다. 그는 "진실위원회(truth commissions)", "냉전역사패널(Cold War history panels)" 등 일시적으로 보이는 활동일지라도 집단이나 국가가 '자신에 대해 생각을 하는' 이른바 "성찰적 일상화(reflexive routinization)"를 달성하는 데 도움이 되기 때문에 변화의 필수 요소로 볼 수 있다고 주장한다. 그러나 스틸은 다르다. 그의 관점에 따르면 국가는 베이즈적으로 학습할 수 있는 능력을 갖고 있기 때문에 변화를 추동하는 내적 대립과 불일치를 격려하는 요인으로서 표현의 자유를 보호하고 독립적인 언론 매체를 지원하며 시민사회에 권한을 부여하는 정책이 중요하다고 본다.

이론적 문제에 대해 한 걸음 더 들어가보자면, 국가 주체성의 가변성과 관련한 스틸과 미첸의 차이는 '주체-구조 문제(the agent-structure problem)'에 대한 그들의 상이한 입장에서 비롯된다. 구성주의 관점을 공유하면서도 상대적 강조점이 다른 것이다. 국제환경과 국가 간 상호작용이 국가의 존재론적 불안의 주요 원인인가, 아니면 그러한 불안한 국가 간 상호작용은 단지 국가 자체의 정체성에 대한 불확실성의 결과일 뿐인가? 미첸은 사회학적인 접근인 전자의 방식을 따른다. 그는 국가 정체성이 "국가 자체의 본질적 속성이라기보다는 사회적 관계에 의해 구성되고 유지되는 것"이라고 주장한다. 미첸이 보기에 국가 정체성은 국제사회의 기초가 되는 간주관적인 의미에 필연적으로 의존할 수밖에 없고, 그 정체성이 지속되기 위해서는 "주요 타자들로부터의 인정(recognition from significant others)"이 필수적이다.

스틸은 미첸이 존재론적 안보 추구 과정에서 타국들의 역할 또는 사회적 관계의 중요성을 과장하고 있다고 본다.[26] 그는 국가의 정체성이 타국들과의 사회적 관계에 '의존'한다기보다는 사회적 관계에서 발생하는 '관련' 요소들을 처리하는 주체적 역할을 수행한다고 보고 있다. 다시 말해, 스틸은 "국가적 신화와 영광, 과거의 트라우마를 극복한 국가적 기억, 수치심에 대한 관념" 등 자전적 서사(autobiographical narratives)가 국가 행동을 설명하는 데 유용하다며 이는 국제체제에서의 자아-타자 관계의 결과로 환원될 수 없다고 지적한다.[27] 예를 들어, 그는 국가 주체들이 자신의 행위에 대해 "성찰적 모니터링(reflexive monitoring)"을 할 수 있는 능력을 갖고 있기 때문에 자신의 행위가 자신의 '자전적 서사'에 기초한 정체성에서 이탈할 때 모종의 "수치심

(shame)"이나 불안감을 느끼게 된다며 주체 내적 동학에 기초한 존재론적 안보론을 제시한다.[28]

대부분의 존재론적 안보론자들은 기든스의 자아의 간주관적 개념에서 출발했다. 미첸은 이러한 전통을 유지하며 국가 정체성의 구성에 대해 간주관적 또는 외적 접근을 선택한다. 스틸은 상대적으로 내적 또는 주관 내적 접근법에 기초하여 국가 지도자들은 그들이 정의하는 방식에 의한 '자아-정체성'의 필요를 충족시키려 한다고 주장한다. 다시 말해, 스틸은 사회적 상호작용에 대비되는 관념으로서 정체성에 관한 국가의 성찰적 이해에 초점을 맞춤으로써 방법론적 차원에서 '국가 간 사회적 관계'로부터 '국가 자체의 자전적 서사'로 이론적 강조점을 이동하고 있는 것이다.[29] 스틸은 국가도 개인처럼 존재론적 불안감과 실존적 불안감을 일상적으로 겪기 때문에 자신에 대해 긍정적이고 고무적인 자전적 서사에 의해 구성되는 자신의 '자아-정체성'에 대한 확실성을 확인함으로써 존재론적 안보를 확보하고자 한다고 주장한다. 말하자면, 국가는 건국사, 민족적 투쟁사 등 자아의 역사적 경험을 기록하고 사용하는 자전적 서사가 "존재론적 안보가 위협받고 실존적 불안감이 증대되는 심리적 위기 시에 자아에 대해 긍정적인 이야기(comforting stories about the self)를 반복적이고 지속적으로 들려줌으로써 '자아-정체성'을 확인하고 존재론적 안보를 확보할 수 있다"[30]는 말이다. 이러한 자전적 서사는 행위를 위한 지침을 제공하고 정체성에 대한 도전을 막아내는 방패의 역할을 수행한다. 그렇게 함으로써 국가는 연속성, 예측 가능성, 목적의식을 유지하면서 국제정치의 불확실성이 야기하는 존재론적 불안감을 최소화할 수 있다.

앞서 말했듯이, 국가가 교란적 상황에 직면하면 어떻게 대응하는

가? 스틸에 따르면 국가는 두 가지 선택지를 갖는다: 행동을 바꾸든가 정체성을 바꾸든가. 미첸은 국가가 존재론적 안보를 위해 이미 형성된 행동 패턴과 일상을 고수한다고 주장하는 반면, 스틸은 존재론적 안보에 대한 욕구가 국가로 하여금 정체성의 일관성과 연속성을 유지하기 위해 일상적 행동을 조정하게 만든다고 말한다. 즉, 성찰적인 국가는 교란적 상황에 직면하여 자신의 자전적 서사에 부합하는 방식으로 행동을 변화시킨다는 것이다.

스틸은 국가지도자들이 자국의 물질적 이익을 마다하고 국가적인 자전적 서사가 구성하는 정체성에 맞게 행동한 역사적 사례로서 미국의 내전(1861-1865) 시 불개입을 선택한 영국의 경우를 꼽았다. 그에 따르면 미국에서 남북전쟁이 일어났을 때 영국은 북부가 승리하지 못하도록 하기 위해 남부 편을 들며 개입하려 했다. 북부가 남부에 대해 실시한 해상봉쇄로 영국 방직산업에 필수적인 남부 면화의 수입에 지장이 초래되었다. 그리고 남부에서 노예들에 의한 폭동으로 인도주의적 위기가 발생할 수도 있었다. 못지않게 중요한 것은 북부가 승리하면 재통합된 강력한 미합중국이 영국령 캐나다를 넘보게 될 가능성이었다. 1862년에 이르러 미국 내전을 끝낼 수 있는 유일한 방법은 외부 세력에 의한 개입뿐인 것처럼 보였다. 그러나 링컨 대통령의 노예해방선언이 법제화(1863년 1월 1일)되고 노예들의 봉기가 일어나지 않자 내전의 성격(character of the war)이 급변하였다. 노예해방은 남북전쟁을 연방(the Union)의 보존을 위한 투쟁(노예제는 주변적인 문제)에서 노예제에 반대하는 도덕적 투쟁으로 재구성(re-frame)되었다. 이제 북부는 해방의 군대로, 남부는 수백만의 노예로 구성되는 사회로 인식되었다. 이러한 전쟁 성격의 변화는 노예제도에 반대하는 국가라는 영국의 정체성과 부합하였다. 이는 수십 년에 걸친 노예제 반대 운동과 입법을 통해 확고해진 영국의 자전적 서사에 뿌리를 두고 있었다. 남부 편을 들어 개입한다면 영국인들은 자신의 자전적 서사와 정체성을 배신하는 이율배반적인 주체로서 자괴감과 수치심을 견디기 어려울 것이었다.

스틸은 일관된 '자아-정체성'을 유지해야 한다는 존재론적 안보의 필요성이 당시 영국 의사결정과정의 핵심이었다고 주장한다. 영국의 정책 입안자들은 '자아-정체성'을 위협하는 '교란적 상황'에 직면했다. 노예해방선언 이후의 모든 개입은 그들의 행동과 노예제도에 대한 도덕적 반대라는 자전적 서사 사이에 부조화를 일으켜 영국의 존재론적 안보를 심각하게 위협하게 될 것이었다. 요컨대 미국 남북전쟁의 맥락에서 영국 지도자들이 영국의 자전적 서사와 정체성에 일치하도록 입장이나 일상을 바꾼 주된 이유는 존재론적 안보를 유지하기 위해서였다.

스틸은 자문한다. 존재론적 안보라는 해석이 영국의 불개입 결정을 이해하는 데 도움이 될까? 그의 답은 '그렇다'이다. 그는 영국이 남부 편을 들어 개입했다면 어떤 결과가 나왔을지에 대해 당시 정책결정자들의 입장에서 반사실적(counterfactual)으로 생각해보라고 말한다. 미국이 분단되면 영국에게는 물리적으로 이익이 되고 안보가 증진되겠지만 수치심으로 인해 존재론적 안보가 심대히 손상될 것이었다. 실리주의 외교와 레알폴리틱의 대표적 옹호자였던 파머스턴(Henry John Temple, 3rd Viscount Palmerston) 수상조차도 영국의 개입은 어렵다고 생각하였다.

스틸은 '영국의 불개입' 결정에서 물리적 이익보다 수치심에 따른 존재론적 불안감을 더 못견뎌하는 국가 지도자들의 성찰 능력을 보여주고자 한다. 그리고 그는 한 걸음 더 나아가 국가가 자신의 물리적 생존을 위태롭게 하면서까지 자전적 명예(honor)를 잃지 않고 존재론적 안보를 추구한 사례로서 1914년 자신의 영토에 대한 제한 없는 접근을 요구하는 막강한 독일제국의 최후통첩을 거부하고 맞서 싸우기로 한 벨기에의 결정을 들고 있다. (신)현실주의에 따르면 벨기에의 이러한 결정은 '물리적 생존'을 잃을 수도 있는 매우 '비합리적'인 선택이었다. 그럼에도 벨기에는 항복이나 중립을 선택하지 않고 독일을 상대로 싸우기로 결정했던 것이다.

스틸은 벨기에 외교 정책 엘리트들의 성명, 논평, 연설 등을 분석하여 벨기에의 역사에서 '교란적 상황'을 재구성하고, '무릎을 꿇고 살기보다는 차라리 서서 죽겠다'는 명예 의식이 강력한 적과 싸우기로 결정하는 데 중요한 역할을 했다고 주장한다. 즉 자유주의 국가로서, 그리고 침략에 굳세게 맞섰던 저항국가로서의 벨기에의 역사적 기억과 자전적 명예 의식, 그리고 유럽 공동체에서 벨기에가 스스로 인식하는 위치와 그 공동체에 대한 헌신이 이 작은 나라를 거대한 적과 싸우도록 이끌었다는 것이다. 요컨대 스틸은 자살 행위로 보이는 이 결정은 존재론적 안보에 대한 국가의 욕구를 충족시켰고, '자아–정체성' 욕구가 (적어도 어떤 경우에는) 국가의 물리적 생존 욕구보다 더 중요할 수 있다고 말한다.

주류 국제정치이론은 일반적으로 결과(outcome)에 대한 설명을 중시하기 때문에, 이에 익숙한 이들은 투키디데스가 "강자는 할 수 있는 일을 하고 약자는 해야만 하는 일을 한다"고 말한 국제정치학에서 자주 인용되는 '멜로스 대화(the Melian dialogue)'를 떠올릴 수 있다. 즉, 생존의 필요성이 주체의 행동을 주도해야 하는 무정부 상태의 국제정치에서 '명예를 위한 행동(honor-driven behavior)'은 위험하고 비합리적이라는 판단을 멜로스에 대해 내린 것과 동일하게 벨기에에 대해서도 내릴 수 있다는 것이다. 스틸은 결과만을 설명하기보다는 의사결정과정(process)에서의 동기의 역할을 이해하는 것이 못지않게 중요하다고 주장한다. 그는 국가 행위에 부여되는 동기가 무엇인지, 또는 국가가 '어떠한 종류의 안보'를 충족시키려 하는지에 대한 보다 포괄적이고 복합적인 해석이 필요하다고 말하고 있는 것이다.

4) 존재론적 안보론에 대한 비판과 반론

존재론적 안보론은 국가를 물화(物化, reification) 또는 의인화(anthropomorphization)하고 있다고 비판받는다. 즉 인간이 아닌 존재에게 인간적 특성을 부여한다는 말이다. 국가는 다양한 이해관계와 동기를 가진 수많은 개인과 조직으로 구성된 복합적 존재이다. 비판자들은 국가가 개인처럼 일관된 자아나 정체성을 가지고 있으며, 그것을 일상에 대한 집착이나 자전적 서사를 통해 보존하려고 한다는 것이 적절하거나 정확한지 의문을 제기하는 것이다. 르보우(Richard Lebow)나 크로포트(Stuart Croft)와 같은 비판자들은 국가의 물화 또는 인간화가 국가 행동과 의사결정과정의 다면적이고 중층적인 특성을 과도하게 단순화할 수 있다고 지적한다. 국가 내의 다양한 집단들, 정치 파벌 또는 기관적 행위자들이 각기 다르고 상충하는 안보 요구와 인식을 가질 수 있으며, 이것이 국제정치에서 국가의 전반적인 행동과 정책 선택에 영향을 줄 수 있다는 점이 간과되어서는 안 된다는 것이다.[31] 비판자들은 미첸의 '국가 인격화'가 정당화될 수 없다고 말하는 것이다. 판단은 독자가 하면 된다.

비판자들은 존재론적 안보론, 특히 미첸의 이론이 "연속성 편향

(continuity bias)"을 갖고 있다고 지적한다.[32] 그들에 따르면 존재론적 안보론의 '연속성 편향'은 국가나 기타 행위자들이 안정적인 '자아-정체성'을 유지하려는 노력, 그리고 이러한 정체성을 방해하거나 교란할 수 있는 변화에 저항하는 노력을 강조한다. 그러나 그들에 따르면 이러한 편향은 국가들이 새로운 상황이나 정책 환경에 적극적으로 참여하는 방식을 충분히 이해하지 못하도록 할 수 있다. 예를 들어, 국가는 처음에 글로벌리제이션을 전통 산업에 대한 위협으로 간주하였지만, 글로벌 경제로의 통합의 필연성과 이점을 인식함에 따라, 기술 혁신이나 경제적 다변화를 촉진하는 정책을 채택하며, 이러한 정책 변화를 일탈이나 타협 또는 수치스러운 행동이 아닌 지구적 변화 속에서 자신의 관련성(relevance)과 효과(effectiveness)를 강화하는 필수 전략으로 간주할 수 있다.

이 이론이 정치적 비판과 저항의 가능성을 '의도치 않게' 제한할 수 있다는 비판도 있다.[33] 즉 존재론적 안보론이 서술하는 행위가 자기실현적 예언(self-fulfilling prophecy)의 힘을 매개로 현실로 나타날 수 있다는 것이다. 비판자들은 존재론적 안보가 개인이나 집단에 안정감과 연속성을 제공하는 동시에 배제, 타자화, 심지어는 폭력과 같은 형태를 필요로 한다고 주장한다. 구체적으로, 존재론적 안보를 달성하기 위해 행위자들은 고정된 정체성을 강요하고 기존의 서사에 부합하지 않는 이들을 배제하는 "안보화(securitization, '가공된 안보' 위협을 주장하며 예외적 조치를 이끌어내는 담론적 과정)" 행위에 참여할 수 있으며, 이는 기존의 권력구조를 강화하고 대안적 목소리와 행동에 대한 공간을 축소할 수 있다. 예를 들어, 존재론적 안보를 추구하는 과정에서 국가나 정치공동체는 국가주의적 감정을 조성/강화할 수 있으며, 이는 외국인 혐오나 공격적인 외교 정책으로 이어질 수 있다. 이 과정은 '타자'를 주변화하거나 악마화할 뿐만 아니라, 정체성과 안보에 대한 기존의 전제에 도전할 수 있는 보다 포괄적이거나 비판적인 정치적 실천을 차단할 수 있다.

'물리적 안보 추구'는 국제정치이론에서 강력하고 의심의 여지가 없는 전제로 간주되어 왔다. 이 전제는 국제정치에 대한 우리의 생각을 효과적으로 조직해주고 질서를 부여해주지만 동시에 우리의 생각에 모종의 제약을 가하기도 한다. 물질론적이고 합리주의적인 전제는 국가들이 왜 그리고 어떻게 물리적 안보를 해칠 수 있는 갈등에 고착되는지, 별것 아닌 수치심이나 자괴감 정도를 왜 못 견뎌하는지에 대해 진지하게 생각해볼 수 있는 기회를 주지 않는다.

국가들의 존재론적 안보의 필요성에 주목하는 존재론적 안보론은 기존 주류 이론의 물리적 안보론이 보여주지 못하는 심리적이고 관념적이며 비합리적인 국가 행위에 빛을 비춰줄 수 있다. 존재론적 안보론은 국가의 주관성과 정체성의 역할을 강조하며, 국가 행위가 물질적 이익 계산에 의해 좌우된다는 결정론적 시각에 도전한다. 국가의 의사결정과 행위가 어떻게 실존적 필요성과 정체성 유지에 대한 강한 심리적 욕구에 의해 형성되는지에 대해 고려하고 토론할 수 있는 지적 공간을 개방한다. 물론 존재론적 안보론이 물리적 안보론을 대체하는 것은 아니며, 이론가들의 의도도 그런 것은 아니다. 오히려 이 이론은 주류적 시각과 함께 복합적인 국제정치에 대한 보다 깊이 있는 이해를 추구하고, 보다 완전하고 큰 그림을 그리는 데 그 목적이 있다 할 것이다.

정책적 함의도 긍정적일 수 있다. 이 이론이 자기실현적 예언을 매개로 국제정치를 더욱 갈등-유발적 현실로 만들 수 있다는 비판이 존재하지만, 반대로 국가들의 갈등 집착적 동기와 욕구를 이해함으로써 그에 조응하는 해결책을 강구할 수 있다는 측면도 간과될 수 없다. 이러한 동기와 욕구를 무시하고 물리적 위협에만 초점을 맞추면 적대와 갈등의 악순환을 지지하고 조장하는 '집착의 동학(attachment dynamics)'을 간과할 수 있다. 국제정치가 비극적일 필요는 없다. 그러나 갈등을 극복하려면 노력이 필요하며, 첫 번째 단계는 갈등이 국가의 물리적 안보를 위협하더라도 국가의 정체성에 도움이 될 수 있음을 이론과 실제에서 인정하는 것이다.[34] 존재론적 안보는 학자들과 정책 입안자들이 안보에 대한 관념과 관행에 대해 생각하는 방식을 바꾸어 놓았다.

3. 코펜하겐학파: 안보화론

코펜하겐학파는 덴마크의 코펜하겐평화연구소(Copenhagen Peace Research Institute)에서 협업했던 소수의 구성주의 학자 집단을 가리킨다. 주요 구성원인 부잔(Barry Buzan)과 배버(Ole Waever)는 안보 문제를 연구하기 위한 관념적 도구로서 "안보의 영역(sectors of security)", "지역적 안보 복합체(regional security complex)", "안보화(securitisation)" 등 세 가지 개념을 고안하였다. 안보의 영역과 지역적 안보 복합체는 부잔이, 그리고 안보화는 "안보 위협을 구성하는 화행(speech acts)의 수행적(performative) 역할"에 천착한 배버가 설계자라 할 수 있다. 네덜란드 학자인 드빌데(Jaap de Wilde)는 환경 안보와 비군사적 안보 개념의 확장에 기여하였다. 이들의 연구 성과는 1998년에 출간된 『안보: 분석을 위한 새로운 시각(Security: A New Framework for Analy-

*sis)』*에서 종합되었다.

1) 코펜하겐학파의 등장 배경

코펜하겐학파의 형성은 냉전이 종식되는 과정과 관련이 있었다. 냉전 기간 동안 국제정치를 분석하는 데 사용되던 주요 렌즈는 (핵)억지론이었다. 합리적 선택론에 기초한 이와 같은 군사 전략 중심의 시각은 양극체제 하에서 미국과 소련이 군사적으로 첨예하게 대립하던 당시의 시대를 반영하는 국제정치학이었다. 1980년대 중후반 냉전이 종식될 기미가 보이면서 부잔 등 코펜하겐평화연구소의 국제정치 학자들(부잔은 1988-2002 기간 동안 이 연구소의 프로젝트 디렉터였다)은 기존의 의제와 주류 분석 도구가 변화하던 시대를 설명/이해하는 데 한계를 노정하자 군사, 정치, 사회, 경제, 난민, 환경 등의 다양한 영역 간의 안보 동학을 아우르는 보다 포괄적인 안보 개념에 기초한 대안적인 렌즈의 필요성을 인식하였다.

코펜하겐학파의 등장은 유럽 고유의 역사적 경험을 반영하는 것이기도 했다. 철의 장막으로 상징되는 동서로 분단된 유럽은 NATO와 WTO 군대 간의 군사적 경쟁이라는 렌즈만으로는 설명할 수 없는 것이었다. 철의 장막은 첨예한 군사적 대립뿐 아니라 대륙 전체의 일상에 침투한 이념적, 정치적, 경제적 분단과 경쟁을 의미하였다. 그러한 분단은 군사적 안보가 정치적 이념, 경제적 안정, 그리고 사회적 안녕에 불가피하게 연관되어 있다는 사실을 드러내주었고, 이와 같은 안보의 비군사적 측면들을 포함하는 보다 포괄적인 시각의 필요성을 강조하였다. 또한 유럽이 초강대국 간 대결의 잠재적 전장이 되면서 핵전쟁

코펜하겐학파의 상호 연관된 세 가지 개념

코펜하겐학파의 상호 연관된 세 가지 개념은 국제정치에서의 안보 동학을 이해하기 위한 통합적이고 총체론적인 분석 틀을 제공한다. 첫째, '안보화'는 코펜하겐학파의 핵심 개념으로, 통상적인 문제들이 화행과 담론을 통해 비상 조치를 정당화하는 실존적 위협으로 구성되는 과정을 의미한다. 이를 통해 문제는 단순히 정치적 사안에서 국가안보의 긴급한 문제로 전환된다.

둘째, '안보의 영역'은 군사, 정치, 경제, 사회, 환경 등 안보를 분석할 수 있는 다섯 가지 서로 다른 영역을 가리킨다. 각 영역은 '위협으로부터 보호/방어가 필요'한 고유의 '안보 대상(referent object)'을 가지고 있다. 이 개념은 다양한 영역에서 위협의 유형과 안보의 성격을 구분하여, 안보가 단일한 개념이 아니라 맥락에 따라 다르다는 점을 강조한다.

셋째, 지역적 안보 복합체 개념은 동북아나 북유럽 등과 같이 안보의 지역적 차원을 다룬다. 여기서 지역이란 안보 위협을 공유하고 안보가 상호의존적(security interdependent)이며 지리적으로 인접해 있는 국가들의 집합을 뜻한다. 지역적 안보 복합체의 형성과 작동은 국제체제 내 단위들 간의 우호 또는 적대 관계에 달려 있기 때문에, 여기에서는 국제체제와는 달리 힘의 분포가 기계적으로 반영되지 않고 행위자들의 의도와 해석이 중요하다. 이 개념은 지역들 간의 상호작용과 역사적 관계가 국제정치의 안보 동학에 어떻게 영향을 미치는지를 이해하는 데 도움을 주며, 위협과 안보 조치가 순수하게 국가적이거나 국제체제적이지 않고 지역적 성격을 갖는다는 점을 강조한다.

코펜하겐학파는 이 세 가지 개념을 총체론적으로 통합/활용함으로써 안보의 다면적인 본질과 상호의존적 성격을 드러내주고 있다. 예를 들어, '안보화'되는 위협이 어느 영역에 위치하는지, 그리고 어떤 지역적 성격을 갖는지에 주목하는 지역적 안보 복합체 이론은 안보의 맥락별 대응의 중요성을 강조하며 안보화가 '획일화된(one-size-fits-all) 과정'이 아니라 위협의 종류와 지역적 성격에 따라 크게 달라진다는 점을 보여준다.

의 가능성은 군인뿐 아니라 민간인과 환경에 미치는 끔찍한 결과를 전면에 드러내주었다. 이와 같이 유럽 영토에 주둔하는 외국군과 핵미사일의 위협은 이러한 갈등의 파괴적 잠재력을, 그리고 전통적인 국가 중심의 군사적 시각의 한계를 더욱 선명하게 드러내었다. 이러한 유럽적 상황은 단순한 군사 전략적 개념을 넘어서 개인과 사회의 안전, 정치적 자유, 환경 보존 등 비군사적 안보 요소들을 포괄하는, 즉 핵무기 시대의 국가와 사회의 운명이 서로 얽혀 있음을 인식하는 총체론적 접근에 입각한 새로운 안보 개념을 필요로 하는 것이었다. 이런 맥락에서 코펜하겐학파의 접근법은 초강대국 간 대결의 틈바구니에서 시달려왔던 유럽이 궁리해낸 대안적 사고의 결과이자 초강대국이나 개별 국가들의 입장보다는 유럽 전체의 공동 경험을 바탕으로 만들어진 집단안보, 공동안보의 담론이라고 할 수 있다.

불법 이민 문제는 코펜하겐학파가 안보화라는 개념에 관심을 갖게 된 배경 중 하나였다. 냉전이 종식되고 민족주의의 부상, 테러리즘, 문화적 정체성과 경제적 안정에 대한 우려 등 새로운 지구적 안보 문제가 대두되면서 이민을 안보 문제로 인식하는 경향이 커졌다. 유럽과 북미에서 '이민의 안보화' 경향은 1990년대에 특히 두드러졌으며 9·11 테러 이후 더욱 증폭되었다. 불법 이민이 국가와 다른 행위자들에 의해 안보 문제로 '프레임(frame)'되는 방식에 주목하던 코펜하겐학파, 특히 배버는 안보 위협을 본질적으로 객관적이거나 외적으로 주어진 것으로 보기보다는 정치적 담론 및 사회적 과정의 산물이라고 간주하였다.

프레임

국제정치의 복잡한 춤사위 속에서 언어는 단순한 의사소통 도구가 아니라 인식을 형성하고 행동에 영향을 미치는 무기가 될 수 있다. 프레임(frame)의 힘은 선택성(selectivity)에 있다. 프레임을 하는 사람은 숙련된 조각가처럼 대중의 의식 속에 어떤 세부 사항은 새겨 넣고, 어떤 사항은 제거한다. 따라서 프레임은 단순히 사실을 중립적으로 제시하는 것이 아니라 가치와 이념이 주입된 해석을 은연중에 강요하는 것이다. 이러한 이념적 렌즈는 선택된 세부 사항에 색을 입혀 특정 청중이 공감할 수 있는 서사로 만들어낸다. 예를 들어, 어떤 사람은 베트남전쟁이나 한국전쟁을 반제국주의 민족해방전쟁이라 프레임할 수 있고, 또 다른 사람은 공산주의 침략전쟁이라 프레임할 수 있다. 프레임에 대한 이해는 국제정치의 복잡성을 헤쳐나가는 데 필수적이다. 알려진 사실들이 이미 선택되었다는 점, 각종 해석에 은폐된 가치와 이념이 존재한다는 점, 그리고 조작된 감정이 선동되고 있다는 점 등을 인식함으로써 우리는 국제정치를 빚고 짓는 힘에 대해 더 타당하고 정확하게 이해할 수 있으며, 따라서 더 분별력 있는 지식 소비자가 될 수 있다.

2) 안보화론의 핵심

우리는 코펜하겐학파의 이론 전체를 상세히 다루기보다는 한국의 국제정치적 현실을 고려하여 배버가 코펜하겐학파의 중심적 개념이라고 규정한 안보화론에 초점을 맞춰 그것이 가지는 이론적 혁신과 정책적 함의에 대해 집중적으로 토론하고자 한다. 우선 안보화론의 골자를 사례를 통해 확인해보고 그 이후 보다 상세한 이론적 논의를 진행해보자. 안보가 사회적 구성물이라고 보는 구성주의적 관점에서 배버, 부잔, 빌더(Jaap de Wilde) 등은 [우리가 바로 위에서 다뤘던] 주체의 심리적, 정신적 요소를 강조하는 '존재론적 안보론'과는 달리 안보 위협이 화행과 담론에 의해 구성된다는 점에 주목하는 '안보화론(theory of securitisation, 안보화는 직역인데 안보문제화가 더 타당한 용어이다. 안보문제가 아닌 것을 안보문제화하는 것이기 때문이다.)'을 제시한다. 그들에 따르면 안보화란 국가의 주요 행위자(정치 엘리트, 방송, 신문 등)가 연설과 방송, 보도와 같은 화행과 담론 형성을 통해 타자나 특정 이슈를 실존적 위협으로 프레임함으로써 정상적인 정치적 과정이나 절차를 중단시키고 그러한 실존적 위협에 대처하기 위한 비상한 조치의 강구를 정당화하는 행위이다.

구체적으로, 안보화론의 핵심 논지는 안보가 '화행(illocutionary speech act)'이라는 점에 있다. 안보라는 말을 하는 것만으로도 무언가가 이루어진다는 의미다. 특정 사안을 안보 문제라고 명명하는 순간, 그 사안은 실제로 안보 문제가 된다. 안보화 행위자(securitising actor)는 특정한 '안보 대상(referent object)'의 존재가 위협받고 있다고 선언함으로써 그 대상의 생존을 보장하기 위한 특별 조치에 대한 권리를 주장한다. 이 '안보 대상'은 국가의 생존이나 주권, 핵심 국익 또는 국가적·민족적 정체성 등 사활적 가치나 핵심 이익을 포함할 수 있다.

안보화 행위자가 이러한 위협을 언급하는 순간, 그 문제는 정상 정치의 영역에서 비상 정치의 영역으로 옮겨지게 되어 정상적인 (민주적) 정책결정 절차를 거치지 않고 신속하게 처리될 수 있게 된다. 이는 안보가 더 이상 고정된 의미를 가지는 것이 아니라, 안보화 행위자가 안보라고 말하는 모든 것이 안보가 될 수 있음을 의미한다. 다시 말해, 안보는 사회적이고 간주관적인 관념적 구조로 이해되며, 이는 실제로 작동하는 안보의 '의미(meaning)'를 형성하게 된다.

보다 학술적으로 이야기해보면, 코펜하겐학파의 안보화론자들은 안보를 특정 행위자들의 '수행적 발화(performative utterances)', 즉 '화행'에 따른 사회적 구성물이라고 본다. 어떤 일반적인 이슈가 안보 이슈라고 선언되면 실제로 그렇게 될 수 있다며 화행의 '자기-참조적 효과(self-referential effect)'와 간주관화된 화행, 즉 담론의 구성적 힘을 강조하고 있는 것이다. 그들에 따르면 어떤 이슈가 안보 이슈가 되기 위해서는 그것이 '안보 대상'에 대한 실존적 위협으로 프레임되어야 하고, 그러한 프레이밍은 통상적인 정치 과정을 넘어서는 비상한 조치의 필요성을 정당화할 수 있어야 하며, 비상 조치가 불가피하다는 그러한 프레이밍이 많은 수의 청중(audience, 대개는 국민)의 동의를 확보해야만 한다.

화행에 의한 안보화의 한 사례로, 트럼프 미국 대통령이 불법 이민 문제를 미국의 안보에 실존적 위협을 가하는 위험으로 프레임한 것을 들 수 있다. 트럼프 대통령은 서류 미비 이민자들을 "짐승(animals)"이라고 부르며, 이들이 미국 범죄율을 올리는 주범이라고 주장했다. 그는 불법 이민자들에 의해 살해된 희생자 가족들이 자신의 이야기를 공유하는 행사를 열어, 사랑하는 '가족과의 영원한 이별'을 강조하며 불법 이민의 위험성을 부각시켰다. 그는 후일 불법 이민자들이 "우리나라의 피를 오염시키고 있다"고 주장하기도 했다. 일부 보수 언론도 이 같은 주장을 거들었다.

트럼프는 이민 문제를 안보화하여 즉각적이고 특별한 조치들의 필요성을 정당화했고, 그러한 프레임은 상당수 미국인의 지지를 받았고, 미국 남부 국경에 장벽이 건설되는 데 역할을 했다. 이러한 맥락에서 트럼프의 화행은 비안보적 문제가 안보 문제로 격상되는 방식, 과정,

결과를 보여주는 적절한 사례라 하겠다.

한국의 관심을 끄는 안보화의 사례로서 탈냉전기 북한에 대한 미국의 안보화가 제시될 수 있다. 1990대 초 소련의 해체와 탈냉전은 미국의 패권체제를 의미했다. '적대적인 미국'이 패권을 쥐게 된 상황에서 북한은 미국에 순응하든지 맞서든지 양자 택일을 해야 했다. 편승은 사실상 정권의 종말을, 그리고 저항은 고난의 행군이 될 것이었다. 국가나 인민보다 독재자의 이익이 우선하는 북한이라는 체제는 저항을 택하였다. 미국은 북한의 저항을 자신과 동북아 동맹국들에 대한 실존적 위협으로 프레임했다. 1990년대 미국 외교정책에 상당한 영향력을 행사하고 있었던 맥케인(John McCain) 당시 공화당 소속 상원의원은 북한 문제가 "탈냉전기의 결정적인 위기(the defining crisis of the post-Cold War period)"가 될 수 있다며, "미군 조종사가 상당한 위험을 감수해야" 하겠지만 공습을 통해 북핵 프로그램을 무력화해야 한다며 비상조치의 필요성을 강조했다.[35] 2002년 W. 부시 대통령은 이란, 이라크와 함께 북한을 세계평화를 위협하는 "악의 축(an axis of evil)"이라고 불렀다. 2006년에는 민주당 클린턴 정부의 전직 국방부 고위 관리들이 북한의 미사일 프로그램은 미국에 대한 실존적 위협이라고 프레임하며 대북 공습을 주문했다. 페리(William Perry)와 카터(Ashton Carter)는 『워싱턴포스트』에 실린 기고문에서 북한이 대포동 미사일의 실험 발사 준비를 중지하지 않으면 부시 정부는 미사일이 발사되기 전에 파괴할 것이라고 경고해야 한다고 주장했다.[36] 나아가 그들은 미국이 제대로 공습하면 북한의 핵미사일 프로그램은 제거할 수 있다고 했다. 북미관계 관찰자들에 따르면 이 당시 미국은 "북한이 보유한 기술적·물리적 수준과 상관없이 북한의 핵미사일 위협의 심각성을 '주장'하고, 위협

현실화의 시급성을 '경고'하며, 완전하고 검증 가능한 불가역적 비핵화(complete, verifiable and irreversible denuclearization, CVID)를 '요구'하였다."[37]

3) 안보화론의 구성주의적 특성

안보화론은 언어의 힘에 주목하는 구성주의 이론이다. 다시 말해, 안보화론은 국제정치학과 안보 연구에서의 '언어적 전회(linguistic turn)'를 주도한 구성주의에 기초해 있다는 것이다. '언어적 전회'라는 시각에 따르면 언어는 객관적으로 존재하는 것에 대해 서술할 뿐 아니라 그것이 서술하는 사회적 현실을 구성한다. 이를 안보 문제에 적용한 코펜하겐학파의 안보화론자들은 안보가 외적으로 주어진 객관적 실제가 아니고 특정 언어를 특정 방식으로 사용하여 위협을 정의하고 경고하는 안보 행위자들과 그것을 그러한 언어의 틀 안에서 인식하는 청중 사이에서 일어나는 '사회적, 담론적 상호작용'을 통해 구성된 사회적 구성물이라고 본다.

안보화론은 지난 수십 년 동안 국제정치학의 물질론적 존재론과 과학주의적, 실증주의적 인식론에 거부감을 가진 학자들 사이에서 상당한 지지를 확보하였다. 안보화론의 매력은 일상적 이슈가 안보 이슈로 변환되는 과정 이면에 존재하는 '은폐된 철학, 전략, 그리고 역학'을 밝혀낼 수 있는 능력에 있다. 특정 이슈가 어떻게 안보 영역으로 "밀어넣어지거나" "끌려 들어가는지"에 주목함으로써, 학자들은 안보 위협의 구성에서 권력, 지식, 그리고 담론 사이의 상호작용을 파악하고 이해할 수 있다는 것이다.[38] 이 접근법은 개인과 사회가 자신들에 대한 실

존적 위협이라고 인식하는 것들이 형성되는 데 있어 인간 행위자의 주
체성과 언어의 수행적 힘이 가지는 역할을 인정/확인함으로써 안보에
대한 보다 포괄적이고 세밀한 이해를 가능케 한다고 평가된다.

4) 안보화의 과정

구성주의 안보화론자들은 안보화를 "정치 공동체에서 통상적인 이
슈를 최고 가치를 지닌 '안보 대상'에 대한 실존적 위협으로 인식하고,
그 위협에 대응하기 위해 긴급하고 예외적인 조치를 정당화할 수 있는
상호주관적 이해가 형성되는 성공적인 화행"으로 정의하며,[39] 그러한
안보화 과정을 몇 가지 국면으로 구분한다. 첫째, 안보화 행위자가 특
정 이슈(예를 들어, 불법 이민, 환경 파괴, 경제 위기, 타국의 도발적 행위, 국
내정치적 반대 등)가 잠재적으로 위험한 실제임을 주장(claim)하는 단계
이다. 이것은 단순히 정보를 제공하는 '발화행위(locutionary act)'이다.
이와 같은 안보화 행위(securitising move)는 이론상으로는 모든 개인들
에게 개방되어 있는 선택지이다. 그러나 실제로는 이것이 모든 이들에
열려 있는 것은 아니고 주로 권력과 권위에 기반하며, 이를 통해 사회
적, 정치적으로 위협을 구성하는 능력과 수단을 가지고 있는 행위자들
에게 국한되어 있다. 누구나 상황을 안보 문제처럼 보이게 할 수 있지
만, 그것이 실제로 그러한 것으로 인정받으려면, 통상적인 절차를 벗어
나 처리해야 할 타당한 이유가 있음을 다른 사람들에게 설득할 수 있어
야 하기 때문이다. 그러니까 안보화를 할 수 있는 주체('who' can securi-
tise)는 사실상 한정되어 있는 셈이다(결혼이 "사회적으로" 성립하는 이유
중 하나는 결혼의 예식과 성혼을 선언하는 주례자의 사회적 권위인 것처럼—

언어 철학자 오스틴은 이러한 비유를 사용했는데 아래의 Hungry for more?에서 그의 화행이론에 관한 설명이 제공된다).

둘째, 안보화론의 핵심인 화행(speech act)의 단계이다. 안보화 행위자는 어떤 이슈가 매우 위협적이라고 주장할 뿐 아니라 사회적, 관습적 문법에 기초하여 논리 정연하게 해당 이슈가 안보 대상에 실존적 위협을 가하고 있고 시급히 해소되지 않으면 안 된다고 경고(warning)하는 것이다. 즉 통상적 이슈가 생사가 달린 절박하고 실존적인 위협으로 프레이밍되는 것이다. 우리가 어떤 이슈(또는 특정 타자)를 실존적 위협이라고 프레임한다는 것은 "우리가 이 문제를 지금 해결하지 않으면 다른 모든 문제들 역시 해결할 수 없다. 왜냐하면 그것이 해결되지 않으면 우리가 생존하지 못할 수도 있고, 아니면 우리의 의지대로 그 문제에 접근할 수 없기 때문이다"라고 경고하는 것과 같다. 이 경고성 프레이밍은 화행 그 자체가 이슈를 안보 문제화하려는 목적을 갖고 있다는 점에서 수행적(performative)이며, '발화수반적(illocutionary) 행위'이다. 특정 이슈가 실존적 안보 위협이라고 경고한다는 것은 이슈의 성격을 변형함으로써 청중이 이제 그것을 비상 조치를 필요로 하는 중대하고 절박한 문제로 인식하게 만든다는 뜻이다.

셋째, 발화 행위가 구체적 정보를 전달하는 행위이고, 발화수반 행위가 그러한 발언의 경고성 기능을 가진다면, '발화효과 행위(perlocutionary act)'는 안보화 행위자의 화행과 그것이 만들어낸 담론이 안보화 행위자가 안보 영역에서 다루고자 하는 특정 이슈와 관련된 사람들, 또는 그 이슈에 관심을 가지고 있는 청중을 설득하는 행위이다. 안보화의 세 번째 단계에는 안보화 행위자가 비상 조치의 필요성을 '권한을 부여하는(empowering)' 청중에게 납득시키고 그들의 동의를 얻는 과정이 포함된다. 그러나 안보라는 것은 주관적이고 고립된 마음 속에 존재하는 것이 아니라, 사회적 특성이며 담론의 일부로서 사회적으로 구성된 간주관적인 것이기 때문에, 개인이나 집단이 안보를 말하고 경고한다고 해서 성공이 보장되는 것은 아니다.[40] 청중이 프레임된 이슈가 정당한 안보 우려라고 받아들이고 통상적인 정치적 해법을 넘어서는 비상하고 예외적인 조치의 정당성을 인정할 때에야 비로소 안보화는 성공하는 것이다. 이와 같이 청중의 수용이 이루어지면, 안보화된 이슈가 생성하는 절박성과 시급성에 의해 정당화된 비상 조치들이 시행될 수 있는 길이 열린다. 이러한 비상 조치는 사회적 감시를 강화하거나 시민의 권리를 제한하는 법령이나 정책, 나아가 군사적 성격을 갖는 조치들을 포함할 수 있다.

안보화론은 안보화 행위자가 비상 조치를 요구하고 청중이 그것을 수용하는 과정을 묘사할 때 독일 헌법학자 쉬미트(Carl Schmitt)의 '비상 상황'의 정치 철학에 일부 의존하고 있음을 알 수 있다.[41] 독일 함부르크평화안보정책연구소(the Institute for Peace Research and Security Policy Hamburg)의 로테(Delf Rothe)는 안보화론이 "친구와 적 사이의 극단적인 적대성"에서 비롯되는 비상 상태에 기반한 안보의 개념과 상당한 관련이 있다고 말한다.[42] 쉬미트 철학에서 "'비상 상황'은 이전의 법률, 절차, 정책으로 충분히 대처되지 않는 극단적인 위험과 우연성을 가진 상황이며, 선례, 지식, 입법 및 예측의 한계를 초과하는 위험한 순간이다."[43] 이와 같은 예외적 안보 체제는 공동체에 비상을 걸어놓은 상황이라 할 수 있는데, 이는 '공동체의 안보'라는 이름으로 기존의 규범적, 법적 질서를 해체하고 비상 조치를 강구할 수 있는 조건을 조성한다.[44] 쉬미트에 따르면 비상 상황인지 여부에 대한 판단과, 안보화 과정

의 방향은 '위기 시 결단을 내릴 수 있는 능력을 가진 주권자(the sover-
eign, the entity that has the power to decide on the exception)가 결정한
다.[45] 이러한 결정의 근거는 누가 적이고 누가 친구인지를 구분함으로
써 내부 질서에 대한 실존적 위협을 식별하는 데서 찾아진다.[46] 정치를

언어의 수행적 능력

언어에 수행적 능력이 있다는 아이디어를 안보 개념에 적용하는 안보화론은 옥
스포드대의 언어 철학자 오스틴(John L. Austin)의 화행이론에 기초해 있다.
1955년 하버드대에서 행해진 오스틴의 강의 12개가 수록되어 있는 *How to Do
Things with Words*(1962)에 소개된 화행이론은 언어 연구에 혁명적인 변화를
가져왔다. 그는 발화(utterances)는 단순히 현실을 서술(describe)하는 기능
뿐 아니라 그것을 넘어 행위(acts)를 수행(perform)하는 능력을 가진다며 화행
의 세 가지 유형을 구분하였다. 첫째, "발화 행위(locutionary acts)"로서 기존의
의미를 담은 말을 하는 행위이다. 이는 단순히 말해지는 것의 내용에 관한 주장
(claim)이다. 둘째, 화행의 핵심인 "발화수반 행위(illocutionary acts)"로서 어
떤 말을 할 때 수반되는 행위, 즉 발화 뒤에 숨어 있는 '의사 전달'의 의도를 말한
다. 이는 약속, 명령, 인사, 경고 등 발언의 기능을 가리킨다. 셋째, "발화효과 행
위(perlocutionary acts)"로서 발화수반 행위가 청중에게 미치는 효과를 말한
다. 이는 청중의 생각, 감정, 인식, 또는 행위에 미치는 영향을 포함한다.

오스틴은 결혼 예식을 예로 든다. 먼저 주례자(예: 성직자)가 "나는 너희를 남
편과 아내로 선언한다"는 통상적인 의미를 담은 화행(발화 행위)을 시행한다. 그
런데 이 화행은 발화수반 행위가 되는데, 이는 예식(ceremony)이라는 맥락과
성직자인 주례자의 '사회적' 권위로 인해 커플을 '사회적'으로 결혼시키는 행위를
수행하기 때문이다. 발화효과 행위는 커플과 그들의 하객들이 주례자의 발화수
반 행위에 대한 반응으로 느끼는 기쁨과 축하가 될 수 있으며, 이는 사회에서 그
들의 새로운 지위에 대한 인식으로 이어진다.[47]

"안보 모드"로 가져가는 이 결정은 '주권자의 생존'이라는 명분 하에 행위하는 '정치적 권위'에게 사실상 무제한적인 특권을 부여한다.[48] 이렇게 해석된 권위는 정치 공동체로서의 집단적 정체성을 통제하고, 불안감을 자극하며, 인지된 위협과 실현된 적의(敵意)를 바탕으로 정치 공동체의 집단적 합일성과 일관성을 강화하는 안보화 행위자의 역할을 수행한다.[49] 헬싱키대의 파토마키(Heikki Patomäki)에 따르면 안보화는 "극단적인 정치화(extreme politicization)"이며, 이슈가 정상적 정치의 테두리를 벗어나 예외적인 조치로 처리되는 순간을 의미한다.[50]

5) 왜 안보화를 하는가?

안보화 행위자가 안보화를 시도하는 이유는 여러 가지가 있다. 첫째, 안보화 행위자는 실제로 '안보 대상'에 대한 실존적인 위협을 인식했기 때문일 수 있다. 이러한 인식이 사실에 부합할 수도 있다. 그러나 안보 대상이 핵심 국익이 아닌 다른 목적과 연관될 수도 있다. 둘째, 안보화는 안보화 행위자가 국내 정치적 난국을 회피하거나 우회하기 위한 수단으로 사용될 수 있다. 정치인들은 국민의 주의를 다른 곳으로 돌리기 위해 통상적인 이슈를 안보화할 수 있다. 셋째, 안보화는 특정 의제에 우선권을 부여하기 위한 수단이 될 수 있다. 어떤 이슈를 안보 문제로 프레임하면 더 많은 관심과 자원, 신속한 조치를 받을 수 있기 때문이다. 넷째, 안보화를 통해 정상적인 정치적 상황에서는 허용되지 않는 조치를 합법화하고 비상시 자원을 동원할 수 있다. 긴급조치, 군사력 동원 등이 포함된다. 다섯째, 안보화 행위자는 실존적 위협으로부터 안보 대상을 보호하는 주체로 자리매김함으로써 자신의 권위와 정당성을 강화하려 할 수 있다. 이는 정치 공동체 내에서 그의 권한과 통제력을 강화할 수 있다. 그러나 안보화 행위자가 항상 합리적인 이유를 가지는 것은 아니다. 예를 들어, 오산과 오인, 위협에 대한 과대평가로 잘못된 안보화를 할 수도 있다. 증거가 부족하더라도 안보화 행위자는 그것을 안보 위협이라고 진정으로 믿을 수 있다.

부잔과 같은 코펜하겐학파의 안보화론자들은 안보화를 본질적으로 부정적이거나 긍정적인 것으로 보아서는 안 되며, 단지 이슈들이 어떻게 안보 우려의 수준으로 끌어올려지는지를 설명하는 중립적이고 분석적인 개념이라고 강조한다. 이 이론의 목적은 안보 위협을 구성하는 데 있어서의 화행과 담론의 수행적 행위를 드러내는 데 있다는 것이다. 그러나 그들은 안보화된 이슈를 의도적으로 통상적 정치의 영역으로 다시 되돌리는 '탈-안보화(de-securitisation)'의 가능성과 바람직성을 인정함으로써 이론에 내재하는 규범적 측면을 은폐하지 못한다. 오히려 코펜하겐학파의 일원인 배버는 안보의 관점에서 이슈를 프레임하는 안보화 행위의 남용에 대해 공개적으로 비판적이다. 그는 특정 이슈에 대해 '안보 문제라는 꼬리표'를 붙이는 화행은 부정적이고 수구적인 것으로 봐야 한다고 강조한다. 그는 이러한 행위는 통상적인 정치 과정을 통해 문제가 해결되지 못했다는 것을 암시하는, 말하자면 민주적, 시민적 '정치의 실패'라고 지적한다. 나아가 그는 민주적 토론과 정치의 정상적인 경로를 우회하려는 안보화 시도는 이슈를 공적 감시와 토론의 영역 밖으로 이탈시킴으로써 민주적 규범의 침식과 권력의 잠재적 남용으로 이어질 수 있다고 경고한다. 이러한 맥락에서 배버는 안보화가 반전되고 이슈가 '위협-비상 조치'라는 등식의 관계에서 벗어나도록 하는 '탈-안보화 전략'의 필요성을 강조한다.

'탈-안보화 전략'과 관련한 연구는 코펜하겐학파와 일정하게 시각을 공유하는 비판이론가인 런던 퀸매리대의 하이스만스(Jef Huysmans)가 주도하고 있다. 그는 이주(migration)의 예를 들며 이미 안보화된 이슈를 하향 조정하는 세 가지 경로를 제시한다.[51] "객관적 전략(objective strategy, 이민자들을 "우리"라는 집단적 정체성에 위협이 되지 않는 것으로 프레임하는 전략)", "구성주의 전략(constructivist strategy, 이주 현상에 대한 보다 광범위한 사회적 이해를 촉진하여 안보화 조치가 이민자에 대한 부정적인 인식에 미치는 영향을 줄이는 전략)", 그리고 "해체주의 전략(deconstrucitivist strategy, 이민자와의 대인 경험을 통해 "우리"와 "그들" 간의 배타적 구분을 해체하는 전략)"이 그러한 경로이자 전략이다. 그러나 일이 간단하지는 않다. "견고하게 자리 잡은(entrenched)" 또는 "깊이 뿌리를 내린(deep)" 안보화 담론과 서사는 이슈나 집단의 정의 자체에 깊이 스며들어 있어 해체하기 어렵기 때문이다. 이스라엘 텔아비브대의 아불로프(Uriel Abulof)는 '안보 담론의 회복력'이나 '강고함'이 '탈-안보화'에 근본 장애로 작용한다고 말한다. 즉 안보화의 담론과 서사가 어떤 이슈나 집단이 정의되고 인식되는 방식의 근본에 깊숙이 직조되어 있으면 그러한 안보화의 담론과 서사는 정책뿐 아니라 사회구성원의 태도와 정체성에도 깊게 영향을 미치기 때문에 이 안보화 과정을 역전시키려는 시도—즉, '탈-안보화'—가 상당한 어려움을 겪을 수밖에 없다는 것이다. 아불로프는, 예를 들어, 특정 민족 집단(ethnic groups)이 지속적으로 안보 위협으로 간주되는 경우 이러한 인식은 대중의 의식 속에서 그 집단의 정체성의 한 요소로 굳어져 대인 관계부터 입법 정책에 이르기까지 모든 것에 영향을 미친다는 역사적 증거를 제시하며, 이러한 담론과 서사는 한번 형성되면 깨기 어려운 "자기 강화적 순환

(self-reinforcing cycle)"을 만든다는 점이 문제라고 지적한다. 따라서 그는 '탈-안보화'를 위한 시도는 이러한 담론과 서사에 기반한 정책과 관행을 해체하는 동시에 이를 지탱하는 근본적인 사회적 인식과 두려움을 해소하는 데 초점을 맞추어야 한다고 주장한다.[52]

6) 안보화론에 대한 비판과 성찰

가장 많이 제기되는 비판은 안보화론이 안보화 행위자의 역할을 지나치게 강조하고 청중의 주체성에 대해서는 상대적으로 소홀히 다루거나 또는 이 문제에 대해 진지하게 토론하지 않는다는 것이다. 코펜하겐학파의 안보화론에서 청중의 역할은 대체로 수동적으로 간주되며, '듣기'와 '반응하기'의 두 가지 필수 기능을 중심으로 개념화된다.[53] "청취자"로서의 청중은 안보화 행위자가 "안보화를 성공시키기 위해 설득

개념으로 깊이 알기

상호텍스트성

상호텍스트성(intertextuality)은 문학 비평과 언어학에서 중요한 개념으로, 텍스트의 의미가 독자와의 상호작용뿐만 아니라, 다른 텍스트들과의 연관성 속에서 형성된다는 것을 강조한다. 안보화가 "상호텍스트적"이라는 말은 안보화 과정에서 담론이 단순히 고립된 발언이나 텍스트로 존재하는 것이 아니라, 다양한 기존의 텍스트와 담론들과 상호작용하면서 그 의미와 영향을 재구성한다는 것을 뜻한다. 즉, 청중은 안보화 행위자의 발언을 단순히 수용하는 것이 아니라, 이미 존재하는 다른 담론들과의 연관성을 통해 그것을 해석하고 재구성하는 적극적인 역할을 한다는 것이다. 이 과정에서 권력 관계와 청중의 주체성이 중요하게 작용한다.

해야 하는 전략적 자원(strategic resource)"으로 묘사되고 있다.[54] 안보화론에 따르면 "청중은 쇼를 즐기고 있거나", 연설을 "앉아서 듣고 있다." 게다가 상황은 강력한 안보화 행위자들에 의해 통제되며, 그들은 다양한 방법과 매력적인 대본으로 청중을 유혹하여 안보화 행위에 대한 호응을 확보하려 한다.[55] 그러나 비판자들은 실제 광경은 그렇지 않다고 반박한다. 런던의 킹스 칼리지의 스트리첼(Holger Stritzel)은 청중이 단순히 안보화 행위자의 발언을 듣고 반응하는 것이 아니라, 담론에 적극적으로 참여하고 도전하며 재구성한다고 주장한다. 그는 안보화가 복잡한 사회적, 정치적 그리고 상호텍스트적 과정(예를 들어, 하나의 안보 문제에 대한 담론이 다른 정책, 문화, 또는 역사적 담론들과 상호작용하면서 그 의미가 확장되거나 변형될 수 있다)을 포함하며, 여기서 권력 관계와 청중의 주체성이 중요하다고 지적한다. 이는 청중이 안보화 담론과 서사를 재해석하고 영향을 미칠 수 있음을 강조하며, 그들의 적극적인 참여와 역할을 중시한다는 것을 의미한다.

한 걸음 더 나아가, 코테(Adam Côté)는 안보화론은 안보 문제로 프레임된 위협과 그에 상응하는 안보 조치에 대한 청중의 반응을 '수용과 거부'라는 두 가지 형태로만 구분한다며, 이 이론에서 극히 제한된 영향력만을 가지는 청중은 안보화 행위에 대해 다양하고 세밀한 반응을 표현할 특별한 방법을 갖지 못한다고 지적한다. 그는 이 이론에서 청중은 "주체성이 없는 주체(agents without agency)"로 간주된다고 주장하며, 안보의 '간주관적' 구성에 참여하는 것이 본래의 역할임에도 불구하고 그런 실제적 가능성은 존재하지 않는다고 비판한다.[56] 코테뿐 아니라 멕시코의 아메리카 푸에블라대(Universidad de las Américas Puebla)의 에머슨(R. Guy Emerson)도 청중이 안보 행위자들과의 상호작용에서 주체성을 발휘한다며 청중 내 개인과 집단은 이슈의 안보화에 대해 단순히 '예스' 또는 '노'를 넘어서 의문을 표시하고 문제를 제기하며, 프레임을 재해석하여 저항할 수 있는 능동적인 참여 주체로 인정되어야 한다고 강조한다.[57]

안보화론에 대해 제기되는 또 다른 비판은 그것의 보편적 적용 가능성에 관한 것이다. 비판자들은 안보화론이 비서구 사회에서 안보가 개념화되고 프레임되는 방식을 충분히 설명하지 못할 수 있다고 지적하는 것이다. 그들에 따르면 실존적 위협의 프레이밍과 안보화 과정은 서구적 맥락과는 크게 다른 문화적 규범, 역사적 경험, 지역적 정치 관행의 영향을 받을 수 있다. 예를 들어, 영국 버밍검대의 윌킨슨(Claire Wilkinson)은 "베스트팔렌 구속복(Westphalian Straitjacket, 미치광이나 난폭한 죄수 등에 입히는 옷)"이라는 은유(metaphor)를 사용하여 안보화론의 보편적 적용 또는 일반화 가능성에 회의를 표한다. 그가 사용하는 '베스트팔렌 구속복'이라는 개념은 1648년 베스트팔렌조약에 기반한 주권국가 중심의 근대국제체제의 조직 원칙(organizing principles)을 지나치게 엄격하게 준수함으로써 발생하는 문제를 가리킨다. 그는 안보화론이 '베스트팔렌 구속복'과 같이 비국가 행위자의 영향, 문화적 차이, 그리고 전통적인 국가 경계를 초월하는 글로벌리제이션의 역동성을 간과한다고 지적한다. 그에 따르면, 예를 들어, 키르기스스탄의 국내 정치는 상당히 복잡한 지역, 씨족, 부족, 민족, 범죄 집단 차원의 복합체라 할 수 있는데 이러한 독특한 정치 및 사회 문화의 특수성을 고려하지 않으면 코펜하겐학파의 안보화론은 키르기스스탄의 비국가적이고 공동체적인 사회 구조가 안보 개념이나 안보화의 관행에 미치는 영향을 포착하지 못할 수 있다.[58] 이러한 지적은 키르기스스탄을 넘어 비서구 사회의 현실에서 발견되는 특수성의 중요성을 가리킨다.

나아가, 윌킨슨은 안보 행위자의 화행이 청중의 반응에 시간적으로 앞선다는 안보화론의 선형적(linear) 가설이 경험적으로 일반화되지 않을 수 있다고 지적한다. 그는 2005년 키르기스스탄의 '튤립 혁명(Tulip Revolution, 부패한 권위주의 정권에 대한 저항)'을 사례로 든다. 이 사례는 대통령궁 습격과 같은 시위대의 행동이 어떻게 야당 지도자들의 연설 행위에 선행하고 결국 영향을 미쳤는지를 보여준다. 처음에 야당 지도자들은 정상적인 정치의 한계를 넘어설 의도가 없었지만, 시위대의 행동에 고무되어 안보화의 서사를 청중의 행위에 소급하여 주입할 수밖에 없었다. 윌킨슨은 코펜하겐학파가 단순한 "이론적 관광객(theoretical tourist)"에서 구체적 맥락/상황적 조건들을 감안할 수 있는 "여행자(traveller)"로 변하길 원한다면 이러한 비서구적, 비베스트팔렌적 조건과 구조가 적절히 다뤄지고 단순한 인과적 논리가 정교하게 다듬어지지 않으면 안 된다고 지적하고 있다.[59]

그러나 이러한 비판에도 불구하고 코펜하겐학파의 안보화론은 국제정치학계에서 상당한 지지와 관심을 확보하고 있다. 대안적 특성 때문이다. 안보화론은 안보가 언어 행위와 담론 형성이라는 사회적 과정이 어떻게 안보를 구성하는지 또는 만들어내는지를 이해할 수 있게 해준다.[60] (신)현실주의자들과는 달리 구성주의적 코펜하겐학파는 객관적으로 파악된 '실제' 위협을 식별하는 데 관심이 없으며, 따라서 안보의 물질성(materiality of security)에 관한 토론에는 참여하지 않는다. 대신, 안보화론은 안보의 장막 뒤에서 안보의 이면을 들여다보게 해주고, 이슈들을 통상적인 정치적 영역에서 특정한 방식으로 연출하여 중대한 안보 문제로 받아들여질 수 있게 만드는 '권력의 주체들'을 파악하게 해주며, 그들이 "이슈들에 주입하는 한 특성"으로서의 안보, 즉 '가공된 안보(fabricated security)'를 직시할 수 있게 한다.[61] 나아가 코펜하겐학파의 안보화론자들은 단계별로 구조화된 안보화의 과정을 조명함으로써 분석가들이 안보화를 조장/추동하는 근본 원인을 추적하고 안보화 담론의 의미를 간파할 수 있게 하여, 결과적으로, '탈-안보화'를 통한 비상 정치의 민주적 정상화에 기여할 수 있다. 안보를 빚고 짓는 언어와 담론, 권위와 권력, 그리고 지배적인 사회적 가치의 중추적 역할을 강조하는 이 구성주의적 이론은 국제정치의 핵심적 의제인 안보 위협에 대한 합리주의적, 물질론적 설명에 도전하는 참신하고 획기적인 접근법의 잠재력을 갖고 있을 뿐 아니라 '가공된 안보'의 위험과 위협으로부터 시민적 자유와 민주적 가치를 보호하는 정책적 함의를 동시에 가지고 있다고 평가될 수 있다.

이론의 수정과 보완도 이루어지고 있다. 예를 들어, 독일 튀빙겐대의 디에즈(Thomas Diez) 등은 미국, 독일, 튀르키예, 멕시코에서의 "기후 변화의 안보화" 문제를 안보화론을 이용하여 분석한다.[62] 그들은 특정 '기후-안보' 담론이 어떻게 지배력을 가지게 되었는지, 어떤 행위자들이 이 과정을 주도했는지, 이것이 어떤 정치적 결과를 가져왔는지, 그리고 이러한 특정 안보화를 가능하게 하는 데 있어 어떠한 보다 광범위한 맥락이 존재했었는지를 추적한다. 이러한 추적 과정에서 그들은 안보화의 다양한 대상(영토, 개인, 지구)을 구분하고, 안보(security)와 위험(risk)의 차원을 명확히 구별하는 보다 상세하고 구체적인 동시에 비교학적으로 포괄적인 경험적 설명 체계를 제시한다. 기존의 안보화 연구는 전통적으로 단일 국가 사례에 초점을 맞춰 다면적이고 포괄적인 안보화 역학을 재구성하는 데 한계가 있었다. 그러나 이들의 연구는 4

개국의 '기후-안보' 담론을 다면적이고 체계적으로 비교 분석하여 기존 연구의 보편성 부족을 보완하고, 미흡했던 경험적 연구의 공백을 메우는 최초의 시도로 평가된다.

V

다시 국제정치학이란 무엇인가?

11장

●

국제정치이론을
현명하게 소비하기

내가 여기서 '다시'라는 표현을 사용하는 이유는 이론적, 방법론적 지식을 겸비하고 주체적 지식 소비자로서의 덕목을 갖춘 여러분들이, 이 책 서두에 제시된 우크라이나전쟁 관련 글을 다시 한번 '국제정치학적'으로 음미해보길 제안하기 위해서이다. 여러분은 이 글을 읽으며 흥미를 느꼈고, 이제는 초보자가 아닌 일정 수준의 식견을 가진 (준)전문가로서 우크라이나전쟁과 같은 주요 국제정치적 사안, 그리고 그에 내한 나의 분석과 판난에 내해 사신의 견해와 판난을 가시게 뇌었을 섯이다. 이를 바탕으로 『처음 만나는 국제정치학』을 종합적으로 요약해보자.

1. 설명, 그리고 예측과 정책

국제정치학은 국제정치적 현상이나 사건이 왜 일어났는지에 대한 설명을 제공하여 정책결정자나 그들에게 영향을 미치는 지식인들에게 문제 해결을 위한 정책적 함의나 처방을 제시하는 사회과학의 한 분야이다. 그러나 복잡하고 시시각각 변하는 국제정치는, 특히 매시간 쏟아지는 정보의 양을 고려할 때, 상당히 무질서하고 무의미하게 보일 수 있다. 학자들은 '자기가 중요하다고 생각하는' 국제정치의 일부를 줌렌즈로 클로즈업하여, 즉 자기 눈앞에 가깝게 끌어당겨 어떤 일이 실제로 벌어지고 있는지, 그리고 거기에 일정한 인과적 패턴이 있는지 여부를 파악하려 한다.

클로즈업은 생략의 다른 말이다. 전체에서 일부만을 부각한다는 것은 나머지를 생략한다는 뜻이기 때문이다. 학자들은 이러한 클로즈업 기능을 수행하는 도구를 관점(또는 시각, 패러다임)이라고 부른다. 예를 들어 현실주의 관점을 사용하는 학자들은 국제정치의 주요 행위자로 국가만을 강조하고, 초국적 기업, 국제기구, INGO, 개인 등 나머지 행위자들은 존재하지 않는 것처럼 전제한다. 클로즈업된 상태에서는 주요 행위자들의 행동과 그로 인한 현상이 명확히 관찰될 수 있다.

학자들은 줌렌즈를 통해 단순화된 국제정치에서 행동의 원인이나 현상에 존재하는 규칙성과 반복성을 설명하기 위해 우선 연역적 또는 귀납적 방법으로 가설을 설정한다. 연역적 추론은 일반적인 원리나 법칙을 바탕으로 특정한 가설을 도출하는 방법이며, 귀납적 추론은 특정한 사례들의 공통점이나 반복성을 바탕으로 일반적인 원리나 법칙을 가정하는 방법이다. 그런 다음 학자들은 만들어진 가설에 대해 경험적 검증을 통해 시공간을 초월한 일반화(generalization)의 가능성을 타진한다. 예를 들어, "모든 국가는 지속적인 경쟁, 갈등, 위협이 특성인 무정부적 국제구조하에서 그들의 독립과 자율성, 즉 국가로서의 생존을 최우선으로 생각하기 때문에 국제체제에서 패권을 추구하는 국가가 출현하면 이를 막기 위해 동맹을 결성하고 전쟁도 마다하지 않는다"는 가설을 제시하고, 이러한 일이 역사적으로 반복되었는지를 관찰한다. 의미 있는 횟수의 반복이 확인되면, 가설은 일반화의 가능성을 가지게 되며, 학자들은 이를 이론이라 부른다.

학자들은 이 이론을 통해 현상이나 문제에 대한 설명을 제공하고, 그에 기초하여 예측과 처방을 제시할 수 있다. 예를 들어, '패권 추구 → 밸런싱'이라는 세력균형론은 냉전의 종식과 소련의 해체가 '미국의 패권'을 의미하며, 이에 따라 중·러 동맹과 같은 대미 밸런싱이 일어날 것을 예측한다. 처방과 관련하여, 중국의 세력균형이론가들은 생존을 위해 러시아와 동맹을 맺어야 한다고 주문할 것이고, 미국의 세력균형이론가들은 미국의 패권 추구가 중·러 동맹 등 대미 밸런싱을 초래하여 큰 비용을 초래할 것이라고 경고할 것이다. 그들은 외교적 일방주의와 미국 중심의 동맹 네트워크 강화를 자제하도록 미국 정부와 정치권에 권고할 수 있다.

2. 일반화에 회의적인 이론들: 이해와 통찰력

국제정치학이 인과적 패턴에 기초한 설명을 추구하고 일반화나 이론화를 위한 경험적 검증, 그리고 예측이나 정책 제안에만 관심을 두는 학문은 아니다. 설명 대신 이해, 인과적 패턴 대신 구성적 패턴, 그리고 이론화를 위한 검증이나 예측 대신 비규격화되고 비정형적인 사고와 탐구에서 생성될 수 있는 영감과 통찰력에 터하여 사회 비판이나 인간 해방을 추구하는 국제정치학도 있다. 여기서 우리는 이론화를 위한 경험적 검증의 문제에 대해 한 걸음 더 들어갈 필요가 있다.

이론이나 모델이 반드시 경험적 검증을 필요로 하는 것은 아니다. 실제로 경험적 검증을 공개적으로 거부하는 이론가들도 적지 않다. 즉 관찰 가능한 영역만을 연구의 대상으로 인정하거나, 연구 대상에 대한 연구자의 주관적 개입이 배제될 수 있다고 보는 이른바 "가치중립적" 실증주의로는 국제정치의 실재와 실체를 정확히 그리고 타당하게 연구할 수 없다고 보는 탈실증주의적 이론가들은 경험적 검증은 위험하기까지 하다고 주장한다.

예를 들어보자. 미국 터프츠대의 스미스(Tony Smith)는 종속이론(Dependency theory)이 설득력이 있으려면 구체적인 경험적 가설을 제시하라고 요구하지만[1] 브라질 상파울루대의 카르도주와 같은 종속이론가들은 탈실증주의 존재론과 인식론을 실증주의적 잣대로 평가하려는 자세 자체가 무모하다고 반박한다. 종속이론의 진수이자 백미는 경험적 검증의 대상이 되지 않는 비가시적인 관계와 시공간적으로 '구체적인 맥락'에 존재하는데 이에 대해 무관심한 '코 사이즈가 큰 실증주의적 그물'로는 종속이론을 구성하는 '작지만 싱싱한 물고기들'을 다 놓친다는 반박인 셈이다. 담론과 이주 문제를 연구한 스페인 폼페우파르바대의 반 다이크(Teun van Dijk)는 유럽 정치인들과 언론이 이주민 위기를 논의할 때 사용하는 언어가 공포와 외국인 혐오를 조장한다고 지적한다. 그는 이들이 이주민을 유럽의 안보와 정체성에 위협이 되는 존재로 묘사하기 위해 '침략'이나 '홍수'와 같은 은유를 사용한다고 강조한다. 반 다이크의 분석은 언어와 사회적 현실의 관계를 조사하는 질적 연구방법인 담론 분석의 한 예이다. 담론 분석은 정량적 연구방법과는 달리 실증적 검증을 거치지 않지만, 언어와 담론이 대중의 인식과 정책결정을 형성하는 방식을 이해하는 데 중요한 통찰력을 제공할 수 있다. 이 외에도 웬트 등 중도론적(via media) 구성주의자들을 제외한 "진한(thick)" 구성주의자들, 변증법과 역사분석을 중시하는 마르크스주의자들, 그리고 해석학적 접근을 사용하는 비판이론가들 대부분은 실증주의적 인식론이나 경험적 검증에 대해 강한 거부감을 갖고 있다. 그러나 이들의 질적 연구가 제공하는 통찰력이 세상을 이해하고 변화시키는 데 기여한다는 점은 부인할 수 없다.

당위성을 강조하는 규범이론도 경험적 검증의 대상이 되기 어렵다. 하버드대의 월저(Michael Walzer)는 중세의 '정의로운 전쟁론'으로부터 전쟁의 정당한 사유, 전쟁 수행에 대한 윤리적 한계 등에 관한 원칙들을 도출하고 이를 현대의 '정당한 전쟁 이론'을 구축하는 데 사용했다. 예를 들어 그는 『정당한 전쟁과 부당한 전쟁(*Just and Unjust Wars*)』에서 '전쟁 결정의 정당성'과 '전쟁 중 행해진 행위의 정당성'을 구분하며 전쟁을 수행하는 모든 군인은 전쟁이 정당한 것이든 아니든 "동등한 살상권(equal right to kill)"을 가진다고 주장했다. 전투원들은 민간인 살상 등 전쟁 수행의 원칙을 벗어난 행위가 아니면 살상 행위 그 자체에 대해 책임이 없다는 이른바 "전투원의 도덕적 평등성(moral equality of combatants)"의 논지이다. 월저는 도덕적 주장을 하고 있지만, 불의한 전쟁에 참여하는 것만으로는 범죄가 아니라는 국제법을 인용한 것이기도 하다. 전투원은 전쟁 수행을 규제하는 법률을 위반하는 경우에만 처벌 대상이 된다는 월저의 주장은 가치관과 관련된 설득력의 문제(예를 들어 군인의 도덕적 고려를 완전히 면제하는 것이 옳은 것인가?)이지 경험적으로 참인지 거짓인지를 가리는 검증의 대상은 되지 않는다. 그렇지만 그의『정당한 전쟁과 부당한 전쟁』[2]은 세계적으로 존중받는 국제정치의 이론서이다.

경험적 검증이라는 인식론적 기준에 회의적인 탈실증주의 이론은 실증주의 이론에 비해 일반화, 즉 (실증주의적) 이론화의 중요성에 큰 의미를 두지 않는다. 이들은 사회 현상이 본질적으로 복잡하고 맥락적이며 주관적이고, 인간의 주체성, 문화의 구성적 힘, 역사적 우연성에 의해 형성된다고 주장한다. 따라서 일반화나 이론화는 개별 사례의 구체적인 맥락과 다층적인 측면을 무시하는 경우가 많다고 지적한다. 즉, 일반화 과정에서 연구 대상의 특수성과 독특한 맥락이 배제되고 소외될 수 있다고 본다.

대신 그들은 일반화의 폭보다는 분석의 깊이를 목표로 특정 사례나 이슈에 대한 심도 있고 맥락화되어 있는 이해를 제공하는 데 중점을 둔다. 탈실증주의자들은 특정 맥락의 고유한 역학관계와 우연성을 이해하기 위해 사례 연구, 담론 분석, 역사적 분석과 같은 해석학적 및 질적 방법의 중요성을 강조하며, 국제정치를 형성하는 데 있어 권력, 이념, 규범적 고려 사항의 역할에 주목한다. 특히, 시공간을 초월한 보편적 이론의 존재 가능성에 회의적인 이들은 연구 목표를 인간 해방과 같은 실천적 문제에 맞추며, 가설의 일반화보다는 소수의 사례에 대한 심층적 이해를 통해 국제정치에 대한 영감과 통찰력을 얻고 공유하고자 한다.

3. 왜 난해한 이론적 개념을 사용하는가

그런데 여러분은 다양한 관점과 이론을 사용하여 설명이나 이해의 깊이와 폭을 증진할 수 있다는 점은 알겠는데 그러다 보니 많은 난해한 '이론적 개념들'을 접하게 되는 어려움을 토로할 수 있다. 이 맥락에서 우크라이나전쟁에 관한 나의 글에 대해 조금 더 이야기해보자.

여러분들은 이 짧은 글이 '왜(why)?'라는 질문들과 그에 답하는 사실과 논리의 결합으로 이뤄졌다는 것을 알게 되었을 것이다. 아마도 여러분은 사실과 논리는 알겠는데 이것들을 압축적으로 연결해주는 이론적 개념들에 대해서는 생소하게 느낄 수 있다. 나는 이러한 개념들을 여러분이 쉽게 이해하여 우크라이나전쟁과 관련된 나의 핵심 논지와 논리 전개의 방법론에 효과적으로 접근할 수 있도록 본문 내 '용어 설명', '개념으로 깊이 알기', 'Hungry for more?' 코너를 다수 사용했다. 그런데 학자들은 왜 이론적 개념들을 사용하는가?

학자들이 개념들을 사용하는 이유는 그들 간의 효율적 소통을 위한 것이다. 말하자면 프로들이 지식 검증이나 축적을 위한 토론과 논쟁을 할 때 아마추어들이 일상적으로 사용하는 언어를 사용하면 많은 시간이나 지면을 필요로 하게 된다. 그렇게 되면 정작 논쟁의 목적인 중요한 지식에 관한 검증이나 새로운 지식의 창출이 지체되거나 방해받을 수 있다. 그들은 함축적 개념들을 사용하여 토론의 생산성을 높이고자 한다.

우크라이나전쟁 논문에서 나는 푸틴의 결정이 합리적이지 않을 수 있다고 적었다. 예를 들어 그는 군 통수권자인데도 불구하고 자신이 일부이기도 한 '응집력이 강한 소규모 의사결정 집단'의 동학에 의해 압력을 받아 객관적 현실과 괴리된 정책결정을 내릴 수도 있기 때문이다. 앞서 언급했듯이, 재니스에 따르면 위기가 발생하면 의사결정 집단의 구성원들은 정보를 교환하고, 대안을 찾으며, 때에 따라서는 자신들이 어딘가에 소속해 있다는 사실을 확인하기 위해 자주 만나게 된다. 만일 이들이 이념이나 출신 등 공통점이 많아 이미 응집력이 강한 집단이라면 자주 만나는 행위는 집단의 응집력을 더욱 강화하여 '우리는 한 몸'이라는 폐쇄적인 집단적 정체성을 형성하게 된다. 이런 상태에서 각 구성원은 동료의 제안이나 집단이 내린 결정에 대해 이의를 제기하거나 대놓고 반대하기 어려운 심리상태에 빠지게 된다. '예스맨'만 말할 수 있는 회의 분위기가 된다는 말이다. 이들은 "동조 압박"이라는 집단사고에 빠져 판단력, 현실 검증 능력, 도덕적 판단 능력의 저하를 겪게 되고, 결국 외교적 재앙을 불러일으킨 장본인이 되고 마는 것이다.

다시 나의 논문으로 돌아와, 푸틴이 내린 결정들의 합리성과 일관성 여부 등을 고려할 때 우리는 그가 이러한 집단사고의 희생양이 됐다고 합리적으로 의심할 수 있다. 그런데 내가 위에서 했던 것과 같이 아마추어식으로 풀어서 설명하는 경우 142개의 단어가 필요하다. 그러나 집단사고라는 이론적 개념을 사용하여 "푸틴이 집단사고의 희생양이 되고 있을 수도 있다"고 말하면 단어 수는 7개로 줄어들고, 나는 절약한 지면을 푸틴의 결정들을 다각도에서 살펴보는 보다 중요한 작업에 활용할 수 있게 되는 것이다. 유능한 국제정치학도가 되고자 한다면 여러분은 프로들이 사용하는 언어를 습득해야 한다. 그래야 여러분들은 프로들과 함께 지식 창출이나 검증 과정, 그리고 정책결정 과정에 의미 있게 참여할 수 있게 될 것이다. 여러분들로 하여금 이론적 개념을 이해하고 사용할 수 있는 능력을 갖추게 하는 것, 이것이 『처음 만나는 국제정치학』의 주요 목적 중 하나이다.

　이론의 역할과 관련하여 한 걸음 더 들어가보자. 학자들은 자신의 핵심 논지를 지지하기 위해 또는 논리 전개나 확장을 정당화하기 위해 경험적으로 이미 상당히 검증된 이론들을 활용한다. 그들이 자신의 논리를 진전시키기 위해 각 단계에서 자신이 직접 경험적 검증을 하려면 지면이나 노력의 측면에서 가능하지 않기 때문에 믿을 만한 다른 학자들이 이미 검증하여 광범위하게 인정되는 이론들을 사용한다면 그들은 시간을 낭비하지 않고 새롭고 진전된 지식을 창출하는 데 효율적으로 집중할 수 있게 된다. 미국이 소련에 한 구두 약속을 어기면서까지 NATO의 동진을 추진한 이유가 민주주의의 확산이 국제평화를 가져온다는 민주평화론에 일부 기인한 것이라면 나는 그러한 가설이 역사적으로 실제 그러했는지를 직접 조사할 필요 없이 광범위하게 그 타당성이 인정되는 민주평화론에 기대어 다음 단계의 논리, 예를 들어 NATO 확장에 대한 러시아의 대항 논리에 대한 토론을 진행시킬 수가 있게 되는 것이다.

4. 국제정치이론을 현명하게 소비하기

　국제정치이론의 역할과 기능과 관련하여 주의할 것이 있다. 소비에 관한 것이다. 나는 우리가 국제정치이론을 비판적 안목으로 그리고 주체적으로 소비해야 한다고 생각한다.[3] 먼저 우리는 이론에 드러나지 않게 스며들어 있는 특정 가치관이 세상에 대한 실체적 또는 실제적 이해를 방해하지 않도록 이론과 거리를 두고 은폐된 그 속내를 간파해야 한다. 국제정치이론은 물질이 아닌 마음이나 감정을 가진 인간(또는 인간의 집단)에 대해 똑같이 마음이나 감정을 가진 인간이 만들어내는 가설 체계다. 따라서 정도의 차이는 있겠지만 연구자가 연구 대상에 완전히 가치중립적으로 접근할 수는 없다. 물론 학문적으로 정직한 학자들은 국제정치를 당연히 객관적으로 보고 분석하고 이론화하려 할 것이다. 그러나 양심적인 학자라 해도 그들이 의식하지 못하는 가운데 '시대의 영향'(일상생활의 예를 들어 조선시대 그 누구도 '친가[親家]'와 '외가[外家]'라는 용어가 불편하다고 생각하지 않았을 것이다. 그리고 현재 많은 젊은 한국 여성들은 '시집간다'는 말보다 '결혼한다'는 말이 더 옳다고 생각한다)을 받는 자신의 가치관이 그의 연구에 스며들 가능성을 막을 방법은 사실상 없다. 국제정치를 직접적으로 접근하거나 지각할 수 없는 인간의 물리적, 인지적 한계로 인해 무엇이 분석의 대상이 되어야 하는가를 결정할 때부터 이미 시대에 영향을 받은 그의 가치관이 (부지불식간에) 개입될 것이기 때문이다. 따라서 우리는 국제정치이론을 접할 때 그 이론을 '액면 그대로' 받아들이기보다는 그것이 만들어진 또는 형성된 시공간적 배경을 동시에 이해하려는 노력을 기울여야 한다. 즉 이론의 이면에 은닉되어 있을 수도 있는 이론가의 가치관, 그리고 그의 가치관에 영향을 주었을 그의 시공간에 대해 파악할 필요가 있다는 것이다.

다른 각도에서, 권력관계가 이론에 대해 미치는 영향에 관해 논해보자면, 우리는 일상 생활에서 '사회적으로 상식이라고 간주되는 것'을 정당하고 타당한 것으로 받아들이는 경향이 있다. 그러나 상식으로 간주되는 것은 그것이 사회적으로 합리성을 갖고 있기 때문일 수도 있지만, 다른 한편 사회적 권력관계와 상호강화적 관계에 있기 때문일 수도 있다. 국제정치이론도 마찬가지이다. 이른바 '보편성을 가진 것으로 간주되는', 푸코의 용어를 빌리자면, '과거가 없어 보이는' 국제정치이론도 그 연원을 추적해 들어가면 특정한 시대의 특수한 상황에서 특정한 누군가가 의식적으로 또는 무의식적으로 특정한 이익을 위해 만들어낸 것일 수도 있다. 그리고 그 이론이 보편적인 것으로 간주되기 시작했을 때 당시 그것과 경쟁하던 다른 이론과 사고방식이 이론 외적 요소에 의해 밀려났었을 수도 있다. 그렇기 때문에 특정 이론이 제시하는 개념들이나 가설들은 자명한 '보편적 진실'이 아니고, 권력 작용의 산물일 수도 있다는 점을 이해하는 것이 중요하다.

그러나 이러한 주의가 필요하다는 말은 특정 메타이론(예를 들어 실증주의)이나 방법론에 대한 거부를 뜻하는 것은 아니다. 해석학적 접근이 '은폐되어 있는 것들'을 들추는 데 효과적일 수 있으나 오용과 남용은 경계되어야 한다. 다시 말해, '데이터가 스스로 말하게 두라(Let the data speak for themselves)'는 접근법이 아닌, 주관적 행위와 그에 따른 현상을 역지사지적으로 해석하는 이론은 '화자(話者, 즉 이론가)에게 모든 것을 맡긴 꼴(Let the speaker speak for him/herself)'로 그의 가치관에 기초한 자의적 해석이 설명이나 이해가 아닌 특정 이념이나 국가의 선전이나 홍보물로 전락할 가능성이 있다는 점 또한 지적되어야 한다. 푸코식 접근도 권력관계를 형성하는 언어의 힘을 지나치게 강조하거나 담론적 구조를 절대화하여 국제정치에서의 개인이나 집단의 주체적 역할이나 능력을 경시하는 경향이 있다. 또한 일부 비서구 학자들은 그의 이론이 서구 철학이나 역사 전통에 기초한 유럽 중심주의 시각에 기초해 있다고 지적한다. 예를 들어, 인도의 카스트 제도는 수천 년에 걸친 복잡한 종교적, 사회적 계층 구조를 반영하며, 단순히 서구의 계급 투쟁 또는 권력 담론으로 설명하기 어려운 측면이 있다. 마찬가지로, 아프리카의 부족 사회에서는 전통적 권위 구조와 식민지 경험이 결합된 독특한 권력 역학이 존재하는데, 이를 서구 중심의 이론으로 분석하는 것은 이들 사회의 고유한 특성과 맥락을 충분히 반영하지 못할 수 있다.

요는 우리가 소비하는 국제정치이론이 어떤 메타이론이나 방법론을 선택하였든 우리는 그것을 액면 그대로(곧이곧대로) 믿어서는 안 되고, 그것이 가지고 있을 수도 있는 내재적인 (그리고 자주 은폐되어 있는) 간접적 강제성과 지적 폭력성을 간과해서는 안 된다는 점이다. 이론에 의해 영향을 받기 쉬운 초심자의 경우 문제의식과 비판정신의 중요성은 더욱 강조될 수밖에 없다. 독일의 문호 괴테가 말했듯이, "첫 단추를 잘못 끼우면 마지막 단추를 낄 구멍이 없어지고 말기 때문이다."

이 문제가 야기하는 결과적 측면에 대해 한 걸음 더 들어가보자면, 우리가 보편성으로 위장된 또는 권력 작용의 산물인 국제정치이론을 타율적이고 무비판적으로 수용하게 되면 우리의 발상의 주체성이나 자율성이 저해될 수 있다는 점이 지적될 수 있다. 이론의 주요 기능 중 하나는 의제설정으로서 "여길 봐!"라는 표현으로 요약된다. 국제정치이론은 국제정치에서 어떤 부분이 중요하고 가치 있는 것인지를 가리켜준다. 특정 의제에 빛을 비추며 거길 보라고 지시하는 것이다. 예를 들어 세력균형론은 한반도가 그 지정학적 위치로 인해 대륙세력과 해양세력 간에 존재하는 '세력균형의 최전선'이라며 양대 세력 간의 안정을 위해 동맹강화를 통한 끊임없는 '밸런싱의 중요성'을 강조할 것이다. 그러나 구성주의 이론은 '공유된 규범'이 국가들의 속성을 바꿀 수 있다며 동북아와 한반도에서의 교류와 협력의 증진이 가지는 '공동안보적 함의'를 부각시킬 것이다. 강조하건대 이론이 우리를 위해 암묵적으로 가치 판단을 대신 해준다는 엄연한 사실을 고려할 때 주체성과 자율성을 결여한 관성적이고 무비판적인 접근은 우리에게 주어진 국제정치이론이 "학문적 의제설정 권력(어떤 것이 연구될 가치가 있는가, 어떻게 연구되어야 하는가 등을 둘러싼 담론적 권력)"[4]을 행사하여 우리에게 "문제의식의 타율화"를 강제함으로써 "우리의 독자적인 문제의식을 형성하지 못하게 하거나 우리 사회의 맥락과 유리된 문제의식"을 갖게 할 수 있다. 우리는 국제정치이론을 접할 때 우리가 알아야 할 역사나 현안, 또는 우리의 현재나 미래의 사활적 이익이 걸려 있는 문제에 대해 적극적으로 조명하지 않고 오히려 국제정치의 '보편적 문제라고 일컬어지는 이슈'에 대해 학문적 우선권을 부여하지 않는지 주체적이고 비판적인 안목을 가지고 성찰할 필요가 있다. 우리는 국제정치이론을 주체적이고 비판적인 관점에서 파악하고 소비할 수 있어야 한다.

　　연장선에서 정책과 그 결과에 관한 이야기를 해보자면, 국제정치이론을 토착적 조건과 상관없이 보편성이라는 전제하에 적용하거나 사용할 때, 특히 그것이 국가 정책이 될 경우 중대한 국가적 불이익을 발생시킬 수 있다는 점이 지적될 수 있다. 이는 보편적이지 않은, 또는 보편일 수 없는 국제정치이론을 보편적이라고 무비판적으로, 또는 자발적으로 받아들이기 때문에 발생하는 부정적인 물질적(예를 들어 자원 낭비), 비물질적(예를 들어 정체성의 위기) 결과이다. 국제정치학자, 전략가, 정책결정자가 가장 많이 소비하는 국제정치적 개념은 누가 뭐래도 세력균형이다. 한국도 예외가 아니어서 그들은 한반도의 국제정치를 설명하고 처방을 내릴 때 세력균형을 지도적 개념으로 사용한다. 그런데 여기서 중요한 것은 한국의 정책 리더들이 세력균형이라는 개념이나 이론을 한반도 외부의 관점 또는 강대국들의 관점에서 사용한다는 점이다. 이들이 사용하는 한반도 외부적 관점에서는 한반도에서의 세력균형은 '좋은 것'이다. 세력균형은 현상유지를 뜻하고, 따라서 국제체제적 안정을 의미하기 때문이다. 그러나 한국에게는 세력균형, 즉 현상유지보다는 현상타파가 더 '좋은 것'일 수 있다. 평화적 현상타파는, 즉 분단체제의 평화적 해소는 한국에게 '좋은 것'이다. 한국의 헌법은 한반도의 '평화적 통일'을 국가 최고 목표 중 하나로 명시하고 있다. 요컨대 국제정치이론을 접할 때 우리는 글로벌한 안목을 유지하면서도 이론에 대한 비판적, 주체적 소비의 중요성을 예리하게 인식할 필요가 있다. 세력균형론과 같은 지배적인 국제정치이론은 강대국 간 국제정치 현상의 전반적 패턴을 이해하는 데는 우리에게 유익할 수 있겠으나, 우리로 하여금 다른 국가들의 이익이 우리의 이익이라는 착각을 할 수 있게 만드는 강대국의 정치적 담론일 수 있다는 점에도 유의해야 할 것이다.

에필로그

국제정치학이 없다면?

국제정치학이 없다면 세계 차원의 역학과 상호작용에 대한 우리의 이해는 심각하게 제한될 것이다. 뿐만 아니라 우리는 국제정치적 현상의 패턴을 파악하고, 국제정치적 사건의 원인과 결과를 설명하며, 미래를 예측하는 데 어려움을 겪을 것이다. 정책결정자들은 체계적이고 일반화된 지식에 기반한 판단을 할 수 없어 오산과 오판, 그리고 비효율적인 전략에 따른 막대한 국민적, 국가적 또는 인류적 차원의 비용을 치러야 할 수도 있다.

참혹한 1차대전을 겪은 유럽의 지식인들은 국제정치를 연구하기 위해 역사, 법, 철학, 사상, 또는 주요 개인의 신변에 대한 탐구에 매달렸다. 이는 전간기(1차대전과 2차대전 사이)에, 즉 국제정치학이 본격적으로 시작되기 전까지 세계 유명대학에서 국제정치적 현상을 연구·교육하는 방식이었다. 이러한 방법, 특히 체계적이고 성찰적으로 이루어진 역사적 접근은 국제정치에 대한 이해를 위한 통찰력과 영감을 제공했다. 현재도 이러한 역사적 접근법은 국제정치학과 함께, 또는 그 일부로서 국제정치의 이치를 일깨우는 중요한 역할을 하고 있다.

그러나 국제정치적 현상을 국제정치학이 아닌 다른 학문의 관점에서 접근한다면, '정치적' 행위자들 간의 상호작용과 그로 인한 다양한 창발성의 정수와 본질을 타당하게 파악하기 어려울 수 있다. 이는 정확한 설명과 이해, 그리고 타당한 정책적 함의를 제시하는 데 근본적인 한계를 초래할 것이다. 제한적인 시공간에서 얻어진 주관적 통찰력이 성급하게 일반화되어 다른 시공간적 맥락에서 남용되거나 오용될 수 있으며, 문제의 핵심을 찾지 못한 채 제시된 주먹구구식 해결책은 문제 해결은커녕 국가적, 인류적 차원의 재앙을 초래할 수도 있다.

국제정치학이 없다면, 그리고 우리가 역사적, 철학적인 접근법에만 의존한다면, 우리가 놓칠 수 있는 가장 중요한 국제정치적 본질은 아마도 국가들 간의 권력관계일 것이다. 뒤집어 말하면 우리는 현상의 어디를 봐야 문제가 보이고, 파악된 문제의 핵심이 무엇인지를 가리켜 주는, 즉 '여길 봐!(Look here!)'라는 의제설정의 기능을 수행하는 국제정치학이 있기 때문에 국제 '정치'를 국제 '정치적'으로 볼 수 있는 것이다. 이런 의미에서, 우리는 "국제정치의 가장 근본적인 범주는 권력이며, 국제정치에서 국가의 동기와 행동은 권력관계와 그 역사적 맥락을 통해 분석하는 것"이라며 권력정치를 도덕적 원칙과 법적 구조에서 분리한 카, "국가의 이익이나 정책을 돈(경제학), 적법성(법학), 또는 도덕적 원리(철학/윤리학)의 관점이 아닌 권력관계의 시각에서 보아야 한다"며 하나의 독립된 학문적 영역으로서의 국제정치학을 체계화한 모겐소, 그리고 "권력계산은 무정부적 국제구조하에서 국가들이 세상에 대해 생각하는 방식의 핵심이며, 국제정치를 빚고 짓는 강대국들은 생존이나 패권을 위해 권력투쟁에 참여한다"고 주장하며 국제정치학을 구조화한 월츠나 미어샤이머의 덕을 보고 있는 셈이다.

국제정치학이 없어 우리가 놓칠 수 있는 것은 행위자들의 권력이나 권력관계만은 아니다. 국제정치학적 통찰력이 없이는 국제체제나 국제사회와 같은 국제 구조적 수준에서 작동하는, 행위자들의 속성으로 환원되지 않는 창발적이면서 비가시적인 속성들, 예를 들어 국제규범, 국제제도, 또는 소프트 파워의 힘과 영향력을 이해하기 어렵다. 또 다른 각도에서 우리는 인류 최대의 과제인 전쟁의 문제를 '당구공과 같은 국가들' 간의 권력관계의 시각에서만 볼 수 없고, 민주주의냐 아니냐와 같은 '국가들의 내부적 성격'을 들여다봄으로써 비로소 이해에 접근할 수 있다면 이 또한 국제정치학의 덕분이다. 전쟁이 계산에 따른 것이라기보다는 오인, 오판, 또는 존재론적 불안감에 따른 것이라면, 더 나아가 그것이 자본주의의 태생적, 내재적 모순에서 비롯되는 것이라면, 또는 국가의 존재 가치를 둘러싼 인정투쟁의 일부라면 이 또한 국제정치학이 있기에 우리가 답을 내놓을 수 있는 문제들이다.

우리는 국제정치학이 있기에 정보의 홍수 속에서 무엇이 중요한지 분간할 수 있게 되었고, 보이지 않았을 것들을 그것이 있기에 볼 수 있게 되었으며, 우리의 일상생활에 지대한 영향을 끼치는 국제정치에 대한 보다 완전하고 더 큰 그림을 그릴 수 있고, 체계적이고 심도 있는 이해에 도달할 수 있으며, 궁극적으로 국제정치를 유지하거나 바꿀 수 있는 유익한 '관념적 도구(conceptual tools)'를 가지게 되었다. 게다가 이 '지적(知的) 도구'는 가격이 없다. 브라보, 국제정치학!

참고문헌

강정인, "서론: 서구중심주의에 대한 우리 학문의 이론적 성찰과 대응", 강정인 편, 『탈서구중심
　　주의는 가능한가: 서구중심주의에 대한 우리 학문의 이론적 대응』, 아카넷, 2016.

김학노, 『정치: 아와 비아의 헤게모니 투쟁』, 박영사, 2023.

레닌, 블라디미르, 『제국주의: 자본주의의 최고 단계』, 아고라, 2018.

민병원, "국제정치와 시스템이론: 동아시아 국제정치이론에 대한 메타이론적 고찰", 전재성 편,
　　『복잡성과 복합성의 세계정치』, 사회평론아카데미, 2017.

박건영, 『국제관계사』, 사회평론아카데미, 2020.

박건영, 『외교정책 결정의 이해』, 사회평론아카데미, 2020.

박건영, "국제정치이론이란 무엇인가", 박건영, 신욱희 편, 『국제정치이론』, 사회평론아카데미,
　　2021.

박건영, 『조선이 한국에게 보내는 편지』, 사회평론아카데미, 2021.

양준희, 박건영, "신고전적 현실주의(Neoclassical Realism) 비판", 『국제정치논총』, 제51집,
　　제3호, 2011.

윤성원, "미국 대북담론 구조 연구: 대통령 화행을 중심으로", 『한국과 국제정치』, 제40권, 제1
　　호, 2024.

은용수, "국제정치학의 메타이론: 존재론과 인식론", 박건영, 신욱희 편, 『국제정치이론』, 사회
　　평론아카데미, 2021.

은용수, "비판적 국제정치이론: 비판이론과 탈식민주의", 박건영, 신욱희 편, 『국제정치이론』,
　　사회평론아카데미, 2021.

은용수, "존재론적 안보론과 북미관계: 이론과 현상, 새롭게 보기", 『한국과 국제정치』, 제40권,
　　제1호, 2024.

전재성, "북미관계의 권역이론적 분석을 위한 시론", 『한국과 국제정치』, 제40권, 제1호, 2024.

전재성, "영국의 국제사회학파 이론", 우철구·박건영 편, 『현대 국제관계이론과 한국』, 사회평
　　론아카데미, 2004.

전재성, "탈식민 국제정치학 이론과 한국", 『국제정치논총』, 제59집, 제4호, 2019.

전재성, 박건영, "국제관계이론의 한국적 수용과 대안적 접근", 『현대국제관계이론과 한국』, 사
　　회평론아카데미, 2015.

헤겔, 게오르크 빌헬름 프리드리히, 김준수 옮김, 『정신현상학 1』, 『정신현상학 2』, 아카넷,
　　2022.

阎学通, 徐进 编, 『中国先秦国家间政治思想选读』, 复旦大学出版社, 2008.

阎学通, 徐进 等 著, 『王霸天下思想及启迪』, 世界知识出版社, 2009.

胡树祥 编, 『中国外交与国际发展战略研究』, 中国人民大学出版社, 2009.

秦亚青 编, 『大国关系与中国外交』, 世界知识出版社, 2011.

周方银, "松散等级体系下的合法性崛起: 春秋时期"尊王冶争霸策略分析", 『世界经济与政治』, 2012年, 第 6 期.

徐进, "春秋时期尊王攘夷冶战略的效用分析", 『国际政治科学』, 2012年 第 2 期.

Abiew, Francis, "Assessing Humanitarian Intervention in the Post-Cold War Period: Sources of Consensus", *International Relations*, Vol. 14, No. 2, 1998.

Abulof, Uriel, "Deep securitization and Israel's "Demographic Demon"", *International Political Sociology*, Vol. 8, No. 4, 2014.

Acharya, Amitav, "Global international relations (IR) and regional worlds", *International Studies Quarterly*, Vol. 58, No. 4, 2014.

'A Dialogue between Yan Xuetong and Mearsheimer: Can China Rise Peacefully?', *iFeng Academia*, 29 September, 2013,http://news.ifeng.com/exclusive/lecture/special/yanxuetong/#pageTop

Alexandrowicz, Charles Henry, *An Introduction to the History of the Law of Nations in the East Indies: 16th, 17th, and 18th Centuries*, Clarendon Press, 1967.

Allison, Graham, "The Thucydides Trap: Are the U.S. and China Headed for War?", *The Atlantic*, September, 24, 2015.

Allison, Graham, *Destined for War: Can America and China Escape Thucydides's Trap?*, Houghton Mifflin Harcourt, 2017.

Allison, Graham, Philip Zelikow, *The Essence of Decision*, The Penguin Press, 2005.

Ashley, Richard K., "Poverty of Neorealism", *International Organization*, Vol. 38, No. 2, 1984.

Austin, John L. *How to Do Things with Words*, Oxford University Press, 1962.

Baldwin, David, "Interdependence and Power: A Conceptual Analysis", *International Organization*, Vol. 34, No. 4, 1980.

Barber, James, *The Presidential Character: Predicting Performance in the White House*, Prentice Hall, 1992.

Bearden, Milton, "Putin's Afghanistan: Ukraine and the Lessons of the Soviets' Afghan War", *Foreign Affairs*, March 24, 2022.

Bendor, Jonathan, Thomas H. Hammond, "Rethinking Allison's Models", *American Political Science Review*, Vol. 86, No. 2, 1992.

Bigo, Didier, "The (in)securitization practices of the three universes of EU border control", *Security Dialogue*, Vol. 45, No. 3, 2014.

Bourdieu, Pierre and Loïc J. D. Wacquant, *An Invitation to Reflexive Sociology*, University of Chicago Press, 1992.

Brown, Chris, "The development of International Relations theory in the UK: traditions, contemporary perspectives, and trajectories", *International Relations of the Asia-Pacific*, Vol. 11, 2011.

Bull, Hedley, *The Control of the Arms Race: Disarmament and Arms Control in the Nuclear Age*, Praeger, 1965.

Bull, Hedley, "International Theory: The Case for a Classical Approach", *World Politics*, Vol. 18, No. 3, 1966.

Bull, Hedley, "Society and Anarchy in International Relations", in Herbert Butterfield and Martin Wight, eds., *Diplomatic Investigations*, Allen & Unwin, 1966.

Bull, Hedley, *The Anarchical Society: A Study of Order in World Politics*, Columbia University Press, 1977.

Bull, Hedley, "The West and South Africa", *Daedalus*, Vol. 111, No. 2, 1982.

Bull, Hedley, *Justice in International Relations: 1983–4 Hagey Lectures*, University of Waterloo Press, 1984.

Bull, Hedley, Adam Watson, eds., *The Expansion of International Society*, Clarendon Press, 1984.

Bush, George W., "Address at the U.S. Military Academy", West Point, June 1, 2002.

Busse, Christian, Andrew P. Kach and Stephan M. Wagner, "Boundary Conditions: What They Are, How to Explore Them, Why We Need Them, and When to Consider Them", *Organizational Research Methods*, Vol. 20, No. 4, 2017.

Butterfield, Herbert, *Christianity, Diplomacy and War*, Epworth Press, 1953.

Buzan, Barry, "From International System to International Society: Structural Realism and Regime Theory Meet the English School", *International Organization*, Vol. 47, No.3, 1993.

Buzan, Barry, "The English School: An Underexploited Resource in IR", *Review of International Studies*, Vol. 27, No. 3, 2001.

Buzan, Barry, *From International to World Society?: English School Theory and the Social Structure of Globalisation*, Cambridge University Press, 2004.

Buzan, Barry, Ole Wæver, Regions and Powers: *The Structure of International Security*, Cambridge University Press, 2003.

Buzan, Barry, Ole Wæver, Jaap De Wilde, *Security: A New Framework for Analysis*, Lynne Rienne, 1997.

Buzan, Barry, Richard Little, *International Systems in World History: Remaking the Study of International Relations*, Oxford University Press, 2000.

C.A.S.E., "Europe, knowledge, politics engaging with the limits: The c.a.s.e. collective responds", *Security Dialogue*, Vol. 38, No. 4, 2007.

Cavallar, Georg, "Kantian perspectives on democratic peace: alternatives to Doyle", *Review of International Studies*, Vol. 27, 2001.

Christensen, Thomas, Jack Snyder, "Chain Gangs and Passed Bucks: Predicting Alliance Patterns in Multipolarity", *International Organization*, Vol. 44, No. 2, 1990.

Christensen, Thomas, *Useful Adversaries: Grand Strategy, Domestic Mobilization, and Sino-American Conflict, 1947-1958*, Princeton University Press, 1996.

Clinton, William, "Address to the 50th Session of the United Nations General Assembly", September 27, 1993.

Clinton, William, "Address Before a Joint Session of the Congress on the State of the Union", January 25, 1994.

Copeland, Dale, "A Realist critique of the English School", *Review of International Studies*, Vol. 29, Iss. 3, 2003.

Côté, Adam, "Agents without agency: Assessing the role of the audience in securitization theory", *Security Dialogue*, Vol. 47, No. 2, 2016.

Cox, Robert W., "Social Forces, States and World Orders: Beyond International Relations Theory", *Millennium: Journal of International Studies*, Vol. 10, Iss. 2, 1981.

Creutzfeldt, B., 'Theory Talk #51: Yan Xuetong on Chinese Realism, the Tsinghua School of International Relations, and the Impossibility of Harmony', Theory Talks, 2012, http://www.theory-talks.org/2012/11/theory-talk-51.html

Croft, Stuart, "Constructing ontological insecurity: the insecuritization of Britain's Muslims", *Contemporary Security Policy*, Vol. 33, No. 2, 2012.

Cutler, A. Claire, "The 'Grotian Tradition' in International Relations", *Review of International Studies*, Vol. 17, No. 1, 1991.

Deutsch, Karl, J. David Singer, "Multipolar Power Systems and International Stability", *World Politics*, Vol. 16, No. 3, 1964.

Diez, Thomas, Franziskus von Lucke, Zehra Wellmann, *The Securitisation of Climate Change: Actors, Processes and Consequences*, Routledge, 2016.

Dinneen, Nathan, "The Corinthian Thesis: The Oratorical Origins of the Idea of the Balance of Power in Herodotus, Thucydides, and Xenophon", *International Studies Quarterly*, Vol. 62, Iss. 4, 2018.

Doyle, Michael, "Kant, Liberal Legacies, and Foreign Affairs", *Philosophy & Public Affairs*,

Vol. 12, No. 3, 1983.

Dreyer, June T., "China's Tianxia: Do all under heaven need one arbiter?", Yale Global Online , 2014, https://yaleglobal.yale.edu/content/chinas-tianxia-do-all-under-heaven-need-one-arbiter

Dunne, Tim, *Inventing International Society: A History of the English School*, Macmillan Press, 1998.

Ellsberg, Daniel, "Risk, Ambiguity, and the Savage Axioms", *Quarterly Journal of Economics*, Vol. 75, 1961.

Emerson, R. Guy, "Towards a process-orientated account of the securitisation trinity: the speech act, the securitiser and the audience", *Journal of International Relations and Development*, Vol. 22, 2017.

Etzioni, Amitai, "Spheres of Influence: A Reconceptualization", *The Fletcher Forum of World Affairs*, Vol. 39, No. 2, 2015.

FBI, "Russian Interference in 2016 U.S. Elections". https://www.fbi.gov/wanted/cyber/russian-interference-in-2016-u-s-elections

Foot, Rosemaryand Andrew Walter, *China, the United States, and Global Order*, Cambridge University Press, 2011.

Foucault, Michel, *Discipline and Punish: The Birth of the Prison*, Vintage Books, 1979.

Foucault, Michel, "The Order of Discourse", in Robert Young, ed., *Untying the Text*, Routledge & Kegan Paul, 1981.

Freedman, Lawrence, "Logic, Politics and Foreign Policy Processes: A Critique of the Bureaucratic Politics Model", *International Affairs*, Vol. 52, Iss. 3, 1976.

Freyberg-Inan, Annette, *What Moves Man: The Realist Theory of International Relations and Its Judgment of Human Nature*, State of New York University Press, 2004.

Fukuyama, Francis, *The End of History and the Last Man*, The Free Press, 1992.

Fukuyama, Francis, "Grasping the Democratic Peace: Principles for a Post-Cold War World", Review, *Foreign Affairs*, November/December 1993.

Gad, Pram. Lund Petersen, "Concepts of politics in securitization studies", *Security Dialogue*, Vol. 42, No. 4-5, 2011.

Gellman, Peter, "The Elusive Explanation: Balance of Power 'Theory' and the Origins of World War I", *Review of International Studies*, Vol. 15, No. 2, 1989.

George, Jim and David Campbell, "Patterns of Dissent and the Celebration of Difference: Critical Social Theory and International Relations", *International Studies Quarterly*, Vol. 34. No. 3, 1990.

Giddens, Anthony, *Modernity and Self-identity: Self and Society in the Late Modern Age*,

Stanford University Press, 1991.

Gilpin, Robert, *War and Change in World Politics*, Princeton University Press, 1981.

Grachikov, Yevgeny N., "Chinese School of International Relations: How Theory Creates Diplomatic Strategy and Vice Versa", *Russia in Global Affairs*, Vol. 17, No. 2, 2019.

Graham, Thomas, "The Sources of Russia's Insecurity", *Survival*, Vol. 52, No. 1, 2010.

Gustafsson, Karl, Nina C. Krickel-Choi, "Returning to the roots of ontological security: insights from the existentialist anxiety literature", *European Journal of International Relations*, Vol. 26, Iss. 3, 2020.

Habermas, Jürgen, *Between Facts and Norms: Contributions to a Discourse Theory of Law and Democracy*, The MIT Press, 1998.

Hacker, Andrew, "Political Behaviour and Political Behavior", *Political Studies*, Vol. 7, No. 1, 1959.

Hagström, Linus, "Great Power Narcissism and Ontological (In)Security: The Narrative Mediation of Greatness and Weakness in International Politics", *International Studies Quarterly*, Vol. 65, Iss. 2, 2021.

Hall, Ian, "Taming the Anarchical Society", https://www.e-ir.info/2012/07/05/taming-the-the-anarchical-society/JUL 5 2012

Hegel, Georg Wilhelm Fredrich, Allen W. Wood, ed., H. B. Nisbet tr., *Hegel: Elements of the Philosophy of Right*, Cambridge University Press, 1991.

Hegel, Georg Wilhelm Fredrich, Ruben Alvarado tr., *Lectures on the Philosophy of History*, Wordbridge, 2011.

Hoffmann, Stanley, "An American social science: International Relations", *Daedalus*, Vol. 106, 1977.

Hoffman, Stanley, "Hedley Bull and His Contribution to International Relations", *International Affairs*, Vol. 62, No. 2, 1986.

Horkheimer, Max, "Traditionelle und kritische Theorie", *Zeitschrift für Sozialforschung*, 6(2), 1937; "Traditional and Critical Theory", Matthew J. O'Connell tr., in Max Horkheimer, *Critical Theory: Selected Essays*, Continuum, 1972.

Hughes, Christopher, "Reclassifying Chinese Nationalism: the Geopolitik turn", *Journal of Contemporary China*, Vol. 20, Iss. 71, 2011.

Huysmans, Jef, "Migrants as a security problem: Dangers of 'securitizing societal issues'", In R. Miles and D. Thranhardt eds., *Migration and European integration: The dynamics of inclusion and exclusion*, Pinter, 1995.

Ikenberry, G. John, "The Myth of Post-Cold War Chaos", *Foreign Affairs*, Vol. 75, No. 3, 1996.

Imai, Kosuke, James Lo, "Robustness of Empirical Evidence for the Democratic Peace: A Nonparametric Sensitivity Analysis", *International* Organization, Vol. 75, 2021.

Jackson, Robert, "Pluralism in International Political Theory", *Review of International Studies*, Vol. 18, No. 3, 1992.

Jackson, Robert, *The Global Covenant, Human Conduct in a World of States*, Oxford University Press, 2000.

Jacobs, Frank, "Why China Will Reclaim Siberia", *The New York Times*, July 3, 2014.

Janis, Irving, *Groupthink: Psychological Studies of Policy Decisions and Fiascoes*, Houghton Mifflin, 1982.

Jeffery, Renée, "Australian Realism and International Relations: John Anderson and Hedley Bull on Ethics, Religion, and Society", *International Politics*, Vol. 45, No. 1, 2008.

Jervis, Robert, "Hypotheses on Misperception," *World Politics*, Vol. 20, No. 3, 1968.

Jervis, Robert, "From balance to concert: A study of international security cooperation", In K. A. Oye ed., *Cooperation under anarchy*, Princeton University Press, 1986.

Johnston, Alastair Iain, *Cultural Realism: Strategic Culture and Grand Strategy in Chinese History*, Princeton University Press, 1998.

Kai, He, "A Realist's Ideal Pursuit", *The Chinese Journal of International Politics*, Vol. 5, No. 2, 2012.

Kant, Immanuel, Ted Humphrey tr., *Perpetual Peace and Other Essays*, Hackett, 1983.

Kaplan, Morton, *System and Process in International Politics*, John Wiley, 1957.

Kegley Jr., Charles, Eugene Wittkopf, *World Politics: Trend and Transformation*, Bedford/St Martins, 2000.

Kennan, George, "A Fateful Error", *The New York Times*, February 5, 1997.

Keohane, Robert and Joseph Nye, Jr., "Transgovernmental Relations and International Organizations", *World Politics*, Vol. 27, No. 1, 1974.

Keohane, Robert, and Joseph Nye, Jr., *Power and Interdependence: World Politics in Transition*, Little, Brown, and Company, 1977.

Kinnvall, Catarina, "Globalization and Religious Nationalism: Self, Identity, and the Search for Ontological Security", *Political Psychology*, Vol. 25, No. 5, 2004.

Knight, Frank, *Risk, Uncertainty and Profit*, Martino Fine Books, 2014(1921).

Kratochwil, Friedrich, *Rules, Norms, and Decisions: On the Conditions of Practical and Legal Reasoning in International Relations and Domestic Affairs*, Cambridge University Press, 1989.

Laing, Ronald, *The Divided Self An Existential Study in Sanity and Madness*, Tavistock Publications, 1960.

Lapid, Yosef, "The Third Debate: On the Prospects of International Theory in a Post-Positivist Era", *International Studies Quarterly*, Vol. 33, No. 3, 1989.

Layne, Christopher, "Kant or Cant: The Myth of the Democratic Peace", *International Security*, Vol. 19, No. 2, 1994.

Lebow, Richard Ned, *National Identities and International Relations*, Cambridge University Press, 2016.

Legvold, Robert, *Return to Cold War*, Polity, 2016.

Lemke, Douglas, *Regions of War and Peace*, Cambridge University Press, 2002.

Lenin, Vladimir, "Appeal to the Soldiers of All the Belligerent Countries", *Lenin Collected Works*, Vol. 24, Progress Publishers, 1964.

Levy, Jack, "Declining power and the preventive motivation for war", *World Politics*, Vol. 40, No. 1, 1987.

Levy, Jack, "The Origin and Prevention of Major Wars", *Journal of Interdisciplinary History*, Vol. 18, No. 4, 1988.

Lobell, Steven, Norrin Ripsman and Jeffrey Taliaferro eds., *Neoclassical Realism, The State and Foreign Policy*, Cambridge University Press, 2009.

Mao Tse-tung, "Where do correct ideas come from?", *Draft Decision of the Central Committee of the Chinese Communist Party on Certain Problems in Our Present Rural Work*, Foreign Languages Press, 1966, May 1963.

Maoz, Zeev, "The Controversy over the Democratic Peace: Rearguard Action or Cracks in the Wall?", *International Security*, Vol. 22, No. 1, 1997.

Maoz, Zeev, Bruce Russett, "Normative and Structural Causes of Democratic Peace, 1946-1986", *The American Political Science Review*, Vol. 87, No. 3, 1993.

Marx, Karl, Ben Fowkes tr., *Capital: A Critique of Political Economy*, Volume 1, Penguin Classics, 1992.

Marx, Karl, Friedrich Engels, Samuel Moore tr., *The Communist Manifesto*, 2014.

Mayall, James, *World Politics: Progress and its Limits*, Polity, 2000.

McAllister, James, *No Exit: America and the German Problem, 1943-1954*, Cornell University Press, 2002.

McDonald, Patrick, "Peace through Trade or Free Trade?", *Journal of Conflict Resolution*, Vol. 48, No. 4, 2004.

McSweeney, Bill, "Identity and Security: Buzan and the Copenhagen School", *Review of International Studies*, Vol. 22, No. 1, 1996.

Mearsheimer, John, "The False Promise of International Institutions", *International Security*, Vol. 19, No. 3, 1994-1995.

Mearsheimer, John, *The Tragedy of Great Power Politics*, W. W. Norton & Company, 2001.

Mearsheimer, John, "Why the Ukraine Crisis Is the West's Fault: The Liberal Delusions That Provoked Putin", *Foreign Affairs*, Vol. 93, No. 5, 2014.

Mearsheimer, John, *The Great Delusion: Liberal Dreams and International Realities*, Yale University Press, 2018.

Midlarsky, Manus I., "Absence of Memory in the Nineteenth-Century Alliance System: Perspectives from Queuing Theory and Bivariate Probability Distributions", *American Journal of Political Science*, Vol. 27, No. 4, 1983.

Miller, Greg, Catherine Belton, "Russia's spies misread Ukraine and misled Kremlin as war loomed", *The Washington Post*, August 19, 2022.

Miller, J. D. B, *Norman Angell and the Futility of War: Peace and the Public Mind*, Palgrave Macmillan, 1986.

Mitzen, Jennifer, "Ontological Security in World Politics: State Identity and the Security Dilemma," *European Journal of International Relations*, Vol. 12, No. 6, 2006.

Molloy, Sean, "The Realist Logic of International Society," *Cooperation and Conflict*, Vol. 38, No. 2, 2003.

Moravcsik, Andrew, "Taking Preferences Seriously: A Liberal Theory of International Politics", *International Organization*, Vol. 51, No. 4, 1997.

Morgenthau, Hans, *Scientific Man versus Power Politics*, University of Chicago Press, 1946.

Morgenthau, Hans, *Politics Among Nations: The Struggle for Power and Peace*, Knopf, 1948.

Navari, Cornelia, "The Great Illusion Revisited: The International Theory of Norman Angell", *Review of International Studies*, Vol. 15, No. 4, 1989.

Nisbett, Richard, *The Geography of Thought: How Asians and Westerners Think Differently...and Why*, Free Press, 2003.

Nye, Jr., Joseph S., Robert Keohane, *Power and Interdependence*, The Free Press, 1977.

Oneal, John, Bruce Russett and Michael Berbaum, "Causes of Peace: Democracy, Interdependence, and International Organizations, 1885-1992", *International Studies Quarterly*, Vol. 47, No. 3, 2003.

Onuf, Nicholas, *World of Our Making: Rules and Rule in Social Theory and International Relations*, University of South Carolina Press, 1989.

Organski, A. F. K., *World Politics*, Alfred A. Knopf, 1958.

Owen, John, "How Liberalism Produces Democratic Peace", *International Security*, Vol. 19, No. 2, 1994.

Padelford, N. J., G. A. Lincoln, *The Dynamics of International Politics*, Macmillan, 1967.

Patomäki, Heikki, "Absenting the absence of future dangers and structural transformations in securitization theory", *International Relations*, Vol. 29, No. 1, 2015.

Pichler, Hans-Karl, "The Godfathers of 'Truth': Max Weber and Carl Schmitt in Morgenthau's Theory of Power Politics", *Review of International Studies*, No 24, 1998.

Pillsbury, Michael, ed., *Chinese Views of Future Warfare*, National Defense University Press, 1998.

Qin, Yaqing, "Relationality and processual construction: bringing Chinese ideas intointernational relations theory", *Social Sciences in China*, Vol. XXX, No. 3, 2009.

Qin, Yaqing, "A relational theory of world politics", *International Studies Review*, Vol. 18, No. 1, 2016.

Rengger, Nicholas J., "The World Turned Upside Down? Human Rights and International Relations after 25 years," *International Affairs*, Vol. 87, No. 5, 2011.

Reus-Smit, Christian, "The Strange Death of Liberal International Theory", *European Journal of International Relations*, Vol. 5, No. 2, 1999.

Reus-Smit, Christian, Duncan Snidal, *The Oxford Handbook of International Relations*, Oxford University Press, 2008.

Reuters, "Iran leader calls Israel 'rabid dog', urges arms for Palestinians", July 29, 2014.

Ripsman, Norrin, "Neoclassical Realism", *International Studies*, International Studies Association and Oxford University Press, 2017.

Rosato, Sebastian, "The Flawed Logic of Democratic Peace Theory", *The American Political Science Review*, Vol. 97, No. 4, 2003.

Rose, Gideon, "Neoclassical Realism and Theories of Foreign Policy", *World Politics*, Vol. 51, No. 1, 1998.

Rosecrance, Richard, *Action and Reaction in World Politics: International Systems in Perspective*, Little, Brown, 1963.

Rossdale, Chris, "Enclosing Critique: The Limits of Ontological Security", *International Political Sociology*, Vol. 9, 2015.

Rothe, Delf, *Securitizing global warming: A climate of complexity*, Routledge, 2016.

Ruggie, John, "Continuity and Transformation in the World Polity: Toward a Neorealist Synthesis", *World Politics*, Vol. 35, No. 2, 1983.

Ruggie, John, "Territoriality and beyond: Problematizing modernity in international relations," *International Organization*, Vol. 47, 1993.

Russett, Bruce, *Grasping the Democratic Peace: Principles for a Post-Cold War World*, Princeton University Press, 1993.

Sachs, Jeff, Interview, https://www.jeffsachs.org/interviewsandmedia/3mlhhwrk72bm-w9zehsntrrebc8x7ca

Scheff, Thomas, "Toward Integration in the Social Psychology of Emotions", *Annual Review of Sociology*, Vol. 9, 1983.

Schmitt, Carl, *Political theology: Four chapters on the concept of sovereignty*, University of Chicago Press, 2010.

Schroeder, Paul, "Historical Reality vs. Neo-realist Theory", *International Security*, vol. 19, no. 1, 1994.

Schweller, Randall, "Bandwagoning for Profit: Bringing the Revisionist State Back In", *International Security*, Vol. 19, No. 1, 1994.

Schweller, Randall, *Deadly Imbalances: Tripolarity and Hitler's Strategy of World Conquest*, Columbia University Press, 1998.

Schweller, Randall, *Unanswered Threats: Political Constraints on the Balance of Power*, Princeton University Press, 2006.

Schweller, Randall, "The Balance of Power in World Politics", https://oxfordre.com/politics/display/10.1093/acrefore/9780190228637.001.0001/acrefore-9780190228637-e-119

Secor, Laura, "Henry Kissinger Is Worried About 'Disequilibrium'", *The Wall Street Journal*, August 12, 2022.

Sewell, Keith, Herbert Butterfield and the Interpretation of History, Palgrave Macmillan, 2005.

Siegel, David, "From Oligarchs to Oligarchy: The Failure of U.S. Sanctions on Russia and its Implications for Theories of Informal Politics", *World Affairs*, Vol. 185, Iss. 2, 2022.

Smith, Tony, "The Logic of Dependency Theory Revisited", *International Organization*, Vol. 35, No. 4, 1981.

Smith, Tony, "The Underdevelopment of Development Literature: The Case of Dependency Theory", *World Politics*, Vol. 31, Iss. 2, 1979.

Snyder, Glenn H., "Mearsheimer's World: Offensive Realism and the Struggle for Security: A Review Essay", *International Security*, Vol. 27, No. 1, 2002.

Solo, Robert, "The Neo-Marxist Theory of the State", *Journal of Economic Issues*, Vol. 12, No. 4, 1978.

Sonnenfeld, Jeffrey, et. al. "Business Retreats and Sanctions Are Crippling the Russian Economy", July 19, 2022.

Steele, Brent J., "Ontological Security and the Power of Self-Identity: British Neutrality and the American Civil War", *Review of International Studies*, Vol. 31, No. 3, 2005.

Steele, Brent J., *Ontological Security in International Relations: Self-identity and the IR State*, Routledge, 2008.

Stritzel, Holger, "Securitization, power, intertextuality: Discourse theory and the translations of organized crime", *Security Dialogue*, Vol. 43, Iss. 6, 2012.

Suganami, Hidemi, "Alexander Wendt and the English School", *Journal of International relations and Development*, Vol. 4, No 4, 2001.

Suganami, Hidemi, "C. A. W. Manning and the Study of International Relations", *Review of International Studies*, Vol. 27, No. 1, 2001.

Tammen, Ronald, Jacek Kugler and Douglas Lemke, "Foundations of Power Transition Theory", 2017. https://oxfordre.com/politics/view/10.1093/acrefore/9780190228637.001.0001/acrefore-9780190228637-e-296

Thomas, William, Dorothy Thomas, *The Child in America: Behavior Problems and Programs*, Knopf. 1928.

Tuchman, Barbara, *The Guns of August: The Outbreak of World War I*, Random House, 1994.

U.S. Department of State, "My Trip to China", Memorandum From the President's Assistant for National Security Affairs (Kissinger) to President Nixon, Washington, March 2, 1973, *FRUS*, 1969-1976, Volume XXXVIII, Part 1, Foundations of Foreign Policy, 1973-1976.

Ulanowicz, Robert, *Ecology: The Ascendent Perspective*, Columbia University Press, 1997.

Ullman, Harlan, "Ukraine is Putin's Vietnam", *The Hill*, March 21, 2022.

UNHCR, "Refugees fleeing Ukraine," February 24, 2022.

van Dijk, Teun, *New(s) Racism: A Discourse Analytic Approach*, Open University Press, 2000.

van Dijk, Teun, "Discourse and Migration", in Evren Yalaz and Ricard Zapata-Barrero eds., *Handbook of Qualitative Research in European Migration Studies*, Springer, 2017.

Vasquez, John "The Realist Paradigm and Degenerative versus Progressive Research Programs: An Appraisal of Neotraditional Research on Waltz's Balancing Proposition", *American Political Science Review*, Vol. 91, No. 4, 1997.

Vincent, R. J., "Hedley Bull and Order in International Politics", In J. D. B. Miller and R. J. Vincent eds., *Order and Violence: Hedley Bull and International Relations*, Clarendon Press, 1990.

Vincent, R. J., *Human Rights and International Relations*, Cambridge: Cambridge University Press, 1986.

Wæver, Ole, "Securitization and desecuritization", In R. D. Lipschutz eds., *On Security*,

Columbia University Press, 1995.

Wallerstein, Immanuel, Interview, "Lenin and Leninism today: An interview with Immanuel Wallerstein", March 30, 2012.

Walt, Stephen, "Who's Afraid of a Balance of Power?", *Foreign Policy*, December 8, 2017.

Waltz, Kenneth, "The Stability of a Bipolar World", *Daedalus*, Vol. 93, No. 3, 1964.

Waltz, Kenneth, *Theory of International Politics*, Addison Wesley, 1979.

Waltz, Kenneth, "International Politics Is Not Foreign Policy", *Security Studies*, Vol. 6, No. 1, 1996.

Waltz, Kenneth, "NATO Expansion: A Realist's View", *Contemporary Security Policy*, Vol. 21, No. 2, 2000.

Walzer, Michael, *Just and Unjust Wars: A Moral Argument with Historical Illustrations*, Basic Books, 1977.

Wang, Gungwu, "Early Ming Relations With Southeast Asia: A Background Essay", in John K. Fairbank, ed., *The Chinese World Order: Traditional China's Foreign Relations*, Harvard University Press, 1968.

Wang, Jiangli and Barry Buzan, "The English and Chinese Schools of International Relations: Comparisons and Lessons", *The Chinese Journal of International Politics*, Vol. 7, Iss. 1, 2014.

Watson, Adam, *The Evolution of International Society:A Comparative Historical Analysis*, Routledge, 1992.

Wendt, Alexander, *Social Theory of International Politics*, Cambridge University Press, 1999.

Wendt, Alexander, "Why a World State is Inevitable", *European Journal of International Relations*, Vol. 9, Iss. 4, 2003.

Wheeler, Nicholas, "Pluralist and solidarist conceptions of international society: Bull and Vincent on humanitarian intervention", *Millennium*, Vol. 21, No. 3, 1992.

Wight, Colin, *Agents, Structures and International Relations: Politics as Ontology*, Cambridge University Press, 2006.

Wight, Martin, "Western Values in International Relations," in in Herbert Butterfield and Martin Wight eds., *Diplomatic Investigations*, Allen & Unwin, 1966.

Wight, Martin, "An Anatomy of International Thought", *Review of International Studies*, Vol. 13, No. 3, 1987.

Wight, Martin, *International Theory: The Three Traditions*, Leicester University Press, 1991.

Wilkinson, Claire, "The Copenhagen School on Tour in Kyrgyzstan: Is Securitization Theory Useable Outside Europe?", *Security Dialogue*, Vol. 38, No. 1, 2007.

Williams, Michael C., "Words, Images, Enemies: Securitization and International Politics", *International Studies Quarterly*, Vol. 47, Iss. 4, 2003.

Wohlforth, William, *The Elusive Balance: Power and Perceptions during the Cold War*, Cornell University Press, 1993.

Xi Jinping, "Speech by H.E. Xi Jinping", Welcoming Dinner Hosted by Local Governments and Friendly Organizations in the United States, September 24, 2015.

Yan, Xuetong, "From Keeping a Low Profile to Striving for Achievement", *Chinese Journal of International Politics*, Vol. 7, No. 2, 2014.

Yan, Xuetong, "Political Leadership and Power Redistribution", *The Chinese Journal of International Politics*, Vol. 9, No. 1, 2016.

Yan, Xuetong, "Chinese Values vs. Liberalism: What Ideology Will Shape the International Normative Order?", *The Chinese Journal of International Politics*, Vol. 11, Iss. 1, 2018.

Yan, Xuetong, *Leadership and the Rise of Great Powers*, Princeton University Press, 2019.

Yan, Xuetong, Daniel A. Bell, and Sun Zhe eds., *Ancient Chinese Thought, Modern Chinese Power*, trans. E. Ryden, Princeton University Press, 2011.

Yang, Lien-sheng, "Historical Notes on the Chinese World Order", in John K. Fairbank, ed.,*The Chinese World Order: Traditional China's Foreign Relations*, Harvard University Press, 1968.

Zakaria, Fareed, "Realism and Domestic Politics: a Review Essay", *International Security*, Vol. 17, No. 1, 1992.

Zakaria, Fareed, *From Wealth to Power: The Unusual Origins of America's World Role*, Princeton University Press, 1998.

Zarakol, Ayşe, "Ontological (In)security and State Denial of Historical Crimes: Turkey and Japan," *International Relations*, Vol. 24, No. 1, 2010.

Zhang, Feng, "The rise of Chinese exceptionalism in International Relations", *European Journal of International Relations*, Vol. 19, No. 2, 2013.

Zhang, Yongjin, "System, Empire and State in Chinese International Relations", *Review of International Studies*, Vol. 27, 2001.

Zhang, Yongjin, Barry Buzan, "The Tributary System as International Society in Theory and Practice", *The Chinese Journal of International Politics*, Vol. 5, Iss. 1, 2012.

Zhao, Tingyang, "Rethinking empire from a Chinese concept 'all-under-heaven'", *Social Identities*, Vol. 12, No. 1, 2006.

Zhao, Tingyang, "To Be or To Become a Chinese, That Is a Question", *China Review*, Vol.

23, No. 2, special issue, 2023.

Zhao, Tingyang and Liqing Tao, *Redefining a Philosophy for World Governance*, Palgrave Pivot, 2019.

주

1장

1 Thomas Graham, "The Sources of Russia's Insecurity", *Survival*, Vol. 52, No. 1, 2010, p. 56.

2 David Siegel, "From Oligarchs to Oligarchy: The Failure of U.S. Sanctions on Russia and its Implications for Theories of Informal Politics", *World Affairs*, Vol. 185, Iss. 2.

3 Robert Legvold, *Return to Cold War*, Polity, 2016.

4 John Mearsheimer, "Why the Ukraine Crisis Is the West's Fault: The Liberal Delusions That Provoked Putin", *Foreign Affairs*, Vol. 93, No. 5, 2014.

5 Greg Miller and Catherine Belton, "Russia's spies misread Ukraine and misled Kremlin as war loomed", *The Washington Post*, August 19, 2022.

6 James Barber, *The Presidential Character: Predicting Performance in the White House*, Prentice Hall, 1992, p. 12.

7 Irving Janis, *Groupthink: Psychological Studies of Policy Decisions and Fiascoes*, Houghton Mifflin, 1982.

8 UN 헌장에서 명시된 무력 사용 금지에 대한 두 가지 예외는 다음과 같다. 자위권(제51조): 이 조항은 UN 회원국에 대한 무력 공격이 발생할 경우, 안전보장이사회가 국제 평화와 안전을 유지하기 위한 조치를 취할 때까지 개별적 또는 집단적 자위권의 고유 권리를 인정한다; 안전보장이사회 승인(제7장, 제39-42조): 안전보장이사회는 국제 평화와 안전을 유지하거나 회복하기 위해 집단적 조치를 취할 권한이 있다. 안전보장이사회가 특정 국가의 행위를 평화에 대한 위협, 평화의 파괴, 또는 침략 행위로 결정하면, 군사 행동과 같은 무력 사용을 포함한 조치가 취해질 수 있다.

9 Teresa Martinez, "Merkel's 'game-changing' comeback would show Putin cannot 'get away with murder'", *Express*, February 24, 2022.

10 Jeffrey Sonnenfeld, et. al., "Business Retreats and Sanctions Are Crippling the Russian Economy", July 19, 2022.

11 Sonnenfeld, et. al. (2022).

12 https://www.jeffsachs.org/interviewsandmedia/3mlhhwrk72bmw9zehsntrrebc8x7ca

13 *Reuters*, "Iran leader calls Israel 'rabid dog', urges arms for Palestinians", July 29, 2014.

14 UNHCR, "Refugees fleeing Ukraine," February 24, 2022.

15   송재윤, "벼랑 끝 이승만, 최강국을 움직인 약소국의 비밀병기는?" 「조선일보」, 2024년 2
     월 17일. The U.S. Department of State, "Memorandum of the Substance of Discus-
     sion at a Department of State - Joint Chiefs of Staff Meeting", *Foreign Relations of the*
     United States, 1952-1954, Korea, Vol. XV, Part 1. State - JCS Meetings, lot 61 D 417,
     top secret, Washington, May 29, 1953-11 a.m.

16   Milton Bearden, "Putin's Afghanistan: Ukraine and the Lessons of the Soviets' Afghan
     War", *Foreign Affairs*, March 24, 2022; Harlan Ullman, "Ukraine is Putin's Vietnam",
     The Hill, March 21, 2022.

17   Frank Jacobs, "Why China Will Reclaim Siberia", *The New York Times*, July 3, 2014.

18   Rosemary Foot and Andrew Walter, *China, the United States, and Global Order*,
     Cambridge University Press, 2011.

19   "My Trip to China", Memorandum From the President's Assistant for National Secu-
     rity Affairs (Kissinger) to President Nixon, Washington, March 2, 1973, *FRUS*, 1969-
     1976, Volume XXXVIII, Part 1, Foundations of Foreign Policy, 1973-1976.

20   Laura Secor, "Henry Kissinger Is Worried About 'Disequilibrium'," *The Wall Street*
     Journal, August 12, 2022.

2장

1   국제정치가 아니라 국제정치학을 의미할 때는 대문자를 써서 International Politics라 표
    기한다.

2   Alexander Wendt, "Why a World State is Inevitable", *European Journal of Interna-*
    tional Relations, Vol. 9, Iss. 4, 2003.

3   Christopher Hughes, "Reclassifying Chinese Nationalism: the Geopolitik turn", *Jour-*
    nal of Contemporary China, Vol. 20, Iss. 71, 2011.

4   웬트는 와이트의 분류, 즉 홉스(현실주의), 그로티우스(합리주의), 칸트적(급진주의) 문
    화를 변용해서 사용한 것으로 보인다. Hidemi Suganami, "Alexander Wendt and the
    English School", *Journal of International relations and Development*, Vol. 4, No. 4,
    2001.

3장

1   John Mearsheimer, *The Tragedy of Great Power Politics*, W. W. Norton & Company,
    2001, p. 18.

2   이 지점에서 모겐소에 대한 베버의 영향이 가장 극적으로 드러난다. 베버는 모든 사회과

학자들이 자신의 가치와 편견이 연구대상과의 관계에 개입할 수밖에 없다고 보았다. 모겐소는 이러한 가치결정성(value determinacy) 문제를 극복하기 위해 "권력에 의해 정의되는 국가이익"이라는 누구에게나 통용되는 보편적 개념을 사용하고 있다. 같은 맥락에서 그는 "정치적인 것(the political)"의 본질을 "우적 구분(the friend/enemy distinction)"에 기초한 투쟁으로 파악한 쉬미트의 접근법을 따르고 있다. 쉬미트에 따르면 인간은 "인류학적으로 사악하고 위험한 존재"이며, 정치란 이러한 인간들이 우적을 식별하고 편을 나눠 싸우는, 즉 생존을 위한 집단적 투쟁일 수밖에 없다. 모겐소는 자신의 이론을 이러한 우적 간 '불가피한' 갈등이라는 '보편적이고 객관적인 진리'에 기초하게 함으로써 연구자의 주관적 가치나 편견이 분석에 미칠 수 있는 영향을 최소화하고자 한다. Hans-Karl Pichler, "The Godfathers of 'Truth': Max Weber and Carl Schmitt in Morgenthau's Theory of Power Politics", *Review of International Studies*, No 24, 1998, pp. 185-200.

3   Josef Joffe, "How American Does It", *Foreign Affairs*, Vol. 76, No. 5, 1997, p. 24.

4   Hans Morgenthau, *Scientific Man versus Power Politics*, University of Chicago Press, 1946, p. 192.

5   Morgenthau(1946), pp. 38-39, 45, 50, 71.

6   Robert Keohane and Joseph Nye, Jr., Power and Interdependence: World Politics in Transition, Little, Brown, and Company, 1977.

7   이들은 서로 다른 국가의 관리들 간의 초정부적 관계가 자국 정부 지도자의 정책과 일치하는 경우를 "초정부적 조율"이라고 불렀다. Robert Keohane and Joseph Nye, "Transgovernmental Relations and International Organizations", *World Politics*, Vol. 27, No. 1, 1974, p. 43.

8   Patrick McDonald, "Peace through Trade or Free Trade?", *Journal of Conflict Resolution*, Vol. 48, No. 4, 2004.

9   헤겔은 thesis, antithesis, synthesis와 같은 용어를 사용하지 않았는데 철학자들이 편의상 피히테(Johann Fichte)의 용어를 차용해왔다.

10   Vladimir Lenin, "Appeal to the Soldiers of All the Belligerent Countries", *Lenin Collected Works*, Vol. 24, Progress Publishers, 1964.

11   Mao Tse-tung, "Where do correct ideas come from?", *Draft Decision of the Central Committee of the Chinese Communist Party on Certain Problems in Our Present Rural Work*, Foreign Languages Press, 1966, May 1963.

12   김학노, 『정치: 아와 비아의 헤게모니 투쟁』, 박영사, 2023, p. 8.

13   Robert Solo, "The Neo-Marxist Theory of the State", *Journal of Economic Issues*, Vol. 12, No. 4, 1978, p. 829.

14   국제정치학자 안젤이 제시했던 이상주의 또는 자유주의적 화두는 1980년대에 이르러 재

평가를 받았다. 프린스턴대의 볼드윈(David Baldwin)은 안젤의 이론이 결코 허망한 이상주의이거나 유토피아적인 공상이 아니라고 주장했다. 호주 시드니대의 밀러(J. D. B. Miller)는 안젤을 "전쟁 종식을 예언했다"는 혐의에서 벗어나게 했고, 전쟁 이전에 국제관계에 대한 주요 이론을 제시했던 한 제도 및 사회 발전 이론가가 그 중심 교리 중 일부를 즉시 수정하고 다른 이론을 제시했다는 사실을 밝혀냈다. 영국 버밍엄대학의 나바리(Cornelia Navari)는 안젤의 이론이 자유주의적 국제주의(liberal internationalism)의 전통을 세운 최초의 상호의존론(Interdependence theory)이라고 평가했다. Cornelia Navari, "The Great Illusion Revisited: The International Theory of Norman Angell", *Review of International Studies*, Vol. 15, No. 4, 1989, p. 341.

15　Andrew Hacker, "Political Behaviour and Political Behavior", *Political Studies*, Vol. 7, No. 1, 1959, p. 40.

16　Hedley Bull, "International Theory: The Case for a Classical Approach", *World Politics*, Vol. 18, No. 3, 1966, p. 361.

17　러기는 신현실주의와 신자유주의가 존재론적으로는 물질적 구조론, 국가중심주의에, 인식론적으로는 합리적 선택론, 체계론적 접근에 기초해 있다고 그 공통점을 요약하였다. John Gerard Ruggie, "Continuity and Transformation in the World Polity: Toward a Neorealist Synthesis", *World Politics*, Vol. 35, No. 2, 1983.

18　Richard K. Ashley, "Poverty of Neorealism", *International Organization*, Vol. 38, No. 2, 1984.

19　비트겐쉬타인은 데리다가 후일 다루었던 주제에 대해 먼저 작업하였지만 철학적 전통과 맥락에서 크게 달랐다. 비트겐쉬타인의 후기 저작, 특히 『철학적 탐구』는 사회적 맥락에서의 언어의 실질적 사용을 강조하며, 말놀이(language games)와 일상적 삶의 형식을 기술적으로 분석하여 의미를 명확히 하는 데 목적이 있었다. 반면에 데리다는 의미의 본질적 불안정성과 불확정성을 강조하며, 텍스트 내의 복잡성과 모순을 드러내기 위해 해체(deconstruction)라는 방법을 사용했다.

20　Nicholas Onuf, *World of Our Making: Rules and Rule in Social Theory and International Relations*, University of South Carolina Press, 1989.

21　Friedrich Kratochwil, *Rules, Norms, and Decisions: On the Conditions of Practical and Legal Reasoning in International Relations and Domestic Affairs*, Cambridge University Press, 1989.

22　Max Horkheimer, "Traditionelle und kritische Theorie", *Zeitschrift für Sozialforschung*, 6(2), 1937; "Traditional and Critical Theory", Matthew J. O'Connell tr., in Max Horkheimer, *Critical Theory: Selected Essays*, Continuum, 1972.

23　Robert W. Cox, "Social Forces, States and World Orders: Beyond International Relations Theory", *Millennium: Journal of International Studies*, Vol. 10, Iss. 2, 1981.

24 양준희, 박건영, "신고전적 현실주의(Neoclassical Realism) 비판", 『국제정치논총』, 제51
집, 제3호, 2011.

25 G. John Ikenberry, "The Myth of Post-Cold War Chaos", *Foreign Affairs*, Vol. 75, No. 3,
1996.

26 Yosef Lapid, "The Third Debate: On the Prospects of International Theory in a
Post-Positivist Era", *International Studies Quarterly*, Vol. 33, No. 3, 1989.

27 제3차 대논쟁은 윤리적이고 정치적인 지적(知的) 다툼이기도 했다. 논쟁 과정에서 "비판
이론가들"이라고 불리던 일부 급진적 또는 순수파 학자들은 관찰 가능한 물질적 요소들
을 중시하는 기존의 실증주의 관점은 물질능력의 시각에서는 거의 "보이지 않고(unseen,
unobservable)", "주변화되어 있으며(marginalized)", "배제되어 있는(excluded)" 국제
정치적 주체와 실제에 대해 소홀히 할 수밖에 없다며 이들의 해방(emancipation)을 위
한 통찰적 사고와 성찰적 이론화를 촉구했다. Jim George and David Campbell, "Patterns
of Dissent and the Celebration of Difference: Critical Social Theory and International
Relations", *International Studies Quarterly*, Vol. 34. No. 3, 1990.

28 은용수, "국제정치학의 메타이론: 존재론과 인식론", 박건영, 신욱희 편, 『국제정치이론』,
사회평론아카데미, 2021, p. 110.

29 Robert Jervis, "Hypotheses on Misperception," *World Politics* Vol. 20, No. 3, 1968.

30 William Thomas and Dorothy Thomas, *The Child in America: Behavior Problems
and Programs*, Knopf. 1928, pp. 571-572.

31 Michel Foucault, *Discipline and Punish: The Birth of the Prison*, Vintage Books,
1979.

32 Nicholas Onuf, *World of Our Making: Rules and Rule in Social Theory and Interna-
tional Relations*, University of South Carolina Press, 1989.

33 Thomas Scheff, "Toward Integration in the Social Psychology of Emotions", *Annual
Review of Sociology*, Vol. 9, 1983.

34 Alexander Wendt, *Social Theory of International Politics*, Cambridge University Press,
1999.

35 Colin Wight, *Agents, Structures and International Relations: Politics as Ontology*,
Cambridge University Press, 2006; Christian Reus-Smit, "The Strange Death of Liberal
International Theory", *European Journal of International Relations*, Vol. 5, No. 2,
1999.

36 Francis Abiew, "Assessing Humanitarian Intervention in the Post-Cold War Period:
Sources of Consensus", *International Relations*, Vol. 14, No. 2, 1998, p. 61.

4장

1   Waltz(1979), p. 117.

2   Stephen Walt, "Who's Afraid of a Balance of Power?", *Foreign Policy*, December 8, 2017.

3   디닌은 헤로도투스, 투키디데스, 크세노폰의 저작에 나오는 일곱 개의 코린트인의 연설을 분석하여 이러한 결론에 이르렀다. Nathan Dinneen, "The Corinthian Thesis: The Oratorical Origins of the Idea of the Balance of Power in Herodotus, Thucydides, and Xenophon", *International Studies Quarterly*, Vol. 62, Iss. 4, 2018.

4   Peter Gellman, "The Elusive Explanation: Balance of Power 'Theory' and the Origins of World War I", *Review of International Studies*, Vol. 15, No. 2, 1989, p. 160.

5   Richard Rosecrance, *Action and Reaction in World Politics: International Systems in Perspective*, Little, Brown, 1963, p. 229.

6   Hans Morgenthau, *Politics Among Nations: The Struggle for Power and Peace*, Knopf, 1948, p. 142.

7   A. F. K. Organski, *World Politics*, Alfred A. Knopf, 1958, p. 288; N. J. Padelford and G. A. Lincoln, *The Dynamics of International Politics*, Macmillan, 1967, p. 300.

8   Robert Gilpin, *War and Change in World Politics*, Princeton University Press, 1981.

9   Morton Kaplan, *System and Process in International Politics*, John Wiley, 1957; Karl Deutsch and J. David Singer, "Multipolar Power Systems and International Stability", *World Politics*, Vol. 16, No. 3, 1964.

10 Deutsch and Singer(1964), p. 394.

11 Kenneth Waltz, "The Stability of a Bipolar World", *Daedalus*, Vol. 93, No. 3, 1964.

12 Thomas J. Christensen and Jack Snyder, "Chain Gangs and Passed Bucks: Predicting Alliance Patterns in Multipolarity", *International Organization*, Vol. 44, No. 2, 1990.

13 Randall Schweller, "The Balance of Power in World Politics", https://oxfordre.com/politics/display/10.1093/acrefore/9780190228637.001.0001/acrefore-9780190228637-e-119

14 Charles Kegley Jr. and Eugene Wittkopf, *World Politics: Trend and Transformation*, Bedford/St Martins, 2000.

15 Robert Jervis, "From balance to concert: A study of international security cooperation," In K. A. Oye ed., *Cooperation under anarchy*, Princeton University Press, 1986, p. 60.

16 Mearsheimer(2001); Kenneth Waltz, "NATO Expansion: A Realist's View", *Contemporary Security Policy*, Vol. 21, No. 2, 2000; George Kennan, "A Fateful Error", *The New*

York Times, February 5, 1997.

17   Manus I. Midlarsky, "Absence of Memory in the Nineteenth-Century Alliance System: Perspectives from Queuing Theory and Bivariate Probability Distributions", *American Journal of Political Science*, Vol. 27, No. 4, 1983.

18   세력전이론은 불만족을 주요 변수로 상정하는데 이는 국가가 합리적 행위자라는 가정을 복잡하게 만들 수 있다. 이는 국제질서의 불공정성을 인지하는 주관적인 인식과 잠재적인 감정적 반응 요소를 도입하기 때문이다. 그러나 불만이라는 개념의 도입은 이 이론 내에서 국가의 합리성 가정을 반드시 부정하는 것은 아니다. 이는 국가들이 합리적 계산을 할 때 복잡성의 층위(a layer of complexity)를 더 하는 요소로 작용한다고 보아야 할 것이다.

19   Organski(1958).

20   Jack Levy, "Declining power and the preventive motivation for war", *World Politics*, Vol. 40, No. 1, 1987.

21   Douglas Lemke, *Regions of War and Peace*, Cambridge University Press, 2002.

22   Ronald Tammen, Jacek Kugler and Douglas Lemke, "Foundations of Power Transition Theory", 2017. https://oxfordre.com/politics/view/10.1093/acrefore/9780190228637.001.0001/acrefore-9780190228637-e-296

23   J.S. Dunn, *The Crowe Memorandum: Sir Eyre Crowe and Foreign Office Perceptions of Germany, 1918-1925*, Cambridge Scholars Publishing, 2013.

24   Graham Allison, "The Thucydides Trap: Are the U.S. and China Headed for War? The Atlantic, September 24, 2015; Graham Allison, *Destined for War: Can America and China Escape Thucydides's Trap?*, Houghton Mifflin Harcourt, 2017.

25   "Speech by H.E. Xi Jinping", Welcoming Dinner Hosted by Local Governments and Friendly Organizations in the United States, September 24, 2015.

26   Andrew Moravcsik, "Taking Preferences Seriously: A Liberal Theory of International Politics", *International Organization*, Vol. 51, No. 4, 1997.

27   Mearsheimer(2001), p. 2.

28   Glenn H. Snyder, "Mearsheimer's World: Offensive Realism and the Struggle for Security: A Review Essay", *International Security*, Vol. 27, No. 1, 2002, p. 155.

29   Waltz(1979), p. 127.

30   Mearsheimer(2001), p. 21. 'A형 성격'이라는 용어는 1950년대 심장병 전문의 마이어 프리드먼과 레이 로젠먼(Meyer Friedman and Ray Rosenman)에 의해 처음 소개되었다. 이들은 A형 성격을 긴박감, 경쟁심, 적대감이 특징인 개인으로 설명했다. 또한 A형 성격은 편안하고 느긋한 B형 성격보다 심장병에 걸릴 확률이 더 높다는 사실을 발견했다.

31   Mearsheimer(2001), p. 37.

32 Mearsheimer(2001) p. 3.

33 Mearsheimer(2001), p. 41.

34 Christopher Layne, "Kant or Cant: The Myth of the Democratic Peace", *International Security*, Vol. 19, No. 2, 1994.

35 Randall L. Schweller, "Bandwagoning for Profit: Bringing the Revisionist State Back In," *International Security*, Vol. 19, No. 1, 1994.

36 Schweller(1994).

37 Paul Schroeder, "Historical Reality vs. Neo-realist Theory," *International Security*, Vol. 19, No. 1, 1994.

5장

1 Waltz(1979), p. 121.

2 영문은 "Balance-of-power theory is often criticized because it does not explain the particular policies of states. True, the theory does not tell us why state X made a certain move last Tuesday. To expect it to do so would be like expecting the theory of universal gravitation to explain the wayward path of a falling leaf. A theory at one level of generality cannot answer questions about matters at a different level of generality. Waltz(1979), p. 121.

3 Gideon Rose, "Neoclassical Realism and Theories of Foreign Policy", *World Politics*, Vol. 51, No. 1, 1998, p. 146.

4 Norrin Ripsman, "Neoclassical Realism", *International Studies*, International Studies Association and Oxford University Press, 2017.

5 Thomas Christensen, *Useful Adversaries: Grand Strategy, Domestic Mobilization, and Sino-American Conflict, 1947-1958*, Princeton University Press, 1996; Randall Schweller, *Deadly Imbalances: Tripolarity and Hitler's Strategy of World Conquest*, Columbia University Press, 1998; William Wohlforth, *The Elusive Balance: Power and Perceptions during the Cold War*, Cornell University Press, 1993; Fareed Zakaria, *From Wealth to Power: The Unusual Origins of America's World Role*, Princeton University Press, 1998.

6 James McAllister, *No Exit: America and the German Problem, 1943-1954*, Cornell University Press, 2002.

7 Barbara Tuchman, *The Guns of August: The Outbreak of World War I*, Random House, 1994.

8 Zakaria(1998).

9   Rose(1998), p. 147.

10   Fareed Zakaria, "Realism and Domestic Politics: a Review Essay", *International Security*, Vol. 17, No. 1, 1992.

11   John Vasquez, "The Realist Paradigm and Degenerative versus Progressive Research Programs: An Appraisal of Neotraditional Research on Waltz's Balancing Proposition", *American Political Science Review*, Vol. 91, No. 4, 1997.

12   양준희, 박건영, "신고전적 현실주의 비판", 『국제정치논총』, 51권, 3호, 2011.

13   Steven Lobell, Norrin Ripsman and Jeffrey Taliaferro eds., *Neoclassical Realism, The State and Foreign Policy*, Cambridge University Press, 2009.

14   Lobell, Ripsman and Taliaferro(2009), p. 3.

15   Randall Schweller, *Unanswered Threats: Political Constraints on the Balance of Power*, Princeton University Press, 2006.

16   영문은 "Much is included in an analysis; little is included in a theory. Theories are sparse in formulation and beautifully simple. Reality is complex and often ugly." Kenneth Waltz, "International Politics Is Not Foreign Policy", *Security Studies*, Vol. 6, No. 1, 1996, p. 56.

17   박건영, 『국제관계사』, 사회평론아카데미, 2020, pp. 35-36.

6장

1   도일은 첫 번째 세 가지 조건은 '동시'에 충족되어야 한다며 이들을 자유주의적 평화를 위한 필수조건으로 간주했다. Michael W. Doyle, "Three Pillars of the Liberal Peace", *The American Political Science Review*, Vol. 99, No. 3, 2005; Michael Doyle, "Kant, Liberal Legacies, and Foreign Affairs", *Philosophy & Public Affairs*, Vol. 12, No. 3, 1983; Georg Cavallar, "Kantian perspectives on democratic peace: alternatives to Doyle", *Review of International Studies*, Vol. 27, 2001, p. 231.

2   Jack Levy, "The Origin and Prevention of Major Wars", *Journal of Interdisciplinary History*, Vol. 18, No. 4, 1988.

3   Zeev Maoz and Bruce Russett, "Normative and Structural Causes of Democratic Peace, 1946-1986", *The American Political Science Review*, Vol. 87, No. 3, 1993.

4   Francis Fukuyama, "Grasping the Democratic Peace: Principles for a Post-Cold War World", Review, *Foreign Affairs*, November/December 1993.

5   John Owen, "How Liberalism Produces Democratic Peace", *International Security*, Vol. 19, No. 2, 1994; Zeev Maoz, "The Controversy over the Democratic Peace: Rearguard Action or Cracks in the Wall?", *International Security*, Vol. 22, No. 1, 1997;

John Oneal, Bruce Russett and Michael Berbaum, "Causes of Peace: Democracy, Interdependence, and International Organizations, 1885-1992", *International Studies Quarterly*, Vol. 47, No. 3, 2003.

6   Kosuke Imai and James Lo, "Robustness of Empirical Evidence for the Democratic Peace: A Nonparametric Sensitivity Analysis", *International Organization*, Vol. 75, 2021.

7   Sebastian Rosato, "The Flawed Logic of Democratic Peace Theory", *The American Political Science Review*, Vol. 97, No. 4, 2003.

8   John Mearsheimer, "The False Promise of International Institutions", *International Security*, Vol. 19, No. 3, 1994-1995.

9   William Clinton, "Address to the 50th Session of the United Nations General Assembly", September 27, 1993.

10   William Clinton, "Address Before a Joint Session of the Congress on the State of the Union", January 25, 1994.

11   George W. Bush, "Address at the U.S. Military Academy", West Point, June 1, 2002.

12   다음의 내용은 박건영의 『외교정책 결정의 이해』(사회평론아카데미, 2020)에서 요약·발췌한 것이다.

13   Annette Freyberg-Inan, *What Moves Man: The Realist Theory of International Relations and Its Judgment of Human Nature*, State of New York University Press, 2004, p. 82.

14   Graham Allison and Philip Zelikow, *The Essence of Decision*, The Penguin Press, 2005, p. 372.

15   Allison and Zelikow(2005), p. 421.

16   Jonathan Bendor and Thomas H. Hammond, "Rethinking Allison's Models", *American Political Science Review*, Vol. 86, No. 2, 1992, p. 318.

17   Lawrence Freedman, "Logic, Politics and Foreign Policy Processes: A Critique of the Bureaucratic Politics Model", *International Affairs*, Vol. 52, Iss. 3, 1976, p. 434.

7장

1   Barry Buzan, *From International to World Society?: English School Theory and the Social Structure of Globalisation*, Cambridge University Press, 2004, p. 333.

2   Barry Buzan, "The English School: An Underexploited Resource in IR", *Review of International Studies*, Vol. 27, No. 3, 2001, p. 474.

3   하워드는 매닝은 너무 특이한(idiosyncratic) 사람이었다며 "나는 와이트와 불이 매닝에

게 많은 시간을 할애하려 하지 않았다고 생각했다"고 말했다. 그러나 불은 자신의 가장 영향력 있는 논문 중 하나인 "국제관계에서의 사회와 무정부"에서 매닝에 대한 지적 부채를 인정하였다. Hedley Bull, "Society and anarchy in international relations", in Herbert Butterfield and Martin Wight, eds., *Diplomatic Investigations*, Allen & Unwin, 1966. 애버리스트위스의 웨일즈대의 수가나미는 매닝이 영국위원회에 초대받지 못한 것은 단순한 우연이었다고 주장했다. Hidemi Suganami, "C. A. W. Manning and the Study of International Relations", *Review of International Studies*, Vol. 27, No. 1, 2001. 매닝은 영국위원회 회원은 아니었지만 영국학파의 주요 학자로 인정받고 있다. Christian Reus-Smit and Duncan Snidal, *The Oxford Handbook of International Relations*, Oxford University Press, 2008, p. 267. pp. 91-107.

4 Chris Brown, "The development of International Relations theory in the UK: traditions, contemporary perspectives, and trajectories," *International Relations of the Asia-Pacific*, Vol. 11, 2011, p. 314.

5 불의 "전통적 논점"은 Hedley Bull, "International Theory: The Case for a Classical Approach", *World Politics*, Vol. 18, No. 3, 1966에 요약되어 있다.

6 Martin Wight, "An Anatomy of International Thought", *Review of International Studies*, Vol. 13, No. 3, 1987, p. 227.

7 그는 1950년대 말부터 런던정경대에서 진행된 일련의 국제정치이론 강의에서 이 주제에 대해 이야기하기 시작했다. Martin Wight, *International Theory: The Three Traditions*, Leicester University Press, 1991.

8 Martin Wight, "Western Values in International Relations", in Butterfield and Wight (1966).

9 Sean Molloy, "The Realist Logic of International Society", *Cooperation and Conflict*, Vol. 38, No. 2, 2003. 버터필드 역시 1차세계대전 이후 생겨난 이상주의적 접근 방식에 비판적이었으며, 그의 관점은 기독교 세계관, 특히 인간의 원죄와 신의 섭리에 대한 개념에 깊이 뿌리를 두고 있었다. Keith Sewell, *Herbert Butterfield and the Interpretation of History*, Palgrave Macmillan, 2005.

10 전재성, "영국의 국제사회학파 이론", 우철구·박건영 편, 『현대 국제관계이론과 한국』, 사회평론아카데미, 2004, pp. 443-444. 『국제사회의 진화: 비교 역사적 분석』에서의 왓슨의 분석은 인종과 식민지 이데올로기에 대한 유럽 담론의 역할을 잠재적으로 모호하게 만든다는 비판을 받아왔다. 즉 그는 유럽 제국주의의 행위에 큰 영향을 미친 유럽의 식민지 이데올로기, 인종적 태도, 기타 문화적 편견의 영향을 간과하여 이러한 요소들이 식민지 및 제국주의 관행을 정당화하는 데 중추적인 역할을 했으며 지배와 종속을 자연스럽거나 불가피한 것으로 합리화하는 서사를 만들어 냈다는 점을 지적하지 않았다는 것이다. 왓슨은 국제사회의 구조적, 제도적 측면에 초점을 맞추다 보니 국제정치와 세계질서

내에서 비유럽 국가들의 인식에 지속적인 영향을 미친 이러한 중요한 이데올로기적 요소를 진지하게 검토하지 못했을 수도 있다. Adam Watson, *The Evolution of International Society:A Comparative Historical Analysis*, Routledge, 1992.

11 Joseph S. Nye, Jr. and Robert Keohane, *Power and Interdependence*, The Free Press, 1977. 복합적 상호의존론은 군사 안보 문제에 초점을 맞추던 현실주의적 주류 이론에 대한 도전으로 등장했다. 이 자유주의 이론은 국제정치적 상호작용이 정부 채널뿐만 아니라 비정부기구와 초국가적 조직을 통해서도 이루어진다며 확장된 국제 관계의 범위를 가정한다.

12 Hedley Bull, *The Anarchical Society: A Study of Order in World Politics*, Columbia University Press, 1977, p. 27.

13 A. Claire Cutler, "The 'Grotian Tradition' in International Relations", *Review of International Studies*, Vol. 17, No. 1, 1991, p. 41.

14 Bull(1977), p. 9.

15 Hedley Bull and Adam Watson, eds., *The Expansion of International Society*, Clarendon Press, 1984, p. 1.

16 Bull(1977), p. 13.

17 Bull(1977), pp. 26-30.

18 Stanley Hoffman, "Hedley Bull and His Contribution to International Relations", *International Affairs*, Vol. 62, No. 2, 1986, p. 185.

19 Bull(1977), p. 16.

20 R. J. Vincent, "Hedley Bull and Order in International Politics", In J. D. B. Miller and R. J. Vincent eds., *Order and Violence: Hedley Bull and International Relations*, Clarendon Press, 1990, p. 43.

21 Bull(1977), p. 21.

22 Bull(1966), p. 52.

23 Bull(1966), pp. 52-53.

24 Bull(1966), pp. 54-57.

25 Bull(1966), p. 68.

26 Hedley Bull, *Justice in International Relations: 1983-4 Hagey Lectures*, University of Waterloo Press, 1984, p. 18.

27 Bull(1966), p. 72.

28 Bull(1977), p. 83.

29 Hedley Bull, "The West and South Africa", *Daedalus*, Vol. 111, No. 2, 1982, p. 266.

30 R. J. Vincent, *Human Rights and International Relations*, Cambridge: Cambridge University Press, 1986.

31 Nicholas J. Rengger, "The World Turned Upside Down? Human Rights and International Relations after 25 years", *International Affairs*, Vol. 87, No. 5, 2011, p. 1160.

32 Nicholas Wheeler, "Pluralist and solidarist conceptions of international society: Bull and Vincent on humanitarian intervention", *Millennium*, Vol. 21, No. 3, 1992.

33 Robert Jackson, *The Global Covenant, Human Conduct in a World of States*, Oxford University Press, 2000.

34 James Mayall, *World Politics: Progress and its Limits*, Polity, 2000.

35 Adam Watson, *The Evolution of International Society*, Routledge, 1992, p. 14.

36 Brown(2011), p. 319.

37 Beyond International Society, *Millennium: Journal of International Studies*, Vol. 21, Iss. 3, 1992.

38 Barry Buzan, "From International System to International Society: Structural Realism and Regime Theory Meet the English School," *International Organization*, Vol. 47, No. 3, 1993.

39 Buzan(2001); Buzan(2004).

40 불은 『무정부적 사회』에서 중세 유럽의 정치질서와 유사한 국제정치의 이론적 모델을 신중세론이라 불렀다. 이는 교회, 도시-국가, 제국, 봉건 영주 등 다양한 주체가 권력을 공유하여 관할권이 중복되고 주권이 분할된 중세 유럽의 정치구조와 유사한 현대 국제정치질서 상정하는 비(非)-현실주의적 개념에 기초해 있다. 불의 현실주의적 견해는 그의 최초 저서와 『외교 탐구(*Diplomatic Investigations*)』(1966)에 기고한 논문에서 분명히 드러나 있다. Hedley Bull, *The Control of the Arms Race: Disarmament and Arms Control in the Nuclear Age*, Praeger, 1965; Hedley Bull, "Society and Anarchy in International Relations," in Butterfield and Wight(1966), p. 36.

41 나이와 커해인(Nye and Keohane)은 『권력과 상호의존(*Power and Interdependence*)』에서 국가와 국가 간의 상호작용뿐만 아니라 초국가주의의 핵심 개념인 비국가 행위자와 복합적 상호의존이 어떻게 이 과정에 개입하는지를 자유주의적 관점에서 분석하고 있다.

42 칸트적 규범 이론은 "무엇(what is)"이 아니라 "무엇이 되어야 하는가(what ought to be)"에 초점을 맞춘다. 규범이론은 도덕적 원칙과 가치를 바탕으로 기준을 설정하고 현재의 관행을 비판하며, 윤리적 기준에 부합하는 사회를 위한 이론적 대안을 모색한다.

43 Buzan(2001), pp. 475-476. 부잔은 국제체제, 국제사회, 세계사회라는 전통적인 3분법 또는 삼중구조를 국가 간 사회(interstate societies; 몰사회적, 홉스적, 다원주의, 연대주의, 칸트적, [연합]연방적 유형), 초국가적 사회(transnational societies; 순수 중세주의, 초국가적 연합), 인간 간 사회(interhuman societies; 보편적 정체성, 대규모 상상 공동체 또는 가족/씨족 형태의 파편화된 공동체로 구성)로 프레임한다. Buzan(2004), p. 133.

44 부잔이 세계사회를 영국학파의 "신데렐라 개념"으로 묘사한 것은 "유리 구두를 신을 때

가 가까워졌음"을 알리기 위한 것이었다. 즉 그는 신데렐라가 인정받지 못하고 과소평가되었던 것과 마찬가지로 영국학파 내에서 세계사회라는 개념이 중요하지만 충분한 관심을 받지 못했다고 말한 것이다. Buzan(2004), p. 11.

45 Barry Buzan, "From international system to international society: structural realism and regime theory meet the English school", *International Organization*, Vol. 47, Iss. 3, 1993.

46 Buzan(2004), pp. 139-147.

47 Buzan(2004), pp. 152-160.

48 Dale Copeland, "A Realist critique of the English School", *Review of International Studies*, Vol. 29, Iss. 3, 2003.

49 불과 왓슨은 자신들의 시각은 유럽 중심주의가 아니라며 유럽 중심주의가 있다면 그것은 자신들이 사용하는 역사적 기록물에게 붙일 수 있는 이름이라고 말했다. Bull and Watson(1984). 그러나 그들은 비유럽 국가들의 주체성을 인정하고 단순한 유럽 중심적 서술을 비판함으로써 보다 포괄적인 서술을 제공하려 했지만, 분석의 기본 틀은 여전히 국제사회의 확장을 이해하는 기초로서 유럽의 경험과 관점에 집중하고 있다.

50 Charles Henry Alexandrowicz, *An Introduction to the History of the Law of Nations in the East Indies: 16th, 17th, and 18th Centuries*, Clarendon Press, 1967.

51 Yongjin Zhang, "System, Empire and State in Chinese International Relations", *Review of International Studies*, Vol. 27, 2001. 장용진과 부잔은 2012년 논문에서 조공 제도에 기초한 동아시아 국제사회의 존재를 인정하였다. Yongjin Zhang and Barry Buzan, "The Tributary System as International Society in Theory and Practice", *The Chinese Journal of International Politics*, Vol. 5, Iss. 1, 2012. 전재성은 영국학파와는 달리 이용희가 제시한 '권역'이라는 개념은 "권역을 이루고 있는 정치체들 간의 관계뿐 아니라 정치체의 성격, 그리고 그 정치체의 국내 정치와 이를 구성하는 개인의 정체성까지도 권역의 중요한 요소로 고려하고 있다며, 예를 들어, 전통 동아시아 권역 질서 속에서는 중원이라는 중국의 정치 핵심 권위가 상정되고, 이와 관계를 갖는 주변으로서 조공을 바치는 중공 국가들이 상정되고 있다."고 말한다. 나아가, 그는 권역 이론이 "이들 국가 간에 존재하는 국내 정치적 연결고리도 중시"하는데 그 이유는 사대주의 국제질서를 이루는 것은 국가들 간의 이익이나 권위 관계뿐 아니라 이를 유지하는 각 왕조들의 엘리트들 간의 정치 질서가 밀접하게 연결되어 있기 때문"이라고 제시하고 있다. "북미관계의 권역이론적 분석을 위한 시론", 『한국과 국제정치』, 제40권, 제1호, 2024, p. 242.

52 Buzan(2001); Barry Buzan and Richard Little, *International Systems in World History: Remaking the Study of International Relations*, Oxford University Press, 2000.

8장

1   Stanley Hoffmann, "An American social science: International Relations", *Daedalus*, Vol. 106, 1977.

2   전재성, 박건영, "국제관계이론의 한국적 수용과 대안적 접근", 『현대국제관계이론과 한국』, 사회평론아카데미, 2015.

3   胡树祥 编, 『中国外交与国际发展战略研究』, 中国人民大学出版社, 2009, p. 3. Hwang (2021)에서 재인용.

4   Michael Pillsbury ed., *Chinese Views of Future Warfare*, National Defense University Press, 1998, p. 12.

5   秦亚青 编, 『大国关系与中国外交』, 世界知识出版社, 2011, p. 3. Hwang(2021)에서 재인용.

6   Yevgeny N. Grachikov, "Chinese School of International Relations: How Theory Creates Diplomatic Strategy and Vice Versa", *Russia in Global Affairs*, Vol. 17, No. 2, 2019.

7   B. Creutzfeldt, 'Theory Talk #51: Yan Xuetong on Chinese Realism, the Tsinghua School of International Relations, and the Impossibility of Harmony', Theory Talks, 2012, http://www.theory-talks.org/2012/11/theory-talk-51.html

8   Xuetong Yan, "Chinese Values vs. Liberalism: What Ideology Will Shape the International Normative Order?", *The Chinese Journal of International Politics*, Vol. 11, Iss. 1, 2018.

9   周方银, "松散等级体系下的合法性崛起: 春秋时期"尊王治争霸策略分析", 『世界经济与政治』, 2012年, 第6期; 徐进, "春秋时期尊王攘夷治战略的效用分析", 『国际政治科学』, 2012年 第2期. Hwang(2021)에서 재인용.

10   엔쉐통이 순자를 인용하여 왕도(王道)를 설명하는 이유는 순자의 사상이 국제정치의 현실주의적 측면을 더 잘 반영하기 때문이다. 왕도라는 개념은 맹자에서 비롯된 것이지만, 엔은 순자의 성악설과 도덕적 규범을 강조하면서 이상이 아닌 현실 정치에서의 적용 가능성을 더 중시한다.

11   Xuetong Yan, *Leadership and the Rise of Great Powers*, Princeton University Press, 2019, pp. 25-53.

12   Yan(2019), pp. 42-47.

13   He Kai, "A Realist's Ideal Pursuit", *The Chinese Journal of International Politics*, Vol. 5, No. 2, 2012.

14   Tingyang Zhao, "To Be or To Become a Chinese, That Is a Question", *China Review*, Vol. 23, No. 2, special issue, 2023, p. 28.

15 Tingyang Zhao and Liqing Tao, *Redefining a Philosophy for World Governance*, Palgrave Pivot, 2019, p. 22.

16 Tingyang Zhao, 'Rethinking empire from a Chinese concept "all-under-heaven"', *Social Identities*, Vo. 12, No. 1, 2006, p. 32.

17 Yaqing Qin, "Relationality and processual construction: bringing Chinese ideas intointernational relations theory", *Social Sciences in China*, Vol. XXX, No. 3, 2009.

18 Yaqing Qin, "A relational theory of world politics", *International Studies Review*, Vol. 18, No. 1, 2016.

19 Qin(2016), p. 38.

20 Richard Nisbett, *The Geography of Thought: How Asians and Westerners Think Differently...and Why*, Free Press, 2003, p. 5. Qin(2016), p. 36. 니스벳의 이 저작은 국제학도들에게 흥미로울 수 있는 질문들을 던지고 답한다. 예를 들어, 왜 고대 중국인은 대수와 산수에서는 뛰어났지만, 유클리드 같은 그리스인의 위대한 업적인 기하학에서는 그렇지 못했을까? 왜 동아시아인은 사물을 그 주변 환경에서 분리하는 데 그렇게 어려움을 겪을까? 왜 서양 아기들은 명사보다 동사를 더 빨리 배우는데, 동아시아에서는 그 반대일까?

21 Xuetong Yan, "From Keeping a Low Profile to Striving for Achievement", *Chinese Journal of International Politics*, Vol. 7, No. 2, 2014, pp. 163 - 164.

22 'A Dialogue between Yan Xuetong and Mearsheimer: Can China Rise Peacefully?', *iFeng Academia*, 29 September, 2013, http://news.ifeng.com/exclusive/lecture/special/yanxuetong/#pageTop

23 John J. Mearsheimer, *The Great Delusion: Liberal Dreams and International Realities*, Yale University Press, 2018, pp. 29 - 33, 42.

24 Xuetong Yan, "Political Leadership and Power Redistribution", *The Chinese Journal of International Politics*, Vol. 9, No. 1, 2016, p. 2.

25 Lien-sheng Yang, "Historical Notes on the Chinese World Order," in John K. Fairbank, ed., *The Chinese World Order: Traditional China's Foreign Relations*, Harvard University Press, 1968, p. 20.

26 Gungwu Wang, "Early Ming Relations With Southeast Asia: A Background Essay," in Fairbank(1968), p. 49.

27 June T. Dreyer, "China's Tianxia: Do all under heaven need one arbiter?", Yale Global Online , 2014, https://yaleglobal.yale.edu/content/chinas-tianxia-do-all-under-heaven-need-one-arbiter

28 박건영, 『조선이 한국에게 보내는 편지』, 사회평론아카데미, 2021.

29 Feng Zhang, "The rise of Chinese exceptionalism in International Relations", *European Journal of International Relations*, Vol. 19, No. 2, 2013.

30 Amitav Acharya, 'Global international relations (IR) and regional worlds', *International Studies Quarterly*, Vol. 58, No. 4, 2014, p. 561.

31 Pierre Bourdieu and Loïc J. D. Wacquant, *An Invitation to Reflexive Sociology*, University of Chicago Press, 1992 , p. 97.

32 Hwang(2021), pp. 325-328.

33 전재성, "탈식민 국제정치학 이론과 한국", 『국제정치논총』, 제59집 제4호, 2019.

34 은용수, "비판적 국제정치이론: 비판이론과 탈식민주의", 박건영, 신욱희 편, 『국제정치이론』, 사회평론아카데미, 2021.

9장

1 박건영(2020)에서 발췌/요약했음.

2 블라디미르 레닌, 『제국주의: 자본주의의 최고 단계』, 아고라, 2018, p. 67.

3 레닌(2018), pp. 129-130.

4 레닌(2018), p. 147.

5 Interview, Lenin and Leninism today: An interview with Immanuel Wallerstein, March 30, 2012.

10장

1 Wendt(2003).

2 Robert Ulanowicz, *Ecology: The Ascendent Perspective*, Columbia University Press, 1997.

3 Christian Busse, Andrew P. Kach and Stephan M.Wagner, "Boundary Conditions: What They Are, How to Explore Them, Why We Need Them, and When to Consider Them", *Organizational Research Methods*, Vol. 20, No. 4, 2017; 민병원, "국제정치와 시스템이론: 동아시아 국제정치이론에 대한 메타이론적 고찰", 전재성 편, 『복잡성과 복합성의 세계정치』, 사회평론아카데미, 2017, pp. 67-68.

4 John Ruggie, "Territoriality and beyond: Problematizing modernity in international relations", *International Organization*, Vol. 47, 1993.

5 "Much like Hobbes' retrospective argument for the state, these memories would constrain the system's degeneration, making a move back toward anarchy less attractive than a move forward to a world state". Wendt(2003), p. 523; "The structure of any social system will contain three elements: material conditions, interests, and ideas". Chapter 3 in Wendt(1999).

6   기든스에 따르면 공포는 구체적인 위협에 대한 반응이며, 따라서 구체적인 대상을 갖지
     만 불안감은 주어진 주체의 감정이 일반화되어 있는 상태로서 구체적인 대상을 갖지 않
     는다. 공포는 주체의 생존을 위협하는 것에 대한 반응이지만 불안감은 그가 자신의 '자
     아-정체성'이 도전받고 있다고 생각할 때 생겨나는 감정적이고 심리적인 반응이다.

7   Ronald Laing, *The Divided Self An Existential Study in Sanity and Madness*, Tavis-
     tock Publications, 1960, p. 74, 101.

8   Laing(1960), pp. 178-179, p. 205.

9   Laing(1960).

10   Anthony Giddens, *Modernity and Self-identity:Self and Society in the Late Modern
     Age*, Stanford University Press, 1991.

11   기든스의 원래 주장은 글로벌리제이션의 '정체성 불안정화 효과'와 본질적으로 연결되어
     있으며, 이는 킨벌에 의해 상호의존성, 실업, 경제적 불안정, 강제 이주 증가로 인한 "'고
     향'의 상실"로 재확인된다. Catarina Kinnvall, "Globalization and Religious National-
     ism: Self, Identity, and the Search for Ontological Security", *Political Psychology*, Vol.
     25, No. 5, 2004.

12   Giddens(1991), pp. 37-41, 52-54.

13   Giddens(1991), pp. 39-40, p. 244.

14   Giddens(1991), pp. 40-43.

15   Giddens(1991), p. 6.

16   Linus Hagström, "Great Power Narcissism and Ontological (In)Security: The Narra-
     tive Mediation of Greatness and Weakness in International Politics", *International
     Studies Quarterly*, Vol. 65, Iss. 2, 2021, p. 331.

17   Giddens(1991), p. 54.

18   특히 Laing(1960), chapter III.

19   Frank Knight, Risk, Uncertainty and Profit, Martino Fine Books, 2014(1921); Daniel
     Ellsberg, "Risk, Ambiguity, and the Savage Axioms", *Quarterly Journal of Economics*,
     Vol. 75, 1961.

20   Mitzen(2006), p. 344.

21   스틸(Brent Steele)도 국가의 주체들(state agents)은 자신이 이끄는 국가의 '자아-정체
     성' 요구를 충족시키려고 하기 때문에 두 가지 분석 수준[개인과 국가]을 혼용하는 것이
     합당하다고 보고 있다. Brent J. Steele, *Ontological Security in International Relations:
     Self-identity and the IR State*, Routledge, 2008, p. 19.

22   Mitzen(2006), p. 341.

23   미첸은 "모든 행위자가 일상에 집착하지만, 어떤 행위자는 엄격하게 일상을 반복하는 반
     면 어떤 행위자는 더 성찰적으로 사고하고 행동하는 등 집착의 방식에 차이가 있다. 이러

한 차이는 딜레마적 갈등을 변화시킬 수 있는 잠재력에 영향을 미친다"고 말했지만, 구체적 가설을 제시하지는 않았다. Mitzen(2006), p. 343. 은용수에 따르면 존재론적 안보론은 행위 주체의 성찰 능력과 그에 따른 정체성과 자-타 관계의 변화 가능성에 대한 이론적 논리는 제공하고 있지만, "정체성을 바꿀 수 있다. 자-타 관계의 서사와 화행을 바꾸면 된다"는 원론적인 주장을 넘어 좀더 구체적으로 언제, 어떤 상황이나 조건에서 그렇게 바뀔 수 있는 것인지에 대한 논의는 하지 않고 있다. 그는 "정체성의 특정 타자화 비중"이 이러한 공백을 메꿀 수 있다고 제시하며 '자아-정체성'의 형성과 유지에 있어서 특정 타자의 비중이 클수록 그 타자에 대한 새로운 서사나 발화를 통한 관계 변화는 어려울 것으로 추론하고 있다. "존재론적 안보론과 북미관계: 이론과 현상, 새롭게 보기", 『한국과 국제정치』, 제40권, 제1호, 2024, p. 136.

24 Steele(2008), pp. 58-59.

25 Steele(2008), p. 526

26 Steele(2008), p. 58.

27 Steele(2008), p. 58.

28 Brent J. Steele, "Ontological Security and the Power of Self-Identity: British Neutrality and the American Civil War", *Review of International Studies*, Vol. 31, No. 3, 2005, pp. 525-527.

29 Ayşe Zarako, "Ontological (In)security and State Denial of Historical Crimes: Turkey and Japan," *International Relations*, Vol. 24, No. 1, 2010, pp. 6-7.

30 Kinnvall(2004), p. 755.

31 Richard Ned Lebow, *National Identities and International Relations*, Cambridge University Press, 2016; Stuart Croft, "Constructing ontological insecurity: the insecuritization of Britain's Muslims", *Contemporary Security Policy*, Vol. 33, No. 2, 2012.

32 Karl Gustafsson and Nina C. Krickel-Choi, "Returning to the roots of ontological security: insights from the existentialist anxiety literature", *European Journal of International Relations*, Vol. 26, Iss. 3, 2020.

33 Chris Rossdale, "Enclosing Critique: The Limits of Ontological Security", *International Political Sociology*, Vol. 9, 2015.

34 Mitzen(2006), p. 365.

35 George F. Will, "Nor Time to Waste on Korea", *The Washington Post*, June 9, 1994. 윤성원, "미국 대북담론 구조 연구: 대통령 화행을 중심으로", 『한국과 국제정치』, 제40권, 제1호, 2024, p. 197에서 재인용.

36 Glenn Kessler and Anthony Faiola, "Former Defense Officials Urge U.S. Strike on North Korean Missile Site", *The Washington Post*, June 21, 2006.

37 윤성원(2024), p. 16.

38   Didier Bigo, "The (in)securitization practices of the three universes of EU border control", *Security Dialogue*, Vol. 45, No. 3, 2014.

39   Barry Buzan and Ole Wæver, *Regions and PowersThe Structure of International Security*, Cambridge University Press, 2003, p. 491.

40   Buzan et. al.(1998), p. 31.

41   Buzan et. al.(1998).

42   Delf Rothe, *Securitizing global warming: A climate of complexity*, Routledge, 2016, p. 48.

43   C.A.S.E., "Europe, knowledge, politics engaging with the limits: The c.a.s.e. collective responds", *Security Dialogue*, Vol. 38, No. 4, 2007, p. 465.

44   Pram Gad and Lund Petersen, "Concepts of politics in securitization studies", *Security Dialogue*, Vol. 42, No. 4-5, 2011, p. 318.

45   Carl Schmitt, *Political theology: Four chapters on the concept of sovereignty*, University of Chicago Press, 2010, p. 5.

46   Rothe(2016), p. 48

47   Austin(1962), pp. 12-13.

48   Gad and Petersen(2011), p. 318.

49   물론 안보 행위자의 요구는 청중에 의해 거부되어 그러한 합일성이 결과적으로 약화될 수도 있다. Michael C. Williams, "Words, Images, Enemies: Securitization and International Politics", *International Studies Quarterly*, Vol. 47, Iss. 4, 2003, p. 518.

50   Heikki Patomäki, "Absenting the absence of future dangers and structural transformations in securitization theory", *International Relations*, Vol. 29, No. 1, 2015.

51   Jef Huysmans, "Migrants as a security problem: Dangers of 'securitizing societal issues'", In R. Miles and D. Thranhardt eds., *Migration and European integration: The dynamics of inclusion and exclusion*, Pinter, 1995.

52   Uriel Abulof, "Deep securitization and Israel's 'Demographic Demon'", *International Political Sociology*, Vol. 8, No. 4, 2014.

53   Rothe(2016), p. 35.

54   Bill McSweeney, "Identity and Security: Buzan and the Copenhagen School", *Review of International Studies*, Vol. 22, No. 1, 1996.

55   Holger Stritzel, "Securitization, power, intertextuality: Discourse theory and the translations of organized crime", *Security Dialogue*, Vol. 43, Iss. 6, 2012.

56   코테는 부잔을 비판하고 있다. Buzan et. al.(1998), p. 43. Adam Côté, "Agents without agency: Assessing the role of the audience in securitization theory", *Security Dialogue*, Vol. 47, No. 2, 2016.

57 R. Guy Emerson, "Towards a process-orientated account of the securitisation trinity: the speech act, the securitiser and the audience", *Journal of International Relations and Development*, Vol. 22, 2017.

58 Aleksandr Knyazev, Gosudarstvennyi perevorot 24 marta vi Kirgizii [The Coup d'Etatof 24 March 2005 in Kirghizia]. Bishkek, Almaty: Obshchestvennyi fond 'AleksandraKnyazeva', 2005. Claire Wilkinson, "The Copenhagen School on Tour in Kyrgyzstan: Is Securitization Theory Useable Outside Europe?", *Security Dialogue*, Vol. 38, No. 1, 2007, p. 10에서 재인용.

59 Wilkinson(2007), p. 22.

60 Ole Wæver, "Securitization and desecuritization", In R. D. Lipschutz eds., *On Security*, Columbia University Press, p. 55.

61 Buzan et. al.(1998).

62 Thomas Diez, Franziskus von Lucke, and Zehra Wellmann, *The Securitisation of Climate Change:Actors, Processes and Consequences*, Routledge, 2016.

11장

1 Tony Smith, "The Logic of Dependency Theory Revisited", *International Organization*, Vol. 35, No. 4, 1981; Tony Smith, "The Underdevelopment of Development Literature: The Case of Dependency Theory", *World Politics*, Vol. 31, Iss. 2, 1979.

2 Michael Walzer, *Just and Unjust Wars: A Moral Argument with Historical Illustrations*, Basic Books, 1977.

3 이 장은 "국제정치이론이란 무엇인가", 박건영·신욱희 편, 『국제정치이론』, 사회평론아카데미, 2021에서 일부 발췌된 것임.

4 강정인, "서론: 서구중심주의에 대한 우리 학문의 이론적 성찰과 대응", 강정인 편, 『탈서구중심주의는 가능한가: 서구중심주의에 대한 우리 학문의 이론적 대응』, 아카넷, 2016, p. 20.

찾아보기